프로이트와 20세기

SECRETS OF THE SOUL
：A Social and Cultural History of Psychoanalysis
by Eli Zaretsky

Copyright © 2004 by Eli Zaretsky
All rights reserved.

Korean translation copyright © 2022 by Moonji publishing Co., Ltd.
This Korean edition was published by arrangement with Eli Zaretsky c/o Charlotte Sheedy
Literary Agency in association with Salky Literary Management in conjunction with Claire
Roberts Global Literary Management through KCC(Korea Copyright Center Inc.), Seoul.

이 책의 한국어판 저작권은 (주)한국저작권센터(KCC)를 통해 저작권자와 독점 계약한
㈜문학과지성사에 있습니다. 저작권법에 의해 한국 내에서 보호받는 저작물이므로 무단 전
재와 복제를 금합니다.

프로이트와 20세기

정신분석의 사회문화적 역사

현대의 지성 177

엘리 자레츠키 지음 | 권오룡 옮김

SECRETS OF THE SOUL

문학과지성사

현대의 지성 177

프로이트와 20세기
정신분석의 사회문화적 역사

제1판 제1쇄   2022년 7월 4일

지은이   엘리 자레츠키
옮긴이   권오룡
펴낸이   이광호
주간   이근혜
편집   김현주 최대연
펴낸곳   ㈜**문학과지성사**
등록번호   제1993-000098호
주소   04034 서울 마포구 잔다리로7길 18(서교동 377-20)
전화   02) 338-7224
팩스   02) 323-4180(편집)   02) 338-7221(영업)
전자우편   moonji@moonji.com
홈페이지   www.moonji.com

ISBN 978-89-320-4031-8   93180

우아함과 아름다움과 지성이 깊이 있게 어울려 있는

낸시에게

정치적 담론의 즉각적 합리성에서 멀리 떨어져 있는 가족은 우리 사회의 다른 축, 그 어두운 면, 사회가 움직이는 깊이를 투시하고 우리의 집단무의식의 영향을 읽어내기 위한 신탁이 내려져 있는 수수께끼 같은 형상, 우리 문명의 약호화된 전언을 이루고 있는 것으로 보인다.

─자크 동즐로

목차

3부 : 권위의 심리학에서 정체성의 정치로

감사의 말

이 책의 기원은 1960년대 후반에 시작된 우리 사회의 큰 변화에 놓여 있다. 나의 세대에서 — 나는 1940년에 태어났다 — 프로이트는 그가 글에 다룬 레오나르도 다빈치, 괴테, 도스토옙스키 같은 인물들이 이룬 것에 비견할 만한 상상력을 자극하는 매력을 지니고 있었다. 나는 1960년대 동안 투신했던 뉴레프트와 여성해방운동과의 만남을 통해 처음으로 자본주의와 가족의 관계에 대해 생각하기 시작했다. 『자본주의, 가족, 개인적 삶Capitalism, the Family, and Personal Life』을 쓰면서 나는 프로이트를 어느 정도라도 깊이 있게 연구하지 않고서는 이 주제를 추적할 수 없다는 것을 깨달았다. 뉴레프트가 해체되자 나는 임상분석 프로그램을 가르치면서 다시 정신분석으로 전회했다. 역사가이자 정치적 인간으로서 나는 정신분석에서 배웠을 뿐만 아니라 그것과 싸우기도 했다. 이 책은 오래 지연되고 모순으로 점철되었지만 대단히 생산적이었던 만남을 요약하고 있다. 그 만남에서 나는 아래에 상세히 밝힐 수 있는 것보다 더 많은 빚을 졌다.

　그 빚들 중 가장 큰 것은 낸시 프레이저에 대한 것이다. 나는 1960년대 이후 줄곧 정신분석의 문제에 대해 생각해왔지만, 기획이 구체화된 것은 그녀를 만난 이후부터이다. 이 책을 쓰는 과정에서 그녀는 때때로 자신의 일을 뒷전으로 밀어놓으면서까지 끊임없는 정신적 지지와 편집상의 조언, 지적 지침을 제공해주었다. 또 다른 공헌은 그녀가 '모더니티의 세 가지 약속threefold promise of modernity'이라는 명확한 표현을 만들어준 것인데, 이것은 단지 직관에 지나지 않던 것에 그녀가 명확성을 부여해준 경우들 중의 하나이다.

　많은 친지와 가족들 또한 이 책의 원고를 읽어주었다. 리처드 번스타인, 알렉산더 에트킨드, 마틴 플라이셔, 짐 길버트, 레너드 헬프고트, 존 주디스, 도린 래퍼포트, 조너선 위젠, 그리고 너태샤 자레츠키(그녀는 초고 전부를 편집했다) 등이 그들이다. 나의 에이전트인 샬럿 시디는 나의 기획에 대한 열정을 절대 잃지 않았다. 크노프Knopf사와의 경험은 오늘날 출판사들이 이익에만 관심이 있다는 상투적인 말이 거짓임을 입증했다. 편집자 빅토리아 윌슨은 이 책의 초고들을 참을성 있게, 그리고 예리하게 읽고 또 읽어주었다. 페이퍼백 편집자인 렉시 블룸은 페이퍼백 판에서 장의 제목을 포함하여 많은 것을 바꿀 수 있게 해주었다.

　이러한 범위의 책은 문서 자료만을 기반으로 할 수는 없다. 나는 나보다 앞서 정신분석의 역사를 연구한 위대한 학자들에게 진 빚이 주석에 충분히 표현되었기를 바란다. 그럼에도 나는 동료 문화사가, 사회사가, 여성과 인종의 역사가들에 대해서도 똑같이 진 큰 빚이 이 책에 분명히 표현될 수 있을지 확신할 수 없다. 이 책은 내 일생의 기간 동안에 걸쳐 일어난 역사적 사고의 혁신에 많은 것을 빚지고 있다.

이 책을 쓰는 동안 나는 새 친구들을 사귀었고, 오래된 관계를 새롭게 할 수 있었다. 우선 스튜어트 홀Stuart Hall은 나를 정신분석에 대한 그람시Antonio Gramsci의 관찰로 이끌어주었다. 폴 로즌과 로버트 윌러스타인은 많은 오류로부터 나를 구해주었으나 여전히 남아 있는 오류는 결코 그들의 탓이 아니다. 마리 조 불, 바버라 엡스타인, 제프 에스코피에, 레이너 포스트, 메리 글루크, 테드 코디첵, 로라 키프니스, 레베카 플랜트, 린 시걸은 각각의 장에서 도움을 주었다. 여행하는 곳마다 나는 정신분석학자들과 인터뷰를 했는데, 독일에서는 베르너 볼버, 헬무트 다머, 루츠 로젠쿠터와, 몬테비데오에서는 마르첼로 비냐르, 그리고 부에노스아이레스에서는 카를로스 아슬란, 호세 피슈바인과 수전 피슈바인을 만났다. 카르멘 일리자브와 하나코 코야마는 연구를 훌륭하게 보조했다. 아테나 앙겔로스는 사진 파일을 찾아주었다. 나의 장인인 에드 샤피로는 정신적으로 지원해주었지만, 종국에 나는 그가 추천한 제목인 『충격Impact』을 쓰지 않기로 결정했다.

수년간에 걸쳐 나는 시카고의 뉴베리 도서관, 미국학습사회협의회, 컬럼비아 소재의 미주리 대학과 뉴욕 소재의 뉴스쿨 대학원(이곳으로부터 나는 축복받은 나날들과 많은 영감을 받았다)에서 연구 지원을 받았다. 빈의 인간과학연구소와 프랑크푸르트의 사회연구소, 런던의 역사와 의학 이해를 위한 웰컴 도서관, 컬럼비아 대학 구전 역사 소장물, 의회 도서관의 프로이트 컬렉션, 뉴욕 공립도서관, 뉴욕 대학의 밥스트 도서관, 뉴욕, 시카고, 샌프란시스코, 런던, 베를린, 프랑크푸르트 그리고 부에노스아이레스 정신분석 학회의 아카이브와 도서관, 런던과 빈의 프로이트 박물관, 캘리포니아 버클리의 라이트 연구소로부터 환대와 훌륭한 연구 편의를 제공받았다.

　마지막으로 분석 정신의 소유자로서 나는 부모님께 사의를 표하고 싶다. 데이비드 자레츠키와 폴린 실버맨 자레츠키가 나의 사유에 강한 영향을 끼쳤음은 의심의 여지가 없다. 그들은 이 책을 자랑스러워할 것이지만 이 책이 없던 과거에도 나에 대한 자부심을 지니고 있었다. 나는 형제인 앨런과 애런 자레츠키 및 그들의 가족으로부터도 많은 지원을 받았다. 손자인 다니엘 자레츠키 위젠에게도 고마움을 표시하지 않을 수 없다. 이 책의 완성을 밝혀준 것은 분명 그 아이였다.

SECRETS OF THE SOUL

서론 정신분석의 모호한 유산

> 프로이트는 정신에 어떤 큰 힘이 있음을 주장하며, 어떤 강력한 편견이 정신-분석이라는 생각에 대항하여 작동하는지를 역설한다. 그러나 프로이트는 그것이 자신에게와 마찬가지로 사람들에게 끼치는 엄청난 영향력에 대해서는 결코 말하지 않는다.
>
> ─루트비히 비트겐슈타인

이론이 정립된 지 한 세기가 지난 후, 정신분석은 우리에게 한 가지 역설을 제시한다. 인간 해방의 큰 힘으로 인식되자마자 정신분석은 1920년대의 모더니즘, 1940년대와 1950년대 영국과 미국의 복지국가, 1960년대의 급진적 대변혁, 그리고 1970년대의 페미니즘 및 게이해방 운동에서 중심적 역할을 수행했다. 그러나 동시에 그것은 반정치, 반페미니즘, 동성애 혐오 등과 같은 편견의 원천이 되었고, 지금은 과연 살아남을 것인가가 의문시되는 몰락한 직업이자 '사이비 과학' 취급을 받고 있다. 이러한 역설에 대한 탐구인 이 책은 정신분석적 사유에 대한 비판의 유효성이나 그 유산을 다시 생각해보아야 할 필요를 부정하지 않으면서 그것이 지닌 해방적 차원을 판별, 확인하는 것을 목표로 한다.

이 책에서 제시된 설명은 사회적이며 역사적이다. 정신분석은 전 세계의 평범한 남녀가 자신과 서로를 이해하는 방식을 돌이킬 수 없이 변화시켰다. 특별한 찬사나 일방적인 공격은 논외로 치더라도, 수많은 연구들에도 불구하고 우리는 아직 정신분석을 역사적으로 맥락화하지 못했다. 분명 우리는 우리 *자신*의 자아 구성self-constitution에 핵심적인 현상을 이해하는 데 필요한 사회적, 문화적, 지적인 큰 틀을 아직도 지니지 못하고 있는 것이다. 정신분석을 역사적으로 정위定位시키기에는 프로이트의 전기나 정신의학의 역사, 빈의 역사를 아는 것만으로는 충분하지 않다. 이것들이 필요한 것은 분명하지만, 모든 역사는 무엇보다도 그 호소력의 강도와 영향력의 폭을 설명해야만 할 것이다. 그러나 바로 그 영향력이 역사적 조망 작업의 완성을 어렵게 만든다. 조망은 거리를 필요로 한다. 최근 무엇보다도 정신분석의 의학적 자산이 약화됨에 따라 이 거리가 생겨나기 시작했다.

정신분석을 역사적으로 파악하려는 훌륭한 시도가 있었다. 칼 쇼르스케Carl Schorske의 『세기말 빈*Fin-de-Siècle Vienna*』[1])이 그것이다. 정신분석의 영향력이 퇴조하던 무렵인 1980년에 출간된 쇼르스케의 저서는 19세기 중반 빈 의회 앞에 건립된 아테나 상을 환기시키는 것으로 시작된다. 쇼르스케에게 그 석상은 당시 신흥 중산층의 합리성과 자율의 이상, 자기 지배self-government가 요구하는 용기와 내적 정신 구조*Bildung*에 대한 강조를 수반하는 계몽을 상징했다. 이 영웅적인 출발점에서 쇼르스케는 대중정치, 탐미주의, 그리고 비합리성에 대한 우려에 입각하여 계몽이라는 정신적 분위기의 붕괴를 추적했다. 프로이트에 대해서는 그가 이전의 합법적인 정치적 야망을 버리고 1890년대 당시 떠오르고 있던 대중적 반유대주의에 영합했다고 주장하면서 쇼르스케는 정신분석이 대항정치counterpolitical 현상이었다고 결론지었다. 그것은 이성과 공적 생활로부터의 후퇴라는 세기말적 현상을 반영한다는 것이었다. 쇼르스케는 자신의 해석의 함의에 유보적이었지만, 필립 리프Philip Rieff, 크리스토퍼 래시Christopher Lasch, 프랑크푸르트 학파의 대표적 학자들을 비롯한 여러 사람들은 자율이라는 계몽의 이상이 부분적으로는 정신분석의 영향하에 '나르시시즘'이라는 심리주의 문화로 기울게 되었다고 주장하면서 20세기라는 '심리사회'에 관련된 논의들을 제기했다.

쇼르스케의 해석은 필수적이지만 부적합하다. 그는 정신분석이 어느 만큼이나 19세기 말 부르주아 계급의 변화로부터, 특히 (그 자신은 이에 대해 말하지 않지만) 젊은 부르주아와 여성들로부터 생겨난 것인가를 옳게 이해하고 있었다. 가족 기업의 몰락, 부르주아 가족 구조의 이완, 그리고 규율, 저축, 자기 통제self-control에 대립되는 소비에 대한 강조는 이 새로운 사고방식을 위한 분위기를 조성했다. 그러나 쇼르스케는 정신분석의 이중적 특성을 간파하는 데 실패했다. 프로이트주의를 이성과 공공생활로부터의 대항정치적 후퇴로 축소시킴으로써 그는 프로이트주의의 인간 정신 탐험의 측면, 특히 주변적이고 착취당하는 계급 및 여성에 대한 해방적 측면을 포착하는 데 실패했다.

이에 비해 오늘날은 그 억압적 측면과 해방적 측면 모두를 포괄하는 정신분석의 전모를 볼 수 있게 되었다. 그 관건은 정신분석을 *'개인적 삶'*에 대한 *최초의 위대한 이론이자 실천*으로 간주한다는 것이다. 개인적 삶이라는 말로 내가 의미하고자 하는 바는 가족과 사회와 노동의 사회적 분할 속에서 다른 사람의 자리와 구별되는 정체성을 소유하는 체험이다. 어떤 의미에서 개인적 삶을 지닐 수 있다는 것은 인류의 보편적 측면이지만 그것이 내가 염두에 두고 있는 의미는 아니다. 그보다는 역사적으로 특별한 고유성과 내면성의 체험을 의미하는 것인데,

그것은 산업화와 도시화라는 근대적 과정과 가족의 역사에 사회학적 기반을 두고 있다.

이제까지는 가족이 생산과 생식의 1차적 장소였다.[2] 그 결과 개인의 정체성 감각은 가족 안에서의 그나 그녀의 자리에 근거하는 것이었다. 그러나 19세기 가사노동으로부터 임금노동의 (물리적, 정서적) 분리, 다시 말해 산업자본주의의 부상은 새로운 형태의 프라이버시, 가정성domesticity, 친밀성을 생성시켰다. 처음에 이것들은 시장이라는 비인격적 세상에 대한 가족적 대응 관계로 체험되었다. 나중에 이것들은 가족과 구분되는, 심지어는 가족 바깥에서의 개인적 삶이라는 가능성 및 목표와 관련을 맺게 되었다. 이 목표는 '신'(독립)여성, 동성애 정체성의 공적 등장, 젊은이들이 사업에 대한 열의 등에서 벗어나 성적 실험, 보헤미안적 삶, 예술적 모더니즘을 향하는 것 같은 현상에서 그 사회적 표현 방식을 찾아냈다. 역사학자들이 '2차 산업혁명'이라 부르는 것이 시작된, 대략 1880년대에서 1920년대까지에 이르는 기간 동안 도시 공간과 미디어 — 대중 극장, 뮤직 홀, 키네토스코프 — 는 개인들이 가족 외적 정체성을 상상적으로 수립할 수 있는 참조 지점을 제공했다. 그 결과 개인적 정체성은 개인들이 가족 안에서 차지하는 자리나 경제에 의해 부여받는 것과 대립되는 문제와 기획이 되었다. 정신분석은 개인적 삶에 대한 이 새로운 열망의 이론이고 실천이었다. 그것의 원래 역사적인 목적인目的因; telos은 *탈가족화 defamilialization*, 즉 원래 가족에 뿌리 내리고 있던 권위의 무의식적 이미지로부터의 개인의 해방이었다.

정신분석의 정초定礎 개념인 역동적, 혹은 *개인무의식personal unconscious*이라는 개념은 개인적 삶이라는 이 새로운 체험을 반영하

20

는 것이었다. 그 개념에 의하면 사람이 사회나 문화로부터 받아들이는 자극은 직접적으로 등록되지 않고 우선 해체된 다음 내부적으로 재구성되는 방식으로 개인적이고 매우 독특한 의미를 지니게 된다는 것이다. 그러므로 한 사람의 사회적 조건과 주체성 사이에는 아무런 직접적이거나 필연적인 관계가 없는 것이었다. 마찬가지로 중요한 개념인 프로이트의 무의식 개념은 현대적 조건 속에서 문화적 상징주의의 보다 크고 공적인 패턴과 개인의 사적이고 내적인 상징적 세계 사이에 여하한 적합성이나 조화도 미리 주어져 있지 않음을 알렸다.[3] 무의식의 개념은 공과 사, 외부와 내부, 사회문화적인 것과 개인적인 것 사이의 분리 상태에 대한 체험적 인식을 나타냈다. 물론 정신분석도 문화, 도덕, 역사에 대한 일반적 접근법을 개발했다. 오이디푸스 콤플렉스 같은 개념을 통해 그것은 인간 생활이 필연적으로 따르게 되는 보편적 패턴들이 있음을 시사했다. 그럼에도 그것은 언제나 사람들이 이 패턴들을 어떤 우연하고 특수한 방식으로 살아내는가의 문제로 되돌아왔다. 그러므로 궁극적으로 개인과 사회의 분리 상태는 정신분석이 그 이론을 구축하고 치유법을 실천한 터전이었다.

 개인무의식이라는 생각은 새로운 것이었다. 전통 사회에서 치유자들은 내면적임과 동시에 공통적인 상징들을 동원하는 한에서 효과를 거둘 수 있었다. 제사장이 축귀逐鬼 의식에 성공하려면 이는 들린 사람과 주변의 공동체 모두가 악마의 존재를 믿어야 가능한 것이다.[4] 프랑스 왕은 그가 그럴 능력을 지니고 있다고 백성들이 믿어주는 한에서 손으로 어루만져 연주창을 치료할 수 있었다.[5] 내적인 것과 외적인 것, 공적인 것과 사적인 것의 이 같은 직접적 조응과 대조적으로 근대 초기 형태의 자의식self-consciousness은 개인의식의 프라이버시를 강조했다.[6] 그러나 양심은 개인성의 구속적이고 도덕 중심적인 개념으로서, 이에 부여된 우위성은 일반적으로 삶에는 단 한 가지 옳은 방식만이 있다는 가정에 기반을 둔 것이었다. 반대로 19세기 말에 현저해진 개인 심리와 문화의 분열은 사랑, 우정, 일상생활 같은 개인 체험의 범위를 전에 없이 확장시켰다. 또한 그것은 인간의 깊이에 대한 새로운 인식을 유발했고, 궁극적으로 예술, 철학, 정치에 영향을 끼쳤다.

프로이트가 가장 크게 기여한 바는 이 분열을 이론화한 데 있다. 정신분석의 주제를 "정신 생활에서 가장 내밀한 것, 사회적으로 독립적인 인간이 감추어야 하는 모든 것"으로 규정하면서 그가 의미한 바는 사적인 것과 공적인 것 사이에는 아무런 필연적이고 직접적인 관계가 없다는 것이었다.[7] 자아에 대한 낭만주의적이고 빅토리아 시대적인 개념과 근본적으로 다른 그의 핵심적인 통찰은 현대 남녀들의 내면의 삶은 아주 특이하면서도 사회적으로 공유되는 의미가 없는 게 분명한 상징과 서사에 의해 구성되어 있다는 것이었다. 이 같은 이유로 그는 사람들의 내면 세계가 해석되고 이해될 수 있다 하더라도 그것이 미리 존재하는 어떠한 전체에도 재통합될 수는 없다고 주장했다. 정신장애가 있는 개인에게, 샤먼이나 치유자, 설교자들이 하는 것처럼, 기성 질서로 되돌려 보내려 애쓰는 대신 그는 분석 기획analytic project을 자기 발견이라는 개인적이고 잠정적인 해석학으로 정립했다. 그것은 정신분석가가 용이하게 해줄 수는 있으나 통제할 수는 없는 것이었다. 이런 식으로 그는 이제 갓 출현한 개인성, 정당성, 자유 등의 가능성에 표현을 부여했고 사회적 삶에 대한 새로운 이해의 길을 열었다.

결과는 양면적two-sided이었다. 쇼르스케가 주장했듯 실제로 정신분석은 개인적 삶의 기반을 신비화하는 한, 그래서 그것의 번창에 필요한 정치적, 경제적, 문화적 전제 조건을 흐리게 만드는 한 계몽주의의 해방의 약속을 훼손할 수 있었다. 그러나 이런 경향은 우연적이었지 필연적인 것은 아니었다. 보다 중요한 것은, 계몽이라는 것이, 추구해야 할 높은 지점이 아니라 개발해야 하는 불완전한 기획이라는 사실이었다. 쇼르스케가 소환한 아테나 상은 18세기 모더니티의 '코페르니쿠스적 혁명'을 상징했다. 그것은 예술, 도덕, 정치, 심지어는 과학(그것은 자연을 객체화하는 동시에 인간 주체를 해방시켰다) 등과 같은 근대가 추구하는 모든 것들 한복판에 주관적 자유라는 새로운 원리를 위치시켰다. 그러나 그 원리가 함축하고 있는 보다 폭넓은 의미는 '2차 모더니티'에 의해 펼쳐지도록 남겨져 있었다. 쇠퇴라는 쇼르스케의 주장과는 반대로 세기말의 시기는 대량 생산, 대중 민주주의, 여성과 동성애자 및 인종적, 민족적 소수자들의 출현과 연결된 2차 모더니티를 개시開示했다. 1차 모더니티 — 계몽주의 — 가 보편적이고 필연적인 진실의 자리라는 의미에서 개인을 이성의 장소로 보았다면, 2차 모더니티 — 이것을 '모더니즘'이라 부른다 — 는 개인을 역사적 우연에 종속되고 그 나름의 정신적 삶을 지닌, 고유한 시간과 장소에 위치한 구체적 인간으로 보았다. 철학이 1차 모더니티의 증표라면, 정신분석은 모더니즘 예술, 문학과 더불어 2차 모더니티의 증표였다.

이런 식으로 볼 때 쇼르스케가 극찬했던 고전적 자유주의는 역사적으로 한정된 세 가지 생각에 기반을 두는 것이었다. 첫째, 19세기 중반의 자유주의자들은 자율성autonomy을 자기 통제와 동일시했다. 둘째, 페미니스트들이 저류에서 활동하긴 했지만, 대부분의 사람들은 여성의 성격과 심리는 근본적으로 남성의 성격, 심리와 다르다고 여겼다. 셋째, 자유주의자들은 근대적이고 민주적인 사회도 자연적, 사회적 위계의 작동을 요구한다고 믿었다. 이 세 가지 생각 전부가 세기말 시기에 이르러 도전받게 되었다. 자기 통제에 대한 강조는 대량 소비와 더불어 발전된 방임release, 이완relaxation 등의 이데올로기에 의해 붕괴되었다. 일률적인 성차性差에 대한 생각은 여성들이 공적 생활에 편입되고 섹슈얼리티에 새로운 개방성이 생기면서 의문시되었고, 위계성은 대중 민주주의, 조합주의, 사회주의에 의해 흔들렸다. 이러한 발전들은 계몽에 대한 부정이기는커녕 그것의 이상을 심화하고 급진화하는 것이었다. 근대의 개인적 삶에 대한 최초의 위대한 이론이자 실천으로서 정신분석은 모더니티의 해방의 약속을 확장하고 심화하기 위해 그 잠재력을 공유했다. 앞으로 보겠지만, 그것은 자율성, 여성 평등, 민주주의의 변화된 의미 속에서 포착되기에 이른다.

그렇다면 대체적으로 정신분석은 비의祕儀화라는 일면과 모더니티의 의미 심화라는 또 다른 측면이라는 두 개의 가능성 사이에서 배회한 것이었다. 그 균형은 보다 큰 역사적 힘과의 관계에서 정신분석이 수행한 역할에 의해 결정되었다. 요컨대 정신분석은 2차 산업혁명의 '칼뱅주의' 구실을 했던 것이다. 그것은 초기 자본주의와의 관련에서 칼뱅주의가, 그리고 산업화와의 관련에서 감리교가 수행했던 것과 비견되는 역할을 했다. 이 점을 설명해보자.

막스 베버Max Weber에 의하면 초기 칼뱅주의는 그 추종자들에게 자본주의를 가능케 한 인간적 변화를 점화시킨 것이었다. 예수 그리스도와 더불어 시작된 기독교가 신도들에게 가족에서 벗어나 진정한 영적 공동체로 들어가라고 촉구했음에 비해 17세기 프로테스탄트 '성인'들은 매일의 경제 활동을 신성한 것으로 만들고, 그 활동에 '소명Beruf'이라는 윤리적 성격을 부여하는 카리스마적 의미의 중심으로 가족을 재규정했다. 수세기 후에는 감리교가 상응하는 목적들에 이바지했다. 영국과 미국의 산업 노동자 계급에서 잉태된 감리교는 금욕, 시간 엄수, 검약을 권장하여 인간적 변화의 촉매가 되었다. 그리하여 그것은 1차 산업혁명을 가능케 했다. 두 경우에 있어 종교운동은 사회, 경제적 변화의 내적 동기를 제공했다. 이 변화는 그 자체만으로는 사람들을 끌어들일 수 없었을 것이다.[8] 정신분석은 '2차' 산업혁명에서 이와 유사한 역할을 했다.

영국에서 시작된 1차 산업혁명은 공장 시스템을 창출했다. 미국에서 시작된 2차 산업혁명은 수직적으로 통합된 기업을 만들었다. 이 기업은 원자재와 생산뿐 아니라 광고, 마케팅, 소비까지 조직했다. 1차 산업혁명은 수작업 노동에서 잉여가치를 얻어냈다. 2차 산업혁명은 고등교육, 과학, 지적 노동에 의존했다. 1차 산업혁명에서 노동과 생활은 많은 부분 겹쳤다. 작업장은 작았고 집에서 가까웠으며 농업은 여전히 삶의 주된 수단이었다. 2차 산업혁명에서 여가와 소비가 나름의 고유한 생명력을 지니게 됨에 따라 노동과 생활은 선명히 분리되었다. 1차 산업혁명 동안 개인들은 여전히 자신의 운명을 공동체의 운명과 동일시했다. 이에 비해 2차 산업혁명은 고유한 개인적 삶의 감각과 가정의 본질에 가해진 혁명적인 변화에 의해 특징지어졌다.[9] 이 책은 2차 산업혁명의 궤적에 대한 추적을 근간으로 삼는다. 1부는 대량생산 사회(1890~1914)의 초기, 즉 정신분석이 하나의 분파로서 개인적 삶에 대한 당시의 새로운 열망을 고도의 카리스마적 형태로 표출하던 시기를 다룬다. 2부는 전간기戰間期(1918~1939)의 기간, 즉 대기업의 성장에 동반하여 정신분석이 일종의 유토피아 이데올로기를 제공하던 시기를 다룬다. 3부는 제2차 세계대전 이후, 즉 정신분석이 케인즈식 복지국가에 편입되어 베버의 표현대로 "윤리적 합리화의 세속적 프로그램"이 된 시기를 다룬다.

사람들이 농본주의에서 산업자본주의로의 이행에 착수한 것이 단지 도구적이거나 경제적인 이유 때문이 아닌 것과 마찬가지로 20세기에도 사람들이 시장을 지탱하기 위해 소비자가 되었던 것은 아니다. 그들은 실제로는 전통적 가족의 도덕에서 분리되어 자기 통제와 검약에 대한 강박관념을 버리고 개인적 삶에 대한 새로운 지향을 좇아 대량 소비라는 성화性化된 '꿈의 세계'로 진입해 들어간 것이었다. 정신분석은 이러한 이동의 칼뱅주의였다. 예수가 초기 기독교도들을 모으고 올리버 크롬웰Oliver Cromwell이 프로테스탄트 '성자'들을 규합했던 것처럼 프로이트는 그의 추종자들 모두를 카리스마적 분파로 이끌어 갔다. 그러나 프로이트는 가족을 신성화하기보다 '가족' — 유년기의 오래된 이미지 — 을 뒤로하고, 설교할 것이 아니라 보다 진정한, 다시 말해 보다 개인적인 관계를 개발할 것을 촉구했다. 시간이 지남에 따라 프로이트의 제자들은 익숙한 베버식 회로인 이념화, 반항, 분산, 제도화, 일상화로 진입했다. 궁극적으로 카리스마적 정신분석은 순응적 문화와 케인즈식 복지국가의 어머니 중심 이데올로기에 적응했다. 그러나 그 전성기에 사람들은 모더니티의 세 가지 해방의 약속을 착종錯綜, 심화, 급진화시켰다.

첫째로, 어떤 사람들은 정신분석을 통해 개인적 자율성의 약속을 재구성하는 데 일조하고자 했다. 원래 자율성이란 출생, 관습, 계급에 의해 정해진 옳고 그름 사이의 길을 따르는 대신 스스로 차이를 결정하는 자유를 의미했다. 모든 문명의 철학적, 종교적 전통 속에 이미 나타나 있긴 하지만, 자율성의 기획이 보편화될 수 있는 방식으로 처음 분명하게 표현된 것은 쇼르스케가 적절히 지적했듯 유럽과 미국의 계몽주의 시기 동안이었다. 그러나 2차 산업혁명과 결부된 변화와 더불어 그 의미는 확장되었다. 자율성은 이제 더 이상 도덕의 영역에 제한되지 않고 창조성, 사랑, 행복 등과 같은 도덕 외적 체험에도 똑같이 적용되었다. 정신분석은 개인적 —도덕적과 대립되는— 자율성이라는 새롭고 근대적인 관념과 결부되었다. 그러한 자율성을 성취하기 어려운 이유를 파악하려는 노력을 통해 분석가들은 양가성 ambivalence, 저항resistance, 방어defense 같은 개념들을 고안해냈다. 그러나 그들은 또한 자율성이 사회에 기반을 둔 가능성이 아니라 단순한 자아-관계self-relation라는 그릇된 생각을 발전시키기도 했다.

이와 유사하게 정신분석은 여성해방이라는 계몽주의의 두번째 위대한 약속을 재구성하는 데 일조했다. 18세기의 페미니스트들에게 해방이란 동등한 권리를 의미하는 것이었고, 그들은 남녀가 모두 합리적 존재라는 공통의 본성을 지니고 있다는 사실을 근거로 그 권리를 옹호했다. 그러나 19세기 중반에 이르기까지 대부분의 여성 옹호자들은 사회 개혁에 대한 여성들의 요구를 지지하기 위해 여성의 차별적인 덕성을 환기시키며 성차를 강조했다. 개인적 삶에 대한 세기말의 열망은 성적 사랑의 영역에서도 개인성을 전면에 내세우며 저 두 가지 접근 방식을 모두 뛰어넘었다. 정신분석은 그 열망에 깊이와 내용을 부여했다. 그것은 일률적 성차라는 19세기적 관념을 몰아냈고 젠더를 성적 대상-선택object-choice으로 재정의하고 궁극적으로 사람들의 의존성, 특히 여성의 모성과 관련된 의존성의 심리적 깊이를 천착穿鑿하는 데 도움을 주었다. 자율성에 대해서와 마찬가지로 이 점에서도 정신분석의 유산은 양가적이다. 정신분석은 여성적 섹슈얼리티와 동성애에 대해, 그것이 페미니스트와 동성애자들에게 강력하고 해로운 적이 되는 경우에 있어서조차도 그 문화적 이해를 진척시켜나갔다.

마지막으로 개인적 삶에 대한 표현으로서의 정신분석은 모더니티의 세번째 위대한 약속, 즉 민주주의를 복잡하게 만들고 급진화했다. 전통적 권위는 부성父性적, 구심적, 위계적, 그리고 가족 중심적이었다. 자유주의자들은 이 대신에 공적 영역과 사적 영역의 구분을 통해 제한되고 신뢰할 수 있는 정치적 권위를 수립하고자 했다. 19세기 자유주의자들은 가정과 경제에까지 분리를 확대시키는 것을 통해 이러한 차이를 첨예하게 만들었다. 그러나 2차 산업혁명은 공과 사의 구분을 복잡하게 만들었다. 여성들이 공적 생활에 진입하고 성화된 대중문화가 떠오름에 따라 이제 사적인 사건들이 공적인 것이 되기 시작했다. 동시에 공적 영역에서 밀려나 있는 것으로 여겨졌던 가족의 권위는 개인의 정신적 세계 속에서 존속했다. 이렇게 착종된 문제들이 부분적으로는 권위에 새롭고 보다 성찰적인 관계의 가능성을 제시함으로써 잠재적으로 민주주의의 이상을 심화시켰다. 정신분석은 이 관계의 탐구를 촉진했다. 그것의 중심 대상은 '전이transference'로서, 프로이트는 이것을 궁극적으로는 부모에 대한 유아의 체험에서 형성되는, 권위에 대한 개인의 관계로 생각했다. 모든 개인적 분석의 중심에 놓이는 것은 전이에 대한 분석이었다. 더 넓게 보아 문화에 있어서도 프로이트적 생각은 사회운동과 문화 영역에 만연한 감춰진 전이를 전면화함으로써 공적인 것과 사적인 것 사이의 상호작용을 드러내는 데 이바지했다. 동시에 민주주의 사회와 복지국가가 새로운 형태의 제약과 통제를 행했을 때 정신분석은 그것에도 많은 이론을 제공했다.

똑같은 역설이 다른 맥락에서 다르게 작용했다. 그것이 탄생한 중부 유럽에서 프로이트의 사상은 낡은 부계적 질서에 도전한 것이었다. 때로는 불편한 동맹 속에서, 때로는 미학적 모더니즘, 초현실주의, 여성해방, 그리고 사회주의와 갈등하면서 정신분석은 이미 낡아빠진 성격, 젠더, 성sex에 대한 빅토리아 시대 이데올로기의 종언을 가속화했다. 이에 비해 보수적 민주주의의 전후 영국과 미국에서 정신분석은 정신 요법의 의학화와 권위의 심리화에 기여하는 판이하게 다른 역할을 수행했다. 첫번째 경우에 있어 정신분석은 민주화의 힘이었지만 두번째 경우에 있어서는 통제의 에이전트였다.

그렇다면 일반적 차원에서 2차 산업혁명은 모더니티의 해방의 약속을 착종시키고 급진화한 개인적 삶에 대한 새로운 체험을 부화시킨 것이었다. 그러나 또한 그것은 심리화, 공허한 소비주의, 그리고 재가족화를 조장하기도 했다. 2차 산업혁명의 칼뱅주의인 정신분석은 이러한 양가성의 중심에 있었다. 한편으로 그것은 개인을 자유롭게 하여 보다 성찰적이고 더 충만한 삶을 살 수 있게 해주었고 예술과 인간성과 과학을 풍요롭게 만들었으며 정치적 발전의 기반이 되는 신뢰와 연대성에 대한 이해를 심화시켰다. 다른 한편으로 그것은 처음에는 비판적 표현을 가했던 개인적 삶의 사회학과 문화에 흡수되고 변형되고 궁극적으로는 소비되었다.

이 책은 이 같은 양가적 궤적을 추적한다. 정신분석의 역사를 2차 산업혁명의 맥락에 위치시켜 이른바 정신분석의 황금 시대라 부를 수 있는 그 고전적 시대를, 그리고 1960년대에 시작된 정신분석의 몰락을 설명하는 방식으로 그 종말을 다룬다. 1960년대와 1970년대에는 대량 생산으로부터 서비스와 정보에 기반을 둔 세계화된 경제로의 이행이 목격된다. 계몽주의와 '일거에' 절연하려는 전방위적 노력에 수반된 이 '3차 산업혁명'은 개인적 삶에 대한 이해 방식을 바꿔놓았다. 그것의 내면심리적 — 사적, 내적, 특이한 — 특성은 정치화되고 문화적 조작에 점점 더 종속되어 그 중요성을 상실했다. 자아self에 대하여 어떤 때는 조금이나마 더 합리적이고, 어떤 때는 더 표현적인 새로운 개념이 출현했다. 정신분석의 많은 카리스마가 정체성의 정치, 자크 라캉Jacques Lacan식의 문화비평, 그리고 페미니즘의 두번째 물결과 같은 새로운 문화적 대열에 스며들었다. 이제 정신분석 내부에서 억압되었던 모든 것 — 시각성, 나르시시즘, 육체 — 이 전면에 부각되었다. 정신분석은 살아남았지만 카리스마적인 힘은 잃었다. 그 전성기에 정신분석은 최소한 세 가지 다른 기획을 아우르고 있었다. 거의 치료에 맞먹는 의학적 시술, 문화해석학 이론, 소명에 대한 헌신으로 충만한 개인적 자기 계발의 윤리. 이것들이 산산이 부서진 것이다. 프로이트의 시대는 사실상 끝났다. 그러나 모든 위대한 전복이 그러했듯이 그것은 우리들 모두가 살아내는 직관, 꿈, 흐릿한 기억의 풍경 같은 매일매일의 삶을 꾸준히 형성해냈다.

1부

카리스마의 기원

빅토리아식 가족 시스템의 붕괴

제1장 개인무의식

> 정신분석의 불편한 진실은 성공적인 협조 관계를 위해서는 의사의 재능이 탁월해야 한다는 것이다. 〔……〕 분석가가 느끼는 것은 피분석자의 슬픔만큼이나 중요하다. 학문적으로 소개된 모든 사례들의 치명적 결점은 여기서 비롯된다. 그 사례들은 환자의 삶과 성격에만 관심을 기울였던 것이다. 치료가 왜 그런 식으로 진행되는가를 이해하기 위해서는 의사에 대해서도 알아야 한다. 그의 강점과 실수, 그리고 그 자신의 심리 등. 치료 행위 교환의 진정한 이야기는 환자가 현재 지니고 있는 문제가 아니라 치료사의 과거와 더불어 시작된다.
> ── 라파엘 이글레시아스, 『네루다 박사의 악 치료』

근대 서구에는 널리 퍼진 진정한 내성内省의 두 개의 삽화적 사건이 있다. 칼뱅주의와 프로이트주의가 그것이다. 이 두 경우 모두 내면으로의 전환은 엄청난 사회적 변혁을 수반했다. 첫번째의 경우는 자본주의의 생성이고, 이 자본주의가 대량 소비의 동력으로 변형된 것이 두번째 경우이다. 두 경우 모두 결과는 역설적이었다. 칼뱅주의는 사람들에게 자신이 구원받았는지를 알아보기 위해 자신의 내면을 돌아보라고 촉구했지만 결국에는 노동, 저축, 가정생활이라는 새로운 규율에 헌신하게 했다. 프로이트식 성찰이 목표로 했던 것은 진정 개인적인 삶을 살아갈 수 있는 개인의 능력을 계발하는 것이었지만 결국

이는 소비사회를 공고히 하는 것으로 귀결되었다. 결국 두 경우 모두에서 자기 점검으로의 전환은 새로운 언어를 탄생시켰다. 칼뱅주의의 경우 언어는 영혼에 대한 프로테스탄트적 이념을 중심으로 맴돌았고, 뒤이어 그 이념은 성격, 진실성, 자율성 같은 개념들의 형성에 일조했다. 이에 비해 프로이트적인 새로운 어휘들은 20세기 개인적 삶에 대해 정신분석이 현저히 기여한 바인 무의식의 개념을 중심으로 형성되었다.

물론 무의식 개념은 프로이트가 1899년 『꿈의 해석*The Interpretation of Dreams*』을 출간하기 이전에도 잘 알려져 있었다. 중세의 연금술사들, 독일의 관념철학자들, 낭만주의 시인들은 하나같이 궁극적 현실 reality은 무의식이라고 가르쳤다. 프로이트의 스승이었던 테오도어 마이네르트Theodore Meynert에게 깊은 영향을 끼친 철학자 쇼펜하우어 Arthur Schopenhauer는 인간이란 익명의 맹목적 의지의 장난감이라고 주장했다. 19세기 말로 접어들면서 특히 *잠재*의식sub-conscious에 대한 생각이 널리 확산되었다. 종종 '2차 자아secondary self'라고 불리기도 했던, 단순한 에고ego보다 더 크고 최면이나 명상을 통해 접할 수 있는 잠재의식은 일상적 현실을 뛰어넘을 수 있는 능력을 뜻했다. 우주적 기운이든 초인간적 의지이든 잠재의식이든, 프로이트 이전에 무의식은 익명적이고 초인간적인 것으로 이해되고 있었다. 흔히 바다에 비유되기도 했던 그것이 목표로 했던 것은 에고의 '자질구레한' 근심들을 떨쳐버리는 것이었다.

프로이트 역시 무의식은 개인적인 것과 전혀 다른 비인격적이고 익명적인 것으로 생각했다. 그러나 대체적으로 의식에 가까운 이 같은 생각에 머물면서도 그는 새로운 어떤 것, 즉 개인에게 고유한 동기화의 특이한 내적 원천을 구분해냈다. 그의 생각으로는 우연적 환경, 특히 유년기의 우연적 환경이 한편으로는 욕망과 충동 사이에, 다른 한편으로는 경험과 기억 사이에 연결 고리를 만들어낸다는 것이었다. 그 결과물이 유일하고 특이하며 우연적인 *개인무의식*'이었다. 그뿐만 아니라 프로이트에게는 보다 '넓은', 혹은 초인간적인 현실로의 탈주 가능성은 없었다. 오히려 그 목표는 자신만의 특이한 본성을 이해하고 수용하는 것이었지만 원리상 그 작업은 완수될 수 없는 것이었다. 프로이트가 인간의 삶에 내재한 보편적 문제, 즉 유년기, 젠더, 섹슈얼리티, 죽음에 의해 작동되는 문제에 관심을 기울였던 것은 분명하지만 그의 주안점은 이 문제들과 대면하는 개인들의 구체적이고도 독특한 방식에 놓여 있었다.

쇼르스케가 시사했듯 프로이트는 19세기 자유주의적 세계관의 위기에 대응하여 개인무의식의 개념을 정립했던 것이다. 그 위기는 산업화와 더불어 시작되었다. 초기 공장제 시스템과 결부된 *1차* 산업혁명은 개인을 혹독하고 저항할 수 없는 기계의 톱니바퀴로 전락시키는 것으로 보였다. 빅토리아 시대 사람들은 '옹졸한 양심과 잔혹한 독재'로 보였던 작업장에 대항하여 그 유명한 '비정한 세계의 안식처' ── 19세기 중산층 가정 ── 를 세웠다. 심하게 성차별적이었던 빅토리아 시대의 세계관은 어떤 의미에서 원proto프로이트적이었다. 그것은 '진정한 자아'를 사적이거나 가족적인 환경에 위치시켰다.[1] 그럼에도 그것은 이러한 환경을 경제의 카운터파트 혹은 보상으로 간주했다. 그것은 별개의 순수한 개인적 영역이 아니었다. 개인적 영역에 대한 후일의 이해는 *2차* 산업혁명 기간, 즉 1890년대에 대량 생산과 대량 소비가 시작되는 와중에 빅토리아 시대의 가족 이상이 붕괴되면서 생겨나기 시작했다.

대량 생산이 예컨대 조립 라인의 도입 등을 통해 자유주의적 세계관의 위기를 심화시킨 것은 분명하다. 그러나 또한 그것은 대중문화, 여가, 개인적 삶 속에 있는 자본주의의 해방적 잠재력을 드러내기도 했다. 19세기 중반, 파리의 보들레르Charles Baudelaire, 브루클린의 휘트먼Walt Whitman, 상트페테르부르크의 도스토옙스키Fyodor Dostoyevsky에 의해 예고된 문화적 모더니티는 이미 빅토리아주의의 영역 분리 이데올로기를 약화시켰고 히스테리, 데카당스, 예술적 모더니즘, '신여성' 그리고 동성애에 대한 관심을 불러 일으켰다. 세기말 문화는 위기를 악화시켰다. 여성이 공적 생활에 진입함에 따라 다중 언어적 도시 공간과 새로운 형태의 선정주의자들, 그리고 놀이공원, 댄스홀, 영화 같은 대중오락이 출현했다. 그 결과는 계몽주의 유산과의 갈등이었다. 갑자기 많은 사람들에게 인간 주체에 대한 자유주의적 관념이 문제시되었다. 그 최고의 가치인 개인적 자율성 또한 그러했다.

계몽주의에 있어 자율성이란 보편적으로 유효한 합리적 결론에 이르기 위해 '고작' 사적이고 감각적이며, 수동적이거나 수용적인 성향의 정신 위로 기립할 줄 아는 능력을 뜻했다. 세기말의 문화가 이 같은 능력을 약화시키고 있다고 확신한 많은 관찰자들은 '타락' '나르시시즘' '데카당스'의 새로운 위력에 비통해했다. 예를 들면 프로이트와 동시대의 빈 사람인 오토 바이닝거Otto Weininger는 여성, 동성애자, 유대인들에게 집중되어 있는 것으로 보이는, 그가 'W' 인자*라 부른 수동성이나 의존성이 자율성에 가하는 위협을 경고했다. 따라서 그는

---

* Woman의 첫 글자에서 따온 용어로 여성적 인자라는 의미. 이하 모든 주석은 역주.

근면, 금욕, 저축과 연결된 자기 통제로의 귀환을 강하게 부르짓는 대열에 합류했다. 동시에 대량 소비의 시작은 '방임'파의 부상浮上을 야기했다. 특히 중산층의 대다수는 근면과 저축에 바쳤던 그들의 지각 있는 노력이 그들을 (윌리엄 제임스William James의 표현대로) "두 배로 지옥의 아이들"로 만들 뿐이라는 것을 깨달았다. 모더니티가 '반도덕주의적 방법'을 요구한다고 주장하는 제임스를 위시한 그 밖의 많은 사람들은 개인들을 자기 통제의 노력에서 이완시켜주는 방법으로 '정신치유mind cure'*와 최면술을 권장했다.[2]

프로이트가 개인무의식에 대한 생각을 발전시킨 것은 이러한 분리의 맥락 속에서였다. 특히 그는 19세기 후반의 정신의학을 특징지었던 '통제'와 '방임'의 교차에 반응한 것이었다. 한편에 자리한, 계몽주의로부터 내려오는 전통적 정신의학은 의지를 강화하고 '일탈적' 개인들에게 합리적으로 생각하는 과정을 명령하는 것으로 통제를 회복시키려 했다. 다른 한편에서는 후속 세대의 '역동적' 정신의학자와 신경학자들이 최면과 명상을 통해 '방임'을 용이하게 만들려 했다. 개인무의식에 대한 프로이트의 생각은 이 두 입장 모두의 대안을 의미했다. 자기 통제나 방임 중 어떤 것도 우선적 가치로 취급하지 않는 프로이트의 생각은 자아에 대해 판단 유보적이거나 '분석적'인 새로운 태도를 불러일으켰다. 그 결과는 인간 주체에 대한 계몽주의적 관념의 큰 변화였다. 더 이상 보편적 이상이나 도덕의 중심locus이 아닌 근대

---

* 앞으로 정신분석의 분석적 방법에 의거한 치료를 가리키는 psychotherapy는 '정신치료'나 '정신요법'으로, 민간 전통이나 최면술에 의거한 비분석적, 대중적 치료를 가리키는 mind cure, mental healing 등은 '정신치유'로, 사회의 기성 질서로의 귀환을 목표로 하는 moral theatment는 '도덕적 치료'로 옮기도록 한다.

적 개인은 이제 우연적이고 특이하며 독보적인 인간이 될 것이었고, 고도로 충만된 그의 역동적 내면성은 정신분석적 사유와 실천의 대상이 될 것이었다.

프로이트의 혁신을 평가하기 위해서는 이전 시대의 심리학을 간략히 훑어볼 필요가 있다. 부르주아 사회는 처음부터 개인 심리에 대한 강조를 쇄신했다. 그 이전의 사회들은 존재의 위대한 연쇄great chain of being 모델을 전제로 했다. 중요한 문제는 객관적 위계 체계 안에서의 개인의 자리였다. 그러나 자본주의의 융성과 더불어 계보적 시스템은 물러나고 예속적 정체성도 퇴조했다. 점차로 한 사람의 자리보다는 그가 누구인가 하는 문제가 중요해졌다. 계몽주의 및 이에 수반된 민주 혁명과 더불어 개인 심리에 대한 관심은 정부, 교육, 사회 개혁을 포함하는 모든 작업의 중심으로 이동했다.

그러나 주체에 대한 계몽주의적 관념은 20세기적 의미의 개인성과는 아무런 관련도 없는 것이었다. 오히려 그것은 잘 계획된 질서정연한 세계, 합리적 개인들에 의해 만들어지는 세계에 대한 계몽주의적 기획과 연결되어 있었다. 윌리엄 블레이크William Blake의 표현을 따르면 인류를 노예화하는 쇠사슬은 '정신에 의해 주조鑄造되었다'는 것이 계몽주의의 핵심적 발견이었다. 진보란 폭군, 사제, 낡아빠진 제도 등과 같은 외부적 장애물에 맞서는 사안이 아니었다. 그것은 또한 내적 장애의 극복을 필요로 하는 것이었다. 합리적 세계가 성취되려면 개인의 내면 혹은 정신 세계에 대한 정돈이 필수적이었다.

합리적 질서가 우세해질 수 있는 방법을 서술한 계몽주의 심리학은 연상주의associationism였다. 존 로크John Locke의 사상에서 유래하고

17세기 물리학의 혁명과 긴밀하게 연결된 연상주의는 정신에 대해 그 것이 외적 환경으로부터 발생하는 감각이나 표상으로 구성되고, 그것 들이 서로 비슷한가, 혹은 그것들이 동시에 정신에 진입한 것인가 여 부에 따라 '연결associate'된다고 상정했다. 영국, 프랑스, 미국에서 연 상주의는 계몽주의의 기획 전체에 활력을 불어넣었다. 게다가 그것은 부분적으로 유아기의 중요성을 설명해주었다. 어린 시절의 뇌는 '거 의 점액질처럼' 말랑말랑해서 그것에 각인된 흔적은 일생 동안 지속 된다는 것이었다.[3] 또한 연상주의는 학교, 감옥, 정신병원의 건립에도 아이디어를 제공했다. '잘 영위되는 가정'을 모델로 삼은 이 새로운 기 구들은 거기에 머무는 학생, 죄수, 정신병자들의 정신적 연상을 재정 리할 수 있도록 건물, 스케줄, 노동 체제 등을 관리했다. 심지어 도시 건설, 공중 보건 등과 같은 일상생활을 관리하는 직종들도 연상주의 적 원리에 기반을 두었다. 연상주의의 영향력은 한 철학자가 그것에 대해 "사상가가 인간의 지식 환경 밖으로 나가는 출발의 중심"[4]이라 고 언급할 정도로 널리 확산되어 있었다.

원래는 정신분석도 속해 있었던 근대 정신의학은 계몽주의의 연상 주의로부터 태어났다. 처음에는 도덕적 치료moral treatment 혹은 심리 치료라 명명되었던 근대 정신의학은 이성은 보편적이며, 따라서 미친 사람의 정신에서 파악할 수 없는 것은 일부에 지나지 않는다는 생각에 기초하고 있었다. 따라서 도덕적 치료의 옹호자들은 파악 가능한 부 분에 도달하려 노력했다. 비정상인을 격리하거나 쇠사슬로 묶어두는 강제적 수법을 거부한 그들은 사람들의 이성 회복을 목표로 하는 심리 적 혹은 '도덕적' 방법을 옹호했다. 근대 정신의학의 창시자들 모두가 민주 혁명에 참여한 사람들이었다는 사실은 놀라울 바가 없다. 예컨대 프랑스 정신의학의 창시자인 필리프 피넬Philippe Pinel은 프랑스 혁명 기간 동안 정신병자들에게서 쇠사슬을 벗겨내는 데 일조했고, 미국 정신의학의 창시자인 벤저민 러쉬Benjamin Rush는 독립선언문의 서명자였다.[5]

계몽주의 시대의 정신의학자들은 '우매folly'나 광기madness를 치료하는 것을 목적으로 삼았다. 그들에게 이러한 것들은 합리적 사고 과정의 혼란을 의미하는 것이었다. 따라서 그들은 연상의 질서 회복을 정신의학의 목표로 삼았다. 처음에 그들은 내적 질서가 외적 질서를 모방할 것이라는 희망에서 외부 체제나 정신병원을 실험해보았다. 그러나 이내 그들은 통제를 환경을 질서화하는 기능으로 취급함으로써 기대할 수 있는 것보다 통제의 역학 관계에 더 많은 것을 기대할 수 있음을 깨닫게 되었다. 19세기 정신의학자들의 위대한 발견 가운데 정신치유를 붕괴시키기 시작한 계기가 된 발견은 권위가 인간적인 것이라는 사실이었다. 사람의 혼란한 정신에 질서를 도입하는 데 필요한 첫번째 도구는 의사 자신의 인간됨이었다.[6] 그래서 벤저민 러쉬는 '미친' 사람의 방에 들어가는 의사들에게 일련의 규칙을 제공했다. "그의 **눈**을 보라, 그래서 그의 표정을 흐트러뜨려라. [……] 눈에 열쇠가 있다. 복종시키는 두번째 방법은 [……] 그의 **목소리**를 통한 것이다. [그 다음] **표정**을 [……] 환자의 정신과 행위 상태에 맞춰야 한다."[7]

권위의 심리적 특성을 발견했음에도 불구하고 계몽주의 정신의학자들은 무의식이 개인성의 특이한 영역이라는 생각은 조금도 하지 않았다. 그들의 유일한 목적은 사람들을 인류 공동체의 구성원 모두에게 공통되는 '정상적인' 사고 과정으로 회복시키는 것이었다. 그러나 19세기 전반기의 두 가지 새로운 발전이 계몽주의의 연상주의를 변화시키기 시작했다. 낭만주의와 '신체 모델somatic model' 혹은 유전에 대한 강조가 그것이었다. 이 둘은 모두 정신이 단순히 환경적 영향의 기록이 아니라 그 자체가 형성력이라는 생각을 강조했다. 연상주의에는 이러한 생각이 결여되어 있었다.

상상력에 대한 낭만주의적 관념은 잠재의식에 대한 19세기적 생각의 선두주자였다. 정신이 '수동적'이라는 로크의 이해를 낭만주의자들이 무시함에 따라 그것은 연상주의에 대한 비판 혹은 보충으로서 심리학에 진입했다. 우주 전체를 단일한, 살아 있는 유기체로 파악하는 독일 *자연철학* 전통과 일반적인 독일 관념론에 입각하여 낭만주의자들은 상상력을 이미지와 창조적 충동의 내적 저장소로 정의했다. 그들은 예술가란 '거울'이기보다 '등불'이고 사건들에 대한 단순한 기록자이기보다 가치의 원천이라 주장했다.[8] 연상주의에 대한 낭만주의자들의 비판과 더불어 계몽주의 심리학은 깊이를 더했다. 그럼에도 낭만주의자들이 상상력을 초월적이고 비인간적인 것으로 보았던 것은 사실이다. 그들은 상상력을 바다나 하늘에 비유하며 비자아not-self인 모든 것으로 간주했다.

낭만주의의 영향은 특히 1775년 최면술의 발견과 그 이후 최면술 치유사들이 빠르게 발전시킨 민중 전통을 통해 정신의학으로 진입해 들어왔다. 잠재의식subconscious이라 알려지게 된 것을 파고들면서 치유사들은 연상주의와 결별했다. 연상주의의 지향이 생각을 조종하는 쪽이었음에 비해 최면술은 느낌을 통해 전이되는 것이었다. 초기 최면술 이론을 체계화한 퓌세귀르Marquis de Puységur는 환자가 최면 상태에서 깨어날 때 던져야 하는 첫 물음은 '느낌이 어땠느냐'라는 것이어야 하고, 그다음 '내가 당신에게 도움이 되는 걸 느꼈느냐'고 물어야 한다고 조언했다. 이에 더하여 최면술사들은 특정한 최면술사와 그의 환자 사이의 '관계'의 중요성을 강조했다.[9] 마지막으로 최면술사들은 자기 통제의 성별性別적 뉘앙스를 드러냈다. 독일 낭만주의 소설가 E. T. A. 호프만Hoffman은 수면 상태에서 "최면술에 걸린 사람(수동적인 여성 파트)은 최면술을 거는 사람(능동적인 남성 파트)과 교감한다"[10]고 쓴 바 있다.

도덕적 치료를 변화시킨 두번째 발전은 유전 요인이 정신에 가하는 영향이라는 새로운 '신체' 모델이었다. 1859년 찰스 다윈Charles Darwin의 『종의 기원Origin of Species』이 출판되기 이전에도 대부분의 정신의학자들은 뇌가 유전적으로 형성되고, 그런 다음 뇌가 정신을 형성한다고 결론지었다. 최면술이 낭만주의적 생각의 입구였다면 1820년대부터 1850년대까지 많은 영향을 끼친 프란츠-요제프 갈Franz-Joseph Gall의 골상학phrenology은 생물학으로의 진입점이었다. 뇌가 여러 영역으로 나뉘어져 있으며 각각의 영역에 지성이나 '호색好色' 같은 특이한 정신 기능이 대응한다고 주장하는 골상학은 심리학을 생물학적 유기체설에 뿌리내리게 하려는 시도를 주도했다. 오래지 않아 뇌와 신경 체계의 분리에 주목하게 되었다. 히스테리나 다른 '신경증'을 신경 체계의 병변病變으로 설명하는 신체 모델은 프로이트의 시대에 이르기까지 정신의학자들 사이의 지배적 이론이었다.

낭만주의와 골상학의 영향에도 불구하고 19세기 중반의 심리학은 생각의 연결을 지배하는 보편적 법칙에 사람들을 적응시킨다는 계몽주의 본래의 도덕적 치료의 목표를 간직하고 있었다. 특수성보다 보편성, 감정보다 이성, 사적인 것보다 공적인 것, 일시적인 것보다 항구적인 것을 높이 평가하는 계몽주의적 모범을 추종하는 정신의학자들에게 개인 정신의 특이한 자질은 큰 관심거리가 되지 않았다. 1859년 보들레르가 모더니티의 핵심으로 규정한 덧없고 일시적이며 순간적인 체험이 계몽주의를 좇아 발전된 심리학에 들어설 여지는 없었다. 최면술조차도 이러한 향방을 제지하지 못했다. 오히려 개인을 주체로 만들기 위해 객체로 환원함으로써 그것은 내부에서 긴장이 노정될 때조차도 질서라는 계몽주의 심리학의 이상을 고수했다.

2차 산업혁명의 기원은 1860~1870년대였는데, 이 기간은 프로이트의 유소년기에 해당한다. 이 20년간 주목할 만한 형태의 경제 조직(대형 은행, 주식회사, 국제 무역)과 병행하여 특색 있는 과학과 기술(발전기, 제철, 화학)이 비약적으로 발전하였다. 경제 성장은 영국, 오스트리아, 미국, 독일, 일본 같은 나라들의 정치 개혁을 수반했다. 영국은 긴 몰락을, 미국은 더 긴 상승을 시작했다. 철도와 기선을 통한 세계적 네트워크의 출현은 무게, 길이, 시간, 화폐의 표준화를 가져왔다. 문맹 탈피, 학교 교육, 특히 대학 같은 연구 기관들이 괄목하게 발전하여 생산성을 촉진함으로써 세기말에 대량 소비로 전환하게 만드는 기반을 이루었다.

2차 산업혁명의 시작과 함께 심리에 대한 학문과 실행은 눈부신 번성을 구가했다. 계몽주의가 정신의학밖에 알지 못했음에 비해 19세기 후반에는 (프로이트의 원래 전공이기도 한) 신경학, 실험실이나 연구 기관에 기반을 둔 심리학, 지능, 정신병, 범죄에 대한 탐구가 부각되었다. 파리의 살페트리에르Salpêtrière, 취리히의 부르크횔즐리Burghölzli, 뉴욕의 벨뷔Bellevue 같은 연구 및 교육을 위한 큰 병원들이 확충되어 부분적으로 범죄, 알코올 중독, 매춘 같은 새로운 '사회 문제'를 다루었다. 계몽주의 정신의학이 '광기'의 문제에만 한정되어 있었음에 비해 2차 산업혁명 기간 동안의 심리학자들은 '신경증' '강박' '히스테리' '비정상' 같은 20세기 정신병리학의 모든 어휘 체계를 만들어냈다. 집에서 개별적으로 행해지던 '정신치유mental healing'는 동종요법 의사, 최면술사, 대중적 치유사의 손에서 벗어나 과학자, 연구자, 전문직에게 넘어가게 되었다.

『인간의 계보Descent of Man』 이후 12년 만인 1859년 출판된 찰스 다윈의 『종의 기원』은 새로 출현한 과학적 심리학에 큰 영향을 끼쳤다. 이 저서들에서 다윈은 사고, 정서, 도덕 감각과 같은 정신 활동들은 유기체의 생존 경쟁에서 발생하는 것이라 주장했다. 다윈의 영향의 결과로 연상주의의 수동적 감각주의sensationalism는 사유를 특별한 환경적 배경에서의 실험적이고 일시정지된 활동으로 보는 실용주의 심리학에 자리를 양보하게 되었다. 비교심리학, (유아와 청소년의) 발달심리학, 동물심리학이 모두 번창했다. 1880년대까지 반사작용, 본능, 정서 등과 같은 다윈으로부터 활용된 개념들이 연상주의의 종말을 재촉하면서 심리학을 역동적 과학, 즉 동기화motivation의 과학으로 전환시켰다. 1890년 윌리엄 제임스가 최초의 현대 심리학 저서 중 한 권을 집필했을 때 그는 낡은 심리학을 덴마크 왕자가 없는 『햄릿』에 비유했다.[11]

이 같은 심리학적 사유의 혁명의 충격 아래 잠재의식의 개념이 의학에 도입되어 잠재의식은 신경 체계의 '하위' 혹은 보다 원초적인 영역, 즉 가장 일찍 발달하고 따라서 반사작용과 가장 가깝고 의식에서는 가장 멀리 떨어진 영역을 지시하게 되었다. 범죄, 주취酒醉, 충동적 성격 등은 모두 강직증强直症, 몽유, 가수假睡 상태, 자동 기술, 배회증, 얼빠

짐 등과 마찬가지로 잠재의식에서 생기는 것으로 추정되었다. '원초적'이거나 비논리적인 사고 작용을 포착하려는 원proto심리학적 시도인 의학적 관념은 잠재의식을 명상이나 최면에 의해 도달할 수 있는 초인간적 영역으로 여기는 대중적 생각뿐만 아니라 신체 모델과도 내적으로 연결되어 있었다. 1860년대에 신체 모델은 모종의 심리적 장애, 특히 실어증 같은 장애가 뇌나 신경계에 자리 잡은, 유전이나 트라우마에 의해 기인되는 병변의 결과임을 밝혀냈다.

신체 모델을 신경증 및 이와 가까이 결부되어 있는 '도착inversion'이나 동성애에 적용시킨 것이 정신분석 탄생의 요람이 되었다. 18세기의 신경학자들은 '신경증neurosis'이라는 용어의 의미를 과도하게 예민하거나 화를 잘 내는 신경 시스템이라 정의했지만 당시에는 이 용어는 그리 많이 쓰이지 않았다. 그러나 1869년에서 1873년 사이에 이르러서는 폭발적으로 사용되었다. 신경쇠약, 신경성 거식증, 광장공포증 등은 모두 이 시기에 붙여진 이름으로서 이것들은 노스탤지어, (방랑하는 유대인에서 착상된) 여행 노이로제, 보바리즘(여성의 공상), 아목amok* 같은 한층 더 괴상한 질병들 옆에 자리 잡았다.[12] '신경증'들 중에서 가장 중한 것은 히스테리였는데, 그 이유는 단지 그것이 많기 때문만이 아니라 기왕에 알려진 어떠한 해부학적 혹은 신경적 병변과도 관련지을 수 없는 신체적 징후, 예컨대 마비나 철자 빼먹기 등을 통해 드러나기 때문이었다. 그것은 신체 모델에 의문을 제기하는 것으로서, 심리학적 설명을 요구하는 것으로 보였다.[13]

신경증의 발생이 2차 산업혁명과 더불어 가족과 사회에 일어난 더

---

* 맹렬한 살상욕을 수반하는 정신 착란.

큰 사회적 변화와 일치하지 않았다면 이 모든 것들은 그저 의학의 역사상 하나의 삽화에 지나지 않았을 것이다. 전 시대에 가정이 생산 단위로 기능했을 때 정체성은 남성과 여성의 보조적 노동까지 포함되는, 사회적으로 인정받는 확립된 역할에 기반을 두고 있었다. 그러나 생산이 가정에서 사무실과 회사로 옮겨감에 따라 가족 생활은 심리화되고 개별화되었다. 남성과 여성이 더 이상 가정에 기초한 생산 활동에 의해 매개되지 않는 새로운 관계를 발전시켜나간 것과 동시에 아동기는 인생에서 별도로 분리된 단계로 이해되었다. 젊은이들은 지역 공동체와 전통적 의존 형태에서 자신들을 해방시켰고 도시 생활은 거의 성적인 새로운 열광을 생성시켰다. '히스테리' '성도착' '신경증 환자' 등과 같은 의학 용어들이 '댄디' '산책자' '아방가르드' '멋쟁이' '혁명가' 등의 용어가 포함된 새로운 언어적 풍경에 새겨졌다. 새로운 근대 체험을 포괄적으로 묘사하는 데 사용된 주된 용어는 '신경과민 nervousness'이었다.

1869년 신경과민에 대한 최초의 의학적–심리학적 이론을 제시한 조지 비어드George Beard는 그것을 철도, 전기, 여성 교육, 그리고 도시 거리의 선정성 같은 근대 생활의 과잉 자극에 대한 반응이라고 설명했다. 폴 발레리Paul Valéry는 그것을 '헛소리하는 직업delirious profession'이 늘어나는 징후라고 설명했다. 이 용어를 통해 발레리가 의미했던 바는 가르치기, 법, 글쓰기처럼 "다른 사람들이 어떤 사람에 대해 품고 있는 견해"가 그 어떤 사람의 주된 수입이 되는 그런 직업이었다. 보들레르는 포Edgar Allan Poe 글의 '신경과민'을 극찬했고, 프로이트의 멘토인 요제프 브로이어Josef Breuer는 신경과민을 히스테리컬한 정신의 '과잉 생산성'이라고 논평했다.[14]

신경과민의 가장 일반적인 표현인 히스테리는 빅토리아 시대의 자율 혹은 자제self-mastery의 이해에 대한 모순의 좋은 예가 되었다. 히스테리 환자들은 자제의 이익을 누리기는커녕 자기 통제의 노력에 압도된다고 느끼는 것이었다. 예컨대 앨리스 제임스Alice James는 자신의 히스테리를 5분의 휴식을 얻기 위한 평생의 투쟁이라 묘사했다. 그녀가 개인적 감시와 현대의 복잡한 메커니즘의 건강성을 유지하기 위한 끝없는 긴장으로 인한 기진맥진한 상태를 아주 짧게나마 유예시킬 수 있었던 것은 오직 최면을 통해서였다.[15] 한편으로는 과잉 흥분 및 부자연스러움과, 다른 한편으로는 수동성과 연결된 히스테리는 빅토리아 시대에 자율성과 반대되었던 '여성성'과 동일시되었다. '여성적' 징후는 또한 거식증(신체 이미지에 대한 강박), 광장공포증(혼자 외출하기에 대한 두려움), 신경쇠약(허약)과 같은 다른 신경증을 통해서도 드러났다. 그리하여 신경증 또한 의학에 있어 심리학의 중요성이 증대되는 현상을 반영했다. 거식증은 환자를 괴롭히는 복통이 먹기 싫다는 거부로 전환되어 나타나는 것이었고 한때는 의학적으로 다루어지던 건강염려증이 1870년대에는 상상적인 병으로서의 의미를 지니게 되었다.[16]

히스테리가 심리학의 주목을 끈 유일한 '신경증'은 아니었지만 그것에는 세기말 시대의 문화적 긴장이 요약되어 있다. 히스테리 환자라는 딱지가 붙은 사람들은 암시에 예민한 경향이 있었고 그래서 그들을 둘러싸고 있는 전의식적이거나 무의식적인 문화적 흐름에 민감했다. 몸짓과 무의식적 소통에 대한 의존, 극적인 과장, 사랑의 욕망에 대한 표현에 그들은 뿌리 뽑힘, 우연성, 성적 흥분, 그리고 '여성성' 같이 새로이 출현하는 개인적 삶의 영역의 핵심적인 예후豫候를 추가했다. 이렇게 하여 그들은 비록 무의식적이고 왜곡되고 반사회적인 형태로일망정 개인적 삶의 새로운 가능성을 명확히 표현했다.

파리의 살페트리에르 병원은 유럽에서 히스테리 연구를 선도한 중심이었다. 이민, 범죄, 사회적 감시 등과 같은 2차 산업혁명의 사회적 문제들을 다루기 위해 크게 확장된 이 넓은 정신병원을 이끈 사람은 장-마르탱 샤르코Jean-Martin Charcot였다. 후일 프로이트는 샤르코가 "해부학 작업은 대략 끝났고 신경계의 기질성질환에 대한 이론도 완성되었다고 말할 수 있다. 이제 다뤄야 할 것은 신경증, 무엇보다도 히스테리라고 말하곤 했다"[17]라고 회상했다. 샤르코의 목표는 히스테리에 대해 해부학적으로가 아니라 심리적 혹은 '역동적-기능적dynamic-functional' 용어로 설명하는 것이었다. 이에 있어 그는 단지 뇌를 부검하기만 하는 독일과 오스트리아 신경학자들의 접근법과 달리 살아 있는 환자를 관찰하는 프랑스식 관습의 덕을 보았다.[18]

샤르코는 계몽주의 전통의 직접적 계승자였다. 따라서 그의 히스테리 연구 방법은 일종의 격자판을 만드는 것이었다. 그는 우선 살페트리에르의 오천 명의 환자들을 질환의 범주에 따라 분류하여 '살아 있는 거대한 병리학 박물관'을 만들었다. 그는 '히스테리 발생 구역 지도'를 작성하기 위해 이미 폐기되었던 최면술을 되살려 이를 이용해 히스테리성 최면 상태를 유도했다. 그는 히스테리적 태도가 '미친' 사람들의 태도와 유사하다는 것을 보여주기 위해 환자들을 그리거나 사진으로 찍어 그 결과물을 『살페트리에르 사진 도해Iconographie photographique de la Salpêtrière』로 편찬했다. 이런 식으로 그는 "지금 살페트리에르에 감금되어 있는 환자들 중 많은 사람들이 옛날 같았으면 화형에 처해졌을 것"[19]이라 일깨우며 파리의 정신병원과 일반 병원들

정신이 아니라 뇌를 연구하고 있는 장-마르탱 샤르코

을 비종교적 통제 아래에 놓으려 했다.

　신경계에 대한 샤르코의 생각은 공간적인 동시에 시간적이고 위계적이었다. 심리의 원초적 혹은 가장 이른 단계는 반사적인 것이었다. 그다음에 본능이 있고 그리고 감각과 지각이, 마지막으로 가장 높은 곳에 의식적 정신 혹은 에고ego가 있다는 것이었다. 히스테리는 상위의 정신이나 의식과 연결되지 못한 '하위' 정신의 '통제되지 않는' 파편에 의해 발생하는 것이었다. 샤르코는 의식 바깥에 있고, 의식적 통제가 포기될 때 닿을 수 있는 정신의 '하위' 혹은 '여성적' 부위에 접근하는 것이 최면술의 목적이라고 가르쳤다. 또한 샤르코는 정신의 '상위 수준'의 '허약함'은 유전과 인종적 차이와 관련되어 있다는 당시 널리 지지를 받던 견해를 추종했다. 1857년 B. H. 모렐Morel의 『퇴화론 Traité des dégénérescences』은 샤르코에게 히스테리 환자는 질병 유전인자의 복잡한 그물에 포획되어 있는 것이라고 가르쳐주었다.[20] 모렐을 따라 샤르코는 신경과민을 유전인자에 의해 생기는 것으로 추정되던 다른 문제들, 예컨대 범죄나 자살 같은 문제들과 연관지었다.

샤르코는 2차 산업혁명 초기의 특징적인 신경학적 사유를 실증했다. 그의 저서에서 심리학적 고찰의 중심은 이성에서 신경계로, 광기에서 잠재의식으로 이동했다. 최면술을 이용하여 샤르코는 자기 통제 못지않게 방임으로의 전환을 독려했다. 그럼에도 그가 도덕적 치료의 신봉자들만큼이나 개인의 심리에 관심을 기울이지 않았던 것도 사실이다. 그의 초점은 독특한 개인 주체가 아니라 유형들에 맞춰져 있었다. 언어나 초인간적 이해가 아니라 시각적 질서화나 지도를 작성하는 것이 그의 방법이었다.

그럼에도 불구하고 1880년대의 살페트리에르는 근대의 개인적 삶에 일종의 창구, 다시 말해 청소년기의 반항의 드라마와, 억압된 섹슈얼리티를 드러낼 수 없고 이에 대해 이해받지 못하는 여성들의 분노가 분출되는 공간을 제공했다. 이런 이유로 그곳은 많은 예술가와 지식인들의 주목을 받았다. 그들 중에는 사회사상가 에밀 뒤르켐Emile Durkheim, 『군중심리학Psychologie des foules』을 집필한 경찰 심리학자 귀스타브 르봉Gustave Le Bon 같은 사람들뿐만 아니라 앙리 베르그송 Henri Bergson, 기 드 모파상Guy de Maupassant, 에드몽 드 공쿠르Edmond de Goncourt, 사라 베르나르Sarah Bernhardt, 제인 아브릴Jane Avril(툴루즈-로트렉Toulouse-Lautrec 포스터화의 주인공) 같은 창작자들과 피에르 자네Pierre Janet, 모턴 프린스Morton Prince와 지그문트 프로이트Sigmund

Freud 같은 신경학자들도 있었다.[21] 이 중 프린스와 프로이트는 샤르코의 생각을, 비록 아직 전前정신분석 단계에 머물러 있는 것이기는 하지만, 샤르코의 생각을 잠재의식에 대한 역동적 이론으로 변화시켰다.

　프로이트는 1856년에 태어나 2차 산업혁명의 위대한 중심 도시에서 어느 정도 떨어진 곳에서 성장했다. 그는 2세대 동유럽 유대인으로서 그의 선조들은 차르tsar가 지배하는 땅에서 피신처를 찾아 오스트리아 황제의 보호 아래로 거처를 옮겼다. 모직 판매상이었던 아버지 야콥Jacob Freud은 유럽의 유대인 거주지 중에서도 가장 가난한 폴란드 남부의 갈리시아를 떠나 모라비아의 초원과 삼림 한가운데 있는, 오천여 명의 주민이 살고 있던 프라이베르크에 정착했다. 프로이트의 어머니이자 야콥의 세번째 부인인 아말리에 나탄존Amalie Nathansohn 역시 갈리시아에서 온 이민자였다. 1859년 프로이트가 세 살이던 해 가업의 실패로 그의 가족은 오스트리아 빈으로 이사하지 않을 수 없게 되었다. 거기서 프로이트의 가족은 보헤미아인, 모라비아인, 헝가리인, 루테니아인, 크로아티아인 등과 같은 이민자들의 물결에 합류하게 되었다. 이들 이민자들은 가장 많은 유대인이 살고 있었던 바르샤바의 외곽 도시와 더불어 빈을 유럽 최고의 다국적, 다언어 도시로 변모시켰다.

　철도 중심지로서 과밀하고 비위생적 주거 환경을 지닌, 주당 70시간의 노동을 해야 했던 생계형 매춘 산업의 도시인 빈은 또한 의회, 시청, 대학 같은 계몽주의의 범례적인 기관들을 뽐내는 도시이기도 했다. 프로이트는 유대인 학생과 교수들이 대거 진입하는 기회를 이용해

1856년 지그문트 프로이트가 태어난 모라비아 농촌의 생가

1873년 대학에 입학했다.[22] 원래는 동물학과 철학으로 이중 학위를 취
득할 계획이었지만, 그는 처음부터 심리학에 깊은 관심을 갖고 있었
다. 그는 환속한 카톨릭 사제로, 현상학의 창시자인 프란츠 브렌타노
Franz Brentano에게서 다섯 개의 과정을 이수했다. 브렌타노가 의식에
대한 경험적 과학을 주창하며 빈에 온 것은 1874년이었다. 대학 바깥
에서 프로이트는 브렌타노와 우정을 유지하며 그에게 의지하여 번역
일을 했지만 그 철학자의 종교적 목표를 공유하지는 않았고 결국에는
그와 결별하게 되었다.[23]

프로이트의 학업은 훗날 그의 실험실 연구를 감독하게 되는 에른스
트 브뤼케Ernst Brücke와 빈 종합 병원에서 그의 감독자였던 테오도어

마이네르트 같은 과학자-교사들에 의해서도 가다듬어졌다. 헤르만 폰 헬름홀츠Herman von Helmholtz의 영향을 받았던 이들은 사람이 외부 세계에 대한 지식을 획득하는 과정에 대한 경험적 조사 방법을 도입했다. 그러나 많은 신경학자들과 달리 그들은 정신을 물리-화학적 용어로 설명하는 것(이 시도는 후일 정신물리학으로 알려져 대학의 심리학에 통합되었다)을 목표로 삼지 않았다. 그보다 그들은 칸트의 선천적 혹은 선험적a priori 범주와 '직관 형식'을 진화의 산물, 자연 속에서의 적응과 투쟁의 결과로 재정의하는 신칸트주의자들이었다.[24]

1876년 프로이트는 이중 학위 계획을 포기하고 에른스트 브뤼케의 생리학 연구소에 들어갔다. 거기서 그는 6년 동안의 연구를 통해, 프로이트 자신의 말대로라면 "휴식과 충분한 만족"을 얻었다.[25] 프로이트의 궁핍한 재정 형편 때문에 브뤼케는 그에게 연구를 포기하고 의사가 되기를 권했다. 1879~1880년간 병역을 마친 프로이트는 의학 학위를 취득한 후 빈 종합 병원에서 일하기 시작했다. 의학 학위를 취득한 후에야 그는 간신히 부모의 집에서 독립해 나올 수 있었다. 브뤼케의 연구소에서 일하는 동안 그는 요제프 브로이어를 만났다. 브로이어는 나이가 한참 위였고 존경받는 물리학자 집안 출신의 심리학자로서 귀의 반달고리관의 기능을 알아낸 사람이었다. 브로이어는 프로이트의 멘토 역할을 했고 돈을 빌려주기도 했다. 1885년 프로이트는 신경병리학 분야의 강사Dozent로 임명되었고 살페트리에르에서 샤르코와 함께 연구할 수 있는 펠로십을 얻었다. 거기서 그는 '신경 질환', 특히 히스테리라는 신세계에 빠져들었다.

처음에 프로이트는 샤르코의 카리스마에 사로잡혔다. 프로이트는 1885년 11월 약혼자인 마르타 베르나이스Martha Bernays에게 이렇게 썼다. "나의 머리는 극장에서 시간을 보낸 후처럼 가득 차 있다오. [……] 어느 누구도 나를 이렇게 감동시켰던 적은 없소."[26] 파리에서 돌아온 후 그는 주로 유대인과 이민자 환자들의 신경질환을 치료하는 개인의사로 일하기 시작했다. 그는 브로이어에게 의지하여 환자를 위탁받거나 돈을 빌리기도 했다. 그는 도전적으로 부활절의 일요일에 첫번째 진찰실을 열고는 자신을 프랑스 학계로의 전향자로 소개했다. 그는 샤르코의 이론을 원용하여 빈 내과학회보다 먼저 독일과 오스트리아 의학을 비판하는 「남성 히스테리에 대하여On Male Hysteria」라는 보고서를 발표했다. 1887년 프로이트는 베를린의 이비인후과 의사이며 곧 그의 멘토이자 라이벌이 될 빌헬름 플리스Wilhelm Fliess에게 최면술에 '긍정적인 매력'이 있음을 알았다고 털어놓았다.[27] 프로이트의 한 의사 친구의 아들인 바이올리니스트 프리츠 클라이슬러Fritz Kleisler는 후일 프로이트에 대해 "그다지 유명한 사람은 아니었지만 [……] 유능한 최면술사였다"[28]라고 회상했다.

연구에서 최면술이 폐기되는 경향이 있었던 1880년대 말엽에도 프로이트는 최면술을 포기하지 않고 오랫동안 완화된 형태로 이용했다.[29] 또한 그는 신체 모델의 표준 버전에 대해서는 비판적이었으면서도 그 틀 안에 머물러 있었다. 그의 첫 저서인 『실어증에 대하여On Aphasia』(1891)에서 그는 실어증이 판별 가능한 뇌중추의 이상에서 기인한다는 당시의 널리 퍼진 생각에 이의를 제기하며 문제가 언어 중추에서 생기는 것인지 중추들 사이의 연결 통로에서 생기는 것인지 판정할 수 없다고 주장했다. 뇌와 언어를 인과적으로 연결하는 대신 그는 '언어 영역'[30]이라는 가설을 세웠다. 그러나 이것이 새로운 의견은 전혀 아니었다. 1890년대 가장 중요한 신경학의 특징은 심리적으로 설명하려는 탐색이었다.

1895년 프로이트와 브로이어는 다섯 개의 사례 연구를 엮어 『히스테리 연구*Studies in Hysteria*』라는 제목의 책으로 출판했다. 그 대부분이 오늘날은 정신분석으로 여겨지지만 — 억압된 기억, 대화 치료 — 이 책은 또한 정신병에 대해 널리 행해지던 역동적 정신의학을 예시한 것이기도 했다. 이에 따르면 무의식이란 고착관념 혹은 파편화된 생각으로서, 의식적 에고로부터 떨어져 나와 최면술을 통하지 않고는 접근 불가능한 정신의 낮은 혹은 잠재의식의 영역 어딘가에 자리 잡고 있는 것이었다. 윌리엄 제임스는 이렇게 요약했다. "히스테리 환자의 잠재의식에 대한 비네Alfred Binet, 자네, 브로이어, 프로이트, 메이슨Jeffrey Masson, 프린스 외 여러 사람들의 훌륭한 탐구 덕분에 우리는 의식의 일차적 장場 밖에 묻혀 기생적 방식으로 존속하는 고통스러운 기억의 형태를 띠고 있는 지하 생활의 전모를 드러낼 수 있게 되었다. 〔……〕 암시에 의해 이 기억을 바꾸거나 없애버리면 환자의 상태는 곧 호전된다."[31]

그러나 그 책에는 *방어Abwehr*라는 정말 새로운 한 가지 개념이 담겨 있었다. 이 개념은 *트라우마*에 대한 역동적 정신의학의 강조와 연결되어 있었다. 표준적 신경학의 관념에 따라 브로이어와 프로이트는 히스테리를 의식의 파편화, 긴장의 해소, 종합synthesis의 실패로 간주했다.[32] 『히스테리 연구』의 작업 가설은 이 파편화가 과잉 자극 — 의식이 처리할 수 있는 것보다 더 많은 자극 — 을 반영한다는 것이었다. 의식에 통합되지 않는 사태를 그들은 트라우마라 지칭했다. 그러나 두 저자는 트라우마가 히스테리를 유발한다는 데에는 의견이 같았지만, 어떤 사람으로 하여금 트라우마에 뒤따르는 의식의 파편화나 종합의 실패를 *견딜 수 있게* 만드는 게 무엇이냐에 대해서는 의견이 갈렸다. 브로이어는 어떤 사태가 의식에 도달하지 못하는 것은 그 사태가 일어났을 때 히스테리 환자가 그것을 견딜 만하거나 최면 상태(배회 상태)에 있었기 때문이라 생각했다. 그는 심리적 긴장이 완화되는 상태를 향하는 경향은 유전적이라고 생각했다. 이에 비해 프로이트는 파편화가 일어나는 것은 히스테리 환자가 트라우마적 사태에 대한 인지를 *방어*하기 때문이라 생각했다. 다시 말해 그는 파편화를 동기화되는motivated 것으로 생각했던 것이다.[33]

프로이트가 방어를 강조한 것은 개인무의식이라는 개념을 향한 단서였다. 오랫동안 브로이어에게 의존했던 프로이트는 이 나이 많은 친구가 자신의 열정을 꺾으려 하고 그가 진 빚을 탕감해주려고 함에 따라 점점 불편해지기 시작했다. 또 하나의 긴장의 소지는 히스테리의 원인은 언제나 성적인 것이라는 프로이트의 확신이었다. 이 생각은 『히스테리 연구』에서는 거의 언급되지 않았지만 프로이트가 방어 개념을 강조한 이면에는 이 같은 생각이 놓여 있었다. 그러나 둘 사이가 결렬된 결정적인 이유는 프로이트가 플리스와 더 친하게 된 일이었다. 플리스는 프로이트보다 두 살 아래임에도 불구하고 처음에는 플리스가 두 사람의 새로운 관계를 주도해나갔다. 그는 프로이트의 웅대한 야망을 긍정하고 심지어 격려해주었으며, 프로이트가 죽을까 두려워하며 담배를 끊으려 할 때 그의 의사가 되어주었다. 프로이트는 플리스를 '선생' '유일한 *타자*'라 부르며 "나는 독자가 없으면 아무것도 쓸 수 없지만 너만을 위해 쓰는 것에는 전적으로 만족한다"[34]라고 고백하기도 했다.

플리스 역시 프로이트에게 깊은 지적 영향을 끼쳤다. 특히 신경계를 성적 에너지의 도관導管으로 보는 그의 견해를 통해 그러했다. 그 시대의 대부분의 신경학자들은 성충동을 거의 전적으로 생식기와 관련지어서만 생각했다. 이와 반대로 플리스는 유아 섹슈얼리티는 신경에 인과적으로 연관된다고 주장했는데, 프로이트는 곧 이 견해를 수용했다. 프로이트의 우정의 대상이 이동했다는 사실은 1895년의 사건을 통해 드러났다. 브로이어는 토론회를 열어 자신을 프로이트의 성이론에 대한 '동조자'라고 소개했다. 나중에 프로이트가 개인적으로 감사의 뜻을 표하자 브로이어는 "어쨌든 난 믿지 않아"라고 답했다. 프로이트는 플리스에게 보낸 편지에서 이 일에 대해 언급하며 "자넨 이걸 이해할 수 있나? 난 못 해"[35]라고 썼다.

1895년까지 프로이트는 뇌해부학, 코카인에 관한 연구, 최면술, 실어증, 유년기의 뇌경색에 대해 연구하고 영어와 불어를 직업적으로 번역하기도 하고 카타르시스적 정신치료를 실행하기도 하는 등 다양한 경력을 쌓았다. 그러나 『히스테리 연구』를 완성한 후에는 방어 개념에 이끌려 그의 사상의 "최전선으로 접어들었다."[36] 정신에 대한 이론을 대략적으로 설명했던 첫 시도에 대해 언급하면서 그는 플리스에게 "이제껏 내가 기울인 모든 노력은 방어를 설명하기 위함이었다네. 어떤 것을 자연의 핵심에 따라 설명하려 한 것이지! 나는 수면이나 기억의 질質 문제, 간단히 말해 심리학의 모든 것을 내 방식대로 해결해야 했다네"[37]라고 써 보냈다. 방어의 의미를 통해 사유하려는 노력에 그의 전력을 집중시킨 것이었다. 1895년의 한 편지에서 그는 플리스에게 자신의 성격이 워낙 그렇게 생겨먹어서 "피 말리는 열정이라는 폭군" 없이는 살 수 없노라고 말했다. 그는 계속해서 "나는 내 폭군을 찾았어. 내 폭군은 심리학이야"[38]라고 썼다.

1895년 7월 그는 처음으로 자신의 꿈을 해석했다. 플리스에게 언젠가는 이 사건이 명판銘板으로 기념될 것이라고 쓴 것으로 보아 그는 해석할 목적으로 이 꿈을 꾼 것일 수 있다. 그 후 1년 반 동안 그는 『꿈의 해석』의 초고를 썼다.[39] 그러나 3년이 지나도록 완성하지는 못했다. 후일 그는 이 작업의 지연이 그의 '자기 분석', 내적 성찰, 그리고 1896년 10월 아버지의 급작스런 죽음으로 인한 슬픔 때문이었다고 해명했다. 이유야 어떻든 아버지의 죽음은 그에게 과거를 일깨우고, 사람의 일생 중 가장 의미심장한 사건은 필시 아버지의 죽음일 것[40]이라 추측하도록 그를 압박해 뿌리째 흔들어놓았다. 『꿈의 해석』을 완성하는 동안 그는 아버지의 죽음에 사로잡혀 있었다. 그 책에는 정신에 대한 이론과 프로이트 자신의 꿈들에서 발췌한 단장들의 형태로 그 이론의 기원을 기록한 내용이 담겨 있다. 각각의 장章들은 이론과 함께 그 이론을 수립하는 과정에서 프로이트가 당면했던 어려운 문제들을 예시하고 있다. 그 어려운 문제들은 아버지와 관계된 것들이 중심적이었다. 그가 특히 끝내기 힘들어했던 부분은 문학에 대한 검토였는데, 이에 대해 그는 다른 사람들의 도움을 받았음을 상세히 밝히고 있다. 결론 부분은 그의 가장 독창적인 사유를 드러낸다. 책을 완성할 수 있었던 것은 그의 생각들에 대한 플리스의 포용력 덕분이었다. 책을 마쳤을 때 프로이트와 플리스의 친교도 끝을 맺었다.[41]

『꿈의 해석』의 위대한 혁신은 잠자는 사람을 주체로 상정했다는 데에 있다. 계몽주의의 활동적이고 합리적인 주체와 달리 이 주체는 외부 세계로의 아무런 접근로도 지니고 있지 않다. 에고는 어둠 속에 놓여 있다. 모든 자극은 그 내부에서 온다. 지각 자극 — 빛, 색, 형상, 소

지그문트 프로이트의 1885년도 명함 사진

리, 재현적 조각들 ― 은 단지 어쩌다가 그 어둠 밖에서 발생한다. 일찍부터 강조해온 방어에 이어져 있는 것이지만 1898년까지 정립되지 않았던 이 책의 논제는 꿈이란 낮 동안의 체험에서 남겨진 소망이나 근심이 잠을 방해할 정도로 강력한 유년기의 기억과 연결될 때의 결과물이라는 것이었다. 꿈 뒤에는 생물학적으로 결정되는 단 하나의 지배적 소망*Wunsch*, 즉 수면 상태를 유지하려는 소망이 놓여 있다는 것이었다. 꿈은 꿈꾸는 사람의 소망이 이루어진 것처럼 위장된 형태로 표현함으로써 잠을 지켜준다. 그리하여 현대의 개인적 삶의 출현을 알리는 이 독창적인 작업은 현실로부터의 후퇴와 사유의 전능함으로부터의 후퇴로 특징지어지는 꿈꾸기에 집중되었고, 소망 충족의 과정을 깊이 내향內向시켜 얽히게 만들었다.

프로이트는 자신이 1895년 7월에 꾸었던 이르마Irma의 주사 꿈을 책의 중심 항목으로 제시했다. 그가 꿈을 꾸었던 밤에 프로이트와 그의 가족은 남부 독일의 베르히테스가덴에서 여름 휴가를 보내고 있었다. 프로이트는 그의 여섯번째 딸인 안나Anna Freud를 임신하고 있었던 부인 마르타를 위해 생일 파티를 열어줄 계획을 하고 있었다. 몇 명의 의사 친구들이 환자들 몇몇과 함께 초대되었다. 그 해 초 그는 환자들 가운데 한 명인 엠마 엑스타인Emma Eckstein(이르마)에게 필요를 느끼지 않더라도 통상적으로 하는 수술을 위해 플리스의 진찰을 받아보라고 권했다. 플리스가 비강鼻腔 안에 거즈를 남겨 놓은 바람에 엑스타인은 거의 죽을 뻔했다. 프로이트는 그녀의 증상이 지속되는 것이 심리적 이유 때문이라고 완강하게 주장하여 병을 더욱 악화시키기만 했다. 나중에 두번째 수술에 의해 진실이 밝혀졌다. 꿈을 꾸던 날 프로이트의 한 친구 의사가 엑스타인이 여전히 치료에 대한 반응이 없다고 알려주었다. 꿈은 프로이트의 죄의식과 분노뿐만 아니라 많은 난관을 이겨내려는 그의 욕망에 의해 최촉催促되었다.

그 꿈은 "많은 손님들을 맞이한 넓은 홀"에서 시작되었다. 그들 중에는 이르마도 있었다. 프로이트는 그녀를 한쪽으로 끌고 가 비난을 퍼부었다. "아직도 아픈 건 전적으로 당신 탓이오." 이에 이르마는 "제가 얼마나 아픈지 아세요?"라고 대꾸했다. 그때 프로이트는 한 가지 신체 기관의 문제를 빠뜨렸다고 생각했다. 그는 그녀의 목구멍 — 그녀의 '무의식' — 을 검사했는데, 거기서 "구불구불한 모양을 한 커다랗고 희끄무레한 회색빛 상처 딱지"를 보았다. 그는 동료 의사를 불렀다. 그는 "감염된 게 틀림없어"라고 말했다. 조금 전에 그녀는 주사를 맞았었다. 플리스가 섹슈얼리티의 기반으로 여겼던 어떤 화학 약품 — 트리메틸아민 — 의 처방전이 꿈꾸는 사람의 눈앞에 어른거렸다. 프로이트는 "이런 종류의 주사는 생각 없이 함부로 놓는 게 아니야. 아마도 주사기가 청결하지 않았던 모양이군"이라고 생각했다.

이 꿈은 개인무의식의 작업을 예시하고 있다. 그것은 잠자는 동안에 무의식적 소망을 충족시키기 위한 노력을 통해 프로이트가 그의 생애 중 옛날에 있었던 일과 현재의 일 모두를 의미 있는 정신 구조로 변환시키고 있음을 보여준다. 가장 즉각적인 수준에서 그것은 프로이트의 죄의식에서 동기를 취한 것이었다. 처음 그는 불행한 일에 대해 이르마를 나무라고 이어 의사들을 탓하고는 마지막으로 트리메틸아민을 탓한다. 자신만 빼고 모두에게 책임이 있다는 것이다. 생각의 연결은 느슨하고 역동적이며 예측 불가능하다. 그래서 꿈꾸는 사람은 자신이 '생각 없이 놓은 주사'가 마르타의 원하지 않은 임신과 절차에 문제가 있었던 자신의 10년 전 코카인 실험에 책임이 있는 게 아닐까 근심한다. 심층적 차원에서 그 꿈은 프로이트의 어릴 때의 야망, 언제나 옳아야 하는 필요를 반영한다. 의료계 사람들은 모두 무능하다. 플리스는 엑스타인의 수술을 망쳤고 지금은 터무니없는 성 이론에 매달려 있다. 그 실패와 대조적으로 그 꿈은 당시 프로이트가 무의식 이론을 정립하기 위해 기울이고 있던 노력을 반영한다. 그것은 홀, 이르마의 구강, 트리메틸아민의 삼등분 구조를 갖고 있다. 이 삼등분 구조는 전의식적, 무의식적, 신체기관적이라는 프로이트의 첫 정신 모델을 예견케 한다. 섹슈얼리티를 신경증의 근원으로 믿으려는 프로이트의 염원이 아마 그 꿈의 가장 깊은 소망이었을 것이다.[42]

프로이트의 꿈 해석은 그가 이미 살페트리에르의 외견상 질서정연

엠마 엑스타인: 이르마의 꿈의 '이르마'(1895)

하고 초이성적이며 시각적인 공간을 정신분석의 내적, 역동적, 심리적, 언어적 공간으로 변형시킨 방식을 드러내 보여준다. 그럼에도 꿈의 해석에서 무의식 이론의 수립으로 가는 길은 아직 요원했다. 그 길을 좇기 위해 프로이트는 『히스테리 연구』와 사실상 19세기 말 정신의학 전체에 내재되어 있던 생각, 즉 특별한 사태가 특별한 '의식의 파편화'를 야기한다는 생각을 버려야 했다. 이러한 이동의 단초는 유혹 이론seduction theory이라고 알려진 것을 그가 포기한 데에 놓여 있다.

1896년 프로이트는 히스테리가 '예외 없이' 유년기의 성적 학대의 결과라고 주장했다.[43] 그러나 그때에도 그는 무의식적 사고의 변형 효과를 강조했다. 사태 당시 피해자에게 가해진 효과가 어떤 것이든 유년기의 성적 학대에 대한 *기억*은 사춘기의 시작과 더불어 새로운 중요성을 띤다는 것이었다.[44] 그러나 이 미묘한 차이는 유혹 이론을 보존하기에 충분하지 않았다. 오히려 프로이트는 그 이론이 수립되자마자 그것을 수정하기 시작했고 마침내는 "무의식에는 현실을 지시하는 것이 없기 때문에 정동affect이 투여된 허구와 진실을 분간할 수 없다"[45]고 결론지었다. 그 이론을 버리면서도 프로이트는 외적 사태의 의미를 거부하지는 않았고 다만 *특별한 징후가 언제나 특별한 트라우마의 결과물*이라는 생각을 거부했을 뿐이었다.

이제 프로이트가 스스로 벗어나려고 하는 역동적 정신의학은 여전히 무의식적 생각을 '에고라는 타당한 의식'으로부터 고립되고 차단된 '고착관념' 혹은 억압된 기억이라 여기고 있었다.[46] 이와 반대로 프로이트는 무의식을 가능한 모든 방향으로 분산되는 가지와 샛길들이 연상적으로 연결된 광대무변한 벌판이라 생각하기 시작하고 있었다. 유추analogy에는 종잡을 수 없고 부정확한 하위언어sublanguage, 전문어휘와 방언을 지닌 언어들이 포함된다. 그것은 다양한 이웃들, 교외, 빈민가들로 뻗어나가는 도시이자 불연속적인 고고학적 단층, 수학의 증식장增殖場, 화학적 과정이고, 강, 초원, 숲이고 우주 자체이며 21세기적 사유식으로 말하면 알고리즘에 의해 생성된 공간들이었다. 프로이트에게 떠오르고 있던 견해로는 무의식이란 무한한 자료창고이거나 분류 체계였다. 의식은 지각을 통해 그 내용의 일부만, 그것도 잠깐 동안만 초점 아래 놓아둘 수 있었다.[47]

1896년에서 1898년 사이에 프로이트가 플리스에게 보낸 편지들은 무의식이 어떻게 일반적 작업의 명령에 따르는가에 대한 그의 생각의 변화 과정을 보여준다. 1896년 12월 그는 플리스에게 자신은 기억이 층화層化 과정을 통해 발전한다는 가설에 입각하여 작업하고 있음을 알렸다. 기억 흔적(이것에 대해 프로이트는 흔적Spur, 소통Bahnung, 신호Zeichen, 전사Umschrift 등과 같은 다양한 용어를 사용했다)들은 "마치 전사轉寫되는 것처럼 새로운 환경에 따라 재배열된다." 그의 이론을 선행자들의 그것과 갈라놓는 것은 "기억은 단 한 번만이 아니라 여러 번 되풀이해서 나타난다는 명제"[48]라고 프로이트는 설명했다. 달리 말하면 기억은 그것이 유래된 사건으로부터가 아니라 다른 기억들과 연결되면서 의미를 발생시킨다는 것이었다.

1897년 프로이트는 플리스에게 정신의 구조를 묘사한 그림을 보냈다. 그리고 동봉한 편지에서 그 그림에 대해 설명했다. 작은 삼각형으로 표시된 의식은 지각이었다. 로마 숫자들은 '장면들'을 나타냈다. 어떤 것은 직접 접근할 수 있지만 "다른 것들은 오직 그 앞에 놓인 환

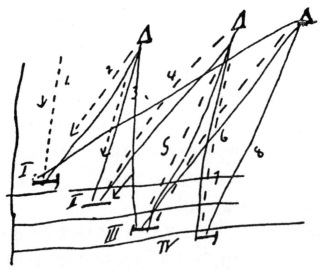

무의식을 개념화하려는 프로이트의 초기 시도(1897)

상을 통해야만 했다." 로마 숫자가 커질수록 접근성이 감소하는 수준을 나타냈다. 덜 '억압된' 장면이 맨 먼저 나타나지만 그러나 "심하게 억압 받는 장면들과 연결되어 있는 까닭에 불완전하게" 나타난다. 따라서 분석은 (아라비아 숫자로 표시된) '올가미'에 의해 진행되어야 했다. "환상들은 상호 결합된 화학적 결합체의 분해와 유사한 융합과 왜곡에 의해 형성된다." 시각적 장면의 파편은 청각적 장면의 파편과 결합되었다. 남겨진 파편은 "다른 어떤 것과 결합한다." 그러므로 ─ 이것이 핵심적 고찰인데 ─ "원래의 결합은 추적할 수 없게 된다."[49]

당시 그것은 무의식에 대한 새로운 이론으로의 한 단계 진전이었다. 그것은 무의식을 이성의 교란으로 보는 것도 아니고, 신경계의 낮은 가장자리에 연결된 파편화된 생각으로 보는 것도 아니었다. 프로이트가 걸음을 내딛자 그는 정신분석의 역사를 가로질러 그 중심에 남아 있게 될 어떤 것, 즉 저항이라는 개념과 마주치게 된 것이었다. 그는 꿈이란 소망과, 그 소망을 드러내는 것에 대한 *저항* 사이의 타협이라고 이론화하기 시작했다. 그에게 있어 책을 쓴다는 것은 심오한 개인적 해방의 노력을 의미했다. 그 때문에 그의 많은 꿈은 아버지나 아버지의 대리인과 그와의 관계에서 예시된 것처럼 자신의 저항에 초점이 맞춰졌다. 어떤 꿈은 죽은 친구를 날카롭게 노려보자 그 친구가 녹아 없어져버렸다는 이야기를 기록하고 있다. 이 꿈은 그가 직장에 지각했을 때 감독자인 브뤼케가 꾸짖듯 노려보던 무서운 시선 때문에 수치심을 느꼈던 실제 체험을 뒤집어놓은 것이었다. 또 다른 꿈에서 그는 아버지가 마자르인들 사이에서 정치적 명사가 된 것을 보았다. 이로 인해 그는 임종 침대에서 아버지가 얼마나 가리발디Giuseppe Garibaldi와 흡사했는가를 떠올렸다. 후일의 꿈에서 브뤼케가 프로이트에게 그 자신의 "몸, 골반, 다리에 대한 상세한 분석보고서를 작성하라"는 과제를 부과한 것은 그의 자기 분석 기획이 엄숙한 행위였음을 암시했다. 다른 꿈들은 보다 큰 정치적 관심을 반영했다. 테오도어 헤르츨Theodore Herzl의 시오니스트적 연극을 보고 촉발된 꿈에서 프로이트는 크게 상심하여 거의 울 지경이 되었다. "여성 인물 — 간호원이나 수녀 — 이 두 아이를 데려와 아버지에게 넘겨주었는데, 그 아버지는 내가 아니었다."[50] 그는 이 꿈이 "유대인 문제, 아무도 그들에게 그들 자신의 조국을 안겨줄 수 없는 아이들의 장래 문제, 어떻게 그 아이들을 가르쳐 자유로이 국경을 넘나들 수 있도록 만들 것이냐의 문제"[51]와 관련 있는 것으로 해석했다. 책을 끝맺는 일은 저항에 대한 훈습薰習, working through*과 병행되었다. 주의력이 예민하면서도 아무런 목적도 비판의식도 없이 자유로이 떠도는 상태가 꿈의 해석이 아니라 회상에 필요한 자유 연상의 선결 조건이었다. 그 상태를 획득하는 것은 정상적으로 자기 비판에 가해지는 정신적 에너지를 취하여 이를 자기 관찰로 전환시키는 것을 의미하는 것이라고 프로이트는 썼다.[52]

1898년 3월 8일에서 10일 사이에 프로이트는 무의식 이론을 수립하여 책을 완성할 수 있게 되었음을 알리는 꿈을 꾸었다. 식물학 논문을 썼는데 그것이 자기 앞에 펼쳐져 놓여 있었던 것이다. 그 꿈은 비싼 책을 샀다고 아버지로부터 꾸중을 들었던 어린 시절의 사건을 맴돌았다. 그는 그 후 얼마 있지 않아 『꿈의 해석』의 마지막에 해당하는 이론적 장章을 썼다. 그는 무의식을 유년기에 일어나는 역동적이고 개인적

---

* 해석이 불러일으키는 저항에 맞서 분석적 해석을 계속하여 저항의 근원에 있는 갈등을 경험케 함으로써 극복할 수 있도록 유도하는 심리적 조정 작업.

66

인 동기화의 장소로 생각하고서야 책을 끝낼 수 있었다. 현대의 개인적 삶에 대한 핵심적 통찰이었다.

전의식적 사고 — 의식에 즉각 포착되는 사고 — 와 달리 이제 그는 무의식이라는 무한한 벌판을 그가 '1차 사고 과정primary process thought'이라 부른 것에 입각하여 서술했다. 그가 이해한 바로는 1차 과정은 속박에 매여 있지도 않고 질서정연하지도 않으며, 그것의 에너지는 여러 상이한 흐름들 사이에서 자유로이 분출되어 나오는 것이었다. 논리적이지 않은 그것의 움직임은 기억 흔적이 결합하는 압축condensation이나, 결합되어 있던 하나의 정서가 다른 것으로 바뀌는 전위displacement 같은 메커니즘에 의해 지배되는 것이었다. 꿈에 대한 연구는 프로이트에게 1차 사고 과정의 창을 열어주었다. 꿈 뒤에 놓여 있는 1차 사고 과정은 그것이 시각적이거나 청각적 특성을 지닐 때, 그래서 어느 정도의 밀도를 자신에게 끌어들일 때에만 의식에 진입할 수 있었다. 그럴 때조차도 그것은 꿈이 의식이 되기 전에 '이것은 단지 꿈일 뿐이야'라는 생각과 같이 수정되어야 하는 것이었다.

무의식적 사고를 '1차적'이라 부르면서 프로이트가 염두에 두었던 것은 그 진화의 맥락에 2차적 과정 혹은 의식적 사고가 진행된다는 것이었다. 그러나 그는 그것 역시 다른 의미에서, 즉 유년기에 시작되는 그것이 개인의 핵심 동기와 결합되어 있다는 의미에서 역시 원초적이라 생각했다. 프로이트의 설명에 의하면 개인무의식의 동력은 최초의 체험이 본능적으로 작동되었지만 충족되지 않은 요구need를 소망wish으로 변형시킬 때 형성된다는 것이었다. 더구나 어린 시절의 소망은 사라지지도 않는다. 세 살 때 따귀를 한 대 맞은 아픔은 조금도 완화되지 않은 채 무의식 속에 50년 후까지 간직된다. 무의식적 소망은 '우리 존재의 핵심'이었다. 그것은 일상적인 대화 속에서 표출되는 창조성의 원천이자 모든 정신적 밀도, 즉 일상생활에 그 많은 불가사의함과 예측 불가능성을 더해주는 '추가적' 정동'extra' affect의 원천이었다. 매일매일의 '사업상'의 근심이 꿈-사고를 촉발시키는 데 비해 오직 유아기의 소망만이 꿈을 창조하는 데 필요한 그러한 '중요한' 생각들을 공급할 수 있는 것이었다. 예컨대 이르마에 대한 프로이트의 꿈은 엑스타인에 대한 일상적인 근심이 전능함과 복수라는 유아기의 소망과 결합됨으로써 형태화된 것이었다.

분명 19세기 말의 많은 사상가들은 정신이 단지 현실을 반영하기만하는 게 아니라 다른 기호들과의 관계에서 의미를 발생시키는 기호들을 창조적으로 구성하고 또 재구성하는 것임을 인정했다. 이는 특히스테판 말라르메Stéphane Mallaemé나 페르디낭 드 소쉬르Ferdinand de Saussure 같은, '언어적 전환linguistic turn'이라는 항목에 한데 묶을 수있는 사상가들에게 있어서는 더욱 그랬다. 그러나 이들에게는 어떠한동기 개념도 없었다. 프로이트는 사실상 혼자 그 같은 개념을 제시한것이었다. 그는 가장 가까운 부모나 형제자매와의 관계에서 형성된독특한 소망과 기억이 경험을 재구성하도록 몰아가 개인적 특성을 부여한다고 주장했다.

처음에 프로이트는 이러한 생각에 담긴 의미를 충분히 깨닫지 못했다. 그가 플리스에게 『꿈의 해석』의 이론적 결론의 장에 '꿈과 신경증'이라는 제목을 붙이려 한다고 알렸을 때 그는 꿈과 신경증이라는 두현상 모두에 동일한 메커니즘—1차 사고 과정에 인도되는 유아기의소망—이 놓여 있다는 것을 처음으로 분명하게 관찰한 것이었다.[53]후일 그는 무의식에 대한 생각을 확장하여 말실수, 농담, 백일몽, 예술 작품에 대해 설명했다. 그는 인간의 모든 산물은 무의식에서 생겨나 미세하게 교정되고 의식화됨으로써 표현 가능한 형태가 된다고 생각하기 시작했다.

그러나 책의 완성이 프로이트에게 즉각 기쁨을 가져다주지는 않았다. 그는 플리스에게 "나는 내적으로 매우 궁핍해졌다고 느낀다네. 나는 내 모든 공중누각을 허물어버려야 했어"[54]라고 썼다. 아마 그랬을 것이다. 그러나 책의 완성은 그를 극적으로 변모시켰다. 예전에 그는 예외적인 인물이 되기를 꿈꿨다. 이제 그는 남들과 다를 바 없는 사람으로 처신했다.[55] 책의 완성은 그의 글쓰기 스타일까지 바꿔놓았다. 이때부터 그는 익명의 전문가로 쓰기를 그만두고 독자에게 직접 말하는 형식으로 썼다.[56] 또한 책의 완성과 더불어 그는 과학에 대한 애정을 버린 것은 아니었지만 이제껏 신봉하던 실증주의를 거부하게 되었다. 후일 정신분석이 되는 많은 것들에 대해 그는 항상 모호하고 때로는 사변적이라 생각했었는데 이와 달리 『꿈의 해석』은 그가 항상 과학에서 추구하던 확실성을 가져다주었다. 70대에 그는 "내가 항상 결론의 정확성 여부에 대해 주저하고 의문을 품을 때마다, 혼란스럽고 무의미한 꿈을 그 꿈을 꾼 사람의 정확하고 이해 가능한 심리적 과정으로 옮겨 놓는 데 성공하면 나는 내가 옳은 길을 가고 있다는 자신감을 새롭게 다질 수 있었다"[57]고 썼다.

프로이트가 『꿈의 해석』을 출판한 것은 1899년이었지만 출판년도는 1900년으로 되어 있다. 그 책은 새로운 인간됨being human의 방식, 즉 심리적이고 통인간적이며 비판정적인 방식을 예고했다. 새로운 모든 것들 중에서도 행간에 돋보이는 것은 세기말적 경향이었다. 구체적인 시공간으로부터 개인의 심리적 분리, 본능의 방임에 주어진 새로운 격려, 섹슈얼리티의 폭발적인 힘, 외부 현실을 전혀 재생산하지 않는 복잡한 내면 세계의 구축 등. 머지않아 '모더니즘'이라 명명될 이 새로운 인간됨의 방식은 19세기의 자유주의 전통을 변화시킨다.

심리학이 특히 계몽주의 이래 부르주아적이고 자유주의적인 세계관의 중심 자리를 차지하고 있었던 것은 분명한 사실이다. 그러므로 정신분석은 오랜 역사의 정점이었다. 그러나 육체와 정신 사이의 경계에 위치하는 본능이나 충동이 우리 존재의 독특하고 우연적인 핵심을 구성하는 심리적 소망을 발생시킨다고 주장하면서 프로이트는 이 역사를 다시 썼다. 계몽주의가 강조한 자율적이고 합리적인 주체는 모더니스트적 개념인 독특한 개인에게 자리를 내주게 되었다. 그 개인은 순전히 개인적이고 재생할 수 없는 내면 세계의 맥락에서가 아니면 도저히 이해할 수 없는 복잡한 일련의 동기들에 추동되는 매우 특이한, 국지적 이야기의 산물이었다.

개인적, 무의식적 소망을 심리학의 중심으로 옮겨 놓음으로써 프로이트는 또한 은연중에 최소한 계몽주의만큼이나 강력한 영향력을 지닌 두번째 사상의 흐름에 합류한 것이었다. 이 두번째 흐름은 칼뱅주의로서, 그것은 막스 베버가 '자본주의 정신'이라 부른 것을 고취함과 아울러 19세기 심리학에 도덕적 핵심을 제공했다. 단순한 정신의학이 아니라 계몽주의 전체가 자기 통제를 자율성과 동일시하는 것, 힘이 다할 때까지 일하라는 명령, 수동적인 성향에 대한 경계, 당겨진 활처럼 의지를 항상 팽팽하게 유지하라는 것, 이러한 모든 것이 소명이라는 칼뱅주의의 관념에서 유래한 것이었다. 칼뱅주의처럼 정신분석은 내적 성찰을 비도구적 목표로 향하게 했다. 그러나 1차 산업혁명의 비밀 철학인 칼뱅주의가 사람 안에 있는 여하한 악마적 기미라도 탐지하는 데 초점을 두었음에 비해 2차 산업혁명의 비밀 철학인 정신분석은 자기 비판을 자기 관찰로 변화시키려 했다.

계몽주의와 프로테스탄트 윤리 양자 모두와의 관계에 있어 『꿈의 해석』은 2차 산업혁명에 동반된 낙관주의를 반영했다. 개인적 삶은 가장 가시적인 경제적 기능으로부터 가족의 부담을 덜어준 19세기의 생산의 사회화라는 획기적인 진전의 산물이었다. 필요 너머에 존재하는 삶의 가능성을 요약한 개인적 삶은 여성, 청년, 동성애자들을 가족의 속박으로부터 풀어준다는 약속까지를 포함하는 깊은 소망과 유토피아적 상상의 장소였다. 이러한 약속과의 깊고 내면적인 연계성을 반영하는 정신분석은 유토피아 사상과의 이 같은 친근한 연계로 말미암아 그 역사의 대부분의 기간 동안 시달리게 된다. 그러나, 쇼르스케는 찬동하지 않겠지만, 역동적이고 개인적인 무의식에 대한 프로이트의 생각은 계몽주의의 핵심적 가치로부터의 후퇴를 의미하는 것이 아니었다. 오히려, 앞으로 보게 되겠지만, 세기말의 새로운 현실의 조건에서는 오직 *개인적 —도덕적*에 반대되는 의미에서의 —자율성만이 자유와 행복을 향한 사람들의 투쟁을 정당화할 수 있었다.

그러나 쇼르스케의 전망이 정확하게 반영한 것은 개인적 삶에 대한 세기말적 희망이 너무 이르다는 것이었다. 압도적 다수의 남·여성들에게 당면한 역사적 책무는 자기 이해를 심화하는 것이 아니라 노동자 계급에 속한 가족과 공동체를 안정시키는 일이었다. *사회적* 가능성으로서의 개인적 삶은 민주주의적 에토스와 아동기의 안정된 물질적 기반을 포함하는 정치, 경제적 조건에 달려 있었다. 이러한 조건들은 제1차 세계대전에 뒤이은 대기업의 시대에 비로소 존재하기 *시작*했다.

그나마도 당시에는 세계의 일부에만 국한되어 있었다. 그때까지 정신 분석은 오직 교육받은 중산층, 예술가, 보헤미안, 개인적 삶을 걸고 자유를 실험하는 사람들과 같은 일부의 사람들에게만 한정된 카리스마적 분파에 지나지 않았다. 이런 의미에서 초기의 정신분석은 소수의 사람들이 먼저 획득할 수 있었던 새로운 이해의 파토스를 예시하는 것이었다.

H. 스튜어트 휴즈Stuart Hughes가 '의식의 발견'이라 부른 것의 구현인의 『꿈의 해석』은 — 2차 산업혁명 초기의 기간 동안 능동적인, 그러나 단지 합리적이기만 한 것은 아닌 개념을 정립하려는 노력은 연상주의 심리학을 대체하기에 이르렀다 — 유년기, 심지어는 성년기의 우연한 일들에 의한 동기 형성, 그리고 그것이 지닌 내재적이고 개인적인 특성이라는 독보적인 어떤 것을 추가했다.[58] 이 특성 때문에 프로이트주의자들이 머지않아 '정신 내적 삶intrapsychic life'이라 부르게 될 것이 현대적 주체성과 나란히 놓여 이를 복잡하게 만드는 일종의 2차 세계를 구성하게 되었다. 프로이트의 무의식은 개인이 환경 탓으로 돌려지지 않는다는 *비환원성*nonreducibility, 혹은 그 자체가 사회적 산물인 *잉여*surplus를 의미했다. 그러나 이 생각 하나뿐이었다면 정신분석이 카리스마적 힘으로 전환될 수는 없었을 것이다. 프로이트주의가 역사적으로 강력해진 것은 개인무의식이라는 관념이 섹슈얼리티에 대한 새로운 이해와 불가분의 것이었기 때문이었다. 막스 베버가 썼듯 섹슈얼리티는 대량 생산의 시대에 "가장 비합리적인, 그러나 그렇기 때문에 이성의 어떠한 노력으로도 영원히 접근할 수 없는 진짜 핵심적인 삶으로 들어가는 [……] 문"처럼 어렴풋이 나타났다.[59]

제2장 젠더, 섹슈얼리티, 개인적 삶

> 미래주의자들은 거대 산업, 거대 도시, 바쁘고 소란
> 스런 생활로 이루어진 우리 시대가 새로운 형태의 예술,
> 철학, 행위, 언어를 필요로 한다는 사실을 날카롭게 꿰
> 뚫어 보았다. 이처럼 명백히 혁명적이고도 절대적으로
> *마르크스주의적*인 생각이 그들에게 떠오른 것은 사회
> 주의자들이 이 문제에 막연한 관심조차 갖지 않았을 때,
> 정치와 경제에 대해 분명한 생각을 하지 못하고 있을 때
> 부터였다. 〔……〕 노동자 계급이 보다 더 창조적인 어떤
> 일을 할 수 있기까지는 아마도 많은 시간을 기다려야 할
> 것이다.
>
> ── 안토니오 그람시, 「혁명가 마리네티」(1921)

계몽주의 사상가들의 칭송을 받았던 이성 중심적 주체는 성차별적
편견의 부담을 지니고 있었다. 그들에게 남성은 합리적, 자율적, 능동
적 주체였고 여성은 수동적, 감각적, 사적인 사람이었다. 프로이트는
무의식 이론을 정립하며 이 성차별적 편견을 문제 삼았다. 자기 통제
를 방임에 대립시키는 과거의 도식을 거부할 필요가 있음을 깨달은 것
과 마찬가지로 그는 성을 구분하는 물려받은 근거 또한 거부할 필요가
있음을 이해했다. 성적 욕망은 성별 차이에 그대로 대응한다는 19세
기적 견해를 거부하고 프로이트는 성생활에 개인성을 부각시켰다. 결
과는 섹슈얼리티에 대한 새로운 관념으로서 "사랑할 수 있는 능력을

행사하는 데 있어 각자의 특별한 개인성을 강조하는 것"이었다.[1] 이러한 관념 역시 개인적 삶의 새로운 조류와 깊이 공명共鳴했다.

예전에는 남자와 여자가 비록 맡은 바는 달랐어도 공통된 가업家業의 테두리 안에서 일했다. 그러나 19세기의 중산층에서 남·녀는 각기 다른 세계를 차지하기 시작했다. 공과 사, 경제와 가정 등. 이러한 분리가 빅토리아 시대의 자기 이해에 중심적이었지만 그것은 불안정하고 모순된 것이었다. 여성은 남성에 의존적으로 보였지만 그러나 남성의 자율성의 기반을 마련해주는 것은 아내와 어머니로서의 여성들의 노동이었다. 성차性差는 문화적 서열에도 침투했다. 파업 같은 자율성의 '실패'는 여성적 의미를 띠었다. 제국주의자들이 세계에는 인종과 민중이라는 가족이 살고 있다고 묘사했을 때 그들이 말하는 '가족'은 신화적인 부분을 차지하고 있는 반면에, 실제 가족은 역사에서 공백으로 놓여 있었다.[2] 그러나 세기말의 유럽과 미국에서 이러한 세계관은 총체적으로 붕괴하기 시작했다.

성별 서열에 가해진 압력의 근원적 열쇠는 상업 사회로부터 대량 생산과 대량 소비에 기반을 둔 사회로의 이동에 있었다. 1차 산업혁명과 더불어 작업 시간 단축, 주택, 위생, 사회 보험 등 가정생활에 필수적인 물적 요소들을 위한 한 세기에 걸친 투쟁이 개시되었다. 그것은 어머니를 노동자 계급 가정생활의 중심으로 이동시키면서 어느 관찰자가 '가정이라는 왕국의 몰락'[3]이라고 부른 현상을 촉발했다. 실제로 개인적 삶의 영역의 거의 모든 혁신을 개척한 것은 노동자 계급의 사람들이었다. 피임, 거리와 카페 생활의 성화性化, 성에 대한 여성들의 관심의 공공연한 표출 등.[4] 그러나 2차 산업혁명과 더불어 중산층이 새로이 출현했다. 경제적 잉여는 유아기를 연장시켜 아동기의 상한 연령이 높아졌고 청소년기가 생애 주기의 새로운 단계로 고안되었다. 가게와 사무실과 학교와 자유직에 여성들의 일자리가 생겨났다. 여성 독립의 증가, 소가족, '막돼먹은' 아이들에 대해 보수주의자들이 비판하는 동안 진보적 가정에서도 비판적 태도가 나타났다. 입센Ibsen의 1879년작 『인형의 집A Doll's House』에서 노라Nora의 남편은 그녀에게 훈계한다. "당신은 첫번째이자 최고 가는 아내고 어머니요." 이에 노라는 "난 더 이상 그런 말을 믿지 않아요"[5]라고 대꾸한다.

자율성의 의미 변화와 마찬가지로 세기말의 성별 관계의 변화는 분열된 반응을 산출했다. 어떤 여성들은 경제 발전의 효과에 대해 유감을 표했다. 오스트리아 빈의 페미니스트 마리아네 니그Marianne Nigg는 새로 간행된 신문 『프라우엔-베르케Frauen-Werke』에 1895년 쓴 글에서 산업화가 원인으로 여겨지는 우먼 파워의 약화에 대해 불만을 토로했다. 그녀는 산업화 이전 시대의 여성에 대해 그녀들이 부엌, 지하실, 들판과 마당, 방직과 자수, 공사公私 생활 모두를 책임져야 하는 '전방위적 천재'였다고 썼다. 그 결과 그녀들은 남성들과 한 걸음씩 전진해 나아갔다. "황금 시대에는 그랬다."[6] 그러나 다른 많은 사람들은 2차 산업혁명을 통해 구현된 '모더니티'를 환영했다. 그들은 2차 산업혁명의 기술적 혁신, 여성들에게 주어진 집 밖에서 일할 수 있는 기회, 문화적 자유화가 여성에게 이득이 되리라 믿었다. 특히 여성들을 가정에서 해방시키는 방식으로.

'신여성'과 공공연한 남성 동성애자라는 두 새로운 극적 페르소나의 문화적 역할을 둘러싸고 성별 간 관계에 관련된 모더니티의 의미를 묻는 논쟁이 벌어졌다. 이 둘은 모두 가정 바깥에서, 혹은 최소한 가정에 얽매이지 않는다는 의미에서 개인적 삶을 개척해나갔다. 이들은

엠마 골드만: 성적 급진주의 신여성, 무정부주의자(1910)

수는 그리 많지 않았지만 정신분석에는 특별한 의미를 지닌 매우 주
목할 만한 인물들이었다. 앞으로 보게 되겠지만 프로이트가 개입하여
동성애뿐만 아니라 여성 인권의 동등성에 대한 새로운 이해를 도입함
으로써 논쟁의 양상을 변화시켰다.

　일반적으로 역사가들은 '신여성'이라는 용어에 대해 세기 전환기에
공적 공간에 출현한 결혼하지 않은 중산층 여자라는 정도의 의미로 규
정하였다. 이 유형에는 플로렌스 켈리Florence Kelly 같은 사회 개혁가,
잔느 디외라푸아Jane Dieulafoy 같은 여행가, 내털리 바니Nathalie Barney
같은 작가, 줄리아 마거릿 카메론Julia Margaret Cameron 같은 사진작가,
그리고 엠마 골드만Emma Goldman 같은 급진주의자가 포함되었다. 이

들은 서로 많이 달랐지만 모두 독립적이었고 자기 주장이 강했으며 생활력 또한 무척 강했다. 몇몇은 노골적으로 성적 태도를 드러냈다. 18세기에 루소Jean-Jacques Rousseau는 "자신을 드러내는 여성은 자신을 모욕하는 것"[7]이라고 썼다. 한 세기 후 중산층 여성들이 공적 공간에 진입함으로써 도시의 풍경은 쇄신되었다.

신여성은 *개인성*을 지배적 규범으로 지닌 새로운 젠더 의식을 예고했다. 여성들은 처음에는 이 규범을 가정 바깥의 삶에 대한 욕망이라고 표현했다. 그래서 1892년 여성의 참정권에 대한 상원 위원회의 청문회에서 엘리자베스 캐디 스탠턴Elizabeth Cady Stanton은 여성의 욕망에 대해 "어머니, 아내, 누이, 딸 등의 부차적인 삶의 관계 너머"[8]로 나아가 '영혼이라는 모든 인간의 개인성'에 집중하려는 것이라 설명했다. 섹슈얼리티와 밀접하게 연결된 개인성은 여성의 미덕과 가정성을 강조하는 조직화된 여성운동과는 잘 어울리지 않았다. 스탠턴의 발언 이후 22년 뒤 페미니스트인 에드나 켄튼Edna Kenton은 "그동안 우리는 여성운동이라는 것에 익숙해지며 성장해왔다. 거기에서는 낡은 소리가 난다. 그건 낡았다. 우리 여성들이 내디뎌야 할 마지막 새롭고 멋진 발걸음은 그 자체가 목적인 개성을 자유롭게 펼칠 수 있는 단계로 진입해야 한다는 것"[9]이라고 썼다.

신여성보다 남성 동성애자들은 훨씬 더 적극적으로 가정 바깥의, 혹은 가정에 얽매이지 않는 삶이라는 의미에서의 개인적 삶을 개척했다. 그들 역시 개인적 삶의 성적 차원을 노골화했다. 댄디, 산책자, 한량, 멋쟁이, 감성적인 사람은 동성애자임을 암시함과 동시에 여가, 소비로의 세기말적 전환을 예견하게 했다.[10] 특별히 주목받은 몇몇 예외적 경우를 제외하면 *레즈비언*들은 신여성의 모습에 가려지는 경향이 있었지만 남성 동성애자의 정체성은 1890년대에 공공연하게 출현했다. 1895년 오스카 와일드Oscar Wilde의 세 차례 재판은 그 전환점이 되었다. 몇몇 젊은이들이 그와 섹스를 했다고 증언한 후에도 지지자들은 고소란 생각조차 할 수 없는 것으로 여겼다. 와일드는 저널리스트인 프랭크 해리스Frank Harris에게 이렇게 외쳤다. "당신은 내가 무죄이기라도 한 것처럼 확신에 차서 열정적으로 말하는군요." 그러자 놀란 해리스가 "당신은 죄가 없어요"라고 소리쳤다. 그러자 와일드가 "아니요"라고 답했다. "나는 당신이 처음부터 알고 있었다고 생각해요." 해리스가 말했다. "난 몰랐어요. 난 고발을 믿지 않았어요. 나는 단 한 순간도 그걸 믿지 않았어요."[11]

신여성이 남성과 여성 사이의 선명한 이분법을 거부했던 것처럼 새로운 동성애자들도 성적인 이분법을 거부했다. 시인 에드워드 카펜터 Edward Carpenter는 휘트먼의 시를 읽고 거기서 자기에게 잘 맞는 삶에 대한 포용력 있는 태도를 발견하고는 환호작약하여 이를 1896년도 저서인 『사랑이 도래하는 시기Love's Coming of Age』에 묘사했다. 헤이블록 엘리스Havelock Ellis가 동성애를 '재미'라고 옹호한 것을 거부하며 카펜터는 동성애를 "완전히 자연스러운, 자연의 무한한 다양성의 일부로서 그 다양성과 풍요로움은 사회의 엄격한 도덕과 성적 구분을 무시한다"고 규정했다. 에로스Eros는 위대한 평등주의자였다. 동성애는 모든 계급에 존재했다. 『바가바드 기타Bhagabad Gita』의 영향을 받은 카펜터는 『크리쉬나Krishna』를 인용하여 "사람들은 사랑을 통해서만 자기를 볼 수 있고 자기를 알 수 있고 자기에게 도달할 수 있다"고 했다.[12]

신여성과 남성 동성애자는 개인적 삶의 새로운 지평에서 가장 눈에

동성애 해방의 선구자 에드워드 카펜터(1910년경)

띄는 인물들이었을 뿐이다. 그들은 개인성의 규범을 공공연히 천명했
는데 그것은 큰 반향을 불러 일으켰다. 그 결과 여성해방의 의미는 더
욱 심화되었고 이는 1920년대의 재정의로 가는 길을 준비했다. 동등
한 권리에 중점을 두었던 계몽주의 시대의 페미니즘은 남성과 여성은
이성적 존재로서 공통의 본성을 공유한다고 주장했다. 19세기 중산층
은 남성과 여성은 근본적으로 다르다고 강변하며 이 견해를 받아들이
지 않았다. 두 견해는 모두 여성의 본성에 대한 가정에 기초한 것이었
다. 반대로 신여성과 동성애자들은 개인적 삶의 만개滿開를 예고했다.
그들은 같음이나 다름이 아니라 개인성이 지배 규범인 그러한 관계를
지향했다. 정신분석은 이 규범에 표현을 부여했다.

그러나 그 규범은 이중적으로 유토피아적이었다. 첫째로 개인성은 안전한 유년기, 필요로부터의 해방, 문화적 제도의 공유, 대략적인 사회적 평등에 의존하는 것이었다. 그러나 개인성에 대한 지향을 생산한 것과 똑같은 역사적 힘이 그 사회적 필요조건을 잠식하고 있었다. 게다가 여성의 참정권이 인정되지 않고 고등교육에서 배제되며 많은 직종에서 쫓겨나던 시대에 사랑에 빠진 개인성이 널리 유행할 수는 없었다. 새로 출현하는 노동자 계급이 자율성의 기회에서 제한되었던 것처럼 전적으로 개인적인 삶에 수반되는 성적 자유는 여전히 여성들에게 위험한 선택지였다. 메리 울스톤크래프트Mary Wollstonecraft가 조심스럽게 표명한 소망, 즉 양성 사이의 차이는 성관계의 영역으로 제한되어야 한다는 소망 뒤에 놓여 있었던 것은 이와 같은 깨달음이었다. 사회적 평등의 부재로 인해 그녀는 한 차례의 연애 행각 이후 자살 기도를 했고 산후 합병증으로 죽어야 했다. 그러므로 성적, 낭만적 삶에서의 개인성이란 아직 때 이른 것이었다. 그 결과 현대의 개인적 삶에 대한 프로이트의 두번째 공헌, 즉 개인적 섹슈얼리티에 대한 그의 생각은 모호한 유산을 남겼다.

사회적 상승을 위해 활동하는 젊은 연구가 겸 의사로서 프로이트는 성차에 대해 전형적인 빅토리아 시대의 생각을 지니고 있었다. 1883년 그는 약혼자에게 이렇게 썼다. "군중은 욕구를 거침없이 드러내지만 우리는 자제합니다. 우리는 우리의 고결함을 지키기 위해 자제하고, 건강과 즐길 수 있는 능력과 감정을 절제합니다. 우리는 이유는 모르지만 뭔가를 위해 우리 자신을 아낍니다. 우리의 자연적 충동을 끊임없이 억누르는 이 같은 버릇이 우리에게 고상함의 자질을 부여해줍니다." 계속해서 그는 고상함은 집안에서의 여성의 자리를 필요 조건으로 삼는다고 썼다. 그가 독일어로 번역한 해리엇 테일러Harriet Taylor의 에세이 「여성의 참정권 부여The Enfranchisement of Woman」를 업수이 여기며 프로이트는 "법과 관습은 이제까지 여성들이 지니지 못했던 많은 것을 주어야 할 것"이라고 인정하기는 했지만 "그러나 젊어서는 흠모 받는 연인이고 나이 들어서는 사랑받는 아내라는 여성의 지위는 변하지 않을 것"[13]이라는 견해를 표명했다.

그러나 이와 같은 관습적 자세에도 불구하고 프로이트는 뜻하지 않게 19세기의 성적 질서의 붕괴를 촉진했다. 그 중심적 면모 한 가지를 뒤집으면서 그는 성적 본능을 양성 간의 차이에 묶어두던 매듭을 풀어버린 것이었다. 당대의 생물학의 관점에서 볼 때 남성의 성적 '본능'은 여성에게, 여성의 '본능'은 남성에게 향하는 것이었다. 섹슈얼리티를 강조하는 것은 남성의 능동성과 여성의 수동성을 당연시하면서도 남성과 여성이 상대를 향해 끌리는 것이 '자연스러운 것'임을 강조하는 것이었다. 이러한 이분법이 히스테리에 대한 논의를 뒤덮고 있었다. 그러나 프로이트 주위에서는 본능과 이성애heterosexuality 간의 연계가 문제시되고 있었다.

다윈주의를 섹슈얼리티에 적용하는 것을 기반으로 하는 새로운 연구 분야를 대표하는 성과학자들이 이러한 문제 제기에 선구자 역할을 했다. 헤이블록 엘리스, 이반 블로흐Iwan Bloch, 알베르트 몰Albert Moll, 리하르트 폰 크라프트-에빙Richard von Krafft-Ebing과 같은 빈 대학의 프로이트의 동료들은 이 분야에서 가장 잘 알려진 연구자들이었다.[14] 1870년대와 1880년대에 그들은 이성애가 선천적인 것이라는 추정을 약화시키는 세 가지 생각 노선을 발전시켰다.

첫째, 유아 섹슈얼리티의 발견은 섹슈얼리티와 생식기 사이의 연관을 느슨하게 만들었고 그리하여 이성애로의 끌림이 본능에 정립되어 있다는 생각을 약화시켰다. 1880년대에 비생식기적 충동에 대한 성과학sexology적 관심에 힘입어 '리비도' '행동 본능' '성감대' '자기 성애' '구순애' '항문애' '나르시시즘' 같은 용어들이 출현했다. 엄지손가락을 빠는 것은 성적 표현으로 간주되었다. 플리스의 1897년의 저서인 『코와 여성 성기 사이의 관계The Relations Between the Nose and Woman's Sex Organs』는 사내아이의 발기뿐만 아니라 울음과 설사까지도 성적 행위로 소개했다. 이미 살펴보았듯 플리스는 프로이트에게 유아 섹슈얼리티가 신경증과 인과적으로 연결되어 있다고 가르쳤었다.[15]

둘째, 헤이블록 엘리스가 개척한 여성 섹슈얼리티에 대한 새로운 연구는 생식과의 연관성을 느슨하게 만들었다. 엘리스는 생식 본능은 "성에 대한 미신적 반감에 의해 무의식적으로 지배당한다"는 자신의 예전 이론을 버리고 여성 섹슈얼리티의 차별적 특징을 판별하고자 했다. 1894년 출판된 그의 저서 『남성과 여성: 인간의 2차 성징에 대한 연구Man and Woman: A Study in Human Secondary Sexual Character』에서 그는 남성 섹슈얼리티가 현저히 개방적이고 공격적임에 비해 여성 섹슈얼리티는 회피적이라고 주장했다. 남성 섹슈얼리티가 질膣 속으로 정자를 사정한다는 단 하나의 목표에 집중해 있음에 비해, 몸과 마음 모두를 끌어들이는 여성의 성충동은 보다 크고 더 분산되어 있다는 것이었다.[16] 이러한 이론들은 남성과 여성의 본성에 대한 19세기의 가설에도 여전히 포함되어 있었다. 그럼에도 그들은 여성 섹슈얼리티를 남성적 욕망의 보완물로 축소시키지 않고 이해할 수 있는 길을 연 것이었다.

마지막으로 동성애와 '성도착perversion'에 대한 새로운 연구는 이성애의 선천성 가설에 이의를 제기했다. 이에 있어서는 플라톤을 끌어들여 남성의 역할을 재규정한 영국의 헬레니스트(그리스 연구가)들과 동성애를 모더니티와 관련지은 프랑스 작가들이 성과학자들보다 앞섰다. 그러나 성과학은 동성애에 대한 이해를 새로운 수준으로 이끌어 갔다. 1869년 '동성애자'라는 용어가 쓰이기 시작한 이후 '우어닝urning' '트리버드tribade'* '제3의 성third sex' '우라니언uranian'** '사픽sapphic'*** '아케이디언arcadian' 등과 같은 새로운 용어들이 뒤를 이었다. '전도invert'(프로이트가 처음 사용한 용어)가 도입되어 '남색sodomite'이라는 법률 용어를 대신하게 되었다.[17] 크라프트-에빙의 1886년도 저서인 『성적 정신병자Psychopathia Sexualis』는 원래 라틴어로 출판된 짧은 연구였는데 사례 연구를 238개까지 늘리더니 1903년의 12판에 이르러서는 437쪽에 달하게 되었다. 이렇게까지 늘어난 이유의 대부분은 저자에게 보내온 고백의 편지들 때문이었다.[18] 1895년에서 1905년 사이 독일에서만 동성애에 관한 약 320여 종의 책이 출판되었다.[19] 많은 책들이 동성애의 유행을 도시의 성장 탓으로 돌렸다. 『대도시에서의 생활 기록Documents of Life in the Big City』에 수록된 「베를린의 제3의 성Berlins Drittes Geschlecht」에서 성과학자 마그누스 히르쉬펠트Magnus Hirschfeld는 클럽, 레스토랑, 호텔, 게이맨의 목욕탕 들의 목록을 작성해놓았다. 이반 블로흐는 『우리 시대의 성생활Das Sexualleben unserer

---

* 여자 동성애자. 밴대질을 한다는 의미를 갖고 있다.
** 동성애자.
*** 여자 동성애자.

Zeit』에서 무도회장, 댄스홀, 카바레와 시가지에서 퍼져나가는 '변형' 된 동성애들에 대해 연구했다.[20]

동성애에 대해 새로 생겨난 인식은 이성애가 규범적이라는 가설에 이의를 제기할 수 있을 것이었다. 그러나 동성애에 대한 20세기적 의미는 아직 존재하지 않았다. 오히려 동성애는 아직도 성차라는 일반적 틀 안에 갇혀 있었다. 고대로부터 내려온 남자들 사이의 상대적 차이는 그가 남자와 잤느냐 여자와 잤느냐의 문제가 아니라 그의 성적 역할이 능동적이었느냐 수동적이었느냐의 문제였다. 수동적 파트너는 '소녀sissy' '요정fairy' '살금살금 걷는 사람pussy-foot' '미스 낸시Miss Nancy' '메리-앤Mary-Anne' 혹은 '쉬-맨she-man'이라고 놀림 당했지만 다른 남자에게 삽입한 남자는 그저 단순히 남자였다. 심지어 레즈비언에 대해서는 아무런 언급조차 없었다. 자신에게 지정된 성 역할에서 이탈한 여자는 신여성, 남장 여자cross dresser, 혹은 절친close friend이라 불렸지만 이들의 섹슈얼리티는 거의 주목받지 못했다. 그러므로 젠더는 섹슈얼리티가 이해되는 의미를 위한 전체적 장을 이루었다. 섹슈얼리티는 젠더의 기능이었다.

성과학자들도 젠더의 이항 대립을 섹슈얼리티 분석에 적합한 틀로 여겼다. 그 가설은 그들이 동성애, 다시 말해 *양성성bisexuality*을 설명하던 지배적 관념을 이루었다. 19세기 말의 양성성은 양성 모두에서 섹스 파트너를 구한다는 오늘날의 의미를 지니고 있지 않았다. 그것은 오히려 양성구유androgyny, 즉 양성의 특성 모두를 지닌 사람을 의미했다. 그 생각은 플라톤의 『향연*Symposium*』으로부터 유래되었다. 1890년대 예술가들과 작가들은 기성의 성 질서로부터의 일탈을 묘사하기 위한 방편으로 그것을 되살려냈다. 어떤 사람들에게 양성구유는 자연으로부터의 탈선으로 간주되는 자웅동체hermaphroditism와 구분되기 위한 새로운 이상을 표현했다. 예컨대 오스카 와일드에게 있어 양성구유는 아도니스의 은총과 헬레나의 아름다움을 결합해놓은 것이었다.[21] 반대로 오토 바이닝거에게 'M' 요소와 'W' 요소의 혼합은 퇴행을 유도하는 것이었다. 'W' 요소의 존재는 자율성을 훼손하는 것으로서, 그것이 커지지 않은 형태로 머물러 있었던 것은 오직 플라톤과 예수와 임마누엘 칸트Immanuel Kant에게서뿐이었다.[22]

양성성은 성과학자의 사유에 중심적인 것이었다.[23] 그들은 모든 인간 존재가 내적으로 남성과 여성으로 분리되어 있다고 보았다. 내분비 체계에 대해 아직 잘 알려져 있지 않았을 때 헤이블록 엘리스는 모든 사람이 남성과 여성의 '생식 세포'를 갖고 있다고 주장했다. 크라프트-에빙은 사디즘과 마조히즘을 각각 남성의 능동성과 여성의 수동성에 입각하여 분석했다. 그는 이 두 성향이 모든 사람에게서 발견된다고 주장했다.[24] 제임스 G. 키어넌James G. Kiernan은 영장류가 본래 양성적이라고 설명했다.[25] 다른 연구자들은 반대되는 성의 여성화, 혹은 남성화를 강조했다. 젖가슴을 가진 남자나 수염 난 여자 같은.

성과학자들은 동성애를 분석하는 데에도 양성애 개념을 적용했다. 카를 울리히Karl Ulrichs는 남자 동성애자를 남자의 몸에 여자의 뇌를 가진 사람으로 설명했고, 키어넌은 "여자처럼 작동하는 남자 동성애자의 뇌"에 대해 서술했다. 동성애가 남성적 요소와 여성적 요소가 결합된 의붓자식, 제3의 성 혹은 중간적 성이라는 데에는 모두의 의견이 일치했다. 동성애가 제3의 성이라는 이미지는 마그누스 히르쉬펠트의 초기 인간 과학 위원회뿐만 아니라 헤이블록 엘리스의 여섯 권짜리

『성의 심리에 대한 연구*Studies in the Psychology of Sex*』에 이르기까지 깊이 침투해 있었다. 히르쉬펠트와 엘리스는 독일과 영국이 국가적 차원에서 혹독한 동성애 금지법을 지니고 있을 때 동성애의 오명을 벗겨내고 그것을 범죄시하지 않도록 주장하는 데 이 제3의 성이라는 이미지를 이용했다.

이러한 진보적 사용에도 불구하고 양성애 개념은 젠더 이원주의 원칙을 깨뜨리지 못했다. 오히려 성과학자들은 성적 '일탈'에 대한 관용을 촉구하려 애를 쓸 때에도 사람이 남성적 경향과 여성적 경향으로 구성되어 있다고 주장함으로써 젠더 이원주의를 인정했다. 그러므로 성과학자들이 사용한 바대로의 양성성은 과도기적 개념이었다. 그것은 고정된 성차에 대한 낡은 강조와 섹슈얼리티와 사랑의 특이한 본성에 대해 밝아오는 앎 사이의 불안정한 절충이었다.

1890년대 프로이트는 양성성에 대한 성과학자들의 개념을 차용했다. 그의 혁신적인 면은 이것을 동성애가 아니라 신경증, 특히 히스테리에 적용한 데 있었다. 정신분석은 그가 실패했을 때 비로소 탄생했다.

프로이트가 양성성에 관심을 갖게 된 것은 1895년경부터였다. 플리스와의 관계에서 프로이트가 고무되었던 이유 중 하나는 두 사람이 양성성 개념의 비밀로 간주했던 것을 공유했다는 사실 때문이었다. 후일 플리스는 프로이트에게 이렇게 회상했다. "나는 아직 침대에 누워 있었지. 그런데 그때 자네가 커다란 뱀 꿈을 꾼 여자의 사례를 들려주었지." 또 플리스는 프로이트가 "여성의 저류 심리가 여성의 정신의 남성적 부분에서 유래할 수도 있다는 생각에 크게 감명받았다"고도 회상했다.[26] 양성성에 대한 농담조의 암시가 그들이 주고받은 편지들 전체에 산재되어 있었다. 프로이트는 종종 자신을 젊은 여자로 묘사하기도 했다. 빈번하지는 않았지만 플리스와의 만남을 일컫는 말인 '총회'가 다가오자 프로이트는 "환영을 위해 측두엽에 윤활유를 발랐다"고 하거나 "풍부한 결실을 맺는 흐름의 도입"을 기대한다고 쓰기도 했다. 다른 편지에서는 자신의 무의식이 '찌르고 올라가기'를 기다리고 있다고 서술했다. 프로이트는 "다음 번 분출 날짜가 언제일지는 오직 신만이 아신다네"라고 불만을 토로하기도 했다.[27]

양성성에 대한 플리스의 관심은 기관 발달의 간헐적 특성인 주기성과의 관계에 집중되어 있었다. 그는 생애 전체가 남성 물질과 여성 물질로 조절되는데 여기에 남성은 23일, 여성은 28일의 주기적 사이클이 일치하는 것이라 생각했다. 이 사이클의 조합이 죽음의 순간까지를 포함하는 생애 주기를 결정한다는 것이었다. 플리스는 양성성을 유기체적 현상으로 여긴 것이다.

프로이트도 처음에는 플리스의 생각을 공유하여 히스테리를 설명하는 데 그것을 원용하려 했다. 1897년 플리스에게 말한 바에 따르면 그의 작업 가설은 남·여성 모두에게 남성 물질과 여성 물질이 있는데 남성 물질이 "쾌락을 생산"[28]한다는 것이었다. 그러나 그의 사유가 점점 더 심리학에 가까워짐에 따라 점차 그는 물질이라는 용어를 사용하지 않게 되었다. 1898년 초 플리스가 양성성을 왼손잡이, 오른손잡이에 결부시키는 것을 프로이트가 반대하자 두 사람은 다투었다. 그 연관성을 부정함으로써 프로이트는 유기체적 섹슈얼리티와 심리적 섹슈얼리티의 동일시에 의문을 제기한 것이었다.[29] 그러나 그는 점점 더 심리적 관념으로 옮겨 가면서도 처음에는 계속해서 남성성과 여성성을 분리된 심리적 흐름으로 생각했다.

히스테리를 남성성과 여성성에 입각하여 설명하려 한 프로이트는 빅토리아 시대 문화의 젠더 가설을 새로운 명증함의 수준으로 끌어올렸다. 그를 이끌던 생각은 리비도는 남성적이며 남녀 양성 모두에게 억압되는 것은 여성적인 요소라는 것이었다. 남자들의 높은 정도의 남성성은 그들의 지적 본성만이 아니라 성도착 성향이 남자들에게 더욱 강하다는 것을 설명하는 데 도움이 되었다. 여성은 보다 더 억압적인 경향을 띠었다. 프로이트는 여성의 '자연적인 성적 수동성'이 "여성들이 히스테리에 걸리는 경향이 더 많은 이유를 설명해준다"[30]고 부연 설명했다. 그가 리비도를 남성성과 동일화한 것 역시 여성이 남성보다 기꺼이 동성애를 받아들이는 이유를 설명해주는 것으로 보였다. 여성에게 다른 여성과의 경험은 남성적인 것이고 따라서 억압될 일이 아니었던 것이다. 반대로 남성과 다른 남성과의 경험은 여성성과 연결되고 따라서 억압되기 쉬웠다. "남자가 정말 억압하는 것은 남색적pederastic 요소"[31]임을 프로이트는 간파했다.

히스테리를 양성 간의 이분법에 입각하여 설명하려 애쓰면서 프로이트는 자신의 설명에 대해 점점 더 불만을 느꼈다. 유혹 이론을 거부한 지 두 달 후 그는 플리스에게 자기가 "리비도를 남성적 요소로, 억압을 여성적 요소로 설명하려던 생각을 포기했다"[32]고 알렸다. 그 대신 그는 각각의 성은 반대되는 성 자체를 억압한다는 쪽으로 생각을 돌렸다. 그러고는 남·여성 모두가 리비도라는 의미의 남성성을 억압한다는 것을 시사했다.[33] "양성성! 분명 자네가 옳아. 나는 모든 성행위를 네 사람이 얽힌 과정으로 보는 생각에 적응해가고 있는 중이네."[34]

표면상 1890년대 말의 것과 유사한 표현을 후일의 프로이트의 여러 글들에서 찾아볼 수 있지만 1899년 이후 그것들은 설득력을 지니지 못했다. 그 이유는 『꿈의 해석』을 완성하는 동안 프로이트는 양성성에 대한 19세기적 관념과 이것이 입각해 있는 고정된 성차라는 가설 모두를 적합하지 않은 것으로 만들어버리는 생각을 정립했기 때문이었다. 그 생각은 개인무의식에 관한 것이었다.

개인무의식 이론을 정립한 후 프로이트는 히스테리를 한 개인의 남성적 측면과 여성적 측면 사이의 갈등 관계로 설명하기를 멈췄다. 일생 동안 줄곧 양성성에 주목했지만 그 용어의 의미를 바꾼 것이었다. 프로이트에게 남성성과 여성성은 더 이상 심리적 경향이 아니었다. 그는 이 이분법을 다시는 설명에 원용하지 않았다. 양성성에 대한 프로이트의 재정의는 그가 섹슈얼리티와 젠더는 다르다고 생각했을 때 비로소 시작되었다.

1890년대의 상당 기간 동안 프로이트는 섹슈얼리티라는 주제에 있어 플리스를 추종하는 경향이 있었다. 1898년 『꿈의 해석』을 끝마쳐갈 무렵 그는 플리스에게 꿈에 관한 자신의 책에 심리학을 "아무런 유기체적 기반도 없이 허공을 떠도는"[35] 것으로 서술된 대로 방치할 생각은 조금도 없다고 알렸다. 한 해 뒤 그는 "섹슈얼리티에 대한 이론이 꿈의 책 바로 뒤를 잇게 될 것"[36]이라고 썼다. 이 이론에 대한 작업을 시작했을 때 프로이트에게는 아직 개인무의식이라는 개념의 의미가 즉각 명료하게 와 닿지는 않았다. 1901년 그는 플리스에게 다음 책의 제목을 '인간의 양성성Human Bisexuality'이라고 지을 것이라고 알렸다. 그 책은 어쩌면 그의 마지막 저작이자 가장 심오한 책이 될 것이었다. 왜냐하면 '핵심적 문제'인 억압은 오직 두 성적 경향, 즉 남성성과 여성성 사이의 반작용을 통해서만 가능하기 때문이었다.[37] 한 달 후 그는 플리스에게 작업에 협조해달라고 청했다. 그는 그 주제에 관해 자신이 알고 있는 모든 것이 플리스에게 빚진 것임을 인정했다. 그러고는 되풀이해 말했다. "억압과 신경증, 그러니까 무의식의 독립성은 양성성을 전제로 하는 걸세."[38]

『섹슈얼리티에 관한 세 시론Three Essays on Sexuality(이하 '세 시론')』이 프로이트가 원래 '인간의 양성성'이라는 제목을 붙이려 했던 책이다.[39] 그러나 이 책에서 양성성은 거의 언급되지 않았다. 표면적 이유는 그 주제에 대한 책을 먼저 출판하는 데 대해 플리스가 항의하는 것을 방비防備하기 위함이었다. 1903년 오토 바이닝거의 『성과 성격Sex and Character』은 많은 대중들에게 양성성 개념을 소개했다. 플리스는 바이닝거가 자기 아이디어를 훔쳤다고 생각했고 누출의 책임을 프로이트 탓으로 돌렸다. 왜냐하면 프로이트는 일찍이 『성과 성격』의 초안에 대해 언급한 적이 있었고, 또 프로이트가 바이닝거의 친구이기도 한 헤르만 스보보다Hermann Swoboda라는 환자에게 양성성에 대해 설명한 적이 있었기 때문이었다.[40] 플리스와 화해하기 위해 프로이트는 "내가 신경증 환자의 동성애적 경향에 대해 말할 때"[41]처럼 불가피한 경우가 아니고서는 그 주제에 대해 논하지 않겠다고 약속했다. 사실 양성성에 대해 플리스와 바이닝거가 알고 있던 것은 한때 프로이트도 공유했던 것이었지만, 그 비슷한 어떤 생각도 『세 시론』의 기본 개념과는 어긋났을 것이다.

『세 시론』에서 젠더는 더 이상 개인의 생물학적이거나 심리적인 토대를 이루는 부분이 아니다. 오히려 그것은 복잡하고 변덕스럽고 독특한 정신 과정의 산물이다. 성 본능이 반대되는 성의 생식기에 대한 선천적 친화성이라는 것을 사실로 받아들이던 19세기적 이해를 대신하여 프로이트는 세 가지를 구분했다. 첫째, 성적 근원 혹은 욕구가 발산되어 나오는 신체 영역, 둘째, 성적 목적, 만족을 추구하는 요구나 충동, 셋째, 충동urge이 지향하는 성적 대상. 성적 목적은 다른 신체적 근원들과 연결되어 발생할 수 있었다. 성적 목적은 능동적일 수도, 수동적일 수도 있었다. 그것은 남자, 여자, 동물, 혹은 살아 있지 않은 대상을 향할 수 있었다. 이렇듯 보기에 단순한 세 가지 구분을 통해 성의 복수複數성이 가시화되었다. 한 개인의 섹슈얼리티는 그 혹은 그녀의 요구, 기억, 정서적 배열의 다양한 이야기에 의해 조종된다. 그것은 미리 정해진 과정에 따라 조립되는 것이 아니었다. 섹슈얼리티는 새롭고 탈중심적인 프로이트적 의미에서는 개인적인 것이었다.

　『세 시론』은 성별화된 본능에 대한 빅토리아 시대의 통념만을 깨뜨린 게 아니었다. 그것은 남자와 여자 중 누구를 사랑할지 고른다는 의미인 *대상 선택object choice*이라는 대안적 패러다임을 제시했다. 프로이트가 "양성 사이의 이원성이라는 〔……〕 엄청난 수수께끼"라 불렀던 것이 정신분석의 기본으로 남아 있었던 것은 분명하지만 그러나 그것은 한 사람의 남성적 측면과 여성적 측면 사이의 갈등이라는 예전의 의미는 아니었다.[42] 그 대신 성들 간의 대립은 오이디푸스 콤플렉스, 즉 유년기 초기 부모에 대한 어린아이의 관계에 뿌리내리고 있는 *심리적* 이분법이 되었다. 실제로 프로이트의 초기 저술들에서 그토록 눈에 띄었던 남성성, 여성성 같은 용어들은 1915년, 그러니까 그가 『세 시론』의 개정판을 내며 그 용어가 얼마나 문제가 많은 것이었는가에 대한 주석을 달 때까지 전혀 쓰이지 않았다. 또한 프로이트는 플리스의 기분을 상하지 않도록 하기 위해 그대로 남겨둔 것으로 보이는 양성성의 내용을 『세 시론』의 여러 개정판에서 소급하여 채우지도 않았다.

양성성의 의미를 남성성과 여성성 간의 대결에서 남성적 대상 선택과 여성적 대상 선택으로 바꿈으로써 프로이트는 복잡하고 불안정한 정신 내적 영역으로 진입한 것이었다. 1900년 이후의 저술들에서는 양가성과 갈등이 남성과 여성, 혹은 남성성과 여성성 사이의 이분법을 대체했다. 사람은 능동적 소망과 수동적 소망 사이, 사랑과 증오 사이, 이성애와 동성애적 대상 선택에서 양가적일 수 있었다. 그뿐만 아니라, 가장 중요하게도, 이 다양한 이분법들은 더 이상 일대일의 방식으로 상관되지 않았다. 예를 들어 『세 시론』에서 프로이트는 한편으로 사디스트적 목표와 마조히스트적 목표 사이의, 다른 한편으로는 남성적 대상 선택과 여성적 대상 선택 사이의 갈등이 서로 연결될 수 있다는 것을 관찰했다.[43] 그러나 그것들은 19세기적 통념과는 달리, 일치하는 것은 아니었다.

젠더의 이분법이 기본적 특성을 상실해가면서 그것은 이성애적 대상 선택과 동성애적 대상 선택의 새로운 이분법으로 대체되었다. 그러므로 같은 성의 섹스 파트너를 선택하는 사람을 지칭하는 '동성애자'는 포스트프로이트적 개념인 것이다. 앞으로 보게 될 것처럼 이러한 이동의 결과가 모호했다 하더라도 『세 시론』이 특별한 계기를 이룬 것은 분명하다. 양성성에 대한 새로운 정의를 통해 프로이트는 실제로는 울스턴크래프트의 소망을 재정립한 것이었다. 한편으로 그는 젠더의 적합성을 그녀의 주장대로 섹슈얼리티의 영역으로 한정했다. 동시에, 궁극적으로 대상-선택으로 인도되는 그 새롭게 확장된 의미에서의 섹슈얼리티는 무의식에, 그리고 그럼으로써 남·녀 사이의 관계에 다량의 형태와 동기의 힘을 제공하는 것이었다. 그 중요성은 프로이트가 히스테리 문제에 대한 그의 해결책을 수립한 「히스테리의 한 사례 분석 단장Fragment of an Analysis of a Case of Hysteria」, '도라Dora'의 사례에서 분명해졌다.

　이다 바우어Ida Bauer('도라')는 18세의 유대인 학생인 신여성이었다. 그녀에 대해 프로이트는 '매우 독립적인 판단력의 소유자'라고 평한 바 있다. 그녀는 구스타프 클림트Gustav Klimt와 요제프 호프만Josef Hoffmann의 분리파 미술 전시회에 정기적으로 가곤 했다. 공부와 별도로 그녀는 페미니스트 책 읽기에 심취해 있었다. 오스트리아 여성 총연맹이 여성에게 쓴 권고에 영향을 받은 그녀는 나이가 더 들더라도 결혼하지 않겠노라 서약했다. 그녀는 여덟 살 때부터 심한 우울증을 앓기 시작했는데(오늘날의 많은 정치적 독법은 이 사실을 무시하는 경향이 있다), 사춘기에도 재발하여 전기 치료를 받게 되었다. 보헤미아에서 이주해 온 기업가인 그녀의 아버지는 폐결핵과 매독 때문에 프로이트의 진찰을 받은 적이 있었다. 1900년 그는 딸이 침울하고 적대적이며 병에 걸린 듯한 기침을 한다고 소개하며 프로이트의 진찰을 받게 했다.

　그다음 이야기는 잘 알려져 있다. 사춘기 동안 이다의 아버지는 K씨라는 나이 많은 남자와 그녀의 관계를 교묘히 부추겼는데, 그것은 그 자신이 K씨 부인과의 만남을 이어나가기 위해서였다. 그녀는 특히 K씨가 "난 아내한테서 아무것도 받은 게 없어"라고 말하며 자기를 유혹할 때 분노했는데, 그녀는 K씨가 하녀에게도 이 말을 하는 걸 들었던 것이다. 나중에 프로이트는 그 하녀가 K씨의 유혹에 넘어갔다고 이다에게 말해주었는데 그러나 출판된 사례 연구에서 그는 그녀가 아버지의 정부인 K양을 더 깊이 사랑했었다고 주장했다. 그가 이 사건의 의미를 이다와 논의했는지 여부는 분명하지 않다. 11주 후 그녀는 치료를 그만두었다.

이 사례는 개인무의식의 개념이 젠더에 대한 19세기적 이해에 가한 큰 충격을 보여준다. 프로이트의 주된 관심은 이다의 유아기적 혹은 비생식기적 성적 소망에 대한 것이었다. 그는 마치 그것이 꿈의 요소이기라도 한 것처럼 그 소망들의 추이를 추적했다. 예를 들면 K양과 발기부전인 이다의 아버지 사이의 관계에서 펠라치오의 의미를 알고 있었던 프로이트의 '도라'는 성기 흥분을 그녀의 입으로 옮겨놓았다. 그것을 억압한 것이 기침을 유발했던 것이다.[44] 프로이트는 이다를 성적으로 완전히 성숙한 인간으로 대했다. 이것은 당시의 시대적 분위기에서는 매우 이례적인 것이었고 이로 인해 그 이후로 많은 비판을 당했다. 그러나 그의 주된 요점은 그녀가 자신의 섹슈얼리티를 통합할 수 없었다는 것이었다. K양과 K씨 두 *사람에게* 동시에 끌리고 있던 그녀는 그 둘 중에서 누구를 결정할 수가 없었다. 남성 대상 선택과 여성 대상 선택 사이의 갈등은 히스테리의 두드러진 갈등이라고 프로이트는 주장했다. 그는 이제 *이* 양가성을 양성성이라 불렀다.

따라서 '도라'에게 미리 존재하는 남성적 혹은 여성적 경향은 없다. 그보다 프로이트는 복수複數의 성적 목표와 충동과 대상을 통합하려 싸우고 있는 한 여성의 모습을 그려 보여준 것이었다. 이다의 갈등은 남성성과 여성성 사이가 아니라 남자를 택할 것이냐 여자를 택할 것이냐의 기로에 있었던 것이다. 그녀의 히스테리는 그녀가 두 방향으로 끌리고 있다는 사실 때문이 아니라 이 갈등을 해결할 수 없는 무능함 때문이었다. 그녀는 치료를 그만둠으로써 이 갈등이 해소되기를 희망한 것이었다고 프로이트는 주장했다. 그녀는 프로이트를 그녀 아버지, 그리고 일반 남자들과 관련지어 생각하고 있었기 때문에 그 단절의 의미는 "남자들은 모두 혐오스럽기 때문에 결혼 따위는 하지 않는 편이 나아. 이건 나의 복수復讐야"[45]라는 것이었다. 그러나 이 같은 행동이 그녀의 갈등을 해결해주지는 않았다. 그녀는 레즈비언이 되지도 못했고 남자에게 정착하지도 못했다.

'도라' 이후 프로이트는 히스테리를 남성 대상과 여성 대상 사이에서 선택할 수 없음을 의미하는 것으로 파악했다. 이러한 무능의 이유는 히스테리 환자가 양자 모두와 동일시하기 때문이라 생각했다. 그래서 프로이트는 히스테리 환자를 지배하는 남자와 순종하는 여자로 자신을 상상하며 이 두 모습 사이에서 왔다 갔다 하며 자위하는 남자에 비유하거나, 한 손으로는 옷을 몸에 여미면서 다른 손으로는 옷을 찢는 여자에 비유했다. 프로이트는 또 히스테리를 전이에서의 저항에 비유하기도 했다. 환자는 "마치 방향이 반대되는 쪽에서 옆 트랙에 차를 주차하려는 것처럼"[46] 연상을 끊임없이 바꾼다. 어쨌든 결국 양성성의 뿌리는 가족 구조에 놓여 있는 것이다. 훗날 프로이트가 썼듯 남성과 여성 사이에서의 망설임이 모든 사람의 사랑-대상의 선택을 특징짓는다. 그것은 시간을 초월한 물음을 통해 아이에게 주입된다. "엄마 아빠 중에 누가 더 좋아?"[47]

1900년, 그때, 프로이트는 섹슈얼리티에 대한 19세기적 패러다임과 결별한 것이었다. 성 본능은 더 이상 대립된다고 생각되었던 두 젠더에 얽매여 있는 것이 아니었다. 남성성과 여성성이 독립된 심리적 경향이라는 생각은 섹슈얼리티가 개인적, 정신적 구성물이라는 생각에 자리를 양보해야 했다. 마찬가지로 목표와 대상의 구분은 동성애를 행동적 특성의 종합으로 규정하려는 시도를 무력화했다.[48] 남성 동성애자는 사내답지 못하고 여자 동성애자는 남자 같다는 견해에 이의를 제기함으로써 프로이트는 성과학자들보다 앞서갔던 것이다.[49] 동성애와 같은 대상 선택이 어떤 특정한 심리적 자질을 내포하는 것이라 생각하기를 거부한 것은 사람들을 남성/여성, 이성애/동성애, 기독교도/유대인과 같은 식으로 상호 관련지어 '유형화'하는 것을 깨뜨리는 분석적 사고의 일반적 경향을 예시한 것이었다. 그리하여 그것은 개인성을 향해 돌출하는 사회문화적 열망을 새롭게 부각시켰다.

그러나 이처럼 함축된 해방의 의미에도 불구하고 이다 바우어는 프로이트를 떠났다. 그녀는 성적 망설임을 결정하지 못하는 데서 그녀의 문제가 비롯했다는 진단을 듣고도 조금도 고마워하는 기색이 없었다. 사실 그녀의 어려운 문제들을 이런 식으로만 해석한다는 것은 오도誤導하는 것이었고, 바우어 같은 여성이 남자에 의해 체계적으로 협박, 착취당하던 시대와 장소에서는 자칫 해로울 수도 있었다. 여성이 투표를 하지도 못하고 생활비를 벌 수도 없는 이 같은 조건하에서 전적으로 정신 내적인 해방에 대한 프로이트의 주장은 일방적인 것으로 보였다. 이 점은 프로이트가 바우어뿐만 아니라 그녀와 가까이 지냈던 빈의 여성운동가들로부터도 환대받지 못했던 까닭을 대략적으로 설명해준다.

이 점은 과장되어서는 안 된다. 처음부터 프로이트의 독자 그룹과 분석 환자들의 대다수는 여성이었다. 그녀들은 남자들과 같은 이유로 정신분석에 이끌렸다. 최소한 섹슈얼리티와 개인성에 대한 급진적으로 새롭고 심오한 개념이 명료하게 표현되지 않은 때에 있어서조차 정신분석은 고통으로부터의 해방의 약속이었던 것이다. 1890년대 중반 빈에서 프로이트가 발언하는 것을 처음 들었고 1909년에는 클라크 대학 강연에도 참석했던 엠마 골드만이 적절한 사례다. 젊은 노동자 계급 여성들의 성 해방을 혁명과 연계시킨 골드만은 페미니스트들이 지지하는 '단지 외적인 해방'이 현대 여성을 인공적 존재, '직업적 자동인형'으로 바꿔놓았음을 감지했다. 그러나 동시에 다른 많은 '신여성'들은 샬럿 퍼킨스 길먼Charlotte Perkins Gilman이 "지그문트 프로이트라는 철학적 섹스 마니아가 현재 세계를 중독시키고 있다"[50]고 한 것을 받아들이지 않았다. 그래서 미국의 심리학자로서 1910년대 중반에 대학에서 프로이트를 읽은 필리스 블랜처드Phyllis Blanchard는 "여성에게 정상적 성생활이 필요하다는 것이 과학적 사실"임을 알고 충격을 받았다. 이에 더하여 필리스는 "현대의 가장 난처한 혁신 중 하나는 결혼에 성적 요인이 출현하게 되었다는 것"[51]이라고 말했다.

섹슈얼리티에 대한 여성들의 조심성은 그녀들이 경제적으로 남자들에 의존해 있고 가족과 결속되어 있다는 사실을 반영하는 것이었다. 따라서 당시의 여성운동가들의 대부분은 출산 지원에 힘을 쏟았다. 정신분석을 거부하는 카톨릭과 사회주의 여성 단체에게는 분명 그것이 최우선 과제였다. 그러나 정신분석에 공감하는 운동가들조차도 성 해방과 여성들의 혁신된 출산 조건과의 연결을 도모했다. 그 모범적인 예가 빈의 가장 중요한 페미니스트이면서 프로이트 신봉자였던 그레테 마이젤-헤스Grete Meisel-Hess였다. 마이젤-헤스의 1909년의 책 『성적 위기Die Sexuelle Krise』는 프로이트의 개념들을 사용하여 가부장제가 성적 억압에 기반을 두고 있다는 사실을 주장했다.[52] 그러나 프로이트와 달리 마이젤-헤스는 성 해방이 여성의 경제적 독립과 출산에 대한 사회경제적 지원에 기반을 두어야 한다고 주장했다. 이와 비슷하게 아우구스트 피케르트Auguste Fickert는, 스웨덴의 교육자로서 오직 "남녀 간의 자연스러운 이끌림"[53]에만 기초한 '새로운 사랑'을 제안한 엘렌 케이Ellen Key를 빈에서 대변하는 인물이었다. 1893년 피케르트는 결혼하지 않겠다는 이다 바우어의 결정을 부추긴 오스트리아 여성 총연맹의 결성에 일조했다. 또한 피케르트는 자신들이 선택한 환경에서 아이들을 출산할 수 있는 여성의 권리에 대한 사회적 지지를 호소하는 산모 보호 동맹Bund für Mutterschutz의 창설에 주도적 역할을 했다. 프로이트는 이 동맹의 회원이었다. 그러나 이 동맹에 대한 정치적, 물질적 관심을 반영하는 글은 거의 없다.

정신분석의 수용은 더 구체적인 성적 갈등을 반영했다. 피케르트와 함께 오스트리아 여성 총연맹을 공동으로 창설한 로자 마이레더Rosa Mayreder는 프로이트를 '탁월한 변증론자'이지만 '편집광'이라 불렀고 그의 오이디푸스 이론들을 성적이지 않은 용어들로 재서술한 책을 집필했다. 그녀에게 헌신적이었던 남편 카를Karl은 중산층 여성운동에서 수년간 그녀와 함께 일했다.[54] 그러나 1912년 이후 카를은 심한 우울증과 광기를 앓았다. 부부는 함께 59명의 의사를 찾아다닌 뒤 마침내 프로이트에게 왔다. 빈 페미니즘에 대한 선구적 역사가인 하리에트 안데르손Harriet Anderson에 의하면 "프로이트는 카를의 우울증이 남편을 지배하는 강하고 지적인 여성 앞에서 느끼는 열등감의 표현임을 암시했다." 얼마 후 아침 식사 시간에 남편이 말했다. "나는 내 사망 기사를 썼소. 기사 제목은 '로자 마이레더의 남편 사망'이라오." 일기에 로자는 "난 처음엔 웃었지만 이내 그것이 그의 남성적 우월성을 압도하는 나의 퍼스낼리티로 말미암아 그가 고통을 당한다는 프로이트의 견해를 확인시켜주는 것임을 알았다. 〔……〕 내가 그것을 받아들여야 한다면 그건 나에게는 우리가 같이 한 삶을 가치 있게 만들어준 모든 것을 몽땅 잃고 마는 학살이나 다름없는 일"이라고 썼다. 안데르손은 마이레더의 표현인 '남성적 우월성'을 "여성보다 우월하다고 느껴야 하는 남성의 필요"라고 얼버무렸다.[55] 어쨌든 지적 내용의 수준에 있어 두 이론이 약간 일치함에도 불구하고 마이레더의 페미니즘과 프로이트의 정신분석이 일상생활에서는 잘 조화되지 않았다.

프로이트는 종종 여성에 대한 자세에 있어 퇴보적이었다. 그러나 페미니즘에 대한 그의 조심스러움의 보다 깊은 이유는 그의 작업의 함축된 의미가 다른 데, 즉 정신 내적 삶의 자율성과 개인적 사랑의 환원 불가능한 성격을 수립하는 데 있다는 점 때문이었다. 그러나 여성운동에 있어 여성을 가족들과의 관계에 묶어놓는 속박은 느슨해져야 할 필요가 있었고 여성의 양성성의 전全 범위를 포함하는 모든 범위의 욕망이 만개하기 전에 개혁될 필요가 있었다. 따라서 페미니즘과 정신분석은 위상이 달랐다. 사랑의 개인성에 대한, 사회학적으로 미숙한 것이었던 프로이트의 강조는 매력적인 동시에 문제적이었다. 그럼에도 바로 이러한 정신분석의 '탈맥락화'——성적, 정신적인 것과 사회적인 것의 분리——가 정신분석에게 그와 같은 권위를 선사했다.

페미니즘과 정신분석 사이에 이러한 위상의 차이가 있음을 감안한다면 남녀관계에 있어 정신분석이 내포하는 의미는 무엇인가? 이 물음에 답하기 위해 다시 칼뱅주의와의 유추로 돌아가보자. 막스 베버가 입증했듯 자본주의의 탄생은 가정 내에서 여성들의 노동이 높이 존중되는 데 기반을 둔, 여성의 역할에 대한 혁명적 재평가와 연결되어 있었다. 이에 비해 2차 산업혁명은 *탈가족화*, 혹은 개인적 삶이 가족의 경계 너머로 상승하는 것을 촉진했다. 분명 정신분석이 다수의 여성들에게 특별히 의미 있게 된 것은 여성이 정신분석의 대상 수준에 진입한 이후였고, 이에 따라 어머니로서의 역할에 대한 분석이 재정향된 이후였다. 그러나 남자들에게는 탈가족화가 즉각적인 의미를 지녔다. 무엇보다 우선 그것은 아버지 및 다른 사내들과 그들의 관계를 새롭게 의식해야 한다는 의미를 지니는 것이었다.

『꿈의 해석』을 출판한 후 프로이트는 남자 회원들로만 구성된 작은 그룹을 결성했다. 그의 집에서 열리곤 했던 수요심리학회라는 이름의 그 그룹은 후일 빈 정신분석 학회가 되었다. 하류 중산층 유대인 의사들로 구성되었다가 점차 확장되어 빈 외곽에서 오는 학생들까지 포함하게 된 그 학회는 실로 하나의 *남성모임Männerbund**, 카리스마적 아버지의 모습을 지니고 관습적 가정생활의 대안적 역할을 하는 인물에 경도된 젊은이들의 동아리였다. 이러한 그룹들이 흔히 그렇듯 정신분석 남성모임은 구성원들의 수동적, 의존적, 동성애적 감정을 동원했다. 이 같은 맥락에서 프로이트는 19세기적 젠더 심리학에 대한 거부의 의미를 계속 관철해나간 것이었다. 그 결과는 일련의 새로운 사례 연구로서 그 주제는 모두 남성이었다. 본의는 아니지만 아직도 남성적인 것을 규범으로 삼는 일반적 심리 과정을 해명하는 것을 목표로

---

* Männerbund(매너분트)는 남자들의 모임이라는 뜻을 지닌 일반명사이기도 하고 프로이트와 남자인 측근들의 모임을 가리키는 일종의 고유명사이기도 하다. 앞으로 글의 맥락에 따라 매너분트와 남성모임 두 용어를 혼용하기로 한다.

삼은 이 연구들은 개인적 삶의 여명黎明이라는 맥락에서 남성의 양성성에 대한 탐구로 읽을 수 있다.

쇼르스케가 높이 평가했던 유의 고전적 부르주아 자유주의는 남성성의 이상을 귀족 사회의 이상에 대항하여 수립했다. 귀족사회가 신체중심적이고 상무尙武적 미덕을 존중했음에 비해 자유주의자들은 남성성을 이성과 가정에 대한 충실성, 자기 통제와 동일시했다. 그러나 19세기 말에 이르러 회사들이 생겨나고 개인적 생산 자산이 몰락함에 따라 아버지와 아들 사이의 결속이 약해져 남성성의 의미도 흔들리게 되었다. 많은 사람들은 이를 상실로 간주했다. 헨리 제임스Henry James 의 『보스턴 사람들*The Bostonians*』에 나오는 바질 랜섬Basil Ransom은 "남자다운 말투가 세상에서 사라지고 있다"[56]고 불평했다. 샤르코가 처음 남성 히스테리 환자와 마주쳤을 때 그는 환자가 "마치 여자처럼" 행동했다고 적어놓았다. 덧붙여 그는 "이건 어떤 사람들은 상상조차 하지 못했던 것"[57]이라고 썼다. 신경학자들은 젊은이들의 '약함'에 대해 언급하며 이를 자위행위를 삼가지 못하는 무능 —— 신경쇠약을 시사하는 징후 —— 탓으로 돌렸다.[58] '단추 채운 셔츠stuffed shirt' '겁쟁이 cold feet' '계집애 같은 놈sissy' 같은 1890년대의 신조어들은 남성성의 쇠락에 대한 자각이 확산되어가는 것에 대한 반영이었다. 보이스카웃, 올림픽 경기, 대학 체육 등이 대안으로 제시된 대책들이었다.[59]

최근 몇몇 저자들은 프로이트를 포위되어 몰락하는 남성적 이상을 지키려는 수호자들과 동일시했다. 샌더 길먼Sander Gilman은 프로이트가 그 시대의 반유대 문헌이 유대인의 속성으로 여기던 동일성 표지(할례)와 부정적 특질(정서적 불안정, 불성실)을 여성에게 투영하는 유대인으로 보일까봐 매우 걱정했다고 주장했다.[60] 길먼의 옛 동료인 에

릭 샌트너Eric Santner에 의하면 그 결과 "공격적으로 이성애적인 정신
분석 이론", 즉 "이른바 적극적인 오이디푸스 콤플렉스를 강박적으로
고심하여 만들게 되었다"[61]는 것이다. 이러한 서술에는 일말의 진실
이 담겨 있지만 극히 일부일 뿐이다. 프로이트의 사례 연구의 주안점
은 남자답다는 것은 통제됨을 필요로 한다는 생각을 거부하는 것이었
다. 프로이트의 대상들이 수동적이고 순종하는 소망을 거부하는 것은
분명하다. 그러나 그것은 프로이트가 분석한 문제이지 그가 추천한
해결책은 아니었다.

프로이트의 사례 연구는 이성애를 공격적으로 장려한 것이 아니라
대상 선택의 이중성과 더불어 사내아이들이 어머니와 동일시하는 것,
그리고 그들의 수동성 및 나르시시스적 감수성과 관련된 남성의 양성
성에 대한 초기 연구였다. 그 배경에는 기계화 시대의 남성의 취약성
에 대한 새로운 인식이 놓여 있었다. '도라' 이후 프로이트의 사례 연
구는 귀스타브 카이유보트Gustave Caillebotte의 1898년도 그림이나 프
란츠 카프카Franz Kafka의 1912년작 「선고The Judgement」와 나란히 읽
어야 한다. 카이유보트의 그림에서 뒤에서 포착된 나체의 사내의 자
세는 힘을 반영하지만 항문은 무방비로 열려 있는 허약함을 반영한
다. 카프카의 소설에서 주인공이 죽음에 몰리게 되자 아버지는 그의
약혼녀 흉내를 낸다. 그의 아버지가 플루트 같은 목소리로 말하기 시
작한다. "그녀가 치마를 걷어 올렸기 때문이야." 그러면서 그녀를 흉
내 내어 자기 내의를 걷어 올리는데 너무 높이 올린 탓에 전쟁에서 입
은 엉덩이의 상처가 보이기까지 했다. "그녀가 이렇게, 이렇게 스커트
를 걷어 올렸기 때문에 네가 그녀를 못살게 군 거야."[62] 이것들과 20세
기 초의 다른 작품들은 남성의 허약성과 관련이 있는 것이었지 오늘날

이해되고 있는 의미에서의 동성애와는 아무런 관련도 없었다.

이미 보았듯 프로이트는 다른 남성들과의 관계에서의 남성의 허약성에 대해서는 거의 알지 못했다. 『꿈의 해석』을 완성한 그는 플리스에게 이렇게 썼다. "내게 있어 어느 누구도 친구와의 관계를 대신할 수는 없네. 그건 좀 특별한 — 어쩌면 여성적인 — 측면의 요구야." 그러나 1910년 그는 제자인 산도르 페렌치Sándor Ferenczi에게 자신이 더 이상 "(자신의) 퍼스낼리티를 완전히 드러낼 필요"를 느끼지 않는다고 해명했다. "플리스의 경우 이후로 그럴 필요는 사라져버렸어. 약간의 동성애적 카텍시스cathexis*도 물러났고, 나는 그것을 내 에고를 확장시키는 데 쓰고 있다네."[63] 이 문장에서처럼 프로이트는 동성애라는 용어를 다른 남성에 대한 남성의 수동적 소망을 묘사하는 데, 그리고 특히 '아버지의 모습father figure'이라 알려지게 된 것에 대해 사용했다. 그러나 그 의미를 레오나르도 다빈치Leonardo da Vinci에 대한 연구에서처럼 드러내놓고 사용하는 경우를 제외하고는 *성인*을 동성의 대상 선택의 의미로 사용하지는 않았다. 그보다는 *유아적* 소망을 아버지의 사랑의 대상이 되기를 바라는 어린 소년의 수동적이고 나르시시스적이며 양성적인 욕망의 의미로 사용했다.

남자들이 그 소망들을 스스로 이해하게 될 때 발생할 수 있는 개인성의 심화와 더불어 그 소망들은 '쥐 인간Rat Man'(1909), '꼬마 한스Little Hans'(1909), '슈레버Daniel Schreber'(1911)와 '늑대 인간Wolf Man'(1915) 연구의 초점이었다. 각각의 경우에서 프로이트는 후일 그가 부정적 오이디푸스 콤플렉스 — 소년이 어머니와 동일시하는 것. 이것

---

* 심적 에너지가 어떤 대상에 집중하는 것 혹은 그 대상.

은 소년으로 하여금 경쟁과 성취보다 복종을 통해 아버지의 사랑을 얻으려 애쓰게 만든다 — 라고 부르게 되는 것에 대해 분석했다.

'도라' 이후 프로이트의 첫번째 사례 연구로서 1907년에 쓴 '쥐 인간'은 또한 남성 심리 안의 '동성애적' 차원에 대한 첫번째 탐구이기도 했다. 환자 에른스트 란처Ernst Lanzer는 자기 자신의 생각과 싸우느라고 몇 년을 허비했다고 생각하는 젊은 변호사였다. 의심과 혼란으로 가득 찬 그는 자기에게 잘못 보내진 안경을 되돌려 보낼 수 없었던 간단한 이야기조차 할 수 없다는 것을 알아차렸다. 그의 가장 큰 부끄러움은 그가 읽었던 고문 이야기에 흥분한 것이었는데, 그것은 쥐가 죄수의 항문을 물어 뜯는 이야기였다. 그가 말하는 동안 프로이트는 란처가 "그 자신의 것이면서도 스스로 인식하지 못하는 쾌락에 대한 공포"[64]를 드러내는 것을 느꼈다.

프로이트는 일단 그것들이 두 갈등의 산물임을 이해하면 란처의 광포하고도 모순적인 연상을 알 수 있게 된다고 주장했다. 첫번째 것은 란처의 여인에 대한 사랑과 아버지에 대한 사랑 사이의 갈등이었다. 이 갈등은 이다 바우어의 그것과 정확하게 같은 의미에서 히스테리적 혹은 양성적인 것이었다. 그것은 남성적 대상과 여성적 대상 사이의 망설임에 대응하는 것이었다. 그러나 더 깊은 층에는 두번째 갈등, 아버지를 향한 란처의 수동적 소망과 이 소망에 대한 반발 사이의 갈등이 놓여 있었다. 프로이트는 란처의 경우와 같은 "수동적 목표와 능동적 목표 사이의 갈등을 '남성적'이거나 '여성적'이라고 서술할 수는 없지만, 그러나 그것은 일생 동안 존속되고 성적 활동의 많은 부분을 지속적으로 그것에 빼앗길 수 있다"[65]고 단언했다. 그렇다면 란처의 문제는 그가 수동적 소망을 가졌다는 게 아니었다. 이보다는 그에게 이 소망들이 '거세castration'를 의미한다는 게 문제였다. 소망이 아니라 소망을 거부하려는 시도가 그를 신경증으로 이끌어간 것이었다.

　다니엘 슈레버 판사에 대한 프로이트의 1911년의 연구도 이 논리를 계속 발전시킨 것이었다. 1902년 슈레버는 입원해 있던 정신병원에서 나오려는 시도로 비망록을 발간했다. 그 책은 프로이트를 포함한 많은 정신과 의사들 사이에서 폭넓은 관심을 끌었다. 비망록에 의하면 슈레버는 입원 초기 몇 년 동안 한마디도 하지 않았다. 그리고는 슈레버는 자신이 신의 아이를 갖기 위해 신에 의해 선택된 관능적인 여인이라고 생각하기 시작했다. 몇 년간에 걸쳐 그는 자신의 남성 성기가 쪼그라들고 수염이 사라지고 키도 작아졌고, 또 그를 치료하는 정신과 의사에게 성적으로 착취당하고 있다고 생각했다. 마침내 "오직 성인 여성의 육체에서만 그렇듯 (자신이) 머리끝에서 발끝까지 관능적"임을 인정한 그는 "나의 깃발에 진심으로 여성 숭배를 새겨 넣었다."[66]

　1911년 프로이트는 슈레버의 사례에 대한 그의 분석을 출판했다. 쥐 인간의 경우에서와 마찬가지로 프로이트는 슈레버의 문제를 '여성성'에 입각하여 설명하지 않았다. 또한 그는 슈레버에 대해, 예를 들면 레오나르도 다빈치가 동성애자였다고 말하는 것과 같은 의미에서의 동성애자로 간주하지도 않았다. 그 대신 프로이트는 슈레버의 체험을 어릴 때 아버지와의 관계에서 형태를 갖춘 판사의 나르시시즘 혹은 자기애로 설명했다. 슈레버는 두 차례 우울증에 걸렸는데 두번째 경우에만 병원에 입원했다. 두 경우 모두 자존심에 가해진 충격 때문이었다. 첫번째는 선거에 져서 체면을 구긴 것(신문들은 "슈레버가 누구지?"라고 물었다)이었고 두번째는 아이를 갖지 못하는 이유 때문이었다. 프로이트의 해석에 따르면 이 두 차례의 타격을 보상하려는 노력이 그를 그가 정신과 의사와 동일시한 아버지와의 유아적이고 나르시시스트적이었던 관계로 되돌아가게 만들었다는 것이다. 그의 편집증 paranoia은 이 어린 시절의 위엄에 대한 방어였다. "누군가가 나를 사랑해"가 "누군가가 나를 미워해"가 되어버린 것이었다. 또한 프로이트에 의하면 슈레버가 자신을 여자로 생각하는 것은 그런 식으로 자신이 아버지의 사랑의 대상이었던 시절을 회복하려 하는 것이다. 따라서 그러한 증상은 그의 병세가 더 악화되었음을 의미하는 것이 아니라 회복의 한 단계였다는 것이다.

'부정적 오이디푸스 콤플렉스'에 대한 프로이트의 마지막 연구는 '늑대 인간' 세르게이 판케예프Sergei Pankejeff에 대한 설명이었다. 1886년에 태어난 러시아 귀족인 세르게이 판케예프는 임질을 앓은 후 우울증에 빠졌다. 그의 가족들은 여러 정신과 의사의 진찰을 받게 한 후 1910년이 되어서야 프로이트를 찾아왔다. 어린 시절 판케예프는 그의 누이의 지적 우월성을 시기한 나머지 그녀에게 모욕을 가한 적이 있었다. 어른이 된 그는 교육이나 지적 수준이 자기보다 낮은 여자를 아내로 택했다. 그럼에도 프로이트는 판케예프가 그의 '남성성'을 확인한 것이라는 견해에 대놓고 반대했다. 대신에 그는 판케예프의 기본적 소망이 수동적, 마조히스트적인 것이라 서술했는데, 이는 엄마가 그녀를 괴롭히는 아버지와 성행위를 하는 것을 보거나 상상하는 데에서 기인한 것이었다. 란처, 슈레버와 마찬가지로 판케예프는 그 소망들을 용인할 수 없었는데 이는 그것이 그에게 거세를 의미하는 것이기 때문이었다. 고통받거나 모욕당하려는 남자의 소망은 최소한 지배하려는 욕망만큼이나 강하고, 그런만큼 더 무의식이 되기 쉽다고 프로이트는 주장했다.[67]

이러한 이론 정립을 통해 프로이트는 실제로 19세기 자유주의적 문화의 젠더 코드를 산산조각 내버렸다. 사례 연구들은 '수동적'이고 '굴종적'인 소망을 갖는다고 해서 19세기 심리학이 시사하는 것처럼 남자가 여자로 되는 건 아님을 입증했다. 또한 다른 남자와의 관계에서 그와 같은 소망을 갖는다고 해서 동성애자가 되는 것도 아니었다. 특히 그의 연구는 빅토리아 시대에 여성, 노동자 계급, '열등'하거나 '미개'한 사람들에 귀속시켰던 '문제'들—히스테리, 수동성, 의존성—은 보편적인 것이고, 따라서 실제로는 전혀 문제가 아니고 단지 시간을 초월한 인간 심리의 특성이라는 것을 시사했다. 그리하여 통제된 사람(백인 사업가, 전문가)과 통제가 필요한 사람(여성, 흑인, 동성애자, 유대인)들 사이의 구분 논리는 깨지기 시작했다. 어떤 의미에서 프로이트는 백인 남성 전문가의 수동적이고 의존적인 소망을 폭로한 것일 수 있다.

여기서 우리는 칼 쇼르스케가 정신분석의 내성內省적 뿌리에 대해 강조한 것의 위력을 보게 된다. 정신분석은 패배, 상실, 애도, 후퇴의 체험에 대한 성찰에서 나왔다. 그것은 영웅적 윤리가 아니었다. 프로이트와 그의 측근들 사이에 오고 간 편지에서 밝혀진 대로 그것의 새로움은 의존성의 필요뿐 아니라 공포와 허약함까지도 보편적인 것임을 인정하는 데 중심을 둔 언어의 출현이었다. 1907년 융 Carl Jung은 프로이트에게 이렇게 썼다. "나는 망설임 끝에 당신에게 고백합니다. 부정할 수 없는 에로틱한 잠재 요소 때문에 당신에 대한 내 존경이 역겹고도 우스꽝스럽게 느껴집니다."[68] 몇 년 후 프로이트는 페렌치에게 이렇게 썼다. "나는 자네가 유아기 시절의 역할을 떼어버리고 동등한 동료의 자격으로 내 곁에 있어주기를 바라네. 나는 독립적인 친구를 갖는 편이 더 좋지만 그게 어렵다면 나는 자네를 아들로 삼아야 할 걸세."[69]

정신분석의 심오한 공헌은 그 발상이 아니라 그것이 이용 가능하게 만든 체험의 범위에 있다. 남성성에 대한 정신분석의 초기 연구는 수동성, 허약함, 그리고 실로 거세의 두려움 같은 체험의 보편성에 주목하게 했다. 이러한 체험들은 이성과 통제의 대체물이 아니라 오히려 그것의 어둡고 무시당한 보완물이었다. 중산층에게만 특별히 전유되는 것이기는커녕 궁극적으로 정신분석은 지배 권력의 원천으로부터 주변화되거나 배제된 사람들과 이 체험에 투사된 사람들, 즉 가족에 얽매인 사람, 동성애라는 하류 문화를 살아가는 사람, 게토의 유대인, 전직 하인인 도시의 이웃 주민들, 유배와 디아스포라의 상태에 있는 사람들, 조국이 없는 사람들에게 매우 큰 의미를 지녔다. 이 같은 부류의 사람들이 정신분석의 가장 적은 혜택을 받았다는 것은 정신분석 역사에서 아이러닉한 부분 중 하나이다. 그러나 앞으로 보게 되듯 결국 정신분석의 운명은 힘없고 추방된 사람들에게 의존하게 될 것이었다. 그들 가운데에는 종종 분석가들 자신도 포함되어 있었다.

자율성에 대한 접근 방식과 마찬가지로 젠더에 대한 정신분석의 접근 방식 또한 보다 넓은 전망과 감수성을 공유했고, 때가 되면 그것은 여성의 평등성의 의미를 재정립하는 데로 나아가게 될 것이었다. 이러한 전망 ── 20세기 초 모더니즘 ── 은 프로이트 시대의 빈에서 고도로 융성했다. 그것은 제1차 세계대전이 끝나기 전까지는 아직 그 면모를 충분히 드러내지 않았지만 명증성, 직접성, 솔직함에 대한 강조는 전전戰前의 복장 개량, 건축, 철학적 저술, 미학 운동뿐만 아니라 새로운 개인적, 집단적 삶의 형식에까지 관통되어 있었다. 철학자 루돌프 카르납Rudolf Carnap의 후일의 회상처럼 모더니즘은 도처에서 명증성을 요구했지만 "삶이 어떻게 짜이는 것인지는 도저히 이해되지 않으리라는 것"을 깨달았다. 그것은 디테일에 각별히 주의하면서도 "전체를 관통하는 굵은 선"[70]을 찾아내려 애썼다.

섹슈얼리티를 개인의 무의식적 소망의 독특한 표현으로 서술하면서 프로이트는 이 새로이 등장하는 모더니스트적 감수성을 공유했지만, 그는 또한 정신분석을 그것에서 구분해내기도 했다. 앞으로 보게 되겠지만 프로이트가 정신분석의 중심에 놓은 것은 섹슈얼리티가 아니라 *전이* — 부모에 의해 표현된 그대로의 권위와 아이의 초기 관계 — 였다. 이 또한 앞으로 보게 되겠지만 그가 거세 공포를 강조한 이유는 바로 이것이었다. 그러나 전이 역시 분석 방법의 관건이었는데 그 이유는 오직 전이의 창조에 의해서만 분석가는 사랑을 위해 그가 어떤 조건을 설정하는가, 사랑으로 어떤 자극을 충족시키는가, 어떤 목표를 성취하려 하는가 등과 같은 사랑의 능력의 행사를 통해 환자의 '특별한 개인성'을 분별할 수 있기 때문이었다.[71]

개인무의식에 대한 프로이트의 생각, 부모와의 관계에서 처음 형성되는 성적 소망의 현저히 개인적인 다양성에 대한 프로이트의 생각은 보다 넓은 조류들과 공명했다. 프로이트의 무의식은 타이프라이터, 영화, 활동사진 카메라, 그리고 남녀가 함께 읽는 첫 대중 일간신문 같은 발명품들과 나란히 출현한 것이었다. 새로운 미디어는 범죄와 더불어 두 개의 주요 기삿거리를 지니고 있었다. 첫째는 미국 스페인 전쟁, 보어 전쟁, 모로코 위기 같은 전쟁이었고 둘째는, 예컨대 1907년 독일의 오일렌베르크Eulenberg 스캔들 — 이를 통해 카이저가 동성애자들에게 둘러 싸여 있다는 사실이 폭로되었다 — 이나 1889년 몇몇 상원의원들이 동성애 유곽을 운영하는 것으로 알려진 클리블랜드 가

街 스캔들 같은 섹스 스캔들이었다. 로베르트 무질Robert Musil의 『특성 없는 남자*The Man Without Qualities*』는 젊은 여자를 톱으로 난도질한 혐의로 재판에 회부된 목수 모스브루거Moosbrugger에 대한 세기말 빈의 매혹을 묘사하는 것을 통해 이 새로이 출현하는 세상을 포착했다. 주인공은 "도대체 어떤 특질이 모스브루거로 하여금 이백만 명의 주민의 절반이 거의 그에 맞먹는 수의 부부싸움을 벌이는 도시에 그토록 소름끼치는 흥분을 야기할 수 있단 말인가?"라고 묻는다. "결국 이러한 모든 경우는 다 실타래에서 실마리를 잡아당기는 것이나 다를 바 없지. 잡아당기기만 하면 사회라는 단단히 뭉쳐진 실타래 전부가 풀려버리게 되니까."[72]

제3장 **함몰과 주변성**

1911년 월터 리프먼이 처음으로 우리에게 사람의 정
신이 무의식의 억압 때문에 왜곡되어 있다는 생각을 소
개했다. 메이블 도지(살롱)에서 가장 따뜻하고 평화롭
고 사유의 밀도가 높은 대화는 단연 프로이트의 사상과
그 의미에 관한 것이었다.

— 링컨 스테펀스, 『자서전』

개인적 삶은 전통적 가족으로부터 출현한 것이기 때문에 나머지 다
른 사회들과는 모호한 관계를 갖고 있었다. 잉여 노동 — 단순히 사회
를 재생산하는 데 필요한 것 이상의 노동 — 의 산물인 개인적 삶은 정
치, 경제적 필요 너머를 가리켰다. 경제가 근면하고 협동적인 노력을
요구할 때 개인적 삶이란 수동적이고 퇴행적인 욕망, 즉 '자신을 위해'
편히 쉬고 보살핌과 사랑을 받으려는 욕망의 자리였다. 개인적 삶은
독자적인 것이었지만 그럼에도 사회적 의미를 지니고 있었다. 그것은
유토피아적이었지만 그 실현 가능성은 점차 증가했다.

개인적 삶의 유토피아적 성격은 그 잠재력을 실현하기 위해 투쟁하
는 사람들에게 딜레마를 안겨주었다. 그들은 주변적, 엘리트주의적,
분파주의적이 되는 위험을 무릅쓰고 유토피아적 충동에 충실히 머
물 수도 있었고, 혹은 실용적이고 외향적인 태도를 취하면서 일상화
된 기능주의적 체제에 함몰될 우려도 있었다. 주변성marginality과 함몰

absorption은 불가피한 선택의 상호 배타적인 두 축을 표현하는 것처럼
보였다. 정신분석만이 이 같은 선택에 봉착한 것은 아니었다. 2차 산
업혁명의 또 하나의 주요한 카리스마적 세력인 예술적 모더니즘 또한
이러한 갈랫길에 봉착했다. 낭만주의에서 출발한 예술가들은 사회가
지정한 기능을 수행하는 것이 아니라 그 혹은 그녀의 표현적, 정서적
자아를 사회에 끌어들이는 자유로운 개인의 상징이었다. 그러나 2차
산업혁명 기간 동안 문화산업은 대량 생산에 기반을 둔 엔터테인먼트
공장에 예술가들을 통합하기 시작했다. 아방가르드 예술가들은 자신
들을 독보적인 개인, '천재'로 규정하고 그럼으로써 엘리트주의와 몽
매주의를 고취하면서 함몰에 저항했다. 이리하여 예술가들은 함몰과
주변성 사이에 사로잡히게 되었다.

　정신분석은 이 딜레마에 각별히 예민한 형태로 봉착했다. 한편에
는 기성 직업, 특히 의학의 규범을 준수하고 과학의 엄격한 관념을 수
용하라는 압력이 있었다(1950년대 미국의 에고심리학은 이러한 압력의
산물이었다). 다른 한편으로 함몰에의 저항은 무의식, 섹슈얼리티, 본
능 등, 다시 말해 매일매일의 현실에서 가장 멀리 격리되어 있는 심리
차원에 속하는 것들을 강조하는 것을 의미했다. 예술의 경우에서처
럼 함몰과 주변성은 동일한 불가능의 딜레마에서 뻗어 나온 두 가지였
다. 어느 경우든 정신분석의 비판적 차원은 둔화될 것이었다.

　정신분석의 초기에 프로이트와 그의 추종자들은 이 딜레마를 어
느 정도 인식하고 있었다. 카리스마적 폭발의 산물이었던 프로이트
의 생각은 그들에게 치료술 이상이거나 그것과 다른 것을 내포하고
있는 것으로 보였지만 그게 정확히 어떤 것인지에 대한 일치된 견해
는 없었다. 의학의 한 갈래(정신의학, 신경학), 대학의 한 학과(심리학

과), 혁신적 조직, 혁명적 정치나 아방가르드 예술의 부속물, 새로운 직업, 혹은 이 모든 것의 약간씩의 조합, 이런 것들 중에서 정신분석은 무엇이 되어야 하는가? 함몰로의 끌림은 분석가들이 존경받음과 과학적 수용을 추구했던 데에 반영되었다. 반대로 주변성으로의 끌림은 후일 분석가들이 분석 사업을 묘사하기 위해 사용하게 되는 '운동 Bewegung' '사건die Sache' 같은 용어에 반영되어 있다.

정신분석이 정당성을 획득하게 해줄 수 있는 두 주요 제도 — 새로운 치료직과 연구 대학 — 모두가 2차 산업혁명에 동반된 사회적 재구성에 긴밀히 연결되어 있었다는 사실은 함몰과 주변성의 딜레마를 더욱 고조시켰다. 우생학, 위생학, 정신 건강, 정신치료, 심리검사, 사회사업, 카운슬링 같은 사회적 재생산의 새로운 이론과 학과가 이민과 도시화에 대응하여 발전했다. '타락', 인종적 스테레오타입화, 범죄와 비위생 예방, 젠더 규범 유지 등에 특히 관심을 쏟았던 이 학과들은 대중을 새로운 산업사회의 질서에 동참시키는 것을 목표로 삼았다. 제1차 세계대전 때 그것들은 군대와 학교 시스템과 산업계에서 큰 규모의 분류와 선별 작업을 담당했다. 정신분석으로서는 이 새로운 학과와 직종에 편입되기 위해서 개인 자율성에 있어 다른 것들과 차별되는 관심을 포기해야 했고 목표를 사회 통제 쪽으로 고쳐 잡아야 했다.

정신분석이 정당한 학문 분과가 되도록 만들어줄 수 있는 또 다른 수단은 연구 대학, 특히 의과대학을 통하는 방법이었다. 이것 역시 중대한 문제를 제기했다. 사회 재조직 같은 분과와 마찬가지로 연구 대학은 2차 산업혁명에 대한 대응이었다. 그 목표는 단순히 학문을 진보시키는 것만이 아니라 그것을 사회의 협동적 재조직에 적합화된 체계적이고 실용적인 방식으로 조직하는 것이었다. 특히 그것은 정신분석의 학문적 위상을 보증할 수 있는 권위를 지니고 있었다. 대체적으로 경험주의는 모든 과학 연구의 기반이지만 20세기 초의 연구대학은 과학을 실증주의 방식으로 규정하는 편협한 경향이 있었다. 지식을 관찰 가능하고 계량화할 수 있는 사실들로 분리하여 그것들 사이에서 법칙화할 수 있는 관계를 수립하는 것을 목표로 하는 실증주의적 과학관은 동기화의 자리, 언어, 경험 등과 같은 인간 정신의 여러 측면에 대한 연구에 난점을 지니고 있었다. 그것은 또한 모든 과학적 발견에 내재되어 있는, 추리의 여지도 허락하지 않았다. 계몽주의의 가장 엄격한 철학자라도 프로이트 시대의 실증주의자들보다는 이성에 대해 더 개방적이고 유연한 생각을 지녔을 것이고 '감수성'과 '정열'의 관계에 대해서도 더 공감적인 이해를 지녔을 것이다.[1] 그 결과 경험에 바탕을 두었음에도 해석적이고 또 어떤 때는 추리적인 프로이트의 심리학은 대부분 대학에서 추방되었고 따라서 당시의 과학적 주류에서도 밀려났다. 그 결과 허장성세와 망상과 방어적 태도만이 조장되었을 뿐이다.

함몰과 주변성의 변증법은 유럽과 미국에서의 고르지 않은 발전에도 반영되었다. 19세기 말 유럽은 여전히 주로 농촌 주거지들 안에 모여 사는 농민들과 지주, 부락과 농장 마을들로 이루어진 대륙이었다. 교회, 군대, 국가의 상층부, 대부분의 은행과 상업계, 대학, 학술 단체, 법조계와 의료계의 고위직은 여전히 구질서가 지배하고 있었다. 대부분의 나라에서 왕과 황제는 권위의 중심부에 남아 있었다.[2] 따라서 유럽에서 정신분석은 어느 정도 자연스럽게 그 비판적 태도를 통해 모습을 드러냈다. 모든 '모던'한 것들처럼 그것은 제2차 세계대전이 끝날 때까지 존속했던 낡고 전통적이고 가부장적인 질서에 *대항하여*

나타난 것이었다.

이에 비해 미국에서는 봉건적 제도와 카톨릭의 뿌리가 약했듯 전통적 권위 또한 약했다. 정신분석에 대한 관심은 대중 민주주의 사회의 특징인 자아—관리self-management와 '역량 강화empowerment'라는 이상을 반영했다. 그 결과 미국에서의 정신분석은 비판적 태도가 아니라 치유의 방법, 자기 계발의 형식이 되었다. 이러한 결과로 정신분석의 역사 전체에 걸쳐 지리적 경사가 생겨났다. 미국에서는 함몰로, 유럽에서는 주변성으로. 이러한 일반화가 과장되어서는 안 된다. 미국에서도 주변적이고 비판적인 조류가 있었다. 그리고 유럽에서도 부분적으로는 정신분석이 1960년대 이전에 정당성을 획득했었다. 그러나 유럽에서 정신분석이 가장 힘 있는 지지자들을 지식인과 엘리트들 사이에서 찾으려는 경향을 지녔음에 비해 미국에서 그것은 비판적 차원을 결여한 채 대중적 현상이 되었다.

유럽과 미국의 차이는 정신치료 직업의 형태도 결정지었다. 유럽에서는 정신병원이 원래 교회와 연결되어 있었고, 정신과 의사들이 보유하고 있던 전통적 권위를 포기한 것은 아주 뒤늦은 후의 일이었다.[3] 그들은 직업화되긴 했지만 매우 깊은 보수적 편견을 지니고 있었다. 도덕적 치료와 함께 시작된 심리 치유 전통의 영향을 받아 아직도 '퇴화'라는 신체적 설명 방식에 젖어 있는 그들은 통상 프로이트로부터 아무런 감명도 받지 못했다. 하이델베르크와 뮌헨의 정신의학 교수로서 프로이트 시대에 유럽의 선도적인 정신의학자였던 에밀 크레펠린 Emil Kraepelin이 바로 그러한 예였다. 그는 조기 치매를 외적 요인(트라우마)에 의한 것으로서 심리적 기법으로 치료 가능한 것과 유전적이고 치유 불가능한 뇌질환으로 구분한 것으로 명성을 얻었다. 정신분석은 여하한 생물학적 기반의 연구 프로토콜에서도 배제되어 있었기 때문에 심리학적 접근법을 제시했음에도 유럽 정신의학의 주류에서 벗어난 주변에 머물러 있었다.

한편 미국에서는 일련의 다른 상황들이 전개되었다. 미국에서 정신분석은 기성의 정신의학 직종과 경쟁하지 않아도 되었다. 오히려 의과대학들이 여전히 최면술, '정신치유', 동종요법 같은 힐링과 자조self-help의 대중적 형태에 맞서 독점권을 수립하기 위해 투쟁하고 있었다. 영국에서처럼 전문가들은 대중적 치료술의 '여성적 감성주의'로부터 스스로 멀리하려 애썼다. 그리하여 1910년 플랙스너 위원회는 직업화와 자격 취득을 우선할 것을 요구했다. 유럽식 사고에 개방적이었던 미국의 정신의학자들은 정신분석을 대중적 형태의 정신치유에 대한 과학적 대안으로 보았다. 그들에게 핵심적 이슈는 어떠한 새로운 치료술이라 하더라도 자격을 갖춘 의사에 의해 시술되어야지 자격 없는 '아마추어'에게는 안 된다는 것이었다. 그 결과 미국의 정신분석은 직업화, 과학주의의 물결뿐만 아니라 2차 산업혁명의 특징인 대중 문화 성장의 물결에까지 실리게 되었다.

미국처럼 정신분석이 제도적으로 수용된 곳에서 그것은 그 정신과 내용에 있어 원래의 통찰들로부터 멀어지는 경향을 보였다. 유럽처럼 주변적인 채로 머물러 있는 곳에서 그것은 사교邪教 집단처럼 장엄한 분리적 색채를 띠게 되었다. 이리하여 정신분석은 스킬라Scylla와 카리브디스Charybdis* 사이에 사로잡히게 되었다. 자율성과 젠더 이원론을

---

* 스킬라와 카리브디스는 모두 그리스 신화에 나오는 괴물로서 각기 좁은 해협의 양쪽에 살았다. 따라서 항해자들은 그 둘 중 어느 하나의 위협을 피할 수 없었다.

둘러싼 갈등에서처럼 정신분석은 창조적 출구를 찾아야 했다. 함몰은 정신분석의 정체성을 파괴해버릴 수도 있었으므로 많은 사람들에게는 주변성이 더 나은 출발점으로 보였다.

어쨌든 제1차 세계대전까지 정신분석의 중심은 프로이트를 중심으로 한 주변적인 소그룹이었다. 정신분석의 내향화된 특성은 그것을 파괴한 것이 아니라 권위의 선취, 자기-인식, 추리의 허용과 지적 용기를 구현했다. 이와 동시에 주변성은 정신분석을 허풍, 심리적 전가轉嫁, 분열로 이끌어 갔다. 그러나 프로이트 자신은 정신분석의 주변적 위상을 결코 받아들이지 않았고, 분석 기획의 과학적 위상을 명확히 하기 위해 줄기찬 노력을 기울였다.

1차 산업혁명에 대한 반응은 대부분 비관적이고 반동적이었는데, 그것은 산업화 이전의 질서를 이상화하는 탓에서 기인한 것이었다. 반면에 2차 산업혁명에 대한 반응은 미래지향적 낙관주의를 향하는 경향이었다. 세기 전환기와 제1차 세계대전 사이의 세월 동안 아직도 황제가 통치하는 척하는 구질서와, 자동차와 비행기가 일상생활의 일부가 된 신질서 사이의 극적인 대비가 목격되었다. 그 결과는 과거에 대한 극렬한 거부였고 예언적이고 유토피아적인 사상, '예고된 혁명을 위한 격투장과 흥분', 표현주의와 미래파, 나로드니키와 볼셰비키, 성적 실험가들과 공동체주의자, 아방가르드, 선언문, 분파들의 번창이었다.[4] 정신분석은 이러한 환경 속에서 태어났다.

이미 보았듯 그 첫번째 표출인 수요심리학회는 *매너분트*, 즉 카리스마적 남성들을 중심으로 결성된, 관습적 가정의 대안적 반문화였다. 이 같은 점에서 정신분석은 빈의 다른 카리스마적 남성 중심 동아리와 유사했다. 이런 동아리에는 분리파(구스타프 클림트), 12음계 음악(아르놀트 쇤베르크Arnold Schönberg), 문학적 모더니즘(아르투어 슈니츨러Arthur Schnitzler), 시오니즘(테오도어 헤르츨), 그리고 카를 크라우스Karl Krauss의 풍자적 신문인 『햇불*Die Fackel*』 주위에 모인 그룹들이 포함되었다. 에드워드 팀스Edward Timms는 이 동아리들을 '압축된 미세회로 시스템'이라 묘사했다. 회로들은 서로 겹쳤다. 일찍이 프로이트와 어울렸던 사람들이 『햇불』에 글을 썼고 프로이트의 출판자인 후고 헬러Hugo Heller는 처음으로 쇤베르크의 회화 전시회를 열었다.[5] 이 동아리 사람들 대부분은 대학이나 카페에서 만났다. 그러나 프로이트는 정신분석이 사적 영역과 함께했던 초기 시절을 암시하듯 집에서 모임을 가졌다.

정신분석 서클은 프로이트가 네 명의 동료 의사에게 초청 엽서를 보낸 1902년에 시작되었다. 모임은 일주일마다 베르가세 19번지에 있는 프로이트의 집에서 열렸다. 그 집은 형언할 수 없을 정도로 비좁은 변두리 중산층 집이었다. 베르가세 가는 유대인 벼룩시장이 있는 탄델마르크트에서 시작하여 언덕 위의 빈 대학에서 끝나는 삭막한 거리였다.[6] 1906년까지 모두 열일곱 명의 남성 회원이 모였는데, 그들 중에는 파울 페데른Paul Federn, 이지도르 사드거Isidor Sadger, 막스 그라프 Max Graf, 빅토르 타우스크Viktor Tausk, 다비드 바흐David Bach, 에두아르트 히치만Eduard Hitschmann, 후고 헬러, 프리츠 비텔스Fritz Wittels 등이 포함되어 있었다.[7] 프로이트 외의 중요 인물은 1870년 태생의 안과의사인 알프레트 아들러Alfred Adler, (오늘날 루마니아에 속해 있는) 부코비나의 체르노비츠에서 온 정치평론가 겸 의사인 빌헬름 슈테켈 Wilhelm Stekel, 그리고 오토 랑크Otto Rank였다.[8] 본명이 오토 로젠펠트

Otto Rosenfeld인 1884년생 랑크는 그의 의사인 알프레트 아들러에게서 처음 프로이트 이야기를 들었을 때만 해도 낮에는 기계공이고 밤에는 작가였다. 랑크는 1905년 프로이트를 만나 그룹에서 월급을 받는 비서가 되었고 프로이트의 권유와 금전적 지원에 힘입어 김나지움과 대학에 다녔다.

프로이트 서클의 구성은 중산층의 구성이 나라에 봉사하는 공무원 중심에서 자유 직업인들 중심으로 이동했음을 반영하는 것이었다. 자신들을 권위의 중심인 교회, 법원, 대학과 동일시했던 전통적 지식인들과 달리 이들은 의사이고 작가였다. 그들의 신망은 그들 자신의 학식과 전문적 기술에서 비롯되는 것이었지 사회적 지위에서 오는 것이 아니었다. 대부분 제도적 기관들과는 아무런 연관도 없는 그들은 권위의 전통적 중심 및 이것과 연결된 금전적 이익에 분노하고 있었다. 그래서 프로이트의 첫번째 비서였던 파울 페데른은 그 의사들을 '프롤레타리아 지식인'[9]이라고 묘사했다. 빈 유대인들은 이처럼 전통적 지식인에서 안토니오 그람시Antonio Gramsci의 이른바 유기적 지식인 — 기업적 생산 시스템의 출현에 통합된 지식인 — 으로의 이동의 선봉에 있었다. 1890년대에는 유대인들이 법조, 의료, 언론계에 다수 진출했다. 상업, 제조업, 산업에서는 과할 정도로 많고 농업과 1차 상품 생산에는 희소했던 그들은 개인적 삶의 새로운 격투장 — 도시 발전, 예술, 전문가 — 에 긴밀히 연결되어 있었다.

쇼르스케가 그럴듯하게 지적했듯 2차 산업혁명을 앞두고 19세기 자유주의적 전통이 충격적으로 분해된 것은 정신분석의 부상을 위한 하나의 예비 조건이었다. 1873년의 경제 붕괴 이후 오스트리아에서는 자유주의가 공격의 대상이 되었다. 체코와 헝가리의 민족주의는 자유주의적 원리에 도전했지만 반자본주의적, 반유대주의적 감정은 고조되었다. 다민족 국가의 소수자였던 자유주의자들은 전통적 권력 구조에 의존했다. 오직 황제만이 포퓰리스트이자 반유대주의자인 카를 루에거Karl Lueger가 빈 시장 자리에 앉지 못하게 막고 있었지만 그것도 1897년까지일 뿐이었다.[10] 프로이트는 브네이 브리스B'nai Brith*에 가입하는 것으로 드레퓌스Alfred Dreyfus 사건 및 루에거의 상승에 대응했다. 그는 의료계와 대학의 인텔리겐차에서 사회적 사다리를 걸어 내려와 "그저 그의 과학적 추구에 참여하거나 힘을 보태지는 않아도 최소한 그를 위협하거나 낙담케 하지는 않는"[11] 평범한 유대인 의사와 사업가들의 계층으로 전락했다. 그는 바로 이 계층에서 수요심리학회의 멤버들을 선발했다.

프로이트가 초기에 교제했던 사람들 모두가 유대인이었다는 사실은 정신분석이 주변적인 것에 머무르리라는 증거였다. 당시 유럽에서 유대인은 인종적 '타자'였다. 샌더 길먼과 다른 사람들의 연구가 입증했듯 유대인의 코, 유대인의 다리, 유대인의 섹슈얼리티, 유대인의 언어, 유대인의 '탐욕', 그리고 유대인들이 공동체적 가치를 '무시'하는 것은 유럽 의사들과 사회과학자들에게 강박적인 관심사였다. 심지어 인종에 기초한 신경학 이론과 결별한 샤르코조차도 유대인과 신경증을 연관지었고 그의 학생 앙리 메지Henri Meige는 유대인의 '방랑'을 주의를 끌고자 하는 그들의 끊임없는 요구 탓으로 돌렸다.[12] 유대인 남성은 바이닝거가 'W' 요소를 여성, 동성애자, 유대인에게 귀속시킨 것처럼 자주 여성화되기도 했다. 용맹성과 남성성의 이상화된 상호관

---

* 유대인 공동체의 상호 부조 조직.

계에서 배제되고 '비대肥大한 가족에 갇혀 있다'고 부당히 여겨진 유대인 남성은 남성적 이상 뒤에 놓여 있는 허약함과 수동성과 동성애적 자질에 대해 더 잘 알고 있음직했다. 이런 조건하에서 유대인들로만 구성된 정신분석 학회에서 분석가들 모두가 지배문화를 위선적으로 간주하리라는 것은 명약관화한 일이었다. 이 위선성은 명백한 이유로 억압당하거나 주변화된 그룹들 모두가 공유하는 전제였다. 그들이 간파했듯 오스트리아 정치의 대부분은 뒤에서 황제와 귀족들이 통치하는 것을 가려주는 허울이었다.

사회민주주의는 정신분석의 문제적인 사회적 자리에 한 가지 가능한 해결책을 제시했다. 오스트리아 사회주의는 반유대주의에 대항했고 대부분의 다른 전통적 사회주의보다 덜 경제주의적이고 문화적 문제에 더 많은 관심을 기울였다.[13] 프로이트 서클의 원래 멤버들의 다수가 사회민주주의자였다. 알프레트 아들러의 첫 저서 『재단사들의 조합을 위한 건강 지침서Health Book for the Taylor Trade』(1898)는 의학계가 '사회적 질환'을 소홀히 한다고 공박했다. 비텔스는 낙태의 합법화에 찬성하는 입장을 공유했던 이유로 프로이트를 알게 되었는데, 경제적 욕망 때문에 기독교로 개종하는 유대인들을 공격한 것으로 유명해졌다.[14] 또 다른 멤버 다비드 바흐는 빈의 노동자 오케스트라를 조직했고 사회주의 신문인 『아르바이터 자이퉁Arbeiter Zeitung』의 음악비평가로 일했으며 시립 바그너 극장의 변호사 일을 하기도 했다.[15] 많은 정신분석 환자들 역시 사회주의자들이었다. 베르타 파펜하임Bertha Pappenheim(안나 O.)은 메리 울스톤크래프트의 『여성의 권리 옹호Vindication of the Rights of Woman』를 독일어로 번역했고 유대인 여성 동맹Jüdischer Frauenbund을 창설했다.[16] 엠마 엑스타인(이르마)

의 오빠는 독일 사회민주주의의 리더인 카를 카우츠키Karl Kautsky 및 독일 의회의 첫 여성 의원 중 한 사람이었던 테레즈 슐레징거Therese Schlesinger의 자매와 가까이 지냈다.[17] 사회민주주의와 정신분석의 이러한 연관은 계급 정치만이 아니라 모성주의적 페미니즘에 대한 관심까지 반영하는 것이었다. 그러나 결국에 중부 유럽의 사회주의는 전통적 노동자 계급 가족과 공동체 옹호에 너무 가까이 밀착한 나머지 정신분석이 개인적 삶에 집중하는 것을 지원할 수 없었다.

사실 초기의 정신분석에는 독학獨學의 요소와 반문화적 추구가 사회주의적 감수성과 결합되어 있었다. 수요일 저녁 모임에서의 대화 주제는 니체Friedrich Nietzsche의 『이 사람을 보라Ecce Homo』, 여성 문제, 마르크스주의 심리학, 아이들의 성교육을 망라할 정도로 광범위했다.[18] 대학에서의 강의처럼 프로이트는 모두가 토론에 참여하기를 요구했고 순서는 단지에서 종이 심지를 뽑는 것으로 정해졌다. 생각들은 특별한 인용의 표지 없이 사용할 수 있는 공통 자산으로 여겨졌다. 그들은 이를 '지적 공산주의'라 불렀다.[19]

정신분석의 주변성은 사회경제적인 동시에 문화적인 것이었다. 당시 빈은 유럽 정신의학의 중심이었다. '성도착'에 대한 탈범죄화와 과학적 연구, 그리고 정신질환에 화학 요법을 처음 실행한 것 모두가 빈에서 시작되었다.[20] 그러나 프로이트는 정신의학 기관들의 바깥에 머물렀고 대학과의 유일한 접촉은 무보수 강의를 통한 것이었다. 그에게는 할 일도, 돌봐야 할 환자도 없었다. 정신분석의 주변성은 프로이트의 저항적 인간형과도 잘 맞았고 돈에 대한 평생의 근심과도 잘 어울렸다. 1899년 그는 플리스에게 이렇게 썼다. "내게 돈은 웃음 가스라네. 나는 초원의 야생마가 한번 올가미에 사로잡히면 생명에 대한 모종의 불안을 지니게 된다는 걸 어릴 때부터 알고 있다네. 그래서 나는 가난은 도울 수 없다는 걸 알았고 계속 두려워하기만 하지."[21] 1899년의 마지막 여덟 달 동안 그는 유일하게 돈 걱정을 하지 않는 경우를 가졌다. 1900년 5월 그는 하루 평균 세 시간 반의 급여를 받았다.[22] 같은 해 그의 마흔네번째 생일 다음 날이자 『꿈의 해석』을 출판한 지 몇 달 후 그는 자신을 "늙고 왠지 초라한 유대인"으로 묘사하게 된다.[23]

빈에서는 주변적이었지만 취리히 대학과 연계되어 있는 명성 있는 정신병원인 부르크횔츨리에서는 프로이트의 이론들을 진지하게 연구했다. 1860년대에 설립된 부르크횔츨리의 초기 원장에는 유명한 정신의학자인 오귀스트-앙리 포렐August-Henri Forel과 빌헬름 그리징거 Wilhelm Griesinger 같은 사람이 있었다. 오이겐 블로일러Eugene Bleuler 는 1898년 원장으로 취임하여 수년 만에 그곳을 세계에서 첫째가는 정신의학 교육병원으로 변모시켜 뮌헨 대학에 있던 크레펠린의 유명한 병원을 추월했다.[24] 블로일러는 크레펠린의 견해를 따라 조기 치매의 근원이 심리적인 것이라 보았다.[25] 프로이트에 대한 그의 관심은 이 논쟁에서 생겨났다.

1904년 프로이트는 블로일러로부터 그의 연구진 중 한 사람이 블로일러의 조수인 카를 융의 영향을 받아 몇 년째 프로이트가 쓴 글들에 대해 연구하고 있다는 것을 들었다. 엘리트 집안 출신의 융은 명석하고 매력적인 데다 비상하게 강한 퍼스낼리티의 소유자였다. 그는 프로이트보다 한 세대 아래였지만 사회적으로나 직업적으로는 프로이트보다 높았다. 1902년 그는 무의식적 표상ideational '콤플렉스'의 존재를 밝히는 일련의 실험들로 일찌감치 명성을 얻었다. 1905년 그는

카를 구스타프 융: 프로이트의 제자, 경쟁자, 분석심리학의 창시자(1910)

부르크휠츨리의 임상 책임자였고 취리히 대학의 *강사/privat dozent*였다. 1908년 그는 직접 설계한 집을 지을 정도로 부유했다.[26] 그는 또한 신비주의적 면모를 지니고 있기도 했는데 이것이 그를 정신분석으로 이끌었다. 그의 아버지는 원래 히브리 학자가 되고자 했던 목사였다. 정신주의자였던 어머니는 항상 강연 원고를 쓰고 있는 남편 뒤에 서서 지키며 악마가 찾아오지 않는다고 안심시켜주었다.[27] 1906년 프로이트와 융은 서신을 교환하기 시작했고 한 해 뒤에는 융이 프로이트를 방문했다. 두 사람은 서로에게 강하게 끌렸다.

1905년 프로이트는 『일상생활의 정신병리학*Psychopathology of Every-day Life*』, 『농담과 무의식*Wit and the Unconscious*』, 「도라*Dora*」, 『섹슈얼

리티에 대한 세 시론』을 출판했다. 이렇게 쏟아져 나오는 저작들에 대한 반응으로 다른 의료인들이 그에게 접촉했다. 지방의 종교적 노동자 계급의 배경을 지니고 런던에서 거주하던 웨일즈 출신 의사인 어니스트 존스Ernest Jones는 도라의 사례를 읽고 "환자가 말하는 것을 옆에서 주의 깊게 한 마디도 빠뜨리지 않고 들어주는"[28] 의사를 발견하고는 충격을 받았다. 후일 그는 프로이트가 "우리 사회 조직의 부정의, 어리석음, 비합리성"[29]을 알고 있다는 데 매료되었다고 썼다. 1906년 존스는 런던에서 정신분석 토론 그룹을 시작했지만 의료 기관과의 충돌과 환자와의 성적 연루로 고발되어 캐나다로 피신했다.[30] 존스에 대한 프로이트의 첫인상은 열광적이었다. 프로이트는 융에게 이렇게 썼다. "그는 모든 전통을 부정했다네. 그의 정신에 비하면 나도 이미 반동적이라네."[31]

존스를 제외하고는 빈 외지에서 프로이트에게 오는 거의 대부분의 의사들은 부르크휠츨리를 거쳐 왔다. 딱딱하고 형식적인 베를린 유대인인 카를 아브라함Karl Abraham, 자기를 드러내지 않는 러시아인인 막스 아이팅곤Max Eitingon, 매력적인 헝가리인인 산도르 페렌치 등이 부르크휠츨리에서 의대생의 신분으로 프로이트의 글과 만났다. 후에 아이팅곤과 아브라함은 유럽에서 동성애 무죄화를 선도한 변호사 마그누스 히르쉬펠트, 1905년 성 관습에 대한 방대한 연구서를 출판한 이반 블로흐와 베를린의 정신분석 토론 그룹에서 합류했다.[32] 프로이트는 1907년 아브라함에게 이렇게 썼다. "독일에서 내 명성이 올라간다면 그것은 당신에게 도움이 될 것입니다. 그리고 내가 만일 당신을 직접 나의 제자이자 추종자라고 부를 수 있다면 — 당신은 그런다고 부끄러워할 사람 같아 보이지는 않습니다 — 나는 힘껏 당신을 뒷받

침하겠습니다."[33] 1910년 무렵에 정신분석은 베를린에서 너무도 유명해져서 저명한 신경학자가 그것을 거부하라고 호소할 정도가 되었으며 정신분석 저널의 구독료는 빈보다 훨씬 비쌌다.[34]

1900년 헝가리에서 페렌치는 한 지방 의학신문에서 의뢰한 『꿈의 해석』에 대한 리뷰를 거절했다. '그럴 만한 가치가 없다'는 것이었다. 융은 그에게 프로이트를 진지하게 대하라고 설득했다. 페렌치는 융보다 두 살 위로서 부다페스트의 교양 있는 가문의 일원이었고 의사임과 동시에 에세이와 시를 많이 쓰는 작가이기도 했다.[35] 그의 아버지는 폴란드에서 이민 온 책방 주인으로서 헝가리의 1848년 혁명에 열광하여 이디시어의 울림을 갖는 이름(프렌켈)을 버리고 '마자르화化'된 사람이었다. 그의 어머니는 유대인 여성 동맹의 회장이었다. 게오르그 루카치Georg Lukacs, 헝가리 시인 엔드레 어디Endre Ady, 작곡가 벨라 바르토크Béla Bartók와 졸탄 코달리Zoltán Kodály 등이 가입해 있던 서양 Nyugat의 멤버였던 페렌치는 오래전부터 최면술, 자기 암시, 남·여성의 동성애에 관심을 지니고 있었다. 프로이트를 읽기 전부터 그는 히르쉬펠트의 '동성애 옹호를 위한 국제 인도주의 위원회'의 부다페스트 대표였다. 이중 언어 구사자로서 후일 빈 정신분석 학회의 회원이 된 그는 1910년 자신에 대해 "부다페스트에서 조직의 최소한의 기반도 닦지 못하고 선전만 했을 뿐"[36]이라고 스스로를 비판했다.

부르크횔츨리에서 프로이트는 널리 읽혔다. 초기 미국 정신분석의 핵심 인물인 A. A. 브릴Brill이 프로이트의 글을 처음 접했던 것도 1908년 부르크횔츨리에서였다. 1889년 열다섯 살의 나이에 오스트리아에서 빈털터리로 뉴욕으로 건너간 유대인 이민자 브릴은 체스 경기로 돈을 벌면서 의과대학에 다녔다. 명석한 임상의였던 그는 의학을 사랑했고 미국의 정신병리학자 아돌프 마이어Adolf Meyer와 함께 일했으며 크레펠린의 책을 영어로 번역하기도 했다. 니체의 정신과 주치의의 조카이자 실존적 정신분석의 창시자인 루트비히 빈스방거Ludwig Binswanger 역시 부르크휠츨리에서 프로이트의 글을 접했다. 개신교 목사이자 취리히에 있는 융의 동료인 오스카 피스터Oskar Pfister는 프로이트를 읽으며 "오래된 예감이 실현된 듯한 느낌"을 받았다. 프로이트 또한 피스터에게 "우리의 에로티시즘에는 당신의 영적 보살핌에서 '사랑'이라고 부르는 것도 포함되어 있다"[37]고 분명하게 말했다. 심지어는 프로이트의 초기의 추종자 중 가장 급진적이었던 오토 그로스Otto Gross도 부르크휠츨리를 거쳐 그에게 왔지만 부르크휠츨리에서 융은 그를 마약중독자로 취급했다.

카리스마적 분파는 그 정체성을 공고히 해주고 인정을 성취하는 데 도움이 되는 설립 시기와 역사적 전환점에 의해 부각된다. 정신분석에게는 20세기 초 몇 년이 그러한 시기였다. 한편으로 프로이트는 그의 사상에서 완전히 새로운 수준의 문명으로 가는 돌파구를 찾는 일군의 추종자들을 주변에 결집했다. 다른 한편으로 트라우마적 상처, 패배, 추방에 대한 퇴행적 감각 또한 정신분석의 정체성을 공고히 하는 중심이었다. 두 감정은 프로이트와의 동일시에 기반을 두었고 정신분석의 남성모임 성격에 의해 지탱되었다.

서클을 하나로 밀착시키던 접착제는 프로이트를 '아버지'로 보는 공통의 시각이었다. 막스 그라프는 수요심리학회에 대해 "그 방에는 종교를 창시創始하는 듯한 분위기가 있었다. 〔……〕 프로이트의 학생들은 〔……〕 그의 사제들이었다"[38]고 썼다. 그러나 이 진술은 잘못되었다. 분명 프로이트가 중심이기는 했지만 세세한 사항들은 강한 퍼스낼리티를 지닌 여러 사람들의 까다로운 분위기를 암시한다. 이미 보았듯 새로 출현하는 정신분석 서클의 역사적으로 새로운 점은 프로이트의 아버지 역할이 아니라 자신과 그 아버지 역할의 관계를 스스로 자각하려는 구성원들의 시도였다. 사실 스승과의 개인적 접촉은 내적 발전*Bildung*을 내포하는 모든 교육에 있어 역사적인 필수조건이었다. 프로이트와의 동일시는 새로운 방식, 즉 '분석적' 혹은 자기성찰적으로 생각하기를 배우는 것이었고, 많은 정신분석 이론은 의심의 여지 없이 아버지와 아들 사이, 선생과 학생 사이의 금이 간 균열에서 생성되었다. 프로이트와의 동일시가 또한 반영하는 것은 생각이 운동을 이끌었다는 것이었다. 1910년 학회에 가입한 빈의 변호사 한스 작스 Hanns Sachs는 자신이 『꿈의 해석』을 읽었을 때 "살 만한 가치를 주는 것 하나를 찾았다. 수년 후 나는 그것이 내가 살 수 있었던 유일한 의지依支임을 알았다"[39]고 썼다. 융은 자신을 "정신분석적 사고의 개혁 이전의 시기"로 옮겨 놓았다. "그 당시의 나의 생각은 지금은 나 자신에 대한 엄청난 불성실로 보인다"[40]라고 고백했다. 프로이트와의 동일시는 정신분석운동의 가장 깊고도 끈질긴 정열을 점화시켰다. 글쓰기의 정열을.

프로이트는 종종 아버지 같은 자신의 역할에 불편해했다. 그는 페렌치에게 끌렸지만 페렌치가 그에게 어린애처럼 구는 것 때문에 사이가 좋지 못했다. 1909년 페렌치는 프로이트에게 불만을 토로했다. "나는 내 식대로 할래요. 그러면 최소한 행복하니까요. 행복한 아이가 되겠어요. 그러나 당신(프로이트 교수)은 분명 (지적으로) 너무 늙었고, 모든 걸 설명하고 당신의 모든 정열을 사유에 용해시키려니 행복할 수 없지요."[41] 다음 해 여름 두 사람은 함께 휴가를 보냈다. 프로이트는 융에게 이렇게 썼다. "내 여행 동반자는 친한 친구라네. 그런데 아주 난처한 방식으로 환상에 사로잡혀 있지. 나를 대하는 방식도 어린애 같고. 그는 나에 대해 끊임없이 감탄하는데 난 그게 싫어. 내가 아무렇게나 처신하면 아마 그의 무의식에서 나를 신랄하게 비판할 거야." 여행이 끝난 후 프로이트는 자신이 "우리가 구축한 (정신분석의) 슈퍼맨이 아니다"라고 썼다. "나는 교차전이를 극복해본 적이 없다. 나는 그렇게 할 수 없었다. 마치 사랑하기 때문에, 그리고 그 과정에서 미안함을 느끼기 때문에 내 세 아들을 상대로 그렇게 할 수 없는 것처럼."[42]

나이 많은 카리스마적 남성으로서 프로이트는 좋은 아버지의 역할을 하려고 시도했다. 그의 추종자들에게 보낸 편지들에서 그는 그들의 야망, 경쟁의식, 유능함에 대해 직설적으로 언급했는데, 그것은 그들의 용기를 북돋아주었을 것이다. 아브라함이 '신경성neuroticism'이라는 용어를 사용하자 프로이트는 "우리 모두가 이러한 콤플렉스를 갖고 있지. 그렇다고 모두를 신경증적neurotic이라고 부르는 건 경계해야지"[43]라고 논평했다. 존스는 프로이트를 "자신의 권위와 지위에도 불구하고 남을 탓하지 않고 이해하려 하는 사람"으로 여겼다. 그는 가장 친한 친구에게 프로이트가 그만 한 지위에 있는 사람으로서 그가 만난 사람들 중에서 "마음이 젊다고 느끼는 것이 어떤 건지를 아는 사람, 즉 젊은 사람의 애환과 어려운 점을 이해할 줄 아는 능력을 가진 유일한 사람"[44]이라고 말했다.

그룹을 하나로 결속시키던 힘은 또한 갈등을 초래하기도 했다. 아들러는 프로이트에게 그의 그림자 아래 있는 것이 조금도 기쁘지 않다고 말했다.[45] 어릴 때 학대당했던 융은 자주 그를 사로잡았던 열등감에 대해 이야기했다. 그는 프로이트에게 그의 사진을 요청했던 것을 '거의 멍청했다'고 평했고 자신이 '자기보호 콤플렉스'가 있음을 프로이트에게 시인하며 이렇게 썼다. "실제로 — 나는 망설임 끝에 당신에게 고백합니다 — 나는 당신에 대해 인간으로서, 그리고 연구자로서 무한한 존경심을 품고 있습니다. 내가 당신을 숭배하는 것은 '종교적' 심취와도 같은 어떤 것입니다. 부정할 수 없는 에로틱한 배음 때문에 나는 그것이 역겹고도 우스꽝스럽게 느껴집니다."[46] 열한 명의 아이들 중 여덟째였던 산도르 페렌치는 종종 그의 '형제 콤플렉스'에 대해 언급했고 존스는 프로이트에게 누가 그의 이론을 가장 잘 이해하고 있느냐고 물었다. 한스 작스가 관찰했던 바대로 프로이트의 칭찬과 인정을 위한 경쟁심은 그 운동에서 벌어진 다툼의 주요 원인이었다.[47]

간혹 프로이트는 자신의 허약함과 외로움을 토로하며 유혹하려 할 뻔한 적도 있었다. 아브라함이 빈으로 그를 방문했을 때 프로이트는 그 젊은이에게 선물을 주었을 뿐만 아니라 호텔 숙박료를 지불하기도 했다. 앞으로 보게 될 것이지만 1914년 융과의 불화에 상심한 프로이트는 아브라함에게 감사하는 편지를 썼다. "나는 일생 동안 나를 이용해먹지도, 그래서 배반하지도 않을 친구를 찾고 있었네. 이제 머지 않은 내 인생의 자연스러운 끝에서 나는 내가 그런 사람들을 찾았기를 바라네."[48] 프로이트의 매력의 일부는 약한 면을 선택적으로 드러낼 수 있는 그의 능력에 있었다. 제1차 세계대전 때 그는 아브라함에게 이렇게 썼다. "내 지배적인 감정은 무력한 쓰라림이거나 내 무력함에 대한 쓰라림이라네." 그의 편지는 점차로 돈과 나이 먹는 문제에만 집중되었다. 다른 경우에서 그는 "지난 번 자네 편지에 답하지 않았네. 너무 화가 났고 너무 배고팠기 때문이었다네"라고 썼다.[49] 쉰번째 생일날 그와 가장 가까운 사람들이 『오이디푸스 왕*Oedipus Rex*』에서 발췌한 "그는 유명한 수수께끼를 알아맞혔고 가장 강한 사람이었다"라는 글이 새겨진 메달을 선물했다. 그들은 프로이트를 '교수님'이라 불렀다. 그러나 프로이트의 실제 직위는 보조교사를 뜻하는 특임교수였다. 프로이트에 대해 발설되지 않았던, 약하고 연로하고 상처 입은 아버지라는 감정은 그 스스로의 자각에 의해 더욱 커져 그의 서클 내부에 스며들었다. 또한 그것은 그를 보호하려는 욕망을 작동시켜 서클을 정당화하려는, 이루지 못할 추구에 더욱 힘을 쏟게 만들었다.

프로이트를 중심으로 결성된 서클이 정신분석 역사의 한 축을 이룬다면 직업적 수용과 대중적 인기는 그 다른 축을 이룬다. 알려진 바와 같이 두번째 축의 운명은 정신분석의 원 발상지로부터 오천 마일이나 떨어진 곳에서 결정되었다. 정신분석은 미국인들이 그것을 다시 유럽에 도입한 제2차 세계대전 후까지 유럽의 정신의학에서는 주변적으로 머물러 있었지만 미국에서는 거의 즉각적으로 문화의 중심이 되었다. 그 까닭은 미국에서 전통적 권위가 약했다는 것과 '외부적'인 어려움을 개인의 정신력으로 극복해야 한다는 널리 퍼진 믿음 때문이었다. 이러한 맥락에서 미국의 정신분석은 매우 대중적인 것이 되었다. 그 결과 개인의 역량 강화, 자기-규제self-regulation, 개인적 카리스마를 강조하는 과정에서 정신분석이 채택되었다. 앞으로 보게 될 것이지만 정신분석의 실천적 적용은 그 문화적 충격보다 덜 중요했다. 궁극적으로 미국의 정신분석은 유럽 정신분석의 특징인, 내적 한계에 대한 자기 성찰적 탐구와 거의 반대되는 의미를 지니게 되었다.

자아에 대한 팽창적이고 도덕률 폐기론적 감각은 오랫동안 미국 문화의 중심을 이루어왔다. 랠프 월도 에머슨Ralph Waldo Emerson은 자신을 "헐벗은 광야에 서면 — 나의 머리는 상쾌한 바람에 씻겨 무한한 공간으로 날아오른다 — 온갖 시시한 에고티즘이 사라진다"[50]라고 묘사하면서 이러한 정신을 일깨웠다. 개척 정신과 대중 민주주의가 이와 같은 경계 허물기의 감각을 지탱했고, 그것은 자기 계발, 성적 조신함, 상업주의와 공존했다. 19세기 중반에 이르기까지 정신치유라는 생각에 대한 미국인들의 감수성은 세계에서 달리 비할 데가 없었다. 1869년 신경증에 대한 최초의 순수 심리학 이론 — 신경쇠약증 — 이 거기서 싹을 틔웠다.

많은 요인들이 합세하여 정신분석으로의 길을 준비하고 있는 사이 정신치유에 대한 미국인들의 믿음은 미국의 칼뱅주의 혹은 청교도적 뿌리를 되살려내려 노력했던 19세기의 위대한 복음주의 프로테스탄트 부흥운동이었던 2차 '대각성Great Awakening'으로부터 최대의 지원을 받았다. 그것의 목표가 절제와 노동윤리의 강화였음에도 경쟁자들은 최면술과 스베덴보리주의Swedenborgism 같은 분파들의 발전과, 내용과 무관한 말씀의 치유력을 설교한 피니어스 퀸비Phineas Quimby 같은 영향력 있는 이단자의 사상을 끌어들였다. 그 결과 '잠재의식' 및 비개인적이거나 초개인적인 정신에 대한 미국인들의 믿음 — 이것은 프로이트 이전의 역동적 정신의학과 일치하는 것이었다 — 이 확산되었다. 이 믿음은 전적으로 낙관주의적이었다. 1890년대 많은 유럽인들이 비관주의, 주관성, 꿈의 세계를 향해 내부로 선회했을 때, 쏟아져 들어오는 이민자들과 대량 소비의 성장, 그리고 미국의 세계적 헤게모니의 개시에 고취된 미국인들은 초월적 정신의 힘에 대한 그들의 확신을 재확인했다.

프로이트의 글들이 출현했을 때 미국 사회에는 잠재의식이 우울뿐만 아니라 신체적 병도 치료할 수 있다는 믿음이 크리스천 사이언스 Christian Science, 보다 넓게는 '정신치유'의 형태로 팽배해 있었다. 미국의 종교적 정신과 부합하는 정신치유는 여성들에게 특별한 호소력을 지녔다. 실제로 크리스천 사이언스의 창시자는 메리 베이커 에디 Mary Baker Eddy라는 여성이었다. 클라라 바턴Clara Barton(미국 간호사직 창설자 중 한 사람), 도로시어 딕스Dorothia Dix(정신병원 개혁자), 제인 애덤스Jane Addams(미국 '사회연구' 창시자 중 한 사람) 같은 여성들처럼 에디는 젊었을 때 아팠지만 그녀의 소명을 발견하고는 부유하고 건강하고 생산적인 삶을 누리기에 이르렀다. 그리하여 1890년대 미국의 풍경은 예를 들면 '나는 몸이 아니다'라는 슬로건 같은 것에 대한 명상을 통한 내려놓기의 힘을 설교하는 신앙 치료, '정신과학' '성령 치료'와 같이 각양각색의 집들이 널리 퍼져 있는 것 같은 모습이었다. 그것이 목표하는 바는 "무한에 뿌리를 둔 잠재의식의 고갈되지 않는 힘의 발견과 사용"[51]을 용이하게 만들기 위해 '완벽하게 수동적'으로 되는 것이었다. 클라크 대학 박사 과정에 다니던 한 학생이 1899년에 쓴 글에 의하면 이 모든 경향들을 하나로 모으는 것은 암시의 관념, "여하한 정신적 관념도 몸을 통해 스스로 구체화되는 경향이 있다는 법칙"[52]이었다.

정신치유의 사고방식은 힐링보다 더 널리 퍼졌다. 1895년에서 1915년 사이에 성행했던 '신사상운동'은 금전적 보상은 무엇보다 먼저 "성공을 추구하는 사람의 '자기 암시'"에 의존하는 것이라고 가르쳤다.[53] 정신치유의 성장을 몰고 온 것과 똑같은 요구가 새로운 대중

문화를 몰고 왔다. 정신치유가 몸의 병을 극복하는 정신의 능력을 역설한 것처럼 신문화는 종종 개심改心의 체험에 뒷받침되는 적극적 사고를 통해 환경을 딛고 일어설 수 있는 개인의 능력을 이상화했다. 10센트 소설, 놀이공원, 영화, 스포츠는 중요한 민주화 요소들과 함께 이민자와 노동자 계급의 전통을 반영했다. 그러나 또한 그것들은 대량 생산의 혁명을 동반한 정신적 해결책에 대한 강조를 반영하는 것이기도 했다.[54]

거듭 말하지만 미국과 유럽 사이의 대비를 과장하는 것은 온당치 못할 것이다. 미국식 사업술과 마찬가지로 미국의 대중문화는 예컨대 카우보이 이야기, 탐정 소설, 싸구려 정기간행물, 체육, 사이클링, 그리고 백화점 같은 형태로 이미 유럽의 도시들을 점령하기 시작했다. 그럼에도 여전히 유럽인들의 상상력을 사로잡고 있는 강철 골조 같은 아버지의 권위와 달리 민주적 상상력의 중심에 있는 것은 ─ 일반적으로 사업에서 성공한 사람, 스포츠 영웅, 기타 유명한 사람의 모습을 한 ─ 개인이었다. 정신력을 강조하는 정신치유는 민주주의와 더할 나위 없이 잘 맞았다. 19세기 정신의학이 '미친 사람'으로 여겨지는 자들을 추방하거나 고립시키는 방식으로 작동했음에 비해 정신치유는 '잠재의식'의 보편성을 강조했다. 이런 식으로 정신치유의 언어, 코드, 설명적 개요는 소비자 시장, 관중, 그리고 프로이트에 대한 강한 관심을 창출했다.

널리 퍼진 정신치유에 대한 신뢰를 의사나 전문가들이 간과했을 리가 없다. 대규모의 이민과 뿌리 뽑힘은 새로운 형태의 계급화와 질서 수립의 필요뿐만 아니라 매일 얼굴을 대하는 사람들과의 즉각적 관계 너머의 환경에 개인들을 적응시켜야 하는 필요를 낳았다. 19세기의 개인들은 그들의 개인적 문제를 의사, 변호사, 성직자뿐만 아니라 가족, 친구들과 상의했다. 정신과 의사들은 정신병원을 경영했다. 신경학의 성장은 정신과 의사들이 새롭게 태어나도록 힘을 불어넣어주었다. 정신병원의 운영에서 선회하여 그들은 예방, 사회적 조정, 그리고 새로운 치료 기법에 의거하여 알코올-약물 관련 질병들을 치료할 것을 강조했다. 신경과민이 정신이상으로 가는 간이역임을 경고하며 그들은 청소년 범죄에 대한 특별한 전문 지식을 요구했다. 이 모든 영역에서 그들은 정신치유사들을 공격하면서도 정신치유를 취사선택하기 위해 체계적으로 작업했다. 1890년 뉴욕의 한 의사가 부르짖었듯 "비정규자들의 군대가 우리에게서 수지 맞는 환자들을 빼앗아가도록 방치할"[55] 이유는 전혀 없었던 것이다.

정신의학은 교회의 신도수가 줄어들던 이 시기에 성직자들에 의해 더욱 확산되었다. 사회적 복음운동이 빈곤, 범죄, 알코올 중독 문제 해결에 종교의 도움을 받으려 애썼던 것처럼 목사들도 새로운 의학 용어를 배워 그것을 종교적 강론과 결합시켰다. 프로이트가 클라크 대학에서 강연을 하기 전 2년간은 새로운 치료법을 공동으로 개발하기 위해 의사와 목사들을 한데 규합했던, 보스턴에 기반을 둔 종교집단인 엠마뉴엘 운동이 최고조에 달한 절정기이기도 했다.[56] 가정의들도 머잖아 붙여진 이름인 '정신요법psychotherapy'을 일상생활의 문제에 적용시키도록 권장하기 시작했다.

보스턴에 근거를 둔 신경학자, 정신의학자, 심리학자들의 소그룹이 1880년대 초부터 벌써 정신치유를 공부하기 시작했다. 여기에는 제임스 잭슨 퍼트넘James Jackson Putnam, G. 스탠리 홀Stanley Hall 같은 미국 정신분석에 깊은 영향을 끼치게 될 사람들, 모턴 프린스, 보리스 사이디스Boris Sidis 같은 비프로이트적 정신의학자들의 수장들, 후일 정신분석을 비판하는 정신의학자인 아돌프 마이어 같은 사람들이 참여해 있었다. 그 또한 멤버였던 윌리엄 제임스는 어떤 의미에서 프로이트가 미국에 수용되는 길을 닦는 데 가장 중요한 역할을 한 인물이었다. 제임스는 정신치유를 독점하려는 의사들의 시도를 공박하고 동료교수들의 실증주의적 편견을 비판했고(그는 스물다섯의 나이에 벌써 '낡은 구시대적 기질'이 시작되는 것처럼 보인다고 했다) 정신치유의 미래는 대중운동, 특히 여성운동에 의해 좌우될 것이라 주장했다.[57] 그의 1890년의 저서 『심리학의 원리Principles of Psychology』는 정신-육체의 이원론에 도전했고, 따라서 정신치유를 한층 더 정당화했다. 그의 1901년의 저서 『종교적 체험의 다양성Varieties of Religious Experience』은 이완이 집중을 대신해야 한다[58]고 주장하며 빅토리아 시대와 결별을 고하듯 정신치유에 대해 긍정적으로 서술했다.

이러한 선구자들의 지원을 업고 정신의학은 빠르게 정신치유를 흡수해갔다. 미국에서 처음으로 정신요법을 옹호했던 모턴 프린스와 보리스 사이디스는 샤르코의 가장 중요한 프랑스인 제자인 피에르 자네의 문하생들이었다.[59] 1906년 프린스는 『비정상심리학 저널The Journal of Abnormal Psychology』을 창간했다. 같은 해 '정신요법'이라는 용어가 처음으로 『의학 색인Index Medicus』의 목록에 올랐다. 보스톤의 신경학자 리처드 캐벗Richard Cabot은 "정신요법이라는 용어는 대단히 무서운 용어다. 그러나 기독교 과학자들, '신사상 민중New Thought People', 신앙치료사와 의료과학 및 과거로부터 온축蘊蓄된 지식을 무시하는 공통점을 지닌 수많은 다른 학파들과 우리를 구분하는 데 도움이 될 만한 것이 달리 없으므로 사용하지 않을 수 없다"고 밝혔다.[60] 1909년 '건전한 심리학, 건전한 의학, 건전한 종교'[61]를 표방하며 『정신요법』 저널이 간행되었다. 같은 해 환자의 위엄을 실추시키는 최면술에 대한 영향력 있는 공격을 담은 폴 뒤부아Paul Dubois의 『신경 착란에 대한 정신치료Psychic Treatment of Nervous Disorders』가 영어로 번역되어 프로이트를 정신요법운동으로 끌어들이는 길을 더 활짝 열어놓았다.

자신들의 작업과 대중적 형태의 정신치유를 구별하려고 투쟁하는 동안 미국의 전문가들은 자신들의 근간에 놓인 정신치유와의 유사성을 드러내고 말았다. 휴고 뮌스터베르크Hugo Munsterberg의 1909년의 저서인 『정신요법Psychotherapy』이 그 예이다. 하버드 대학의 철학교수였던 뮌스터베르크는 정신치유의 아마추어리즘과 싸우기 위해 그 책을 쓴 것이었다. "문명이라는 커다란 시장"이 공동체적 연대를 약화시켰다고 주장하며 그는 "전문가에 의해 지도되는 상징 구축과 공동체적 재통합의 지각 있는 사회적 프로그램"을 호소했다. '지각 있는 사회적 프로그램'이라는 말로 뮌스터베르크가 의미하고자 했던 바는 이민 노동자 계급을 대상으로 삼는 새로운 형태의 사회 통제였다. 동시에 그는 정신요법의 목적을 고통을 방지하고 감정을 억제하며 '정상적 균형이 회복'될 때까지 즐거운 생각으로 대체하는 것이라고 규정했다.[62] 이와 유사하게 보리스 사이디스는 모든 사람에게는 빠져들기 쉬운 '제2의 자아'나 '최면 상태'가 있다고 생각했다. 이러한 상태에 도달하면 사람은 신선한 용기의 분출을 경이로운 변화, '새 빛' '새 생명'으로 느끼게 된다는 것이다.[63] 막스 베버가 도구적 통제의 '철창'으로 부른 것이 어렵지 않게 꿈의 자극과 공존하게 된 것이었다. 이 같은 것이 미국에서의 프로이트 수용을 둘러싸고 있는 환경이었다.

최초의 마천루, 찰리 채플린Charlie Chaplin의 영화, 토머스 에디슨 Thomas Edison의 전구처럼 1909년 프로이트의 클라크 대학에서의 강연은 2차 산업혁명의 도래를 알리는 징후적 계기의 하나로 기억될 만하다. 이러한 발전들처럼 프로이트의 강연은 질적으로 새로운 변화의 계기로 각인되었다. 그러나 프로이트는 처음 클라크 대학 총장인 G. 스탠리 홀의 초청을 받았을 때 착잡한 느낌을 가졌다. 홀을 '킹 메이커 같은 사람'이라 불렀던 프로이트는 외국에서 체류하는 시간이 그의 작업 시간을 잡아먹을 것이라 불평하면서 "미국에서는 돈을 벌어야지 써서는 안 된다"[64]고 덧붙였다. 프로이트가 몰랐던 일이지만 홀이 첫번째로 택했던 사람은 실험심리학의 창시자인 빌헬름 분트Wilhelm Wundt였다. 홀은 분트가 거절한 뒤에야 융의 채근에 프로이트로 눈길을 돌린 것이었다. 융은 이번에는 명성이 희생을 보상해줄 것이라며 프로이트에게 수락할 것을 종용했다. 아마도 그는 얼마 전 캘리포니아에서 단 한 번의 강의로 오만 마르크를 받은 크레펠린만큼 주려 했을 것이다.[65]

프로이트는 미국에 대해 호감과 반감을 동시에 가지고 있었다. 초청에 대해 곰곰이 생각하며 프로이트는 융에게 이렇게 썼다. "내가 (1866년) 처음 빈에서 실제 분석을 시작했을 때 나는 두 달 동안만 해보기로 생각했었다네. 성공적이지 못하면 나는 미국으로 가서 새 삶을 찾은 후 함부르크의 약혼자에게 요청할 [……] 이제 23년이 지난 후 결국 미국에 가려 하고 있지만, 이는 절대 돈을 벌기 위한 것이 아니라 명예로운 초청에 대한 부응이라네!"[66] 일정이 다시 조정되고 초청을 수락한 프로이트는 융에게 다시 이 같은 편지를 보냈다. "미국에 대해서는 할 말이 많지만 (그러나) 일단 내 심리학 이론에서 성性이라는 핵심 요소를 찾아내면 우리를 쫓아버릴 걸세. 그들은 점잖은 척하는 것과 공공公共에 대한 물질적 의존이 너무 크니 말일세."⁶⁷⁾ 페렌치에게는 더 직설적이었다. "일단 미국인들이 우리 사상의 성적 기반을 깨닫게 되면 우리는 '블랙리스트'에 오르게 될 거야."⁶⁸⁾

클라크 대학 강연은 프로이트의 카리스마가 분출되는 결정적 계기였다. 전문적 직업의식과 대중문화 사이의 밀착의 반영으로 청중들에는 미국의 의학계와 대학의 엘리트들이 한데 섞여 있었다. 윌리엄 제임스(철학), 에드워드 티치너Edward Titchener(심리학), 프란츠 보아스 Franz Boas(인류학), 아돌프 마이어(정신의학), 그리고 제임스 잭슨 퍼트넘(신경학)이 그들이었다.⁶⁹⁾ 존스는 프로이트에게 "처음에는 저명한 사람들을 대상으로 하세요. 너무 일찍 대중화하지 말고요. 여긴 뭐든 통속화시키고 이기적으로 이용해먹지요. 그러니까 정확하게 과학편을 지키고 있는 게 강한 무기가 됩니다"라고 조언했다. 그러면서도 존스는 계속하여 정신분석이 "앵글로-색슨 인종에 특유한" 문제들에 봉착해 있다고 말했다. "그들과 잘 싸워내려면 그들의 성향과 편견을 잘 알고 있어야 해요. 한 주제에 대해서만 계속 글을 쓰는 사람은 (미국에서는) 괴짜 취급 당하기 십상이죠. 〔……〕 주제가 성적인 거라면 간단히 터부시되고요. 저라면 성에 관한 논문들을 다른 주제의 것들로 희석시킬 거예요."⁷⁰⁾

미국으로 가는 배에서 프로이트는 선실에서 일하는 소년이 『일상 생활의 정신병리학』을 읽고 있는 것을 보았다. 그것은 이제 자기가 세계적인 명사가 되려 하고 있다는 사실을 일깨워주었다. 그는 『꿈의 해석』의 2판을 "보다 넓은 범위의 교양 있고 호기심 있는 독자들"⁷¹⁾에게 헌정했었다. 이제 그는 존스의 조언을 무시하고 진짜 청중인 대중들을 그의 강연 대상으로 삼았다. 그는 종종 그의 이론을 캐리커처 수준으로까지 압축해가면서 정신분석의 실용성, 낙관주의, 상대적 단순성을 강조했다.[72]

강연을 통해 인정된 것은 정신분석의 과학적 정당성에 대한 프로이트의 요구만이 아니었다. 그것은 프로이트의 정신분석과 대량 소비의 세계를 운명적으로 병치시켜놓은 것이었다. 수년 만에 대중 잡지, 특히 여성들을 겨냥한 잡지들은 다른 치료법들을 몰아내고 정신분석에 대한 표지로 뒤덮혔다.[73] 프로이트가 미국에 대해 품었던 이중적 감정에도 불구하고 그에 대한 환대는 그의 깊은 소망을 만족시켰다. 후일 그는 이를 두고 "백일몽의 믿을 수 없는 현실화"라고 묘사했다. "유럽에서 나는 왠지 쫓겨난 듯한 느낌을 받았었다. 여기서 나는 최고의 사람들과 똑같이 대접받고 있다." 덧붙여 그는 "그 강연은 내가 처음으로 정신분석에 대해 공개적으로 발언할 수 있게 허락된 것이었다"[74]라고 썼다.

초기 분석가들 중에서 정신분석이 영어사용권 국가에서 조우한 기회들에 대해 가장 잘 평가한 사람은 존스였다. 존스는 첫 대면 이후 줄곧 프로이트를 미더워하지 않았지만 강연을 계기로 그의 의심은 말끔히 불식되었던 것으로 보인다. 프로이트 역시 강연을 전환점이라 회상했다. "자네가 나름의 어두운 모순의 시간을 보낸 후 워세스터〔매서추세츠〕를 떠날 때 나는 우리가 서로 낯선 사람이 되는 길을 자네가 가고 있다는 생각을 지울 수 없었네. 그러고는 난 그래서는 안 된다고 생각했고 그걸 보여줄 수 있는 방법은 기차까지 자네와 동행하고 떠나기 전에 악수를 나누는 것밖에 없다고 생각했다네."[75] 일찌감치부터 존스는 "나는 독창성 콤플렉스는 그리 강하지 않았다. 나의 야망은 그저 아는 것, '무대 뒤'에 있는 것, 그리고 *발견하기* 보다 '알고 있는 것'임을 깨닫고 있었다."[76]

한편 모턴 프린스가 1909년 여름 결성한 미국 치료 협회American Therapeutic Society와의 모임에서 존스는 자유 연상을 "거의 모든 면에서 암시요법이나 정신치유와 반대되는 것"이라 단언했다.[77] 그는 모든 치료법이 환자가 어느 만큼이나 스스로 정신 기능의 변화를 가져오기 위해 능동적인 채비를 하고 있느냐의 정도에 따라 분류될 수 있다고 확언했다.[78] 말할 것도 없이 프로이트의 버전이 최고였다. 존스의 영향 아래 1911년 두 개의 분석학회가 결성되었다. A. A. 브릴을 회장으로 한 뉴욕 정신분석 학회New York Psychoanalytic Society와, 아돌프 마이어와 제임스 잭슨 퍼트넘이 수장인 미국 정신분석 학회American Psychoanalytic Society가 그것이었다. 처음부터 미국의 학회들은 유럽의 학회와 달랐다. 정신분석 이론에는 거의 관심이 없고 기법만을 지향하는 두 학회는 전적으로 의사들로만 구성되어 있었다. 두 학회 모두 의사 면허를 입회 자격으로 요구했던 것이다.[79]

학회들과 병행하여 병원에서 근무하는 최초의 프로이트 세대의 정신의학자들이 출현했다. 정신질환을 육체적으로 해석하는 데 불만을 품었던 스미스 엘리 젤리페Smith Ely Jelliffe, 윌리엄 앨런슨 화이트William Alanson White 같은 젊은 의사들이 앞장섰다. 화이트와 젤리페는 1912년 『정신분석 리뷰*The Psychoanalytic Review*』를 창간했는데, 이는 미국 최초의 정신분석 전문 저널이었다. 그들은 신경증 이론을 "정신병 (치료로) 가는 필수불가결한 통로"[80]로 보았다. 미국 정신요법 역사상 가장 대중적이고 짧은 텍스트 중 하나인 화이트의 『정신의학의 윤곽*Outlines of Psychiatry*』의 후속판은 프로이트의 영향을 추적했다.

1907년 화이트는 히스테리를 의식 영역의 좁아짐이라고 서술했다. 1911년 그는 암시요법을 비난하고 자네의 이론과 나란히 프로이트의 이론을 소개했다. 1915년 이 책이 화이트와 젤리페의 『신경계의 질환들Diseases of the Nervous System』로 대체되었을 때 화이트는 정신분석을 고도의 심리학 수준의 선택할 만한 요법으로 추천했다. 그는 이것이 정신질환자를 낫게 할 수는 없어도 그 증상을 완화시킬 수는 있다고 인정했다. [81]

정신의학자들은 특히 그들이 프로이트의 환경적 접근법으로 간주한 것을 높이 평가했다.[82] 화이트와 젤리페는 분석과 우생학을 연결시켜 그것이 어떻게 범죄와 마약 중독을 예방하는 데 도움이 될 수 있는가를 강조했다.[83] 1914년 J. B. 왓슨Watson의 『행태주의Behaviorism』가 출판된 이후 상당 부분 행태주의적 언어로 다시 쓰인 프로이트의 미국판 버전은 딱딱한 과학적 심리학으로 소개되었다. 왓슨이 설명했듯 프로이트 심리학을 가르칠 때 그는 "생경한 활력론적vitalistic이고 심리학적"인 용어를 빼버리고 생물학적 요인들에 집중했었다. "프로이트 자신이 이 가능성을 인정한다"[84]는 것이었다. 그러나 프로이트의 사상이 미국 정신의학에 수용되긴 했지만 정신의학자들은 행태주의를 넘어서는 것에 대해서는 일절 회의적인 태도를 유지했다. 아돌프 마이어는 "중요한 점은 당신의 참조점이 무의식이라는 상상의 구덩이가 아니라 언제나 생명 그 자체여야 한다는 것"[85]이라 지적했다.

미국의 정신분석은 유럽 정신분석의 주변에 머물렀지만 그렇다고 프로이트와 그의 동료들의 의식에서 결코 멀리 떨어져 있지 않았다. 제1차 세계대전 당시 미국에는 세계에서 가장 많은 분석가들이 있었다. 종종 프로이트는 이 사실을 무시하려 했다. 존스는 그렇지 않았다.

1908년 두 사람은 프로이트 저서들의 영어 번역을 위해 브릴을 만났다. 1909년 브릴은 『히스테리 연구』의 일부를, 1913년에는 『꿈의 해석』, 1918년에는 『세 시론』을 번역했다.[86] 판권에는 신경 쓰지 않았지만 프로이트는 번역을 감독하며 'repression(억압)' 같은 영어 단어를 제안했고 모든 중요한 결정을 점검했다.[87] 전문가의 인정이 대중성의 관건임을 이해하고 있었던 번역자들은 독일어와 마찬가지로 영어가 정서적 거리를 살려내지 못하는 투박한 언어라는 생각에 이끌렸다. 그래서 라틴어와 그리스어에서 유래한 정신의학 용어를 사용했다. 프로이트의 독일어는 거의 대화체였지만 그들은 '항문애적analitic' '고착fixation' '지식애epistemophilia' '실책행동parapraxis' 같은 신조어와 기술적 용어들을 적극 도입했다. Lust(욕망)라는 일상 독일어는 리비도libido가 되었다. Trieb(충동)는 원래대로 instinct(본능)가 되었다. 보는 즐거움인 Schaulust는 scopophilia(절시증)로 번역되었다.[88] 또 하나의 일상 용어인 Angst(불안)는 의학 용어인 anxiety가 되었다. Ich(I)는 에고ego가 되었고 Besetzt(사로잡힌 혹은 들린)는 cathected가 되었다. 정신분석의 정당성을 강조하기 위해 브릴이 번역한 『꿈의 해석』의 판매는 "의료계, 학계, 법조계, 의료전문직 종사자들에 한정될 것"임을 주지시켰다. 번역판이 출판되자 존스는 표준화된 용어집을 만들었는데 제임스 스트래치James Strachey를 포함한[89] 후속 번역판들 모두가 이에 의존했다. 후일 앵글로-아메리칸이 정신분석을 지배하게 되는 기반을 닦아놓은 것은 다른 어떤 요인들보다 바로 이 번역본들이었다.

클라크 대학 강연 후 정신분석의 주변적 정체성과 대중적 상상력 속에 파고든 그것의 자리 사이의 갈등은 더욱 심화되었다. 공개적인 자부심이 은밀한 의혹을 억눌러버렸다. 통상 현실주의자이던 프로이트가 "우리는 신화의 전 영역을 정복해야 한다. 〔……〕 우리는 전기傳記 또한 장악해야 한다"90)고 쓰기 시작했다. 동시에 그는 정신분석의 제도적 형태를 찾아야 한다는 문제의 시급함을 인식하고 있었고 그 문제가 1910년 뉘른베르크에서 열릴 예정인 정신분석 총회에서 논의되어야 한다고 촉구했다.

확실한 해결책은 정신분석이 의학의 일부가 되는 것이었다. 프로이트는 의학을 정신분석의 고향, 모든 학문에 인간 생체에 대해 알려준 '누이'라고 불렀다.91) 페렌치가 정신분석에 대한 관심을 어떻게 높일 것이냐고 묻자 프로이트는 의사와 다른 사람들을 위한 강의를 광고하라고 일러주었다.92) 그러나 동시에 프로이트는 정신분석이 정신의학으로부터 독립성을 견지해야 한다고 믿고 있었다. 이 점에 있어 프로이트는 그의 측근들보다 훨씬 완고했다. 1909년 자신의 시론試論들의 헝가리어판에 쓴 프로이트의 서문을 편집하면서 페렌치는 대상 독자를 '교양 있는 사람들'이라고 했던 것을 '의사와 교양 있는 사람들'로 표현을 바꿨다. 그는 "나는 이 책이 '대중적 과학'으로 소개되는 것을 원하지 않았다"93)고 토로했다. 1910년 국제 정신분석 협회International Psychoanalysis Association가 창설된 후 융은 "학위 소지자만이 회원이 될 수 있다"는 취리히의 규칙이 모든 정신분석 학회로 확산되어야 한다고 강변했다. 그러나 프로이트는 찬성하지 않았다. 프로이트는 "정신분석의 정신이 배타성을 지향하지는 않지만 우리는 (국제 정신분석 협회의) 위상에서 자유롭다"고 답했다. "그런 퇴보적 조치는 빈에서는 절대로 받아들여지지 않을 것이며 나 개인적으로도 그리 달갑지 않다."[94]

실제로 프로이트의 사상에 의해 열린 지평은 의학을 훨씬 초과하는 것이었다. 앞으로 보게 되겠지만 프로이트와 그의 측근들은 정신의학의 범주를 아주 어린 시절에서 점차 '오이디푸스 콤플렉스'라 부르게 될 것까지에 걸쳐 펼쳐지는 발전적 추이에 종속시켰다. 이러한 작업들에 의해 신경증은 개인이 권위에 대해 갖는 관계에 집중된, 근본적으로 철학적이고 진화적이며 인류학적인 관념 안에 자리 잡게 되었다. 프로이트는 자주 그것들의 넓은 사회적 의미를 시사했지만 입 밖으로 발설하는 것은 조심스러워했다. 1907년 그는 빈 정신분석 학회에서 분석적 사례 연구를 통해 "우리는 이 세상에서 실제 일어나고 있는 일을 배우고 있고 〔……〕 분석은 엄청난 중요성을 갖는 문화사적 자료"라고 선언했다.[95] 몇 년 후 그는 신경증을 "사회에서 집단적 노력에 의해 달성된 것을 사적 수단으로 성취하려 도모"하는 '반사회적' 구조라고 규정했다.[96] 이러한 통찰은 매우 자극적이었지만 제도적 형태의 문제는 그대로 남았다.

2차 산업혁명에 수반된 사회 재편성을 향한 거센 물결에 대한 반향으로 프로이트의 많은 측근들은 정신분석과 사회민주주의의 보다 긴밀한 관계를 모색했다. 단연 돋보인 사람은 알프레트 아들러였다. 뉘른베르크 학회를 준비하며 프로이트는 아들러에게 빈 정신분석 학회에서 정신분석이 어떤 세계관과도 양립 가능한지, 혹은 그것이 특정한 정치적 관점과의 밀착을 야기하는지에 대해 발언해달라고 청했다.[97] 페렌치 또한 학회에서 "우리가 분석한 것들의 *사회학적* 의미에 대해 토론해야 한다"[98]고 주장했다. 미국에서는 제임스 잭슨 퍼트넘이 정신분석을 사회적, 도덕적 개혁과 통합시키려 노력하고 있었고,

스위스에서는 오귀스트-앙리 포렐이 매독, 알코올 중독, 기타 사회적 문제들을 척결하기 위한 개혁 협회에 프로이트의 지원을 얻으려 애쓰고 있었다.[99]

프로이트는 포렐의 제안에 처음에는 열렬히 반응했다. 그는 융에게 "명백히 부정을 저지르는 국가와 교회의 권위와 싸우려는"[100] 포렐의 의지에 끌렸다고 썼다. 그러나 총회에 즈음하여 프로이트는 생각을 바꿨다. 표면상의 이유는 정신분석을 지키기 위해서였다. 프로이트의 사상은 실제로는 보수든 좌익이든지에 관계없이 그 시대의 정치와 어울리지 않았다. 보수 정당들은 정신분석이 '아버지 콤플렉스'라는 용어로 설명한 가부장적, 군주제적, 종교적 전통에 대한 옹호적 태도에 기반을 두고 있었다. 그러나 보수주의에 대한 가장 강력한 포퓰리스트적 대안은 외국인 혐오적이고 반유대적이었다. 프로이트의 개인적 정치 성향은 세속주의와 표현의 자유를 강조하는 유럽적 의미의 자유주의였지만 빈에서의 체험은 그로 하여금 이 같은 전통에 회의를 품게 만들었다. 한편 사회민주주의는 공동체적 가치를 높이 평가했고 부정의不正義를 경제 구조의 문제로 환원하려는 경향을 지니고 있었다.

정신분석을 특정 정파에 가입시키려는 제안에 대한 프로이트의 반대는 개인적 삶에 대한 이론과 실천으로서의 정신분석의 역할을 반영하는 것이었다. 프로이트의 관점에서 볼 때 분석가가 환자의 도덕적이거나 정치적인 입장을 인정 혹은 거부하는 것은 권위를 정당하지 않게 남용하는 것일 뿐만 아니라 환자의 태도의 동기와 의미를 분석하는 데 장애물이기도 했다. 프로이트가 빈 학회에서 정신분석의 사례 연구는 실제로 세상에서 어떤 일이 일어나고 있는지를 우리에게 알려준다고 말했을 때 그것은 동기와 의미의 수준에서였지 정치의 수준이 아니었던 것이다. 그의 견해로는 정신분석이 목표하는 바는 개인적이고 문화적인 자기 성찰을 돕는 것이었다. 거기에는 어떠한 특정 정치적 실천도 담겨 있지 않았다.[101] 실제로 개인무의식에 대한 생각에는 개인적 자율성의 이상에 대한 새로운 해석이 내포되어 있었다. 이러한 생각에 충실하게 정신분석은 통상적인 정치 참여에서 한 걸음 떨어진 곳에 자리잡았다. 현대 사회의 정치적, 사회적 지배 형태에 직접 초점을 맞추는 대신 정신분석은 지배의 내적, 심리적 예비 조건에 집중했다. 이런 의미에서 정신분석은 메타정치적, 혹은 당시 정신분석에서 쓰이던 칸트적 용어로 말하면 '초월적'이고자 했다.[102] 그러나 결국 정신분석의 비정치적 자세는 견지하기 어려운 것임이 판명되었다. 우리는 나중에 이 점에 대해서도 살펴볼 것이다.

정신분석이 개혁을 지향하는 사회민주주의자들의 노력에 참여하기를 원하는 사람들 옆에는 아방가르드를 향한 반대 방향으로 이끄는 세력도 있었다. 특히 독일이나 러시아처럼 안정적이고 대중적인 민주주의를 확립하지 못한 나라들에서 그러했다. 그러한 시도 가운데 하나가 뮌헨의 슈바빙 지역에서 오토 그로스가 선두에서 주도한 것이었다. 슈바빙은 아방가르드 문화의 중심으로서 토마스 만Thomas Mann, 프랑크 베데킨트Frank Wedekind, 슈테판 게오르게Stefan George, 리하르트 슈트라우스Richard Strauss 같은 사람들이 머물던 곳이었다. 그로스는 카리스마 넘치는 보헤미안으로서 성 해방의 철학, 가부장제 반대, 혁명을 주창하던 자칭 분석가였다. 빌헬름 라이히Wilhelm Reich와 허버트 마르쿠제Herbert Marcuse의 선조격인 그는 "정신분석의 어마어마한 미래는 내일의 혁명 운동의 영혼으로 이해할 수 있다"[103]고 단언했다.

1907년 그로스는 독일의 학술 저널에 정신분석에 대한 논문을 투고

했다. 저널 편집자인 막스 베버는 정신분석과 유토피아적 혁명 전통 사이에 발생했던 명백한 단절을 설명하는 편지를 통해 그 논문을 거절했다. 베버는 프로이트와 그로스를 구분하는 것으로부터 시작했다. 그로스가 이론에 대해 묻는 것은 "그것을 먹을 수 있는가? 다시 말해 그것으로 실천적인 세계관을 구축할 수 있는가"일 뿐이라는 것이었다. 그러나 프로이트는 달랐다. 프로이트가 정립한 이론이 아직 시간의 검증을 거치지는 않았지만 베버는 프로이트를 과학자로 인정했다. 그뿐만 아니라 그로스에 의하면 감정이 실린 욕망과 충동에 대한 모든 은폐는 '억압'으로 이어지고 따라서 혁명을 초래하게 된다는 것이었다. 그러나 베버는 윤리적 삶은 어떤 경우에도 변함없이 억압을 야기한다고 대응했다. 그로스가 몰랐던 진짜 문제는 윤리적 억압과 비윤리적 억압을 분간하는 것이었다. 요컨대 그로스는 "당신이 누구인지, 무엇을 원하는지 스스로 인정하라"는 정신의학적 윤리를 지지한 것이었다. 베버는 이것이 속물 *정신병자*nerve-snob의 이상理想이라고 썼다. 베버는 "*전문* 용어" 뒤로 "논문 전체가 요란스러운 가치 판단으로 가득 차 있다"라고 덧붙여 썼다.[104]

러시아에서도 정신분석을 아방가르드 세계관과 통합하려는 강력한 시도가 이루어졌다. 도스토옙스키의 번역본들, 세르게이 디아길레프Sergey Diaghilev의 *발레 뤼스Ballets Russes*를 위시하여 바슬라프 니진스키Waslav Nijinsky라는 파리 최고의 여성, 바실리 칸딘스키Wassily Kandinsky의 『예술에서의 영적인 것에 대하여*On the Spiritual in Art*』 등은 러시아를 20세기 초 모더니즘의 선두에 자리 잡게 했다. 이에 따라 러시아 지식인들은 열광적으로 서구로 선회했다. 헤겔Georg Wilhelm Friedrich Hegel, 쇼펜하우어, 니체에 탐닉하여 질문을 던지며 이들은 프로이트가 1910년에서 1914년 사이에 쓴 거의 모든 것을 번역했다. 이는 대부분 다른 언어로 번역되기보다 앞선 것이었다.[105] 이 같은 관심에 기반을 두고 오데사(여기서 프로이트는 '정신분석의 지역적 유행'을 분간해냈다)에서는 모세 불프Moshe Wulff, 상트페테르부르크에서는 타타니아 로젠탈Tatania Rosenthal, 그리고 모스크바에서는 니콜라이 오시포프Nicolai Osipov가 분석 그룹이나 학회를 창설했다.

이러한 그룹들과 나란히 상징주의 시인들과 철학자들이 러시아 정신분석의 주된 옹호자들이었다. 정신분석과 흡사하게 상징주의는 현실을 보이는 세계와 보이지 않는 세계로 구분했다. 이뿐만 아니라 더 많은 분명한 접점이 있었다. 러시아의 특별한 사명이라는 이념에 집착한 상징주의자들은 자아, 그리고 특히 젠더 구분을 소멸시키기 위해 애썼다. 이에 있어 철학자 블라디미르 솔로비요프Vladimir Solovyov는 모두-하나됨all-oneness을 여성적인 것으로 묘사했고, 상징주의 시인 뱌체슬라프 이바노프Vyacheslav Ivanov는 "양성, 여성-남성 디오니소스의 영역"이라 불렀다. 같은 맥락에서 니콜라이 베르댜예프Nikolai Berdyaev는 섹슈얼리티를 아담과 그리스도에게서는 분명했었으나 잃어버린 자웅동체를 찾는 고통스런 탐색이라 묘사했고, 다른 상징주의자들은 성행위를 통한 자아의 디오니소스적 초월을 신봉했다. 상징주의 시인 세르게이 솔로비요프Sergei Solovyov는 알렉산더 블로크Alexander Blok에게 "기독교의 핵심은 젠더 너머에 있고" 그것은 성 해방을 통해서만 도달할 수 있다고 말했다. 사실 이 같은 상징주의의 생각들은 정치적 혁명이 그랬던 것처럼 정신분석과 양립할 수 없는 것이었지만 얼마 동안 두 운동은 공통분모를 지니고 있었다.[106]

정치적이든 미학적이든 정신분석에 대한 분파적 재해석을 피하여

전문가로 인정받기 위해 분투하는 분석가들에게 프로이트는 그들이 사회에 대한 의무를 다하고 있는 것이라 확신시키려 애썼다. 그들은 환자만을 돕는 게 아니라 신경증 질환에 대한 가장 근본적인 예방책을 제시하고 성취 기대의 기반이 되는 공동체를 계몽하는 역할을 수행하고 있다는 것이었다.[107] 그러나 정신분석을 사회 개혁과 연합시키려는 욕망은 존속되었다. 1913년 2월 프로이트는 페렌치에게 다음번 국제적 모임의 분석 토론을 '신경증의 사회적 역할'에 집중시키자고 제안하려 했었다.[108] 그러나 분석가들이 다른 사회적 세력과 규합해야 할 필요가 있다고 제임스 잭슨 퍼트넘이 주장했을 때 프로이트는 이렇게 답했다. "신경증 환자들이 병을 포기하는 데 대한 보상을 우리가 해줄 수 없다는 당신의 지적은 전적으로 옳습니다. 그러나 이는 〔……〕 사회적 제도 탓이지 치료술 탓은 아닙니다. 〔……〕 치료술의 한계를 인정하는 것은 모든 사람들이 더 이상 절망적인 상황으로 내몰리지 않도록 다른 사회적 요인들을 변화시켜야 한다는 우리의 결정을 강화시켜줍니다. 치료술의 무력함에서 신경증의 예방법이 생겨날 것입니다."[109]

정신분석이 그 독보적인 기여를 훼손시킬 제도적 통합과 그 유효성을 파괴할 주변성 사이에서 줄타기 하고 있다는 사실은 뉘른베르크 총회에서 전면에 부각되었다. 1908년 잘츠부르크에서 열렸던 첫번째 총회는 *비공식적 모임Zusammenkunft*이긴 했지만 여기서 국제 정신분석협회라는 독립 기구가 탄생했다. 목표는 전문적 정당성을 획득하는 것이었지만 결과는 주변성의 장기화였다.

항구적 조직에 대한 프로이트의 희망은 융에게 집중되었다. 아직

오십 대 중반에 불과하고 매우 건강했음에도 프로이트는 후계자를 찾아야 한다는 생각에 사로잡혀 있었다. 서신 교환을 통해 프로이트와 페렌치는 "(정신분석의) 세계관이 민주적 평등화로 귀결되지는 않는다"는 데에 의견의 일치를 보았다. 플라톤의 철인哲人 통치의 노선에는 *엘리트*가 있어야 했던 것이다.[110] 총회에서 그들은 융을 종신 회장으로 만들기 위해 분투했다. 그러고는 그에게 모든 논문이나 강연의 출판이나 발표 이전에 이를 승인할 권한을 부여하고 협회의 중심을 취리히로 옮기려 했다. 빈 사람들이 프로이트와 페렌치의 이러한 제안에 탈퇴의 위협으로 대응하자 프로이트는 절충안을 제시했다. 융은 협회를 이끌고 프로이트는 『연감*Jahrbuch*』의 편집을 맡으며 아들러가 프로이트를 대신하여 빈 정신분석 학회의 회장을 맡고 새로운 정기간행물 『중앙신문*Zentralblatt*』의 편집은 빈에서 아들러와 슈테켈이 담당한다는 것이었다.

프로이트가 전문성 인정을 쟁취하려는 바로 그 순간 그는 정신분석의 주변성을 인정하지 않을 수 없었다. 총회 기간에 그는 빈 사람들이 그를 제외하고 모여 있던 방으로 갔다. 예전의 측근들에게 사적으로 말하면서 그는 딜레마라고 생각되는 점을 설명했다. "여러분들 대부분은 유대인입니다. 따라서 새로운 가르침을 위한 친구들을 구하기 쉽지 않습니다. 유대인들은 터전을 일구는 소박한 일에 만족해야 합니다. 내가 위대한 학문의 세계와 결속을 이루어야 한다는 것이 절대적으로 중요합니다."[111] 그는 다음과 같이 비통하게 회상했다. "환자들에게 내가 그들의 고통으로부터 영구히 벗어날 수 있도록 해주는 방법을 안다고 장담했을 때 그들은 내 초라한 주변과 명성도 지위도 없는 나를 돌아보고는 내가 도박에서 절대 지지 않는 고수라도 되는 것처럼 여기면서, 말하는 대로 다 이룰 수 있는 사람이라면 아마 지금과는 전혀 다른 모습을 하고 있을 거라고 생각하는 것 같았다. 또한 참관이 임무인 동료들이 시술장에 침뱉기를 특별한 즐거움으로 여기는 와중에 정신적 시술을 수행한다는 것이 즐겁지도 않았다."[112] 그는 격하게 코트를 벗어던지며 말했다. "내 적들은 내가 굶어죽는 꼴이 보고 싶은 거야. 그들은 등 뒤에서 내 코트를 찢어발길 거야."[113]

정신분석운동의 분파적 — 유대인이라는 — 성격은 고립 및 이에 수반된 자기 연민과, 정체성 상실의 위험을 내포한 대중적 인기 사이에 포획된 채 심화되었다. 뉘른베르크 총회 한 해 전 클라크 대학 강연을 위해 미국에 체류하는 동안 융은 미국의 '니그로 콤플렉스'라는 이론을 개발했다. 그는 그것을 뉘른베르크 총회에서 발표했다. 그는 니그로의 사례가 "백색 인종의 사람들이 힘들여 정복한 본능"[114]에 위협을 가하는 것이라 생각했다. 문제적인 것이었음에도 그것은 곧 다른 목적으로 각색되었다. 페렌치는 프로이트에게 이렇게 썼다. "미국에서 흑인에 대한 박해는 '흑인들이 미국인의 무의식을 대변'하는 것이기 때문에 발생합니다. 이에 따라 자신의 악에 대한 반응 형성으로 증오가 생겨납니다. 할례/거세 콤플렉스와 병행하여 이 메커니즘은 '반유대주의'의 기반일 수 있습니다. 유대인의 자유롭고 '무람없는' 행동, 돈에 대한 관심을 '부끄럼 없이' 과시하는 것이, 논리가 아니라 억압에 기초한 윤리를 지닌 기독교인들에게 반응 형성으로 증오를 유발합니다. 나는 나를 분석하고 나서야 비로소 '*나의 죄처럼 그를 증오한다*'는 널리 퍼진 헝가리 속담을 이해할 수 있었습니다."[115] 프로이트에게는 많은 설명이 필요하지 않았다. 뉘른베르크 총회 이후 그는 페렌치에게 항문성애 이론을 빈의 퇴폐의 한 예로 인용한 저널의 공격에 대해 거침없이 털어놓았다. "빈의 음란함은 다른 데선 찾아볼 수가 없지. 행간을 읽어보면 우리 빈 사람들이란 돼지일 뿐만 아니라 유대인이기도 하군. 그런데 이건 인쇄되지 않았더군."[116]

초기 분석 그룹에 지배적이었던 유대인적 성격에의 은둔은 *매너분트*에도 영향을 끼쳤다. 아브라함과 융은 항상 서로 싫어했고 뉘른베르크 총회 이후에는 노골적으로 불화하기 시작했다.[117] 프로이트는 '같은 피를 나눈' 아브라함에게 편지를 썼다. "우리가 동족이기 때문에 자네는 지적 성분에 있어 나와 더 가깝지만, 기독교인이고 목사의 아들인 그가 마지못해 내게 오려면 내면의 큰 반발심을 억눌러야 한다네. 그래서 그가 가입해 있는 게 더 값진 것이기도 하지." 다른 편지에서 그는 아브라함에게 "마조히즘을 좀더 증명하고 어느 정도의 부당함을 견딜 채비를 하게. 〔……〕 내 이름이 만약 오베르휘버Oberhüber였다면 내 새로운 아이디어들은 〔……〕 저항에 훨씬 덜 부딪쳤으리라는 걸 자넨 분명히 알고 있을 걸세."[118]

국제적 조직의 결성, 그 회장으로 융을 앉힌 것, 아들러를 빈 지부의 수장으로 임명한 것 등, 이러한 것들을 프로이트는 처음에는 무의미하게 넘겼다. 총회에서 돌아온 후 그는 우울에 빠졌다. 그는 페렌치에게 이렇게 썼다. "의심의 여지 없이 대단한 성공이었네." 그런데 그 핵심에는 뭔가 잘못된 것이 있었다. 프로이트는 "우리 둘 다 실수했어"라고 말했다. 빈 서클에 대한 그 자신의 반감과 페렌치의 '형제 콤플렉스'가 "우리를 근시안적으로 만들어버렸네"[119]라고 지적했다. 몇 달 후 그는 융에게 "상황을 객관적으로 보면 내가 너무 빨리 앞서 나간 것 같네. 나는 청중들의 이해력과 ΨA(정신분석)의 중요성을 과대평가했네. I.A.(국제 협회) 창설에 그렇게 서두르지 말았어야 했어. 자네가 적합한 자리에 있는 걸 보고 싶은 내 초조함도 〔……〕 그와 모종의 관련이 있겠지. 사실을 말하자면 우린 아무것도 하지 말았어야 했네."[120]

　총회와 더불어 프로이트는 유럽 정신의학계에 합류할 수 있는 마지막 기회를 잃어버렸다. 뉘른베르크에서 그는 뮌헨의 크레펠린 병원에서 온 조수인 막스 이설린Max Isserlin과 충돌을 빚었다. 그 결과 크레펠린은 후일 프로이트와 어울리는 것을 두고 블로일러를 공박했다.[121] 몇 년 동안 망설이던 블로일러는 융에게 학회에 가입하지 않겠다고 통보했다. 너무 좁고 배타적이어서 "모두와 함께 앉을 수 없다"는 것이었다. 이어 프로이트에게 보낸 편지에서 블로일러는 "나는 이 사안을 진전시키기 위해 내 모든 인격을 희생시킬 정도로 당신만큼 정신분석에 끌리지는 않습니다"라고 해명하며 "'우리 편이 아니면 적'이라든가 '전부 아니면 무' 같은 것은 종교 분파나 정당에는 필요할지 몰라도 학문에 있어서는 해롭다고 생각합니다"[122]라고 피력했다. 융도 프로이트와 마찬가지로 낙담했다. "블로일러와의 결별로 상처를 입지 않을 수는 없습니다. 또 한 번 나는 나의 아버지 콤플렉스를 과소평가했습니다"[123]라고 프로이트에게 써 보냈다.

　실제로 국제 정신분석 협회는 창립되기 무섭게 깨져버렸다. 융은 프로이트가 그에게 맡긴 직무의 수행을 원하지 않았고 그들의 불편한 관계는 총회 이후 바로 시작되었다. 1910년 정신분석의 주변성은 확고부동해졌고 그 초기 기간 동안의 흔적들을 지우지 못했다. 정신분석의 고전적 시기는 세 개의 큰 파열에 지배당했다. 첫째는 1910년대의 프로이트, 융, 아들러 사이의 파열, 둘째는 1920년대의 페렌치와 랑크가 연루된 파열, 셋째는 1930년대와 1940년대의 안나 프로이트Anna Freud와 멜라니 클라인Melanie Klein 사이의 파열이었다. 그 후 제

2차 세계대전에 뒤이은 기간 동안 정신분석의 위대한 대중성이 가장 강렬한 거부의 무대를 마련했다.

제4장 에고의 탄생

> 카리스마적 열정의 뿌리는 존재의 본질 자체와 접하
> 고자 하는 시도, 실존과 우주적, 사회적, 문화적 질서의
> 근원과 신성하고 근본적으로 보이는 것을 향해 가려는
> 시도이다.
> ― 새뮤얼 에이젠슈타트, 『막스 베버의 카리스마와
> 제도 만들기』

계몽사상가들은 자신들이 목표로 했던 것이 보편적 법칙과 도덕적 원칙의 수립이었기 때문에 개인적 삶의 특수성을 설명할 수 있는 심리학을 발전시키려 하지 않았다. 그 대신 뉴턴Isaac Newton의 미립자 이론을 모델로 삼아 그들은 마치 물리학자와 화학자가 비유기적 세계의 분석가인 것처럼 '영혼의 분석가'가 되기를 꿈꾸며 일반적 정신의 다양한 기본적 구성 단위들을 분리해내려 애썼다.[1] 이에 비해 20세기의 모더니티는 처음부터 내면성과 주체성을 향했다. 정신이 기본 감각으로부터 형성된 관념들의 조합으로 만들어진다는 생각을 거부하는 철학과 사회과학 분야의 모더니스트 사상가들은 모더니스트 예술가, 작가들과 마찬가지로 안으로부터만 접근 가능한 내면성의 깊은 구조를 파헤치려 애썼다.

제1차 세계대전 이전 연간年間에 이미 정신분석은 그것을 거부하는 지식인들 사이에서조차 주체성을 향한 모더니스트적 재정향의 지표

역할을 하기 시작했다. 계몽주의의 합리적 개인으로부터 현대의 개인적 경험의 특이성과 우연성으로의 이동을 집약한 프로이트주의는 역동적이고 개인적인 *무의식*이 경험, 신화, 그리고 모더니스트 사상가들이 묘사하는 집단적 재현이라는 *전의식*의 구조 너머에 있음을 시사했다. 이에 더하여 정신분석은 독특한 대중적 매력을 지니고 있었다. 전기, 영화, 자동차 — 2차 산업혁명의 대표적 발명품들 — 와 마찬가지로 프로이트의 무의식은 시공간의 제약으로부터 개인의 자유를 상징했다. 그러나 1920년대까지 정신분석은 합리적 개인이라는 계몽주의적 개념에 대한 실제적 대안을 갖고 있지 못했다. 실제로 정신분석은 어떠한 개인심리학적 개념도 전혀 만들어내지 못하고 있었다.

그러한 개념을 만들어내는 데에는 클라크 대학 강연 직후의 몇 년 동안 일련의 경련과도 같은 분열이 있어야 했다. 부분적으로 이 분열은 정신분석운동에 있어 프로이트의 자리의 문제, 그리고 이 운동 내부에 프로이트의 견해에 대한 대안의 여지가 있느냐의 문제를 둘러싸고 벌어졌다. 그러나 이 분열은 또한 중요한 지적 내용을 지니고 있었다. 주체성의 자리이자 개인적 경험의 각축장이며, 내면 세계로 접근할 수 있게 해주는 유일한 수단인 '나*das Ich*' 혹은 에고에 대해 취해야 할 적절한 태도는 어떤 것인가라는 문제가 그것이었다. 분열의 결과로 에고, '나'의 문제는 모더니티의 세 가지 약속, 이번에는 그 세번째 약속인 민주주의를 포함하는 모더니티의 세 가지 약속에 참여하는 분석의 중심으로 옮겨오게 되었다.

프로이트에 대한 첫번째 비판자인 빈의 의사 알프레트 아들러에게 있어 에고 혹은 '나'는 심리학의 전부였다. 그것의 으뜸가는 관심사는 지위, 사회적 비교, 그리고 경쟁이었다. 섹슈얼리티에 대한 프로이트의 강조에 맞서 아들러는 공격aggression, 즉 세상에서 자신의 지위를 높이려는 욕구의 중요성을 강조했다. 그의 생각으로는 에고는 성적 소망보다 경쟁자에게 자리를 빼앗기지 않을까, 혹은 동등하다고 여겨지는 사람에게 모욕당하지 않을까 하는 불안에 더 사로잡혀 있다는 것이었다. 사회민주주의자이자 페미니스트였던 아들러는 에고의 공격성, 원망, 불안정의 근원이 사회적인 것이라 주장했다. 모든 사람은 위엄과 자기 존중의 타고난 감각을 지니고 있다고 가정하고 그는 신경증이 가난과 차별로 인한 것까지를 포함하는 모욕이나 수치 같은 것에서 생겨난다고 주장했다. 그의 가르침을 환영한 많은 미국 사상가들과 마찬가지로 그는 모더니티를 민주화라는 장기적 과정의 전개 국면으로 보았고 정신분석을 개혁주의, 사회민주주의 정치학, 그리고 결과 지향적 정신치료와 같은 것으로 만들기를 원했다.

이에 비해 취리히의 카를 융에게 에고는 아무것도 아니었다. 그는 자아의 하찮은 상처, 그 '과민함', 성가심, 세상에서 그것이 있을 자리에 대한 집착을 경멸했다. 급기야 그는 이러한 것들에 대한 인내의 자질 모두를 정신분석의 유대인적 특성으로 폄하했다. 귀족적 기질인 융에게 가치 있는 삶이란 원형이 정착해 있는 위대한 우주적 구조―위대한 어머니, 아니마anima, 그림자 같은 초역사적 구조―로서 그가 집단무의식이라 부르게 되는 그것이 그림자처럼 드리워져 있는 계곡에서 영위되는 삶이었다. 상실과 몰락이라는 프리즘으로 모더니티를 바라본 그는 신성한 것과의 접촉 회복을 통해 의미의 빈곤화를 멈추는 것에 몰두했다. 따라서 그는 정신분석을 신화나 종교와 동일시하려 했지만 당대의 어떤 기성 종교와도 결부시키지는 않았다.

프로이트는 이 두 접근 방식을 받아들이지 않았다. 아들러처럼 프로이트도 에고의 공격성, 원망, 상처 등을 진지하게 고려했다. 그러나 그는 그가 간혹 에고의 '2차 회상' 혹은 '합리화'라 불렀던 것을 정신 전체와 동일시하지는 않았다. 융과 마찬가지로 프로이트도 에고를 오직 내적 성찰의 암중모색을 통해서만 도달할 수 있는 광대한 영역의 그림자 속에 거주하는 것이라 생각했지만, 그러나 그는 그 영역을 우주가 아니라 이드Id라고 불렀다. 아들러가 에고의 분투를 비판적으로 확인했고 융은 오만하게 그 허약함을 일축해버렸지만 프로이트는 그것의 허약성을 동정적으로 포착하여 그 뿌리를 원초적 대상에 대한 유아의 의존성에까지 추적했다. 필요한 대상에 자연스레 이끌리는 예정된 본능을 타고 태어나는 동물과 달리 인간은 생존을 위해 오랜 기간 동안 다른 사람의 보살핌에 의존한다. 프로이트에 의하면 생물학적으로 아무 자구책이 없는 이 긴 기간 때문에 "그 혼자 (아이를) 보호할 수 있는 대상의 가치는 엄청나게 높아진다."[2] 그리하여 프로이트는 자신에 대한 두 비판가와 달리 그의 에고 개념의 중심에 '대상object'에 대한 강한 개인적 필요를 위치시켰다.[3]

아들러와 융에 대응하지 않을 수 없었던 프로이트는 되돌아가 정신분석의 기반을 다시 생각해보며 무의식, 유아기의 욕망, 섹슈얼리티, 1차 사고 과정에 대한 가설을 체계적이고 역동적인 발달이론에 대한 생각으로 전환시켰다. 1912년이 되어서야 그는 오이디푸스 콤플렉스가 '신경증의 핵심'이라는 결론에 도달했다. 1913년 그는 성적 발달에 있어 전前성기적(구강과 항문) 단계의 첫 모델을 선보였다. 1914년 그는 '나'에 대한 이론의 첫 시도를 펼쳤다. 에고에 대한 이론의 선두주자격인 나르시시즘에 대한 시론은 오래지 않아 무의식을 대신하여 정신분석에서 가장 중요한 개념이 된다. 앞으로 보게 되겠지만, 궁극적으로 에고 혹은 '나'에 대한 이론을 정립하려는 프로이트의 시도는 제 1차 세계대전 기간 동안 분석가들을 사로잡았던 문제인, 정신분석을 두 개의 성性이 존재한다는 사실 위에 기반을 둔 이론으로 변환시키려는 시도와 분리시킬 수 없는 것이었다.

그러나 아들러, 융과의 갈등은 이론적 혁신을 자극한 것 그 이상이었다. 그들은 또한 정신분석운동을 변화시켰다. 분열이 있기 전까지 정신분석은 실제로 *남성모임*이었다. 세계적으로 조명 받는 이상화의 대상이었던 프로이트는 해소할 수 없는 딜레마의 교차로에 서 있었다. 그는 자신의 분석 대상이라고 주장한 권위의 화신이었던 것이다. 분열로 인해 이 같은 딜레마가 초점에 놓이게 되자 이를 계기로 프로이트는 원초적 아버지와 그의 살해에 대한 놀랄 만한 초상인『토템과 터부*Totem and Taboo*』를 썼다. 명백히 *남성모임*의 아버지-아들, 형제들 간의 분쟁의 색채를 띤『토템과 터부』는 정신분석이 또 한 차례 분파로 협소해지는 것과 일치했다. 즉 비밀 '위원회'의 설치와 융의 축출이 그것이었다. 그러나 장기적으로 이 분열은 다른 궤적을 작동시키게 되었다. 나르시시즘 이론이 성적 차이를 이해하려는 시도들에 불을 붙이자 그 결과 정신분석은 여성들에게로 열리게 되었다. 그러므로 분열들은 에고 이론의 발전을 예고한 것일 뿐만 아니라, 분파적인 정신분석의 *남성모임*을 제1차 세계대전 후에 우리가 목격하게 되는 것과 같은, 상대적으로 민주적이고 남·여성이 한데 섞인 운동으로 변환시키는 촉진제이기도 했다.

유대인 중산층 집안에서 태어난 알프레트 아들러는 프로이트와 같은 고장 출신일 뿐만 아니라 같은 김나지움에 다니기도 했다. 기독교

개종자, 안과 의사, 1902년부터 수요심리학회의 회원이기도 했던 그는 처음 자신의 생각을 '기관 열등성organ inferiority' 이론으로 정립했다. 의학에서 기관 열등성이란 근시나 말더듬이 같이 특정 신체 기관의 취약함을 가리키는 것이었다. 취약함에 민감해지면 사람은 '과잉' 두뇌 활동, '정신적 상부구조psychic superstructure'를 만들어 그 위에 머물게 된다고 아들러는 주장했다. 키 작은 사람의 '나폴레옹 콤플렉스'가 그 예이다.

아들러는 러시아 태생의 사회주의자 여성인 라이사 엡스타인Raissa Epstein과 결혼했다. 당시 빈에서 망명 생활을 하던 레온 트로츠키Leon Trotsky의 지인이었고 또 한 명의 중요한 볼셰비키 당원인 아돌프 이오페Adolf Ioffe의 치료사였던 아들러는 빈의 사회주의 일간지 『아르바이터 자이퉁Arbeiter-Zeitung』의 정기기고자이기도 했다. 앞서 보았듯 그의 첫 저서는 신체 질환의 사회, 경제적 원인에 관한 것이었다. 분명 당시, 자기 존중을 획득하기 위한 에고의 투쟁에 대한 아들러의 강조는 정치적 의미를 만들어냈다. 1909년 그는 정신분석이 마르크스주의를 본능적 차원에서 보완해준다고 주장했다. 무시에 대한 감수성이 계급의식의 실제적 기반을 제공한다는 것이 아들러의 추론이었다.[4]

또한 아들러는 열등성의 심리학을 여성들의 권리 투쟁과 결부시켰다. 아내, 사회민주주의와의 긴밀한 연관, 그리고 여성운동의 영향을 받아 그는 기관 열등성에 대한 자신의 초기 생각을 프로이트 이전의 양성성bisexuality 관념에 입각하여 재정립했다. 그는 "신경증 환자들은 여성적이라는 말을 나쁜 것들, 명백히 열등한 것들 거의 전부로 이해한다고 기술했다. '병적(이라고 그 혹은 그녀가 느끼는)인 것', 다시 말해 수동적이거나 '여성적'인 것을 피하려 애쓰는 신경증 환자는 아

알프레트 아들러: '남성적 항거' 이론가(1911)

들러가 '남성적 항거masculine protest'라 부르는 '자기 주장'의 보상적 형태에 얽매이게 된다. 아들러는 "어떤 의사라도 전이에서 남성적 항거를 관찰할 수 있다"고 주장했다. 신경증 환자가 사랑하거나 요구할 때, 그 혹은 그녀는 "나는 노예"라고 느낀다는 것이다. 그 결과 신경증 환자는 그가 의지하는 의사에 대항하는 지속적 항거 상태에 있게 된다. 모든 신경증 환자는 "여성적 기반과 남성적 항거 사이의 싸움에서 생기고 그것에서 자신들의 힘을 얻는다." 이에 더하여 아들러는 "우리는 모든 여성들에게 예외 없이 남성적 항거가 있다고 생각해야 한다. 여성에 대한 과소평가가 우리 문명을 주도하는 힘이기 때문이다." 1911년 6월 아들러는 그의 견해를 다음과 같이 재천명했다. "모든 인간관계에 '~위에'와 '~아래'라는 것보다 더 보편적으로 유효한 원리는 없다."[5]

프로이트는 아들러의 독창적인 기관 열등성 이론, 특히 그 보상적 투쟁에 대한 강조를 좋아했다. 그래서 처음에는 그들 사이에 상당한 의견 일치가 있었다. 불화는 아들러가 열등감으로부터 자신을 방어할 필요가 억압의 *변하지 않는* 동기라고 고집한 데에서 발생했다. 프로이트는 수동적이거나 종속적인 지위를 거부하는 것이 가장 근본적인 차원에서 인간의 삶을 추동하는 힘이라는 가정을 신뢰하지 않았다. 그는 1914년의 논문에서 도표를 사용하여 반론을 개진했다. 프로이트는 독자들에게 유아기에 욕망이 느껴지는 근본적 상황 가운데 하나, 즉 부모의 성행위를 지켜보는 어린 소년의 상황을 생각해보라고 요청했다. 어린 소년은 자신을 능동적 남성이라 여겨지는 자리와 *그리고* 수동적 여성으로 간주되는 자리에 놓고 싶어 할 것이다. 프로이트는 "그들 사이의 이 두 충동이 그 상황의 쾌락의 가능성을 없앤다"고 기술했다. 그러나 아들러의 '남성적 항거'는 첫번째 것만 서술한다.[6] 그러나 종속의 욕망, 수동적이고 '아래'에 있으려는 욕망은 적어도 '위'에 있으려는 욕망만큼이나 강한 동기의 원천이고, 따라서 무의식일 가능성이 더 큰 것이었다.

프로이트는 또 아들러의 '억압의 성차별'에 대해서도 비판했다. 이를 통해 프로이트가 의미하고자 했던 바는 아들러가 억압하는 힘을 남성적인 것으로, 억압당하는 소망을 여성적인 것으로 구분한 것이었다. 물론 이는 1890년대에 프로이트 자신이 생각했던 방식이었지만 그러나 이제는 그가 아들러를 계도하고 있는 것이었다. 프로이트는 "'남성적' '여성적'이라는 개념은 심리학에서는 아무런 쓸모도 없다.

왜냐하면 우리는 어떤 걸 남성적이라 부르고 어떤 걸 여성적이라 불러야 하는지 모르기 때문이다"라고 설명했다. "적합한 이분법은 남성적인 것과 여성적인 것 사이가 아니라 리비도와 억압 사이의 이분법이다." 프로이트는 또 계속해서 남성에게 있어 신경증은 종종 그가 '여성적'인 것으로 감지하는 경향을 부인하거나 극복하려는 욕망의 결과물이지만, 항상 그러한 것은 아니라고 말했다. 이에 대한 반증의 예로 그는 한 사례를 인용했는데, 이는 1914년의 나르시시즘 이론을 예견케 하는 것이었다. 이 사례에서 "한 청년은 자기가 대단히 매력적(이에 대해 그는 어릴 적부터 귀가 아프게 들어왔다)이어서 모든 사람들이 자기를 즐겁게 해주기 위해 무슨 일이라도 해주리라 확신하고 있었다." 그는 열등감을 보상하려는 과대망상증 환자가 아니었다. 오히려 그에게서 열등감이라고는 전혀 찾아볼 수 없다.[7]

그 후 30년 동안 프로이트는 남성적 항거가 여성에게 특별한 관련성을 지닌다는 아들러의 생각을 채택하지 않았고 그의 통인간적 지향interpersonal orientation의 가치도 높이 평가하지 않았다. 그러나 프로이트는 아들러의 비판이 정신분석 발전의 직접적 자극이 되었다는 점은 인정했다. 1909년 융에게 보낸 편지에서 그는 자기가 이제까지 억압당하는 자에 대해서만 설명해왔었음을 인정했다. 이 인정을 그는 "새롭고 알려지지 않았던 것"이라 불렀다. 이에 비해 아들러는 억압하는 자의 존재에 관심을 유도했다는 점에서 인정받을 만했다. 그러나 프로이트는 실제로 에고에는 명령하는 척 과시하며 유아기의 소망과 공모하여 필요에 의해 미덕을 행하는 경우가 자주 있는데도 아들러는 억압하는 자의 '자기 존중'과 '독립심'에 대한 욕망을 액면 그대로 간주했다고 주장했다.[8]

이상적으로 말하자면 정신분석은 이 두 사람 모두를 포용할 수 있어야 했다. 그러나 클라크 대학 강연으로 촉발된 강한 환상과 집단적 과정들은 프로이트의 불안정 및 아들러의 야망과 겹쳐 분열로 이끌어갔다. 1911년 1월, 이 즈음에는 강당에서 모임을 가져야 할 정도로 커진, 수요심리학회의 계승자인 빈 정신분석 학회는 두 사람의 견해에 대해 토론을 벌였다. 6월 아들러는 학회에서 물러나 자유 정신분석 학회 Society for Free Psychoanalysis라는 명칭의 새 조직을 만들어 목요일 저녁에 모임을 갖게 된다.[9] 한스 작스의 부인에 의하면 "불화는 오래 이어져온 우정을 깨뜨렸다. 부인들끼리도 이제 더 이상 대화하지 않았다."[10] 그로 인한 고통이 너무 컸던 나머지 1912년 루 안드레아스-살로메Lou Andreas-Salomé가 아들러의 모임에 참석하기 시작하자 프로이트는 그녀에게 두 사람이 하는 일들을 상대 학회에 가서 발설하지 말라고 압박했다.

이 분열이 정신분석을 의학계나 과학계에서 더 고립시키기는 했지만 또 한편으로는 그 정체성을 강화하는 데 도움이 되었다. 융에게 보낸 편지에서 프로이트는 이렇게 말했다. "우리는 아들러가 얼마나 심리학의 멋진 다양함을 공격적인 단 하나의 '남성적' 에고-성향이라는 좁은 침대에 욱여넣으려 했는지 볼 수 있네. 마치 '위'에 올라 앉아 남자 행세를 하는 것 외에 다른 생각이라고는 없는 어린아이처럼 말일세."[11] 이것을 아들러의 "작고 귀여운 편집증"이라 부르며 프로이트는 이렇게 덧붙여 말했다. "이제껏 그에게는 그러한 이론으로는 신경증 환자의 진짜 고통, 그들의 불행감과 갈등에 대해 전혀 설명할 수 없다는 생각조차 떠오르지 않았던 걸세."[12]

말할 필요도 없이 대부분이 사적인 이야기인 프로이트의 인신공격식 논평은 따져볼 가치도 없다. 그러나 그것은 그와 그의 서클 구성원들의 생각을 밝혀주었다. 프로이트 편 사람들은 아들러가 프로이트에 대해 종속적인 관계를 받아들일 수 없었던 것이라 생각했다. 공식 석상에서조차 프로이트는 "아들러한테서 듣는 소리라고는 온통 '위에 있기를 원한다'느니 '자기 방어'라느니 '뒤를 덮친다'느니 하는 소리뿐"이라고 불평을 퍼부어댔다.[13] 페렌치는 프로이트의 견해를 이렇게 정리했다. "이제 나는 [……] 아들러의 증오 이론을 이해하겠네. 그는 사랑을 원하지 않았어. 그러니까 증오하고, 자신이 미움 받고 있다고 생각하는 것이지. 그러면서 그는 모든 걸 이 이론에 처 넣은 거야. 플리스와 아들러 둘 다 이런 식으로 양성성을 강조한 게 기이하긴 하지만 절대 우연은 아닐 거야. 그들 성격의 (분석되지 않은) 동성애적 근원이 그 안에 표현되어 있다네."[14] 이러한 진술에는 정신분석의 이중적인 유산이 조짐을 드러내고 있었다. 프로이트의 서클이 19세기 문화의 선명한 젠더 이분법을 문제 삼았을 때 그것은 부지불식간에 이성애/동성애라는 새로운 이분법의 기반을 깔아놓는 데 일조한 것이었다.

프로이트와 결별한 후 아들러는 세계적 명성을 얻었다. 1938년 그가 죽었을 때 프로이트는 슈테판 츠바이크Stefan Zweig에게 이렇게 써 보냈다. "세상은 그가 정신분석을 모순되게 만드는 데 기여한 것에 대해 참으로 융숭하게 보상했네."[15] 그러나 프로이트의 악의적인 논평은 너무 자기중심적이어서 세상 사람들의 동기를 정확하게 평가하지 못했다. 모든 형태의 의존성과 허약함의 표출을 열등성의 신호로 간주하며 지위와 인정을 위해 공격적인 투쟁을 벌이는 아들러의 에고 개념은 당시 새로운 대중민주주의 속에서 형태를 갖추고 있던 깊은 경향, 즉 역량 강화와 통제를 향한 욕망의 일면을 명확히 표현한 것이었다. 그러므로 역사학자 워런 서스맨Warren Susman이 1920년대와 1930년대 미국의 포드주의Fordism와 대중문화의 지배적 풍조를 묘사하려 했을 때 그는 '아들러의 시대'[16]라는 제목 외에 달리 더 좋은 것을 찾을 수 없었다. 그러는 사이 정신분석은 아들러의 많은 생각들, 특히 '에고의 방어적 기능'이라 불린 것의 발견으로 이어진 공격성에 대한 아들러의 강조를 받아들였다.

프로이트와 아들러와의 갈등이 끝나자 융과의 갈등이 폭발했다. 주로 편지를 주고받던 그들 관계의 시작 단계부터 프로이트는 융을 이상화했다. 융 쪽에서는 "때때로 버릇없는 〔……〕 총애받는 아들" 역할을 하며, 프로이트와 자신의 차이를 "신경성 배은망덕"[17]이라 불렀다. 클라크 대학 강연 후 융은 프로이트에 비판적인 미국 의사들, 예컨대 버지니아 대학의 트리건트 버로Trigant Burrow 같은 사람과 관계를 맺었다.[18] 그는 미국에서 상당한 액수의 돈을 벌었고 정기적으로 방문하곤 했다. 뉘른베르크 총회 전날 밤 프로이트는 융이 제시간에 미국에서 돌아올지 여부에 대해 전전긍긍했다. "내 취리히 친구가 날 망쳐버리면 어쩌지?"라고 프로이트는 피스터에게 물었다.[19] 이미 보았듯 총회가 끝나자 융은 곧바로 프로이트의 희망을 저버리기 시작했다.

아들러가 정신분석을 사회민주주의와 연결시키려 노력했음에 비해 융은 그것을 의례와 신화, 특히 기성 종교의 기저에 놓여 있는 커다란 상징 체계와 접합시키려 했다. 그의 주된 관심은 압축이나 전위 같은 의미 창조 메커니즘에 대한 프로이트의 설명에 있었다. 그는 의식적 정신이 공간, 시간, 인과성 등과 같은 칸트적 범주를 통해 작동함에 비해 무의식은 유추나 유사성, 형태적 닮음을 통해 상징적으로 작동하는 것이라 믿었다. 그의 생각에 프로이트의 공헌은 정신적 기호를 조직하는 상징적 혹은 '유추적' 방법을 발견한 데 있었다.

인간 심리의 상징 창조적 특성에 대한 관심은 모더니즘에 내재된 것이었고 분석가들 사이에서도 공통된 것이었다. 상징주의를 강조하는 융과 견해를 같이한 제임스 잭슨 퍼트넘은 이것을 1911년 3월 바이마르에서 열린 정신분석학 총회 기조 연설의 요점으로 삼았다. 퍼트넘은 사람이 무한에 참여하는 것과 일시적이고 덧없는 것에 갇혀 있는 것 사이의 모순에 대해 주장하고 설명했다. 그러므로 정신분석은 관념철학 안에 자리 잡아야 할 필요가 있었다. 프로이트는 퍼트넘의 연설에 대해 "누구나 보지만 아무도 만지지 않는 중앙부 장식"이라 언급했지만, 그러나 프로이트는 잘못 생각한 것이었다.[20] 퍼트넘의 견해는 잠재의식 이론을 지지하는 미국과 프랑스의 정신병리학자들을 포함한 많은 사람들에 의해 공유되었다. 런던 정신연구 학회London Society for Psychical Research의 프레더릭 마이어스Frederic Myers와 그의 측근들, 융의 초기의 영웅이었던 제네바의 심리학자 테오도어 플루르노이Theodore Flournoy, 그리고 플루르노이의 사촌인 에두아르트 클라파레데Edouard Claparède 같은 사람들이 그들이었다. 또 1912년 아들러의 『신경질적 성격The Nervous Character』 역시 신경증 징후의 상징적 기능 — '예견적 경향' — 을 강조했다. 허버트 실버러Herbert Silberer의 『신비주의의 문제Problems of Mysticism』는 해석의 이중 노선 — 정신분석적 해석과 아나고직anagogic한 해석 — 을 주장했다. 아나고직이란 예견적, 투시적 혹은 영적이라는 의미이다.[21]

융은 정신분석의 목적이 우주 속에서의 '인간'의 자리를 되찾는 것이라 생각했기 때문에 프로이트의 섹슈얼리티 개념을 절대 받아들이지 않았다. 프로이트에게서 리비도의 정의를 몰수하겠다고 때만 되면 윽박질러대곤 했던 융은 "이제껏 나는 아무런 만족스러운 것도 만들어내지 못했다"고 불평했다.[22] 일찍이 1906년에 프로이트와 공유했던 그 나름의 견해는 "자연 속에서 우리는 끊임없이 이어지는 삶의 요구, 살고자 하는 의지만을 본다"[23]는 것이었다.

1912년 융은 2부로 된 긴 논문인 「리비도의 변형과 상징Transformations and Symbols of the libido」을 『연감』에 게재했다. 이 글에서 그는 일원적이고 비성적인 삶의 힘과 인간 심리의 상징 생성적 특성을 어머니의 중요성에 대한 새로운 강조와 결합시켰다. 아리안족의 태양 숭배 신화라는 인류학에 의지하여 그는 어머니에 대한 유아의 어린 시절의 애착을 통해 발전적으로 재생산되는 원시적 모계 중심 사회의 존재를 긍정적으로 상정했다. 또한 그는 프로이트에게 아버지의 역할이 "순전히 운에 달려 있었던 인류 초기의 무無문화적 특성을 이루는 것"[24]은 근친상간임을 알려주었다. 근친상간의 소망 뒤에 어머니에게 집중된 '보다 고차원'적인 동기들이 있었다는 것이었다. 이 소망들 중에는 재생 신화에서 표현되는 것과 같은, 다시 어린아이가 되고 싶다는 욕망이 있었다. 섹슈얼리티에 대한 프로이트의 강조가 사람들이 실제로 살아가는 상징 세계로부터 다른 곳으로 주의를 돌리게 한다는 것이었다.[25]

아들러와 마찬가지로 융도 프로이트가 역동적 혹은 개인적 무의식을 강조했던 자리에 선명한 젠더 구분선을 그려 넣었다. 그러나 아들러와 반대로 융은 여성의 권리를 추구하는 근대적 경향을 끔찍하게 여겼다. 클라크 대학 강연 이후 융은 프로이트에게 "미국 문화는 정말이지 바닥을 알 수 없는 구렁텅이입니다. 남자들은 한 떼의 양이 되었고 여자들은 먹이를 찾아 날뛰는 늑대 역할을 합니다. 물론 가족의 테두리 안에서 말이죠. 나는 이러한 상태가 일찍이 이 세상에 있었는지 자문해봅니다. 절대 없었을 것 같습니다."[26]

이 같은 견해에도 불구하고 융은 미국에서 많은 지지자들을 확보했다. 1912년 융의 미국 방문은 프로이트와의 불화를 재촉했다. 스미스 엘리 젤리페가 포드햄 대학에서 몇 차례 강의를 해달라며 그를 초청했다. "융이 미국에 불려가는 건 하나도 좋을 게 없어"라고 프로이트는 페렌치에게 썼다. 실제로 그 대학은 제수이트 교단이 운영하는 작고 잘 알려지지 않은 *카톨릭* 대학이었고 존스는 그 대학의 초청을 거절했었다.[27] 강연에서 융은 자신의 논문을 확대시켰다. "쾌락을 얻는 것은 절대 섹슈얼리티와 같은 게 아니다"[28]라고 그는 단언했다. 리비도 개념의 가치는 "그것의 성적 정의에 있는 게 아니라 그 활동적 전망에 있다"[29]는 것이었다.

아들러가 정신분석이 사회민주주의 및 페미니즘 문화와 연계되어야 한다고 생각했었음에 비해 융은 그것이 *민족*을 구성하는 심오한 윤리적 경향에 뿌리를 두고 있어야 한다고 믿고 있었다. 오귀스트 포렐이 "윤리와 문화를 위한 국제 연대 — 다목적 개혁 기구 — 에 대한 정신분석의 지지를 얻기 위해 융에게 도움을 요청했을 때 융은 프로이트에게 자신은 사회 개혁이라는 것을 '인위적'이라 생각한다고 털어놓았다. 그는 계속해서 연대가 '윤리적 의미'를 갖기 위해서는 "민족의 심오한 본능이 기초가 되어야 한다. [……] 신화적 무Mythical Nothing 와 더불어 윤리적 연대란 어떤 오래되고 유아적인 충동의 힘이 깃들어 있지 않으면 그저 공허하기만 할 뿐이다. 나는 윤리적 연대와의 동맹보다 ΨA(정신분석)의 더 정교하고 이해할 만한 과제를 생각하고 있는 중이다. 〔……〕 우리는 지식인들 사이에 상징과 신화의 느낌을 되살리고 그리스도를 그 원래 모습인 포도밭의 신성한 신으로 부드럽게 변화시키기 위해 정신분석에게 시간을 주어야 한다."" "반대로 포렐이 생각하는 것과 같은 '이익 집단'은 10년 안에 몰락할 것"이라고 말했다. 이에 대해 프로이트는 "자넨 나를 종교의 창시자로 생각해서는 안 되네"라고 답했다.[30]

1912년 두 사람의 차이가 점점 더 노골화되자 프로이트와 그의 측근들은 이를 아들러와의 갈등을 이해할 때와 같은 방식으로 이해했다. 즉 프로이트에 대항하는 두 사람은 유아 섹슈얼리티와 무의식을 회피하는 수단으로 성차를 강조한다는 식이었다. 또한 프로이트가 양성성을 재정의한 것의 의미도 이해하지 못했다는 것이었다. 이는 남성의 허약성, 그리고 오래지 않아 여성의 공격성이 자연스러운 것임을 밝히고자 하는 것이었다. 그뿐만 아니라 그 서클이 주목하지 않았던 두번째 유사성이 있었다. 두 사람 모두 에고의 사회적 기반을 강조했음에 비해 그들 중 어느 누구도 개인 심리와 모든 집단 형성 사이의 비연속성을 포착하지 못한 것이었다. 이 비연속성은 그 자체가 역사의 산물이었다. 두 경우 모두에서 두 사람은 프로이트의 본질 규명적 특성을 거부했던 것이다.

비판자들에 대한 프로이트의 대응은 수년간에 걸쳐 이어졌다. 그는 『토템과 터부』(1912)를 통해 융에게 답하는 것부터 시작했다. 이 책은 정신분석이 단순히 성과학으로부터 물려받은 그런 유의 생물학적 발전 이론만이 아니라 신화와 의례의 인류학에도 기반을 두어야 한다는 것을 프로이트가 암묵적으로 인정한 것이었다. 그러나 신화에 내한 융의 이해가 전체론적이고 보수적인 것이었음에 비해 『토템과 터부』는 근대의 개인적 삶의 우연성과 혼란스러운 특성을 부각시킨 것이었다. 『토템과 터부』가 신화를 강조하는 융에 대한 대안을 제시하는 것이었다면 「나르시시즘 시론On Narcissism」(1914)은 아들러의 지위 이론에 대한 대안이었다. 정신분석이 에고의 인정 욕망을 통합하는 과정에 대한 이론적 추적으로부터 시작하는 「나르시시즘 시론」은 '나'를 무의식적 힘의 복잡한 성단星團의 구성 요소로 묘사했다. 두 경우 모두에서 프로이트는 반대자들의 비판의 핵심 요소를 자기 글에 포함시키는 방식으로 그들을 반박하려 했다. 그 결과 정신분석 사고 범위의 괄목할 만한 확장을 가져왔다. 존스는 "이제 정신분석은 마침내 자기 자신에 도달했다. 최면술을 대신하는 치료법이 아니라 문명의 심오한 문제들의 열쇠가 될 것이다"[31]라고 썼다.

적어도 1890년대부터 프로이트는 '아버지 콤플렉스'에 대해 생각해왔다. 1897년 그는 중세의 유명한 마술 교과서인 『마녀 잡는 망치 Malleus Maleficarum』를 구입했다. 그 까닭은 그의 생각에 마녀와 히스테리 환자 둘 다 '아버지pater'에 사로잡혀 있다는 유사성이 있는 것으로 여겨졌기 때문이었다.[32] 고고학에 대한 그의 관심 또한 권위에 이르는 길고도 복잡한 역사가 있다는 그의 믿음과 연결되어 있었다. 『꿈의 해석』을 쓴 이후 그는 때때로 '오이디푸스 콤플렉스'라는 표현을 사용하곤 했다. 그런데 융, 아들러와의 갈등 기간 동안 그 관심사가 프로이트의 생각 한가운데로 옮겨왔다. 1908년 그는 융에게 "신화와 신경증이 공통의 핵을 갖고 있"[33]는 게 아닐까 하는 의혹을 갖고 있다고 썼다. 곧이어 그는 자신을 "핵 콤플렉스nuclear complex 개념에 사로잡힌 사람"[34]이라고 묘사했다. 마침내 그는 『토템과 터부』에서 '가장 놀라운 발견'을 선언했다. 그것은 개인심리학과 마찬가지로 사회심리학 역시 "단 하나의 구체적 사항, 즉 아버지에 대한 관계의 기반 위에서 설명될 수 있음을 입증해야 한다"[35]는 것이었다. 몇 년 후 그는 빙하기 무렵의 어딘가에서 전제적인 최초의 아버지들이 지배했던 역사적 시기가 있었다는 생각에 부합하도록 한 명의 아버지라는 생각을 옆으로 밀쳐두었다. 프로이트는 이 아버지들은 아들들이 "여자들에 대한 경쟁자로서 말썽을 부리면 실제로 성기를 탈취해갔다"[36]고 썼다. 이에 대항하여 아들들은 한데 뭉쳐 아버지들을 살해했다. 이어서 프로이트는 "살인에 대한 후회 때문에 그들은 근친상간 금기와 부계 중심 가족을 수립했다"고 주장했다.

아버지의 권위에 대한 프로이트의 강조가 독창적인 것은 아니었다. 부르주아 사회의 초기 발전은 부계 사회에 대한 비판, 그리고 정치와 계약의 영역에서 (남성의) 평등성을 수립하려는 시도를 전제로 한 것이었다. 아마도 이러한 생각에 대한 가장 유명한 주장은 로버트 필머 경Sir Robert Filmer에 대한 17세기 로크의 응수였을 것이다. 왕의 신성한 권리를 지지했던 필머는 아버지의 권력은 절대적인 것이고, 또 거세할 수 있는 힘을 언제라도 명시적으로 지니고 있는 것이라 주장했다. 이와 반대로 로크는 가족 사이에서 어머니와 아버지가 가진 '자연적 권위'를 옹호하며 필머의 '아버지의 권력'에 대해서는 "군림하려 드는 이 기이한 유령, [……] 이 '새로운 아무것도 아님New Nothing'"[37]이라 부르며 반대했다. 그러나 로크의 항변에도 불구하고 아버지의 권위의 그림자는 프로이트 시대에도 미만彌滿해 있었다. 그것은 자율성과 남성성을 같은 것으로 보는 시각 안에 내재되어 있었다. 그것은 남녀 간의 친밀한 관계에도 출몰했다. 이 관계에서 여성성은 종속성과 혼동되었다. 또한 그것은 '근대'의 정치적, 경제적 권위에 의지하여 고용주는 하인을 위협하고 백인종은 해방된 노예를 괴롭히고 제국주의자들은 피식민자를 짓밟았다. 마치 아버지는 시장자유주의와 민주주의 혁명에 의해 살해되지 않은 것 같았다.

그러나 권위에 대한 프로이트의 이해 내용은 필머나 로크의 그것과 달랐다. 전통적 이해에 있어 권위는 정초定礎적 계기, 사회 계약 혹은 신성의 발현에서 오는 것이었다. 이와 반대로 프로이트는 권위의 뿌리를 트라우마적 사건, 즉 사람들의 기억의 욕망을 초과하여, 시간의 경과 속에서 무의식의 작용에 따라 거듭 되풀이되는 중대 사건들에서 추적했다. 원초적 살해 신화가 그러한 사건이었다. 프로이트는 권위의 비합리적 차원, 예를 들면 란처, 슈레버, 판케예프 같은 인물들의 기이한 행동 같은 것을 설명하기 위해 그것을 소환한 것이었다. 그 차원이 어떻게 선사先史적 기원으로부터 이어져왔는가에 대한 충분한 설명은 생략한 채 프로이트는 가족의 역동성에만 주의를 기울였다. 아이들은 모두 복원할 수 없는 원초적 살해를 오이디푸스 콤플렉스를 통해 다시 체험했다. 그 이유는 모든 아이들이 근친상간과 살부殺父를 *원하기* 때문이었다. 모든 아이들은 또한 잠복기에 근친상간 금기를 수용한다는 오이디푸스 콤플렉스의 해결책을 되풀이했다. 분석가가 신경증 환자의 무의식에서 관찰한 것 — 수동성의 공포, 거세 공포, 죄의식 — 들은 그 해결책이 완전하지 않을 때 발생하는 반복과 귀환이라는 발병성發病性 사후 효과였다.

또한 필머와 로크에게 있어 아버지는 *그저* 권위의 대변자였다. 반대로 프로이트에게 아버지는 모든 아이들이 의존하는 원초적 대상이기도 했다. 그러므로 권위 뒤에는 의존이 놓여 있는 것이었다. 권위의 트라우마적 기반에 대한 프로이트의 통찰과 긴밀히 연결된 공포, 보호 요구, 아버지와의 관계를 가로지르는 사랑에 대한 강조는 로크로부터 이어져 내려오는 정치사상 ─ 그리고 사회 개혁 ─ 의 전통을 크게 변화시켰다. 후일 프로이트는 어머니의 역할에 대해서도 점차 많이 인식하기 시작했고, 궁극적으로는 어머니가 중심임을 깨달았다. 그러나 그는 아버지를 초기 유아기 시절의 보호자로 보는 반反직관적 견해를 결코 포기하지 않았다. 오직 그 견해만이 란처와 슈레버와 판케예프의 내적 갈등과 이중성을 이해할 수 있게 해주는 것이었다. 그들은 아버지를 두려워했을 뿐만 아니라 사랑하기도 했고, 그리고 그들의 사랑이 공포를 더 깊고 복잡하게 만들었던 것이다. 분명 프로이트는 그의 환상적이고 추리적인 원초적 살해 신화로 논점을 명확히 설명했다. 그러나 앨프리드 크로버Alfred Kroeber의 표현처럼 '그저 그런' 이야기를 경청할 만한 이야기로 만든 것은 아버지에 대한 사랑과 두려움 때문에 자신들의 삶을 크게 비틀어지게 만든, 앞서 언급된 사람들에 대한 사례 연구였다. 또한 프로이트의 생각에 따르면 만일 원초적 아들들이 아버지를 '사랑'하기까지 하지 않았더라면 그들은 자신들의 살해를 창조적, 문명적 행위로 변환시킬 수 없었으리라는 것이었다.

『토템과 터부』는 심리학이 신화, 종교에 대해 지니는 관계에 대한 프로이트와 융의 견해 차이를 명확히 드러내는 데에도 일조했다. 융은 결코 분파적 기독교인이 아니었다. 프로이트와 결별하던 시기에 그는 튜턴족의 신화에 흥미를 지니고 있었다. 그 후 그는 시야를 넓혀 만다라 같은 비서구의 종교적, 신화적 상징까지 관심 대상에 포함시켰다.

그러나 기독교인이든 아니든, 그는 분명한 반유대주의자였다. 1912년 그는 "유대인은 가족에 대한 비상한 고착fixation 때문에 통제되지 않는 근친상간적 느낌 〔……〕 제어할 수 없는 수준에 고착되어 있고 감정에 굴복한다. 그러나 그 시대의 보속補贖자와 의사는 근친상간적 리비도를 승화시키도록 사람을 가르치려 노력하는 사람이었다."[38] 그리하여, 이해할 수 있듯, 프로이트는『토템과 터부』를 융에 대한 질책으로 간주하고 아브라함에게 "토템 작업은…… 아리안 종교적인 모든 것으로부터 우리를 선명하게 단절시키는 데 이바지할 것"[39]이라고 써 보냈다.

인류종교적 감수성보다 더 많은 것이 걸려 있었다. 페렌치는『연감』에 실린 융의 글들에 대한 리뷰를 쓰면서 갈등의 의미를 알아차렸다. 그는 프로이트에게 융의 글들의 주된 관심이 공동체 안에 개인의 자리를 회복하는 것이라 말했다. 계속하여 페렌치는 "융은 정신분석을 고백과 동일시하고 있는데 죄의 고백은 ΨA 요법의 사소한 과제이고, 고백에 완전히 빠져 있는 아버지의 이마고imago를 허물어뜨리는 것이 더 큰 과제임을 알지 못하는 게 분명하다"고 말했다. 또한 페렌치는 분석가에 대한 융의 이해는 프로이트의 그것과 다르다고 생각했다. 그는 "융은 자신이 분석받으려 하지는 않은 채 오히려 그의 환자들에게 신처럼 빛을 쬐어주는 *구세주savior*로 남기를 원할 것"이라고 썼다. 페렌치는 융이 분석을 받으면 그의 글들에서 '기독교 공동체' '형제애' 등으로 표현되어 있는 그의 감춰진 동성애적 기질이 폭로될 것이기 때문이라고 설명했다. 이어 페렌치는 자신의 동성애적 기질을 스스로에게 선명하게 만들기보다 융은 "섹슈얼리티를 경멸하고 (무의식의) 진보적 기능을 찬양하기를 선호한 것"이라고 덧붙였다.[40] 몇 달 후 페렌치는 거듭 다음과 같이 밝혔다. "*아버지*는 거의 아무 역할도 하지 않는다. 〔……〕 형제들*의 기독교 공동체*가 훨씬 넓은 자리를 차지한다."[41]

프로이트는 페렌치에게 계몽주의의 보편주의와 세속주의의 의미를 상기시키는 것으로 답했다. "유대인 기질에 대해 말하자면 그것이 아리안 정신과 크게 다르다는 것은 분명하네. 우리는 매일 그걸 확인할 수 있지. 다른 세계관과 예술이 여기저기 있는 건 이러한 이유 때문임이 분명하네. 그러나 특별히 아리안적이거나 유대적인 학문이란 없네. 결과는 같아야 하지. 다만 그것을 드러내는 방식은 다를 수 있겠지만…… 이러한 차이들이 학문에 있어 객관적 관계들을 개념화하는 데에서 발생한다면 이건 뭔가 잘못된 것이지." 그러나 이때 프로이트는 기독교인들이 통합적임에 비해 유대인들은 분석적임을 암시한 것이었다. "기독교인들의 보다 원대한 세계관과 종교에 참견하지 않는다는 게 우리 유대인들이 원하는 바였다네. 그러나 우리는 학문을 하기에는 우리의 세계관이 더 유리하다고 생각했지. 자네는 융이 미국에서 ΨA는 학문이 아니라 종교라고 선언했다는 걸 들었을 걸세. 이게 아마 모든 차이를 밝혀줄 거야. 그러나 애석하게도 유대 정신은 거기에 합류할 수가 없네."[42] 달리 말하면 프로이트는 학문적 결론은 문화적으로 중립이지만 학문을 생산하고 그 의미를 해석하는 문화는 상이하다고 주장한 것이었다. 심리적 학문은 자기 의식을 내포하는 것이었다. 아버지에 대한 유아의 관계를 억압하고 또 작동시키는 어떤 입장(보편적 형제애와 '공동체 의식')에서 출발하는 기독교인들은 자신의 의존성에 대해 훨씬 더 자각하고 있는 유대인보다 이 학문에 참여하기가 더 어려웠다.

융과의 결렬은 또한 정신분석 학회의 퇴보적이고 분파적이며 배타적인 특질을 강화함으로써 학회의 *남성모임* 혹은 남성 사회적 측면을 부각시킨 것이기도 했다. 공공연해진 융과의 결별에 대한 가장 분별 있는 관찰은 엠마 융Emma Jung에게서 나왔다. 그녀는 여자인 덕분에 아웃사이더일 수 있었던 것이다. 1911년 말경 그는 프로이트에게 은밀하게 편지를 썼다. 내용인즉 자기는 프로이트와 남편과의 관계가 전혀 바람직하지 않다는 생각에 괴로웠다는 것이었다. "당신이 카를에 대해 지니고 있는 신뢰에 제가 얼마나 기뻐하고 영광스러워했는지 상상하실 수 있을 겁니다. 그러나 당신이 너무 많은 것을 준다는 생각이 들기도 했습니다. 당신은 그에게서 필요 이상으로 계승자나 완성자의 모습을 보고 계시지 않나요? 흔히 사람들이 많이 주는 것은 많이 받고자 하기 때문이 아닌가요? 왜 당신은 고이 얻은 명성과 성공을 즐기려 하지 않고 벌써 포기하려 하시나요? 당신은 그렇게 나이 들지 않았어요." 당시 프로이트는 쉰다섯 살이었다. "당신은 오랫동안 투쟁한 끝에 지니게 된 승리와 행복을 누리고 마지막 한 방울까지 들이켜야 합니다. 그리고 카를에 대해 아버지의 심정으로 생각하지 마세요. 그는 늙어갈 거고 저 또한 쪼그라들겠지요. 그러나 서로를 생각하는 인간으로서요." 그녀의 편지는 이렇게 끝을 맺었다. "그러나 저에게 화내시지 마세요."[43]

프로이트는 엠마 융의 조언을 무시했다. 카를 융이 점점 더 고립되어가자 프로이트와 그의 측근들은 비밀 내부 서클을 만들자는 생각을 하게 되었다. 클라크 대학 강연 이후로 프로이트와 존스의 관계는 더 친밀해졌다. 1911년 프로이트는 "2년도 안 돼 미국을 정복"[44]한 것처럼 그를 추켜세웠다. 다음 해 존스는 프로이트에게 자기는 정신분석의 미래에 대해 '약간 비관적'이라고 편지를 써 보냈다. 융은 사실상 물러났고 슈테켈은 불가능하고 랑크는 가난하고 페렌치는 경솔하다는 것이었다.[45] 존스는 프로이트에게 "필요한 것은 당신에게 개인적으로 분석을 받은 소수의 집단이 개인적 콤플렉스에 물들지 않은 순수한 이론을 대표하고, 그리하여 비공식적 내부 서클을 구성하는 것"이라고 촉구했다. 프로이트는 이 생각에 매료되었다. 그는 "우리들 중 최고이고 가장 믿을 만한 사람들로 구성된 비밀 위원회가 더 이상 내가 없더라도 개성이나 돌발적인 일들에 구애받지 않고 명맥을 지킬 수 있다니"[46]라며 기뻐 어쩔 줄 몰라 했다. 분파 안의 분파로서 그다음 해 '위원회'라는 이름으로 결성된 이 모임에는 존스, 랑크, 페렌치, 아브라함, 막스 아이팅곤, 한스 작스가 참여했다. 설립을 기념하여 프로이트는 사람들에게 그의 수집품에서 고른 그리스 음각 무늬가 새겨진 반지를 주었다.

융은 여전히 국제 정신분석 협회의 회장이었다. 그래서 1913년 프로이트는 아브라함에게 자신을 정치적 불구자로 묘사했다. 8월 국제 정신분석 협회는 뮌헨에서 모임을 가졌으나 잠복된 분규의 결과로 거의 해체되어버렸다. 어쨌든 그 이후로 프로이트는 "감정적 동기로 어떤 자리라도 잃지" 않기 위해 조심했다. 가장 가까운 너댓 명 정도의 사람들에게 조언을 듣겠다는 열의를 설명하며 프로이트는 "융에게 속은 이후 자신의 정치적 판단에 대한 자신감을 크게 상실했다"[47]고 말했다. 10월 융이 『연감』에서의 직책을 사임하자 프로이트는 술책이 아닐까 의심하여 그가 관리하고 있던 학회들을 협회에서 축출할 것을 고려했다. 존스는 미국인들이 프로이트의 행동을 이해하지 못할 것임을 지적하며 말렸다. 1914년 4월 마침내 융은 예상했던 대로 대부분의 스위스 분석가들을 이끌고 돌연 협회에서 물러났다.[48] 프로이트는 알지 못했지만 분열이 일어나자 융은 정신적으로 타격을 입었다. 제1차 세계대전이 시작되고서야 그는 자신의 우울이 다가올 세계적 재앙에 대한 예견 때문이었다고 둘러대며 회복하기 시작했다. 한편 프로이트는 기뻐 어쩔 줄 몰라 하며 아브라함에게 말했다. "마침내 제거했군. 악랄하면서 거룩한 융과 그의 독실한 앵무새들을."[49)

위원회는 여러 양상을 통해 1920년대까지 정신분석운동 안에서 카리스마적 권위의 아이콘 역할을 했다. 그런 다음 그것은 일련의 기구들과 프로이트를 중심으로 모인 비공식 그룹들에 의해 계승되었다. 이것 가운데 가장 중요한 것은 모든 분석가들의 *통과의례rite de passage*인 분석 훈련이었다. 모든 정신분석 문헌은 정중하게 프로이트가 1909년 막스 아이팅곤과 함께 한 산책을 첫번째 분석 훈련으로 꼽았다(지금도 그렇다).[50) 계승되는 분석 훈련을 통해 각 후계 세대는 첫 창립 세대가 프로이트에 대해 경험했던 전이를 다시 체험했다. 그 모든 변화의 과정에서 정신분석은 전문적인 외양과 프로이트에 대한 은밀하고 몽환적이고 양가적인 사랑 사이에서 분열된 채로 머물러 있었다.

아이러닉하게도 프로이트가 오이디푸스 콤플렉스 개념을 명확히 설명하던 바로 그때(1912) 아버지의 권위는 법, 경제 관계, 정부에 반영된 새로운 사회 조직 체계로 대체되고 있었다. 당시 사람들은 사람 관리가 사물 관리로 대체되었다고 말했지만 통제의 중심이 과학, 기술, 관료 제도로 옮아 갔다고 말하는 것이 더 정확할 것이다. '도라'에 뒤이은 사례 연구들의 설정조차도 새로운 관리, 경영 환경의 중요성을 시사했다. '쥐 인간'은 육군 장교였다. 슈레버는 정신병원에서 벗

남성모임 혹은 '위원회' 1922년(왼쪽에서 오른쪽으로 선 사람: 랑크, 아브라함, 아이팅곤, 존스. 앉은 사람: 프로이트, 페렌치, 작스)

어나려 애썼다. 도라가 빅토리아 풍의 가정으로부터 도피하는 것이라면 란처와 슈레버는 대중과 관료주의적 조직으로부터 도망치는 것이었다. 이러한 조직들은 외적 구속이 아니라 내면화된 자기 통제에 의존하는 것이었다.

이 같은 이동은 프로이트가 전쟁 전에 쓴 글들의 위력과 한계를 함께 설명해준다. 거세하는 아버지라는 유령 같은 이미지는 20세기 초 대중민주주의에 대해 고대 플라톤의 동굴이나 중세 말 단테의 지옥과 유사한 역할을 했다. 과거이긴 해도 아직도 어떻게든 현존하는 과거를 환기시키는 그 이미지는 사람들의 상상력을 사로잡았다. 레이먼드 윌리엄스Raymond Williams의 표현에 따르면 '거세하는 아버지'는 선행한 역사적 시대로부터 이월된 '잔재적 이마고residual imago'였다. 프로이트는 이 아버지의 이미지를 그것이 사회 조직 안에서 기반을 상실해 갈 무렵에 발견한 것이었다. 이러한 상황에서 정신분석은 그 이론을 새로운 민주주의적 환경에 적응시켜야 했다. 이 작업에 있어 젠더만큼 결정적인 이슈는 없었다.

정신분석이 여전히 권위의 선線이 아버지에서 아들로 이어지는 환경에서 태어났음에 비해 새로이 출현한 대량 생산과 대량 소비의 사회는 혼성 세계였다. 앞으로 보게 되겠지만 '모더니티'는 남성과 여성 사이를 직장에서는 동료 관계로, 가정에서는 친밀성의 관계로 조성하게 된다. 아이를 키우는 새로운 방식이 목표하는 바도 남녀 아이들에게 다른 성과 일찍부터 깊은 친근감을 갖도록 만드는 것이었다. 남녀공학은 새로운 표준이 되었다. 의상 코드도 남녀 동형의 중간점에 가깝게 이동했다. 직장이 개인적, 사회적 작업과 심리적 조정을 포함할 정도로 확장되자 여성들이 앞장서서 치료법들을 개발했고 이는 대립되는 성에 대한 더욱 깊은 이해를 발전시켰다. 무엇보다도 프로이트의 작업들이 보여주듯 어느 누구도 단순히 한 남자, 한 여자가 아니었다. 자기에 대한 앎은 양성 모두에 대한 이해를 필요로 했다. 정신분석에 있어 거세라든가 동성애, 성차 등의 개념이 남자들만의 논의 대상이 될 수는 없었다.[51] 남성모임으로만 머물러 있는 한 정신분석은 그것에 힘을 부여해준 가족의 변화를 결코 포착할 수 없었을 터였다. 따라서 여성들이 분석가의 반열에 진입한 것은 정신분석의 역사상 단 하나의 결정적인 중심 이동이었다.

그러나 그 시작은 순조롭지 않았다. 여성이 빈 의과대학에 입학할 수 있게 된 지 10년 후인 1907년 빈 정신분석 학회에서는 여전히 여성이 의술을 시술할 수 있느냐라는 능력 문제를 두고 설전 중이었다. 여성이 교육을 받으려는 소망의 배후에 놓여 있는 동기는 성적 억압이라 주장한 프리츠 비텔스의 논문 「여성 의사Female Physicians」에 대한 반응들이 정신분석계의 알력을 일으켰다. 사회주의자 파울 페데른은 "일의 중요성과 일을 통해 삶에 의미를 부여하려는 생각은 공부하려는 여성들의 소망을 평가하는 데 반드시 고려되어야 한다"고 주장했다. 그러나 그는 "여성(의사)이 공공연하게 남성 성기를 주무르게 하는 일은 허락할 수 없다"는 데 비텔스와 의견을 같이했다. 막스 그라프는 여성 의사가 "유능한 의사에게 필수적으로 중요한 개인적 영향력인 암시 능력"을 결여하고 있다고 주장했다. 이 같은 사제 근성을 지니지 않은 남자 의사는 한 명도 없었다. 프로이트는 비텔스의 논문에 대해 "공정한 감각이 결여되어" 있고 억압된 섹슈얼리티와 승화를 구분하는 데 실패했다고 지적하면서 때로 멍청한 그에게 아이러닉한 태도를 취했다. 그러나 프로이트 역시 과연 여성들이 증대되는 교육의 기회를 누릴 수 있을까 하는 문제에 대해 회의적이었다.[52]

그러나 몇 년 지나지 않아 여성들이 분석을 시행하기 시작했다. 첫 번째 활동적인 여성 분석가는 루돌프 힐퍼딩Rudolph Hilferding(『금융자본Financial Capital』의 저자. 레닌Vladimir Ilich Lenine은 이 책을 그의 『제국주의Imperialism』에서 거론했다)의 부인인 마르가레테 힐퍼딩 박사Dr. Margarete Hilferding였다. 마르가레테 힐퍼딩은 1910년 빈 정신분석 학회에 입회를 신청했다. 이 사안에 대한 많은 토론을 거친 후에야 그녀에게 입회 허락이 내려졌다. 프로이트와 아들러는 그녀 편에서 발언했고, 투표 결과는 찬성 열둘에 반대 둘이었다. 힐퍼딩은 프로이트와 아들러가 불화하던 1911년 아들러가 물러날 때까지 적극적인 역할을 했다. 학회의 회의록에는 세 차례에 걸친 그녀의 발언이 기록되어 있다. 청녹색에 대한 아이들의 심리적 공포에 관한 토론에서 그녀는 구리 성분이 노동자 계급의 식기에 흔히 사용되기 때문에 이 공포에는 현실적, 사회적(다시 말해 심리적 차원에서 발생한 것이 아닌) 이유가 있다고 지적했다. 그녀의 두번째 발언은 여성의 자위의 복잡성에 대한 최초의 공개적 토론에서 이루어졌을 것이다. 세번째 것은 아이들에 대한 어머니의 양가성에 대한 강연이었다.[53]

힐퍼딩은 그랬다 치더라도 정신분석에서 여성은 여전히 대부분 남성의 성적 관심의 대상으로 그려졌다. 아버지의 권위에 남성들이 무의식적으로 복종하는 것에 대한 프로이트의 초기 분석의 대부분의 주안점은 남성의 성관계에 대한 금지들을 분석하고자 하는 것이었다. 그러므로 성차가 전면으로 부각되는 것은 특히 전이에 대한 연구에서였다. 실제로 초기 분석가들의 상당수는 여성 환자들과 연루되었다. 특히 그로스와 슈테켈은 여러 명과 연루되었다. 존스는 영국과 캐나다 두 곳에서 환자에 대한 성폭행(한 번은 어린아이였다)으로 고발당했고 협박에 못 이겨 돈을 지불하기도 했다. 융은 부르크횔츨리에서 자기가 주치의였던 동안 알게 된, 당시 정신분열증 환자였던 사비나 슈피엘라인Sabina Spielrein과 연애에 빠졌다. 페렌치는 수년 동안 두 환자와 관계하고 있었다. 나중에 결혼하게 되는 지젤라 팔로스Gizella Pálos와 그녀의 딸 엘마Elma가 그들이었다. 그는 프로이트에게 편지로 "직업 활동과 사랑을 같은 방에서 하는 건 적당하지 못하다는 생각이 듭니다. 후각이 예민한 사람이라면 거기서 무슨 일이 있었는지 알아챌 수 있을 테니까요."라고 밝혔다.[54]

처음에는 이 같은 관계들이 여자 교환이라는 고전적 시나리오를 닮아 있었다. 그래서 프로이트는 페렌치의 요청에 따라 엘마 팔로스Elma Pálos를 분석하기도 했다. 페렌치는 프로이트의 제안에 따라 존스를 분석했다. 프로이트는 존스의 요청에 존스의 애인인 로우 칸Loe Kann을 분석했다. 존스는 처음에는 프로이트에게 고마워했다. "저는 전보다 그녀 앞에서 덜 굽실거리게 되었습니다. 그리고 결국 어떤 여자도 남자에게 이것을 단호하게 요구하지는 못할 겁니다. 친구 아들러가 뭐라 하건 말입니다."[55] 그러나 고전적인 *남성모임*과는 반대로 남녀 사이에서는 충실성이 생겨났다. 그래서 로우 칸에 대한 프로이트의 분석 때문에 결국 그녀와 존스는 갈라졌고 결과적으로 프로이트와 존스의 관계는 더 깊어졌다. 프로이트 또한 자신의 반응에 놀란 융을 다독이는 것과 동시에 슈피엘라인과 아버지 같은 좋은 관계를 맺을 수 있었다. 그러나 프로이트는 융에게 충고했다. "이러한 경험들은 우리가 필요로 하는 낯두꺼움을 발달시키는 데 도움이 될 것이고 우리에게 언제나 문제가 되는 '교차전이countertransference'를 다스릴 수 있게 해줄 걸세. [……] 이 여인들이 자신들의 목표를 성취할 때까지, 상상할 수 있는 모든 정신적 완벽함으로 어떻게든 우리를 매혹한다는 것이야말로 자연의 가장 위대한 볼 만한 것 가운데 하나라네."[56]

진정한 혼성 분석 집단이 부재하는 동안 분석적 사고는 일면적인 채로 머물러 있었다. 그러나 여성들이 대규모로 그들의 반열에 진입하기 전에는 거의 전적으로 남성만의 공동체였던 분석가들은 양성 간의 차이를 통합할 수 있도록 정신분석 이론을 새로이 가다듬기 위해 분투하고 있었다. 1909년 카를 아브라함은 프로이트에게 정말 아버지가 심리적 발달에 있어 항상 현저한 영향력을 지니고 있다고 확신하느냐고 물었다. 어떤 분석에서 아브라함은 어머니가 관건적 역할을 한다고 말하기도 했다. 다른 데에서는 또 아버지가 그렇다고도 했다. 그것은 개인적 환경에 달린 것처럼 보였다. 프로이트는 동의했다. "이제까지 나는 사람에게 부모 중 같은 성을 가진 쪽이 더 중요하다고 생각해 왔네만 이제는 더 많은 개인적 다양성을 받아들인다네."[57]

양성을 포함하는 세계관으로의 경과는 에고 이론의 시작과 마찬가지로 나르시시즘 이론의 정립과 함께 시작되었다. 1909년 초 프로이트는 나르시시즘 개념을 사실상 남성 동성애의 동의어로 사용했지만 아들러 및 융과의 갈등의 정도가 완화되자 그 개념을 여성 섹슈얼리티에도 적용하기 시작했다. 두 건의 새로운 여성 관계가 그 촉매 역할을 했다. 하나는 앞서 말했던 엘마 팔로스와의 관계였다. 프로이트는 그녀를 1912년 분석 때 보았고 페렌치와 (비윤리적으로) 논의했다. 여성의 성 발달에 대한 자신의 최초의 잠정적인 개요를 담은 편지를 페렌치에게 보내면서 프로이트는 그녀의 아버지에 대한 엘마의 실망, 아버지에 대한 그녀의 동일시, 그리고 "아버지에게서 자기가 당한 일을 남에게도 하려고 억지를 쓰는 것"에 대해 밝혔다. 그러나 이제 그는 "적절한 그 어떤 것도 수행하지 않고 억압을 작동시키는" 또 하나의 '표면적 경향Oberströmung'에 주목했다. 그녀의 어머니 이미지와 '진정 여성적'인 것이 연결된, 다시 말해 남성을 향한 이 경향이 분석에 저항적인 것임이 판명되었다. 2주 후 프로이트는 다시 페렌치에게 다음과 같이 써 보냈다. "(엘마와는) 모든 게 막혀버렸는데 나르시시즘 안의 어디쯤에서 막힌 건지 알 것 같네."[58]

곧 프로이트는 나르시시즘과 여성 심리의 연관성을 주장하게 된다. 50대의 러시아 작가로서 1912년 10월부터 1913년 4월까지 빈 정신분석 학회에 출석했던 루 안드레아스-살로메는 이러한 생각의 또 하나

루 안드레아스-살로메: 여성 나르시시즘 이론의 원형(1914)

의 원천이었다. 안드레아스-살로메는 프로이트의 정신분석이 헬렌 슈퇴커Helene Stöcker의 빈 페미니스트 서클과 연결되도록 주선했다. 또한 그녀는 니체, 릴케Rainer Maria Rilke와의 관계를 통해서뿐만 아니라 1910년의 저서 『에로틱Die Erotik』[59]을 통해서도 잘 알려진 유럽의 으뜸가는 '팜므 파탈femme fatale'이었다. 다섯 명의 오빠를 둔 외동딸이었던 안드레아스-살로메는 "가족의 테두리 안에서 남자들과 형제적인 결속으로 개방적이고 믿음직하게 연결되어 있다는 느낌은 내게 너무나도 자명했기 때문에 그러한 느낌이 세상 모든 남자들에게 발산되었다"[60]고 그녀의 회고록에서 회상했다. 안드레아스-살로메는 나르시시즘에 대해서만 쓴 것이 아니었다. 그녀는 프로이트의 1913년 로마 여행 중에 "17일 동안의 달콤한 날들" 동안 쓰인 「나르시시즘 시론」에서 프로이트가 여성적 나르시시즘을 묘사하는 데 모델 역할을 했던 것으로도 알려져 있다.[61]

페렌치에게 보낸 편지에서 프로이트는 이 논문을 "아들러와의 학문적 결산"[62]이라고 불렀다. 이어서 그는 "아들러식 체계에 반영된 인생관은 오직 전적으로 공격적 충동 위에만 수립되어 있다. 거기에 사랑을 위한 여지는 없다"고 말했다. 반대로 나르시시즘 이론은 개인무의식이 리비도적이고 정동적인 관계로 구성되어 있다는 생각에 자리 잡고 있다. 초기의 프로이트가 정신을 자기 보존과 섹슈얼리티 사이의 갈등으로 묘사했음에 비해 이제 그는 "나르시시즘과 에고이즘은 일치한다. '나르시시즘'이라는 용어는 오직 에고이즘이 리비도적 현상이기도 하다는 것을 강조하기 위해 의도된 것"[63]이라 밝히고 있는 것이다. 프로이트는 나르시시즘 혹은 자기애가 섹슈얼리티 발달의 한 단계라고 확신했다. 생애 초기의 성적 목표가 파편적이고 차등적인 데 비해 어린아이가 자기의 사랑의 대상을 찾는 근원인 나르시시즘은 대상 선택을 예고하는 최초의, 그러나 경과적인 종합을 표현하는 것이었다. 그러한 단계가 존재한다는 것을 증명하기 위해 프로이트는 많은 예를 제시했다. 그 예들 중에는 자기에로티즘autoerotism, 편집증paranoia, 과대망상megalomania, 건강염려증hypochondria, 수면, 고통뿐만 아니라 배우, 죄인, 개그맨, 창녀, 예쁜 여자, 그리고 특히 '아기-폐하his majesty, the baby'에게서 현저히 드러나는 자기 만족이 포함되어 있었다. 이 같은 현상들의 차이가 어떤 것이든 일괄적으로 볼 때 그것들은 그 혹은 그녀 자신이 대상인 사랑의 발전에 있어 한 단계를 시사한다고 프로이트는 서술했다.[64]

「나르시시즘 시론」은 전후戰後 세계에서 정신분석의 중심에 놓이게 되는 모더니티의 세 가지 약속 중 첫번째이자 가장 기본적인 자율성에서 시작하여 그것의 복잡화, 급진화라는 프로세스를 개시한 것이었다. 계몽주의에 있어 자율성이란 보편적 이성을 통한 외부적 권위로부터의 해방을 의미하는 것이었음을 상기하자. 반대로 균열의 시기에 자율성은 보다 개인적이고 심리적인 경향을 띠었다. 이러한 이동을 융은 모더니티의 피상성의 표지로 간주했고 아들러는 자율성을 순전히 지위에 대한 불안으로만 보았음에 비해 프로이트의 나르시시즘 이론은 초기의 개인적 삶이 그 안에서 최초로 모습을 드러내는 수동적, 퇴보적, 그리고 유토피아적 성좌를 집중 조명했다. 사랑받아야 할 필요에 대해 강력하게 강조함으로써 그것은 수동적 분투의 중요성을 인정했고, 이에 따라 그 투쟁을 비판적 성찰에 개방했다. '나'를 보다 넓은 무의식적 심리의 장에 위치시켜 문제화한 나르시시즘 이론은 1920년대 정신분석에 의해 개척된 새로운 *개인적* 자율성 개념을 위한 길을 닦아주었다.

이에 더하여 나르시시즘 이론은 심리학의 기반을 '남성적' '여성적' 경향에 두는 것에 대한 반대의 뜻을 확고히 하도록 프로이트를 이끌었다. 앞서 우리는 남자에 대한 프로이트의 마지막 사례 이야기인 '늑대 인간'을 검토하면서 판케예프가 인생의 많은 부분을 여자를 경멸하며 보냈을 때 그의 진짜 감정은 수동적이고 마조히스트적인 것이었다고 프로이트가 주장한 것을 보았다. 그러나 프로이트는 왜 '남성성', 혹은 남성적 항거가 환자에게 그토록 중요한지를 설명할 수는 없었다. 나르시시즘에 대한 시론이 이에 대해 한 가지 설명을 제공했다. 단순히 거세 공포만이 아니라 자신의 나르시시즘을 보존하려는 욕망이 판케예프가 남성성을 고집한 동기였던 것이다. 프로이트는 "에고는 아무런 성적 경향도 지니고 있지 않다. 단지 그 자신의 자기 방어와 나르시시즘의 보존에만 관심을 가지고 있을 뿐이다"[65]라고 결론지었다. 훗날 그는 "남성성은 경험적이고 관습적인 문화적 이상이지 결코 리비도적인 힘이 아니다"[66]라고 덧붙여 말했다. 앞으로 보게 되겠지만 1920년대 정신분석은 젠더의 평등성에 대한 새로운 접근법, 즉 성차를 개별적 개인성에 종속시키는 접근법에 수렴된다.

　마지막으로 나르시시즘 이론은 현대 민주사회에 대한 비판적 접근에 이바지했다. 나르시시즘 단계 동안 사람들은 자아에 대한 이상화된 이미지를 발전시킨다는 것이 프로이트가 주장하는 바였다. 그런데 이 이미지는 "사회적 측면을 아울러 지니고 있다. 그것은 가족, 계급, 국가의 공통 이상인 것이다." 사람이 자기의 이상처럼 자기 앞에 투사하는 것은 그가 그 자신의 이상이었던 시절의 〔……〕 나르시시즘의 대체물에 지나지 않는다.[67] 전이 개념이 위계적 권위에 대한 비판을 내포하고 있듯 나르시시즘 개념은 민주사회에서 발달되는 집단들, 즉 다른 집단과의 이상화된 동일시에 기반을 둔, 다시 말해 같은 지도자를 따르고 같은 국가, 같은 종교에 속하며 같은 성 혹은 성적 지향을 지니고 심지어 대중문화의 맥락에서는 같은 열정을 공유하는 사람들로 이루어진 집단의 정체성 형태에 대한 비판을 내포하는 것이었다. 이러한 집단에서 모든 구성원은 평등하다고 여겨진다. 통제의 방법으로 배제가 종속을 대체하게 되는 것이다. 그러므로 나르시시즘 이론은 제1차 세계대전 이후 창궐한 반유대주의, 대중문화, 파시즘에 대한 정신분석적 비판의 길을 열어준 것이기도 했다.

　논문을 완성한 지 수개월 뒤 프로이트는 안드레아스-살로메에게 나르시시즘에 대한 이론은 언젠가 메타심리학으로 불리게 될 것이라는 편지를 써 보냈다. 이 용어는 후일 프로이트가 정신을 구역(의식, 전의식, 무의식) 대신에 행위자(이드, 에고, 슈퍼에고)로 서술할 때 사용하게 되는 용어이다.[68] 실제로 그 논문은 수정 이론 혹은 구조 이론으로 인도된 생각의 단초가 되었다. 전이와 나르시시즘은 하나는 '사람 사이의 것'으로, 다른 하나는 '정신 내부의 것'으로 다르게 보일 수 있다. 그러나 프로이트가 보기에 그것들은 내적으로 연관되어 있는 것이었다. 전이는 아버지의 모습에 대한 무의식적 밀착이었고 나르시시즘은 "자신에 대한 리비도적 카텍시스"였다. 그러나 나르시시즘 역시 부모와의 동일시identification, 특히 프로이트가 추후에 썼듯 부모의 이상화된 자기-이미지와의 동일시를 통해 발전하는 것이었다. 따라서 한편으로 나르시시즘 이론을 통해 동일시가 자아 발달의 근본적 수단임을 알 수 있었다면 다른 한편으로 그것은 대상 관계적 관점에 더욱 힘을 실어준 것이었다. 시론을 쓰고 나서 1년 후 프로이트는 아브라함의 원고에 대해 "무의식적 대상 카텍시스"[69]를 충분히 부각시키지 않은 채 본능(사디즘과 항문 에로티즘)을 강조했다고 비판했다. 「애도와 우울 Mourning and Melancholia」(1915)에서 그는 사랑하는 대상의 상실이나 포기로부터 에고가 구축되는 과정을 암시하며 애도를 "자아 위로 떨어진 대상의 그림자"라는 표현으로 묘사했다. 이 같은 표현은 훗날 프로이트의 수정을 예고한다.

프로이트는 「나르시시즘 시론」을 의기양양한 상태에서 썼다. 그러나 곧 제1차 세계대전이 터졌다. 독일군의 운명을 매일매일 신문으로 추적하면서 프로이트는 처음에는 마치 그가 소년이었을 때 벌어졌던 보불전쟁 때 느꼈던 것과 같은 기분에 사로잡혔다. 그러나 1914년

12월 그는 페렌치에게 자신이 '원시적 참호'[70]에 살고 있는 것 같다고 묘사했다.[71] "융과 아들러가 (정신분석)운동에서 손대지 않고 남겨둔 것이 이제 국가 간의 분쟁 와중에 소멸되고 있는 중"이라고 존스에게 썼다. 같은 달 그는 안드레아스-살로메에게 이렇게 썼다. "나와 내 동시대인들은 다시는 즐거운 세상을 보지 못할 거요. 〔……〕 가장 슬픈 일은 그것이 우리가 상상했던 정신분석의 기대에서 온 것처럼 출현했다는 것이요."[72] 꿈에서 그는 전선에 있는 아들을 보았다. "그의 얼굴인지 이마인지는 붕대로 감겨져 있었다."[73] 1917년 그는 삼국협상*과 사국동맹** 사이의 투쟁에서 자신은 중립이라고 선언했다. 그에게 조금이라도 기쁨을 선사했던 유일한 것은 "예루살렘 점령과 선민을 대상으로 한 영국의 실험"[74]이었다. 「애도와 우울」을 쓴 것 외에 프로이트는 제1차 세계대전으로 주어진 여가를 이용해 몇 편의 형이상학적 논문을 썼다. 나중에 그는 그것들 대부분을 파기해버렸다. 「전쟁에서의 시간과 죽음에 대한 사유」라는 제목의 아무렇게나 쓴 노트에서 그는 세계적 규모의 비합리성 앞에서의 혼미함을 표현했다. 그는 전쟁이 정신분석이 해줄 수 있는 것보다 더 많은 설명을 요구한다는 것에 수긍했다.

당시 명칭대로 대전쟁Great War은 이성에 대한 19세기의 자유주의적 꿈, 빌둥bildung, 쇼르스케가 아테나 상을 통해 환기시켰던 내적 발전의 종말을 재촉했다. 모든 서구인들에게는 개인에게와 마찬가지로 문명에도 병원病源성 요소가 내재되어 있다는 것이 감지되었고 그리하

---

* 제1차 세계대전 당시 프랑스, 영국, 러시아 세 나라 사이의 동맹 관계.
** 제1차 세계대전 당시 독일, 오스트리아, 헝가리, 이탈리아 네 나라 사이의 동맹 관계.

프로이트의 서재

여 인간 정신에 대한 새로운 이해가 필요하게 되었다. 전쟁 전날 밤 스트라빈스키Igor Stravinsky의 「봄의 제전Rites of Spring」은 파리에서 폭동을 유발했다. 1916년, 격렬한 2년간의 전쟁 후 첫 다다dada 퍼포먼스가 취리히의 카페 볼테르에서 열렸다. 그것은 쾅쾅거리는 소리나 사이렌 소리 같은 배경음과 함께 세 개의 목소리가 동시에 말하고 노래하고 속삭이는 대위법적 레치타티보였다. 후고 발Hugo Ball은 나중에 이렇게 적었다. "인간의 소리는 악마적 안내자를 동반하고 방랑하는 영혼, 개인성을 나타낸다. 소음은 배경을 제공한다. 명확하지 않고 운명적이고 결정적인 [……] 그 속도와 소리를 도저히 피할 수 없는 위협하고 옭죄고 파괴하는, 세계."75) 같은 해, 끝날 것 같지 않아 보이는 솜 전투는 서구 문명의 파괴와 마비의 상징처럼 여겨지게 되었다. 진정한 문화적 파열이 그 모습을 드러내기 시작했고, 그 가운데 정신분석이 있게 될 것이었다.

2부

포드주의, 프로이트주의, 모더니티의 세 가지 약속

제5장 세계대전과 볼셰비키 혁명

> 말이 끄는 열차를 타고 학교에 갔던 세대는 이제 구름
> 외에 변하지 않은 것이라곤 아무것도 없는 벌판의 텅 빈
> 하늘 아래 서 있다. 이 구름 아래 급류와 폭발의 힘에 모
> 든 것이 파괴된 들판에 있는 것이라곤 연약하고 왜소한
> 사람의 몸이었다.
>
> ─발터 벤야민, 『성찰』

　세계대전은 최초의 전면전이었다. 유럽이 중심이었지만 규모에 있
어서는 전세계적이었다. 전투는 벌판에서뿐만 아니라 시가지에서도
벌어졌다. 시민들이 군인들과 함께 죽어나갔다. 여자들도 남자들과
나란히 참전했다. 식민지인들은 자신들의 지배자와 함께 싸웠다. 땅
뿐만 아니라 하늘과 바다도 피로 물들었다. 오래된 제국들의 해체와
함께 식민지와 시장을 둘러싼 제국주의자들의 분쟁으로 촉발된 전쟁
의 갈등은 정신분석에 운명적인 영향을 미치며 전간기戰間期 내내 지속
되었다.

　전쟁 기간 동안 서구 문명은 죽었다가 다시 살아났다. 더 이상 아무
도 그 문명 아래 잠복된 분노에 의심을 품지 않았다. 5년 동안의 싸움
에서 천만 명이 죽거나 불구가 되었다. 연간으로 치면 이백만 명, 하루
에는 육천 명이었다. 1916년 솜 전투는 넉 달 동안 오십만 명의 사상자
를 냈다. 열 달 동안의 베르됭 전투에서는 칠십만 명이었다. 아직 대량

제1차 세계대전 동안의 참호전

학살에 익숙지 않았던 시대에 그러한 파괴는 이해 불가능이었다. 그 시대 사람들을 압도했던 것은 전례 없는 규모의 재앙이기보다 참호로 상징되는 방어전의 교착 상태였다. 그 결과 지리적인만큼이나 심리적이기도 한 새로운 풍경이 생겨났다. 동굴, 지뢰, 산 채로 파묻히는 것에 대한 두려움, 귀먹게 만드는 굉음과 진동, 한시도 방심할 수 없는 독가스, 방향 감각 상실, 파열, 시각적 단서의 결핍, 낮과 밤의 구분이 사라지는 것, 적과의 동일시, 의식의 협착화. 교착 상태는 도주의 새로운 이미지도 불러왔다. 비행사, 부상자와 꽃을 동일시하기, 하늘에 대한 강박적 집착.

전쟁은 19세기 자유주의적 세계관을 박살냈을 뿐 아니라 그것에 입각해 살아왔던 사람들의 정체성마저 변화시켰다. 어느 병사는 "어느 누구도 다른 사람이 되지 않고 이 전쟁에서 벗어날 수는 없다"고 썼다. 귀환한 어느 누구라도 "모든 면에서 다른 사람이 될"[1] 것이었다. 1914년 참전하는 브라크Georges Braque를 배웅해주었던 피카소Pablo Picasso는 "우리는 다시는 서로 만나지 못했다"고 말했다. 그 후 서로 너무 다른 사람이 되었다는 의미였다. 프랑스의 예술평론가 카미유 모클레르Camille Mauclair에게 전쟁은 "어제의 이상과 오늘의 이상 사이에 참호를 파놓았다. 우리는 모두 엄청난 충격으로 인해 밖으로 내던져졌다."[2] 영국 병사 피터 맥그리거Peter McGregor는 자기 부인에게 이렇게 썼다. "난 괜찮아 — 여느 때와 똑같이 — 아니야 — 그럴 수는 없어." 프랑스 보병 마르크 보아송Marc Boasson은 그의 아내에게 "나는 끔찍할 정도로 변했다오. 나는 전쟁이 내 안에 만들어놓은 끔찍한 권태에 대해 말하고 싶지 않았소. 그러나 당신이 재촉하는구려. 나는 으스러졌고 쪼그라들었다오"[3]라고 시인했다.

전쟁은 또 여성들의 정체성도 바꿔놓았다. 국내의 전선에는 생생하고 상세한 강간과 폭행 기사가 정기적으로 신문 기사란을 채웠다. 여성참정권이 전쟁의 목표가 되었다.[4] 1915년 베라 브리튼Vera Brittain이 전선에서 간호를 시작했을 때 그녀는 "한 번도 성인 남자의 나체를 본 적이 없었다." 그러나 계속 그들의 "깡마른 근육질의 몸을 만지다 보니" 그녀는 육체적 사랑에 눈뜨기만 한 것이 아니라 "남자들이 가장 폭력적인 본능을 다스리지 못하는 미개하고 파괴적인 종족이 아니라 자신의 통제 영역 너머에 있는 환경으로부터 상처 받은 고통스럽고 연약하고 아프고 어린애 같은 희생자임을 알게 되었다."[5] 에른스트 융거Ernst Jünger는 "전쟁은 우리 모두의 아버지"라고 간단히 요약해 말했다. 전쟁이 끝나자 그는 "이 전쟁에서 벗어나는 것처럼 크고 어두운 문에서 빛으로 나아가는 발걸음을 내디뎌본 세대는 일찍이 없었다"[6]고 언급했다.

전쟁은 1920년대를 구획한 정신분석의 유행을 촉발시켰지만 그 기반은 이미 2차 산업혁명에 의해 마련된 것이었다. 19세기 유럽에 있어 개인의 정체성에 대한 감각은 계급 소속감에 뿌리내리고 있었다. 귀족 계급에 있어 계급과 가족 관계는 일치했다. 부르주아 계급에 있어 정체성은 "개인적 노력(문화, 도덕적 대의), 가족적 노력(이익, 유산), 사회적 노력(예의범절, 개인적 미덕), 정치적 노력(권위, 유능함)" 등의 윤리적 이상에 상응하는 것이었다.[7] 그리고 노동자 계급에 있어 정체성은 일터와 여가 중심적, 가족 중심적, 공동체 중심적 활동을 표방하는 사회민주주의 정당으로부터 비롯되는 것이었다. 모든 경우에 있어 계급은 이해관계의 조합이라기보다 삶의 방식으로서의 의미를 함축했다. 이 모든 것이 전쟁의 발발과 더불어 변한 것이었다. 전쟁으로 인해 유럽 국가들은 경제를 합리화하고 계획을 도입하고 노사 양측의 요구 사이에서 균형을 맞추려 애썼다. 자유방임주의가 협동주의에 자리를 양보한 것이었다. 점차로 남·여성들은 그들 자신을 도덕적 정체성을 지닌 계급의 일원으로서가 아니라 이해관계를 지닌 사람으로 보게 되었다. 그러나 이해관계는 계급이 지녔던 것과 같은 방식으로 정체성을 고정시켜놓을 수는 없었다. 그 결과 새로운 형태의 개인적 자아의식이 계급에 기초한 정체성을 대신하게 되었다.

전쟁은 또한 어린 시절의 뿌리에 놓인 허약하다는 느낌을 명확히 드러냈다. 정신분석의 중심에는 이 허약함의 느낌이 있었고 이것이 개인적 삶의 우연성과 연결되었다. 정신분석은 프로이트가 가족 생활의 가장 어둡고 가장 사적이며 가장 이른 시기의 근원까지 소급하여 추적한 위험, 즉 본능에 주목했다. 전쟁의 폭력, 그리고 그 폭력과 연결된 전면적 위기에 대한 감각은 그 역사가 정신분석의 역사와 얽히게 되는 두 개의 비합리적 정치 성향을 생성시켰다. 첫번째 것은 볼세비즘으로 그것은 마치 정신분석이 개인적인 것의 우위를 주장하듯 역사와 집단적 실천의 우위를 주장했다. 또 다른 하나는 파시즘으로서 그것은 노동자로서의 개인이 아니라 소비자, 저금통장의 소유자 혹은 국민이라는 청중의 일원으로서의 개인에게 호소했다. 파시즘은 현대 사회에서의 폭력의 역할을 상기시키는 데 이바지했을 뿐 아니라 대중의 반유대주의와 결합하여 유럽 대륙의 정신분석을 파괴로 이끌어갔다.

전쟁이 끝나자 정신분석은 결정적으로 '모더니티' '빛'과 얽히게 되었다. 에른스트 융거는 젊은 세대들이 이제 이 안으로 발걸음을 내딛고 있다고 말했다. 1920년대 초 어디서나 볼 수 있었던 '모더니티'라는 용어는 예술적 모더니즘보다 한참 멀리 간 것이었다. 개인적 삶의 괄목할 만한 확장과 연결된 1920년대의 모더니티는 특히 젊은이들 사이에 우연성의 수용과 주체성에 대한 새로운 윤리적 자각을 야기했다. 자기 자신을 마주하는 용기와 정직성이 높이 칭송되었다. 위선만큼 경멸받는 것은 달리 없었다. 이러한 태도는 종종 탈정치적apolitical으로 보였다. 중요한 것은 개인적인 것이었지 계급, 인종, 성별이 아니었다. 그러나 이것은 정치에 깊은 영향을 끼쳤다. W. E. B. 뒤부아Dubois가 부커 T. 워싱턴Booker T. Washington을 비판한 것처럼 "진실과 정의로 가는 길은 총체적 정직성이지 지각 없는 아첨이 아니다." 분석 정신의 지배적인 어조는 반낭만적이었다. 전쟁 이후 '영예' '영광' 따위의 어휘들은 외설적인 것이 되었다는 것이 헤밍웨이Ernest

Hemingway의 관찰이었다. 이제부터는 "구체적인 마을 이름, 도로 번호, 강 이름 같은 것"[8]이 예술가들에게 적합한 주제가 될 것이었다. 그렇다 해도 예술가들은 여전히 개인적 삶의 본보기로 머물러 있었다. 프루스트Marcel Proust는 지나치게 사회적으로 여겨진 그의 첫 소설 『장상퇴이유Jean Santeuil』를 다시 쓰면서 일기에 이렇게 적었다. "나는 나의 뇌가 엄청나게 방대하고 다양한 값진 광맥들이 뻗어 있는, 파내야 할 너른 분지와 같다는 것을 매우 잘 알고 있었다. 그러나 나한테 그걸 할 만한 시간이 있을까? 나는 그걸 할 수 있는 단 한 사람이었다."[9]

많은 사람들에게 프로이트주의는 개인적 삶의 새로운, 모더니스트적 윤리를 상징했다. 분명 프로이트는 다음과 같은 발언을 통해 시대정신을 전형적으로 보여주는 것처럼 여겨졌다. "진실을 향해 자신의 내적 저항을 극복할 수 있는 모든 사람들은 나의 추종자가 되기를 원할 것이고 사유의 무기력함의 마지막 흔적을 내던질 것이다."[10] 정신분석은 그 분파적 굴레를 벗어던지고 정신의학과 광고와 영화에 영향력을 행사하는 직업이자 사회 조직의 버팀목이 되었다. 동시에 그 내적 생활, 분석의 실행 방식도 변했다. 거의 환호작약했던 무의식의 발견에서 관심은 저항, 죽음 본능, 죄의식으로 이동했다. 이에 따라 함몰과 주변성의 변증법은 새로운 양상을 띠게 되었다.

세계대전은 근대에 내재해 있던 잠재적 재앙의 가능성이 처음 노출된 사건이었다. 그 위험에 대비하는 과정에서 예술과 정치사상과 시민사회에 있어서의 인간 심리에 대한 깊은 숙고가 이루어졌다. 이 재사유에 있어 정신분석의 중요성은 '전쟁 신경증'이 등장함으로써 처음으로 분명해졌다. 전쟁 신경증은 낡은 전사戰士 윤리의 몰락, 성과 젠더 역할에 있어서의 혁명적 변화, 사람들이 대거 심리적 사고로 쏠리리라는 것을 알렸다.

1915년 '포탄 쇼크*Granatschock*(전쟁으로 인해 너무 파괴되어 제구실을 할 수 없게 된 사람들의 체험)'라는 용어가 널리 퍼져 많은 사람들의 관심을 끌게 되었다.[11] 쇼크로 인해 고통받는 사람들의 수가 수개월 내에 양 진영에서 수십만 명으로 집계되었다. 용어가 암시하듯 '포탄 쇼크'는 초반에는 폭발로 인해 초래된 신경계의 장애로 설명되었지만 사례가 증가하자 이 가설은 흔들리기 시작했다.[12] 1915년 함부르크에서 열린 의학 총회에서 포탄 쇼크의 증상을 최면술로 제거하는 데 성공했다. 그해 말까지 전투 지역에서 부상을 입은 영국군 부상병 중 40퍼센트는 심인성心因性이라는 진단을 받았다.[13] 그런데도 많은 군 정신의학자들은 포탄 쇼크를 심리적 문제로 다루기를 거부했다. 그들은 포탄 쇼크를 그들의 선임자가 히스테리를 대했던 방식 그대로 취급하면서 그것을 의지박약의 문제나 질환으로 서술했다. 그러고는 그 유효성을 깎아내리기 위해 '식탐 신경증greed neurosis' '연금 투쟁 신경증pension-struggle neurosis'과 같은 용어들을 도입했다. 그들은 전기 충격 요법이나 나체 요법이 "개인들의 활동을 전례 없이 증대시키게 될 것"[14]이라 예언했다.

포탄 쇼크는 전쟁으로 촉발된 심리적 대파괴를 알리는 것이었다. 낡은 정신의학은 이 대파괴를 이해할 수 없었다. 한 병사의 기록은 이러했다. "누구든 우리 보병대만큼 참호에 오래 있다 보면 〔……〕 적어도 많은 것들에 대한 감각을 잃었을 것임이 틀림없다. 너무나 많은 끔찍한 일들, 너무나 많은 믿을 수 없는 일들이 우리 불쌍한 녀석들에게 쏟아졌다 〔……〕 우리들의 불쌍한 작은 뇌는 그것들 모두를 담을 수

포탄 쇼크와 치료: 이전과 이후(1919)

없다."[15] 프로이트의 젊은 독일인 학생인 에른스트 짐멜Ernst Simmel은 "유혈이 낭자한 전쟁만이 그런 엄청난 파괴의 흔적을 남기는 것이 아니다. [……] 그것은 또한 퍼스낼리티가 자기를 찾는 힘든 투쟁이다. [……] 개인적 체험 안에 있는 모든 것이 너무 강하고 너무 무서워 의식으로 그것을 포착할 수도 없고 그렇다고 여과되어 무의식의 수준으로 가라앉지도 않는다. 그것은 지뢰처럼 거기에 놓여 있다. 폭발을 기다리며"[16]라고 썼다. 마지노선 너머에서는 프랑스 의학도인 앙드레 브르통André Breton이 한층 더 풍요로운 직관을 품었다. 전쟁은 가짜이고 부상자는 분장을 한 것이며 시체는 의과대학에서 빌려온 것이라고 믿는 트라우마에 사로잡힌 병사를 치료하면서 그는 자신이 초현실주의라 부르게 되는 것을 수립해나가기 시작했다.[17]

정신분석계에서는 상황이 무르익었다. 심리학적 차원을 온전히 수용했기에 정신분석은 낡은 정신치료에 비해 인도적이고 비강압적인 대안으로 출현할 수 있었다. 프로이트의 측근들 모두는 포탄 쇼크 희생자들과 긴밀히 연관되었다. 아브라함은 동부 전선에서 정신치료 사례를 위한 정보 센터를 지휘했다. 페렌치는 부다페스트의 군병원에서 정신치료과를 지휘했다. 에른스트 짐멜은 포젠에 있는 야전병원 정신과의 책임을 맡고 있었다. 빅토르 타우스크는 루블린의 군사재판소에서 정신치료 전문가로 있으면서 탈영병으로 군법회의에 회부된 병사들을 위한 변호사로 활동했다.[18] 아브라함은 그들의 치료 방식을 설명했다. "나는 단순화된 정신분석을 위해 최면술뿐만 아니라 온갖 폭력적인 치료법을 거부했다."[19] 한편 짐멜은 비분석적 정신과 의사들이 "치료를 고문으로 만든다"[20]고 항의했다. 영국 의사 W. H. R. 리버스Rivers는 이렇게 요약했다. "운명은 무의식에 대한 프로이트 이론의 진실을 검증해볼 수 있는, 전에 없던 기회를 우리에게 선사한 것으로 보인다."[21]

정신분석이 환영받은 것은 그 심리학 이론 때문만이 아니었다. 젠더에 대한 독특한 접근법도 마찬가지로 중요했다. 1916년 정신의학자들은 포탄 쇼크가 병사들의 '수동성'이 강화된 것이라는 설명을 선호했다. 리버스에 의하면 포탄 쇼크는 "참호 속의 사람들이 종종 오랜 기간 동안 수동적이고 고립무원의 상태에 있다"[22]는 사실에 근거하고 있는 것이었다. W. H. 맥스웰Maxwell에게 "피폭 당하는 동안 꼼짝 않고 있어야 하는 사람들 사이에 가장 공통된 경험은 고도의 신경 긴장이었다. 정상적인 자기 통제력을 가진 사람에게 이것은 곧 날아오는 포탄 하나하나의 소리를 고도로 집중해서 듣고 얼마나 가까이서 터질지를 계산해보는 일이 된다. 〔……〕 대부분의 사람들은 한두 시간 정도밖에 견디지 못한다."[23] 영국군 장교 또한 포탄 쇼크의 주된 원인이

"꼼짝도 할 수 없는 상황에서 연장되는 위험"이었다고 결론 내렸다. 이러한 설명은 1918년의 독일군 공세 이후 신경증 환자의 발생 정도가 급상승함으로써 정당화되었다.[24]

'수동성'은 말할 것도 없이 여성성의 약호어였다. 당시의 군 정신과 의사들은, 마치 초기의 정신의학자들이 히스테리를 여성성의 실패로 간주했던 것처럼, 포탄 쇼크를 남성성의 실패로 보았다. 솜 전투 기간 동안의 반전론에 분개했던 영국 종군작가 가필드 파월Garfield Powell은 이렇게 썼다. "포탄 쇼크! 이게 무슨 의미인지 그들은 알까? 남자가 약한 어린애처럼 되어 울고 미친 듯 팔을 휘젓고 옆사람에게 매달리며 혼자 남지 않게 해달라고 기도하는 게?"[25] 포드 매덕스 포드Ford Madox Ford의 소설 『행진의 끝Parade's End』에서 맥케치니McKechnie 대위는 "왜 창녀들처럼 울부짖을 수 있는 권리를 가질 수 없단 말인가?"라고 탄식했다. 프로이트가 이미 남성성이 독립적인 심리 요소라는 생각과 절연했음에도 불구하고 분석가들 사이에서는 이 용어가 사용되었다. 1918년 부다페스트 정신분석 학술대회에서 아브라함은 전선의 병사들이 "순전히 수동적인 수행"을 통해 위험을 견뎌야 했음을 지적했다. 그 결과 그들은 고통에 자신을 방기하는 방식으로 "완전히 여성적인 수동성의 특질을 보여주었다. 그들은 신경증을 촉발시킨 상황을 증상을 통해 거듭 반복해서 다시 살면서 타인의 동정을 구하려 애쓴다."[26]

전쟁이 가능했던 이유는 오래되고 귀족주의적인, 남성의 명예에 집중된 전사戰士의 윤리, 자기 희생, 신체적인 힘이 1914년에도 여전히 실행 가능하리라고 여겨졌었다는 이유 오직 그것 하나 때문이었다. 전쟁이 개인적 영웅주의의 문제가 아니라 다수의 비정한 폭력임이 드러나자 낡은 윤리는 받아들일 수 없게 되었다. 포탄 쇼크는 이런 초라해짐의 증상이었다.[27] 아브라함의 진술에도 불구하고 정신분석은 자기 통제와 엄격한 성별 구분에 가치를 부여하는 낡은 윤리의 기둥을 부러뜨리고 새 길을 열었다. 이 엄청난 변화는 소설가 팻 바커Pat Barker가 분석적 방법을 적용하기 시작할 때의 W. H. R. 리버스의 성찰을 재구성한 데에 잘 포착되어 있다.

> 환자들에게 우울이 결코 부끄러운 것이 아니고, 무서움과 두려움은 전쟁의 트라우마에 대한 피할 수 없는 반응이며 그것을 억누르기보다 인정하는 편이 더 낫고 다른 사람에 대한 자애로운 마음은 자연스럽고 올바른 것이며 애도함에 있어 눈물은 얼마든지 용인되고 도움이 되는 부분이라는 것을 깨닫도록 이끌면서 (리버스는) 그들이 받은 교육의 모든 대의大義에 항의했다. 그들은 감정적 억압을 남자다움의 핵심과 동일시하도록 훈련되었던 것이다. 우울해하거나 울거나 공포를 느끼는 걸 인정하는 남자는 계집애 같은 놈, 약골, 실패자이지 *남자*가 아니었다. 그러나 그 자신이 바로 똑같은 시스템의 산물이기도 했다. [……] 어린 환자들에게 억압하려 하지 말고 그들의 전쟁 체험이 필연적으로 일으키는 연민, 두려움을 있는 그대로 *느끼라고* 조언하면서 리버스는 발밑의 땅을 파헤치고 있었다.[28]

흔히 프로이트의 죽음 본능 이론을 세계대전에 대한 반응이라고 평가한다. 이 같은 주장에는 나름 일리가 있지만 통상 의도하는 바와 같이 간단하고 반사적인 것이 아니다. 오히려 포탄 쇼크는 낡은 이론을 처음부터 끝까지 완전히 재수립하지 않을 수 없도록 이끌어간 몇 가지 문제를 제기했다.

우선 신경증을 일으키는 데 있어 외적, 환경적 요인이 우세하다는 것이 분명해졌다. 문제는 병사의 현재 경험이지 어떤 억압된, 유아기적 과거가 아니었다. 이것이 어떻게 무의식 이론으로 설명될 수 있었을까? 그뿐만 아니라 전쟁 신경증은 낡은 억압 모델로는 설명할 수 없었다. 포탄 쇼크의 피해자들은 자신들의 경험을 억압하기는커녕 예컨대 꿈 같은 것을 통해 억지로 *반복*하는 것이었다. 고통스러운 경험의 반복이 어떻게 프로이트의 쾌락원칙, 즉 정신은 현실을 우회하는 것을 포함하는 여하한 방법을 통해서라도 긴장을 해소시킨다는 이론과 조화될 수 있을 것인가?

젠더 의미의 재정립이 무의식을 발견할 수 있게 해준 것처럼 그것은 이론의 수정 또한 가능하게 했다. 포탄 쇼크를 설명하려는 시도를 통해 프로이트는 그 피해자들 모두가 성별에 관계없이 트라우마적 체험을 반복하는 것은 트라우마를 지배하려 하기 때문이라고 추론했다. 포탄 쇼크의 경우 포격을 당한 병사들은 새로운 포격에 대비해 준비를 해야 했기 때문에 포탄이 터지기 이전의 시점으로 거듭 되돌아가곤 했다. 그러나 이 '능동적 역할 선호'는 보다 일반적인 타당성을 지니고 있었다. 에고가 아직 약한 유아기에는 아주 사소한 속상함도 트라우마적일 수 있다. 그래서 프로이트의 손자는 *다/포르트*(*da/fort*, 여기/갔다)를 반복하며 공을 번갈아 꺼냈다 감췄다 하는 놀이를 만들어 어머니에게 버려진 체험을 강박적으로 되풀이했다. 반복의 동기는 괴로움을 이겨내고 싶다는 아이의 소망이었다. 프로이트는 이렇게 기록했다. "처음에 손자는 *수동적* 상황에 있었다. 그는 경험에 압도되었다. 그러나 즐겁지는 않지만 그것을 반복함으로써 그는 능동적 역할을 맡게 되는 것이다."[29]

반복에 대한 프로이트의 예민함은 분석 상황의 어려움에서 비롯된 것이었다. 환자들은 유아기의 트라우마적 원형에 모델을 둔 수동적이고 취약한 입장에 놓이는 것을 두려워했다. 그들은 어릴 적 체험을 기억하기를 거부함으로써 분석에 대한 '저항'을 드러내며 대신에 그 체험을 *반복*하는 것이었다. 반복은 원래의 트라우마를 지배하려는, 이미 일어난 사건을 미리 방지하는 데 목표를 둔 그릇된 시도였다. 프로이트는 세 남자와 결혼한 여자의 예를 들었다. 남자들은 모두 결혼 후 죽었다. 이 경우 반복 충동에는 뭔가 악마적인 것이 있었다. 그러나 그것은 또한 아주 일반적이어서 ─ 예컨대 아이의 놀이에서 본 것처럼 ─ 그 유기적 성격을 암시한다.

후일 프로이트는 "반복 충동은 (그를) 죽음 본능의 경로에 데려다 놓는다"고 썼다.[30] 이러한 말로 그가 전하고자 했던 바는 불쾌한 경험을 반복하려는 충동과 이 경험들의 무의식적 원형을 기억해내기 어려움은 동적 갈등으로 충분히 설명되지 않는다는 그의 확고한 믿음이었다. 오히려 그것은 본능적 삶 자체의 속성 안에 있는 어떤 것, 말하자면 그것의 '수구적' 성격, 에고가 성취하려 애썼던 것을 취소하는 경향을 반영하는 것이었다. 죽음 본능 가설은 이 경향을 설명하기 위한 시도였다. 예전에 쾌락원칙 ─ 정신에서 긴장을 제거하려는 시도 ─ 이라고 했던 것을 이제는 죽음 본능이라 서술하고 있는 것이었다. 그 용어는 해체, 엔트로피, 비유기적 상태로의 귀환이라는 함의를 지니고 있었다. 예전에는 성적, 자기 보존적 본능이라 이해했던 것을 이제는 '삶 본능' 혹은 *에로스eros* 아래 포함시키는 것이었다. 삶 본능에는 죽음과의 내적 연관 때문에 해체를 향한 퇴행적 견인 또한 포함되었다.

트라우마와 반복의 의미를 가로질러 생각하려는 시도로 인해 프로이트는 수정 이론 혹은 구조 이론으로 이끌렸다. 의식과 무의식의 구분 대신 그는 이드, 에고, 슈퍼에고의 구분을 제시했다. 프로이트가 전쟁 기간 동안 그것에 대해 생각하기 시작했을 때 *에고das Ich*는 여전히 나르시시즘의 '나', 충동의 사랑 대상이었다. 그러나 또한 그는 점차 그것을 본능과 외부 세계 사이를 매개하는 정신 안의 행위자로 여기게 되었다. 두 의미 모두에 있어 에고는 그것 외부의 '쇼크'에 의해 위험에 처할 수 있었다. 이 쇼크는 외부에서 오는 것일 수도 있었고 내부의 폭발일 수도 있었다. 비록 이 '내부'가 에고의 바깥이더라도. 전쟁에서 주된 위험이 외적 '쇼크'라면 이에 저항하여 평화시 에고가 그에 맞서 자기를 지켜야 하는 적은 통상적으로 "그 요구가 에고에게 위협적으로 보이는"[31] *에로스* 혹은 리비도라고 프로이트는 설명했다. 예전에 프로이트가 억압된 섹슈얼리티라 서술했던 *불안Angst*을 이제는 쇼크가 오고 있다는 신호로 보았다. 트라우마는 불안의 신호가 실패할 때 발생하는 것이었다.[32] 프로이트는 궁극적으로 트라우마에 초점을 맞추는 것이 심각한 신경증과 통인간적으로 구축되는 강박관념, 특히 편집증을 설명하는 데 도움이 될 것이라고 예견했다.

그러므로 전쟁은 정신분석을 새로운 길 위에 올려놓은 것이었다. 그것은 트라우마와 반복을 성적, 정서적 생활의 핵심에 위치시킴으로써 가정을 '비정한 세계의 안식처'라 보았던 빅토리아 시대의 가정관에 종언을 고했다. 나르시시즘 이론과 더불어 사라졌던 자기 보존이 이제 곧 중심에 되살아날 것이었지만 다른 — 방어적인 — 의미로의 굴절을 겪게 된다. 정신분석의 실행은 무의식에 대한 해석에서 저항의 노출로 자리를 옮기려 하고 있었다. 수동성에 대한 두려움이 하도 커서 여성의 사랑에서도 수동적이고 '여성적'인 요소들은 납득하기 어려운 것으로 나타나게 될 것이었다. 사회민주주의 및 사회 개혁과 쉽게 공존할 수 있는 사상적 경향이었던 정신분석은 파시즘을 이해하려는 시도에 가장 적합한 이론으로 점진적으로 변화해나갔다.

전쟁이 끝난 지 2년 후, 프로이트의 『쾌락원칙 너머*Beyond the Pleasure Principle*』에 대한 신문 서평을 읽은 토마스 만은 그의 일기에 그 책이 "사실상 낭만주의와 같은 것인 성적 상징주의의 약화와 사망(을 포함하는) 낭만주의의 종언"[33]을 알리는 책이라고 썼다. 만의 언급은 정곡을 찌른 것이었다. 낭만주의, 특히 그것의 독일적 변형태는 실제로 자아에 대한 오래된 찬미를 예증하는 것이었다. 만이 언급한 성적 상징주의는 초월의 목표, 전쟁처럼 크고 모든 것을 몰아넣는 사태와 자아의 융합의 목표였다. 토마스 만은 여전히 프로이트의 사상에 대해 양가적이었지만 1920년대 그는 거기에서 20세기 독일에서 부활한 낭만주의라 여긴 것, 즉 이 역시 전쟁의 또 다른 산물이었던 나치즘에 저항하는 보루를 발견하게 된다.

세계대전은 유토피아적 조류를 발원시킨 재앙적 격변이었다. 반대로 볼셰비키 혁명은 재앙을 내포한 유토피아적 격변이었다. 아이러닉하게도 전쟁과 혁명은 서로에게 의존했다. 수년간 유럽의 남·여성들은 승리나 패배에 대한 아무런 전망도 없이 서로 얼굴을 맞대고 상대편을 죽이겠다는 단 하나의 생각만으로 자신의 아들들을 참호로 보냈다.[34] 수년간 그들은 그 아들들이 불꽃처럼 하늘에서 떨어지거나 "어두운 바다의 심연"[35]으로 서서히 가라앉는 것을 보았다. 처음 러시아 혁명의 호소는 레닌이 위기의 깊이를 이해하고 있을 뿐만 아니라 그것에 대해 행동할 수 있는 방법까지 알고 있는 것처럼 보였기 때문에 나온 것이었다. 볼셰비키가 파괴적이기는 했지만 로베르트 무질은 그의 일기에 "우리는 그들이 심연의 바닥을 보았다는 점만은 인정해야 한다"[36]고 적어놓았다.

마르크스주의와 정신분석은 예전에 한 번 마주친 적 — 예컨대 뉘른베르크 학술대회로 가던 때 — 이 있었다. 그러나 볼셰비키 혁명은 새로운 관계의 장이 열리도록 부추겼다. 마르크스주의와 정신분석의 모종의 감춰진 닮은 점 때문이었다. 정신분석처럼 볼셰비즘 역시 2차 산업혁명의 산물이었고 그것의 기술적 선취는 공산주의로의 도약을 가능케 하는 것으로 보였다. 전쟁이 공산주의에 대한 희망을 불어넣었듯 정신분석에도 믿음을 불어넣었다. 깊은 심연의 시기는 또한 두 조류가 처음 접하는 순간이기도 했다. 1917년 볼셰비키가 모스크바의 겨울궁전을 포위했을 때 빈, 프라하뿐만 아니라 독일과 불가리아에서도 봉기가 일어났다. 공산주의는 아주 간단히 권력을 잡았다. 그 결과 1913년 이래 첫번째 정신분석 총회는 쿤 벨라Kun Béla의 공산주의 정부의 초청으로 헝가리 부다페스트에서 1918년 9월 열리게 되었다. 전쟁 신경증 환자들 — 새 헝가리 정부는 이들을 치료할 병원 건립을 계획하고 있었다 — 에 자극받아 헝가리 정부는 새로 지어진 멋진 호텔인 겔레르트 호텔을 총회에 참석하는 분석가들을 위해 할애했고 다뉴브 강을 거슬러 오르는 여행을 위해 특별 증기선을 제공했다.[37]

부다페스트 총회는 전후 정신분석의 역사를 형성한 두 개의 결정을 채택했다. 첫째, '대중적', 다시 말해 국가가 재정 부담을 지는 치료의 준비. 둘째, 모든 분석가들은 분석을 받아야 한다는 요구[38]가 그것이었다. 두 결정 모두가 전쟁으로 촉발된 위기에서 비롯된 것이었다. 첫번째 결정은 정신치료가 권리로 간주되어야 한다는 생각에 기초한 것이었다. 헝가리 공산주의 정부는 병원, 요양소, 제약회사를 국유화했고 어린아이들의 무상 의료 치료를 지원했으며 교사들의 월급을 올리고 처우를 개선했다. 또한 공립학교에 성교육을 도입하고 십자가상을 없앴고 학교에서의 기도를 폐지했다.[39] 그뿐만 아니라 프로이트에게는 정신병원에 대한 국가적 지원을 약속했다. 정신분석 총회에서 국가 부담 치료 정책의 준비에 대한 결정이 통과되자 프로이트는 "가난한 사람들도 이제까지 생명을 구하는 외과의의 도움을 받아온 것과 똑같이 정신치료의 도움을 받을 수 있는 동등한 권리를 지녀야 한다. 신경증은 결핵 못지않게 공중 보건을 위협하고 있다"[40]고 말했다. 같은 시기에 외국에서는 개인적 비용을 감당할 수 없는 환자들을 위한 외래 환자 전용의 분석지향적인 병원, 예컨대 런던의 태비스톡 병원, 뉴욕의 벨뷔 병원 등이 설립되었다.[41]

대중적 분석 결정을 반영하여 유럽의 정신분석은 1920년대와 1930년대를 통해 사회지향적 성향을 지니게 되었다. 1920년 2월에는 베를린 외래 환자 종합병원이 포츠담 거리에 설립되었다. 아이팅곤의 재정 지원을 받고, 프로이트의 아들 에른스트가 리모델링한 건물에 들어선, 낮은 수가酬價에 정부 지원을 받는 정신치료 병원이었다.[42] 베를린 사회주의 의사 연맹의 회장인 짐멜은 이 사회가 "가난한 사람을 신경증 환자로 만들고 신경증 환자들은 계속 가난하게 만든다"[43]고 지적했다. 3년 후 프로이트는 이에 덧붙여 싼 가격으로 분석을 시행해주는 것은 사회적 요구라고 말했다. 그 이유는 "특히 신경증에 걸리기 쉬운 지적 수준의 사람들은 꼼짝없이 가난으로 빠져들기 때문"[44]이라는 것이었다. 1920년대 동안 베를린 환자들의 14퍼센트는 블루칼라 노동자였다. 빈에서 그 숫자는 24퍼센트에 달했고 부다페스트에서는 1920년대 말까지 "누구든 아픈 사람은 도움을 받을 권리가 있었다."[45]

대중적 분석은 또한 분석가들이 그 시대의 사회민주주의적 문화의 일부로서 교육적 역할을 한다는 것을 뜻하기도 했다. 베를린에서는 종합병원에서 '범죄에 대한 정신분석 이론' '대인관계의 정신분석적 양상' 등과 같은 다양한 강의를 제공했다.[46] 빈의 분석가들은 노동자 계급에 『대중 정신분석Das Psychanalytische Volksbuch』을 배포했고 이에 대한 감사의 뜻으로 시 당국은 분석가들에게 연구소를 지을 수 있는 땅을 제공했다.[47] 빈의 저명한 분석가 지크프리트 베른펠트Siegfried Bernfeld는 전쟁 고아를 위한 아이들의 집을 운영하던 것에서 더 나아가 팔레스타인에 사회주의적 하쇼머 하체르Hashomer Hatzair*를 조직하기까지 했다.[48] 영국과 오스트리아에서는 응용 분석이라는 용어가 출현하여 간호학교, 아동 지도 클리닉, 10대 상담, 사회 사업에서의 분석 활동을 서술하는 데 활용되었다.[49] 분석가들은 아이들을 상대하는 사람들에게 '화내지 말고 숙고할 것'을 요구하며 체벌을 반대했고 아우구스트 아이히호른August Aichhorn의 『다루기 힘든 청춘Wayward Youth』, 한스 줄리거Hans Zulliger의 『재학 청년들의 무의식적 삶으로부터From Unconscious Life of Our School Youth』와 같이 널리 읽힌 진보적인 책을 발간하기도 했다.[50]

공공 클리닉을 지지한 것에 더하여 부다페스트 총회는 모든 분석가들에 대한 분석 훈련의 원칙도 수립했다.[51] 이러한 결정의 목적은 훈

---

* 1913년 오스트리아-헝가리 제국의 갈리시아 지방에서 설립된 사회주의-시온주의 유대인 청소년운동에 기원을 둔 사회주의 정당.

련과 면허 교부에 대한 통제권을 획득하여 분석의 독립성을 확보하기 위해서였다. 그것은 아무런 훈련도 요구하지 않는 대중적 치유술과 분석을 구분하고 동시에 의학 분야의 학위를 요구하는 정신의학과도 차별화하는 것을 목표로 한 것이었다. 프로이트에 의하면 분석가에게 요구되는 선결 사항은 "심리학적 교육과 자유로운 인간적 시선"[52]이 었다. 사실 1918년 당시 유럽 분석가들의 대부분은 의사였지만 그들은 미국 의사들이 일찌감치 획득하였던 것과 같은 높은 지위를 누리지는 못하고 있었다. 오스카 피스터(목사), 헤르민 후크-헬무트Hermine Hug-Helmuth, 안나 프로이트, 바버라 로우Barbara Low(교사), 루 안드레아스-살로메, 오토 랑크(작가), 한스 작스(변호사), 엘라 프리먼 샤프Ella Freeman Sharpe(문학 교수), 아우구스트 아이히호른, 지크프리트 베른펠트(사회운동가), 에른스트 크리스Ernst Kris(예술사가) 같은 사람들을 포함한 많은 분석가들은 의학 학위를 지니지 못했다. 조금 후 창설된 모스크바 분석 학회는 구성원 여덟 명 중 단지 세 명만이 의사였다.[53] 정신분석을 의학화하려는 압력이 세계대전 이후 곧바로 가해지기 시작했지만 유럽의 분석가들은 프로이트가 정신분석운동이 존재하게 된 이유를 "대학에서 정신분석이 추방되었기 때문"[54]이라고 정확하게 보았던 바로 그때에 그저 박학博學한 상태로만 머물러 있었다.

대중적 분석과 훈련이라는 결정은 전후 세계에서 정신분석의 자리를 확보하려는 시도였다. 동시에 총회에서는 개인적 삶에 대한 정신분석의 엄숙하고도 당당한 이해 내용을 재확인했다. 개회사에서 프로이트는 정신분석이 세계에 대한 특정한 철학적 관점에 봉사하고 이 관점을 환자에게 권고하여 그의 정신을 고상하게 만들도록 자리를 잡아주어야 한다는 제임스 잭슨 퍼트넘의 소망에 대해 답했다. 프로이트

산도르 페렌치와 지그문트 프로이트(1918)

는 "내 생각에 이것은 제아무리 고상한 동기로 포장되어 있다 하더라
도 폭력을 사용하게 될 뿐"이라고 말했다. 그는 거듭하여 융과 아들러
의 전전戰前의 생각에 대한 비판에 연설을 할애하며 '정신–종합psycho-
synthesis'을 '공허한 소리'라 평하며 외쳤다. "우리는 우리에게 도움을
청하며 우리 손에 맡겨진 환자를 사유재산인 양 우리 멋대로 바꾸고
그의 운명을 결정하고 우리 자신의 이상을 그에게 강요하고 그를 만
든 창조자인 양 오만에 사로잡히고도 아무렇지도 않게 생각하는 것
을 거부합니다." 덧붙여 프로이트는 "나는 나와 아무런 공통점도 없
는, 인종, 교육 정도, 사회적 위치, 일반적 인생관 등이 모두 다른 사람
들에 대해서도 그들의 인격에 아무런 영향을 끼치지 않고 도울 수 있

었다"[55]고 말했다.

정신분석을 둘러싼 혁명적 에토스는 대중적 기반 위에서의 소통에 힘을 불어넣어주었지만 소통의 내용은 개인적 자율성에 대한 존중에 가까웠다. 부다페스트의 한 잡지에 쓴 글에서 프로이트는 정신분석의 대중적 호소력에 대해 설명하려 시도했다. 그는 "정신분석의 관건이 되는 명제는 그 자체의 독자적인 것이 아니다. 예를 들면 쇼펜하우어의 '의지'는 정신분석에서 정신적 본능에 해당한다. 정신분석을 차별화하는 것은 그 과제들에 대한 *추상적* 확인이 아니라 그것들이 모든 개인을 인간적으로 대하며 그들로 하여금 문제에 대하여 어떤 자세를 지니도록 요구한다는 점"[56]임을 천명했다. 프로이트의 생각, 글, 그리고 통찰이 모두 개인적 분석의 구체적 실행에서 나온 것이라는 사실은 정신분석이 갖는 호소력의 궁극적 원천이었다.

전후 세계에서 정신분석은 볼셰비키 지역과 사회민주주의 지역에서 각기 다른 경로를 밟아나갔다. 소련에서 그것의 운명은 공산주의와 전체화라는 전제뿐만 아니라 소련과 동구 가정에서 우세한 농업적 특성을 반영하기도 했다. 그와 반대로 서구 사회민주주의와 정신분석은 서로 제휴하여 제2차 세계대전 기간 동안 케인즈John Maynard Keynes식 복지국가의 수립에 합류했다.

볼셰비키 혁명 기간 동안 가부장제의 가정은 "구제도의 모든 비참함을 간직한 근거지"로 보였다. 그러나 1921년 시작된 신경제정책NEP은 중산층의 가정생활을 자유화하려는 시도와 함께 추진되었다. 정신분석 그룹들이 모스크바, 페트로그라드, 키에프, 오데사, 카잔, 로스토프 등지에 생겨났다.[57] 카잔에서 정신분석 그룹은 '노동의 정신생리학'에 대한 저널을 발간했다. 모스크바에서 분석 그룹은 아이들을 위한 실험 가정을 후원하기도 했다.[58] 1922년 소련의 분석가들은 세계에서 두번째로 분석연구소를 창설하여 국제 정신분석 협회와 소련 정부양쪽으로부터 동시에 인정받았다.[59] 같은 해 국제 정신분석 협회 구성원의 8분의 1은 소련에 있었다. 정부가 운영하는 심리학 및 정신분석 도서관은 분석 작업들을 번역 출판하여 염가판으로 대량 보급했다. 레닌은 프로이트주의가 유행이 되었다고 투덜댔다.[60]

이러한 흥분은 정신분석이 공산주의와 결합될 수 있으리라는 볼셰비키의 희망을 반영하는 것이었다. 그러므로 나데즈다 만델슈탐 Nadezhda Mandelstam의 회고록이나 프로이트의 영향을 받은 니콜라이 예브레이노프Nikolai Yevreinov의 '연극요법', 미하일 불가코프Mikhail Bulgakov의 『거장과 마르가리타The Master and Margarita』 같은 혁명의 산물들은 구체제와 결합되어 차르의 가족에 영향력을 행사한 라스푸틴Grigory Yefimovich Rasputin의 위세를 상징하는 전제정치의 유물인 최면술을 정신분석과 대비시켰다. 표도르 스테푼Fyodor Stepun에 의하면 "우리는 모든 사무실들을 마치 정신분석 연구소처럼 드나들었다." 그 의미인즉 상부에 의해 관리되는 게 아니라 해석되어야 하는 새로운 말과 행동의 세계가 열렸다는 것이었다. 미하일 바흐친Mikhail Bakhtine 과 세르게이 에이젠슈테인Sergei Eisenstein은 프로이트 사상과의 평생에 걸친 대화를 시작했다.[61] 1923년 베르나르트 비코프스키Bernard Bykhovski는 '프로이트적 마르크스주의'를 갈망했고 이는 대규모의 논쟁을 촉발했다. 알렉산더 루리아Alexander Luria나 레프 비고츠키Lev Vygotsky 같은 젊은 신경심리학자들은 "정신분석은 낡은 심리학의 형이상학 및 관념주의와 결정적으로 갈라진다. 또한 그것은 하나의 전체로 간주된 인간 유기체 안에서 펼쳐지는 유기적 과정의 전망을 제공한다"[62]고 주장했다.

그러나 신경제정책의 전성기에 있어서조차 볼셰비즘과 정신분석 사이에는 근본적인 모순이 존재했다. 둘의 차이는 단지 표현의 자유 문제만이 아니었다. 볼셰비키에게는 개인적 삶이라는 개념 자체가 결여되어 있었다. 레온 트로츠키가 이 문제를 잘 예증한다. 정신분석의 역사를 통틀어 그에 비할 만큼 높은 지위의 정치적 인물 가운데 그토록 열심히 정신분석에 빠져든 경우는 달리 없었다. 트로츠키는 1909년에서 1911년 사이 빈에서 알프레트 아들러 및 다른 분석가들을 만났다. 그는 분석 모임에도 출석했고 아들러의 러시아인 환자이자 볼셰비키 당원인 아돌프 이오페와 함께 분석 텍스트들을 공부하기도 했다. 스탈린 Iosif Stalin의 적대감이 늘어감에도 불구하고 그는 은밀히 재원을 마련해주고 공격을 분산시키는 방식으로 정신분석 학회들을 지원했다. 그러나 트로츠키는 바로 그 개인적 자율성이라는 개념은 받아들이지 않았다.[63] 볼셰비키 거사 후 트로츠키는 "혁명은 정신분석보다 이오페의 신경을 훨씬 더 잘 치료했다. 〔……〕 혁명은 그를 일으켜 세웠고 원기를 회복시켰다"고 큰소리쳤다. 정신분석에 대한 트로츠키의 관심은 볼셰비즘에 대한 러시아 민중들의 저항이라는, 그가 전혀 예상하지 못했던 일에 직면하여 더욱 강화되었다. 그는 마르크스주의가 오직 *사회적* 무의식만을 복종시켰다고 추론했다. *심리적* 무의식을 복종시키기 위해서는 정신분석이 필요하다는 것이었다.[64] 그러므로 트로츠키에게 무의식은 사회화되어야 할 필요가 있었고 통제되어야 했다.

서구에서는 혁명위원회의 체험이 정신분석을 사회주의 세계관을 복잡하게 만드는 데 써먹으려는 다른 추론 노선의 영감을 불러일으켰다. 그리하여 오토 그로스는 위원회가 만들어낸 공동체적 느낌을 끌어대며 모성애적 사랑에 기반을 둔 사회에서는 공격성이 사라진다고 주장했다.[65] 1919년 빈 정신분석 학회에서 발표된 파울 페데른의 「아버지 없는 사회*Die Vaterlose Gesellschaft*」는 아버지와의 관계에 입각하여 빈의 정치 투쟁을 분석했다. "아들의 기본적 자세에 강하게 밀착된" 다수파였던 사회민주주의자들은 보호를 얻으려는 희망에서 군국주의적 부르주아 계급과 연합하고 반면에 혁명적 스파르타쿠스 당원들은 "아버지와의 원초적 결속을 본능적 증오"로 전환시켰다는 것이었다.[66] 혁명위원회가 설치되지 않고 종전을 맞은 영국에서는 정신분석학자이자 영국 노동당의 활동가, 시오니스트인 데이비드 에더David Eder가 국제연맹을 동등한 권위를 창출하기 위한 시도라고 설명했다. "아들들의 결속은 아버지 없이는 쉽사리 이루어지지 않는다"는 점에 주목한 그는 권위의 문제가 어머니를 정치의 영역으로 끌어들이는, 여성의 증가된 정치 활동의 조명 아래 재구성되어야 한다고 주장했다. 시간이 지남에 따라 에더의 강연이 예언적인 것이었음이 판명되었다. 전운이 다시 몰려오자 국제연맹은 알버트 아인슈타인Albert Einstein과 지그문트 프로이트 사이에 전쟁의 원인에 대한 서신 교환이 이루어지도록 주선했고 에드워드 글로버Edward Glover 같은 분석가를 초청하여 전쟁의 본능적 뿌리에 대해 강연을 하도록 했다.[67] 제2차 세계대전 동안 정신분석은 민주주의적이고 반파시스트적 의식의 중심으로 이동했다.

궁극적으로 마르크스주의와 정신분석의 긴밀한 연관은 유토피아적 소망에 놓인 그것들의 공통의 기원을 반영하는 것이었다. 그러나 각각의 유토피아주의는 달랐다. 마르크스주의자들에게 개인적 삶이란 환영幻影이고, 사적인 것이라고는 아무것도 없고 모든 것이 공유되는 공동체적 사회에 대한 꿈의 우회로일 뿐이었다. 반대로 정신분석의 호소는 개인적 삶의 깊이와 가치에 대한 전에 없던 이해理解를 반영하는 것이었다. 정신분석이 깊은 유토피아적 원천을 흡인하기는 했지만 그 내적 특성은 현실이라는 티끌로 개인적 삶의 꿈을 배양해나가려 끊임없이 애쓰는, 뿌리 깊은 반유토피아적인 것이었다. 가정이 더 이상 생산의 단위가 아니게끔 발전된 사회들에 있어 개인적 삶이란 그 자체가 사회적 산물이라는 사실은 어느 쪽에 의해서도 포착되지 않았다. 마르크스주의자들은 개인적 자율성을 존중하지 않고서는 사회주의에 대한 설득력 있는 관념 내용을 발전시킬 수 없다는 것을 깨닫지 못했고, 반면에 정신분석가들은 '단지 외적'인 정치 영역이 그들의 기획에 얼마나 빨리 영향을 끼치고 실제로 그것을 파괴해버릴지 알지 못했다.

프로이트는 정신분석에서 작동하는 두 개의 충동, 즉 유토피아주의와 현실주의, 그리고 본능의 힘에 대한 존중과 이성의 가능성에 대한 믿음 사이에 굳게 자리잡음으로써 그것들에 대처했다. 프로이트가 결코 잃지 않았던 아웃사이더로서의 감각은 그의 가장 강력한 연합군이었다. 분명 그는 1926년 "유럽에서 아시아까지 펼쳐진 광대한 나라에서 현재 진행 중인 문명의 위대한 실험"[68]이라 불렀던 것에 대해 공감밖에는 지니지 않고 있었다. 한 공산주의자로부터 7년 동안의 전쟁, 기근, 가난 뒤에는 7년 동안의 평화, 번영, 조화가 이어진다는 말을 들었을 때 프로이트는 그 예언의 앞부분 절반만 믿는다고 토로했다. 그러나 그는 1917년 개시된 미국의 유럽 '침공'에 대해서도 거의 호의적이지 않았다. 존 도스 패서스John Dos Passos의 『1919년』에 나오는 광고전문가 J. 워드 무어하우스Ward Moorehouse는 전쟁에 찢긴 유럽의 상처를 치료하는 "미국이라는 착한 사마리아인"이라고 말하고는 냉소적인 웃음과 함께 "그런데 웃기는 건 그게 사실이라는 거지"[69]라고 짧게 덧붙인다.

정치에 대한 프로이트의 소원疏遠함은 파리 평화 회담과 더불어 증대되었다. 우드로 윌슨Woodrow Wilson은 전쟁이 새로운 형태의 소통 및 지식과 더불어 심리에 대한 새로운 이해를 필요로 한다는 것을 알고 있었지만 프로이트는 윌슨을 바보 취급했다. 프로이트는 평화 회담에 참가할 수 있게 해주는 대가로 공산주의 통치를 모스크바와 상트페테르부르크로 제한하겠다는 레닌의 제안을 윌슨이 거절했을 때 베르사이유의 미국 대표단직을 미련 없이 떠난, 자신의 환자이자 추문폭로적 정신분석 전기를 쓴 윌리엄 불릿William Bullitt에게 공저자로서 이름을 빌려주었다.[70]

정신분석은 프로이트의 유일한 모국이었다. 온 세계가 종전을 축하하는 동안에 그는 페렌치에게 편지를 쓰며 포탄 쇼크에 얽힌 일화를 언급했다. "불운하게도 정신분석이 세상의 관심을 끌기 시작하자 전쟁은 끝나버렸군." 페렌치는 점잖게 대꾸했다. "아웃사이더로서의 우리의 위치는 영원히 지속될 것입니다."[71] 이러한 비관주의에는 다른 이유도 있었다. 다른 많은 오스트리아인들과 마찬가지로 프로이트는 재정적으로 궁핍했다. 그는 치료비 대신에 감자를 받기도 했고 재정 파탄을 피해 이민 갈 경우를 대비해 영어 가정교사를 고용하기도 했다.[72] 1920년 인플루엔자의 유행으로 딸 소피Sophie가 죽고 그의 후원자이자 친구인 안톤 폰 프로인트Anton Von Freund도 암으로 죽고, 또 빅토르 타우스크의 자살 같은 먼 데서 일어난 사건들을 겪은 프로이트는 존스에게 이렇게 물었다. "이처럼 죽음으로 가득했던 때가 있었나?"[73]

전쟁이 끝나자 프로이트는 아브라함, 페렌치, 랑크, 존스, 아이팅곤, 작스 등을 불러 위원회를 복구하려 했다. 그러나 그는 그것이 경쟁심 때문에 찢어졌음을 알았다. 랑크는 크라코프로 이사하여 오스트리아 육군 공식 출판물의 편집 일을 맡았고 결혼도 했다. 이러한 모든 것들로 인해 그는 더욱 확실히 프로이트로부터 독립했다. 전쟁 후 그는 국제 정신분석 출판사Internationaler Psychanalytischer Verlag라는 출판사를 운영했는데 프로이트는 이것을 정신분석의 가장 중요한 기관으로 간주했다.[74] 1919년 5월 공산주의자들의 해방기 동안 페렌치는 마침내 교수직을 얻게 되었고 바티즈팔비 요양원의 원장이 되었다. 석 달 후 공산주의자들이 쫓겨났고 페렌치는 그들에게 '협력'했다는 이유로 의사 면허가 취소되었다.[75] 1920년대 말까지 그는 일종의 뜨내기 같은 삶을 살았다. 프로이트는 페렌치가 빈에 정착하기를 바랐고 정신분석 국제 대표로 존스를 대신할 수 있으리라 생각했지만 둘 중 어떤 것도 이루어지지 않았다. 그러는 사이 존스와 랑크는 출판사를 놓고 쟁탈전을 벌이고 있었다.

이 같은 일들뿐만 아니라 다른 분규에 시달리면서 전쟁 전의 분열이 되풀이되는 것을 막아야겠다고 결의한 *매너분트*는 『룬트브리페 *Rundbriefe*』, 즉 내부 통신을 이용하여 소통하기로 합의했다.[76] 그들은 다른 사람의 동의 없이는 위원회를 탈퇴하지 않기로 서약했다. 그들의 마지막 대면 모임은 1921년 9월에 있었다. 일곱 명의 회원이 가족

없이 일주일 동안 독일 동부에 있는 하르츠산을 여행하며 좋은 호텔에 묵고 고미술품 컬렉션도 감상하며 보냈다. 프로이트는 텔레파시에 대해 자기가 쓴 글을 소리 내어 읽었다. 그는 분석가들이 마치 마술을 배우는 학생처럼 공식 과학으로부터 경멸적이고 부당한 대우를 받았다고 말했다. 이는 결코 놀라운 일이 아니었다. 정신분석은 일반적으로 확고히 수립되고 인정받으며 관습적으로 규정된 모든 사안에 대해 반대하는 입장을 취해왔기 때문이었다.[77] 그의 측근들은 그 글이 출판하기에는 너무 논란의 여지가 많다고 그에게 주의를 주었다. 그는 이들의 조언을 받아들여 출판을 포기했다.[78]

정신분석의 비관에도 불구하고 1921년에는 경제 회복에 크게 힘입어 서구 여러 나라들의 수도는 한결같이 낙관주의적인 분위기에 휩쓸려 있었다. 전시의 공포의 종식과 관료주의적으로 조직된 대량 생산에 의해 촉발된 새로운 가능성이 동시적으로 반영된 이러한 현상은 바야흐로 '모더니티'라는 용어가 도처에서 난무하게 되는 계기이기도 했다. 영국에서 노동당이 출현했고 프랑스에서 중도 좌파 연합이 발족했으며 독일에서 사회민주주의가 성장하는 등 새로운 분위기가 무르익었다. 동시에 1880년대와 1890년대에 태어난 새로운 세대는 전쟁 반대를 통해 자신을 구성해나갔다. 중립인 취리히와 이에 이어 파리와 뉴욕, 뮌헨의 다다이스트들, 러시아, 독일, 중부 유럽과 미국의 사회주의자들, 런던과 베를린의 성개혁주의자들과 양심적인 반대자들, 런던과 뉴욕의 평화적 참정권 확장론자들 등. 이 세대를 통해 정신분석에 대한 열광은 도처에서 폭발했다.

1920년대가 시작될 때 정신분석으로 전향한 사람들 중 몇몇은 참전군인들이었다. 여기에는 머지 않아 프로이트의 지인이 되는 앙드레 브르통과 막스 에른스트Max Ernst도 포함되어 있었다. 이들은 새로운 문학과 회화가 무의식에 기반을 두어야 한다는 확신을 품고 전선에서 돌아왔다. 한쪽 팔을 잃은 블레즈 상드라르Blaise Cendrars, 앰뷸런스 부대에서 복무했던 존 도스 패서스는 귀환 후 심리적 깊이를 지닌 문학을 창작했다. 시그프리드 서순Siegfried Sassoon은 회고록을 쓰기 시작했다. 이 회고록은 W. H. R. 리버스에게서 포탄 쇼크에 대한 치료를 받는 데에서 정점에 이르게 된다. 자살 충동에 사로잡힌 데다 부상을 입고 정신이 오락가락하던 그는 리버스가 병원 입원실로 걸어 들어오는 장면을 이렇게 회상한다. "그는 말 없이 침대 곁에 앉았다. 그의 미소는 내가 겪은 모든 것을 이겨내기에 충분한 축복이었다. 나는 '오 리버스. 지난번 당신을 본 이후 난 참 즐거운 시간을 보냈어요!'라고 소리쳤다. 그리고 나는 바로 이것이 내가 기다리던 것임을 알았다."[79]

다른 사람들은 전쟁 기간 동안 학생이었다. 버지니아 울프Virginia Woolf의 남동생으로서 케임브리지 대학에서 중세법을 공부하던 에이드리언 스티븐Adrian Stephen은 "갑자기 중세를 〔……〕 창 밖으로 던져버렸다." 그와 그의 부인 카린Karin은 빈으로 이사하여 분석가가 되었다.[80] 열일곱 살의 나이에 대학 입학 자격 시험을 위해 데카르트René Descartes의 '나는 생각한다, 고로 존재한다'를 연구하던 장 폴 사르트르Jean Paul Sartre는 프로이트의 『일상 생활의 정신병리학』을 읽고 "대체, 조합, 치환" 개념에 빠져들었다. 후일 그는 "그것은 나를 숨 막히게 했다"[81]고 썼다. 또 다른 철학도인 테오도어 아도르노Theodore Adorno는 프랑크푸르트에서 칸트와 프로이트를 통합하려 시도한 논문을 쓰기 시작했다.[82] 갓 정신의학자가 된 빌헬름 라이히와 헬렌 도이치Helene Deutsch는 수련을 위해 빈 정신분석 학회에 모습을 드러냈다.

케임브리지의 고전학자였던 제인 해리슨Jane Harrison은 처음에는 프로이트의 '성적 진흙탕'에 역겨워하다가 돌연 해방의 느낌으로 인도하는 '빛이 뚫고 들어옴'을 경험했다. "거기에 커다란 구축적 상상력이 있었다. 이제껏 어떤 고전 연구자들도 해내지 못한 그리스 연극의 기원을 발가벗기는 의사가 있었다."[83]

많은 사람들에게 종전은 해방의 새로운 길을 열어주었다. 앙드레 지드André Gide는 그의 일기에 이렇게 썼다. "프로이트, 프로이트주의 [……] 지난 10년간 혹은 15년간, 나는 모르는 사이에 그것에 빠져 있었다." 그러고는 몇 줄 건너 그는 "이제 『코리동Corydon』을 출판할 수 있는 좋은 때"[84]라고 썼다. 『코리동』은 그가 적지 않은 사람들에게 자신의 동성애를 고백한 작품이다. 바이마르의 선도적 좌익 신문인 『벨트뷔네Die Weltbühne』의 편집자인 쿠르트 투촐스키Kurt Tucholsky는 위선이 바이마르 공화국의 근본적 문제임을 간파했다. 그는 "기본적 정직성Redlichkeit이 방방곡곡에 스며들지 않는 한 개혁은 아무 소용이 없다"고 썼다. 자신의 서재에 프로이트의 사진을 걸어놓았던[85] 조지 버나드 쇼George Bernard Shaw는 D. H. 로렌스Lawrence의 『무지개The Rainbow』가 전쟁 중 판금된 데에 대한 대응으로 프로이트를 표현의 자유의 '기수'라 불렀다.[86] 한편 로맹 롤랑Romain Rolland은 전쟁이 "우리의 오래된 '백색' 문명의 대부분이 사라질 대재앙의 시기의 시작"의 조짐이라 믿었다. 라빈드라나트 타고르Rabindranath Tagore, 스와미 비베카난다Swami Vivekananda, 스와미 라마크리쉬나Swami Ramakrishna, 그리고 마하트마 간디Mahatma Gandhi의 번역 및 전기 집필 작업과 병행하여 그는 프로이트와 비폭력 문제에 초점을 맞춘 서신 교환을 시작했다. 그러는 사이 백인 지배의 종식에 대한 그의 예언은 미국의 유색 인종 진보를 위한 전국 연합회NAACP의 기관지인 『위기*The Crisis*』에 번역, 게재되었다.[87]

만일 정신분석의 새로운 강한 매력에 가장 가깝게 밀착된 전후의 책을 꼽으라 한다면 그것은 아마 1918년 출판된 리턴 스트래치Lytton Strachey의 『저명한 빅토리아인*Eminent Victorians*』일 것이다. 시릴 코널리Cyril Connolly에 의하면 『저명한 빅토리아인』은 "1920년대 최초의 책"이었다. 빅토리아주의victorianism에 대한 전후의 저항을 분명히 표현한 이 책은 "전쟁에 지친 세대 모두가 듣고 싶어 했던 조롱의 선율을 탄주했다. 베일Pierre Bayle, 볼테르Voltaire, 기번Edward Gibbon을 무기로 삼아 적십자사와 공립학교 시스템 창설자에 맞선 그것은 전후의 젊은이들에게 터널 끝에서 비춰오는 불빛과도 같았다."[88] 후일 레온 에델Leon Edel은 "이 책은 새로운 잉크, 빈의 지그문트 프로이트라는 잉크로 썼다"[89]고 적었다. 수년 후 폴란드에서 영국으로 이민 온 루이스 나미에Lewis Namier는 프로이트를 자기 나름대로 번역하고, 자유와 같은 정치 이데올로기들이 보다 깊은 관심과 열정의 합리화였음을 입증함으로써 정치사의 새로운 접근법을 창안했다.[90] 런던의 문단 또한 1920년 무렵 프로이트를 발견했다. 시인 브라이어Bryher(애니 엘러맨 Annie Ellerman)에 의하면 "사람들이 항상 찬성한 것은 아니었지만 언제나 그를 진지하게 대했다."[91]

마지막으로 미국이 있었다. 미국은 그 정신에 있어서는 프로이트식 분석과 거리가 멀었지만 그럼에도 이미 세계에서 가장 많은 분석가들을 보유하고 있었다. 전후 작가나 화가가 되기 위해 파리로 간 사람들 수와 맞먹는 미국인들이 분석가가 되기 위해 빈과 베를린으로 갔다. 그 가운데에는 에이브럼 카디너Abram Kardiner, 클래런스 오베른도프Clarence Oberndorf, 조지프 워티스Joseph Wortis, 로이 그린커Roy Grinker, 루스 맥 브런즈윅Ruth Mack Brunswick 등이 있었다. 진정한 미국적 아방가르드가 출현하자 프로이트에 대한 관심이 그 중심에 놓이게 되었다. 막스 이스트맨Max Eastman은 "당시 영어로 된 프로이트의 책과 프로이트에 관한 책을 모두 읽고 그 원리 사항을 연습"하여 '일종의 아마추어 전문가'가 되었다.[92] 플로이드 델Floyd Dell은 자신을 가리켜 "그 주제에 대한 일종의 선교사"[93]라고 불렀다. 수전 글래스펠Susan Glaspell은 "다른 사람의 콤플렉스를 듣지 않고는 빵도 살 수 없게 되었다"고 불평했다. 셔우드 앤더슨Sherwood Anderson은 "젊은 지식인들은 모두 서로를 분석하느라 정신이 없었다. 그들은 내 정신을 혼란케 했다. 그들은 길 가는 사람들의 정신마저 혼란케 했다"고 기록했다.[94] 그리고, 이미 보았듯, 링컨 스테펀스는 1911년 어느 날 저녁 메이블 도지 루언Mabel Dodge Luhan의 그리니치 빌리지 살롱에서 월터 리프먼Walter Lippman의 주도로 진행되었던 토론회를 상기했다. "그는 우리에게 사람의 정신은 무의식적 억압에 의해 왜곡되어 있다는 생각을 피력했다. 메이블 도지의 집에서 열린 토론회 중 프로이트와 그의 영향에 대한 것만큼이나 열렬하면서도 조용하고 그보다 더 사유의 밀도가 높은 대화는 없었다."[95]

정신분석의 후속 세대의 환멸을 반영하는 폴 존슨Paul Johnson은 전후 프로이트에 대한 관심이 폭발했던 것에 대해 이렇게 서술했다. "오랫동안 황야에 있던 50대의 한 예언자가 갑자기 반짝반짝 빛나는 젊은 청중들을 찾아내게 되는 게 처음은 아니지요."[96] 그러나 '빛나는 젊음'은 프로이트의 전후 독자보다 존슨에 대해 더 많은 것을 이야기해 준다. 그들의 관심은 전쟁이라는 배경을 두고 이해되어야 한다. 상상할 수 없이 외설적인 재앙은 또한 빛의 춤이 세계의 질서가 새로 만들어지는 깊이 안으로 향하게 인도하기도 했던 것이다. 전쟁이 한편으로 완전히 새로운 수준의 위험을 알렸다면 다른 한편에서 그것은 전대미문의 가능성을 위한 길을 열기도 했던 것이다. 정신분석은 두 충동 모두를 포착했고 또 그것들에 의해 포착되기도 했다. 2차 산업혁명의 환상적일만큼 창조적인 능력이 새로운 약속의 땅으로의 길을 열었다고는 하나, 사람들의 마음의 배경에는 여전히 전쟁이 머물러 있었다. 카를 융의 회상이 이를 증명해준다. 1926년 그는 "키 작은 농부와 함께 마차를 타고 전선에서 돌아오는 꿈을 꾸었다. 주변 도처에서 포탄이 터졌고 나는 위험한 상황이기 때문에 멀리 벗어나야 한다는 걸 알고 있었다." 나중에 융은 자신의 꿈을 이렇게 분석했다. "하늘에서 떨어지는 포탄들은 〔……〕 '다른 쪽'에서 오는 투척물이라네. 그러므로 그것들은 무의식에서, 정신의 그늘진 쪽에서 솟아나는 효과들이지." 잠에서 깨어나자 그는 서둘러 휘갈겨 썼다. "외부 세계에서는 몇 년 전에 끝난 전쟁이 정신 안에서는 아직 끝나지 않아 계속 싸워야만 했다."[97]

제6장 포드주의, 프로이트주의, 그리고 모더니티

> 우리 포드 — 혹은 우리 프로이트, 심리적 사안에 대
> 해 이야기할 때마다 그는 무언가 이해할 수 없는 이유로
> 자신을 이렇게 부르기로 선택했다.
>
> — 올더스 헉슬리, 『멋진 신세계』

우드로 윌슨이나 블라디미르 레닌이 아닌 헨리 포드Henry Ford야말로 전후 시대의 위대한 상징임이 판명되었다. 포드의 혁신의 결과로 자본주의의 비합리성은 순화되는 것처럼 보였고, 머지않아 집요하게 내부로 집중하여 공장 노동자들로부터 잉여가치를 뽑아내려 하게 될 그 거대한 기계 장치가 지금은 외부를 향해 대량 구매력을 창출해내고 있었다. 영국의 한 논평가는 "미국은 아직도 유럽을 괴롭히고 있는 기본적 문제를 풀어냈다. 그들은 계급 갈등을 개선해가면서 대량 생산 경제를 창조해낸 것이다"[1]라고 적었다. 계획과 합리화의 경향 때문에 많은 사람들은 포드주의가 적합성, 표준화, 기계 관리를 의미한다고 생각했다. 그러나 역설적으로 그것은 개인적 삶까지 양적 현상으로 바꿔놓았다. 그 결과 포드주의와 프로이트주의의 운명적인 만남이 이루어졌다.

헨리 포드가 새 시대에 그의 이름을 올리는 것은 아이러닉한 일이었다. 그는 통제, 질서, 계획이라는 낡은 흐름의 완벽한 대변자였기 때문

포드주의와 조립 라인(1940)

이다. 원가를 낮추는 데 집착한 포드는 1914년 지각, 결근, 이직과 일에 '꾀를 부리는 것'을 줄이려는 생각으로 노동자 가정의 생활을 관찰했다. 그의 노동 전문가 존 R. 리 John R. Lee가 말했듯 "저도 그랬습니다만 포드 씨는 우리가 만일 집 안에 있는 가족이라는 뿌리와 심장부터 압박해대면 〔……〕 그저 작업장의 동료들이나 들볶아대는 것보다 훨씬 미래 세대를 위해 좋은 사람을 만들게 될 것이라 믿었습니다."[2] 그러나 포드주의는 계획과 통제만으로 환원될 수 없다. 전후의 포드주의 경영자들은 예전의 테일러 시스템의 과학적 경영이 노동자들을 톱니바퀴로 만든다고 혹평하며 공장 노동자들에게 새로운 수준의 개인적 배려를 권고했다.[3] 이에 더하여 합리화라는 쇠주먹은 대량 소비라는 비단 장갑을 끼고 있었다. 노동자들로 하여금 자기네들이 만든 모델 T를 구매할 수 있게 만들어준 포드의 '일당 5달러'는 새로운 체제의 상징이었다.

대량 소비는 2차 산업혁명 시대의 도래를 반영했다. 1차 산업혁명에서는 생산에 대한 요구가 소비 수준을 결정했다. 그러므로 소비재의 생산은 원자재, 기계 장치, 공장을 생산하는 노동력만을 재생산하기 위한 것이었다. 2차 산업혁명은 이 관계를 뒤집었다. 소비자의 수요가 경제를 움직였다. 이제 시스템의 목표는 소비의 제한이 아니라 확대였다. 소비 확대는 관리자 계급, 기술자, 교육을 받은 노동자의 중요성의 증대와 일치했다.

그 결과 심리학에 새롭게 초점이 맞춰지게 되었다. 관리인들은 작업장에서 "피고용자들이 무슨 생각을 하는지, 노동자들은 무엇에 만족하고 무엇을 갈망하는지"⁴⁾ 알아내야만 했다. 시장에서는 소비자를 유혹하기 위해 계획된 노력이 광고, 영화, 연구 조사 등과 같은 새로운 산업의 탄생을 유발했다. 라디오는 집 안을 콘서트 홀, 극장, 청각적 광고판으로 바꿔놓았다. 물론 새로운 소비자 경제를 알리는 많은 기법들은 사회심리학, 행태주의, 테스트 등과 같이 정신분석이 아닌 영역에서 생겨났다. 그럼에도 불구하고 프로이트주의는 심리학적 사고를 향한 이러한 전폭적 행보를 자극했고, 때로 암묵적이기는 했지만 정신의 지배 개념을 제공했다.

대량 소비는 또한 유토피아적 상상을 자유롭게 분출시켰다. 전전의 아방가르드들은 이미 더 이상 결핍에 의해 결정되지 않는 사회의 모습을 그려 보여주었다. 미래주의자들은 2차 산업혁명의 기술 발전을 특징짓는 자동차를 모더니티와 동일시했다. 그 까닭은 그것이 시공간의 제약으로부터의 해방을 의미하는 것이기 때문이었다.[5] 전후의 역동성에 대한 유토피아적 찬양은 광고, 신용 금융, 마케팅의 폭발과 같은 새로운 형태로 나타났다. 재즈, 나체주의, 비행, 직업 스포츠, 조직형 범죄 등 끝없는 '센세이션'들이 구체화되었다. 피카소 같은 화가나 조세핀 베이커Josephine Baker 같은 행위예술가가 전례 없는 명성을 떨쳤다. 이탈리아 공산주의자 안토니오 그람시는 감옥에서조차 포드주의의 팡파레 [……] 대도시의 환호, 밀라노를 광역도시로 만들려는 전면적 계획 [……] 자본주의는 이제 그 시작에 불과하며 그 엄청난 발전 패턴에 준비할 필요가 있다는 확신에 충격을 받았다.[6] 볼셰비키 혁명 전야에 입체파-미래주의 화가인 미하일 라리오노프Mikhail Larionov와 나탈리아 곤차로바Natalya Goncharova는 이렇게 썼다. "우리는 외친다. 우리의 바지, 자켓, 신발, 전차, 자동차, 비행기, 기차, 어마어마한 기선 등 모던 타임의 모든 눈부신 스타일은 매력적이고, 세계 역사상 달리 비견할 만한 시대가 없을 위대한 시대이다."[7]

이렇듯 포드주의는 하나의 역설을 생성시켰다. 노동과 가정을 동시에 관리하고자 하는 시도로 시작된 포드주의는 인류의 생활이 더 이상 생산의 명령에 복종하지 않는다는 유토피아적 관념을 발생시켰다. 1928년 파시스트들의 감옥에서 글을 쓴 그람시는 정신분석과 이 역설의 관계를 명석하게 포착했다. 계획도시들이 행했던 모든 시도와 마찬가지로 — 그람시는 캄파넬라Tommaso Campanella의 『태양의 도시 City of the Sun』를 인용했다 — 포드주의는 섹스 문제를 그 기획의 중심에 놓았다. 자연적(다시 말해 동물적이고 원초적)인 본능을 새롭고 더 복잡하고 더 엄격한 규범과 관습에 종속시키는 '새로운 유형의 노동자'를 만들기를 시도한 '포드화'된 산업은 "국가 기구에 의해 실행되는 도덕적 강제를 증가"시키는 데 의존하는 것이었다. 그러나 강제만으로는 성공할 수 없었다. 포드주의가 프로이트주의를 필요로 했던 것은 프로이트주의가 노동자들 내면의 갈망을 명확히 표현했기 때문이었다. 계몽주의 기간 동안 원시주의적 판타지가 수행했던 역할을 반복하며 프로이트는 소비자 사회에 적합한 "(고상한) '야만인'의 새 신화"를 성적 기반(부모와 아이들의 관계까지를 포함한) 위에 창조했던 것이다.

그람시에 따르면 이 신화의 씨를 뿌릴 토양을 제공한 것은 전쟁 기간 동안의 성적 제약 완화였다. 전쟁 후 대량 소비는 해이解弛를 더욱 부추겼다. 보수주의자들은 그 '차갑고 영혼 없는' 가정생활을 근거로 포드주의를 공격했다. 그들은 "미국의 여성들이 더 이상 집안일을 소명Beruf으로 여기지 않는다"고 통탄하며 보고했다. 반대로 그람시는 반미주의를 비웃으며 보헤미안 같은 '낭만적 허식' 없는 '새로운 성적 결합 형태'와, 직장과 남편을 동시에 끌어안는 '새로운 여성 퍼스낼리티'를 창출했다는 이유로 포드주의를 찬양했다. 그러나 그는 자본주의가 그 자체의 해방적 잠재력을 틀어막았다고 주장했다. 거기에 프로이트주의의 의미가 놓여 있었다. 프로이트주의는 남성과 여성들을 포드주의라는 자본주의의 외피 너머로 나아가도록 독려했지만, 그러나 단지 생각의 영역에서일 뿐이었다.[8]

따라서 포드주의는 역설의 장소였다. 표준화의 열정에 추동된 그것은 개인성을 고취했다. 형식에 있어 물질주의적인 그것이 자유의 비전에 의해 활력을 부여받았다. 킹 비더King Vidor의 1928년작 영화인 「군중The Crowd」 같은 영화들이 이 역설을 드러내 보였다. 1900년 7월

4일 태어난 주인공 존 심스John Sims는 '특별한 큰 사람'이 되려는 필생의 꿈을 지니고 있었다. 이 꿈은 그가 직장이나 길거리에서 만나는 '루저'들에 대해 보이는 경멸적 태도로 표현된다. 수많은 반전 끝에 그는 꿈을 포기하고 군중의 일원으로서의 자기 자리를 받아들인다. 마지막 장면에서 그는 가족을 보드빌 쇼에 데리고 가는데 카메라가 점점 흐려져 나중에는 관객들의 얼굴을 분간할 수 없게 되어버린다. 이 영화의 탁월함은 심스의 꿈에 대해 묻는 그 복잡한 방식에 있다. 군중 속에 있는 자기 자리를 인정하는 것은 심스에게는 가슴 아픈 패배이기만 한 것이 아니라 일종의 승리인 것이다.

전후의 정신분석은 이 같은 역설에 처해 있었다. 궁극적으로 사회를 공장으로 바꾸려는 시도인 포드주의가 작동한 것은 개인들로 하여금 자신의 진짜 정체성을 일 바깥에 놓도록 끌고 간 요술 때문이었다. 정신분석은 포드주의의 요술이었다. 주변적이고 카리스마적이며 경제 외적인 힘인 정신분석은 합리화의 논리를 패로 삼음과 동시에 심화시켰다. 종종 비난받는 것처럼 적응 혹은 준수遵守의 지시자이기는커녕, 개인성을 촉진시켰다는 바로 그 이유 때문에 정신분석은 매우 중요해졌다. 한편으로 그것은 내면 세계로 통하는 통로를 파서 1차 사고 과정을 개방했다. 1차 사고 과정 없이는 합리화란 외적인 것으로만 머물 것이었다. 다른 한편으로 그것은 개인적 삶과 섹슈얼리티를 계획화와 질서라는 피륙 속에 통합하는 것을 돕는 사회 구성의 고정 요소가 되었다.

정신분석과 가족의 관계가 이 역설의 한복판에 있었다. 대량 소비의 출현과 함께 가정은 소유권에 기반을 둔 생산 단위로서의 핵심적 정체성을 계속 상실해갔다. 동시에 그것은 그 안에서 사람이 '자신'만으로 이해받고 평가받기를 기대하는 사회 범위인 개인적 삶의 영역이라는 의미를 부여받았다. 사람들이 사회적 노동의 통합 체계에 대한 소속감을 상실해갈 때 정신분석은 그들에게 새로운 감각을 주었다. 이 감각에 의하면 개인성이란 사람들의 무의식, 욕망, 그리고 무엇보다도 유아기에 뿌리내리고 있다. 그러므로 전통적 결혼이라는 경제, 사회학적 결합은 정열과 신비와 로맨스로 가득찬 새로운 지평으로 열리게 되었다. 원래는 탈가족화의 행위자였던 정신분석이 미묘하게 재가족화의 역할을 획득하기 시작한 것이다.

정신분석이 자본주의적 사회 조직이라는 피륙에 통합되는 진행 과정이 분명 순조롭지만은 않았다. 공동체적 연대를 깨뜨릴 것이라 예상되었던 영화, 체인스토어, 라디오 같은 소비자 중심적 혁신들이 실제로는 산업노동자 계급에서 가정과 공동체에 적응되어 지역문화의 활력을 지켜냈다. 리자베스 코헨Lizabeth Cohen이 기술했듯 노동자 계급의 개인적 삶은 "공동체의 친밀성 안"9)에서 싹을 틔웠다. 반대로 프로이트주의는 포드주의의 넓은 신중산층에 직접 호소했다. 이 계층의 구성원들은 정신분석의 영향을 받는 직종에서 일하는 경우도 흔했다.

새로운 전문직업인들의 한편에는 사회복지사, 결혼상담사, 성교육 전문가, 소년범 재판 상담사, 정신치료사 등의 '인간관계 전문가'가 포함되어 있었고, 다른 한편에는 신대중문화에서 일하는 사람들이 있었다. 프로이트주의는 마치 칼뱅주의가 자본주의 초기 개척자들에게 그랬던 것처럼 이 새로운 전문직업인들의 자기-규정self-definition에 긴요했다. 새로운 사회 계급이라기보다 '상실된 세대'로 자신을 이해하도록 일깨워주는 프로이트주의는 그들의 가정관을 개인적 충족의 영역으로 인가했다. 그것은 창조성과 다양성을 떠받드는 아이들 양육법과 진보적 교육 사상을 주입시켰고 상상의 종소리를 자연의 충동과 동일시하기 쉬운 그들의 직업 문화가 스며들게 했다. 그것은 집단에 기반을 두는 권위와 조직 모델을 독려하여 하향식 통제보다 상시常時적 자기-규제에 입각하여 회사와 정부를 기술했다. 그것은 민족성과 문화에 대한 그들의 새로운 견해가 뿌리내리고 있는 원시주의를 숭배하도록 고취하기는 했지만 그들이 생물학적 인종주의를 경멸하는 것을 격려했다. 그 '가면 벗기기' 특성 때문에 심지어 그것은 대중문화와 대중민주주의에 대한 멘켄H. L. Mencken식 경멸을 조장하기도 했다. 역설적이게도 그 경멸은 어디에나 있는 것이었다.

인간관계와 관련된 직종들의 배후에는 2차 산업혁명의 통제 경향이 버티고 있었다. 살페트리에르가 본보기를 제공했다. 흔히 노동자 계급과 가난한 자들을 향한 것이었던 심리적 정리 기술은 정신병자, 학교 부적응자, 병역 부적합자들을 미리 가려내고 치료하는 것을 목표로 삼았다. 법이나 종교 같은 낡은 갈등 관리 기술들은 너무 고압적이고 강제적으로 느껴졌다. 반대로 그들이 자주 자랑했듯 분석가들은 아무것도 강요하지 않고 다만 고객의 요구에 반응하기만 할 뿐이었다. 이것이 분석 기법을 대단히 효과적으로 만들었음은 말할 필요도 없다. "증대된 합리적 구조의 유연성, 가족의 속박 완화"를 촉진한 정신분석은 많은 직업들이 새로운 관계적 규범에 합류하도록 하는 데 일조했다.[10]

정신분석은 또한 개인적 삶은 고유한 전문가를 필요로 하는 자율적 영역이라는, 당시로서는 새로운 생각에 기반을 둔 현대적 진료실 기반의 정신치료를 활성화했다. 미국에서 모턴 프린스는 제1차 세계대전 이후의 프로이트식 치료법에 대해 "밀물이 갯벌로 밀려왔다가 썰물 때 모래밭에 묻힌 조개를 물에 잠기게 하는 것"처럼 다른 접근법들을 휩쓸었다고 묘사했다.[11] 영국에서는 전쟁 신경증 환자들의 에피소드가 태비스톡 연구소를 사회적 프로이트주의의 선봉으로 변환시켰다. 프랑스에서는 국가가 운영하는 프랑스 국립 정신 위생 연맹이 정신 질환의 '외부적'이고 유전적인 표지를 프로이트에서 기원한 심리학으로 대체하기 시작했다. 정신분석의 영향을 받은 치료사들이 이번에는 자신들의 '절충주의'를 자랑했다. 프로이트는 "많은 정신의학자들과 정신치료사들이 우리 불로 솥을 데우면서도 우리의 대접에는 그다지 고마워하지 않는다"[12]고 불평하기도 했다.

정신분석이 치료 직종에 미친 영향이 국가 기반에까지 가 닿는 데 기여했다면 또한 그것은 새로운 심리학적 사유 방식의 확산을 진작시키기도 했다. 심리학적 사유를 가리키기 위해 점점 더 자주 사용하는 용어가 된 프로이트주의는 개인적 체험이라는 새로운 대상의 구축을 반영하기만 한 것이 아니라 그것을 돕기까지 했다. 자기-서술의 새로운 어휘들을 만들어낸 그것은 '구강' '항문' '남근 숭배' '성기' '무의식' '정신' '충동' '갈등' '노이로제' '히스테리' '아버지 콤플렉스' '열등 콤플렉스' '자아-이상' '나르시시스트' '과시벽' '금지' '에고' '이드' '슈퍼에고' 등과 같은 단어들을 도입하거나 재정의했다. 그러면서 그것은 사람들로 하여금 그들이 체험한 많은 것이 자기 안에서 일어나는 것으로 간주하도록 독려했고, 그리하여 진전의 유일하게 확실한 기반인 내적 개발의 과정에 이바지했다.

인간관계 직종들이 통제를 향한 경향을 반영하는 것이었다면 대중문화는 통제에 동반되면서도 그것에서 벗어나려 애쓰는 유토피아적 충동을 반영하는 것이었다. 그러나 정신분석이 인간관계 직종들에는 직접적으로 통합되는 것이었음에 비해 대중문화에 대한 기여는 간접적이었다. 여기에는 두 가지가 분간된다. 첫째, 그것은 개인을 만족할 줄 모르고 끊임없이 원하기만 하는 존재로 묘사했다. 이는 대량 소비의 성장에 필요불가결한 이미지였다. 둘째, 그것은 문화에 원초적 장면이니 오이디푸스 콤플렉스니 하는 많은 신화적 인물과 시나리오를 제공했는데, 이는 개인을 역사가 아니라 자연과 싸우는 것으로 표현하는 것이었다.

무의식이 고갈되지는 않지만 조정 가능한 욕구의 샘이라는 생각은 소비자 문화의 발전에 결정적으로 기여했다. 월터 딜 스콧Walter Dill Scott의 『광고의 심리학The Psychology of Advertising』(1908)을 시작으로 '집단 본능' '최면' '암시' 등과 같은 기반이 박탈된 분석 언어들과 함께 광고 교과서들이 쏟아져나왔다. 한 광고 대행사는 "소비자는 거의 언제나 그 혹은 그녀가 의무적으로 참고하고 존중해야 하는 권위의 명령이라고 믿는 것을 무의식적으로 복종하는 식으로 구매한다"[13]고 요약해 말했다. 이에 더하여 프로이트의 조카이자 '미국 홍보업의 대부'라 자처했던 에드워드 바네이스Edward Barnays는 "효과적인 광고는 소비자의 저항을 분쇄한다"고 말했다.[14] 광고업계 신문인 『프린터의 잉크Printer's Ink』는 1938년 광고업의 역사를 요약하면서 광고와 새로운 심리학의 관계를 이렇게 서술했다. "첫번째 광고는 상품의 이름을 팔았다. 두번째 단계에서는 제품의 특성들이 간략히 소개되었다. 그런 다음 상품의 용도에 대한 강조가 잇따랐다. 각 단계마다 광고는 공장의 관점에서 멀리 벗어나 소비자의 마음의 움직임에 점점 가까이 접근했다."[15]

정신분석의 신화 만들기 기능 —이에 이끌려 너대니얼 웨스트

Nathanael West는 프로이트를 현대의 불핀치Bulfinch라 불렀다 — 은 영화에 가장 크게 기여했다.[16] 2차 산업혁명과 더불어 출현한 새로운 기술 기반의 첫번째 예술 형태인 영화는 제1차 세계대전 이후 소비자 사회의 중심이 되었다.[17] 전전의 구술 영화가 교훈적인 것이었음에 비해 1920년대에 성행한 대중 오락적 영화에는 프로이트가 스며들어 있었다. 결혼 당사자 중 한 사람이 상대방의 빅토리아주의에 짜증나서 혼외 일탈을 통해 상대를 조롱하는, 널리 인기를 끌었던 세실 B. 데밀 Cecile B. Demil의 영화가 하나의 예다. 1923년 대중에게 '플래퍼flapper'를 팔아먹은 「불타는 청춘Flaming Youth」에서는 여주인공 콜린 무어 Coleen Moore가 프로이트의 책을 읽고 있는 장면이 나온다. 그녀의 홍보 대행업자는 화면 밖에서 그녀가 실제로 프로이트를 읽고 있음을 강조했다. 존 배리모어John Barrymore는 분석가 스미스 엘리 젤리페와의 자발적 상담을 통해 『햄릿Hamlet』을 정열적인 연극으로 제작하고자 했다.[18] 유럽에서 프로이트주의는 위축되는 가부장적 권위를 보여주는 「푸른 천사The Blue Angel」 같은 초현실주의적이고 표현주의적인 영화에 단서를 제공했다. 그러나 고전적 헐리우드 영화에서 분석은 순화되고 아이러니를 띠게 되었다. 「천하태평Care Free」에서 프레드 애스테어Fred Astair는 망설이는 그의 환자 진저 로저스Ginger Rogers에게 "나는 단지 당신이 자신을 찾는 걸 도울 뿐입니다"라고 말한다. 그러자 그녀는 "제가 길을 잃으면 전화 드리지요"라고 대꾸한다.[19]

정신분석과 영화의 얽힘을 인지한 많은 영화제작자들은 정신분석을 잡으려 애썼다. D. W. 그리피스Griffith의 「범죄자 최면술사The Criminal Hypnotist」(1908)는 최초의 정신의학 영화로 꼽혔다. 레옹스 페레Léonce Perret의 1912년작 「카도르 바위의 비밀Le Mystère des roches *de Kador*」은 영상을 통해 작동되는 정신의학 형태로 영화를 정신치료에 적용한 작품으로 소개되었다. 프리츠 랑Fritz Lang의 1922년작「마부제 박사*Dr. Mabuse*」는 그의 비상한 능력을 주식 거래, 도박, 맹목적인 위폐범들의 방대한 지하 조직을 조종하는 데 써먹을 뿐만 아니라 환자를 자살하게 만들기까지 하는 정신분석학자를 중심 인물로 삼았다. 이 영화를 계기로 파울 페데른은 빈 정신분석 학회에서 분석의 대중적 곡해에 저항하도록 촉구했지만 그의 동료 분석가들은 거기서 아무런 위험도 느끼지 않았다. 1924년 샘 골드윈Sam Goldwyn은 유럽으로 건너가 프로이트가 "진정 위대한 러브스토리"를 구상하는 데 참여해준다면 십만 달러를 줄 것이고, 그게 아니라면 프로이트를 미국으로 초빙해 "이 나라의 심장부에서 '선전'하도록 도와주겠다"고 제안했다. "감정적 동기와 억압된 욕망에 대한 통찰력을 지닌 프로이트 역을 누가 프로이트보다 더 잘 하겠는가?"라고 골드윈은 물었다. 다음 해 골드윈과 독일 영화제작사 UFA는 카를 아브라함, 한스 작스, 지그프리트 베른펠트에게 접근하여 정신분석 영화 제작에 도움을 받았다.

프로이트는 아브라함에게 "추상적 이론을 영화에 맞게 성형하여 표현하는 것은 불가능하다. 우리는 무미건조한 어떤 것에도 동의하기를 원하지 않는다"[20]고 조언하며 이들의 참여에 주의를 주었다. 그러나 루 안드레아스-살로메가 영화는 "그 휘발성을 모방하는 데 있어서까지도 우리 자신의 상상력의 움직임과 거의 일치하는 빠른 연속 영상을 가능하게 하는 유일한 기술"이라 주장하고, 오토 랑크는 "영상이라는 명확하고도 심미적인 언어를 사용하여 말로 표현할 수 없는 현상을 묘사한다"고 찬미하며, 한스 작스는 "이 미디어를 무시하는 것은 무모한 짓"이라고 주장하는 분위기 속에서 프로이트의 충고는 무시되었

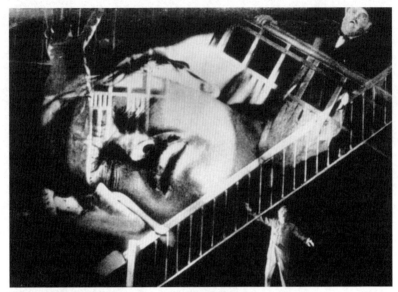

「영혼의 비밀」의 장면(1926)

다. 「영혼의 비밀*Secrets of the Soul*」이라는 영화는 골드윈이 자금을 대고 아브라함과 작스가 '과학적 자문'을 맡아 G. W. 팝스트Pabst가 제작하였다.[21] "우리는 가장 추상적인 개념까지 소개하는 데 원칙적으로 성공했다고 생각한다"고 아브라함은 주장했다.[22] 참여를 거부했었음에도 프로이트는 "조형적으로 매우 잘 표현될 수 있는 우리 주제의 한 측면, 즉 사랑"[23]에 매달린 의도를 두고 골드윈을 칭찬했다. 그러면서 그는 존스에게 "어쩌면 우리 모두는 이 사안에 대해 너무 보수적인 것일 게야"[24]라고 피력했다.

아마 프로이트는 보수적이었겠지만 정신분석은 그렇지 않았다. 취향이라는 중재자는 여전히 내부의 육체적, 사적인 능력보다 외부의 윤리적, 사회적 능력을 격려하는 문화를 고양시킬 것을 고집하고 있었다. 그러나 정신분석은 정신이 육체와 별개로 이해될 수 있다거나 도덕적 감각이 전체로서의 정신을 위한 조절 메커니즘을 구성한다는 주장을 부인했다. 그람시가 간파했듯 정신분석은 새로운 고상한 야만인의 신화를 제공하며 1920년대에 뿌리내린 문화의 대규모 민주화를 용이하게 해주었다. 동시에 정신분석 그 자체는 품위가 저하되었다. 1917년 허스트 프레스Hearst Press는 메이블 도지 루언의 분석을 연속물로 연재했다. 메이블 도지 루언의 그리니치 빌리지 살롱은 미국의 초기 분석 그룹의 토론이 열리던 곳이었다.[25] 10년 후 윌리엄 랜돌프 허스트William Randolph Hearst는 젊은 살인자들인 레오폴드Leopold와 뢰브Loeb를 분석하기 위해 '비용이 얼마가 들든' 프로이트를 시카고에 불러오려 노력했다.[26]

프로이트는 클라크 대학 강연 이후 다시는 미국을 방문하지 않았다. 그러나 반대 방향으로의 움직임이 없지는 않았다. 19세기 세계 자본주의 시스템에 대한 영국의 헤게모니가 금융, 국제법, 보험에 의지했던 것처럼 20세기 미국의 헤게모니는 영화, 자동차, 가정에서 사용하는 값싸고 표준화된 상품들에 의존했다. 프로이트주의가 포드주의적 문화의 신화 구조에 너무 깊이 스며든 까닭에 프로이트주의와 소비자주의는 손 쓸 도리 없이 얽혀버렸다. 정신분석은 한 미국인 학생이 한 말인 "오늘날 보통의 젊은이들은 이전 세대의 엄격한 관습에 얽매이지 않는다"는 생각을 예시하는 것처럼 보였다.[27] 프로이트주의는 미국화를 모더니티와 연결지었다. 그것은 유럽에서 발명되었으나 미국에서 변형되어 역수출된 많은 현상들 — 다른 것들로는 사회과학, 분석철학, 피자가 있었다 — 가운데 하나가 되었다.

그러므로 정신분석은 합리화의 물결을 용이하게 하여 포드주의에 필수불가결한 유토피아적 차원을 제공해준 것이었다. 정신분석이 없었다면 이는 성취하기 매우 어렵거나 전혀 다른 성격의 것이 되었을 것이다. 그러나 1920년대에 정신분석만이 유일한 유토피아적 경향은 아니었다. 오히려 문화 전체는 계몽주의적 자유주의가 '주체'라 불렀던 것을 보편적 이성의 중심에서 구체적 시공간에 위치한, 속속들이 개인화된 의식에 의해 특징지어지는 우연한 개체로 재정의한 '모더니티'라는 시대적 격변에 사로잡혀 있었다. 포드주의는 프로이트주의의 도움을 받아 개인에 대한 이러한 개념을 대중적 현상으로 바꿔놓았는데, 이는 특히 미국에서 더욱 그러했다. 이렇게 하면서 포드주의는 실제로 만일 계몽주의적 주체가 여성이거나 이민자이거나 과거 노예였다면 어떤 차이가 생겼을까를 질문하며 그 개념을 속화시켰고 정치화시켰다. 새로운 사회운동 — 신여성, 신동성애자, 신흑인 — 이 속속

등장하자 이것들과 정신분석의 관계는 중요해졌다. 특히 두 개의 장소가 두드러졌다.

첫번째 것은 성적 긴장과 개인적 친밀성의 은밀한 영역으로 변형되는 시점에 있어서의 가정이었다. 두번째 것은 새로운 대중문화로서 당시에 그것은 민중적이고 글로벌한 다문화적 특성을 지니기 시작했고 '원시적'인 것에 대해 깊은 관심을 보였다. 두 장소 모두에서 정신분석과의 긴밀한 연대가 목격되었다. 분명 가정과 문화라는 내면의 움푹 패인 곳과 정신분석의 연관은 정신분석의 카리스마를 강화시켜주었고 그것이 대중적, 유토피아적 전망으로 전환되는 것을 용이하게 해주었다. 동시에 1920년대 포드주의자들의 새로운 사회운동은 종종 정신분석에 대해 양가적이었다. 요컨대 '플래퍼'들, 동성애자, 급진적 지식인, 인종적 모더니스트들 모두는 프로이트가 그랬던 것처럼 비생산적, 카리스마적, 언더그라운드적 흐름 안에서 같은 물을 마시고 있었던 것이다. 정신분석이 무의식이라는 진짜 발견, 칼뱅주의가 개인의 영혼을 발견한 것만큼 중요한 발견의 전달자임을 믿은 그들은 또한 자주 자기네들이 프로이트의 메시지를 프로이트 자신보다 더 잘 이해하고 있다고 생각하곤 했다.

첫째로 가정의 변형에서 발생한 여성의 사랑/증오와 정신분석 간의 관계를 살펴보자. 이미 보았듯 제1차 세계대전 이전에도 많은 여성들은 사적 생산 자산에 의해 규정된 가정 단위 안에서 일했던 그들의 어머니나 할머니 세대에 비해 자신의 역할과 위상이 위축되었음을 체험했다. 샬럿 길먼은 제인 애덤스에게 보낸 편지에서 전혀 준비되지 않은 상태에서 '직접 체험하기'를 두려워하며 누군가가 가르쳐주는 바에 따라 삶을 이해하는 방식으로 간접적으로 살아가는 현대 여성의 감각을 묘사했다. 이와 비슷하게 사회학자 메리 로버츠 쿨리지Mary Roberts Coolidge는 가정이 하나의 '축소판 공장'이었을 때 "넓고 활기에 넘치는 행위의 장"을 누렸던 그녀의 "제작하는 할머니"를 그리워했다. 이런 느낌을 공유했던 페미니스트들은 여성 문제의 해법을 섹슈얼리티가 아니라 사회적 노동에서 찾으려 했다. 이에 따라 그들은 반프로이트주의의 거대한 집합소를 이루었다. 예를 들면 20세기 초반의 페미니스트들 중 으뜸가는 반프로이트주의자였던 샬럿 길먼은 여성을 사회적 노동에서 배제하는 것이 히스테리의 원인이라 믿었고 '비생산적이고 기생寄生적인 가정주부를 '성욕 과잉'이라 불렀다.[28]

전후 새로운 세대의 여성들은 정신분석의 유행을 훨씬 더 적게 체험했다. 가정주부로서, 특히 어머니로서 그들은 개인적 행복, 섹슈얼리티에 대한 책임, 가정생활의 정감 있는 분위기, 아이들의 양육에 대한 포드주의적 동경의 초점이 되었다. 그러나 여성에게 가정은 피난처이기는커녕 작업장이었다. 그럼에도 프로이트주의는 여성들이 가정의 지배적인 물질적 과정과 계급 관계적 시간 바깥에 있다는 환상을 조장했다. '자연적' 사랑으로의 귀환이라 포장된 개인적 삶에 대한 여성들의 책임은 여성을 직관 및 관능성과 같은 것으로 보는, 정신분석도 인가한 것으로 보이는 동일시equation에 기반을 두고 있었다. 1922년 헤이블록 엘리스는 "새로운 어머니는 모성을 사랑과 자연적 친밀성의 관계로 간주한다"고 썼다. "더 이상 낡아빠진 전통에 복종하는 데 그치지 않는 새로운 어머니는 그들 자녀의 친구가 되는 법을 배웠다."[29]

그럼에도 불구하고 제1차 세계대전 이후 많은 여성들은 정신분석에 빠져들었다. 그 이유는 특히 여성으로서의 조건과 관련이 있었다. 이는 부분적으로 생산이 가정 바깥으로 이동하는 것에 대한 여성들의 깊은 관심을 반영하는 것이었다. 정신분석은 냉장고, 진공청소기, 라디오, 식기세척기, 리놀륨, 실내 배관 등의 기술 혁신과 더불어 부상하였다. 여성들은 짧은 머리, 일회용 생리대(1920년에 발명되었다), 비행飛行에 매혹을 느끼는 것과 똑같은 이유로 이것들에 매혹되었다. 그것은 가정생활의 물리적 중압으로부터의 해방을 약속했다. 그뿐만 아니라 어쨌건 정신분석은 전후의 여성들이 직면해야 했던 특별한 문제, 1920년대에 여성의 섹슈얼리티 문제에까지 파급된 '여성의 차이'라는 문제에 대해 발언했던 것이다.

표면상으로 참정권에 초점을 둔 전전의 여성운동은 '여성의 차이'를 소홀히했다. 표면하에서 여성운동은 섹슈얼리티 문제에 사로잡혀 있었지만 그것을 단지 성적 착취의 형태로만 이해했다. 영국과 미국의 참정권 운동가들은 정기적으로 '성의 전쟁'에 대해 말했고 결혼을 '합법화된 매춘'이라 불렀으며 "생계 수단을 획득할 수 있는 권리를 부정당하는 여성은 인격을 부양의 계약관계에 몰아넣음에 비해, 이런 종류의 속박에 얽매이지 않는 남성은 이중 잣대의 이득을 취한다"고 주장했다. 강간당한 후 자살한 로마 여성인 루크레티아Lucretia의 이야기를 접하고 여성 참정권 운동가가 된 영국의 투사 시슬리 해밀턴 Cicely Hamilton은 "그녀의 '명예'가 도덕적인 것이 아니라 어떤 남자라도 약간 난폭하기만 하면 그녀에게서 빼앗을 수 있는 신체적 자질"임을 깨달았다. 이중 잣대에 감염되어 있던 전전의 여성 참정권 운동가들은 여성이 도덕에 책임이 있다는 19세기식 편견을 지지했다. 이에 따라 영국과 미국에서 여성 참정권 운동은 매춘 반대 및 금지 옹호 같은 여성 주도 캠페인이나 영화 검열, 하층 계급의 투표 제한 요구 등과

겹쳤다.[30]

전쟁은 이러한 과거의 여성운동을 산산조각냈다. 이는 부분적으로는 전쟁으로 인해 여성들이 겪었던 새로운 체험 때문이기도 하고, 또 부분적으로는 참정권에서의 승리란 다양한 요구들이 더 이상 참정권 투쟁으로 통합될 수 없다는 것을 의미했기 때문이었다. 많은 여성 역사가들이 전후 정신분석의 유행에 대해 '반혁명적'이라 서술하고 있지만 사실은 이전의 운동에서 명확하지 못했던 여성들의 요구가 전쟁 및 이에 뒤이은 경제적 변화를 계기로 전면에 부각된 것이었다.[31] 여성 참정권론자들이 성취한 것, 특히 여성의 노동에 대한 강조는 잊히지 않았지만, 1920년대의 많은 '신여성'들은 남성과 여성의 관계를 '성의 전쟁'이라는 성격으로 규정하기를 거부했다. 특히 여성 참정권론자들은 "인간의 속성 중 대다수는 성적인 것이 아니다"라고 주장했지만, 새로운 세대의 많은 여성들은 인간 생활에 있어 성적인 것의 범위가 프로이트가 주장하는 것만큼 넓다는 견해를 받아들였다.

그녀들이 이렇게 한 것은 남성들과 더불어 그녀들이 새로운 가족상에 끌렸기 때문이었다. 이것에 따르면 결혼은 깊이 체험된, 순전히 개인적인 성적 관계를 내포하는 것이었다. 여성들의 가정 외 노동이 확장되자 가족 규모는 줄어들었고 피임법의 사용이 늘어났다. 니스 보이스Neith Boyce와 허친스 햅굿Hutchins Hapgood이나 루이즈 브라이언트Louise Bryant와 존 리드John Reed의 관계처럼 밀착 관찰된 부부들은 '이성애의 발명'을 개척했다. 여기서 정신분석은 새로운 이상을 구체화했다. 새로운 것은 새로운 이성애를 수반하는 잘 관찰된well-documented 성적 갈등이 아니라 이 갈등의 성심리적 뿌리와 성적 만족에 대한 여성의 기대에 관한, 프로이트주의에서 고취된 의식이었다.[32]

개인적 삶과 성적 자유에 여성들이 매혹되자 여성들은 또다른 문제에 직면했다. 그녀들은 어머니 세대와의 갈등, 특히 무엇보다도 도덕의 수호자로서의 어머니 세대의 역할과의 갈등에 봉착했다. 남성이 여성에게 성행위를 강요할까 두려워하여 전전의 여성들이 기피했던 피임이 이때부터 관건적 요구가 되었다.[33] 1925년의 대중 영화「스텔라 댈러스*Stella Dallas*」는 다른 사람의 기분으로 살아가는 비참한 어머니의 모습을 자유분방한 딸을 통해 그려냈다. 뉴욕 타임즈는 그 플래퍼가 "그녀의 어머니는 절대 할 수 없던 방식으로 남자의 관점을 자기 것으로 삼을 수 있었다"[34]고 열광했다. 궁극적으로 신여성과 프로이트주의의 공명은 정신분석을 변화시킬 정도로 강했다. 그럼에도 불구하고 프로이트주의의 영향은 모호했다. 앞으로 보게 되겠지만 대중적 프로이트주의의 추상적이고 유토피아적인 성격은 프로이트주의가 보다 구체적인 성적 이데올로기로 수렴되는 것을 용이하게 만들어주었다. 수전 켄트Susan Kent가 주장했듯 여성을 성적 정체성을 지닌 인간 존재로 보는 "극단적으로 새로운 — 그리고 해방적으로 보이는 — 여성관을 포용하면서 많은 페미니스트들은 남성과 여성의 분리된 영역이라는 관념을 발전시키는 데 도움을 준 성차 이론을 수용했다."[35]

한편 정신분석은 '새로운 동성애자'들도 사로잡았다. 파리, 슈바빙, 첼시를 언급하지 않더라도 할렘과 그리니치 빌리지에서 동성애적 하위문화들, 카페, 퍼포먼스들은 프로이트주의적 문화와 자연스럽게 공존했다. 프로이트의 글들이 지식인에 의해 가장 상세히 연구된 도시였던 바이마르 시대의 베를린에서 마그누스 히르쉬펠트의 성과학 연구소와 베를린 정신분석 연구소는 합동 세미나를 개최하기도 했다. 오귀스트-앙리 포렐의『성 문제*The Sexual Question*』와 이반 블로흐의 『우리 시대의 성생활*Sexual Life of Our Time*』 같은 성과학의 고전들이 『쾌락원칙 너머』와 나란히 읽혔다. 동성애자들에 대한 긍정적 이미지를 유포한 「다른 사람들과는 다르게*Anders als die Andern*」(1919)와 「교복을 입은 소녀*Mädchen in Uniform*」(1931) 같은 영화가 「영혼의 비밀」과 동시에 상영되었다. 크리스토퍼 이셔우드Christopher Isherwood는 런던에 있는 W. H. 오든Auden에게 "베를린으로 오게. 베를린은 사내들을 뜻해"라고 전보를 보냈다. 정신분석의 중심이었던 런던 블룸즈버리에서는 '*삼각, 사각, 오각 관계*'가 가족 범위의 정상적 일부였다.[36]

정신분석은 그것이 여성들을 사로잡은 것과 똑같은 이유로 동성애자들을 사로잡았다. 이것은 섹슈얼리티를 생식으로부터 해방시킨다는 것을 의미했다. 이때 동성애자들은 후일 주디스 버틀러Judith Butler가 '이성애의 파토스'라 부른 것에 이끌린 것이 아니라 동성 공동체의 이상에 이끌렸던 것이다. 제1차 세계대전의 회고록인 『지혜의 일곱 기둥*Seven Pillars of Wisdom*』에서 T. E. 로렌스Lawrence는 "친구들이 부드러운 모래 속에서 멋진 포옹을 하며 친밀하고 따뜻한 팔다리를 함께 떨고 있었다"고 묘사하고는 그런 경험들이 자신에게 "프로이트 배후의 진실"[37]을 가르쳐주었다고 썼다. 이를 통해 로렌스가 의미한 것은 동성애가 도처에 잠재되어 있었음을 프로이트가 알고 있었다는 것이었지만, 실제로 프로이트는 그렇지 않았다. 이와 비슷하게 바이마르의 동성애자 신문 『아이게네*Der Eigene*』의 편집자였던 한스 블뤼허 Hans Blüher에 의하면 프로이트의 이론은 "남성과 여성의 에로스를 원료로 삼는 가정의 사회화 원칙 너머에는 인류의 두번째 원칙, 즉 *남성사회die Männliche Gesellschaft*의 원칙이 작동하고 있음을 의미하며 그것이 표현된 사례를 *남성연합Männerbunden*에서 찾을 수 있다"는 것이었다. 그러나 궁극적으로 블뤼허는 프로이트가 가정의 이상異常 발달, 그리고 그 결과 야기되는 것으로서 블뤼허가 유대주의와 연결시킨 "남성적 결속의 약화" 문제에 너무 관대하다는 이유로 프로이트를 거부했다.[38]

같은 이유 — 동성 공동체에 대한 헌신 — 로 1920년대의 많은 여자 동성애자들도 정신분석을 거부했다. 거트루드 스타인Gertrude Stein은 그녀의 남동생 레오Leo가 분석을 받겠다고 결심하자 그와 결별했다. 사람들 모두가 아버지 되기를 거부하거나 아버지가 있다는 걸 잊는 비프로이트적 21세기를 갈망한 스타인은 프로이트주의의 자기의식적인 20세기를 경멸했다. 그러면서 그녀는 "네가 모든 사람들을 상대로 네 이야기를 쓰면 그건 마치 네가 불행하다는 것처럼 들리지만 그러나 일반적으로 사람이 살다보면 즐거울 때도 있는 법"[39]이라고 주장했다. 케임브리지의 고전학자 제인 해리슨은 프로이트에게서 강한 영향을 받았지만, 어머니 여신들에 대한 고고학적 증거와 프레이저James George Frazer의 『황금 가지The Golden Bough』를 인용하면서 1920년대의 프로이트 유행을 호메로스Homeros 이전 시대의 그리스에 도리아인이 침공했던 것에 비유했다. 이 두 경우는 — 가부장제적 *부르주아* — 제우스와 프로이트가 지하의 여가장女家長적인 여성 중심적 질서에 이성애적 가정을 강요한 것이었다.[40]

플래퍼들과 동성애자들의 이러한 양가성은 포드주의 시대의 근본적 이율배반을 반영하는 것이었다. 정신분석은 동성애와 다른 방식으로 양성적이었다. 그것은 양성의 정체성과 대상 관계를 의미하는 것이었지 양성의 성적 관계를 의미하는 것이 아니었다. 그러나 직업으로서의 정신분석은 그 자체로 충분히 '양성적'이지 않았다. 다른 대부분의 직종들보다 훨씬 진보적이기는 했지만 남성지배적이었던 정신분석계는 동성애자들을 수용하지 않았다. 그 결과 여성과 동성애자들은 고상한 야만인이라는 이 새로운 신화와 갈등 관계에 머물러야 했다.

  가정이 개인적 삶의 영역으로 변환되는 것과 병행하여 포드주의는 문화의 의미 또한 변화시켰다. 1934년 미국의 편집인인 헨리 세이델 캔비Henry Seidel Canby는 농촌에서 겪은 자신의 성장기를 회상하며 자기가 자란 작은 마을이 아테네는 아니었지만 삶은 '풍요하고 심오했다'고 썼다. 열네 살이 될 때 그는 "인류학자들이 문화라고 일컫는 것을 체득했는데, 그것은 통상적인 의미의 문화와는 전혀 다른 것이었다. 그는 쉽고 자연적인 체험을 통해 자신을 의식적이고 조직적이고 통합적인 사회의 일부로 만들었다."[41] 이때 캔비가 사용하는 '문화'의 의미란 삶의 총체적 방식이라는 19세기적 의미였다. 그러나 1920년대에 이르러 새로운 '대중'문화가 출현하자 그 용어는 복고적 울림을 지니게 되었다. 여성이 자연, 직관, 관능성과 동일시되었던 것처럼 인종적 공동체 혹은 기원起原의 장소였던 그 작은 마을은 뿌리, 깊이, 진정성을 의미하게 되었다. 사람들이 아프리카 조각, 아일랜드 연극, 멕시코 혁명 등에 관심을 지니게 되면서 그 향수는 어린아이, 꿈, '잠재의식'과 같은 원초적이거나 '원시적'인 영역과 더불어 종종 원시주의적 색채를 띠게 되었다.

  현대적 가정 생활의 개척에 수레 역할을 했던 것과 마찬가지로 정신분석은 현대 문화의 개발에도 영향을 끼쳤다. 어떤 사람들은 정신분석을 고상한 야만인의 신화를 강화하는 원시주의와 같은 것으로 여겼지만 초현실주의자들의 민족지民族誌적 실험, 탈식민지화된 세계에서 정신분석 이론을 다시 쓰는 작업, 사회과학에서 '문화와 퍼스낼리티' 학파의 성장 같은 많은 혁신들은 이러한 개발의 진정성을 입증한다. 국가사회주의에 의해 점화되고 프랑크푸르트 학파의 비판이론과 연결된 재사유 이전에 정신분석과 현대 문화 사이의 가장 폭넓은 교류는 뉴욕에서 일어났다. 그 위치와 인구 수, 이민자들의 다양성, 그리고 세계적으로 조직된 새로운 문화산업 ─ 출판, 음악, 영화 배급 등 ─ 으로 인한 독특한 코즈모폴리턴이었던 뉴욕은 또한 검은 미국, '원시주의' 미학의 원천, 섹슈얼리티와 음악의 수도이기도 했다. 그리니치 빌리지와 할렘 르네상스 운동의 융합 지식인들에게 거처를 제공한 뉴욕은 세계 어느 곳보다 많은 정신분석가들을 보유한 것으로 유명했다. 프로이트주의는 뉴욕 정체성의 중심이었고 차후로도 그러할 것이었다.

1920년대 뉴욕 지식인들의 일반적 목표는 유럽으로부터만이 아니라 뉴잉글랜드에서도 벗어난 순수한 미국 문화를 발전시키는 일이었다. 그러므로 뉴욕의 지식인들은 정신분석이 무엇보다 먼저 칼뱅주의, 혹은 그것의 영미식 변형태의 명칭으로서 뉴잉글랜드에 거주하는 백인 프로테스탄트의 권위자들뿐만 아니라 서부와 남부의 그 직계 후손들에 의해서도 상징되는 청교도주의의 평형추라는 점에 끌렸다. 1950년대의 반청교도주의는 청교도의 종교적 사유의 깊이와 복잡성을 증명한 페리 밀러Perry Miller의 연구가 주된 이유가 되어 악평을 얻게 되었다. 그러나 1920년대에 문제가 되었던 것은 종교가 아니라 문화, 특히 국가를 안정시킨 대가로 정신의 불을 꺼뜨린 것으로 보였던 초기 자본주의의 완고한 문화였다. 많은 사람들은 포드주의가 새롭고 더 표현적인 문화가 가능하도록 만들었다고 생각했지만 낡은 관습, 특히 가정의 수준에서의 낡은 관습은 그대로 존속하고 있었다.

이 낡은 관습과 겨루기 위해 프로이트주의에 이끌린 지식인들은 처음에는 정신분석을 청교도주의에 대한 내재적 비판, 즉 칼뱅주의가 강조하는 본능의 억제를 유지하면서도 그 금욕적, 강제적, 위선적 성격을 벗어던지는 시도로 보았다. 결국 정신분석의 입장에서는 멀고 가까이 다가갈 수 없고 이해할 수도 없는 분석적인 '신'만이 존재했다. 그 신은 말씀에는 답할 수 없고 오직 내적으로만 접할 수 있는 신이었다. 프로이트가 거듭 주장했듯 정신분석의 키워드는 '절제abstinence'였다. 충고도 돌봄도 상호 주체적 이해의 시도도 없었다. 중요한 것은 단 한 가지였다. 세속적 성공도 감각적 만족도 '자부심'도 아닌, 단지 칼뱅주의자들처럼 영혼의 상태만이 중요한 것이었다.

이에 더하여 지식인들은 그 역사적, 문화적 저변 확보를 위해 앞서 말한 '동성애의 발견'을 재정의했다. 정신분석에 가장 깊이 관여한 뉴욕의 사상가 플로이드 델에 의하면 청교도주의의 복원력은 자족적이고 경제에 기반을 둔 오래된older 가정에까지 소급될 수 있었다. 여성과 청년들이 경제적으로 가족에 의존하는 한 아버지의 권위는 존속되었다. 대량 생산이 청교도주의의 가족적 기반을 제거했을 때 '사회적으로 수용 가능한 관습'들이 신경증으로 바뀌었다는 것이다.[42] 또한 델은 '낡은 가부장적 가족 제도'에 반하여 연애결혼을 지지했다. "연애결혼은 재산에 대한 고려만 없으면 언제 어디서나 이루어졌다." 델은 이 연애결혼을 자유분방한 사회, 포드주의의 혁신과 결합시켰지만 경찰은 이를 "급진주의자, 프로이트주의자, 양성구유자androgyne, 꽃미남"들의 소굴이라 욕했다. 그러나 델은 이를 아버지의 권위가 물러나고 경제생활이 최소한의 적정 비율로 축소된 공간으로 인식했다. 의미심장하게도 델은 '자유연애'는 지지하지 않고 이보다는 결혼이 개선되어야 문화가 개선된다고 보았다.[43]

뉴욕의 지식인들은 또한 새로운 대중문화 자체의 통합성과 깊이를 고취하기 위해 정신분석으로 몰려들었다. 소규모 잡지와 성실한 출판사들이 번성하는 가운데 반 위크 브룩스Van Wyck Brooks는, 청교도주의의 피해자로서 그 암울한 전망이 프로이트의 그것을 예고하는 듯한 허먼 멜빌Herman Melville과 마크 트웨인Mark Twain에 대한 관심을 되살려냈다. 한편 몇몇 연극계 사람들은 그때껏 오직 멜로드라마, 뮤지컬 코미디, 소극笑劇만 알던 미국 연극계에 비극을 도입했다. 유진 오닐Eugene O'Neill의 원프로이트주의적 드라마에 환호를 보내며 그들은 좁은 무대 전면을 의식에 비유하는 한편 훨씬 넓은 무대 뒷면은 그 안에서 참을 수 없는 근친상간, 부친 살해, 인종 고문의 판타지가 펼쳐지는 무의식에 비유했다.[44] 프로빈스타운 플레이어즈Provincetown Players*를 통해 실험 연극을 시작한 그들은 1916년 수전 글래스펠의 『억압된 욕망Supressed Desire』으로 브로드웨이의 '정신분석 시대'를 열었다.

청교도주의에 대한 1920년대 비판의 많은 부분은 유대인, 이탈리아인, 기타 이민자들에게 자리를 만들어주는 것을 목표로 삼았지만 할렘 르네상스 운동의 ―흑인과 백인― 지식인들은 아프리카계 미국인의 체험이 더 중요하다고 보았다.[45] 한 가지 사실로서 미국은 순수한 문화를 가꿀 수 있는 터전인 다른 '민속folk'도 '농민의 땅'도 없었다. W. E. B. 뒤부아가 지적했듯 검은 미국은 "달러와 쓰라림의 더러운 사막"[46]에

---

* 20세기 초 극작가들과 배우, 연출가들이 모여 구성한 미국의 실험적 아마추어 극단.

단 하나 있는 정신의 오아시스였다. 더 나아가 청교도주의가 암시하는 미국의 어둡고 무의식적인 과거에 있어 노예제도에 의해 만들어진 것보다 더 어두운 흐름은 없었다. 아프리카계 미국인들의 가장 단호한 노력은 가족의 유지를 향해 가고 있었음에 비해 정신분석은 무엇보다도 탈가족화의 논리를 따르고 있었으니 그토록 직접적이고 노골적으로 핍박받았던 사람들에게 정신분석이 어떤 적절성을 지닐 수 있었을 것인가?[47]

할렘 르네상스 운동에 정신분석이 큰 역할을 한 데에는 두 가지 이유가 있었다. 당시 할렘의 지식인들은 자조自助와 책임이라는 부커 T. 워싱턴의 이데올로기 형태의 청교도주의와 대결 구도에 놓여 있었다. 가장 중요한 아프리카계 미국인 모더니스트인 진 투머Jean Toomer의 불평처럼 "문화적으로나 정서적으로나 청교도 전통에서 가장 멀리 떨어진, 혈관에 니그로의 피가 흐르는 흑인들이 청교도 전통의 가장 끈질긴 지지자"들이었던 것이다.[48] 게다가 아프리카계 미국인 가족들이 그들 사회에 깊이 뿌리내리고 있었던 것은 트라우마, 폭력, 배반의 배경을 포함하는 미국 문화의 무의식적 뿌리를 이해하려는 시도에 힘을 실어주었다. 조라 닐 허스턴Zora Neale Hurston이 그 사례를 제공한다.

1891년 플로리다에서 물납物納 소작인 아버지와 교사인 어머니 사이에서 딸로 태어난 허스턴이 처음 프로이트를 읽은 것은 1925년 프란츠 보아스가 컬럼비아 대학에서 가르친 정신분석 세미나에서였다. 보아스는 정신분석을 19세기 인종과학에 대비되는 것으로 가르쳤다. 그뿐만 아니라 허스턴은 민족지적 방법론에도 영향을 받았는데 그것은 대화적이고 해석적이었지만 과학의 지위를 갈망하고 있었고, 이런 점에서 정신분석과 흡사했다. 그녀는 또한 보아스의 동료인 에드워드

사피어Edward Sapir에게서도 영향을 받았는데, 그는 정신분석이 인류학의 "매우 귀중한 핵"을 제공한다고 믿고 있었고 문화를 "민족의 정수精髓를 구현"하는 무의식적 원천이라고 규정했다.[49]

컬럼비아 대학에서 공부를 마친 후 허스턴은 정신분석적 인류학자를 자처하며 아프리카계 미국인들이 사는 미국 남부를 여행했다. 그녀에 의하면 검은 남부의 방언, 이야기, 유머, 민족적 관습은 '인종적 무의식'을 구성하는 것이었다. 인종적 무의식이라는 말로 그녀가 의미했던 바는 과거에 대한 집단적, 영적 목록으로서 그 과거는 여전히 끈질기게 현존하는 것이었다. 인종적 무의식은 그 고유의 언어를 지니고 있었다. 그러므로 "백인들은 기록된 언어로 사고하고 흑인들은 상형문자로 생각하는 것이었다." 가장 잘 알려진 그녀의 저서인 『그들의 눈은 신을 보고 있었다*Their Eyes Were Watching God*』는 언어와 민중적 패턴과 남부 오지奧地의 집단적 기억에 의존하여 자신의 트라우마적 체험을 거짓 이야기로 극복하려 애쓰는 흑인 여성을 묘사했다. 1939년 허스턴은 프로이트가 모세를 이집트인으로 서술할 때 정체성 개념에 도입했던 복잡한 문제에 답했다. 그녀는 히브리족의 엑소더스 이야기를 백인들이 강제한 노예 상태에서 벗어나는 아프리카계 미국인들의 엑소더스 이야기로 다시 쓰는 방식으로 답한 것이었다. 허스턴은 (프로이트처럼) 인종본질주의에 이의를 제기한 것일 뿐 아니라 자유는 아프리카계 미국인들에게 노예 상태일 때보다 더 큰 시련을 준다는 프로이트의 견해를 확대한 것이었다. 그녀의 모세는 이집트에서 벗어난 후 그의 인민들에게 거듭 되풀이해서 자유는 내적 상태이지 "바베큐가 아니다"라고 말한다.[50]

허스턴과 동시대인인 진 투머 역시 인종 무의식 개념을 끌어다 썼다. 뉴올리언즈와 워싱턴 D.C.의 '황색' 귀족 가문 후예인 아프리카계 미국인 투머는 자신을 흑인이나 니그로로 규정하는 일체의 명명에 저항했다. 그러한 규정은 자신의 정체성의 미국적 근원을 묵살한다는 것이 그의 견해였다. 그럼에도 유진 오닐의 1920년작 연극「존스 황제 *The Emperor Jones*」에 대한 리뷰에서 그는 이렇게 썼다. "무의식의 내용은 개인에 따라서만 다른 것이 아니다. 그것은 또한 인종에 따라서도 다르다. 존스는 니그로 특유의 무의식의 파편들을 가진 채 살아왔다. 노예선, 채찍질 말뚝 등. 그의 두려움은 다른 인종적 체험에 의해 변질된 유사한 감정과 뚜렷이 다른, 니그로의 두려움이 되었다." 투머는「존스 황제」에 대해 "의미심장한 드라마 형식으로 표현된 니그로 심리의 단면"이라고 결론 내렸다.[51]

할렘 르네상스 운동은 1930년대의 대공황과 더불어 끝났다. 그러나 흑인 지식인들과 정신분석 간의 연관은 그렇지 않았다. 세인트 클레어 드레이크St. Clair Drake와 함께『블랙 메트로폴리스*Black Metropolis*』를 공동 집필한 사회학자 호레이스 케이튼Horace Cayton은 개인성과 인종 사이의 모순을 놓고 평생 씨름했다. 급기야 그는 헬렌 V. 맥클린 Helen V. McLean과 5년 동안에 걸쳐 분석을 진행했다. 이 시카고 분석가의 미약한 팔과 여성이라는 점이 그녀가 자신의 '핸디캡'을 이해하리라는 느낌을 주었던 것이다. 분석가로서의 초기 단계에서 케이튼은 인종이 '편리한 포대자루' '개인적 부적합성에 대한 합리화' '더 깊은 탐구의 회피 수단'이라 여겼다. 그는 뒤늦게야 인종이 "그의 퍼스낼리티의 핵심을 건드리는 것이며 [……] 그가 안전하지 못한 주된 이유라는 사실을 깨달았다. "나는 그걸 어머니 젖과 함께 마셔야 했다"고 그는 외쳤다. 정신분석은 인종 혐오와 자기 혐오가 현대 사회에 얼마

나 중심적인가를 깨닫게 함으로써 그의 사회학 이론을 변화시켰다.[52]

할렘에 라포르그 정신건강 클리닉을 창설하는 데 프레더릭 웨덤Frederic Wertham과 함께 일했던 리처드 라이트Richard Wright는 정신분석을 이용해 인종의 복잡한 의미를 파헤친 또 하나의 흑인 모더니스트였다. 라이트에 의하면 문화는 사람들이 "두려워하는 부분과 지키고자 하는 부분"을 가르는 데 이용하는 '장막'이었다. 양성성과 양가성을 공격성과 연결시킨 라이트의 소설들은 제임스 볼드윈James Baldwin으로 하여금 흑인문학에서 통상적으로 섹슈얼리티로 채워지는 자리가 폭력에 의해 장악되는 경향이 있음에 주목하도록 만들었다. 라이트의 『긴 꿈The Long Dream』의 한 인물은 린치를 당해 거세되고 불구가 된 피해자를 보고 그의 친구에게 "넌 아마 저런 식으로 난도질하고 싶을 만큼 겁나게, 거의 사랑한다고 할 정도로 저 사람에게 끌렸을 거야. 티리, 그들은 우릴 증오해. 그러나 우릴 사랑하기도 하지. 변태적인 방식으로 말이야. 그들은 우릴 사랑해"[53]라고 털어놓는다. 이런 무시무시한 통찰을 접한 뒤 원래 "인종적 편견을 널리 퍼진 무지에 기반을 둔 것"으로 여기던 W. E. B. 뒤부아마저도 나중에는 자신이 "인간의 행동이 거의 이성에 기반을 두고 있지 않다는 것을 이해할 만큼 충분히 프로이트주의자가 아니었다"고 인정했다.[54]

1920년대의 문화 실험은 대공황 이후 중단되었다. 그러나 현대적인 의미에서의 문화 개념이 생겨났다. 후일 라이오넬 트릴링Lionel Trilling이 썼듯 그 개념은 "자아를 상상하는 모종의 새로운 방식과 병행하여 발전되었다." 그것은 사회의 '스타일'을 암시했다. 그 스타일은 사회의 "의식적, 의도적 행위나 건축, 철학 등등의 것에서뿐만 아니라, 무의식적 행위 〔……〕 발설되지 않은 가정假定, 즉 사회의 무의식"에서 드러났다. 사회적 대변환의 맥락 속에서 진화한 정신분석은 이러한 문화 개념의 창출에 결정적 역할을 했다. 그것은 문화의 대리 장치들이 정신 안에 만들어지더라도 정신 자체는 그것을 넘어선다는 것을 가르쳐주었다.

'신여성' '신동성애' '신니그로'와의 연관과 병행하여 마침내 재즈 시대의 정신분석이 예술적 모더니즘과 얽히게 되었다. 이 만남은 가장 알력이 심했는데 그 이유는 모더니즘과 정신분석이 명백히 공통의 원천으로부터 나온 탓에 서로 할 이야기가 같았기 때문이었다.

후원자들로부터 갓 벗어나 자신의 재능을 시장에 내다 팔 수 있게 된 19세기 낭만주의 예술가들은 분업 노동에 고정된 자리의 닻줄을 끊어내고 개인적 감정과 체험이라는, 당시로서는 새로운 생각을 구현해냈다.[55] 1890년대에는 다양한 아방가르드들이 공통의 목표를 규정했다. "무의식적 감수성의 힘을 드러내기 위해 물질로부터 완전히 자유로운 놀이라는, 죄의식 없는 무의식의 노출"이 그것이었다. 초기 정신분석가들처럼 초기 아방가르드들도 자신들의 작업을 '비' 혹은 '포스트' 경제적인 것으로 보았다. 화가 폴 고갱Paul Gaugain이 지적했듯 "(예술적 창조로부터 얻는) 자부심이 유일한 위안이다. 수입, 그건 결국 대개 짐승 같은 놈들이나 갖는 것이다." 아방가르드 예술가들과 정신분석가들은 정체성의 원천으로 '원시적'인 것에 대한 지향을 공유했다. 고갱은 자기 그림에 대해 이렇게 썼다. "내 손은 피로 물들어 있다. 나의 문명화된 감각의 오래된 찌꺼기가 마침내 파괴되었다."[56] 무의식의 노출이 대상 세계로부터의 후퇴를 야기할 것이라는 정신분석의 견해는 추상의 발견에서 정점에 이르는 일련의 예술적 혁신과 병행했다. 그리하여 1913년 러시아의 절대주의 화가인 카지미르 말레비치 Kazimir Malevich는 "대상 세계의 견고함으로부터 예술을 자유롭게 하려는 자신의 필사적인 투쟁"에 대해 서술했다. 그는 "내가 전시했던 것은 빈 사각형이 아니라 목적 없음의 체험이었다"[57]고 썼다. 이 발걸음들 하나하나는 새로운 생산적 힘에 의해 속박이 풀린 새로운 가능성을 반영했다. 그 가능성은 더 이상 뉴턴적 한계에 갇히지 않고 더 이상 물질적 필요에 압박당하지 않는 사유 형식의 가능성을 의미했다.

1920년대의 '2차 모더니티'는 현대 예술과 정신분석 사이의 공명을 심화시켰다. 1921년에서 1924년 사이에 출판된 위대한 문학 작품들에는 피란델로Luigi Pirandello의 『작가를 찾는 여섯 인물Six Characters in Search of an Author』(애매성, 정체성), 프루스트의 『잃어버린 시간을 찾아서A la recherche du temps perdu』(나와 기억의 동질화), 토마스 만의 『마의 산The Magic Mountain』(병, 문명의 붕괴), 버지니아 울프의 『댈러웨이 부인Mrs. Dallaway』(내면성, 의식의 흐름), 그리고 제임스 조이스 James Joyce의 『율리시즈Ulysses』(언어적 잠재의식, 신화와 일상의 상호작용, 문화적 아웃사이더) 등이 망라된다. T. S. 엘리엇T. S. Eliot의 『황무지The Waste Land』는 모더니티를 "깨진 이미지들의 더미, 태양은 작열하는데 죽은 나무는 그늘 하나도 드리우지 못한다"고 묘사했다. 다양한 외관들 이면의 모든 모더니스트적 혁신의 중심에는 몇몇 무의식의 개념들이 놓여 있었다.

동시에, 정신분석과 현대 예술이 같은 터전에서 나왔고 많은 관심을 공유하고 있었지만 포드주의는 이것들을 갈등 관계로 몰아갔다. 대량 생산은 예술가들의 지위를 높이기만 한 것이 아니라, 라디오, 영화, 북 클럽, 대중 예술, 저널리즘, 디자인, 이러한 모든 것들이 대량 생산성의 기술적 요구에 종속되기 시작함에 따라 이들을 피고용인으로 전락시켰다. 이미 보았듯 예술가들은 흔히 창조성을 신비화하고 '천재'의 개념을 고집하는 것으로 대응했다. 말할 나위도 없이 위대함, 독보적인 '창시자'라는 나르시시스트적 편견, 고립과 '몰이해'라는 고통스러운 드라마는 분석가들도 모르지 않았다. 그러나 같은 부모에게서 태어난 정신분석가와 현대 예술가들은 자신을 스스로 창조한 존재로 간주하기를 선호했다. 분석가들이 더 앞장서 나가며 예술을 설명하는 척했을 때 예술가들은 당연히 반발했다. 이렇듯 1920년대 초반은 반란의 시기였다.

정신분석에 관한 첫번째 소설인 이탈로 스베보Italo Svevo의 『제노의 의식The Confessions of Zeno』(1923)은 정신분석과 예술의 관계를 과학이 예술을 종속시키려는 시도로 묘사했다.[58] 버지니아 울프의 '프로이트적 소설'은 프로이트가 '인물'을 '사례'로 변형시켰으며 그의 이론적 '열쇠'는 "복잡하게 만들기보다 단순화"[59]한다고 비판했다. 조이스의 『피네건의 경야Finnegan's Wake』에서 근친상간의 고발은 '프로이트의 실수'라 불렸고, 여기서 프로이트는 '트라우마 지휘자'로 나오고 다른 인물들은 "융, 그리고 쉽게 프로이트화된 자"[60]로 묘사되어 있다. 토마스 만은 『마의 산』을 쓸 때 아직 프로이트를 읽지 않았었지만 그러나 그는 베르고프 요양원에서 정신분석에 대해 듣는 장면에서 한스 카스토르프를 폭소에 빠트렸다. 비록 나중에 토마스 만은 동성애 소설 「베니스에서의 죽음Death in Venice」을 쓸 용기를 준 것에 대해 프로이트를 신뢰했지만 그러면서도 그는 예술가들이 정신분석 때문에 "불안해지고 위축된다"는 점을 지적했다. "예술가들은 프로이트의 생각에 엑스레이 촬영을 당하듯 창작 예술의 비밀을 탈취당할 정도가 된다."

⁶¹⁾ 예술가들의 의구심에 대한 최고의 진술은 로저 프라이Roger Fry의 1924년도 논문 「예술가와 정신분석The Artist and Psychoanalysis」이었다. 이 글은 예술의 고유한 구성 요소를 "재현에 의해 환기된 감정과 분리된 형식 관계에 대한 불편부당한 성찰"⁶²⁾로 특징지었다. 반대로 프로이트는 형식 관계는 예술의 내용이 제공하는 소망 충족을 용이하게 하는 일종의 '선先쾌락'을 제공한다고 생각했다. 그의 관점에서 볼 때 프라이의 생각은 억압의 한 형태로 보였던 것이다.⁶³⁾

한편 D. H. 로렌스는 정신분석에 강하게 영향을 받았으면서도 또한 그것에 억압되었던 예술가의 전형적 사례이다. 전쟁 기간 동안 쓴『사랑에 빠진 여인들Women in Love』에서 로렌스는 포드주의적 대량 생산의 무시무시한 충격을 묘사했다. "유능한 엔지니어들이 각 관구에 배치되었다. 〔……〕 새로운 기계 장비들이 미국으로부터 운송되었다. 〔……〕 땅 파는 기계는 단지 도구일 뿐이었다."⁶⁴⁾ 로렌스는 대량 생산이 "인물의 낡고 안정된 에고"에 기반을 둔 사실주의 소설을 진부한 것으로 만들었다고 믿었다. "다른 자아, 그것이 작동하면 사람을 알아볼 수 없게 되는 다른 자아"를 찾으면서도 로렌스는 정신분석을 과학적 술책과 동일시했다. 1924년 그는 메이블 루언에게 "나는 정신분석에 대한 열광 뒤에 무엇이 있는지 알고 있네. 모든 것을 '의지'와 '머리' 속에 소유하려는 똑같은 추잡한 욕망이지. 삶 자체는 다른 데서 오는 거야." 다른 자리에서 그는 "나는 모든 치료술을 혐오하네"라고 덧붙여 말했다. 신경증 환자는 "치유되면 완벽한 의식과 자동적 통제가 당연하다고 생각하지. 나는 차라리 신경증 환자들이 죽었으면 좋겠어."⁶⁵⁾ 또 그는 "마침내 나는 나의 섹스 예찬에 대한 비평가들의 험담의 요점을 알게 되었네. 그들은 오직 한 가지 형태의 섹스만을 알았던

거야. 신경증적이고 개인적이고 그리고 와해적인 일종의 '백색' 섹스 [······] 요즘의 섹스 방식이야말로 내가 뜻하지 *않았던* 바로 그것이지."[66]

정신분석에 대한 로렌스의 혐오는 단순히 예술의 자율성에 대한 그의 옹호 때문만은 아니었다. 이보다 그는 개인적 삶에 대해 매우 다르게 이해하고 있었다. 로렌스에게 섹슈얼리티는 존재의 기반이었다. 합리성은 어떤 경우에도 변함없이 방어적이기만 한 지적 처리의 형태였다. 정신분석에 대한 그의 거부의 뿌리에는 생각하는 여인을 성적 존재로 인지하기 어렵다는 이유가 있었다. 윈덤 루이스Wyndham Lewis는 남성적 미덕을 파괴하게 될 여성해방과 프로이트를 동일시한 또 한 명의 작가였다. 그는 셔우드 앤더슨을 "보잘것없는 공처가에 프로이트화된 전혀 새로운 열등 콤플렉스를 지닌 갈팡질팡하는 백인"이라 조롱하면서 로렌스와 마찬가지로 힘없는 남자 아이에 대한 동정을 구했다. 그는 "아빠에게 반항하도록 페미니스트 엄마에게 선동당한 소년은 그가 아버지를 죽여서 먹어버려야 할지 고심하기 마련이다"[67]라고 썼다.

정신분석에 가장 깊숙이 연루된 현대 예술가는 초현실주의자들이었다. 현대 문화를 구속되지 않은, 의사疑似 개인화된 욕망의 장으로 보는 그들은 인간적 대상과 비인간적non-human 대상이 배치되는 르네상스 회화의 지각 공간을 무한히 상상적인 공간, 궁극적으로 욕망의 공간으로 대체했다. 더 나아가 초현실주의자들은 예술 작품의 특별한 역할을 최소화했고 비판했다. 그들은 이 역할이라는 것을 욕망을 담고 그것의 통로를 만들어주는 것을 목표로 하는 제도라고 보았다.[68] 결국 그들은 미래주의자들이 전기와 라디오의 놀라운 세계를 열고,

막스 에른스트, 「신부 훔치기」: 초현실주의 회화(1939)

큐비스트들이 예술과 대중문화의 구분을 문제 삼고, 러시아 아방가르드들이 민중을 민주화하고 산업화하는 예술의 공헌을 개척해내는 것을 지켜보았다. 그러나 1920년대에 이르러 아방가르드 작품들은 박물관에 걸렸고 그들의 위반은 무력화되었다. "회화는 감정을 불러일으킨다"는 것을 마지못해 인정하며 브르통은 "이 시대에 문제되는 것은 현실 자체"라고 주장했다. 그는 예술 작품이 아니라 현실 그 자체가 무의식적 내용으로 채워져 있다는 감각을 창조하기를 원했다.[69]

많은 주류적 견해에는 미안한 말이지만 초현실주의자들의 주된 관심은 섹슈얼리티가 아니라 무의식적 정신이었다. 그 기이한 논리와 연상 법칙, 비문법성, 모순의 수용, 시간과 죽음에 대한 무시 혹은 부인, 이미지즘적 어휘의 선호 등. (초현실주의자들보다 앞서 예술 작품을 거부했던) 다다이스트들은 우연한 기회를 인과성을 초월하는 마술적 절차로 간주했지만 초현실주의자들은 우연한 기회를 "프로이트의 무의식적 정신"[70]이라 불렀다. 그들은 꿈-작업에 대한 프로이트의 분석에서 "여태껏 무시되었던 모종의 연상 형식이라는 고차원적 리얼리티"를 발견했다. 자동 기술, 발견된 대상, 의미화 작용을 가로질러가는 지름길로 보였던 사진 같은 '색인적' 미디어에 대한 선호, 명백히 아무 연관도 없어 보이는 이미지들(우산, 재봉틀, 전화교환대)의 연결은 모두 무의식의 비이성적이거나 초이성적 논리를 묘사하려는 시도였다.[71] 물론 이들의 시도에 영감을 불어넣어준 것은 전쟁이었다. 프로이트에게서 가장 깊이 영향을 받은 초현실주의자인 막스 에른스트는 그의 일대기를 "1914년 8월 1일 사망. 1918년 11월 11일(종전) 부활"이라 요약하고는 해석이나 조화 이루기를 거부하는, 따라서 항구적인 '정체성 위기'를 표현하는 몽환적인 그림들을 그렸다.[72]

직업적 의술의 한계에서 벗어난 초현실주의자들은 종종 정신분석을 개선했다. 분석가들이 음경 선망에 대해 토론하고 있을 때, 자신들이 창조한 하위문화가 분석가들의 그것보다 더한 동성애 공포와 성차별주의에 머물러 있을 때조차도 그들은 부르주아 가정을 조롱하고 여성의 친부 살해와 신비주의와 매춘을 찬양했다.[73] 이와 비슷하게 앙드레 브르통은 "정신병원에서 만들어진 예술 작품을 규제하는 맹목적이고 비관용적인 편견"을 공격했다.[74]

그러나 정신분석과 초현실주의 사이에는 한 가지 커다란 차이가 있었다. 프로이트에게 언어와 이미지는 해석을 필요로 하는 것이었지만 초현실주의자들은 언어와 이미지를 마술적 힘의 주문으로 보았다.[75]

이탈리아 공산당의 창설자이자 정신분석이 고상한 노예에 대한 새로운 이론이라는 생각을 처음 피력한 그람시의 묘비.

프로이트는 꿈을 생시의 언어로 번역하려 애썼다. 초현실주의자들은 프로이트에 대해 꿈과 현실을 절대적 현실 혹은 초현실로 결합하려 하지 않고 이 둘을 구분하려 한다고 비판했다. 1928년 루이 아라공Louis Aragon과 브르통은 샤르코의 사례 연구 가운데 하나에 대해 "히스테리의 50번째 생일, 〔19세기〕 후반기의 가장 위대한 시적 발견"[76)]이라 축하했다. 요점은 히스테리를 찬미하는 것이었지 분석하는 게 아니었다.

 프로이트주의자들처럼 초현실주의자들도 함몰과 주변성의 변증법에서 벗어날 수 없었다. 초현실주의자들이 예술을 행위와 일상생활의 체험에 결속시킴으로써 제도로서의 예술을 공격하면 할수록 그들은 대중문화, 광고, 영화에 점점 더 취약해져 이것들에 흡수되어갔다. 또한 그들이 길거리와 쇼핑 아케이드가 억압의 몽환적 풍경임을 폭로하면 할수록 초현실주의자들은 춤추는 코카콜라병 광고가 번쩍이는 술집, 바나나 머리 장식, 그리고 머지 않아 텔레비전 심리드라마를 한층 더 조장하게 되었다. 이것들의 영향력은 하도 광대해서 현대 문화를 이해하기 위해서는 초현실주의자들에 대해서가 아니라 패션, 건축, 음악, 춤에서 느낄 수 있는 초현실주의적 자극에 대해 언급해야 할 정도이다. 그러나 프로이트가 브르통, 달리Salvadore Dali와 만나기는 했으나 그는 그들의 기획에 대해서는 거의 이해하지 못했고 사적인 편지에서는 그들을 "알코올 도수로 치면 95도에 달하는 완전한 바보들"[77]이라고 경멸했다.

정신분석과 현대예술의 만남은 20세기의 숱한 만남들 가운데 가장 인상적인 것이었다. 계몽주의 이래로 예술가들은 리얼리티에 대한 독특한 접근로를 지닌 사람으로 여겨져왔고 예술은 과학적 지식으로 환원되지 않으면서도 그와 동등한 자격을 지니는 것으로 간주되어왔다. 예술 분석에 대한 프로이트의 집착은 언제 갈라서야 할지 알아내기 어려움이라는 정신분석의 중요한 한계를 드러냈다. 동시에 예술가들의 방어적 성격은 시간이 지남에 따라 더욱 노정되는 모더니스트 페르소나가 가진 의심할 여지없는 취약성을 시사했다.

당시 감옥에 갇혀 있었던 그람시처럼 플래퍼, 동성애자들과 예술가들은 포드주의의 깊은 진실을 파악했다. 그 진실은 비록 동원된 것이고 왜곡되어 있고 우회적이고 자신들을 배반하는 것이었지만 대중의 매일매일의 소망에 의존하는 것이었다. 이 진실을 간파한 그들은 어쩔 수 없이 양가적인 방식으로 정신분석에 매달렸다. 1960년대 후반에 이르러 이들의 양가성은 부정적 방향으로 해소되었다. 페미니즘은 개인적 삶의 이론과 실천으로 정신분석을 대신했다. 그러면서 정신분석은 과학이 아니라 예술로 재규정되었다. 급진주의적 정치는 '개인적인 것이 정치적'이라는 구호 아래 프로이트주의를 포용한 후 마지막 몰락의 길로 접어들었다. 그럼에도 불구하고 이 같은 운동들이 지속되는 동안 그것들은 무의식적으로나마 분석이라는 직업에 그 아우라를 선사했고 그 실행에 영향을 끼쳤다. 이리하여 그것들은 모더니티의 세 가지 약속을 재정립하는 데 이바지했다.

제7장 자율성과 저항

> 우리 시대의 위대함은 자유, 즉 정신에 대한 독특한
> 사적 소유가 인정된다는 사실이다.
> —G. W. F. 헤겔, 『역사철학』(1837)

1783년 임마누엘 칸트는 '계몽이란 무엇인가?'라는 물음에 '자율성'과 '스스로 부과한 미성숙으로부터의 해방'이라 답했다. 자율성이란 말로 칸트가 의미했던 것은 '지적'이고 '도덕적'인 자율성이었다. 한편으로 그는 사람들이 사제와 제후들의 감옥에서 벗어나 자신의 힘으로 생각하기를 원했고 다른 한편으로는 사람들이 욕망을 딛고 일어서서 이성의 단련을 통해 스스로 확립한 도덕적 규범에 따라 행동하기를 원했다. 더구나 칸트에게 이렇게 확립된 규범은 보편적으로 적용 가능한 것이었다. 그러므로 칸트적 관점에서 볼 때 개인적 삶의 특수성은 말할 것도 없고 한 사람의 인종, 젠더, 사회적 입장은 문제가 되지 않았다. 도덕적 결정을 내리는 데 이러한 특수성을 개입시키는 것은 자율성 추구를 저해하기만 할 뿐이었다.

그러나 19세기에 존 스튜어트 밀John Stuart Mill 같은 사상가들은 개인적 자율성이라는 대안적 개념을 구상했다. 이들의 관점에서는 자율적 개인이란 그 자신이 계획한 삶을 살고 이런 삶에 책임지며 이를 가치 있는 삶으로 간주하는 사람이었다. 모더니티의 중심에 있는 개인

적 자율성의 이상은 흔히 한 개인의 삶은 그 사람 자신이 만든 이야기나 예술 작품으로 간주될 수 있다는 생각과 연결되곤 했다. 이 같은 전망에서도 도덕적 문제는 사라지지 않았지만 그러나 그것은 보편적 규범에 의해 적절히 다스려질 수 있는 사안들로 제한되었다. 개인적 선택의 영역은 그 너머에 놓여 있었다. 이러한 선택은 도덕적 성찰의 명령을 받는 것일 수 없고, 보다 개인적인 다른 종류의 자기 검열을 요구했다.

2차 산업혁명에 의해 이루어진 핵심적인 변화는 개인적 자율성을 철학적 문제 이상의 어떤 것으로 만들었다. 도덕적 자율성은 19세기의 소유 체계 및 어떤 개인들(서구인, 백인, 남성, 재산소유자)은 자신들의 이익을 도외시하고 공동선에 입각하여 생각한다는 자유주의적 가설과 밀접히 연결되어 있었다. 제1차 세계대전은 오래된 자유주의적 질서에 종언을 고했다. 그 뿌리에 있어 모더니즘은 19세기적 자유주의를 대신할 새로운 문명의 이상을 찾는 탐색의 작업이었다. 이 탐색의 과정 동안 자율성은 새로이 규정되어 더 이상 재산이나 가족적 입장에 근거하지 않게 되었다. 대신에 그것은 자신과의 새로운 내적 관계로 이해되기에 이르렀다. 그 결과 전간기 동안 자율성의 의미에 대해 심각한 물음이 제기되었고, 그중 한 가지 물음에서 정신분석이 주된 역할을 했다.

이 물음은 세 가지 영역에서 제기되었다. 첫째, 자율성은 민주주의의 심리적 선결 사항의 하나로 간주되었다. 앞서 보았듯이 자유주의적 질서의 약화가 안정된 민주주의 체제로 귀착되지는 않았다. 그보다는 19세기 자유주의는 인간의 본성을 주조鑄造하려는 포드주의와 공산주의의 시도로 계승되었다. 예를 들어 헝가리에서는 전통적 보수주의의 가치에 기반을 둔 권위주의 체제에 의해, 카톨릭 교회의 재정적 지원을 받는 포르투갈, 스페인과 오스트리아에서는 유기체적이고 동업조합주의적인 사회 모델에 의해, 그리고 대중민주주의의 기술을 권위주의적 목적으로 사용한 파시즘에 의해 계승되었다. 이러한 맥락에서 많은 사람들은 민주주의의 미래가 권위주의에 저항하도록 사회화된 자율적 시민들에게 달려 있다고 믿었다. 프로이트의 글들은 이와 같은 관심에 부응했다. 제2차 세계대전이 임박하자 그의 생각은 가족, 교육, 문화, 정치 등에 대한 방대한 글쓰기를 고취했고 이것들 모두의 목적은 민주주의적 시민의 심리적 선결 사항을 특화하는 것이었다.

둘째, 정신분석은 대중민주주의를 수반한 새로운 사회 형태를 이해하는 데 적합하다는 것이 증명되었다. 소비자 사회, 혹은 그 당시 불리기 시작한 명칭대로 하면 대중 사회는 개인적 자율성을 시장에서의 선택과 동일시했다. 반대로 정신분석은 선택 수준 아래의 무의식적 충동과 소망에 있는 뿌리를 탐색했다. 정신분석에 대한 많은 관심은 월터 리프먼이나 프랑크푸르트 학파의 이론가들처럼 소비자주의와 대중문화를 현대 문명의 도덕적 기반으로 삼기를 거부하고 이 둘 모두를 19세기적 자율성 개념으로 돌려보내거나 대중민주주의의 맥락에서 그 개념들을 재정의하려 노력한 사람들에게서 나왔다.

마지막으로 정신분석은 자기 성찰의 실천을 도덕성의 지배를 받지 않는 개인적 선택의 모든 영역으로 확장시키려는 노력에 영향을 주었다. 사는 장소, 친족 관계, 의례儀禮적인 것들과의 결속이 약해짐에 따라, 자유롭게 선택한 가족 외적 생활 세계가 커짐에 따라, 사람들이 자신들의 내면생활에 대한 새롭고 세속적인 접근로를 획득함에 따라 개인들로 하여금 자신들이 즉각적으로 원하는 바와 충동을 보다 심오한 가치와 원대한 목적의 조명하에 성찰하고 평가할 수 있도록 도와줄 제도, 실천, 아이디어가 필요해졌다. 정신치료의 성장은 그 같은 실천의 필요가 얼마나 절실했는가를 반영했다. 그러나 정신치료는 숙고되지 않은 필요에 호소하도록 체계적으로 조직된 소비자 중심 사회의 노예가 될 가능성이 있었다. 반면에 정신분석은 일종의 성찰을 제공해주는 것으로 보였지만, 이 성찰은 그리 쉽게 갖춰지는 것이 아니었다.

프로이트의 수정 이론 혹은 구조 이론이 무의식에 대한 이론보다 더 자율성에 대한 관심의 중심에 있었다. 프로이트는 『쾌락원칙 너머』(1921), 『집단심리학과 에고의 분석Group Psychology and the Analysis of the Ego』 『에고와 이드The Ego and the Id』 등 일련의 소책자들에서 자신의 이론을 상세히 설명했고 계속해서 여성 섹슈얼리티에 대한 후속 에세이에서 그 의미를 도출하는 데 몰두했다. 제1차 세계대전 후의 왕성했던 몇 년 동안 그가 쓴 이 연구들은 정신을 구역(의식, 전의식, 무의식)보다 행위자(이드, 에고, 슈퍼에고)에 입각하여 서술했다. 그것들은 또 새로운 본능 이론을 수립했다. 그 이론은 긴장, 즉 '죽음 본능'을 줄이기 위한 본능적 욕구와 더 고차원적이고 복잡한 수준의 구성, 즉 '삶 충동' 혹은 에로스를 종합하거나 창출하기 위한 본능적 욕구 사이의 충돌 주변을 맴돌았다. 분석가들만이 아니라 "인간 정신에 대한 과학을 이해할 수 있는 넓은 범주의 교양인"들을 대상으로 쓴 이 논문들은 개인적 자율성에 대한 새로운 관심을 반영했다.[1]

프로이트의 나르시시즘 이론을 계승한 에고 혹은 '나'에 대한 이론이 프로이트 수정 이론의 중심에 있었다. 프로이트가 생각한 바대로 에고는 본능이 외부 환경에 접하게 될 때 생겨나는 것이었다. 전의식적 사고나 기억뿐만 아니라 지각이나 의식과도 결합된 그것의 주된 작용은 긴장을 진정시키거나 조절하는 것이었다. 포탄 쇼크 일화에서 이론의 기원을 반추하며 프로이트는 에고가 직면하는 가장 큰 위험은 "쌓이는 자극 앞에서 느끼는 무력감의 체험"임을 주장했다.[2]

에고는 긴장을 견디는 능력을 발전시키고, 그리하여 몇 가지 다른 방식으로 자율성을 증대시키는 능력을 발전시킨다. 가장 초보적인 수준에서 그것은 과도한 자극에 대항하여 요구, 충동, 내부에서 발생하는 다른 메시지들을 마치 그것이 외부적인 것처럼 내던지는 방식으로 자신을 방어한다. 이어서 그것은 섭취나 배설 같은 신체적 과정을 그 과정들을 지배하는 모델로 삼는다. 그런 다음 그것은 부모와 형제에 대한 동일시를 통해 그들에 대한 어렸을 때의 애착을 버리기 위해 이드를 불러들인다. 이 동일시를 통해 에고는 이드와의 관계를 심화함과 동시에 완화시키는 방식으로 이드에 대한 영향력을 발전시킨다. "봐. 너도 날 사랑할 수 있어. 나는 대상과 아주 비슷하거든."[3] 마지막으로 에고는 부모를 위시한 외부 세계에 의존하여 내부의 절대적 요구들에 대한 영향력을 획득한다.

에고의 발전에 가장 중요한 계기는 권위와 맞닥뜨리는 인간 고유의 만남인 오이디푸스 위기이다. 어린 시절 행동의 동기는 사랑이나 보호를 잃을까 하는 두려움이었다. 그러나 오이디푸스 위기 동안 개인은 부모의 슈퍼에고와의 동일시를 통해 그들의 소망을 에고를 감시하는 내부의 대리자, 즉 슈퍼에고Über-Ich로 전환시키는 방식으로 소망에 대한 통제력을 획득한다. 슈퍼에고는 이드의 특성을 지닌다. 에고와 달리 슈퍼에고는 외적 영향에 의해 형성되지도, 외적 개입에 반응하지도 않는다. 오히려 그것은 에고에 대항하는 유아기의 사디스트적 소망을 전환시킨 결과물이다. 이것이 프로이트가 1919년 「아이는 매 맞고 있다A Child Is Being Beaten」에서 냉철하게 묘사한 과정이다. 슈퍼 에고 이론은 내면 심리와 외부 현실의 분리 상태를 반영하는 것이었 다. 오이디푸스 위기 이후에는 행위뿐만 아니라 생각과 소망까지 검 열당한다. 금지된 행위를 하지 않는다고 해도 죄의식은 줄어들지 않 고 오히려 증가되는 경향이 있다.

에고에 대한 이러한 묘사는 개인적 자율성에 대해 깊은 의미를 지니 는 것이었다. 앞서 보았듯 칸트에게 있어 자율성이란 오직 의무만을 따라서 행동하기 위해 개인의 성향뿐만 아니라 사회적 환경과도 거리 를 두는 것을 의미했다. 이에 비해 프로이트에게 에고는 단지 합리적 사고의 행위자이기만 한 것이 아니었다. 그것은 또한 성향, 충동, 사랑 의 대상, 동일시의 침전물이기도 했다. 그러므로 결국 이성은 우연적 경험들과 분리될 수 없고 오히려 이것들과 함께 들리는 일종의 '부드 러운' 그러나 '끈질긴' 목소리였다. 마찬가지로 욕망, 동일시, 대상 카 텍시스로부터 비판적 거리를 취한다는 것이 보편적 관점을 획득한다 는 의미도 아니었다. 그보다는 원리상 완수될 수 없는 내성內省의 해석 학적 과정을 유발하는 것이었다.

게다가 도덕적 자율성을 획득하기 위해 칸트가 옹호했던 이성적 추 론의 종류는 형식적이고 논리적인 것이었다. 도덕적 금언은 그것이 모순 없이 보편화될 수 있는 선에서 그 유효성이 인정되었다. 이에 비 해 프로이트에게 있어 내성은 구체적 자아 성찰을 요구하는 것이었 다. 개인적 삶에서 자율성을 획득한다는 것은 개인의 생활사와 서사 적으로 구축되는 정체성의 특수하고 색다르고 우연적인 양상들의 훈

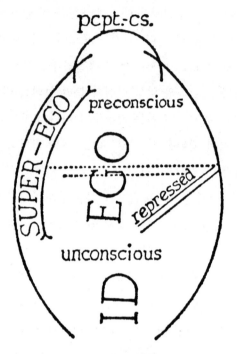

프로이트의 구조 이론, 『새로운 정신분석 강의』에서 발췌

습을 의미했다. 에고가 이드로 사라지고 그 근원을 이드에서 취한다는 것을 보여줌으로써 프로이트의 이론은 모더니스트들이 합리화, 계획, 통제에 대해 널리 문제삼은 것을 반영했다. R. P. 블랙머Blackmur가 기술했듯 "이성은 무엇보다도 경험적으로 분리되었다고 여겨지는 감성적 요소들을 결합하는 작업이다." 모더니스트 기획이 내포하는 이성은 "광기로부터 나오고 움직이는, 광기 속의 이성이었다. 광기를 통제하는 것이 이성이었다."[4]

프로이트가 에고와 슈퍼에고를 구분한 것, 그리고 슈퍼에고의 비합리적 뿌리에 대한 논의는 대량 소비에 수반된 일반적인 도덕성의 해이와 딱 맞아 떨어졌다. 슈퍼에고와 이드를 연결시킴으로써 프로이트는 도덕이라 통용되는 많은 것의 고집스럽고 강제적이고 징벌적인 성격을 부각시켰다. 일찍이 베버는 벤자민 프랭클린Benjamin Franklin의 실용주의뿐만 아니라 칸트의 경건주의의 칼뱅주의적 뿌리를 추적했다. 이제 프로이트는 슈퍼에고를 거세 콤플렉스의 후계자로 이론화하면서 칸트의 '정언명령' ― 보편적 도덕 원칙 ― 을 슈퍼에고와 같은 것으로 만들었다. "윤리에서 우리에게 그토록 위대하고 신비하고 불가사의한 방식으로 자명해 보이는 것의 이러한 특성들은 종교와의 연관 및 아버지의 의지에서 유래하는 그 기원에서 비롯되는 것이다."[5] 프로이트의 견해로는 슈퍼에고로부터 나오는 도덕은 이드에 근접해 있는 동일시 및 에고의 리얼리즘, 의논하는 능력, 판단 성향에 의해 순화될 필요가 있었다.

프로이트의 수정 이론은 아무런 자율성의 여지도 없는 전통적 공동체와, 도덕적 자율성으로부터 탈맥락화되고 비개인적인 관념을 지닌 고전적 자유주의 양자 모두의 너머에 놓인 새로운 사회적 터전의 출현을 반영하는 것이었다. 이 새로운 터전에서 개인들은 상이한 유형과 수준의 의무 사이에서 행위했다. 자율성은 더 이상 칸트에게서처럼 자신에 대한 통제를 뜻하지 않았다. 그보다는 상이하고 상충하는 욕구들 사이에서 숙고된 균형을 의미했다. 물론 어떤 욕구들은 보편적이고 도덕적일 수 있었고 그래서 다른 것을 압도할 수 있었다. 그러나 자율적 삶이란 개인적 자율성 자체의 영역인 개인적 삶의 방향과 가족, 공동체, 종교, 과학의 방향 등 여러 방향을 동시에 보는 삶을 의미했다. 에고의 임무는 갈망, 내적 욕구, 자기 비판, 사회적 세상의 재현 등을 동시에 처리하는 여러 정신적 환경들 사이를 매개하는 것이었다. 이 환경들은 단지 다르기만 한 것이 아니었다. 그것은 종류 자체가 다르기 때문에 조화될 수 없는 것이었다. 어떤 것은 반사작용에 가깝고 다른 어떤 것은 통인간적인 것이었고 또 다른 어떤 것들은 문화와 집단 행위의 산물이었다.

이러한 개념 내용에 맞춰 프로이트는 한층 더 복잡한 심리학을 수립하는 일에 착수했다. 그는 정신을 "상위와 하위 행위자 간의 서열 관계, 많은 것이 서로 적대적이고 따라서 양립할 수 없는 본능과 외부 세계와의 관계의 다양성에 대응하면서 서로 독립적으로 실행을 향해 경쟁하는 충동들의 미로"로 묘사했다. 그는 정신의 영역을 경계 없이 "서로 엉켜 있는" 현대 회화에 비유했다.[6] 새로운 개념 내용은 어쩌면 무의식보다도 더 친숙하지 않았다. 안나 프로이트가 썼듯 "정신을 목적과 기능, 각기 최선의 가능성을 향해 목표를 추구하는 이드, 에고, 슈퍼에고의 개념에 입각하여 생각하는 데 많은 시간이 걸렸다." 그러나 이것은 그녀로 하여금 "삶의 목적, 아니 그보다는 일단 퍼스낼리티를 최고도로 발전시키는 것이 시도되고 성취되면 인간의 삶에서 불가피한, 서로 경쟁하는 목적들을 이해할 수 있게 해주었다." 그녀는 계속하여 "그 같은 이론은 왜 정신의 부분들이 자주, 마치 그것들이 서로 상치될 뿐만 아니라 다른 언어를 말하고 그것들의 의도를 전혀 다른 수단으로 실현하는 것 같은 그런 혼잡한 상태에 있는지를 설명하고자 한다면 반드시 필요한 것"[7]이라고 말했다.

전쟁 전에 정신분석은 여러 가지 정신치료 형태와 혼합되어 있었다. 그 치료 형태들에는 정신치유mind cure, 융주의Jungianism, 아들러주의Adlerianism, 정신 위생 등과 같은, 정신의학을 일컫는 명칭들이 점차로 늘어났다. 프로이트의 수정 이론은 정신분석과 나머지 다른 것들을 선명히 갈라놓았다. 이 구분을 특징화하는 데에는 여러 방식이 있었지만 프로이트는 *에고는 저항의 장소*라는 단언으로 선을 그었다. 그의 사유 깊이 뿌리내린 이 생각은 정신분석 자체의 실천뿐만 아니라 자율성에 대한 모더니스트적 재정의의 중심이 되었다.

프로이트의 출발점은 그가 "삶의 흐름에 역행하는 불편한 것"으로 보았던 힘인 신경증이라는 수수께끼였다. 처음부터 프로이트는 환자들이 호전되기를 바라며 분석을 받으러 오는 게 아니라고 생각했다. 이보다 그들은 신경증의 목적에 봉사하러 오는 것이었다. 이러한 이유로 그는 '절제'를 강조했다. 환자의 상황을 일시적으로 완화시키는 것을 분석가가 거부함으로써 신경증적 요구는 좌절되고 강화되며 초점이 더 뚜렷해지는 것이었다. 좌절은 전이가 보다 선명히 드러나도록 하지만 잠재된 신경증이 출현하는 것은 특히 *부정적* 전이를 통해서였다. 1915년 프로이트는 왜 그렇게 되는지를 물었다. 그의 답은 신경증적 갈등이 점점 더 초점에 놓이게 되면 이중의 명령이 강화된다는 것이었다. 즉 환자는 잠재적 소망과 이 소망에 대한 *저항* 두 가지 모두를 충족시키려 애쓰는 것이었다. 비분석적 치료법은 환자들에게 치유의 효과를 가져다주는 긍정적 전이에 의존했다. 그러나 유독 정신분석만은 치유의 장애물인 부정적 전이 혹은 저항에 주의를 기울였다. 적합한 분석에 대해 말하기에 앞서 부정적 전이가 통찰이나 자기 이해로 전환되어야 했다.

전쟁 신경증 환자들에 대한 관찰은 이러한 생각 노선을 심화시켰다. 전쟁 신경증 환자들의 지배적 사실은 좌절이나 충족되지 않는 행위들을 반복한다는 것이었다. 그런데 이것은 환자들이 분석을 받음으로써 끝내기를 기대하는 유아기 시나리오에 대한 좌절을 반복할 때의 분석 상황에서 일어나는 바로 그것이었다. 프로이트는 이 현상을 죽음 본능에 의지하여 설명하려 시도했다. 슈퍼에고와 결합된 죽음 본능은 신경증을 지키려는 악순환을 형성한다. 환자가 좀 나아지면 슈퍼에고는 그 호전好轉을 공격하는데, 그 이유는 분석을 유지하는 것이 죄의식에서 벗어나려는 소망이 아니라 유아기의 만족이기 때문이었다.[8] 정신의 기본적 갈등은 의식과 억압된 무의식 사이에 있다는 프로이트의 초기 견해는 억압된 것은 '발각되는 것을 두려워한다'는 의미를 내포하고 있었다. 그러나 반복된다는 사실이 시사하는 바는 억압된 것이 끈질기게 의식으로 뚫고 들어가려 한다는 것이었다. 그렇게 하지 못하도록 하는 것은 억압된 것이 아니라 에고였다. 결과는 역설적이었다. 무의식을 알고자 하는 데 대한 저항은 에고에서 오는 것이었지만 에고는 또한 이성과 자기 성찰의 자리, "심층 심리라는 어둠 속의 유일한 등대"이기도 했다.[9]

오늘날 흔히 정신분석을 '다원적'이라거나 '다중심적'이라 평하면서 그것이 일치된 핵심 이론을 지니지 못하고 있다고 말한다. 아마 그럴 것이다. 그러나 1960년대 말까지 정신분석은 저항 이론이라는 핵심 이론을 지니고 있었다. 대상 관계 이론, 북미의 자아심리학, 라캉의 나르시시즘 이론 같은 고전적 이론들은 이 같은 목적에 바쳐진 것이었다. 시간이 지남에 따라 이론적 언어들이 바뀌었지만 그러나 분석의 실행에서 모든 분석가들은 부정적 전이나 저항에 초점을 맞추고 있었다. 다른 어떤 치료법도 이렇게 하지 않았다. 최소한 체계적인 방식으로는. 이것이 정신치료가 아니라 정신분석이 존재했던 이유였다.

프로이트는 분석계가 엄청나게 팽창하던 시기에 이러한 식으로 정신분석을 구분하고자 했다. 분석의 수나 길이, 기술적 지도나 절차에 대한 요구만큼이나 분석가들의 수도 엄청나게 늘어났고, 또한 많은 분석들이 어떠한 해결책도 제시하지 못했다는 사실도 널리 알려지게 되었다.[10] 분석가의 일이란 무의식을 해석하는 것이라는 초기의 생각을 버리고 프로이트는 분석되어야 하는 것은 저항이라고 주장했다. 당대의 반응 가운데 전형적인 것으로서 막스 아이팅곤은 멜라니 클라인에게 "이건 집에 다이너마이트를 던지는 격"[11]이라고 썼다. 그러나 프로이트의 구조 이론으로 인해 많은 새로운 임상적 가능성이 열리게 되었고, 이는 '저항 분석' '성격 분석' '메타심리학적 접근법' '방어 분석' '에고심리학' 등과 같은 일군의 새 용어들로 표현되었다.

저항에 초점을 맞춘 에고심리학은 초기 프로이트와 아들러와의 논쟁 및 나르시시즘 이론 정립의 산물이었다. 카를 아브라함은 1919년 길고 실망스럽고 비생산적인 분석의 늪에 빠진 환자들의 '나르시시스트적 접근 불가능성'을 관찰하고 이렇게 썼다. "이 환자들이 순종하는 척하는 것은 방어일 뿐이다. 분석은 환자들의 나르시시즘에 대한 공격이니 말이다. 〔……〕 그것에 대한 우리의 치료 노력을 가장 쉽게 실패하게 만드는 본능적 힘이다."[12] 에고심리학을 당대의 다른 치료법과 분리시킴으로써 정신분석은 다른 대안적 방법들이 '정신치유mind cure'라는 이름으로 불리도록 만들었다. '정신치유'란 부정적 전이를 은폐하고, 이러한 의미에서 내적 갈등을 부인하는 모든 치료법의 이름이었다. 가장 기본적인 의미에서 '정신치유'는 애니 페이슨 콜Annie Payson Call의 1918년도 저작인 『신경과민과 전쟁Nerves and the War』에서 예증된 바와 같이 긍정적 사고를 주입하는 방식이었다. 그것은 포탄 쇼크를 '부정적 사고의 산물'이라 불렀고 병사들에게 '전쟁을 생각

하지 말 것'과 '뇌가 건전한 방향을 향하도록 하는 의지를 불러일으키라'고 강권했다.[13]

아브라함은 1924년에 쓴 논문에서 프랑스의 방사선 치료사로서 그의 『의식적 자기 암시를 통한 극기Self Mastery Through Conscious Auto-Suggestion』가 미국에서 폭발적인 베스트셀러가 된 에밀 쿠에Emile Coué를 정신치유의 본보기로 꼽았다. 쿠에는 그의 추종자들에게 "매일 나는 어떤 방식으로든 좋아지고 또 좋아진다"는 신조와 주문을 주었다. 아브라함이 보기에 쿠에는 아들러의 남성적 항거를 시장에 대량 판매하는 데 성공한 것이었다. 쿠에의 효과의 관건은 그가 모두에게 똑같은 '선물', 즉 의례적 신조를 준다는 추종자들의 믿음 덕분이라고 아브라함은 주장했다. 달리 말하면 쿠에는 좋은 아버지였던 것이다. 그는 아이들 중 누구도 편애하지 않았다. 그는 모두에게 공평하게 대했다. 이는 그들로 하여금 서로 동일시하도록 격려했고 그들의 나르시시즘, 혹은 쿠에가 불렀던 대로 '극기'를 추켜세웠다. 이 극기란 실제적인 것이든 상상적인 것이든 열등감을 낙관적으로 부인하는 것이었다.[14] 이에 비해 정신분석은 환자들을 기쁘게 해주지 않았다. 오히려 그것은 그들의 열등감을 더 예민하게 만들고, 나르시시즘에 이의를 제기하고 타인에 대한 그들의 질투와 원망을 자각하게 만들었다.

정신분석의 개념 가운데 가장 골치 아픈 것인, 자기 성찰적 자아가 또한 저항의 자리이기도 하다는 생각은 자기 이해와 분석가의 공적 지각 모두를 변형시켰다. 그것은 분석가를 '조력자'에서 그의 일상적 작업에서 깊은 편집증, 방어적 자세, 분노의 과녁 역할을 하는 누군가로 변화시켰다. 어떤 분석들은 분석가가 단지 의사였던 때로 돌아가자고 촉구하는 사도마조히즘적 이중 속박으로 말미암아 와해되었다. 1930년대에는 프로이트조차도 분석이 정신병을 촉진할 수도 있음을 인정했다.[15] 저항에 초점을 맞추는 것은 또한 분석가가 '모든 것을 다 아는 척'하는 태도와 '환자의 자기 인식을 무시하는 것'을 특권화했다. 이러한 태도들은 분석에 대한 대중적 이미지를 손상시키는 것이었다.[16] 결국 저항의 발생으로 인해 퍼진 결과들은 적어도 정신분석의 궁극적 자리를 결정하는 데 있어 그 인식론적 위상이나 프로이트의 퍼스낼리티만큼 중요하다는 것이 입증되었다. 현재까지도 저항에 초점을 맞춘 것이 모더니티에 대한 정신분석의 핵심적 공헌이라는 데에는 의문의 여지가 없다.

프로이트가 이해하는 바의 미묘한 점은 자기 성찰에 이바지하는 정신의 부분인 에고가 또한 저항의 자리이기도 하다는 생각에 있었다. 거의 즉각적으로 두 개의 대안적 접근법이 출현했다. 빌헬름 라이히에게서 나온 첫번째 것은 에고를 다만 저항의 영역으로만 보고, 환자와 대면해서는 에고를 '징후'로 전환시켜 그것을 분석하는 것을 목표로 삼는 것이었다. 오토 랑크 및 산도르 페렌치와 연관된 다른 접근법은 에고의 '논리화intellectualization'를 우회하여 '실제' 사람 — 이드 — 을 직접 공략하고자 했다. 두 방법 모두 프로이트가 에고의 특징으로 부각시킨 양가성을 포기하고 다른 방향으로 진행하는 것이었다. 라이히의 수정된 방법은 주류적 자아심리학이 되었고 랑크와 페렌치의 것은 고전적 정신분석의 끈질긴 대안이 되어 마침내는 그것을 상당 부분 대체하게 되었다.

'성격 분석'의 창시자인 빌헬름 라이히는 1897년 갈리시아의 동화된 유대인 집안에서 태어났다. 프로이트의 측근들이 싫어했음에도 불구하고 그는 1920년대 초반에 빈 연구소의 최연소 전임강사가 되었다.[17] 주로 노동자 계급의 환자를 고객으로 했던 빈 정신분석 폴리클리닉에서 일했던 경험 탓에 라이히는 신경증이 가난 및 이에 수반되는 프라이버시의 결핍, 건강 관리 소홀, 피임에서 생긴다고 확신했다. 그러한 문제들은 정치적 변화를 통해 해결해야지 개인적 치료만으로 되는 것이 아니었다. 그는 "베를린 같은 도시에 수백만 명의 사람들이 정신 구조에 있어 신경성으로 폐인이 되어 있다"[18]고 할 때 어떻게 개인적 치료를 정당화할 수 있겠는가라고 물음을 제기했다.

라이히는 정신분석을 사회적 필요에 의한 억압을 '돌파'해가는 방법으로 보았다. 그 방법을 서술하기 위해 그는 빈 연구소에서 행한 강의 — 이 강의는 처음 1923년에는 『충동적 성격*The Impulsive Character*』이라는 제목으로 출판되었다가 나중에 보완하여 『성격 분석*Character Analysis*』으로 출판되었다 — 에서 징후와 '성격'을 구분했다. 안면 경련이나 신경성 기침 같은 징후들은 이드에서 비롯한다는 것이었다. 환자들은 징후를 낯설게 체험하며 그에 대한 도움을 환영했다. 이에 비해 빈정거림, 무뚝뚝함 혹은 잘난체하는 태도 같은 성격적 특질들은 에고의 일부라는 것이었다. 환자들은 이것을 자신의 일부로 체험하며 따라서 그것을 분석하려 하는 데 저항한다.[19] 저항의 문제, 즉 '치료에 대한 부정적 반응'의 문제는 라이히에게는 성격 분석의 문제, 다시 말해 그것을 '징후'로 바꾸는 문제였다. 프로이트는 라이히의 원고를 읽고 열광했다. 프로이트는 라이히에게 그 책이 "에고와 슈퍼에고의 관계가 앞으로 우리가 연구할 [⋯⋯] 사람(에고와 슈퍼에고)과 대상 사이의 관계와 흡사한 연구 영역이 될 것"[20]이라는 생각을 새삼 강화시켜주었다고 편지를 써 보냈다.

라이히의 성격 개념은 그가 차후에 하게 될 정신분석과 마르크스주의를 연결짓는 작업을 예견케 하는 것으로서 정신분석에 대한 독자적인 기여이기도 했다. 성격을 본능적 충동의 돌파에 저항하는 안전장치 체계라고 본 라이히는 잠재적 갈등이 그 안에서 '동결'되는 장소인 '성격 무장' '성격 저항'에 대해 서술했다.[21] 『성격 분석』은 처음에는 방어 혹은 성격 분석으로 알려졌다가 이어서 에고심리학으로 알려지게 되는 것의 첫번째 기술적 규칙을 제공했다. "어떤 사람에 대해서든 첫번째 접근은 에고 쪽에서 해야 한다. [……] 달리 말하면 방어나 저항은 무의식적 내용을 환자에게 말하기 전에 처리되어야 한다."[22]

라이히가 정립한 이론은 저항을 이해하는 하나의 돌파구였다. 그러나 프로이트의 관점에서 보았을 때 그 이론은 일면적인 것으로 보였다. 프로이트의 관점에서 에고는 저항의 원천이기만 한 것이 아니라 이성, 자아 인식, 본능적 변화의 원천이기도 했다. 이에 비해 라이히에게 에고는 오직 저항의 장소일 뿐이었다. 반면에 본능은 모두 온순한 것들이었다. 그럼에도 성격 분석은 수정된 형태로 최초의 체계적이고 임상에 기초한 정신분석 이론의 기반이 되었다. 베를린 킨더 세미나에서 연구되고 수정된 그 이론은 저항의 형태들을 유아 섹슈얼리티의 단계들과 연결짓는 방식으로 체계화되었다.[23] 성격 분석은 또한 1924년 잘츠부르크에서 열린 제1회 '기법과 치료 이론에 대한 국제 심포지엄'의 주제가 되었다. 후일 한스 작스는 성격 분석을 세 개의 정신적 행위자들이 저항에 대해 행하는 기여를 강조하는 '메타심리학적' 접근법에 통합시키려 했다.[24] 프로이트가 이러한 변화들을 그리 탐탁해 하지 않았다는 것은 1922년 아브라함에게 보낸 편지에 나타나 있다. 이 편지에서 그는 "성격 분석이 오래된 기법보다 더 어렵다"[25]는 것을 알았다고 썼다.

프로이트의 구조 이론에 대한 또 다른 대안은 부다페스트와 빈에서 출현했다. 여기서는 페렌치와 랑크가 독일에서 기원한 '차갑고 지적'이라 여겨진 이 이론에 이의를 제기했다. 이들의 반대는 두 가지 점에 집중되어 있었다. 첫째, 그들이 공동으로 집필한 『정신분석의 발달Development of Psychanalysis』(1923)에서 그들은 분석가가 '행위 언어language of gesture'[26]로 트라우마의 반복을 용이하게 하는 '능동적 치료'를 통해 저항을 우회할 수 있다고 주장했다. 요컨대 그들은 정의상 트라우마는 의식적으로 체험된 것이 아니며 따라서 기억되지 않는다는 점을 지적한 것이었다. 그보다는 페렌치가 정리한 바대로 분석가는 반드시 자위 행위나 백일몽을 꾸는 것 같은 행위들을 금지하거나 또한 환자들의 공상에 함께 참여하여 그들의 몽상 내용을 암시해주기까지 하는 능동적 역할을 맡아야 한다는 것이었다.[27] 환자와 분석가의 협력에 기반을 두는 '능동적' 치료는 기억을 통해 획득된 통찰과 달랐다. 결국 앎은 "치유적 요소와 전혀 다른 어떤 것이었다." 이에 덧붙여 랑크는 능동적 치료는 더 빠른 치유를 촉진한다고 했다. "우리는 일상적인 삶에서라면 수년간의 교육 기간을 필요로 하는 승화 과정이 눈앞에서 일어나는 것을 보게 된다."[28]

'능동적 치료법'의 제안자는 발달의 초기 단계에 있어 어머니의 중요성 또한 강조했다. 훗날 만지고 잡는 것을 향한 지향을 예견케 하는 1918년의 관찰에서 페렌치는 모로 반사작용Moro reflex, 즉 3개월 이하 갓난아기의 주먹쥐기에 대해 설명했다. 이는 나무를 오르는 어미 원숭이의 털을 손가락으로 재빨리 움켜잡아야만 하는 어린 원숭이에게서 유래한 '트라우마적 신경증 아이'의 진화적 결과물이었다.[29]

1919년 아내의 임신에 감동한 랑크는 어니스트 존스에게 "남자는 조금도 중요하지 않아. 〔……〕 인생의 본질은 어머니와 아이 사이의 관계야"[30]라고 지적했다. 1923년 랑크의 『탄생의 트라우마*Trauma of Birth*』는 어머니를 저항과, 혹은 보다 특별하게는 모든 저항의 근원인 단 하나의 어릴적 트라우마 체험, 즉 탄생과 연관지었다. 모든 신경증은 나중에 오는 모든 불안의 원형인 '원초적 거세'를 다스리고자 하는 시도라고 랑크는 단언했다. 계속해서 그는 "어머니의 몸이라는 유일한 고착점이 있다. 따라서 분석적 조사라는 장황한 방법으로 '병원病源성 트라우마'를 확인할 필요는 전혀 없다. 이제 정신분석은 우리가 처음부터 〔……〕 무의식의 내용 전체를 알고 있기 때문에 상당한 정도까지 조사 작업을 생략할 수 있는 위치에 있다"[31]고 말했다.

프로이트의 수정 이론은 개인에게 충동과 사회적 압력, 내면화된 권위의 비인칭적 재현으로부터 얼마간의 자유를 주고자 했다. 그의 비판들은 이 프로그램을 진전시키기도, 후퇴시키기도 했다. 한편으로 그것은 장기적인 발전의 시동을 걸었다. 라이히의 경우에는 방어 이론, 랑크와 페렌치의 경우에는 통찰이 아니라 치료상의 관계가 분석에 있어 치유적 요소라는 견해가 그것들이었다. 동시에 에고가 단지 방어적일 뿐이라는 라이히의 견해는 자기 성찰을 단락短絡시키는 위협이 되었고 랑크와 페렌치는 부정적 전이를 우회하여 분석을 정신치료의 변형으로 전환시킬 우려가 있었다.

1923년 4월 프로이트는 암 진단을 받았다. 그러고도 16년을 더 살았지만 죽음이 임박했다는 두려움은 초기의 모임을 서둘러 해체하도록 부추겼다. 한 분석가가 "이드라는 힘의 분출과 그에 대항하는 반응 형성"이라 묘사한 과정에서 정신분석을 *매너분트*에서 직업으로 변화시키는 일은 에고에 대한 논쟁과 얽히게 되었다.[32]

프로이트가 랑크의 탄생 트라우마라는 개념에 대해 처음 들었을 때 그는 그것을 "정신분석의 발견 이래 가장 중요한 진전"이라 불렀다. 그는 존스에게 "다른 사람이라면 누구라도 그런 발견은 자기가 독립하는 데 써먹었을 것"이라고 말했다.[33] 그러나 1924년 2월 베를린으로부터의 비판에 대응하여 프로이트는 장문의 회람용 편지를 써서 그가 동의하는 바와 동의하지 않는 바를 설명했다. 수동적 혹은 '퇴보적' 갈망의 힘에 대해 랑크가 강조한 것을 칭찬하고 '오이디푸스 콤플렉스의 생물학적 배경'에 대한 의문을 제기하여 그를 보완한 프로이트는 그러나 어머니를 향한 양가성이 어떻게 아버지와 다른 대상들로 전환되는가를 설명하지 않았다고 지적했다. 프로이트는 탄생에 대한 랑크의 강조가 섹슈얼리티를 *선험적a priori*인 것, 다시 말해 생물학적으로 모호한 것으로 만들었다고 불만을 표시했다. 이에 비해 그에게 있어 그 모호성의 주된 원인은 초기 유아기의 조건들, 특히 근친상간 금기에 놓여 있는 것이었다. 그 금기의 기원이 "인류 가족의 원초적 역사"에 놓여 있다 하더라도 그것은 모든 개인들에게 새롭게 재창조되어야 하는 것이었다. 그러므로 프로이트에게 "실제 아버지는 모든 새로운 개인 안에 근친상간에 대한 장벽을 재창조하는 현실적 장애물"이었다.[34]

같은 편지에서 프로이트는 분석의 속도를 높이려는 것을 목표로 한 혁신에 대해 이의를 제기했다. 병을 앓는 동안, 자기 수염이 다시 자라는 데 6주가 걸린다는 것을 알게 된 그는 "무의식의 깊숙한 층"이 6개월 동안에 변할 수 있을지 의심스러워했다. 그는 납득할 수 없었다. 그는 랑크에게 "리비도를 모두 어머니에게 되돌리는 마술적 방식이 어떻게 치료 효과를 내는가"[35]라고 의문을 제기했다. 후일 그는 『탄생 트라우마』와 『정신분석의 발전』을 "전후 유럽의 비참과 미국의 '번영' 사이의 대비에 대한 스트레스하에서 구상되고 분석치료의 템포를 미국식 빠른 생활에 맞추도록 고안된, 시대의 산물들"[36]이라고 불렀다. 분석가라면 "치료법상의 어떠한 근시안적 욕망도 거절해야 한다"고 촉구한 프로이트는 좌절을 견디고 만족을 지연시킬 줄 아는 분석 주체를 머릿속에 그리고 있었다.[37] 반면에 랑크와 페렌치는 대량 소비가 출현하고 있는 세상에서 치료 받을 사람의 전형이 어떤 사람들일지를 상상하기 시작하고 있었던 것이다.

페렌치의 작업에 대해 프로이트의 비판적 반응이 점점 늘어나고, 페렌치로서는 자신에 대한 프로이트의 분석이 잘못되었다고 느끼면서 커져간 불행이 결국 페렌치를 물러나게 만들었다. 잠시 동안이나마 그는 최소한 상당한 돈을 모을 때까지 충분히 오랫동안 미국에 이주해 있을까 고민하기도 했다. 1926년 그가 뉴스쿨에서 강연을 했을 때 해리 스택 설리번Harry Stack Sullivan은 그를 '정신분석운동의 천재'[38]라 불렀다. 그러나 결국 페렌치는 부다페스트에 남기로 결정했고, 거기서 그는 점점 프로이트에게 비판적으로 변해갔다.

페렌치와 마찬가지로 랑크 역시 프로이트의 카리스마에 사로잡힌 서클과 결별하는 데 많은 어려움을 겪었다. 『탄생 트라우마』를 출판한 후 몇 년간 그는 파리와 뉴욕을 왕래하며 프로이트와도 사이가 좋았다 안 좋았다를 되풀이했다. 1924년 미국 여행에서 아첨에 우쭐해진 그는 "그 반대야, 어머니야Im Gegenteil, die Mutter!"[39]라고 외쳤다. 1926년 뒤늦게 그는 프로이트에게 사과했다. "나는 지금에야 스스로 신경증이라고 인정하는 상태에서 불현듯 원래 내 자신으로 돌아왔습니다."[40]
그러는 동안 1925년 뜻하지 않게 아브라함이 죽었고 아이팅곤은 서서히 팔레스타인 쪽으로 몸을 돌리더니 마침내 이주해버렸고 작스는 점점 더 외톨이가 되었다.

이런 우여곡절 내내 프로이트는 위원회가 자신을 대신해주기를 바랐다. 1920년 그는 아브라함에게 "해보기만 하면 나 없이도 해나갈 수 있다는 걸 알게 될 걸세"[41]라고 편지를 썼다. 암 진단을 받은 후 그는 위원회가 "자기 없이 조화를 이루는 법을 익힐 것"을 제안했다. 프로이트는 자신을 "항상 깨어 있는 전제적 검열관으로는 부적격자"라 칭했다. 여섯 명 정도에 달하는 상이한 성격의 소유자들이 소소한 일들 모두에 의견 일치를 이룬다는 것은 가능하지도, 바람직하지도 않다고 그는 『내부 통신』에서 밝혔다. 그리고 프로이트에게 있어 새로운 생각 노선으로 가는 길을 찾기가 무척 어려웠기 때문에 프로이트의 인정을 얻으려 기다린다면 그들이 "먼저 폭삭 늙어버릴 우려가 있었다."[42]

이러한 호소들에도 불구하고 *매너분트*는 해체되었다. 전쟁 이후 줄곧 존스와 랑크는 *출판사* 문제로 다투고 있었다. 랑크는 존스가 "앵글로-색슨 세계를 장악"하려는 것을 두려워했고, 존스는 아브라함에게 프로이트가 랑크에 대해 객관성을 결여하고 있다고 불평을 털어놓았다.[43] 1924년 '탄생 트라우마' 논쟁 후에 안나 프로이트는 아이팅곤에게 "출판사와 저널이 계속 존속할 수 있을지 여부의 문제는 랑크를 통제할 수 있느냐 여부의 문제"라고 썼다. 랑크는 랑크대로 정신분석 운동을 '허구'라 칭했다.[44] 1924년 위원회는 해체 후 재조직되었다. 남성모임을 넘어서려는 의도를 반영하여 새로운 구성원들은 모두 여성이었다. 안나 프로이트, 루 알드레아스-살로메, 마리 보나파르트Marie

Bonaparte(나폴레옹의 증질曾姪로서 새로 설립된 프랑스 정신분석 학회 지도부의 일원이었다), 로우 칸(어니스트 존스의 전 파트너)이 그들이었다. 1926년에는 재결성된 위원회 역시 해체되었다.[45] 프로이트는 페렌치에게 이렇게 썼다. "나는 내 후계자가 되기로 했던 위원회보다 오래 살아남았네. 아마 나는 국제 협회보다도 오래 살아남을 거야. 내 마지막 남은 유일한 소망은 정신분석이 나보다 오래 살아남았으면 하는 거라네."[46]

*매너분트*를 대신하게 된 것은 '정신분석운동psychoanalytical movement'이었다. 이는 국가별 협회의 다양한 집합으로서 모두가 프로이트 중심의 서클을 학문 분야나 직업으로 전환시키고자 하는 것들이었다. 운동의 규모와 다양성은 1920년 9월 헤이그에서 열린, 재결합의 성격을 가진 모임이었던 첫번째 전후戰後 총회에서 제안되었다. 112명이 참여했다. 62명은 오스트리아와 헝가리에서 왔고 16명은 네덜란드에서, 영국에서는 15명, 독일에서 11명, 스위스에서 7명, 그리고 폴란드에서 1명이 참여했다.[47] 협회의 총 인원은 263명이었다. 제2차 세계대전까지 협회의 총 인원은 『국제 정신분석 저널*International Journal of Psychoanalysis*』의 뒷면에 개인들의 주소를 모두 게재할 수 있을 정도로 적었다. 미국인 회원들은 1920년 총회에는 불참했지만 정신분석의 무게 중심은 이미 영국과 미국 쪽으로 옮겨가 있었다. 1919년 가장 큰 단독 분석 협회는 런던에 있었고(회원이 40명 이상이었다), 가장 많은 국가별 회원(53명)을 거느린 나라는 미국이었다. 프로이트는 패배한 독일 총리의 어조를 풍자적으로 흉내 내어 "서쪽을 향한 우리의 새로운 지향"에 대해 언급했다.[48]

정신분석운동이 직면했던 과제는 프로이트의 카리스마를 관례화한다는 것, 다시 말해 프로이트 개인의 권위를 단체가 공유하는 형태의 개방적, 합리적 자치self-governance로 바꾸는 것이었다. 전간기 동안 많은 사람들이 대학에 정신분석학과를 개설하는 것으로 이를 수행하고자 했다. 산도르 페렌치는 부다페스트 대학에, 카를 아브라함은 베를린 대학에, 프란츠 알렉산더Franz Alexander는 시카고 대학에, 아이팅곤은 예루살렘의 헤브류 대학에 정신분석학과를 개설했다. 프로이트는 이 같은 노력들을 도우면서도 정신분석의 자율성을 지키려 했다. 그는 자율성의 수호란 학문의 일반적 프로토콜에 따르면서도 유기체적 정신의학이나 실험심리학 같은 현존하는 전형으로 환원되지 않아야 하는 것이라고 주장했다. 그는 걱정할 필요가 없었다. 대학에 발판을 마련하려는 모든 시도가 실패했던 것이다.[49]

대학으로부터 정당성을 획득하려는 노력이 좌절되자 실제 분석의 대중성을 자산으로 삼은 정신분석은 핵심 커리큘럼을 발전시켜 제각기 분리된 직업들을 만들어냈고 실행 형식을 표준화했으며 위원회를 대신하기 위한 계승 메커니즘을 조직화했다. 이를 위해 그들은 학회와 클리닉과 강의를 통한 공식 훈련을 결합한 다목적 센터인 '연구소'들을 설립하여 실제 임상과 교육용 혹은 '훈련용' 분석을 감독했다. 체계화와 교육에 적합했기 때문에 에고심리학은 직업화 과정의 중심 자리를 차지했다.

*매너분트*의 해체 이후 빈, 베를린, 런던에 중심을 둔 — 말하자면 프로이트를 중심으로 한 — 내부 서클들이 존속했지만 점차로 더 활발해지는 직업화에 비해 주변화되었다. 실질적 관리의 주도권은 이 서클들이 아닌, *매너분트*와는 나이, 성별, 섹슈얼리티, 정치적 지향을

달리하는 새로운 세대의 손으로 넘어갔다.

이들 간의 연령 차이는 극적이었다. 프로이트가 1856년에 태어났음에 비해 멜라니 클라인은 1882년에, 오토 랑크와 헬렌 도이치는 1884년, 카렌 호나이Karen Horney는 1885년, 프란츠 알렉산더는 1891년, 천재 빌헬름 라이히는 1897년에 태어났다. 이들 모두는 1920년대에도 여전히 젊었고 감수성과 가치관에 있어 눈에 띄게 '모던'했다. 이에 비해 프로이트는 라디오, 전화, 영화, 페미니즘, 추상 예술, 그리고 미국 문화 같은 모더니티의 대표적 산물들에 거부감을 갖고 있었다. 그는 "이제 곧 빈에서 프로이트 교수의 감수 아래 제작되어 그의 시스템을 설명해줄 정신분석 영화"라는 「영혼의 비밀」의 광고 문안을 보고는 페렌치에게 머리를 짧게 깎는 것처럼 더 이상 영화를 피할 수는 없겠지만 자신은 어떤 경우에도 참여하지 않겠다고 말했다.[50] 세대 간의 차이는 단기 치료, 여성 섹슈얼리티, 정신분석운동에 있어 미국의 자리에 관한 것들을 포함하는 당대의 많은 논쟁의 흐름을 결정했다.

성별 구성 역시 극적으로 달라졌다. 여성 분석가의 수는 제1차 세계대전 이전의 두 명에서 종전 직후의 시기에는 대략 50여 명 정도로 늘어났다. 1929년에 이르러서는 새로 훈련 받는 사람의 대다수가 여성이었다. 많은 사람들이 교사였고, 또 많은 사람들이 어머니였다. 앞으로 보게 되듯, 정신분석운동의 성별 구성 변화는 어머니/아이의 관계, 어머니/딸의 관계, 그리고 여성 섹슈얼리티에 대한 관심에 극적인 변화를 불러일으켰다.

섹슈얼리티와 관련된 변화는 추적하기가 더 어렵지만 종전 직후에 일어난 두 사건이 시사적이다. 1920년 동성애자임을 커밍아웃 한 의사가 네덜란드 정신분석 협회에 입회 신청을 했다. 구성원들은 존스 지그문트 프로이트가 한 동성애자의 어머니에게 보낸 편지(1936), 후일 킨제이 연구소에 기증되었다.

에게 조언을 구했는데 존스는 반대의 뜻을 표했다. 베를린에서 작스, 아브라함, 아이팅곤은 이는 개별 협회가 결정해야 할 사안이라고 선을 그으면서도 덧붙여 그러나 여기에는 정신분석이 그렇지 않다고 입증해주지 않는 한 동성애자는 신경증 환자라는 억측이 개입되어 있는 것임에 틀림없다고 역설했다.[51] 오랫동안 동성애의 합법화에 앞장서 왔던 페렌치도 "이 사람은 분석가가 되기에는 너무도 비정상"[52]이라고 주장했다. 반대로 프로이트는 입회 허락을 권하면서도 이 사안은 결국 해당 지역의 분석 협회가 결정해야 한다고 마지못해 용인했다. 1921년 다른 사건에서 어니스트 존스는 프로이트에게 자기는 동성애자에게 분석 훈련을 시키는 것을 거부하고 있음을 알리는 편지를 썼다. 이번에도 프로이트는 동의하지 않았다. "그들을 법적으로 박해하는 것에 동의할 수 없기 때문에 다른 합당한 이유가 없는 한 이런 사람이라도 배제할 수는 없다. 〔……〕 이러한 경우에는 지원자의 다른 자질에 대한 충분한 검토에 의존하여 결정해야 한다"[53]는 것이었다.

정치적으로 정신분석운동의 분위기는 더욱 민주적으로 변모해갔다. 1910년 프로이트는 "플라톤의 공화국의 정신을 신봉하는" 어느 엘리트를 위해 논쟁을 하기도 했지만 1920년대에는 개별적 자율성을 옹호했다. 1919년 페렌치가 아이팅곤을 위원회에 맞아들이면서 그에게 "내 생각은 가능한 한 프로이트의 저작들을 *바꾸지 않고* 보존하는 거라네. 〔……〕 모든 것을 일종의 도그마처럼 관리해야 돼. 〔……〕 중심적 생각을 위해 자기 개인의 생각을 포기할 수 있는 능력이야말로 회원으로서의 으뜸가는 자질이지"[54]라고 말했다. 그러나 젊은 분석가들은 이 같은 견해를 지지하지 않았고 페렌치 자신도 곧 이런 생각을 철회했다. 게다가 제1차 세계대전 후에는 불일치가 꼭 분열을 야기하지도 않았다. 랑크와 페렌치는 비록 소란이 없진 않았지만 자발적으로 위원회를 떠났다. 쫓겨나지는 않았던 셈이다. 1927년 국제 훈련위원회가 뉴욕 정신분석 협회에 비전문가 분석을 요구하려 했을 때 이를 명백한 불공정이라며 반대를 주도했던 사람은 안나 프로이트였다.

그러나 전후 시기에 중대한 반민주적 예외 사례가 있었다. 하나는 프로이트가 '리더의 부재'로 간주한 미국 분석 협회에 호레이스 프링크Horace Frink를 임명하려 했던 비극적 사건이었다. 잘생긴 비유대인인 프링크는 과거에 프로이트의 환자였다. 분석 과정에서 프로이트는 프링크에게 현 부인 및 아이들에게서 떠나 프링크가 자신을 사랑한다고 믿는, 결혼한 경력이 있는 한 부유한 여인과 결혼할 것을 종용했다. 1921년 프로이트는 프링크에게 "당신이 동성애적 기질을 통제하지 못하겠다고 불평하는 것이 의미하는 바는 나를 부자로 만들어주겠다는 당신의 환상을 당신이 아직 자각하지 못하고 있다는 것이오. 모든 일이 잘 되면 이 상상의 선물을 정신분석 기금을 위한 실제 기여로 바꾸도록 합시다"라고 써 보냈다. 프로이트의 뜻이 완전히 명확하지는 않지만 분명 그는 자기 환자의 약점을 이용한 것이었다. 프링크는 남은 여생 동안 광기의 일화들을 남겼고 프로이트에 대해 정신분석이 신경증에만 국한되어야 한다는 것을 깨닫지 못했다고 비난했다.[55] 이 사건으로 인해 프로이트는 분석이 정신병을 촉진할 수도 있다는 에이브럼 카디너의 견해를 인정하게 되었다. 미국의 모든 분석가들은 이 이야기에 대해 알게 되었고, 이로 인해 그들이 종종 '빈의 교황'이라 부르던 사람과 더욱 거리를 두게 되었다. 또 하나의 반민주적 사건은 다음 장에서 서술될 1934년 빌헬름 라이히를 분석운동에서 축출한 일인데, 그것은 자유주의적 가치를 타락시키는 반공산주의의 위력을 보여준 사건이었다.

1920년대 정신분석 학회가 직면했던 과제는 안정적이고 본격적이며 직업적인 제도를 수립하는 일이었다. 1918년 부다페스트 해법이 대중 치료와 분석 교육 혹은 분석 훈련이라는 수단을 특정했다. 에고심리학 — 저항 분석 — 이 실행지향적 이론을 제공했고, 이는 훈련과 인증을 용이하게 해주었다. 부다페스트 해법을 실행하기 위한 첫번째 분석 연구소인 베를린 연구소는 전후의 이론화 센터이기도 했다.

정부의 재정 지원을 받고 의학계의 인정을 받은 베를린 정신분석 연구소는 정신분석운동 전체의 사령탑이었다. 카를 아브라함, 막스 아이팅곤, 에른스트 짐멜의 지휘를 받으며 빈에서 가깝지도 멀지도 않다는 이점을 이용해 영향력 있는 *킨더세미나Kinderseminar* — 오토 페니첼Otto Fenichel, 케테 프리들란더Kethe Friedländer, 에디트 야콥슨 Edith Jakobson, 게오르게 게뢰George Gerö와 같은 젊은 분석가들의 토론 그룹 — 를 후원하며 연구소는 에고심리학 분야를 개척해나갔다.[56] 다른 사람들은 거기에서 에리히 프롬Erich Fromm, 프란츠 알렉산더, 카렌 호나이, 산도르 라도Sándor Rádo, 멜라니 클라인, 테오도어 라이크 Theodore Reik, 테레즈 베네데크Therese Benedek, 헬렌 도이치, 그리고 에드워드 스트래치Edward Strachey와 제임스 스트래치를 훈련시켰다. 1928년 가을까지 66명의 분석가가 졸업했고 34명이 훈련을 받고 있었다.[57] 베를린은 또한 *출판사Verlag*와 라도가 편집하는 『국제 정기간행물Internationale Zeitschrift』을 유치하고 있었다. 베를린의 예에 고무되어 드레스덴, 함부르크, 프랑크푸르트, 하이델베르크 등지에서 학회들이 발전했고, 나치스가 권력에 올라 독일 정신분석을 실질적으로 붕괴시켰을 때 남서 독일 학회가 발족되었다.

국제 분석 정책은 베를린과 병행하여 런던과 빈 학회를 중심으로 형성되었다. 55명 정도의 회원을 지닌 런던 정신분석 학회에는 국제 정신분석 총회IPA의 중심 인물로서 지그문트 프로이트, 안나 프로이트는 물론이고 구 대영제국의 변방, 특히 미국과 긴밀한 관계를 유지하고 있었던 어니스트 존스가 참여하고 있었다. 그것은 상대적으로 민주적이고 여성친화적인 환경의 이점을 누렸고 중요한 출판 성과와도 연결되어 있었다. 레너드 울프Leonard Woolf와 버지니아 울프의 호가트 출판사에서 출판된 『국제 정신분석 저널』의 영문판, 프로이트의 영어 번역본, 국제 정신분석 도서관이 그것이었다.[58] 베를린과 런던처럼 빈 정신분석 학회도 훈련의 거점이 되었다. 1930년대 초에는 지원자 수가 35명에 이르렀다. 프로이트는 다른 학회들의 항의로 중단할 때까지 빈 학회의 졸업증서에 서명했다.[59]

역사상 정신분석이 처음 시작된 곳이었던 빈 학회는 또한 에고심리학의 결정적 이론을 정립했다. 아버지의 여든번째 생일에 대한 선물로 쓴 안나 프로이트의 1936년도 저작 『에고심리학과 방어 메커니즘 *Ego Psychology and the Mechanism of Defense*』은 라이히의 성격 개념을 방어 이론으로 재서술한 것이었다. 이드에 대한 일방적 집중으로 "최면술이 쓸모없게 된 현재 상황"을 규정함과 동시에 안나 프로이트는 분석가가 에고의 방어와 이드에서 생기는 자유 연상 사이를 왕래할 때에만 "우리는 *정신분석*에 대해 말할 수 있다"고 결론지었다.[60] 나치스의 부상 이후 이 에고심리학의 변형된 버전이 영국과 특히 미국으로 확산되었다.

주류인 에고심리학과 병행하여 세 개의 중요한 변형태가 런던, 파리, 부다페스트에서 출현했다. 이곳들 모두에서 개인적 자율성 개념은 수정되었다. 첫번째 변형태는 에고에 대한 *대상-관계적object-relational* 견해를 제안한 멜라니 클라인과 연결되어 있었다. 클라인에 의하면 사람들이 장애에 부딪치게 되는 것은 칸트와 프로이트에서처럼 사람으로서의 자질이라는 일반적 이유 때문이 아니라 삶에서의 특수한 상황을 통해 타인들과 불가분하게 연결되어 있기 때문이었다. 이러한 연결들 가운데 가장 중요한 것은 미래의 모든 관계를 형성하는 어머니와의 관계였다. 정의의 윤리보다 책임의 윤리를 발전시킴으로써 혹자는 프로이트의 여성적 대안이라 부른 클라인의 제안은 오이디푸스 콤플렉스 이론에 내재된 자율성 문제와 반대되는, 사람들 사이의 관계를 수립하고 유지하는 문제에 대한 신중산층적 지향과 일치하는 것이었다. 클라인은 1926년 런던으로 이주하여 버지니아 울프의 오빠의 집에서 취임 강연을 했다. 그녀의 생각은, 즉각적으로 상황이 설정되는 관계, 예컨대 친구, 가족, 공동체와의 관계는 추상적 관념에 앞선다고 주장한 철학자 G. E. 무어Moore의 영향을 반영한 것이었다.

1936년 자크 라캉은 그의 유명한 '거울 단계' 논문을 통해 에고심리학의 두번째 대안적 이론을 개발했다. 라캉에 의하면 에고 혹은 '나'는 비어 있음의 트라우마적 발견에 대한 방어적 반응, "개인 자신의 몸의 이미지와, 타인에 의해 그나 그녀에게 반사된 자아 이미지라는 이미지들의 침전물의 상상적 결정結晶"[61]이라는 것이었다. 프로이트가 본능이라 부른 것에 아무런 기반도 갖지 않는 에고는 행위자라기보다 대상으로 생각되어야 한다는 것이었다. 프로이트에 의하면 정신분석은 "이드가 있던 곳에 에고가 있게 될 것"이라는 진술에 의해 규정되었지만 라캉은 분석의 목적이 에고의 강화에 있는 게 아니라 그것을 이완시키고 방어를 경감시켜 그 자체의 나르시시즘에서 이탈된 자세를 취하도록 독려하는 데 있다고 하였다. 클라인이 책임을 자율성과 대립시켰다면 라캉은 여러 방식으로 무의식 본래의 개념으로 되돌아가는 에고의 분리된 본성을 역설적으로 수락하기를 권장한 것이었다. 1926년 스무 명의 회원으로 창설되어 두 개의 저널(『정신의학의 진화L'Evolution psychiatique』『프랑스 정신분석 리뷰Revue française de Psychanalyse』)을 지닌 파리 정신분석 학회에서 출현한 라캉의 대안 이론은 프랑스 모랄리즘의 오랜 전통, 하이데거Martin Heidegger 철학, 초현실주의 위로 견인된 프랑스 정신분석의 독특함을 반영했다.

마지막으로 부다페스트에서는 페렌치가 인기 많은 의사, 카페를 중심으로 모이는 독립적 지식인들 모임에서 중심 인물이 되었다. 프로이트가 자율성을 수립하기 어려움을 강조한 것에 비해 페렌치는 갓 태어난 아기의 원래 상태는 아무것도 되돌려줄 것 없이 받기만을 기대하는 것이라 주장했다.[62] 수행적 역할이 아니라 수동적 수용성이 발전의 추동력이라는 것이었다. 받아들이기는 어려워도 그의 주장에는 윤리적 힘이 있었다. 인간 존재의 본래 심리 상태가 어떤 것이든 그들은 기본적 요구의 충족을 통해 삶을 시작할 *자격*이 있었다. 나중에는 헝가리 분석가들의 거의 대부분이 해외로 이주해버렸기 때문에 프로이트가 강조한 절제에 대해 페렌치가 깊은 거부감을 느낀 것은 오랫동안 심중深重한 효과를 지녔다. 페렌치로부터 영감을 받은 사람들로는 영장류로부터 매달려야 하는 필요를 이론화한 이슈트반 홀로스Istvan Hollós와 임레 헤르만Imre Hermann, 어머니/아이의 관계에 대한 초기 연구자들인 알리스 발린트Alice Balint와 미카엘 발린트Michael Balint가 있었다.[63] 궁극적으로 하인츠 코후트Heinz Kohut의 나르시시즘 이론의 배후에 놓여 있는 것은 페렌치의 생각이었다. 페렌치로부터 영향을 받은 사람들은 모두 정신분석이 제공해주어야 하는 것은 성찰 그 자체가 아니라 "교정하는 정서적 경험"[64]이라 믿었다.

에고의 취약성에 대한 강조, 그 자체의 사랑 체험으로부터 에고가 형성되는 방식, 그리고 무엇보다도 에고를 저항과 방어의 자리로 간주함을 통해 프로이트의 구조 이론은 1920년대 발생한 자율성에 관한 재사유의 중심에 있었다. 우리가 다음 장에서 다시 살펴볼 변형태들—대상 관계, 거울 단계, 수동적 대상애對象愛—은 이에 대한 모더니스트적 재정의에 크게 기여했다. 클라인은 자율성을 타자에 대한 구체적 책임과 연결시킴으로써 그 이상적 목표를 복잡하게 만들었다. 라캉은 자율성에 대한 소망이 단순히 무의식에 저항하는 방어가 아닐까 하는 의문을 제기했다. 페렌치는 자율성, 책임, 주체성 모두가 이제 곧 인정recognition이라 불리게 될 것에 대한 근본적인, 거의 타고난 요구라 주장했다. 그 결과 모더니티의 핵심적 이상 가운데 하나에 대한 심오한 질문이 제기되었다.

그러는 사이 정신분석운동은 발전했다. 1935년 프로이트는 넓게 퍼진 범위를 자랑했다. 그는 "오래된 지역 그룹들(빈, 베를린, 부다페스트, 런던, 네덜란드, 스위스, 러시아)에 더하여 파리와 캘커타에 학회가 설립되었고 일본에 둘, 미국에는 여럿, 최근에는 예루살렘과 남아프리카에 각각 하나씩, 그리고 스칸디나비아에 두 개가 생겼다"[65]고 밝혔다. 그러나 정신분석의 확산에 따라 새로운 난제들에 부딪치게 되었다. '저항'은 심리적 개념이었다. 그것은 개인들 '내부'의 어떤 것을 서술하는 것이었다. 그러나 저항은 또한 사회적 제도, 문화적 편견, 지식의 구성을 통해 구체화되는 것이기도 했다. 전간기 동안 정신분석에 대한 공격은 보수주의자, 파시스트, 볼셰비키뿐만 아니라 학문적 정통성을 고수하는 자유주의자들로부터 가해지기도 했다.

실제로 프랑스, 이탈리아, 스페인, 포르투갈, 라틴 아메리카, 그리고 동유럽 일부에 정신분석이 대거 도입되는 것을 제2차 세계대전 후까지 지연시킨 카톨릭 교회의 끈질긴 반대가 특히 중요했다. 빈에서조차도 분석가들은 교회에 대한 두려움 속에서 살았다. 교회의 고위 성직자들, 예컨대 밀라노의 카톨릭/파시스트 협동조합의 기획자인 아고스티노 제멜리Agostino Gemelli 신부나 로마의 라테란 인류 박물관 관장인 빌헬름 슈미트Wilhelm Schmidt 신부는 극렬한 반프로이트주의자였다. 슈미트는 빈의 학계에서도 유명했다.[66] 빌헬름 라이히에 대한 집요한 반대도 상당 부분은 라이히가 정계에 들어감으로써 교회의 분노를 초래할 위험이 있다는 확신에서 비롯된 것이었다. 프로이트가 『모세와 일신교Moses and Monotheism』의 출판을 미룬 것도 같은 우려 때문이었다. 교회의 그림자는 빈 정신분석 학회의 "위계적이고 정확하고 예의 바른"[67] 분위기를 이해하는 데 도움이 되기도 한다. "(프로이트의) 인종적 형제인 유대인들에게만 적용되는, 리비도적 범성욕주의에 기울어진" 이론에 대한 프랑스의 반감도 부분적으로는 같은 근원에서 유래한 것이었다.[68] 폴란드에 학회를 설립하려던 루트비히 예켈스Ludwig Jekels의 노력의 성과가 늦춰진 것도 카톨릭교와 반유대주의 때문이었다.[69] 아일랜드에서는 교회가 정신분석을 금지시켰다.[70]

그러나 카톨릭의 반대는 또한 정신분석의 날을 세우기도 했다. 어떤 언어로든 프로이트 전집이 출판되기 시작한 것은 호세 오르테가 이 가세트José Ortega Y Gasset가 주도한 결과로 1922년 마드리드에서 이루어졌다.[71] 회화, 영화, 그리고 살바도르 달리Salvador Dalí와 루이스 부뉴엘Luis Bunuel의 아쌍블라주assemblage는 스페인에서의 프로이트의 영향을 반영한다. 1920년대 말에는 멕시코, 브라질, 페루에서 정신분석 독서 그룹이 활동을 개시했다. 베를린에서 분석 훈련을 받고 아르헨티나로 이주한 앙헬 가르마Angel Garma는 늦었지만 폭발적이었던 포스트-2차 세계대전 팽창의 불꽃을 점화했다.[72] 에도아르도 바이스Edoardo Weiss의 강의가 1931년 트리에스테에서 출판된 후 이탈리아 정신분석도 날아 오르기 시작했다.[73] 그러는 동안 영국에서는 사뮈엘 베케트Samuel Beckett가 제수이트교의 형이상학에서 힘입어 그의 분석가인 윌프레드 비온Wilfred Bion에게 영향을 끼쳤다. 그러나 전체적으로 개인적 자율성의 기획과 비혼성애非婚性愛에 대한 교회의 반대 때문에 분석은 지연되었다.

제도화된 마르크스주의는 정신분석에 대한 저항의 두번째 중심이었다. 앞서 보았듯 정신분석을 수용했던 볼셰비키들도 개인적 자율성 개념은 거부했다. 1920년대 후반 트로츠키가 스탈린에 패하자 베라 슈미트Vera Schmidt와 다른 분석가들에게 집중되었던 트로츠키의 은밀한 지원도 끝나버렸다. 스탈린주의는 자신을 '부르주아' 심리학의 대안으로 자처했다. "프로이트에게 있어 인간은 온전히 과거에 존재한다. [……] 프로이트에게 있어 의식은 무의식에 종속되어 있다. 프로이트에게 있어 인간은 내적이고 근원적인 힘들의 볼모이다."[74] 프로이트 저작의 마지막 러시아어 번역본은 1930년에 나왔다.[75] 프로이트는 프라하에 거주하는 러시아어 번역가인 니콜라이 오시포프에게 이렇게 썼다. "어디선가 볼셰비키들이 정신분석이 자기네 체제에 적대적이라는 말을 주위들은 모양이오. 당신은 우리 학문이 어떤 정당에도 도움이 되지 않지만 그러나 일종의 *자유로운 마음가짐Freiheitlichkeit* 을 필요로 한다는 진실을 알 것입니다."[76]

저항의 또 다른 원천은 과학과 의학의 점증하는 합리화였다. 제1차 세계대전 전에는 인과율, 양화量化, 예측 등과 같은 뉴턴적 개념에 대한 대체물이 있었다. 물리학은 붕괴되었고 상대성, 불확실성, 아원자亞原子, 우주론을 통합하여 재구성되었다. 생물학은 우연성과 특수성을 통합하여 제대로 자격을 갖춘 학문이 되었다. 빈과 케임브리지에서 일어난 재건 노력에도 불구하고 실증주의는 퇴조했다. 이 같은 맥락 속에서 프로이트가 정신분석의 과학적 성격을 강조한 것이 널리 수용되었다. 알버트 아인슈타인은 정신분석의 창시자와 잘 알려진 서신 교환을 하기 시작했다.

그러나 2차 산업혁명은 재단의 지원을 등에 업은 '빅 사이언스big science'에 힘을 실어주었다. 이것은 예측과 제어에 우위를 두었다. 행태주의는 심리학을 포함한 사회과학을 휩쓸어버렸다. 록펠러 재단은 런던과 빈을 포함한 유럽의 여러 수도에서 행태주의적 아동 학습 연구를 재정적으로 지원했다. 처음에는 정신분석도 경험과학의 새로운 유행의 혜택을 보았다. 예를 들면 샬럿 뷜러Charlotte Bühler는 빈 대학에서 록펠러 기금 연구 센터의 책임을 맡았다.[77] 비록 뷜러는 정신분석을 무시했고 그녀의 강의실에서 정신분석에 관한 논의를 금했지만 르네 스피츠René Spitz, 엘제 프렌켈Else Frenkel, 마리 야호다Marie Jahoda, 루돌프 엑스타인Rudolf Ekstein, 브루노 베텔하임Bruno Bettelheim, 에디트 바이스코프Edith Weisskopf를 포함한 많은 저명한 분석가들은 그녀와의 공동 연구를 통해 경력을 쌓아나가기 시작했다. 정신분석은 또한 제네바에서의 경험적 아동 연구의 제도화 덕을 보기도 했다. 여기에 그들은 두 개의 정신분석 학회를 설립했는데, 그중 하나가 세계의 선도적 교육 연구소인 제네바 대학의 루소 연구소Institut Rousseau였다.[78] 제네바 학회의 일원인 장 피아제Jean Piaget는 정신분석에 인지 이론을 덧붙이려 애썼다. 그러나 두 세계는 긴장 관계에 있는 것이기도 했다. 사비나 슈피엘라인과 분석 교육을 수행하다 피아제는 불현듯 전이가 무엇인지를 깨닫고는 '알았다'고 말하고 나가버렸다.[79]

'빅 사이언스'가 의미하는 바는 정신분석이 측정 가능한 변동성과 검증 가능한 가설로 번역되어야 한다는 것이었다. 빈의 논리실증주의자 리하르트 폰 미제스Richard Von Mises는 정신분석이 '부정할 수 없는 관찰'에 기반을 두고 있다는 것은 마지못해 인정했지만 그 규칙성은 통계적 용어로 서술되는 편이 더 나으리라는 제언을 하기도 했다.[80] 미국에서는 1934년 출판된 존 달라드John Dallard의 『좌절과 공격성 Frustration and Aggression』이 쥐를 이용한 실험실 연구를 통해 "공격성은 항상 좌절의 결과"[81]임을 드러내 보였다. 이 결과는 정통한 행태주의자들조차도 인정하지 않을 수 없었다. 클라크 헐Clark Hull은 "정신분석에는 뭔가 중요한 것이 있다"는 것을 지치지 않고 되풀이 말하곤 했다. 루이스 매디슨 터먼Lewis Madison Terman은 프로이트의 개념들에 대해 "90퍼센트를 도외시하더라도 [……] 다른 하나인 정신 검사와 더불어 현대 심리학에 이바지한 두 개의 지대한 공헌 가운데 하나"[82]라고 인정했다. 그러나 분석가들은 이 같은 '찬사'에 애매한 반응을 보였다. 사울 로젠츠바이크Saul Rosenzweig가 그의 이론을 확인시키려는 목적으로 프로이트에게 데이터를 보냈을 때 프로이트는 정신분석을 실험적 검증에 내맡기지 않을 것이라 답하면서도 "그래도 나쁘진 않군요"[83]라고 덧붙여 말하기도 했다. 앞으로 보게 되겠지만 이때 프로이트의 판단은 잘못 생각한 것이었다.

의학 또한 제1차 세계대전 이후 변화했다. 더 직업화되었으며 실험실과 병원에 더 의존하게 되었고 무엇보다도 더욱 고급스러워졌다. 이론에 기반을 둔 전신치료는 몰락하고 특수한 질병에 대한 통계적으로 개연성 있는 증명 가능하고 측량 가능한 치료라는 대체요법이 등장했다. 여기에서 세균학이 그 모델을 제공했다. 가족에의 개입, 성 정책, 출산 장려가 국민적 혹은 민족적 공동체*Volksgemeinschaft*에 이바지하는 것을 목적으로 새로 설치된 '보건부'로부터 각광을 받았다. 이러한 변화들이 분석가들로 하여금 의사가 되게 하고 또 그들의 이론과 실험실 기반의 학문이 협동하도록 압박을 가했다.

그 결과 유럽의 정신분석은 점차 의학 안으로 편입되어갔다. 1917년 요한 H. W. 반 오퓌센Johann H. W. Van Ophuijsen과 베스터만 홀스타인 Westerman Holstijn에 의해 열두 명의 회원으로 창설된 네덜란드 정신분석 학회는 의사들로만 제한되었다.[84] 1920년대 초반 러시아 정신분석 학회가 국제 정신분석 총회IPA에 가입하려고 했을 때 봉착했던 난관인 그 지도자들 중에 의사가 거의 없다는 사실과는 대조적이었다. IPA의 분석가들은 수학자인 오토 슈미트Otto Schmidt를 모스크바 정신분석 학회의 부회장으로 인정하는 데 많은 어려움을 겪었다.[85] 물론 의학이 지배적인 데 대한 항의도 있었다. 비전문가 분석을 둘러싼 갈등으로 말미암아 네덜란드에서는 라이덴에 두번째 학회가 설립되었고 그뿐만 아니라 벨기에에서는 학회의 분열로까지 이어졌다.[86] 그러나 의학화의 경향은 일관되게 진행되었고 정신분석계에서 미국이 차지하는 비중으로 인해 널리 강화되었다.

미국에서만큼 의사가 높은 지위에 오르고 돈을 번 곳은 달리 없었다. 미국 의사들은 플렉스너 보고서가 권고한 대로 의사의 공급을 면 허로 제한함으로써 자신들의 지위를 혁신적으로 바꿨다. 미국의 정신 분석가들도 이 추세를 따랐다. 1925년 미국 정신분석 총회는 모든 분석가들에게 의학 학위를 요구하는 규제안을 통과시켰다.[87] 프로이트는 의학화를 "정신분석에 대한 저항의 마지막 가면이고 가장 위험한 짓"이라 즉각 항의하며 "의학 바깥에 그 거처를 마련하는 데 성공하지 못하면 정신분석에는 암울한 미래가 예상된다"고 예언했다.[88]

의학화의 결과로 유럽의 정신분석은 미국에 재정적으로 의존하게 되어 상황이 더욱 악화되었다. 1919년에는 프로이트가 맡은 환자 수의 60퍼센트가 미국인이었고, 그래서 그는 종종 영어로 분석을 하기도 했다.[89] 사무실에 달러용 금고를 비치해두었던 그는 랑크에게 '무자비'할 정도로 높은 가격을 부과하라고 촉구했다.[90] 1920년 그는 아브라함에게 정신분석 총회의 베를린 개최를 미국인들이 거부하는 것에 따르도록 종용하며 미국인들의 지원 없이는 "우리의 독일어 저널들은 1년도 살아남지 못할 것"[91]이라고 지적했다. 1932년에 이르러서는 미국인 정기 구독자에 대한 出版社의 의존도가 높아져서 경영진이 영어판 『계간 정신분석Psychoanalysis Quarterly』의 창간을 거부할 지경이었다.[92] 의학화에 대한 미국인들의 고집에 대해 언급하면서 분석가 헤르만 눈베르크Hermann Nunberg는 "다른 데서와 마찬가지로 우리의 신분에서도 경제적 투쟁에는 그 이데올로기가 있다"[93]고 평했다.

프로이트의 반대에도 불구하고 정신분석은 가차 없이 의학 학위를 요구하는 쪽으로 움직였다. 1927년 『국제 정신분석 저널』이 비전문가 분석에 대한 심포지엄 내용을 담은 100페이지짜리 책을 발간했을 때 대부분의 분석가들은 프로이트에 반대했다. 프로이트의 가장 충직한 연합군인 페렌치는 미국에서 비전문가 분석 그룹을 결성하고 IPA에 시험 케이스로 가입시켜달라는 신청을 냈으나 결국 그룹은 해체되었다.[94] 1929년 존스는 영국 의학 협회로 하여금 프로이트 버전의 정신분석을 유일하게 정당한 것으로 한정케 했는데, 이렇게 함으로써 추가적인 의학적 규제 원칙을 인가한 것이었다. 프로이트는 자신을 '군대 없는 사령관'이라 칭했고 비전문가 분석을 둘러싼 갈등이 그가 "미국인들과의 우정 어린 결별"이라 부른 그러한 결과를 초래하기를 소망했다.[95]

실제로는 그 반대였다. 1930년, 보다 '전문적'인 접근법을 추구하던 미국 태생의 일군의 젊은 분석가들이 늙은 세대의 동부 유럽 유대인들, 특히 브릴에 대한 반항을 주도했다.[96] 베를린 정신분석 연구소를 자신들의 모델로 삼은 이 '거친 성정의 미국 엘리트'들은 '현대적' 접근법을 갖춘 수정주의 에고심리학자로 알려진 프란츠 알렉산더를 회유했다.[97] 다음 해에는 한스 작스가 보스턴으로, 헤르만 눈베르크는 필라델피아로 옮겨 갔다. 1932년 알렉산더가 시카고 정신분석 학회의 회장이 된 후에는 카렌 호나이가 그의 조수가 되었다. 산도르 라도는 뉴욕으로 와서 베를린 모델에 따라 연구소를 조직했다. 라도의 작업을 위해 모금된 돈의 총액 — 사만 달러 — 은 유럽의 분석 서클들에게는 전대미문의 금액이었다.[98] 나치스가 권력을 잡기 전에 2차 산업혁명의 본거지는 가출한 자식들을 불러들이기 시작했다.

한편 정신분석계에서 미국의 세력이 커나가는 것을 본 프로이트는 반미국적 언사를 거리낌 없이 내뱉었다. 그것은 가난에 대한 그 자신의 신경질적인 공포 때문에 강화된 것이기도 했지만 일말의 진실을 지니고 있기도 했다. '달러의 나라' '달러리아Dollaria' 그리고 '아들러의 미친 똥구멍'이라 조롱하며 그는 랑크에게 "미국인들에게 정신분석은 마치 하얀 셔츠와 까마귀처럼 어울린다"[99]고 말했다. 정신분석과 미국 문화의 관계에 대한 논의 전문全文은 프로이트가 자신의 입장을 옹호하기 위해 1925년에 쓴 『비전문가 분석에 대한 질문Questions of Lay Analysis』에는 수록되어 있지 않은데 그 이유는 존스와 작스가 그것 때문에 미국인들이 IPA에서 탈퇴하겠다고 으름장을 놓을까 두려워했기 때문이었다. 최근 출판된 그 삭제되었던 문건에서 프로이트는 미국을 칼뱅주의, 정신치유, 그리고 이 용어를 사용하고 있지는 않지만 포드주의와 동일시하고 있다.

프로이트는 '효율성과 삶의 건전성'을 최고의 이상으로 삼는 국민에 대해 회의적이었는데, 자신들의 "정신적 문제에 대한 조력자를 지정하면서 기본적 주의 사항을 소홀히 할 때" 특히 그랬다. 그는 계속하여 "시간은 정말 돈이다. 그러나 그것이 왜 그토록 성급하게 돈으로 바뀌어야 하는지는 전혀 명확하지 않다. 우리들 알프스 지역의 국가들에서 아는 사람들이 만나거나 헤어질 때 하는 통상적 인사는 '시간을 아껴라'라는 말이다. 우리는 이런 말에 그저 웃어 넘기는데, 그러나 성급한 미국인들의 관점에서는 그것이 얼마나 널리 통용되는 지혜를 담고 있는가를 알 수 있다. 그런데 미국인들에게는 시간이 없다. 그들은 큰 숫자, 그리고 모든 면에 있어 큰 것에 대해 열정을 지니고 있지만 그러면서도 그들은 시간의 투자를 쪼개 절대적으로 최소화시킨다. 나는 '기록record'이라는 단어가 이를 가리키는 것이라 생각한다." 마지막으로 그는 이렇게 덧붙였다. "미국인들의 슈퍼에고는 돈벌이라는 이해利害에 관계될 때에는 에고에 대한 엄격성을 엄청나게 완화시키는 것으로 보인다. 그러나 나의 독자들은 아마 지난 10년간 우리가 그 앞에서 머리를 굽신거려온 나라에 대해 내가 아주 나쁘게 말하고 있다는 것을 잘 알 것이다."[100]

정신분석의 역사에 있어 여성의 가입 다음으로 중대한 사건은 의학화를 둘러싼 논쟁이었다. 궁극적으로 이 논쟁은 정신분석의 과학적 위상에 관계되는 것이었다. 오늘날 정신분석의 과학으로서의 지위에 대한 요구가 약화되었다고 흔히 이야기되지만, 더 깊은 문제는 과학이 의미하는 바가 무엇이냐 하는 것이다. 베이컨 사상의 전통과 대립되는 칸트 사상을 반영하는 프로이트는 과학을 인간의 요구에 부합하도록 하는 것을 목표로 하는 문제 해결의 기획으로 간주하지 않았다. 이보다 오히려 그는 과학의 발전이 인간 본성 자체의 변화, 다시 말해 이성에 의한 욕망의 변화를 초래하는 것이라 믿었다. 이러한 의미에서 과학을 행태주의적 매개 변수로 환원하고 정신분석을 정신의학으로 환원시키는 것은 자기 성찰의 요소를 상실하고 자율성을 선택의 영역으로 축소시키는 것을 의미했다. 당대에 이미 이것에 주목했던 프로이트는 "사람들은 과학적 사고의 결과를 수용할 준비가 되어 있지만 과학적 사고가 그들에게 야기한, 그들 자신에게서 일어난 변화를 도외시하면서 수용한다"고 불만을 토로했다.[101]

종국적으로, 정신분석이 확산되자 많은 사람들은 이것이 아프리카, 아시아, 중동의 광범위한 대중들에게는 거의 아무런 관련도 없는 유럽만의 이론이라고 거부했다. 이러한 사실은 정신분석이 비서구 지역에서는 마치 기독교처럼 제국주의의 일부로 침투한 것이었다는 사정을 반영한 것이었다. 필리핀에서는 정신분석의 영향을 받은 식민자 의사가 예전에는 '열대성 신경쇠약' '필리핀병' '정신 피로'에 신경

쓰지 않던 군인과 관리들에게 "신경과민이란 세포막 외부로부터 과다 침투된 것이 아니라 심지부터 썩은 것"[102]이라고 가르쳤다. 한편 뉴질랜드의 정신분석학자 클로드 댕거 댈리Claude Dangar Daly의 「혁명적 성향의 심리학Psychology of Revolutionary Tendencies」은 식민지 관리들에게 반영反英운동이 아일랜드나 참정권 확대론자들과 같은 동기에서 비롯했다기보다는 유아적 감정에 의해 촉발되는 동기가 더 크다고 조언해주었다.[103] 오스트레일리아에 정신분석을 도입한 게자 로하임Géza Róheim 민족지 조사 원정대 역시 제국주의를 기반으로 이루어진 것이었다. 그 결과 비서구 세계에 정신분석을 도입하는 데 선구적 역할을 한 식민지의 주체들은 당연히 이러한 영향을 혼합시켰다.

1886년에 인도 토후국의 왕자로 태어나 "정신분석의 역사상 두 번째로 자신을 분석한 분석가"를 자처했던 기린드라세카르 보세Girindrasekhar Bose는 그 대표적인 예이다. 보세는 1922년 캘커타에 인도 정신분석 학회를 설립했다.[104] 열다섯 명의 원래 멤버들 중에서 아홉 명은 학자였고 여섯 명은 의사였다. 보세는 그의 분석을 벵갈어로 진행했고 전통 의상을 입었다. 보세에게 자율성이란 유럽에서 이해되고 있는 것만큼 높은 가치를 지닌 것이 아니었다. 그보다 그는 힌두교식 내성內省의 기법, 요가, 탄트라식 시각화를 끌어들여 분석가의 자세를 적극적으로 교육적인 것으로 규정했다. 분석가의 모델보다 힌두교 교사의 모델에 더 자신의 기법의 기반을 두었던 그는 페렌치조차도 너무 비지도적이라 여겼다. 그가 『정신분석 저널』 및 프로이트와 교환한 서신에서 설명한 바에 의하면 그 이유는 정신, 육체, 공동체는 문화별로 다르기 때문이라는 것이었다. 서양의 정신적 혁명을 체험하지 못한 나라들과 정신질환이 검은 마술, 카르마, 혹은 체액의 균형이 깨지

는 데에서 생긴다고 믿는 사람들에게서 외적 지도는 내적 지향의 도입부로 필요한 것이었다.[105]

보세는 또한 정신분석의 제국주의적 이용에도 반대했다. 오웬 버클리-힐Owen Berkeley-Hill은 어니스트 존스에게 분석 받은, 캘커타 학회 소속의 정신의학자였다. 캘커타 학회가 IPA로부터 빨리 인가 받은 원인의 일단이기도 했던 버클리-힐은 요가의 괄약근 억제를 익혔고, 힌두교 신자들이 일으키는 것으로 추정되는 혐오감을 그들의 항문 고착 탓으로 돌렸다. 보세는 이 이론을 경멸하고 거부하면서 아버지보다 어머니를, 섹슈얼리티보다 대상 관계를 중시할 것과, 인도 문화를 얕잡아볼 것이 아니라 긍정적으로 접근할 것을 강조했다. 이렇게 하기 위해 그는 인도의 '분리된 어머니라는 핵심 판타지'를 도입하여 어머니와 함께 지내는, 강렬하지만 오래가지 않는 기간이 힌두교 남성들로 하여금 어머니의 여성적 요소를 더 많이 수용하도록 만들어 거세 불안에 덜 빠지게 하며 오이디푸스 위기에 대한 부정적, 종속적 해결책을 받아들이도록 하는 것 같다고 주장했다.[106]

비서구국들은 모두 정신분석에 대한 자기 나름의 통로를 따라갔다. 일본 정신분석계의 주요 인사였던 고자와 헤이사쿠Kosawa Heisaku는 1929년에서 1933년까지 빈 정신분석 연구소에서 수학했고 프로이트에게서 분석을 받았다. 또한 보세가 종종 영국 의학에 반발했던 것과는 반대로 일본의 정신분석은 상대적으로 독자적인 길을 갔다. 고자와는 일본 북동 지역 센다이에 있는 토호쿠 대학에서 학생들을 가르쳤는데, 이곳에서 일본 최초의 정신분석 학회가 발족되었다. 심리학자인 야베 야에키치Yabe Yaekichi와 작가인 오츠키 겐지Otsuki Kenji가 1932년 도쿄에 두번째 학회를 설립함과 아울러 일본 최초의 프로이트주의 학회지인 『세신 분세키精神分析』를 발간했다. 이 두 연구소는 동아시아 정신분석 연구의 중심으로서 한국의 경성제국 대학과 중국의 해안 도시들에서는 여기서 번역된 책들로 정신분석 연구가 이루어졌다. 앞으로 보게 되겠지만 보세와 마찬가지로 고자와 역시 오이디푸스 이론의 대체 이론으로서 사내아이와 어머니의 관계에 초점을 맞춘 '아자세 콤플렉스Ajase Complex' 개념을 개진했다.[107]

선교사들이 서양의 정신의학을 도입한 중국은 세번째 변형태를 제시했다. 여기에는 토착 사상과 프로이트 사상을 종합하려는 시도가 아주 없지는 않았지만 매우 적었다. 그 대신 중국의 정신분석은 5·4 운동이라는, 서구에서 수입된 모더니티의 일부로 들어왔다. 1919년 이후 이른바 신시대에 장 센푸Zhang Shenfu가 중국 계몽운동의 중요한 잡지 중 하나였던 『신사조New Tide』의 행태주의에 대항하기 위해 프로이트를 번역했다.[108] 이때 '프로이트'는 『어린 소녀의 일기Diary of a Young Girl』[109] 같은 소설들을 광고하는 섹슈얼리티의 핵심 단어였다. 가장 중요한 것으로서 정신분석은 혁명의 필요성과 연결되어 있었다. 1936년도의 한 신문 전단은 "현대에 있어 인간의 본능에 대한 주된 장애물은 사회 체제 그 자체이다. 사회적 자산이 한 줌밖에 안 되는 사람들의 수중에 들어 있다"고 고발했다. 그들의 특권을 보호하기 위해 이들은 "종교적 교리와 도덕적 규칙"을 내세운다. 그러나 "본능은 충족을 요구하며 울부짖는다. 〔……〕 이 같은 상황은 특히 우리 여성들 사이에 공통적"[110]이라는 것이었다.

이슬람 국가들에서 정신분석은 거의 발전되지 않은 상태에 머물러 있었다. 주된 예외적 사례는 아타투르크 시대의 터키로서 1930년대 정신분석학자 에디트 포빈켈-바이거트Edith Vowinkel-Weigert가 그

프로이트가 오츠키 겐지에게 써 보낸 편지를 표지로 삼은 프로이트 일역본

녀의 노동자-경제학자 남편과 함께 온 것이었다. 독일에서도 포빈켈-바이거트의 첫번째 환자는 유대인 난민이었다. 그러나 터키는 곧 토착적 분석 전통을 발전시켰다. 첫 번역인 한스 줄리거의 『재학 청소년들의 무의식적 삶으로부터From the Unconscious Life of Our School Youth』는 교육 개혁에 큰 영향을 끼쳤다. 이에 더하여 프랑스 정신의학자들이 튀니지, 모로코, 알제리, 세네갈 등지에서 활동했고 급기야 레바논에 학회를 설립했다. 라캉의 제자인 무스타파 사푸안Moustapha Safouan은 1958년 『꿈의 해석Tafsir el ahlam』의 최초 아랍어 번역판을 출판했다.[111] 그러나 아프리카와 중동의 정신분석에 있어 프랑스 전통이란 알제리 혁명에 대한 프란츠 파농Frantz Fanon의 글들에서 공박당한 바

로 그것이었다. 파농은 오직 폭력만이 식민지주의에 의해 입은 정신
적 상처를 치유할 수 있다고 주장했다.

비서구 정신분석를 바라보는 서구 정신분석의 태도는 복합적이었다.
이 문제의 *원텍스트ur-text*인, 유대인 이민자 출신 정신분석학자와, 아
버지의 전통적 치료 방법에 대한 신뢰를 잃은 로디지아 치료사 사이에
오고간 내밀한 이야기를 담은 연구서인 울프 작스Wulf Sachs의 1937년
작『검은 햄릿*Black Hamlet*』은 그 뿌리에 있어 백인과 흑인의 정신을 구
별하는 식민지 정신의학에 대한 공격이었다.[112] 프로이트는 그의 아시
아인 대화상대자들을 진지하게 대했다. 그는 중국에 정신분석을 도입
하려 애쓰는 정부 관리인 장 시자호Zhang Shizaho에게 "당신네 원어와
대조하여 고풍스런 표현 형태에 대한 우리의 직감을 판단해달라"[113]
고 요청했다. 그는 안드레아스-살로메에게 자신의 인도인 제자가 추
방당한 백인도, 식민지 관리나 원주민 아마추어도 아닌, '학식 있는 힌
두인'임을 자랑했다. 또 그는 정신분석에 대한 보세의 반대에 대해서
도 자세히 답하며 정신분석이 양성성(남성/여성), 양가성(사랑/증오),
능동성/수동성의 세 가지 원천에서 나오는 반대되는 소망들의 공존에
대해 소홀했음을 인정했다.[114] 다른 한편으로 그는 로맹 롤랑에게 "비
율에 대한 그리스인들의 사랑, 유대인들의 절제, 속물적 불안" 때문에
아시아 사상을 멀리했다고 말했다. 그러고는 1926년 캘커타의 한 철
학 교수가 그에게 방문을 요청했을 때 그는 "지금으로서는 나에 대한
인도인들의 필요는 충분히 충족되었다"고 언급했다.[115]

아시아 사상에 대한 프로이트의 의심은 문화적 다원주의에 대한 혐
오에서 기인한 것이 아니었다. 마르크스주의에 대한 그의 비판의 이
유는 오히려 마르크스주의가 "인종적 다양성과 문화적 변형이 경제와

어떻게 상호작용하는지에 대한 이해를 결여하고 있다"는 이유 때문이었다.[116] 프로이트의 태도는 개인적 자율성이라는 목표에 부여된 우위성을 반영하는 것이었는데, 자율성 개념은 서구적 맥락 밖에서 재정립되고 재규정되어야 할 것이었다. 그의 1930년도 저작인『문명 속의 불만*Civilization and its Discontents*』에서 요가를 통한 자아의식의 소멸을 행복의 한 지름길로 언급하고 있기는 하지만 징후적으로 프로이트는 로맹 롤랑에게 자신은 '오세아니아적 느낌', 즉 뗄 수 없는 결속의 느낌, 외부 세계와 하나된 느낌을 체험할 수 없다고 말했다. 이 느낌을 로맹 롤랑은 인도의 신비주의와 연결시켜 '종교적 감정의 진정한 원천'이라 부른 바 있었다. 프로이트는 오세아니아적 감정은 단지 원초적 나르시시즘의 잔재일 수 있다고 암시했다.[117]

1920년대와 1930년대 정신분석 학회들의 폭과 다양성은 자율성과 저항에 관해 정신분석학적으로 영향을 받은 생각들이 모더니티에 대한 최초의 대중적이고 자기 의식적인 경험에 얼마나 중요한 것이었는가를 시사해준다. 정신분석이 침투하는 곳마다 지배적 문화와 갈등하는 것은 아니더라도 최소한 그것과 구분되는 분석 환경이 만들어졌다. 이와 같은 여러 환경들 속에서 직업이나 '치유'를 찾아 정신분석에 입문한 상대적으로 소수였던 사람들은 자기와의 진지한 관계 속에서 가장 강하게 밀착된 집단적 가치를 만들어냈다. 생전에 정신분석에 가장 많은 재정적 지원을 한 안톤 폰 프로인트가 1920년 마흔 살의 나이에 암으로 사경을 헤매고 있을 때 프로이트는 매일 그를 방문했고, 나중에 아이팅곤에게 보낸 편지에서 "프로인트는 영웅적인 명징함으로 희망 없음을 견뎠고 정신분석을 부끄럽게 하지 않았다"[118]고 썼다. 그러므로 직업화에도 불구하고 정신분석은 여전히 동일시와 겹치는 차별적 정체성과 스토아주의 및 진실성과 같은 핵심적 가치를 지닌 분파로서의 성격을 소유하고 있었다. 나중에 D. W. 위니코트Winnicott가 '유리한 환경'이라 부른 것 속에서 그 가치들은 더 큰 사회적 변화의 과정에 기여했다. 독일과 동유럽에서 그러했듯 환경이 점차 열악해지자 정신분석은 마치 그 연주자들이 임박한 위기를 예감하기라도 했듯 재즈 시대 음악의 음역을 낮춘 암울하고 비관적인 반모더니즘 혹은 초모더니즘의 양분을 공급했다.

제8장 어머니로의 전환

> 서술된 절차는, 분명히 말한 바와 같이 오직 사내아이에게만 관련된다. 이에 해당하는 발달이 여자아이에게는 어떻게 이루어질까? 〔……〕 여기서 동등한 성적 권리에 대한 페미니스트적 요구는 큰 영향력을 지니지 않는다.
>
> ──지그문트 프로이트, 1924

2차 산업혁명이 도덕적 자율성에서 개인적 자율성으로의 변화를 고취한 것과 마찬가지로 그것은 여성해방의 의미 변화를 불러왔다. 계몽주의에서 기원한 여성해방이라는 고전적 자유주의 개념은 동등한 권리를 강조했다. 모든 인간에게 이성은 공통적으로 존재한다는 생각을 기반으로 한 그것은 공적 영역에서의 해방에 초점을 맞춘 것이었다. 그러나 1920년대에 여성해방 옹호자들은 동등한 권리를 위한 투쟁이 대부분 완수된 것으로 보았다. 이성의 보편성 주장에 만족하기를 거부한 그들은 특히 육아와 섹슈얼리티라는 두 가지 문제에 대한 젠더 차이 ── 당시에는 '여성의 차이'로 이해되었다 ── 를 탐구했다.

이 변화의 근저에는 가족에 대한 여성의 새로운 관계가 놓여 있었다. 생산이 가정에서 떠나버리자, 전시 경제에 여성들이 동원되자, 그리고 여성들이 투표권을 획득하자 여성은 공적 생활에 뛰어들게 되었다. 동시에 그녀들은 가정에 기반을 둔 새로운 소비자 경제의 정서적 중심에서 자신의 모습을 발견했다. 그러므로 그녀들과 가족 사이의 유대는 사회학적으로 느슨해짐과 동시에 심리학적 수준에서 재구성되었다. 이에 따라 그녀들은 공적 영역에서의 평등을 위한 투쟁을 완수하고자 하는 한편 정신분석에 의지하여 개인적 삶의 영역에서 젠더 차이를 개발하고자 했다.

특히 두 가지 변화가 중요했다. 첫째, 예전에는 여성을 집 안에 가둬 두는 것을 정당화하기 위해 육아의 책임에 호소했다면 이제는 많은 사람들이 육아가 꼭 사적인 것만은 아니고 사회적 책임을 내포하는 것이라 주장했다. 예를 들면 로버트 브리폴트Rober Briffault의 『어머니들 The Mothers』(1927)은 모든 형태의 사회 조직이 모성적 보살핌의 필요에서 나온다고 주장했고 루이스 멈포드Lewis Mumford의 『기술과 문명 Technics and Civilization』(1934)은 어머니라는 마을을 아버지라는 도시의 기반으로 묘사했다.[1] 그 결과 여성들의 육아에 대한 주목은 종종 사사私事화privatization보다 해방을 의미하는 것이었다. H. G. 웰스Wells의 말처럼 '협조 훈련'은 "가정이라는 세포로부터" 여성의 탈출을 의미하는 것이었고, 남성은 "더 사교적, 협조적"이 되고 여성은 "덜 갇혀" 있는 새로운 문화를 지시하는 것이었다.[2]

둘째, 어머니에 대한 빅토리아 시대의 관념이 탈성脫性된 '집 안의 천사'였음에 비해 1920년대의 결혼한 여성들은 성적 만족에 공개적으로 관심을 가졌다. 융 파의 분석가인 베아트리스 힝클Beatrice Hinkle에 의하면 전후의 여성들은 페미니즘을 "개인적 삶의 필요"[3]에 기반을 두었다는 점에서 여성 참정권론자들과 달랐다. 네오프로이트적 잡지인 『계간 모던Modern Quarterly』은 "이 시대의 위대한 발견은 여성들이 남성들만큼이나 성애性愛를 절실하게 원한다는 것"[4]이라는 견해

를 밝혔다. 여성의 섹슈얼리티 또한 가정에 국한되지 않았다. 1890년
대 여성 동성애는 아직 거의 보이지 않았지만 1920년대에는 레즈비언
정체성이 래드클리프 홀Radcliff Hall의 『고독의 샘The Well of Loneliness』
(1928) 같은 대중적 작품에서 상세히 묘사되었다. 레즈비언 하위 문화
는 의학과 심리 과학보다 훨씬 앞선 방식으로 여성 성기와 섹슈얼리티
를 상상하고 묘사했다. 어떤 사람들에게 '남성적인 것도 여성적인 것
도 아닌, 단지 특별하고도 독특한 동성애적 신문화'가 출현한 것이었
다.[5]

　이러한 맥락에서 여성과 정신분석의 새로운 만남을 위한 무대가 마
련되었다. 1900년 이다 바우어는 프로이트의 진찰실에서 벗어났다.
그 이유는 부분적으로 그녀에게 선거권도, 돈벌이가 될 일자리를 찾
을 기회도, 여성이고자 하는 그녀의 요구를 지지해줄 문화도 없기 때
문이었다. 그러나 1920년대에 정신분석에 투신한 여성들은 더 이상
그렇게 가난하지 않았다. 수잰 라폴레트Suzanne LaFollette는 『자유인
The Freeman』에 프로이트식 에세이를 썼다. 그 이유는 '공허한 해방'이
여성들로 하여금 "반성적 지성의 실천도, 생각도, 이상도, 그리고 고
유한 의미에서의 정서"도 없이 살아가도록 이끌어갈까 우려했기 때문
이었다.[6] 솔트레이크시티에서는 스물다섯 명 정도의 레즈비언 모임
이 자신들의 생활 방식의 오명을 씻기 위한 시도로 프로이트의 논문
들을 읽고 토론했으며, 파리에서는 정신의학자로서 남장 차림을 하고
다니는 페미니스트인 마들렌 펠르티에Madeleine Pelletier가 여성의 성
적 자유를 지지하기 위해 정기적으로 프로이트를 언급했다.[7] 앞서 보
았듯 많은 여성들은 아버지뿐만 아니라 어머니와 갈라서는 데도 도움
이 되도록 하기 위해 프로이트를 추종했다. 어머니의 '그로테스크한

근심'은 그녀들의 독립심을 질식시킬 수 있었던 것이다. 예컨대 정신분석학자 헬렌 도이치는 그녀가 털어놓은 대로 '어머니의 폭압에서 벗어나기 위해' 프로이트와 연합했던 것이다.[8] 이 같은 모든 경우에 있어 정신분석은 여성해방의 의미를 개인적 삶의 맥락 속에 고쳐 쓰는 데 도움이 되었다.

게다가 제1차 세계대전 후에는 많은 여성들이 정신분석가가 되어 프로이트적 논의의 성격과 분석적 관심의 초점을 바꿔놓았다. 원래 프로이트는 소년 소녀들에 대해 한 치의 차이도 없는 정신적 성장 경로를 상정했지만 여성들의 진입으로 인해 성적 차이의 문제가 부각된 것이었다. 프로이트가 간혹 암묵적으로 소년의 경로를 표준으로 채택했음에 반해 이제 분석의 관심은 소녀, 여성 섹슈얼리티, 레즈비어니즘으로 옮겨 갔다. 개인적 자율성에 대한 분석에서처럼 여성 섹슈얼리티에 대한 분석은 자기 충족self-fulfillment에의 장애물, 특히 여성성에 대한 여성들의 저항, 즉 남성에 대한 성적 사랑에 대한 저항에 중심이 놓였다. 그러나 이 장애물을 설명하는 일이 처음에는 어느 누구도 생각하지 못한 정도로 어렵고 요원한 것임이 드러났다. 이러한 노력은 1930년대 분석 패러다임의 중요한 이동으로 이어졌다. 즉 아버지에서 어머니로, 거세에서 분리로, 권위에서 의존으로 초점이 이동한 것이었다. 동시에 프로이트가 발견한 핵심, 즉 수동성에 대한 남·여성 공통의 체험, 공포, '거세', 그리고 이와 같은 체험들에 있어 섹슈얼리티의 중요성이 새로운 '여성 심리학'의 출현과 함께 사라질 위험에 처하게 되었다.

1920년대 여성의 차이에 대한 탐색은 여성들의 유급 노동과 직업으로의 진출이라는 광범위한 사회적 과정에서 비롯되었다. 정신분석은 이 과정의 특별한 극적 본보기를 제공했다. 1902년에서 1909년까지의 정신분석 역사의 첫 기간 동안에는 80명의 남성 분석가와 2명의 여성 분석가가 있었다. 1910년에서 1919년까지는 남성이 221명, 여성이 39명이었다. 1929년에는 219명의 남성과 92명의 여성이 있었다.[9] 1920년대의 정신분석의 성장은 모두 여성의 증가에 의해 설명된다. 앞서 말했듯 1920년대 말 정신분석계의 젊은 입문자들의 절대 다수는 여성이었다.[10]

1920년대 초반 정신분석은 비교될 만한 다른 직종에 비해 여성에 대해 괄목할 만큼 더 넓게 개방되어 있었다. 독일에서 여성 변호사의 비율은 1925년 0.4퍼센트에서 1933년 1.3퍼센트로 높아졌다.[11] 다음 해의 여성 의사의 비율은 6.5퍼센트였다.[12] 이에 비해 분석가들 중에서 여성 비율의 수치는 40퍼센트에 달했고 계속 성장하는 추세였다. 빈 대학 병원 내과에서 근무하던 헬렌 도이치의 감독관은 그녀가 자기 강의에 들어오는 것을 허락하지 않았고 그녀를 항상 '미스터 도이치'라고 불렀다. 이에 비해 그녀는 분석가가 되자 거의 즉각적으로 빈 정신분석 연구소의 훈련 책임자가 되었다. 한참 떨어지나마 여성들이 이에 견줄 만한 취업 기회를 가질 수 있는 것은 고작 '조무사와 같은 직종'이나 사회과학의 외딴 영역뿐이었다.

변화는 단지 숫자만의 사안이 아니었다. 1930년경 여성들은 정신분석계의 지배적 인물들에 속했다. 프랑스의 마리 보나파르트, 네덜란드의 잔느 람플-데 그루트Jeanne Lample-de Groot, 스웨덴의 알프힐트 탐Alfhild Tamm, 소련의 사비나 슈피엘라인, 영국의 멜라니 클라인 등이 그 예이다. 카렌 호나이는 독일에서 중요한 역할을 했고 미국으로 이민한 후에도 중심적 인물이었다. 안나 프로이트는 1923년 프로이트 가 암 진단을 받은 후 점점 더 아버지의 대리자 역할을 도맡게 되었다. 1920년대의 중요한 다른 여성 분석가들로는 알리스 발린트, 클라라 톰슨Clara Thompson, 프리다 프롬-라이히만Frieda Fromm-Reichmann, 루 스 맥 브런즈윅, 바버라 로우 등이 있다.

그러나 동시에 이 여성들은 자신의 자리를 위해 흔히 프로이트나 존 스나 아브라함 같은 힘 있는 남자들에게 의존했다. 게다가 종종 여성 들은 단순한 외골수의 분석가들이 아니었다. 오히려 그녀들은 아동 분석이나 '응용 분석', 다시 말해 여성적인 것으로 약호화된 교육이나 사회 사업에 특화되었다. 또한 흔히 그녀들의 이론적 작업은 여성 성 장의 특수성이나 어머니의 역할 등에 집중되었다. 예를 들어 다음 세 대의 주도적 인물인 안나 프로이트와 멜라니 클라인은 아이들에 대한 분석 실행 경험으로 자신들을 차별화했다. 한 사람은 어머니로, 다른 한 사람은 교사로. 두 사람 모두 아동 상담사였을 뿐 어느 누구도 의사 는 아니었다.

프로이트의 글들에도 운동의 구성 변화가 반영되었다. 1925년에 발 표된 여성 섹슈얼리티에 대한 시론은 청중들의 성별에 대한 아무런 고 려 없이 쓴 것이었다. 그러나 '여성성'에 대한 1933년의 강연은 사라 코프만Sarah Kofman이 약간의 과장을 섞어 말한 대로 "안티 페미니즘 이라는 자신에 대한 의혹을 지우기 위해 여성 분석가들과 공모를 도모 한 시도"라 평가되었다.[13] 이 글에서 프로이트는 여성 분석가들의 혁 신에 신뢰를 보냈다. 루스 맥 브런즈윅에 대해서는 전오이디푸스 단 계에서의 고착을 처음으로 설명한 것에 대해, 잔느 람플-데 그루트는 어머니를 향한 여자아이들의 믿기 어려운 남근숭배적 행위를 정립한 것에 대해, 헬렌 도이치는 동성애 여성들 간의 관계가 어머니와 아이의 관계로부터 재생산되는 것임을 보여준 데 대해 신뢰의 뜻을 표했다. 프로이트는 "정신분석에 우리의 탁월한 여성 동료들"이 출현했음을 알리며 어떤 비교들이 "여성에게 불리하게 판명될 수도 있을 것으로 보인다"[14]는 사실에 대해 거의 사과하다시피 했다.

그러나 이와 같은 여성들의 참여에도 불구하고, 이후 세대라면 페미니스트적 감수성이라 불렀음직한 것이 분석에 도입되지는 않았다. 1980년대에 낸시 초더로Nancy Chodorow가 아직 생존한 여성 분석가들에게 그녀들의 성이 1920년대와 1930년대의 체험에 어떻게 작용했는가를 물었을 때 그녀들은 자주 질문을 이해하지 못하겠다고 불평했다. "세상에는 많은 직업 여성들이 있어요. 분석가라고 해서 될 수 없는 이유가 뭐죠?"라는 것이 전형적인 대꾸였다. "여성들은 뭘 했지요?"라는 초더로의 질문에 한 여성 분석가는 이렇게 답했다. "몰라요. 여성들이 뭘 먹었나요?" "그렇게 지도적인 여성 분석가들이 많았던 게 무슨 차이가 있었나요?"라는 질문에 다른 여성 분석가는 "여성을 한 묶음으로 보기는 어려워요. 내가 생각할 수 있는 건 특별한 여성들이에요. 그녀들이 없었다면 많이 달랐겠죠. 그러나 여성들 전체를 한 묶음으로 본다면, 나는 모르겠어요." 또 다른 여성 분석가는 "나는 페미니스트 운동이나 활동에 대해서는 아무것도 몰라요. 바라는 바를 여자로서 말하기가 비교적 쉬웠던 것 같아요"라고 말했다. 또 다른 여성 분석가들은 이렇게 말했다. "훈련은 아주 쉬웠어요. 사람들은 (나름대로의) 관심에 따라 정신분석에 빠져들었지요." "내게 가장 난처하고 어려웠던 건 내가 독일어를 모르는데 그 모든 걸 독일어로 해야 한다는 것이었어요."[15] 초더로의 증언은 다른 출처를 통해서도 확대된다. 베를린의 정신의학자인 샬럿 볼프Charlotte Wolff는 이렇게 회상했다. "(우리 여성들은) 자신을 단 한 번도 2등 시민으로 생각하지 않았어요. 우리는 단지 우리 자신이었죠. 어쨌든 그게 유일하게 중요한 해방이었어요."16)

초더로와 그녀의 상대자들의 견해 차이를 포착하는 일은 정신분석의 역사를 이해하는 데 필수적이다. 초더로에게 젠더는 *사회적* 구분이었다. 그녀는 여성들의 전망이 그녀들의 *집단적* 정체성을 반영한다고 생각했다. 이에 비해 그녀의 상대방들은 젠더를 그녀들의 *개인적* 기획, 그녀들 스스로 만들어가는 존재에 종속되는 것으로 보았다. 이 두 견해는 다른 이론적 지향으로 이어진다. 초더로는 양성 사이에 *있는 그대로의* 차이에 관심을 둔 것이었다. 이에 비해 상대방들은 *개인들의 정신* 속에 있는 성차의 심리적 의미에 관심을 두었다. 그녀들이 각기 이러한 관심에 초점을 맞출 수 있었던 것은 새로운 프로이트적 의미의 '양성성' 덕분이었다. 그러므로 최초의 남성 분석가들이 '아버지라는 인물' 및 다른 사람과의 관계에 대해 자기의식적이었던 것처럼 이 여성들도 그녀들이 남성 동일시와 여성 동일시라 부른 것에 대해 자기의식적이었던 것이다. 성공적인 개인적 삶을 산다는 것은 자신의 남성적 및 여성적 측면을 받아들이고 만족스러운 성관계를 형성한다는 것을 의미했다. 이 문제는 1920년대 여성들이 대면해야 했던 실제적 문제, 즉 경력과 육아의 결합의 필요라는 문제에 대한 심리적 대응이었다.

직장 여성의 '이례성anomaly'에 대한 토론에서 한 분석 문건이 처음으로 이러한 문제를 제기했다. 어느 직장 여성에게는 남자와 성관계를 갖는 게 중요하고 어쩌면 아이를 갖는 것도 중요했겠지만, 아직 그녀는 문화적으로는 동성끼리만 교제하는 '중립적'인, 다시 말해 은밀하게 남성지배적인 공적 세계에서 활동하는 여성이었다. 프로이트의 『선집Collected Papers』의 번역가 중 한 사람인 조안 리비에르Joan Riviere가 1929년의 보고서에서 이 문제를 '가면으로서의 여성다움'이라 규정했다. 리비에르는 과거 여성의 지적 능력은 거의 전적으로 '명백히 남성적인 유형'하고만 연결되어 있었다고 주장했다. "그러나 오늘날 사람들은 '완벽한 여성적 발전'의 모든 기준을 충족하는 직장 여성들을 끊임없이 만난다. 그녀들은 '훌륭한 아내와 어머니'이자 '능력 있는 주부'이면서도 여성적 관심사, 즉 그녀들의 개인적 모습에서는 어떤 결점도 없다. 그녀들은 친척과 친구들 사이에서 '어머니 대리인' 역할을 하면서도 직업상의 의무를 최소한 평균적인 남성만큼은 수행해낸다. 이 같은 유형을 심리학적으로 어떻게 분류할지를 알아내는 일은 참으로 수수께끼"[17]라고 리비에르는 서술했다.

초기 여성 분석가들은 이렇게 개인적 관계에서는 여성 — 이 의미가 무엇이든 간에 — 임을 유지하면서도 직장에서는 성별에 크게 신경 쓰지 않고 일하려 하는 노력을 끈질기게 관찰했다. 헬렌 도이치가 그 좋은 예이다. 1884년 헬렌 로젠바흐Helene Rosenbach로 태어난 폴란드 유대인 도이치는 법학자인 아버지가 가장 사랑하는 딸이었지만 권위적인 어머니로부터는 구박받았고 오빠에게는 겁탈당했다. 1920년 헤이그에서 발표된 그녀의 첫 보고서는 "높은 야망과 지적 능력을 갖고서도 강한 남성적 열망과 가정주부와 어머니로서의 여성적 역할 사이의 지속적 갈등 상태 속에서 살아가는 여성"에 관한 것이었다. 보고서에 대한 반응은 호의적이었지만 그러나 그런 후 도이치는 혼자 공원으로 가 울었다. 그 이유는 그녀가 아들에게 어머니로서의 의무에 실패했다는 낭패감 때문이었다.[18] 다른 강연에서 그녀는 조르주 상드George Sand의 페미니즘을 그녀의 여성적 열망에 따라 살지 못한 데 대한 반작용이라 설명했다. 자서전에서 도이치는 그녀의 인생에서 세 가지 위대한 해방 — 어머니, 자본주의, 무의식으로부터의 해방 — 을 강한 세 남자 덕으로 돌렸다. 아버지, 첫사랑, 프로이트.[19]

다른 많은 여성 분석가들도 아버지라는 인물과의 관계를 이용하여 어머니와의 힘든 관계에서 벗어났다. 1882년 빈에서 태어난 멜라니 클라인은 후일의 경쟁자인 안나 프로이트처럼 원하지 않았던 아이로 태어나 더 사랑받는 언니들과 경쟁하며 성장했다. 어머니의 죽음이 계기가 되어 그녀는 부다페스트에서 페렌치의 인도로 분석에 입문했다. 그녀는 남편과 함께 부다페스트로 이주했다. 그러다가 결혼이 파탄나자 그녀는 다시 세 아이를 이끌고 베를린으로 이사하여 카를 아브라함의 지도 아래 분석가가 되었다. 알릭스 스트래치Alix Strachey는 베를린에서의 그녀를 고고한 관습적 인물, "최신 유행의 멋진 옷차림을 한 과격한 이성애적 세미라미스Semiramis* 부류"[20]로 묘사했다. 클라인은 일찍부터 페렌치와 아브라함에게 의존했음에도 런던으로 이사한 뒤로는 프로이트의 진짜 후계자임을 자처하는 정열적인 지식인이 되었다. 그러나 그녀는 여전히 존스의 후원에 의지했다.

1895년에 태어난 안나 프로이트는 아버지에 대한 딸의 헌신과 다른 여성들의 자식들에 대한 독신녀의 의무에 있어 좋은 본보기가 되었다. 그녀의 슬픈 어린 시절은 이르마의 꿈에서 마르타가 임신한 데 대한 프로이트의 불안에서 감지되었던 것이었다. 엘리자베스 영 브루엘

---

* 아시리아의 전설상의 여왕.

Elisabeth Young Bruehl에 의하면 "(안나와) 정신분석은 아버지의 주목을 받기 위해 경쟁을 시작한 쌍둥이었다." 어머니인 마르타와의 관계에 대해 알려진 바는 상대적으로 적지만, 그녀들 사이가 복잡했던 것은 의심할 여지가 없다. 1920년 안나는 아버지와 동행하여 정신분석 학회들에 다니기 시작했고 수년 후 아버지로부터 '분석'을 받은 뒤로 그녀는 루 안드레아스-살로메에게 자신이 "해부되고 분석되고 출판되고 모든 방식으로 잘못 다루어지고 잘못 대접받았다"[21]고 술회했다. 1925년 아버지가 암에 걸리자 안나 프로이트는 함부르크 총회에서 아버지를 대신해 「몇 가지 정신적 영향Some Psychical Consequences」을 읽었다. 그 글에는 "여성이 자신의 나르시시즘에 상처를 받았음을 알게 되면 그 후로 그녀는 흉터처럼 열등감을 키우게 된다"와 같은 구절이 있었다.

다른 여성 분석가들은 어머니와 끈끈하게 밀착되어 있었다. 1885년 베를린에서 태어난 카렌 호나이는 노르웨이인 선장의 딸이었다. 아버지는 억압적인 가장으로서 그녀는 아버지를 증오하고 두려워했다. 남편보다 스무 살 아래인 씩씩한 어머니는 호나이에게 의사가 되라고 종용했다. 사춘기 무렵 호나이는 스웨덴의 페미니스트이자 모성애 옹호론자인 엘렌 케이를 읽고 그녀를 "영혼의 길을 인도한 빛나는 별"[22]이라 비유했다. 그러나 나중에 부모가 이혼하자 호나이는 어머니가 자기를 방해하고 자기와 경쟁했다고 느꼈다. 그 자신도 이혼한 어머니로서 혼자 세 딸을 키우던 호나이는 1907년 아브라함을 만나 제1차 세계대전 기간 동안 베를린 정신분석 학회의 영향력 있는 인물이 되었지만 이는 부분적으로 대부분의 남성 분석가들이 전선에 나가 있었기 때문이었다.[23]

정신분석가 소아과의사 에디트 잭슨(왼쪽), 멜라니 클라인(중앙), 안나 프로이트(오른쪽), 어니스트 존스(오른쪽 끝)(1935)

　어떤 경우 어머니와의 밀착은 페미니즘과 연결되었다. 어머니 후원 연맹Bund für Mutterschutz의 수장이자 베를린 정신분석 학회의 멤버였던 헬렌 슈퇴커는 여성의 '고차원적 종합', 즉 육아와 경력의 통합을 위해 분투했다.[24] 샬럿 길먼의 추종자이자 열정적인 모성주의자인 슈퇴커는 1928년 실험을 통해 잘 자란 개미들은 싸우지 않는다는 걸 입증했다고 주장하며 프로이트가 공격성을 강조한 것에 이의를 제기했다.[25] 조안 리비에르 역시 한 여인, 즉 멜라니 클라인의 위풍당당함을 통해 자신의 입지를 찾았다. 1918년 그녀는 그녀의 분석가이자 연인으로 추정되던 어니스트 존스에게 "당신과 나의 관계라는 긴 비극"에

대해 편지를 써 보냈고 존스는 그녀에 대해 "내가 겪은 최고의 실패"라고 토로했다.[26]

몇몇 여성 분석가들이 여성을 '한통속'으로 취급하는 데 대해 못마땅해했지만 정신분석 학회들은 여성이 중심이 된 비공식적 네트워크를 중심으로 형성되어 있었다. 베를린에서 그러한 네트워크 가운데 하나는 분석 고유의 영역을 넘어 마그누스 히르쉬펠트의 전기 작가인 샬럿 볼프 같은 비분석가 여성 의사를 포함하는 데까지 이르렀다.[27] 영국 학회에서 여성 네트워크는 멜라니 클라인을 중심으로 이루어졌다. 학회의 기록에서는 실비아 페인Sylvia Payne이 클라인에 대해 쓴 것 같은 관찰들을 흔히 찾아볼 수 있다. "EGL(에드워드 글로버)을 만난 첫날부터 나는 그가 경쟁자인 성공적 지식인, 즉 여성을 두려워하고 그녀들에 대해 자기 방어적이고 시기한다는 것을 알았다."[28] 젠더 의식의 한 가지 지표는 누구를 분석가로 택하느냐에 놓여 있었다. 지그문트 프로이트는 1920년 여자 동성애자를 분석하면서 남성을 믿지 않는 그녀에게 여성 분석가를 만나라고 권고했다.[29] 반대로 1941년 한 여성 환자는 클라인에게 남편이 우리를 "자신에게 대항하는 같은 편"이라고 생각하기 때문에 여성과 작업하는 것이 남편의 방어를 증가시킨다고 불만을 토로했다. 그뿐만 아니라 그녀는 자신도 여성을 신뢰하지 않는다고 털어놓았다. 클라인은 이렇게 답했다. "당신이 할 수 있는 최선은 여성에게 분석 받는 겁니다." 이것은 여성들이 다른 여성에 대해 신뢰를 갖지 못하는 바로 그 점이 분석을 필요로 하는 이유라는 의미였다.[30]

그럼에도 젠더적 충실성을 개인적 자율성에 종속시키려 했던 그녀들의 투쟁을 감안할 때, 초더로를 상대한 여성들이 성차를 그녀들 사유의 기초로 만든 페미니즘의 형태들에 대해 혼란스러운 느낌을 지녔었다는 사실은 놀라울 바가 없다. 오늘날의 기준으로 볼 때 가장 페미니스트적 분석가인 호나이조차도 페미니즘이라는 용어를 자신에게 적용하기를 거부했다. 그러나 헬렌 도이치의 다음과 같은 지적은 페미니스트적 관심에 부응하기 위해 분석가들이 기울인 노력에 대해 시사하는 바가 없지 않다. "우리가 '수동성으로의 전환'이라는 용어를 '내면지향적 행위'로 대체한다면 '여성적 수동성'이라는 용어는 더욱 활기찬 내용을 획득하게 된다. 〔……〕 '내면지향적 행위'라는 용어는 활동을 가리키고 능동적인 어떤 것을 표현하며, 흔히 '여성적 수동성'이라는 용어가 경멸적 의미를 담고 있다고 느끼는 페미니스트들을 만족시킬 수 있다."[31] 마지막으로, 페미니스트이기 위해 여성이어야만 하는 것은 아니었다. 1931년의 「여성 섹슈얼리티」라는 논문에서 프로이트는 여성뿐만 아니라 "페미니스트적 견해를 지닌 남성 분석가"도 자기에게 동의하지 않을 것이라고 인정했다.[32]

이렇듯 여성들에 의해 진영이 확대되자 전후의 정신분석은 여성 섹슈얼리티의 본질과 정신적 성장에 있어 어머니의 역할에 대해 활기찬 토론을 펼쳤다. 그 결과는 정신분석의 역사에서 프로이트의 '무의식 발견' 다음으로 두번째로 많이 회자되는 에피소드였다. 베티 프리던Betty Friedan, 줄리아 크리스테바Julia Kristeva, 줄리엣 미첼Juliet Mitchell, 루스 이리가라이Luce Irigaray, 주디스 버틀러는 2차 페미니즘 물결의 시각을 통해 논쟁들을 읽어내는 데 시몬 드 보부아르Simone de Beauvoir의 선도先導를 따랐다. 그 논쟁들의 초점은 여성다움이란 타고나는 것인가 만들어지는 것인가, 프로이트는 새로운 학문에 대한 빅토리아 시대의 편견을 감춘 성차별주의자인가, 아니면 그 자신의 소망과 어긋나게 가부장제의 원이론을 제공하였던 실패한 페미니스트인가 하는 문제에 맞춰졌다. 물론 이러한 물음들은 1920년대와 1930년대의 글들에서도 추려낼 수 있지만 당시 그것들은 주변적인 문제들이었다. 논쟁을 끌어간 다른 관심사들도 있다. 에고, 저항, 트라우마 같은 개념들에서 시작하여 분석가들은 정신분석을 남성 중심 이론에서 양성을 함께 고려하는 이론으로 바꾸고자 고심했다. 특히 그들은 여성들의 여성 섹슈얼리티를 이성애적 목적론에서 풀어내기, 어머니-아이의 관계를 전적인 복잡성 속에서 고려하기, 공격성과 질투를 정신 생활의 정상적 구성 요소로 재해석하기 등과 같은 여성들의 개인적 삶을 발굴하는 데 앞장섰다.

이러한 논쟁은 제1차 세계대전에 의해 촉발된 '성 역할'의 광범위한 위기에서 비롯했다. 전쟁 동안 정신분석은 남성 심리학에 대한 새로운 이해를 진전시켰다. 그러나 그것은 그 자체가, 프로이트가 "해방된 여성들이 남성에 대해 지닌 신랄한 적대감의 기원"[33]에 대해 숙고했을 때처럼, 여성운동의 성공이 촉발한 광범위한 문화적 반발의 여지를 남긴 것이었다. 전쟁 말엽에는 '남성 콤플렉스'라는 용어가 분석 문건에 점점 더 많이 등장했다. 카렌 호나이는 이를 "여성의 차별받는 존재감, 남성에 대한 시기, 남성이 되어 여성의 역할을 내던지고 싶은 소망을 그 내용으로 하는 느낌과 환상 모든 것의 복합 심리"[34]로 정의했다. 압도적으로 남성적 성격이었던 전전의 운동을 반영하는 이러한 편향적 배경을 지닌 편견이 그에 뒤이은 논쟁을 흐리게 만들어 남·녀 양성에 대한 정신분석은 앞선 몇 가지 오해에 대해 기회 있을 때마다 사과해야 할 정도였다.

논쟁 자체는 단 하나의 문제에서 시작되었다. 어머니는 원초적 대상이므로 "사내아이들이 오이디푸스 콤플렉스 안에 그 대상을 지니고 있다는 것에 놀랄 이유가 없다. 그러나 여자아이들은 어떻게 그것을 포기하고 대신에 아버지를 대상으로 취하는가?"[35]라는 것이었다. 논쟁의 처음 국면을 지배한 카를 아브라함의 1920년도 논문 「여성적 거세 콤플렉스의 발현Manifestations of the Female Castration Complex」이 이에 대한 답을 제시했다. 아브라함에 의하면 어린 여자아이로 하여금 애정과 관심을 어머니에서 아버지로 이동시키도록 자극하는 것은 자기에게 음경이 없다는 사실을 발견하면서부터고, 이것이 어린아이인 그 여자아이에게 보상을 찾도록 유도한다는 것이었다.[36] 남성에 대한 질투와 원망으로 특징지어지는 남성성 콤플렉스는 이 과정이 실패했을 때의 결과물이다.

앞으로 보게 되겠지만 헬렌 도이치나 카렌 호나이를 비롯한 몇몇 여성들은 거의 즉각적으로 이에 대한 대체 이론을 내놓았다. 그러나 프로이트는 아브라함의 생각 노선을 따르면서도 이를 좀더 수정했다. 여성 섹슈얼리티에 대한 프로이트의 첫번째 논문인 1925년의 「양성 간 해부학적 차이의 정신적 영향에 대하여On the Psychical Consequences of the Anatomical Distinction Between the Sexes」는 두 가지 점에서 아브라함의 생각과 달랐다. 첫째, 아브라함은 여자아이가 아버지에게 향하면서 어머니를 거부한다고 주장했다. 이에 비해 프로이트는 아버지로의 전환에 의해 어머니와의 관계가 끝나는 것은 아니라고 생각했다.[37] 그러니까 프로이트는 여성의 *이성애*가 아니라 *양성애*에 더 많은 관심을 기울였던 것이다. 프로이트는 이성애라는 용어를 거의 사용하지 않았다. 그뿐만 아니라 아브라함은 노출이나 자위의 용이함 같은 실제적 이점 때문에 여자아이들이 사내아이들의 음경을 진짜로 부러워한다고 생각했다. 그러나 프로이트에게 있어 거세는 해부학적 음경이 발기한 상태의 심리적 재현인 팔루스*phallus*와 관계되는 것이었다.[38] 가장 중요한 것으로서 아브라함이 여자아이가 해부학적 차이를 발견한 것이 질투의 배후에 놓인 동기라 주장했음에 비해 프로이트는 그 발견은 '동기'가 아니라 단지 '방아쇠'일 뿐이라고 주장했다.

분명 프로이트는 거세 콤플렉스에 대한 고집을 버리지 않았다. 그러므로 거세하는 아버지에 대한 여성적 공포가 여자아이들로 하여금 사내아이들과 동일한 '자애로운 대상-카텍시스'를 만들어내도록 이끌어 간다고 주장했다. 이 '자애로운 대상-카텍시스'는 사내아이들에게는 그것 자체가 거세를 뜻하는 것이기 때문에 거부되는 것이었다. 달리 말하면 여자아이들은 자신을 아버지의 욕망에 대한 수동적 대상으로 형성해나가는 데 반해 사내아이들은 아버지에 대한 두려움 때문에 이 같은 반응을 회피한다는 것이다. 그러나 일단 여성 분석가들과 함께 글을 쓰기 시작한 후로 프로이트는 거세가 여자아이들에게는 사내아이들에 대해서만큼 힘이나 '내용'을 지닐 수 없다고 보게 되었다.[39] 오히려 여성의 성장에 있어 차이나는 것이 무엇인가를 이해하려고 노력하다가 그는 여자아이들이 어릴 때 어머니와 맺는 관계에 주목하기 시작했다. 그는 여자아이들이 두려워하는 것은 외부적 징벌 — 거세 — 이 아니라 어머니와의 분리, 혹은 어머니의 사랑을 잃는 것이라 결론지었다.

분리의 문제가 그것을 불러일으키는 여성 섹슈얼리티의 문제보다 더 크다는 것이 금세 드러났다. 따라서 그의 1925년의 논문 이후로 프로이트의 사유에서는 분리가 더 중요해졌다. 1926년의 『금지, 징후,

불안*Inbibitions, Symptoms and Anxiety*』에서 그는 분리가 어린아이의 불안의 원인이라는 주장으로 랑크의 '*탄생 트라우마*'에 답했다. 그것으로 그는 거세 ─ 오이디푸스 콤플렉스의 회전축 ─ 를 탄생, 이유離乳, 사회적 고립을 포함하는 연속 과정 속의 분리의 한 형태로 그 급을 낮췄다. 그 결과 가운데 하나가 그의 불안 이론에 수정을 가한 것이었다. 이전에 프로이트는 불안을 거세 공포와 연결지었다. 그러나 1926년 그는 불안이 아주 어린 시절 어머니가 없을 때 발생한다고 썼다. 아이는 외부의 대상이 "탄생의 추억인 위험한 상황을 끝내줄 수 있을 것"이라 믿기 때문에 그 대상을 상실하는 것이 불안을 초래한다는 것이었다.[40]

무엇보다도 여성 섹슈얼리티를 이해하려 노력하는 과정에서 프로이트는 아이의 성적 대상으로서가 아니라 정신적 삶을 지탱해주는 배경으로서의 어머니의 중요성에 이끌리게 되었다. 그러므로 프로이트가 양성성, 거세 공포, 음경 단계에 대한 주장을 포기하지는 않았지만 그의 작업은 새로운 세대의 여성 분석가들의 작업과 합치하게 되었다. 그럼에도 불구하고 그는 6년 동안이나 여성 섹슈얼리티의 문제에 대해 침묵했다.

프로이트는 부분적으로 여성 섹슈얼리티를 설명하기 위해 음경 단계, 거세 콤플렉스, 오이디푸스적 위기 이론을 개발했다. 그러나 그것을 적용하자마자 그것이 여성 섹슈얼리티에 대해 설명해주는 바가 매우 적다는 것이 명확해졌다. 보다 깊이 이해하려면 여자아이들이 어릴 때 어머니와 맺는 관계에 대한 연구에 의존해야 했는데 이 연구들 상당수는 여성 분석가들이 수행한 것이었다. 이들의 작업의 의미가

위낙 커서 정신분석 전체가 그 길로 휩쓸려갔다. *원原아버지Urvater*, 원
초적 범죄, 근친상간 금기 등에 지배당하는 정신의 풍경이 이제 더 오
래되고도 한층 더 근본적인 어머니 중심의 이야기로 출현하게 된 것이
었다.

예를 들면 어머니의 의미에 대한 랑크와 라이히의 예전 논의들은 계
시적이거나 도식적인 경향이 있었다. 그러므로 랑크에게 어머니와의
분리는 그것이 전부였다. 다른 어떤 것도 성장에 영향을 끼치지 않았
다. 한편 라이히에게 있어 어머니의 사랑은 순수하고 이상적인 것이
었다. 그러나 일단 여성 분석가들이 임하자 논의의 성격이 달라졌다.
그녀들의 설명에는 체험에서 비롯한 내성적 온화함뿐만 아니라 아동
분석이라는 새로운 분야에서 수집된 지식들까지 반영되었다. 아동분
석은 언어적 자유 연상이 아니라 아이들의 놀이를 해석하는 것이었
다. 이와 같은 연구가 하도 널리 퍼지자 프로이트는 아이들이 신경증
환자를 대신하여 "정신분석적 연구의 주된 대상이 되었다"고 평가하
기도 했다. 이 연구자들에는 베를린의 헤르민 후크-헬무트와 멜라니
클라인, 최초로 아동 분석을 지도한 파리의 소피 모르겐슈테른Sophie
Morgenstern, 케임브리지의 몰팅하우스 간호학교에서 가르치던 수전
아이작Susan Isaacs, 모스크바에서 실험학교를 통솔하던 베라 슈미트,
빈에서 어린이 지도 클리닉을 운영하던 에디트 슈테르바Edith Sterba 등
이 포함되어 있었다.[41]

이러한 연구들의 결과로 초기 프로이트주의의 중심적 가설은 전복
되었다. 이후로는 어머니가 아버지를 대신하여 어린 시절의 지배적
인물이 되었다. 어머니가 점점 더 어린 시절의 자애로운 돌봄과 인정
의 근원, 아이의 처음이자 가장 강렬한 애정 대상, 차후의 모든 애정

관계의 원형으로 이해되면서 중심 무대로 이동했다. 이에 비해 오이디푸스 콤플렉스는 부차적인 것이 되었다. 그에 따라 — 히스테리의 형태로 — 정신분석의 시작의 계기가 되었던 여성 섹슈얼리티에 대한 연구는 역사상 가장 중요한 패러다임으로 이동의 불꽃을 점화하며 또한 번 정신분석을 혁신했다.

어머니와의 결속의 깊이를 감안할 때 이러한 이동을 재촉한 것은 남성에 대한 여성의 성적 욕망의 출현에 대한 이해를 시도하면서부터였다. 헬렌 도이치가 이에 대해 간단한 해답을 제시했다. 여자아이의 섹슈얼리티를 남자를 향해 돌려놓는 것은 어머니와의 동일시라는 것이었다. 따라서 도이치에게 있어 어머니와 딸이 공유하는 체험 — 월경, 처녀성 상실, 성교, 임신, 불임, 출산, 수유, 폐경 — 은 여성의 이성애의 기반이 되는 것이었다.[42] 반면 멜라니 클라인은 대안적 추론을 개척했다. 그녀는 여성의 이성애는 어린 여자아이가 자신의 질膣에 대해 알면서 생겨난다고 주장했다. 따라서 그녀에게 있어 여성은 아기에 대한 관심 때문에 남자에게 관심을 갖게 되는 것이었다. 카렌 호나이는 이것들과 또 프로이트에 대한 다른 반응들의 공통점을 명확히 지적했다. 정신분석은 "양성 사이의 성기의 차이"에 주목하기보다 "생식 기능에 있어 남성과 여성이 맡는 역할의 차이"를 살펴야 한다는 것이었다. 그녀는 남성에게 있어 이 같은 차이의 발견이 탄생시키려는 소망인 '자궁 선망'으로 이어진다고 주장했다. 여성으로서 호나이는 여성에게는 "성교에 대한 어떠한 실제적이고 원초적인 충동"도 결여되어 있다는 페렌치의 주장을 인용하면서 이렇게 썼다. "이 점에 있어 나는 여성으로서 놀라며 묻는다. 그렇다면 모성애는?"[43]

여성 섹슈얼리티의 뿌리를 여자아이가 어렸을 때의 어머니와의 관계에 놓으려는 시도는 *매너분트* 시절 동안 지배적이었던 세 가지 우상, 즉 음경의 우월성, 자기 보존과 인정 같은 비성적 요구와 섹슈얼리티 간의 구분, 그리고 이성애의 가설에 도전하는 것이었다.

음경의 우월성은 아버지가 보호자이면서 권위라는 가정에 기반을 두는 것이었다. 그러나 1920년대의 작업은 이 두 역할 모두를 어머니에게 맡겼다. 1926년 클라인은 "두 성 중 무의식의 가장 깊은 층에서 특히 두려운 것은 어머니"[44]라고 주장했다. 거세하는 아버지에 대한 프로이트의 견해를 대신하여 클라인은 인도의 파괴의 여신 칼리Kali와 히브리 성서와 기독교 성서 모두에 자주 등장하는 릴리트Lilith를 상기시키며 어머니의 지배에 대해 서술했다. 동시에 클라인은 어머니, 특히 어머니의 풍요로운 자궁에 대한 환상을 젖, 아이들, 똥, 아버지, 사랑, 이러한 모든 것들의 '공여자'로 서술하기도 했다. 그 결과 어머니의 역할, 그리고 그 확장으로 여성성이 엄청나게 증대했다. 1920년대의 여성 분석가들이 이 주제에 대해 글을 쓰기 시작할 때까지 여성 섹슈얼리티는 음경 선망, 질에 대한 무지, 클리토리스를 경시해야 할 필요, 어머니로부터 등을 돌려야 하는 필요, 부러움이 여성 성장의 중심이라는 등의 일련의 '결핍*lacks*'에 의해 규정되어왔다.[45] 그러나 1920년대부터 클라인과 같은 분석가들은 아직 음순과 엉덩이까지는 아니더라도 클리토리스, 자궁, 풍요한 자궁의 '존재*presence*'를 부끄러워하지 않고 직접적이고 공개적으로 서술했다.[46] 예컨대 조지아 오키프Georgia O'Keeffe, 조세핀 베이커, 아나이스 닌Anaïs Nin 등의 1920년대 동시대의 회화에서 그것들이 표현되었던 방식대로 말이다.

유아기 환상 속의 어머니 이미지의 광범위한 확산으로 말미암아 섹슈얼리티에 대한 정신분석적 견해는 프로이트가 우선시했던 음경 단계에서 멀리 벗어나게 되었다. 이제 양식이나 보살핌의 필요 같은 유아기의 의존적 필요들이 초점 위에 놓이게 되었다. 그 결과 분석가들은 정서적 삶의 생성은 성적 필요와 성적이지 않은 필요를 분간할 수 없는 정신적 시기 동안에 이루어진다고 보기 시작했다. 보살핌받고 인정받고 먹을 것을 제공받고 신체 이미지의 안전을 유지하는 것, 이러한 모든 것들이 성기에 초점을 맞춤으로써 생각할 수 있는 것보다 섹슈얼리티에 훨씬 큰 역할을 하는 것임이 드러났다. 이는 특히 여성들에게 있어서 더욱 그러했는데, 그 이유에 대해 분석가들은 뒤늦게 발생하고 따라서 중요성이 덜한 오이디푸스 단계보다 어릴 때 어머니에게 매달리는 것이 여자아이들에게 더 오래 지속되는 경향이 있기 때문이라고 주장했다. 그들은 성기에 대한 관심이 여자아이들에게는 사내아이들보다 덜 중요하다고 결론지었다. 이와 비슷하게 유아기의 불안은 오이디푸스 단계 동안에 생기는 불안과도 달랐다. 동화들을 새롭게 해석하며 "사람을 잡아먹는 늑대, 불을 내뿜는 용, 신화에 나오는 악한 괴물"들을 어머니의 재현으로 본 분석가들은 아이들이 거세당할까 두려워하기 이전에 형제에 의해 바꿔치기 당하거나 버려지거나 먹을 것을 받지 못할까봐 더 두려워한다는 가설을 세웠다.[47]

마지막으로 어머니에 대한 새로운 연구는 모든 애정 관계에서 양성적 요소를 강조함으로써 이성애를 논의의 중심으로부터 이탈시켰다. 이것은 오늘날의 의미에서의 동성애적 섹슈얼리티, 즉 성적 대상 선택에 대한 최초의 분석 이론 수립으로 이어졌다. 그리하여 프로이트가 남성 동성애자는 자기를 어머니와 동일시하며 따라서 어머니의 애정 대상, 다시 말해 자신을 닮은 애정 대상을 찾는다고 시사했던 것에 반해 도이치는 레즈비언적 결속이 어머니-딸의 결속을 재생산한다는 것을 증명하고자 애썼다. 이에 더하여 여성들의 어머니에 대한 관계, 다른 말로 하면 여성의 양성성은 여성들의 이성애적 사랑에 간혹 수반되는 양면성, 갈등, 심지어 괴롭힘을 해명했다.

이 점에 관해 멜라니 클라인이 1932년 여섯 살 난 여자아이 환자인 '에르나Erna'에 대해 서술한 것을 살펴보자. "어머니와 자신을 동일시한 에르나는 자기 앞에서 모든 사람들이 굽실거려야 하는 여왕인 양 행세했다. [……] 언제나 지는 쪽은 아이였다. 에르나가 어머니 역할로 흉내내는 모든 것 — 남편에게 보이는 부드러운 태도, 옷 입는 방식, 사람들로부터 찬미받는 것 — 은 아이의 질투심을 일으키고 감정에 상처를 입히는 한 가지 주된 목적을 지니고 있었다." 어머니와의 고통스런 관계"에 대한 위안을 찾고자 에르나는 분석가인 클라인을 '왕'으로 지명했다. 어느 날 그 아이는 클라인과 결혼한 것을 자축하며 클라인에게 자기 옆에 누우라고 청했다. 클라인이 거절하자 에르나는 클라인에게 자기 옆의 작은 의자에 앉으라고 졸라댔다. 아이는 클라인의 손을 잡아 주먹을 쥐게 하더니 소파를 내리쳤다. "아이는 이것을 성교를 뜻하는 '우유 젓기churning'라 불렀다."[48] 이 같은 서술을 배경으로 삼아 프로이트는 "아버지의 모델을 따라 남편을 선택하거나 남편을 아버지의 자리에 놓는 많은 여성들은 결혼 생활에서 남편에 대해 어머니와의 좋지 않은 관계를 되풀이한다"고 주장했다. 그러한 여성의 남편은 의미상으로는 아버지에 대한 그녀의 관계의 계승자이지만 현실적으로는 어머니에 대한 관계의 계승자가 되는 것이었다.[49]

유럽의 여성 분석가들의 특출한 기여는 프로이트가 오이디푸스 콤플렉스를 강조한 것이 그릇된 서구 중심적 환상이라 비판한 동시대의 아시아 정신분석가들과 비교할 때 선명히 드러난다. 예를 들어 기린드 라세카르 보세는 1929년 자기가 "유럽의 경우에 있어 거세 위협의 중요성을 부인하지는 않지만 인도에서 진짜 투쟁은 (남자의) 남성이 되려는 욕망과 〔……〕 여성이 되려는 욕망 사이에 있다고 생각한다"[50]고 썼다. 프로이트가 오이디푸스로 돌아간 것과 마찬가지로 보세는 수디르 카카르Sudhir Kakar가 '인도 문화의 헤게모니적 신화'라 불렀던 것, 다시 말해 분리된 어머니의 신화로 돌아간 것이었다. 이 신화에 의하면 무섭고 성적 관심이 많은 어머니가 일련의 변화 과정을 거쳐 남자에게 고분고분하고 부드러우며 유순하게 변모한다.[51]

이와 흡사하게 일본에서는 고자와 헤이사쿠가 오이디푸스 콤플렉스의 대체물로 '아자세 콤플렉스'를 제안했다. 고자와가 끌어낸 중세 이야기에 의하면 나이 먹은 여왕이 아들 아자세를 낙태하려 하는데 사실 그는 예언자였다. 사춘기에 이르자 아들은 어머니에게 복수하려하지만 앓아 누웠다가 부처의 구원을 받는다. 보세와 고자와는 공통적으로 잠재적 폭력성을 띤 위험한 어머니에 대한 공포를 극복하는 사내아이의 능력에 관심을 기울인 것이었다. 그러나 아시아의 이론들에서 주목할 만한 것은 그것들이 *여성*의 성장에 대해서는 아무런 주의도 기울이지 않는다는 점이다. 오히려 그것들이 목표로 하는 것은 남근 숭배적이고 전능하며 위험한 어머니를 극복하는 남자들을 돕는 것이고, 그래서 전통적인 아시아의 가정에서 남성의 권위를 강화해주려는 것이었다.

무엇보다도 여성 분석가들은 남·여성 모더니스트 동성애 집단뿐만이 아니라 남성과 여성 사이의 친밀한 관계에도 높은 가치를 부여했다는 점에서 아시아 분석가들과 달랐다. 그 가치는 특출나게 현대적인 것이었다. 그것은 개인적 삶의 시대를 특징지었고, 그 시대는 또한 정신분석이 헤게모니를 장악하고 있던 시대이기도 했다. 여성 분석가들은 역사적으로 전례 없는 친밀성을 배경으로 삼아 어머니에 대해 연구했다.[52] 여성적 양성애에 대한 그녀들의 평가, 여성적 열정의 풍요로움과 복잡함에 초점을 맞춘 점, 그리고 남성에 대한 여성의 관계는 어머니와의 연관에 사로잡혀 있는 것이라는 인식 등은 현대의 개인적 삶에 대한 탐사였다. 어머니에 대한 여자아이의 관계를 탐색하는 것과 동시에 그녀들의 작업은 남·여성 모두를 평생 따라다니는, 항구적으로 위험한 상황과 사랑받아야 할 필요 모두를 만드는 일에 있어 어린 시절의 고립무원이 행하는 역할을 프로이트가 강조한 것과 일치하게 되었다.

그러나 이 같은 수확에도 불구하고 논쟁의 불씨가 된 문제가 아직 남아 있었다. '여성성에 대한 여성의 저항'이라는 문제였다. 처음부터 이 문제는 논쟁의 중심에 놓인 풀기 어려운 매듭이었다. 남성에 대한 여성의 분노는 부정적인 어떤 것, 극복되어야 할 어떤 것으로 규정되어 왔다. 그러나 정신분석에 여성들의 체험이 통합되자 '왜 여성은 남성에게 분노하면 안 되는가?'라는 물음이 제기되었다. 한 관점에서 여성의 분노가 간혹 여성을 아버지에, 형제에, 남편에, 그리고 무엇보다도 자신에 대해 마주세우는 사회적 이유를 초과하는 것이라면, 다른 관점에서 볼 때 분석의 기획 전체가 여성의 분노의 사회적 기반으로부터 주의를 체계적으로 다른 데로 돌리려는 교묘한 가부장적 통제의 시도로 보일 수 있었다.

1920년대에 접어들어서야 비로소 여성 심리의 사회적 차원과 정신 내적 차원 양자 모두에 적절한 무게를 부여하는 문제가 공개적으로 부각되었다. 그 이유는 그때까지도 여전히 개인적 삶에는 유토피아적 성격이 내포되어 있었기 때문이었다. 그 결과 정신 내적 현실은 사회주의나 페미니즘 같은 현존하는 정치적 프로그램으로 환원될 수 없다는 프로이트의 주장은 비록 프로이트가 의도한 바는 아니었으나 실제로 유토피아적 사유를 강화했다. 따라서 프로이트주의와 급진주의가 동시에 번창했다. 그러나 1920년대 후반 개인적 삶은 출산 장려 정책과 보수적 가족주의에 적응되어 종종 인종주의나 민족주의와 연결되는 것이 되었다. 이러한 맥락에서 정신 내적 현실의 자율성은 점점 더 *비*정치적이고 *반*정치적인 전망을 내포하게 되었다. 대공황 이후, 특히 독일 파시즘의 부상 이후 점점 더 많은 분석가들이 그들의 작업에 사회적, 정치적 전망을 도입할 필요가 있다는 빌헬름 라이히의 견해에 동의하기 시작했다.

1930년대에 카렌 호나이가 이 프로그램을 여성 문제와 연관시켰다. 궁극적으로 그녀는 여성이 자신들의 삶에 대한 정치적 운동과 전망 양자 모두를 필요로 한다고 결론지었다. 호나이는 수년 동안 젠더라는 수수께끼와 씨름한 연후에야 이 같은 결론에 도달한 것이었다. 1920년 그녀는 카를 아브라함이 그의 음경 선망 이론을 그녀에게 적용하려 하자 그와 함께하던 분석을 중단해버렸다. 1922년 그녀는 아브라함의 이론에 대한 공격들 가운데 첫번째 내용을 출판하여 여성성은 그 나름의 내재적 발달 노선을 지니고 있다고 주장했다. 1926년 그녀는 남성적 나르시시즘이 프로이트가 주장하는 것처럼 남근중심주의의 표현이기는커녕 자궁 선망에 대한 방어라 주장했다. 그녀는 남성들이 명백히 남성보다 여성을 더 많이 경시할 필요 아래 놓여 있음을 주목했다. 그렇지 않다면 "인류의 절반은 자신의 성에 불만을 지니고 있다"[53]는 남성 분석가들의 생각을 어떻게 설명할 수 있겠느냐는 것이었다. 마지막으로 1930년대 초 파시즘의 위협이 다가오자 라이히가 호나이에 대해 오랫동안 행사하고 있던 영향력은 더욱 커졌다. 라이히가 점점 더 보수적으로 변질되는 정신분석을 반파시스트적 목적에 적용하려 애썼던 것처럼 호나이는 그것을 여성해방에 적용시키려 노력했다.

호나이는 또한 점증하는 문화적 보수주의에도 반응했다. 성적, 그리고 가족적 실험과 병행하여 1920년대에는 전쟁 기간 동안 상실된 인구를 다시 채우려는 필요 때문에 출산을 장려하는 여론이 생겨났다. 프랑스 정치가는 '젖가슴 없는 존재들'과 '섹스 없는 문명'을 질책함과 동시에 *가족이 많은 집의 어머니*에게 찬사를 보냈다. 바이마르 헌법은 낙태와 피임 방법의 선전을 금했다. 영국의 여성 참정권자들은 국가가 여성을 언제까지나 임신할 수 있는 존재로 취급한다고 불만을 표시했다. 대공황과 더불어 출산 장려 정책이 강화되었다. 1930년의 교황 회칙은 아기를 낳을 의도가 없는 부부 간의 섹스 행위를 금지했다. 미국에서는 일하는 여성들이 더 적어졌고 결혼 후 출가하는 젊은이들도 줄어들었다. 이탈리아와 독일에서는 여성의 출산 의무를 법으로 정했다. 버지니아 울프는 1920년대에 그녀를 노예 상태로 몰아넣었던 어머니의 역할에 대한 조사들이 우파에 의해 남용되는 것을 두려워했다.[54]

1932년 호나이는 미국으로 이민했다. 훗날 그녀는 자신이 사회적이고 외부적인 영향에 대한 앎을 심화시킬 수 있었던 이유가 이민 덕분이었다고 회고했다. 베를린에서 그녀의 학생이었던 프란츠 알렉산

카렌 호나이: 프로이트에 비판적이었던 선구적 페미니스트

더가 시카고에서 그녀의 감독자가 되었다. 이듬해 에리히 프롬이 그녀와 합류했고 두 사람은 뉴욕으로 이주해 그곳에서 컬럼비아 대학의 사회과학자들과 분석가들이 활발한 활동을 펼치고 있던 세미나에 가입했다. 이 시기에 미국의 사회과학자들은 가족과 같은 원초적 제도에 지대한 관심을 지니고 있었고, 따라서 정신분석에도 많은 관심을 지니고 있었다. 반면에 정신분석은 카리스마적 분파였고 비개인화와 외적 교류를 절실히 필요로 하는 비의秘義적 독트린이었다. 사회과학과 정신분석 간의 만남은 '네오프로이트주의'와 인류학의 '문화와 퍼스낼리티' 학파를 포함하는 영향력 있는 혼합물을 배출해냈다.[55] 호나이의 『우리 시대의 신경증적 퍼스낼리티*Neurotic Personality* *of Our Time*』(1937), 프롬의『자유로부터의 도피*Escape from Freedom*』(1941), 해리 스택 설리반의『현대 정신의학의 개념들*Conceptions of Modern Psychiatry*』(1940), 에이브럼 카디너의『개인과 그의 사회*Individual and His Society*』(1939), 루스 베네딕트Ruth Benedict의『국화와 칼*Chrysanthemum and the Sword*』(1946), 마거릿 미드Margaret Mead의『남성과 여성*Male and Female*』(1949), 에릭 에릭슨Erik Erikson의『유년기와 사회*Childhood and Society*』(1950)는 이 시대의 네오프로이트주의를 반영하는 저작들이다.[56]

이미 보았듯 미국 사상에 있어 문화에 대한 강조는 인종 및 민족성과 연결되어 있다. 호나이는 네오프로이트적 분위기 속에서 이것을 여성에 대한 정신분석 이론의 심오한 반격으로 변모시켰다. 프로이트처럼 그녀도 문화가 억압의 원천이라는 입장을 고수했지만 그녀는 거기에 문화들은 상이하다는 견해를 덧붙였다. 다른 문화는 성적 욕망, 공포, 공격성 등 다른 정서를 억압했다. 불안은 그것의 표출이 외부적 위험을 내포하는 억압된 충동에 대한 인지認知였다. 불안은 꼭 섹슈얼리티는 아니더라도 기본적 필요가 좌절되는 데에서 생기는 것이었고 억압된 충동이 불안을 일으키는 정도는 "현존하는 문화를 대하는 태도에 크게 좌우"되는 것이었다. 그렇다면 신경증 환자는 문화적 산물, 즉 문화의 '사생아'였고, 그 혹은 그녀가 이른바 '정상인'과 정도의 차이만 있을 뿐인 방식으로 특정한 필요를 문화적으로 억압한다는 것을 사람들이 알게 될 때 그들의 문제는 '환상적이고 난해한 특성'에서 벗어나게 될 것이었다.[57]

이민하기 전에도 호나이는 이민을 떠나기 전에 쓴 시론들인「단혼單婚 관념의 문제The Problem of the Monogamous Ideal」(1928),「양성 간의 불신The Distrust Between The Sexes」(1931),「결혼의 문제점Problems of Marriage」(1932) 등의 제목이 암시하듯 여성들 역시 병적 징후를 보인다는 데에 주목했다. 1926년의 한 시론에서 호나이는 불감증을 '여성의 역할에 대한 단호한 거부'라 불렀지만 그러나 그것은 '초개인적, 문화적 요인'에 의해 설명되어야 한다고 주장했다. 불감증은 마치 "고용주에 대한 노동자의 은폐된 적대감과 유사하게, 특권자인 남성에 저항하는 여성의 내면의 비통함을 표현하는 무기"였다. 우리가 피고용자와 사장 사이에서 매일 게릴라식 전쟁을 보는 것과 마찬가지로 결혼에서도 우리는 그 전쟁을 목격하는 것이다. 여성은 섹스가 아니라 여성적 역할을 거부하는 것이라는 게 호나이가 주장하는 바였다.[58]

미국에 온 후 호나이의 사회에 대한 전망은 깊이를 더하게 되었다. 그녀의 1934년도 논문인「사랑의 과대 평가The Overevaluation of Love」는 현대 여성의 갈등이란 독립을 추구하지만 아직 자신의 "여성성을 포기하는 용기의 대가를 치를 준비는 되어 있지 않을 때" 생기는 것으로 설명했다. 이것은 리비에르가 서술했던 것과 같은 문제였지만 그러나 호나이는 이것을 역사적으로 재정립했다. "여성의 단 한 가지 바람은 남성을 사랑하고 남성으로부터 사랑받는 것"이라는 가부장제적 관념은 농경사회의 출현 및 여성을 집에만 있도록 제한한 것과 더불어 생겨난 것이었다. 이제 여성이 집에서 벗어나고 있는데도 여전히 전통적 관념은 존속되고 있었다. 이성애 체험에 대한 분석가들의 강조는 "(전적으로 성적인) 영역을 신경증적으로 과대 평가하고 과대 강조하는 것"에 눈감을 수 있게 했다.[59]

페미니스트적 감수성을 인민전선Popular Front의 좌익주의와 결합시킨 호나이는 여성성에 대한 여성의 저항을 문제로 보는 정신분석의 해

석을 거부했다.『우리 시대의 신경증적 퍼스낼리티』에서 그녀는 자본
주의가 경쟁적 노력과 "개인들 사이에 널리 퍼진 적대적 긴장"을 만연
하게 만들었다고 주장했다. 협력, 특히 애정의 필요는 억압되었고 그
리하여 강렬해졌다. 여성이 애정을 표시하는 것은 생물학적이 아니라
문화적 이유에서이기 때문에 그녀들은 소비자 문화의 지렛대가 되었
다. 여성들의 진짜 문제는 음경 선망이 아니라 의존성이었다. 이제껏
그녀들은 사랑을 베풀고 그녀들 자신의 요구를 최소화해야만 행복과
안전과 위신을 얻을 수 있다고 배워왔다. 프로이트와 *반대로* 마조히
즘은 성적인 것이 아니었다. 그것은 눈에 띄지 않은 채 생활 속에서 만
족을 얻고자 하는 시도였다. "우리의 문화에서 여성들이 어느 정도는
마조히스트적으로 되는 것에서 과연 어떤 여성이 벗어날 수 있을지 알
아내기는 어렵다."[60]

그래서 호나이는 자신이 여성 섹슈얼리티에 대한 포스트프로이트
적 전망으로 이해한 바를 제시했다. 그녀에게 있어 성적 필요는 안전,
인정, 세속적 성공보다 덜 중요했다. 여성 문제는 유아기 때가 아니라
어른이 되어서, 여성이 이중의 문화적 속박에 직면할 때 생기는 것이
었다. 갈등은 프로이트에게서처럼 본능과 문명 사이에 있는 게 아니
라 협동과 경쟁 사이에 있었다. 사랑, 양육, 부양 등 폭넓은 문화적 표
현이 인정되지 않아왔던 모든 임무들은 여성에게만 제한되어 있었다.
프로이트가 섹슈얼리티에 초점을 맞춘 것은 이 문제로부터 주의를 돌
려놓았다. 예를 들어 마조히즘은 프로이트가 생각했던 것처럼 어릴
적 신체적 충동에서 비롯되는 것이 아니었다. 오히려 일단 그 외부적
기원을 이해하면 그것에 저항할 수 있게 되는 문화적 메시지에 가까
웠다. 성적 욕망, 적대감, 오해 등은, 프로이트로부터 결론 내릴 수 있

을 것으로 여겨지는 바와는 달리, 양성 간의 관계 속으로 침투하는 유일한 요인이 아니었다. 여기에는 권력 또한 관계가 있었다. 여성들은 여성성에 대한 강조를 거부할 필요가 있었고 또 그들 자신의 유능함과 안전에 대한 욕망을 확인시킬 필요가 있었다.

이것들은 강력한 명제였지만 반드시 고전적 정신분석과 상치되는 것은 아니었다. 한 예로 프로이트는 정신분석 토론이 여성의 섹슈얼리티 영역에만 관계할 뿐 여성 심리 전체를 다루지 않는다고 되풀이해서 지적했다. 보다 정확하게는, 젠더로서의 여성을 억압하는 이중의 문화적 속박에 대한 이해와, 억압을 개인적인 것으로 만드는 무의식적 메커니즘에 대한 이해는 서로 모순되는 작업이라기보다 상호 보완적으로 연구될 수 있었다. 그럼에도 불구하고 호나이는 양립 불가능성을 역설했다. 미국 사회심리학의 영향하에서 그녀는 타인에 대한 자아의 관계와 구별하여 이해될 수 있는 정신 내면의 세계가 있다는 생각을 거부했다. 프롬과 함께, 그리고 인민전선의 전형적 용어를 들어 그녀는 "우리에게 인간은 더 이상 본능에 지배당하는 피조물이 아니라 선택하고 책임질 줄 아는 존재다. 적대감은 더 이상 타고나는 게 아니라 반응적인 것이다. 인간 본성은 더 이상 대체될 수 없는 게 아니고 변할 수 있는 것이다"라고 외쳤다.[61]

호나이가 정신분석과 결별한 것은 정신분석과 페미니즘 사이의 언제나 양가적이었던 관계를 바꾸는, 보다 큰 전환점의 일부였다. 1930년대 '차이'로의 전환을 결코 받아들이지 않았던, 그리고 모성애를 공포스럽게 바라보았던 많은 여성들이 정신분석에 대한 자신들의 비판을 대놓고 발설하게 되었다. 레베카 웨스트Rebecca West는 발칸 문화에 대한 연구에서는 정신분석의 영향을 깊이 받았었지만 그러나

1933년에는 프로이트가 여성을 "사랑받고자 하는 요구가 사랑하고자 하는 요구보다 더 큰 존재"로 묘사하며 "그녀들은 갑자기 모형 비행기 속으로 들어가버렸다"고 말한 것에 대해 불만을 토로했다.[62] 자신의 여성 친구들이 남성을 향한 적개심과 싸우고 있는 것을 본 그녀는 "성적개심sex-antagonism 같은 것도 있다는 것을 언급하는 데 주저하게 만드는 현대적 소심함"에 대해 불평했다. 2년 후 그녀는 이렇게 덧붙여 말했다.

나는 구식 페미니스트다. 나는 성전쟁을 믿는다. [……] 우리들 가운데 달콤한 목소리를 내는 자들은 성적개심의 시대가 끝났고 앞으로는 남자들과 손잡고 앞으로 전진하기만 하면 된다고 하지만 나는 그 말을 믿지 않는다. [……] (한 전후 페미니스트가) 연설에서 "여성들은 남성들과 일하는 것을 배워야 한다"고 말하는 것에 나는 동의하지 않는다. 나는 여성들이 남성들과 함께 일할 줄 안다고 생각한다. 그러나 나는 남성이 보호받는 성의 동료 직원들에게 갑질을 해대고 싶은 유혹에 넘어가지 않고 함께 일할 줄 아는 것만큼이나 세상에서 희귀한 일도 없다고 믿는다. [……] 이를 망각하는 여자, 자신의 성적 이유 때문에 자기가 포위당한 도시에서 살고 있다는 것을 깨닫지 못하는 여자는 그녀보다 정신력이 강한 자매가 그녀를 위해 획득한 모든 특권을 잃어버려도 싼 바보다. (그녀는 분명히 잃어버릴 것이다.)[63]

1920년대의 성자극적 소비자주의에 흡수된 정신분석이 1930년대 편향적인 모성애주의로 발전할 위험이 있다는 현실적 직관은 웨스트 혼자만 지녔던 게 아니었다. 여성 참정권론자인 윈프레드 홀트비

Winfred Holtby는 전후 프로이트가 '신경과 기억'을 위해 '이성을 찬탈' 했다고 비난했다.[64] 제1차 세계대전 이후로 정신분석 책들을 출판했지만 그것을 읽지는 않았던(자료들을 다루면서 "그들의 얼간이 같은 멍청함은 차치하더라도 어째서 이 독일인들은 그것이 뭔가를 증명해줄 것이라 생각하는지" 의심한 탓이었다) 버지니아 울프는 1930년대에 들어서야 비로소 프로이트를 읽었다.[65] 그녀는 자신이 목표했던 바가 "경계를 넓히는 것, 나의 뇌에 넓은 시야를 주는 것, 그것을 객관적으로 만드는 것, 그 바깥으로 나가는 것"이었다고 썼다. 기분 좋게 놀란 그녀는 파시스트의 프로파간다에서 어머니의 몸 이미지가 우세한 것을 감안할 때 아버지에 대한 프로이트의 강조가 고무적이라 생각했다. 그러나 프로이트가 "이웃을 사랑하는 잘못"을 주장한 것에 대해 칭찬한 후 그녀는 프로이트가 공격성의 특별히 남성적인 본성을 간과했다고 불만을 토로했다. 버지니아 울프는 공격성이란 프로이트적 의미에서처럼 보편적인 본능이 아니라 "항상 다른 국민의 땅과 물건들을 탐내고 〔……〕 국경과 깃발과 군함과 독가스를 만들고 〔……〕 자신과 아이들의 삶을 희생시키는" 남성만의 특유한 자질이라고 썼다.[66]

약 10여 년 동안 정신분석은 '여성의 차이'에 대한 세 개의 접근법을 연속으로 만들어냈다. 첫째, 프로이트는 여성이 젊고 취약하며 남성적 사랑 대상을 향하기 시작하는 시기에 대해 서술했다. 그다음 여성 분석가들은 그녀들 자신의 힘으로 새롭게 밝혀낸 어머니, 특히 성적 어머니의 심리를 묘사했다. 이때 호나이는 섹스는 아주 제한된 관심사일 뿐이고 자신에게 관심을 가지며 이러한 관심을 지킬 준비가 되어 있는 노동자 혹은 아내를 '포스트프로이트적' 여성으로 그렸다. 마

지막으로 그의 첫 관련 논문 이후 6년 만에 프로이트가 다시 한 번 여성성 논쟁에 뛰어들었다.[67]

1931년 어머니의 사망 이후에 쓴 「여성 섹슈얼리티Female Sexuality」와 1933년에 쓴 「여성성Feminity」이라는 두 편의 새 논문에서 프로이트는 아이가 어릴 때에는 열정적이고 배타적으로 어머니에게만 매달리는 것에 대해 서술했다. 이 매달림의 기간을 '전오이디푸스 단계'라 명명한 그는 이것을 "다른 영역인 그리스 문명 배후의 미노스-미케아 문명의 발견"과 비교했다. "어머니에 대한 이 최초의 애착의 영역 안의 모든 것은 〔……〕 분석으로 포착하기 매우 어려워서 — 시간이 지남에 따라 바래고 흐릿해져서 — 각별히 냉혹한 억압에 굴복한 것처럼 보일 정도이다."[68] 그는 이 효과가 특히 여자아이들에게는 전에 생각했던 것보다 더 오래 지속된다고 썼다. 그럼에도 그 역동성은 남·여성 모두에게 같았다.

프로이트가 어린아이가 어렸을 적에 어머니에게 매달리는 것을 하도 강조하는 바람에 존스는 그에게 "아버지를 일방적으로 평가절하하는 것"에 대해 주의를 촉구하는 편지를 써 보내기도 했다. 그러나 프로이트는 "내가 아버지를 잊었다는 건 원칙적으로 나답지 않네"라고 답했다. 그러나 그는 아버지는 최초의 성장 단계에서는 아무 역할도 하지 않거나, 한다 하더라도 무시할 수 있는 정도라고 주장했다. 그러나 최초의 단계를 전오이디푸스적 단계라 부름으로써 그는 성적 차이에 대한 앎이 중요해지는 오이디푸스적 단계와의 차이를 부각시켰다. 프로이트의 모델에 있어 사람은 연대순으로 볼 때 분리와 의존의 문제에서 권위와 성적 차이의 문제로 이행하는 것이었다. 그는 존스를 향해 "클라인의 순환론에서는 이 연대적 순서가 무시되어 〔……〕 너무 많은 잡다한 요소들이 같은 반열에 놓이게 된다"[69]고 불만을 토로했다.

이러한 관점을 여성의 성장에 적용한 프로이트의 1930년대 초의 시론들은 어머니에 대한 여자아이들의 어릴 적 관계가 무너지고 다시 아버지를 향하게 되는 동기를 광범위하게 제시했다. 여기에는 형제 자매에 대한 원망, 먹을 것을 충분히 공급받지 못한다는 느낌, 그리고 독살에 대한 두려움이 포함되어 있었다. 어린 시절의 요구는 워낙 강렬하기 때문에 "아이들은 어머니의 젖을 충분히 오래 빨지 못해 영원히 불만족인 채로 머무르게 되는 것 같다."[70] 어머니는 무의식 중에 여자아이의 성적 느낌이 생겨나게 하고는 그것을 금지한다. 그래서 어머니가, 1890년대에 발견된, 히스테릭한 환상 뒤에 놓여 있는 유혹자가 된다고 프로이트는 추론했다.[71] 그러나 이 같은 전오이디푸스적 난점들에 더하여 프로이트는 계속하여 남·여성 간의 차이가 발견되는 트라우마적 계기, 즉 사내아이의 경우는 거세 공포, 여자아이의 경우는 음경 선망에 대해서도 주장을 펼쳤다. 그러나 그는 또한 "음경과 오줌을 싸는 그것의 기능을 보는 것은 아이들의 선망의 동기가 아니라 단지 방아쇠일 뿐이다"[72]라고 설명했다.

그렇다면 무엇이 동기인가? 이 물음에 답하기 위해서는 남·여성이 서로를 알기 이전의 시기로 거슬러 올라가 유아기 트라우마, 반복, 에고 형성에 있어 저항의 역할에 대해 다시 생각해볼 필요가 있다. 프로이트에 의하면 남·여성 모두 어린 시절에는 "수동성에 대한 의심의 여지 없는 저항과 〔……〕 능동적 역할에 대한 선호"가 있다. 어린 여자아이는 이미 '여성적'이고 '수동적'이라는 상대방의 주장에 맞서 프로이트는 어린 여자아이들은 어머니를 대상화하여 그녀를 상대로 능동적 주체처럼 행동한다고 지적했다. 이 같은 점에서는 사내아이나 여자아이가 똑같았다. 사내아이든 여자아이든 수동적이라는 느낌을 받게 되면 그 아이는 지금까지 그러한 느낌에 대해 해왔던 대로 하려고 노력한다는 것이다. 예를 들면 아이는 자기가 치료받았던 대로 자기보다 어린 아이를 치료해주기 위해 의사 역할 놀이를 하는 것이었다. 따라서 인형을 갖고 노는 것이 흔히 여자아이가 여성성에 대해 눈을 뜨게 되는 것의 예로 인용되곤 하지만 프로이트는 그것이 인형을 통해 표현되는 여성성의 '능동적' 측면이라고 지적했다.[73]

남·여성 모두가 수동성에 비해 능동성을 선호한다는 것을 강조함으로써 프로이트는 궁극적으로 남·여성 간의 공통성을 가정했다. 그러나 그는 또한 이러한 공통된 선호가 오이디푸스 시기에는 별개의 다른 경로를 따른다고 주장했다. 바로 이 시기에 능동성과 수동성은 거세의 신호에 따라 남성성과 여성성이라는 내포적 의미를 띠게 된다. 사내아이에게 능동성의 선호는 통상 '남성성'으로 이어지고 여자아이에게서는 그것이 억압된다. 그렇다면 여기가 길게 이어진 앞선 생각들 — 능동성/수동성 이분법의 환원 불가능성, 에고의 생물학적 조숙함, 수동성에 대한 저항 — 이 남·여성 간 차이와의 관계에 놓이게 되는 중요한 계기였다.

오이디푸스 시기 이후 남성들은 그들의 수동성, 퇴행성, 아이 같은 소망을 숨길 것을 요구받는다. 페티시즘에 대한 1929년의 시론에서 프로이트는 이것이 잘못 수행될 수 있는 한 가지 방식을 묘사했다. 거기서 주인공은 모피 조각이나 신발을 이용하여 거세, 다시 말해 '여자'가 되는 것으로부터 자신을 보호했다. "여성의 발을 불구로 만들어놓고는 그것을 물신처럼 숭배"하는 중국의 풍습을 인용하면서 프로이트는 "그것은 마치 중국 남성들이 여성들에게 거세되는 데 순종해준 것에 대해 고마워하고 싶어하는 것 같다"[74]고 지적했다. 여성으로서는 그들의 능동적 투쟁을 감추기를 요구받은 것이었다. '음경 선망' — 자신의 여성성에 불만을 표시하는 여성의 조건 — 이 한 가지 결과였다. 조안 리비에르는 직업적으로 성공한 여자들의 특징을 '여성성의 가면'을 쓰는 것이라 규정하면서 또 다른 결과를 제시했다. 그녀의 설명으로는 직업적으로 성공한 여성들은 다소 은밀한 방식으로 [……] 시시한 연애질과 바람피우기를 하여 자신들의 공적 역할을 훼손한다는 것이었다. 리비에르에 의하면 그녀들은 자신의 능동적 소망을 드러내야 하는 상황을 '게임'처럼, 즉 '현실이 아닌 어떤 것'처럼 취급해야만 했던 것이다.[75]

분석계의 유토피아주의자로 남았던 페렌치는 다음과 같은 기준을 제시하는 것으로 어느 분석을 마쳤다. "모든 남성 환자는 의사와의 관계에 있어 자신이 거세의 공포를 이겨냈다는 증표로 동등성을 지니고 있어야 한다. 모든 여성 환자는 [……] 원망의 흔적 없이 여성적 역할의 의미를 정서적으로 받아들여야 한다." 프로이트의 시론은 이러한 목표들이 불가능하다고 생각할 만한 많은 이유를 제공해주었다. 본능의 힘, 어릴 적 트라우마의 잔존, 그것이 존재하고 활동적이지 않으면 갈등을 처리할 수 없는 것, 저항의 확산 등. 그러나 프로이트는 다른 무엇보다 한 가지 점을 강조하며 결론을 맺었다. 남성에게서는 "아버지-대리자father-substitute에게 자신을 종속시키는 것"에 대한 거부로 나타나고 여성에게는 "분석이 아무 소용이 없다는 내적 확신"의 결과인 우울은 같은 원인에서 비롯된다는 것이었다. 그는 "남·여성이 공통적으로 지니고 있는 어떤 것이 [……] 다른 표현 형태를 취하지 않을 수 없었던 것"이라고 설명했다.

이 '어떤 것'은 활동을 통해 아주 어린 시절의 트라우마를 극복하려는 강박적 시도였다. 남성에게서 이 시도는 거세의 부인과 남성적으로 되고자 하는 투쟁의 형태를 취한다. 거세 공포가 이 투쟁의 이유라는 것은 남성이 거부하는 것이 일반적 의미에서의 수동성이 아니라 다른 남성에 대한 수동성이라는 사실에서 드러났다. 다른 남자에게 복종하기를 거부하는 바로 그 남자가 여성을 향해서는 마조히스트적 — 굴종의 상태 — 태도를 보일 수 있다. 여성에게 있어 그녀들의 온전한 성장 — 어머니와의 결별, 아버지에게로의 전향, 그녀들의 섹슈얼리티를 남성 대상으로 재정향再定向하기 — 은 그녀들의 남성성과 능동적 역할에 대한 선호를 지키는 것을 목표로 하는 것이었고 '억압이라는 중대한 과정'에 굴복하는 것이었다. '남성성 콤플렉스' '음경선망' '불감증' — 모든 여성성 '질환' — 은 이 중대한 과정이 간혹 불발할 수도 있다는 증거들이었다.

프로이트 역시 아들러와의 초기 논쟁으로 되돌아갔다. 아들러는 이미 몇 달 전에 죽은 상태였다. 아들러의 '남성적 항거'라는 용어는 "남자들의 경우에 완벽하게 맞아 떨어진다"고 프로이트는 그제서야 인정했다. 왜냐하면 남성에게 거세의 거부는 남성성의 주장과 일치하는 것이기 때문이다. 반대로 그 용어는 여성의 성장은 잘 설명해주지 못했는데, 여성은 자신들의 능동적 혹은 '남성적' 투쟁을 억압하거나 흐려버리기 때문이었다. 가장 적절한 용어는 '여성성의 거부'라고 프로이트는 결론지었다. 그것은 남·여성 모두에 해당되는 것이기 때문이었다.[76] 비록 만족스럽지 않을 수 있겠지만 이 표현은 여성의 동등성의 의미를 심화하고 정교하게 만드는 계속적인 시도에 대한 그의 마지막 공헌이었다. 프로이트가 그것을 쓰고 있는 동안 사태들은 정신분석을 파시즘과 전쟁이라는 새로운 상황으로 몰아가고 있었다.

제9장 파시즘과 유럽의 고전적 정신분석의 붕괴

> 이 문제에 대해 몇 년간 연구하고도 나는 여전히 우리
> 의 비평가들이 1930년대의 딜레마를 잘 이해하지 못했
> 다고 확신하고 있다.
> ——피터 게이, 『독일에 대한 나의 질문: 나치 베를린
> 에서 성장하기』

전간기戰間期 동안 남·여성들이 자율성과 여성해방의 이상을 심화시
키는 데 정신분석을 이용했던 것과 마찬가지로 그들은 또한 민주주의
이상의 심화를 위해서도 그것을 활용했다. 무엇보다도 그들은 민주주
의 사회의 필수적 구분인 공적인 것과 사적인 것의 자유주의적 구분을
수정하기 위해 정신분석에 의지했다. 존 스튜어트 밀 같은 19세기 자
유주의자들이 공적 영역과 사적 영역 사이의 선명한 분리를 유지하려
애썼던 데 반해 프로이트의 영향을 받은 현대 지식인들은 그것들 간의
교섭에 몰두했다. 그들은 언제나 그 당시의 의미대로 '공'과 '사'라는
용어를 사용한 것은 아니었고 그 대신 '대중사회'와 '개인'에 대해 말
했다. 그럼에도 불구하고 그들은 공/사 간의 구분의 쇠퇴, 특히 *심리
적 구분의 쇠퇴가 모더니티의 약속*[1]을 위협할 것이라 확신하고 있었
다. 게다가 파시즘의 부상이라는 맥락 속에서 그들의 작업은 정치적
색채까지 띠었다.

새로운 관심은 2차 산업혁명에 의해 작동된 대규모의 변화에 대응하는 것이었다. 대량 생산이 공/사의 구분을 파괴한 것처럼 프로이트주의자들은 공/사의 상호 침투에 주목할 것을 촉구했다. 사생활에 집단성이 개입하는 것과 병행하여 점점 강화되던 사업에 대한 정부 규제는 사적 경제와 공적 국가 사이의 자유주의적 분리를 허물어버렸다. 육아, 건강, 교육 같은 영역에 국가가 개입하는 것은 사적 가정이 국가로부터 독립해 있다는 신화와 모순되는 것이었다. 성화性化된 대중문화의 부상은 마치 공적 영역에 여성이 진입한 것이 그랬던 것처럼 공/사 간의 고전적 구분을 뒤죽박죽으로 만들어버렸다. 예전에는 가족에 기반을 둔 생산재의 소유가 확고부동한 정체성이었다면, 이제 개인들은 그들의 정체성을 시민 사회 속에서 개인 관계 및 집단에의 소속감을 통해 찾아야만 했다. 그러므로 정신분석의 개념들은 제도적으로 확장되고 경험상으로 부과된 개인적 삶의 맥락 속에서 공/사에 대한 논의에 영향을 끼쳤다.

이러한 논의의 많은 부분은 공산주의, 파시즘, 심지어는 포드주의적 계획화 같은 거대한 규모의 사회 조직이 개인의 자유를 잠식하고 있다는 공포로 점철되어 있었다. 특히 파시즘은 2차 산업혁명이 산산조각내버린 것, 즉 한편의 공동체적 상징과 다른 한편의 개인들의 정신 내적 삶을 다시 통합하겠다고 약속했다. 그것이 새로 도입한 모든 것 — 생물학적 결정론에 근거한 종족적 민족주의, 직관, 활력élan, 영웅주의에 기반을 둔 행동 철학, 국민공동체가 노동자 계급을 대체하는 사회주의의 재해석 — 은 이 목표를 향해 있었다.[2] 무솔리니Benito Mussolini가 총애했던 철학자 조반니 젠틸레Giovanni Gentile가 설명한 대로 파시즘은 새로운 형태의 권위, 즉 "영혼에 침투하여 거기서 이의의 여지없이 통치하는" 권위의 수립을 목표로 했다. 제1차 세계대전이 이미 권력으로 사적 생활에 개입하는 대규모의 공적 조직을 만들어 냈음에도, 대공황으로 말미암아 사람들은 경제 회복을 위해서는 전체적 동원이 필요하다는 생각을 지니게 되었다. 어떤 사람들은 국민 모두를 깨어나게 할 총통führer을 소환했다. 그로 인해 횃불 행진, 군중집회, 젊음과 육체에 대한 경배敬拜가 일상적인 것이 되었다.

프로이트는 전대미문의 대량 동원이 이루어졌던 제1차 세계대전의 자취를 따라 공/사에 대한 모든 정신분석적 후속 논의들의 *제1급의 중심locus classicus*이 되는 『집단심리학과 에고의 분석*Group Psychology and the Analysis of the Ego*』(1921)을 썼다.[3] 이 책에서 그는 군대와 교회를 집단 심리의 전형적 예로 들었다. 비록 나중에 "무의식의 개념을 집단 심리에 도입하는 것이 [……] 쉽지는 않았다"고 쓰긴 했지만 논리적으로 그 과제는 뿌리가 나르시시즘 이론에 있었고 초기의 가족 유형에 초점이 맞춰져 있었기 때문에 에고심리학에서 유래하는 것이었다.[4] 프로이트가 말했듯 "개인의 정신 생활에는 누군가 다른 사람이 모델이나 대상, 조력자, 적대자로 언제나 포함된다. 따라서 처음부터 개인심리학은 [……] 동시에 사회심리학이다."[5]

많은 정신분석처럼 『집단심리학과 에고의 분석』은 선행하는 계몽주의적 전통을 개인을 찬양하고 사회주의, 노동조합운동, 그리고 심지어는 대중문화까지 '집단' 사고의 본보기로 보는 것으로 수정한 것이었다. 살페트리에르에서는 1789년 프랑스 혁명에서의 '폭도'의 역할에 대한 이폴리트 텐Hyppolite Taine의 비난이 고전으로 통했고, 요술 같은 폭동, 열광적 춤, 그리고 여성의 암시감응성suggestibility이 집단 히스테리의 사례로 인용되었다. 당시 학생이었던 프로이트는 이러한 생각을 받아들여 그의 형수인 민나Minna에게 프랑스인들은 "역사적인 대중적 경련에 정신적으로 감염된 국민"[6]이라고 써 보냈다. 『집단심리학과 에고의 분석』에서 그는 살페트리에르 집단심리학의 선도적 대표자인 귀스타브 르봉의 생각을 받아들였다. 경찰심리학자였던 르봉은 도시의 대중과 파업하는 노동자들을 "엄청나게 잘 속아 넘어가고 부화뇌동하는"[7] 사람들로 묘사했다. 그의 선행자들처럼 프로이트도 집단에 의해 고삐가 풀린 퇴행 과정을 해명하는 것을 목표로 삼았다.

그러나 여기에는 중요한 차이가 있었다. 살페트리에르의 이론가들이 집단심리를 모방에 입각하여 설명한 것에 비해 프로이트는 동일시에 입각해 설명했다. 모방은 심층심리학적 개념이 아니라 인간 본성의 단순한 성향이었다. 이에 비해 동일시는 이른 유아기의 심리에 기반을 둔 것이었고, 그래서 복잡하고도 섬세한 분석의 길을 열어주는 것이었다. 프로이트에게 동일시, 특히 부모와의 동일시는 그것을 통해 에고가 성장하는 주요한 메커니즘이었다. 그는 『집단심리학과 에고의 분석』에서 집단은 성숙한 에고에서 나르시시즘 상태로의 후퇴를 용이하게 해준다고 주장했다. 그 이유는 집단이 그 지도자에게 부여한 권력 때문이었다. 구성원들이 자신의 자질을 지도자에게 투사할 때 그들은 자율성을 포기하고 서로 동일시한다는 것이었다. 쿠에에 대한 아브라함의 분석에서 이미 살펴보았듯 이것은 그들에게 내적 갈등을 종식시켜주며 그리하여 그들의 나르시시즘이 팽창되는 것이지만 이는 진정한 자기 존중의 희생을 대가로 하는 것이다.

자신의 책에서 프로이트는 공산주의, 파시즘, 포드주의의 계획화 같은 대규모의 사회 조직 형태들이 자유롭게 생각하는 개인의 능력을 훼손하고 민주주의의 기반을 잠식하지 않을까 하는 일반화된 우려를 표명했다. 그러나 이 같은 호소는 널리 받아들여지지 않았다. 정신분석 안에서 공/사의 구분에 관한 세 개의 주요한 대체심리학이 제2차 세계대전 이전에 만들어졌다. 하나는 빌헬름 라이히의 심리학이었고 다른 하나는 프랑크푸르트 학파 사상가들의 심리학, 또 다른 하나는 사망하기 직전의 프로이트 자신의 심리학이었다. (앞으로 보게 되겠지만 제2차 세계대전 기간 동안 네번째의 대체심리학이 영국의 대상 관계 이론가들에 의해 개발되었다.)

1930년대에 파시즘과 공산주의는 모두, 비록 반대 방향에서이기는 하나, 공과 사의 자유주의적 구분에 도전했다. 제1차 세계대전 이후 이탈리아와 헝가리에는 파시스트 정권이 들어섰고 독일, 오스트리아, 프랑스, 그리고 동부 유럽에 강력한 우익운동의 불꽃을 점화시켰다. 1933~1934년 사이에 독일과 오스트리아에서는 파시스트들이 권력을 장악하고는 공/사의 대규모 동기화synchronization라는 유령을 키우고 탄생, 섹슈얼리티, 죽음 등의 내밀한 영역에까지 고도의 국가 장악력을 뻗쳤다. 그로 인해 카리스마적 질서를 주창하는 개인에 대한 매혹이 유럽 문화에 넘실거렸다. 프로이트의 글들, 불가코프의 『거장과 마르가리타』, 그리고 아마도 가장 기억할 만한 것으로 초기 단계의 파시즘을 의미하는, 아이가 홀딱 벗은 채 해변을 뛰어다니는 모습을 통해 정치적 경종을 울린 토마스 만의 「마리오와 마술사Mario and the Magician」에서처럼, 흔히 그 모델은 최면술사였다.
좌파들 또한 전혀 다른 생각으로 공/사의 자유주의적 구분에 도발했다. 국민보다 노동자 계급을 찬양하는 마르크스주의자들은 오랫동안 공/사의 구분을 이데올로기적인 것, 사회적 부정의를 가리는 가면으로 간주해왔다. 정신분석 안에서 마르크스주의적 입장을 취한 가장 중요한 대표적 인물은 빌헬름 라이히였다. 빈 정신분석 종합병원에서 자신이 작업한 바를 통해 신경증을 사회적 질병으로 여기도록 배운 그는, 사회적 억압이 신경증의 원인이라는 견해는 프로이트의 저작에도 내포되어 있기는 하지만 이제 프로이트는 너무 늙고 물들었고 또 그의 조직을 살리는 데 너무 몰두하여 그 견해를 발전시킬 수 없게 되었다고 주장했다.[8]

라이히가 섹슈얼리티, 건강, 낙태, 모성애, 주거, 성 치료, 정신의학 혁신 등의 정책 아이디어를 입안한 것은 아니었다. 이러한 문제들은 지난 19세기 이래 유럽 정치의 주된 문제였다. 제1차 세계대전 후 이와 같은 문제들이 의사, 도덕 정화 운동가, 출산 장려자, 성 개혁자, 페미니스트들 사이의 투쟁을 부추겼다.[9] 라이히의 혁신은 정신분석이 이 같은 문제들에 새로운 접근법을 제공했다는 생각에 놓여 있었다. 그에게 있어 자유주의는 의식의 표층을 반영하지만 반면에 파시즘은 사디즘, 시기, 탐욕 같은 2차적인 것을 동원했다. 이에 비해 정신분석의 영감을 받은 혁신은 가장 깊숙한 본능의 층으로 침투해 들어갈 수 있으리라는 것이었다.

극단주의로 말미암아 라이히는 당시의 사회민주주의 운동과 갈등 관계에 처하게 되었다. 산업화의 첫 물결의 논리를 반영한 이 운동은 노동자 아파트 단지(그중 하나는 프로이트의 이름으로 명명되었다), 학교, 도서관, 지역 센터, 사회 보험, 수영장 등 '새로운 사람Neue Menshen' 만들기를 목표로 하는 모든 것을 통해 '붉은 빈'의 명성을 전 세계에 떨쳤다.[10] 그러나 라이히는 노동자 계급의 가정을 강화하고 산업화의 효과로부터 젊은 여성들을 보호하려는 이 시도에 담긴 내재적 보수주의에 비판을 가했다. 그의 견해로는 노동자 계급의 가정이란 "권위주의적 이데올로기와 보수주의적 성격 구조의 공장"이었다. 사회주의의 '성적 절제' 문건들을 공박하면서 그는 청년과 여성을 위한 성 해방을 요구했다.[11]

프로이트는 라이히와 견해를 달리했다. 활동적 우익 세력이 부상함에 따라 두 사람 사이의 의견이 노골적으로 달라졌다. 1927년 4월 오스트리아 사회민주주의자들이 선거에서 크게 이겨 보수주의적 카톨릭 정권으로부터 다수파의 지위를 빼앗았다. 이에 뒤따랐던 낙관주의는 우파인 '전선의 전사Frontkämpfer' 세 명이 한 사회민주주의 지지자와 여덟 살 먹은 소년을 상대로 저지른 암살에 대해 무죄 선고를 받음으로써 산산조각나버렸다. 자발적인 대중 시위는 곧 폭동으로 이어졌다. 경찰은 바리케이드를 치고 대법원을 방어했다. 군중들이 그 위에 불을 질렀지만 총격 때문에 소방관들은 진화에 나서지 못했다. 85명의 노동자가 죽었고 수백 명이 부상당했다. 우파는 이 사건을 힘의 과시로 치부했지만 사회주의자들은 대치가 그들의 선거 기반을 위협할까봐 두려워했다.[12]

종합병원에서 조수로 일하던 라이히는 경찰이 노동자에게 총격을 가하는 것을 목격했다. 그는 군중들의 행위가 프로이트의 집단심리학을 무력화시키는 데에 충격을 받았다. 그가 보았던 것은 권위적 인물을 찾는 한 무리의 군중이 아니라 지도자 없이 정의를 요구하는 군중이었다. 라이히는 군중은 자발적 분노에 따라 행동했지만 경찰은 기계적으로 움직였다고 주장했다. 그는 이 사건에 대해 토론하기 위해 프로이트를 찾았다. 훗날 라이히는 "내게는 프로이트가 폭동에 대한 이해를 완전히 결여하고 있는 것으로 보였다. 그는 그것을 쓰나미와 흡사한 재앙으로 보는 것 같았다"고 회상했다. 따라서 라이히는 대안을 찾아 엥겔스Friedrich Engels의 『가족, 사유재산, 국가의 기원*Origins of Family, Private Property and the State*』을 읽었다.[13]

1920년대와 1930년대의 집단적 동요에 직면하여 프로이트로부터 등을 돌린 사람은 라이히뿐만이 아니었다. 55년 후 엘리아스 카네티 Elias Canetti 또한 빈 대법원의 화재 장면을 이렇게 회상했다. "그 흥분은 〔……〕 아직도 생생합니다. 그것은 내가 몸으로 체험한, 혁명에 아주 가까운 것이었지요. 〔……〕 나는 군중의 일부가 되었습니다. 거기에 완전히 휩쓸렸지요. 나는 군중들이 하는 짓에 손톱만큼의 저항도 느끼지 않았습니다." 카네티는 집으로 가 프로이트의 『집단심리학』을 읽었다. 그 책은 처음부터 그를 밀쳐냈고 55년이 지난 후에 다시 읽어보려 할 때에도 그를 밀쳐냈다. 프로이트와 그의 전통 아래 있는 작가들은 "대중이나 군중에 대해 완전히 닫혀 있었다. 그들은 대중이나 군중을 낯설게 여겼고 그들을 무서워하는 것 같았다. 그리고 군중들을 관찰할 때에도 그들은 '내게서 10피트 떨어져'라고 몸짓으로 신호를 보냈다. 군중이 그들에게는 문둥이 같은 것으로 보였다. 질병이나 다름없었다. 〔……〕 그들에게는 군중과 맞닥뜨렸을 때에는 냉정함을 유지하고 휩쓸리려는 유혹에 빠지지 않고 그들과 섞이지 않는 것이 중요했다." 프로이트와 달리 카네티는 이렇게 썼다. "나는 군중들을 속으로부터 알고 있었다. 나는 내 주위의 군중들을 보았다. 나는 내 안의 군중도 보았다. 〔……〕 프로이트의 논의에서 내가 가장 아쉬워한 것은 이 현상에 대한 *인정*이었다."[14]

라이히와 마찬가지로 카네티 역시 군중은 지도자를 필요로 하지 않왔다고 결론 내렸다. 반대로 그는 군중들 간의 평등한 느낌을 강조하며 "군중을 절대적 평등의 상태로 정의할 수도 있을 것"이라고 썼다.[15] 군중은 리듬, 맥박, 파괴 충동으로 특징지어지는 유기체적 현상이었다. 프로이트는 군중 체험의 으뜸가는 특질을 인지하는 데 실패했던 것이다. 사람들은 '오직 군중 속에서만' 가장 근본적인 공포, 즉 모르는 사람과 접촉한다는 공포에서 자유로울 수 있다. 편집증을 군중 현상으로 서술한 카네티는 프로이트가 무시했던 슈레버의 견해, 즉 독일인들은 신의 선택을 받은 민족이라는 견해에 대한 관심을 환기하며 다니엘 슈레버의 『한 신경병 환자의 비망록*Memoirs of a Neuropath*』을 다시 읽었다.[16] 그러므로 프로이트가 권위를 찾는 오합지졸의 대중들을 본 곳에서 라이히는 지도자 없이 정의를 추구하는 집단을 본 것이었고, 카네티는 지나는 길에 무엇이든 먹어치우는 잡식성의 흥분한 유목민을 본 것이었다. 그러나 세 사람 중 어느 누구도 민주주의 사회의 특성인, 당시 서구와 미국에서 펼쳐지고 있던 고도로 훈육된 노동조합 동원 같은 집단적 동원의 형태를 경험하지는 못했다.

군중에 대한 관심의 이면에는 1929년의 경제 공황의 과격한 영향이 놓여 있었다. 오스트리아에서는 1928년에서 1932년 사이에 실업이 거의 두 배 가까이 늘었고 그들 중 대부분은 25세 이하의 젊은이들이었다. 젊은이들이 반민주주의적 호소에 감응하기 쉽다는 데 충격을 받은 라이히와 그 밖의 사람들은 분석가와 조산원을 직원으로 둔 성상담 클리닉을 노동자 거주 지역에 개설하기 시작했다. 클리닉에서는 무료 낙태, 성교육, 성문제 상담, 아이의 양육에 관한 서비스를 제공했다.[17] 라이히의 생각은 너무도 대중적이었기 때문에 프로이트는 『문명 속의 불만』에서 자신을 방어해야 한다고 느꼈다. "가난의 비참함과 [……]

부자들의 무관심과 오만을 경험해본 사람이라면 부의 불평등을 타도하기 위한 투쟁에 아무런 이해理解나 선의도 갖고 있지 않다는 의심을 받지는 않을 것이다."[18]

성상담 클리닉의 유행에 대응하여 라이히는 가족의 기원에 관한 엥겔스의 이론으로 관심을 돌렸다. 초기 사회에서는 노동 같은 공적 활동과 섹슈얼리티 같은 집 안에서의 거의 생물학적인 활동 사이에 구분이 없었다고 라이히는 주장했다. '자연 사회'의 가족 시스템을 모권사회matriarchy라 명명한 라이히는 트로브리안 제도에서 아이들이 근친상간의 금기 외에는 다른 아무런 규제 없이 성행위를 하고, 부모들 역시 권위적이지 않으며, 여성들은 자신의 섹슈얼리티에서 능동적이고 과시적이며, 그리고 신경증 환자나 성도착자들이 없다는 말리노프스키Bronislaw Malinowski의 주장을 인용했다. 라이히에 의하면 "모권사회의 놀라운 점은 섹슈얼리티에 대한 자연적인 자기 규제를 수반한다는 것"으로서, 인류는 사유재산을 폐지하고 이러한 형태의 성생활로 놀아가야 한다는 것이었다.[19]

1928년 라이히는 공산당에 가입했고 이듬해에는 소련을 순회하며 간호학교와 교육 센터들을 방문했다.[20] 모스크바의 강연에서 그는 심리학 이론으로서의 정신분석(그는 소련이 이를 수용해야 한다고 역설했다)과 심리학적 고찰로서의 '프로이트주의적' 세계관(이것은 거부의 대상이었다)을 구분했다. 그는 트로츠키와 서신을 교환하고 세르게이 에이젠슈테인과도 만나고 강연 내용에 당 관리의 비판적 논평을 덧붙여 출판하기도 했다.[21] 그의 방문 보고서인 『성 혁명The Sexual Revolution』은 소비에트 집단농장에서 가부장적 권위가 약화되는 것을 칭찬했지만 동성애와 낙태를 금한다는 위협이 혁명의 와해를 예고한다고 경고했다.[22] 소련 체험으로 인해 사회 혁명이 정신치료에 선행해야 한다는 그의 확신은 더욱 굳어졌다. 그는 "손상되지 않은 원형질로 돌아가라"고 조언했다.[23] 정신분석 저널에 게재된 라이히의 보고서에 대응하여 러시아에서 이민 온 정신분석학자 모세 불프는 "정신분석이 마르크스주의자들에게도 받아들여질 수 있음을 증명하려 한 시도"라고 비판했다. 불프는 "표현의 자유가 없는 곳에 정신분석은 없다"[24]고 지적했다.

나중에 빈으로 돌아온 라이히는 무장투쟁 준비를 목적으로 하는 당 지부인 사회민주주의 혁명위원회Revolutionäre Sozialdemokraten의 결성에 힘을 보탰다.[25] 그는 거기에서 자신의 가장 중요한 저서인 『파시즘의 대중심리학The Mass Psychology of Fascism』을 출판했다. 나치스가 독일에서 두번째로 큰 정당이 되던 해였다. 이 재앙적 사태의 결과로 사회주의자들과 공산주의자들 간의 논의는 중산층이 파시즘을 지지할 것인가, 아니면 나치스에 반대할 것이 예상되는 프롤레타리아에 합세할 것인가를 중심으로 이루어졌다.[26] 정부 관리, 화이트칼라 노동자, 19세기 차본주의의 특징인 반+독립적인 전문직 등으로 구성된 소중산층만을 염두에 두었을 뿐, 1920년대에 생겨난 소비지향적 중산층은 고려하지 않았던 라이히는 중산층이 부르주아 계급과 손을 잡을 것이라고 예언했다. 오이디푸스 이론에 의거하여 그는 화이트칼라 노동자를 힘 센 아버지와 함께하는 큰 아들에 비유했다. "최고 권력자에 복종하면서 그는 자기보다 아래인 자들에게는 〔……〕 권위의 대변자가 되고 그럼으로써 특권적인 (물질적이 아닌) 도덕적 입장을 향유한다. 이 같은 유형의 주된 페르소나는 〔……〕 군대의 하사관들에게서 찾아볼 수 있다."[27]

한편 베를린에서는 가족과 성 정책에 대한 논쟁이 격렬하게 펼쳐지고 있었다. 노동력의 3분의 1은 여성이었다. 한편에서는 사회주의자들과 페미니스트들이 무료 의료 서비스와 육아 혜택, 일하는 여성들을 위한 아이 돌봄을 요구했다. 다른 한편에서는 루터파 목사의 무지막지한 팸플릿이 '성적 볼셰비즘'을 단죄하고 나섰다.[28] 라이히의 '프롤레타리아 성 정치 협회Association for Proletarian Sexual Politics(흔히 SEXPOL이라 불렸다)'는 성 개혁론자, 성 과학자들, 공산주의자들을 규합했는데, 가장 많았을 때는 회원 수 사만여 명에 달했다고 주장했다.[29] 그러나 독일 공산주의자들이 반파시스트 인민전선을 구축하기 시작했을 때 그들은 라이히의 '성 정치를 위한 출판사Verlag für Sexualpolitik'에서 출판된 책들의 배포를 거부했다. 1933년 라이히는 독일 공산당에서 축출되어 빈으로 돌아왔다.

국가사회주의(나치즘) 권력의 신장세를 감안할 때 라이히의 행동들은 정신분석계에 위기를 촉발한 것이었다. 1932년 그는 「마조히스트적 성격The Masochistic Character」이라는 보고서를 『국제. 정신분석 저널』에 보냈다. 이 글에서 그는 성적 억압이 자제를 향하는 중립적 성향을 공격성으로 전환시킨다고 주장했다. 프로이트는 이 논문의 게재에는 동의했으나 "우리가 죽음 본능이라 부르는 것이 자본주의 시스템의 산물이라는 터무니없는 주장"에 대해서는 비판했다. 프로이트는 정신분석을 여하한 정치적 이해관계와도 분리시키고 라이히를 볼셰비키와 동일시하는 편집자 논평을 덧붙이기를 원했으나 그의 동료 편집인들은 그러한 진술이 "소비에트에 대한 선전포고나 다름없다"고 주장하며 그를 제지했다.[30] 프로이트를 달래기 위해 지크프리트 베른펠트가 반박문을 썼다.

어니스트 존스와 안나 프로이트 사이에 오간 편지들이 그 소란에 대해 상세히 밝혀준다. 존스는 라이히가 초기 프로이트로, 특히 '실제적 신경증', 억제된 리비도에 의해 초래되는 신경증 개념으로 되돌아가는 것이라 보았다. 존스는 안나 프로이트에게 라이히의 공산주의는 '경제적인 것이 아니라' 성 개혁에 더 좋은 기회를 부여해주려는 시도라고 설명했다. 안나 프로이트도 이에 동의했다. 라이히는 정직하고 정신분석에 깊은 이해를 지니고 있었지만 또한 불행하고 정신적으로 괴로웠다. 그는 자신에 대한 분석가들의 지지를 부풀려 생각하고 있었지만 실제 그를 지지하는 사람은 오토 페니첼과 라이히의 부인 아니Annie 두 사람뿐이었다. 이에 덧붙여 안나 프로이트는 "아버지는 정신분석이 정신분석으로서 박해당하는 것은 기꺼이 감내할 용의가 있었지만 입장을 공유하지 않는 정치 때문에 박해받는 것은 원하지 않았다"고 말했다. 라이히는 '화약통'에 불을 붙이는 성냥일 수 있었다.[31]

이것은 그녀 아버지의 시각이기도 했다. 1933년 1월 히틀러가 수상이 된 후 막스 아이팅곤은 라이히를 베를린 정신분석 학회의 임원진에서 몰아냈다. 이는 명백히 프로이트의 뜻에 의한 것이었다. 그해 말 라이히의 이름은 은밀하게 회원 명단에서 지워졌다.[32] 자료가 분실되었지만 1934년 자신이 IPA 회원으로 등재되지 않으리라는 것을 라이히가 알고 있었다는 것은 잘 알려진 사실이다. 8월 루체른 총회에서는 라이히의 회원 자격에 대한 논란이 있었고, 제명되었던 것이 거의 확실하다. 총회의 의사록은 이제 더 이상 입수할 수 없지만 라이히에게 가해진 박해는 정신분석이 얼마나 무섭고 억압적이었는가를 잘 보여준다.[33]

이때부터 라이히 자신은 점차 평정심을 잃어갔다. 열두 살 때 그는 어머니의 외도를 알았다. 아마도 라이히를 통해 아버지도 알게 되었고 어머니는 자살했다. 라이히는 이 사건이 자신의 성격을 형성했다고 믿었고 평생 동안 이 사건의 강박으로부터 벗어나지 못했다. 헝가리 분석가 에디트 쾸뢰이Edith Gyömröi는 그녀와 페니첼이 1933년 라이히와 함께했던 산책에 대해 이야기했다. 라이히는 쉬지 않고 오르곤이라는 마술적 에너지에 관한 그의 새로운 이론에 대해 이야기했다. "페니첼과 나는 감히 서로 쳐다보지도 못했어요. 등골이 오싹했지요. 그때 라이히가 갑자기 멈추더니 이렇게 말했어요. 〔……〕'제군들, 내가 지금 하고 있는 일을 확신하지 못했다면 그건 아마 분열증적 환상으로 보였을 걸세.' 우리는 아무 말도 하지 않았어요. 돌아오는 길에도요. 우리 둘에게 그건 큰 상실이고 슬픔이었어요."[34] 라이히는 이후 덴마크와 노르웨이로 이주했다. 노르웨이에서 처음에는 오슬로 대학 학생들에게 환영받았으나 몇 해 후 보수주의 반대자들에 의해 쫓겨났다. 1939년 최종적으로 그는 미국에 정착했다가 사이비 과학을 주장했다는 이유로 식품의약청에 의해 투옥되어 감옥에서 죽었다.[35] 그러므로 그의 개인적 비극을 통해 라이히는 훗날 '개인적인 것'과 '정치적인 것'으로 불리게 될 것들 사이의 온전한 조화의 불가능성을 겪은 것이었다. 그것들이 온전하게 조화를 이룰 수 있으리라는 그의 믿음은 많은 분석가들 사이에 공유되었던, 공적인 것과 사적인 것이 완전히 분리될 수 있으리라는, 마찬가지로 현혹된 믿음의 전도된 반영이었다.

1933년 1월 31일 아돌프 히틀러Adolf Hitler가 독일의 수상이 되었다. 2월 1일 공산주의자들은 진압되었다. 2월 27일 제국의회가 불탔다.

4월 1일 히틀러는 유대인 상점 이용 금지를 명했다. 한 달 후 상인조합은 불법화되었다. 5월 10일 프로이트의 책들이 베를린의 공중 광장에서 불태워졌다. 5월 말까지 피임 및 성상담 클리닉들이 폐쇄되었고 성 개혁과 관련 있는 의사들은 추방되었다. 이 시점에 독일에는 여섯 개의 정신분석 연구소가 있었다. 10월 정신분석은 유대인 학문이라 공격받았고 라이프치히 심리학 총회에서 추방되었다. 검열관들은 프로이트가 노발리스Novalis, 괴테, 니체 같은 심층심리학 창시자들의 생각을 왜곡하여 심리학을 부유한 히스테리 환자들을 노리는 돈벌이 수단으로 바꿔놓았다고 주장했다. 프로이트는 "북방 민족의 가장 예민한 지점인 성생활"을 건드린 것이었다.[36]

수정 구슬이 깨질 때에는 미리 나 있는 약한 금을 따라 부서지게 마련이다. 베를린 정신분석 학회는 파시즘에 대한 정신분석의 대응에 있어 가장 큰 약점이었다. 1925년 카를 아브라함의 사망 이후 학회는 그 명성의 상당 부분을 잃었다. 뒤이은 다원중심 시기에 호나이, 라이히, 클라인, 알렉산더는 각기 자신의 추종자들을 거느렸다. 1933년 4월 정부는 유대인들이 의학 기관에서 집행부로 일하는 것을 금지했다. 학회의 두 지도자였던 막스 아이팅곤과 에른스트 짐멜은 유대인이었고 회원들의 80퍼센트가 또한 유대인이었다. 비유대인 분석가의 지도자인 펠릭스 뵘Felix Boehm은 아이팅곤과 짐멜이 '자발적'으로 직위에서 내려와 프로이트를 찾아가 협조를 구하기를 원했다. 프로이트는 마지못해 동의하면서도 이것이 학회의 생존을 보장해주는 것은 아니라고 경고했다.[37] 뵘으로부터의 서면 보고서에 대한 답으로 그는 두 가지를 청했다. 첫째는 해럴드 슐츠-헨케Harald Schultz-Hencke가 새 지도부의 일원이 되어서는 안 된다는 것이었다. 슐츠-헨케는 수정주의 분석가로서 제2차 세계대전 이후 주도적 역할을 하게 된다. 둘째 는 "나를 (빌헬름) 라이히에게서 자유롭게 해달라(*Befreien Sie mich von Reich*)"는 것이었다.[38] 뵘과 또 한 명의 비유대인인 카를 뮐러-브라운 슈바이크Karl Müller-Braunschweig가 학회 지도부를 장악했다. 유대인 분석가들은 독일을 떠나기 시작했다. 그들 중에는 한스 작스, 오토 페 니헬, 지크프리트 베른펠트, 카를 란다우어Karl Landauer와 에른스트 짐멜이 포함되어 있었다. 1934년까지 절반이 넘는 연구소의 옛 멤버 들이 피신했다. 회원 수는 65명에서 15명 이하로 줄었고 1931년 222명 이었던 학생 수는 1934년에는 34명이 되었다. 뵘은 존스에게 "하라키 리(할복)라는 단어가 자주 쓰이곤 했다"고 썼다.[39]

이렇게 전개된 상황에 대한 분석계의 반응을 그들과 동시대에 함께 살지 않은 사람들로서는 이해하기 쉽지 않다. 1934년 안나 프로이트 는 존스가 국제 회합에서 "분석과 정치 행위의 결합"에 반대하는 발언 을 한 것에 대해 치하했다. 특히 페렌치와 라이히가 치하의 표적이 되 었다. 독일에서의 사태에 대해 언급하면서 그녀는 "나치 정부는 어떤 식으로든 정신분석을 공격하거나 그 활동을 제한한 적이 없다. 25명 의 회원들이 떠난 것은 그들이 유대인이기 때문이지 분석가이기 때문 이 아니다"라고 역설했다.[40] 뮐러-브라운슈바이크는 당시 IPA 회장이 었던 존스에게 유대인 이민 분석가들이 학생 대출 기금에 빚지고 있 던 부채를 갚기 위해 돈을 모으는 데 도움을 요청했다. 그는 원한이 채 무자에게 도덕적 의무를 면제해주는 것은 아님을 지적했다.[41] 존스는 존스대로 뵘에게 독일 유대인 분석가들에게 잔존해 있던, 그가 '극유 대인적 태도ultra-Jewish attitudes'라고 불렀던 것을 비난하는 편지를 썼 다.[42]

이러한 반응들의 한복판에는 정치에 대한 단순한 조심성 이상의 공포가 자리하고 있었다. 1935년 세 명의 독일 분석가의 환자들이 공산주의자의 혐의를 받아 체포되었다. 이에 대한 반응으로 독일 정신분석 학회는 정치적으로 연관된 일체의 환자들에게 분석치료를 제공하지 않겠다고 결의했다. 그해 베를린에 남아 있던 마지막 유대인 분석가들 가운데 한 사람인 에디트 야콥슨이 체포되었다. 분석가들 사이에서는 그녀가 체포된 이유가 공산주의자를 치료해주었기 때문이라는 말이 돌았다. 어떤 보고서에 따르면 이로 인해 그녀는 학회에서 추방되었다. 뵘은 존스와 안나 프로이트에게 나치스를 멀리할 게 아니라면 그녀를 위한 국제적 여론 환기 운동을 중지하라고 설득했다. 안나 프로이트는 정치적으로 연루된 모든 분석가들에게 공격을 퍼부었다. "조직의 안전에 대한 배려는 그들에게는 먼 나라의 일이었다." 야콥슨이 자신의 아파트를 정치 활동을 위해 빌려주었다는 죄목으로 고발되었을 때 이를 믿는 분석가는 아무도 없었다. 존스는 안나 프로이트에게 "그녀가 정말 미치지 않았다면 이 같은 심각한 일이 일어날 리 없을 것"이라고 써 보냈다.[43] 실제로 야콥슨은 한 저항 단체와 2년 동안이나 연루되어 있었다. 그녀는 정치 활동을 위해 아파트를 빌려주었고 거기 모인 사람들에게 발언하기도 했다. 반역죄로 유죄 선고를 받았던 그녀는 수술을 핑계로 임시 석방되었다가 1937년 독일에서 탈출했다. 14년 후 그녀가 『여성 정치범 투옥의 심리적 효과에 대한 고찰Observations on the Psychological Effects of Imprisonment on Female Political Prisoners』을 출판한 후에도 대부분의 분석가들은 그녀가 유죄 선고를 받은 이유가 그녀 자신이 아니라 한 환자의 지하 활동 때문이었다고 믿었다.

한편 1935년 현존 조직들이 국가와 당을 대리하는 기구와 합병되는 데까지 동기화*Gleichschaltung*가 진척되었다. 독일 정신치료사들의 조직에는 정신치료를 위한 독일의학협회German Medical Society for Psychotheraphy라는 새로운 이름이 붙여졌다. 아들러의 제자이자 헤르만 괴링Herman Göring 원수의 조카이기도 했던 마티아스 하인리히 괴링Matthias Heinrich Göring이 책임자의 직책을 맡았다. 취리히에서는 융이 독일 정신분석 학회의 지배를 받는 국제적 산하 조직의 수장이 되었다. 거기서 그는 독일 심리학과 유대인 심리학의 차이를 더 이상 얼버무려서는 안 된다고 역설했다. 프로이트가 "유대인의 범주를 기독교도 게르만인이나 슬라브인들에 적용"했다는 것이었다.[44] 덧붙여 융은 이렇게 설명했다. "유대인들과 여성들은 한 가지 특이한 점을 공유한다. 신체적으로 약자인 그들은 상대 갑옷의 약점을 노려야 한다."[45]

독일 정신분석 학회의 회원들은 괴링 연구소의 회원 자격을 획득해야 하는가의 문제에 조금도 신경 쓰지 않았다. 그들은 신청만 하면 즉각 자신들의 기록을 손에 넣을 수 있었고 그래서 아직 남아 있는 유대인들이 발각되게 했다. 1935년 11월 존스는 안나 프로이트에게 "유대인들은 모두 베를린 학회에서 물러나야 합니다. 슬픈 일이긴 하지만 나는 아직도 독일에서 정신분석이 전혀 행해지지 않는 것보다는 이방인들에 의해서라도 행해지는 게 더 낫다고 말하고 싶습니다. 당신도 이에 동의해주기 바랍니다"[46]라고 써 보냈다. 학회들의 통합을 손쉽게 하기 위해 존스, 브릴, 뵘, 뮐러-브라운슈바이크는 괴링을 만났다. 존스는 괴링에게 정신분석이 결코 나치즘에 '적대적인 세계관'이 아님을 확신시켜주려 했다. 비단 베를린만이 아니라 정신분석계 전체가 공포에 휩싸였다. 존스는 망명 분석가들에게 IPA 회원 자격을 부여했지만 다른 학회들은 이들을 반기지 않았다. 네덜란드 정신분석 학회는 망명자들을 받아들이기를 거부했다. 반 오퓌센은 존스에게 "회원들은 재정적으로, 그리고 나르시시스트적으로 고통받는 것 모두를 두려워합니다"[47]라고 써 보냈다. 미국인들은 그들이 '자유-부유 멤버십free-floating membership이라 부르던 것의 종결을 통고해왔다.[48] 뉴욕 분석가들은 '독일 유대인' 분석가들이 '독일 분석가들'을 읽을 수 있도록 돕자고 거듭 호소하곤 했다.[49] 페니첼 혼자만이 존스에게 독일 정신분석 학회가 필요 이상으로 멀리 나갔다고 충고했다. "이런 순종적인 쇼조차도 그들을 지켜주지는 못할 것입니다."[50]

1936년 독일 정신분석 학회는 괴링 연구소와 합병했다. 프로이트식 아이디어가 '영혼 치유Seelenheilkunde'라는 지향에 녹아들어 있었고, 치료의 목표는 '병약자'의 치료로 재규정되었다. 학회는 처음에는 어느 정도의 자율권을 지녔다. 1936년 11월 안나 프로이트는 어니스트 존스에게 다음과 같이 편지를 썼다. "이상하게 들리겠지만 사업은 번창하고 있습니다. 새로운 지망자들이 몰려들어 강의실은 학생들로 가득 차고 여러 병원에서 치료를 위해 많은 환자들을 보내주고 있습니다. 행정직 사람들도 분석의 중요성과 그 치료 효과를 믿고 있습니다. 외부 세계에서의 이 조그만 성공 때문에 뵘으로서는 자연히 모든 것을 해체하고 포기하기 어렵게 되어버렸습니다."[51] 사실 뵘의 전문 분야는 동성애였고, 군대의 자문관으로서 그는 적어도 1944년까지는 감금 같은 가장 무거운 징벌에 효과적으로 저항했다.[52] 한편 뮐러-브라운슈바이크는 정신분석이 비독일적인 것이 아니며 오히려 신뢰할 만한 사람에게 맡겨지면 정신분석은 건강하지 않은 '약골'을 힘차게 생활에 임하는 사람으로 바꿔놓을 수 있다는 것을 입증하는 여러 편의 논

1941년 괴링 연구소의 가장 중요한 멤버들의 단체 사진. 왼쪽에서 두번째가 베르너 켐퍼이고 마티아스 괴링은 왼쪽에서 아홉번째에 있다. 열두번째가 펠릭스 뵘이고 오른쪽 맨 끝이 카를 뮐러-브라운슈바이크다.

문을 썼다. 1938년 독일 정신분석 학회는 해체되었다. 그럼에도 괴링 연구소의 일단의 사람들은 프로이트의 사상에 충실히 머물 것을 선언했다.[53]

이 모든 과정에서 프로이트의 태도는 어쩔 수 없이 기회주의적이었음을 인정하지 않을 수 없다. 1936년 뵘이 괴링 연구소에 정신분석을 추가하는 것에 대해 상의하기 위해 프로이트를 찾았을 때 그는 뵘에게 "자네가 어떤 희생을 치를지 몰라도 어떤 것도 양보해서는 안 되네"[54]라고 말했다. 1938년 뵘은 또다시 빈에 왔다. 이번에는 빈 정신분석 학회를 해체하고 그것을 새로 결성된 독일 연구소와 합치자는 제안을 하기 위해서였다. 프로이트는 그것을 막지는 않겠지만 권하지도 않겠다고 말했다.[55] 명백하게 자구自救적인 이러한 진술은 프로이트와 뵘 사이에 오고간 서신들이 아직 미공개로 남아 있어 그 의미를 충분히 해석할 수는 없다. 그러나 인종 추방이 자유롭고 개방적인 탐구 정신을 침해하고 있다는 것은 당시에도 인정되는 바였다. 네덜란드 정신분석학회는 1930년대 중반 유대인 망명자들을 반기지 않았음에도 나치스의 점령 이후 대거 사퇴해버렸다. 헤럴드 쉬젤데룹Harald Schjelderup 주도하의 노르웨이 학회에서도 같은 사태가 벌어졌다. 그러나 1939년 사망할 때까지도 프로이트는 정신분석이 파시스트의 물결 속에서도 살아남으리라는 분명한 믿음으로 마치 그들이 독일 정신분석계를 대표하는 것처럼 베를린 그룹과 소통을 계속 이어나갔다.

파시즘이 승승장구함에 따라 정신분석은 와해되어갔다. 1935년 우익 전사이자 왕당파이고 반유대주의적인 악시옹 프랑세즈Action Française의 회원인 에두아르 피숑Edouard Pichon이 프랑스 정신분석학회의 회장이 되었다. 그러면서 프랑스식 분석이 유행하기 시작했다. 유대인인 루돌프 뢰벤슈타인Rudolf Loewenstein과 하인츠 하르트만Heinz Hartmann은 모두 미국으로 도피하여 미국 에고심리학계의 지도자가 되었다. 그러나 프랑스 학회는 나치스의 파리 입성과 함께 폐쇄되었다.[56] 독일만큼 분석이 타락한 나라도 달리 없었지만 프랑스도 그 나름의 징후적 일화를 지니고 있었다. 파리 정신분석 학회의 창시자인 르네 라포르그René Laforgue는 원래 알자스인으로 제1차 세계대전 때는 독일 편에서 싸웠다가 1918년 다시 프랑스 시민이 되었다. 1939~1940년 연간의 독일의 승리에 압도된 그는 본래 국적을 되찾으려 애썼고 파리에 '아리안화된 연구소'를 창설하자는 아이디어를 갖고 괴링에게 접근했다. 그러나 이러한 노력은 아무런 결실도 맺지 못했다. 독일인들은 그럴 만한 합당한 이유에 따라 라포르그를 신뢰하지 않았다. 1930년대 초 반유대주의 연맹의 회원이었던 그가 금세 유대인 보호로 전환했던 것이다.[57]

어디에서나 살아남는 것이 최우선 과제였다. 지오바치노 포르자노 Giovacchino Forzano는 이탈리아 정부 내각의 장관이자 무솔리니와 더불어 몇 편의 연극을 쓴 공저자였다. 1933년 이탈리아의 선도적 분석가로서 포르자노의 딸을 치료하고 있던 에도아르도 바이스는 프로이트와의 면담을 위해 딸과 아버지를 빈으로 데리고 갔다. 포르자노는 무솔리니를 위해 프로이트에게 책에 서명해달라고 요청했다. 프로이트는 알버트 아인슈타인과 교환한 서간집인 『왜 전쟁인가?*Why War?*』를 골랐다. 프로이트는 이탈리아의 고고학 유적지들을 발굴하는 데 무솔리니가 도움을 준 것을 인정하려는 의도라 말하고는 책에 "베니토 무솔리니, 지도자에게서 문화의 수호자의 모습을 보는 한 늙은이의 존경하는 마음을 담아"라고 썼다. 두 달 후 무솔리니는 공산주의자들과의 어려운 점에 대해 불평했다. 그는 "그들을 이해하려면 정신분석이라는 새 학문 혹은 사기에 능통해야 해"라고 말했다.[58] 이탈리아의 정신분석은 1938년의 반유대법으로 인해 괴멸된 상태였다. 그럼에도 그해 봄 무솔리니는 프로이트를 위해 공개적으로 히틀러와의 중재에 나섰고 이탈리아에 은신처를 마련해주었다.[59]

1932년 페렌치가 속죄양이 되어 죽은 것 또한 정신분석의 정신적 해체의 맥락에 놓여야 한다. 페렌치의 가장 뛰어난 제자인 미카엘 발린트는 페렌치가 1920년대에 점점 고립된 것에 대해 그가 앙팡 테리블 enfant terrible로서의 입지에 자부심을 갖고 있었다고 서술했지만 그것은 "서글픈 자부심이었다. 그가 가장 좋아했던 이야기는 〔······〕 아직 요람에 있으면서도 온 가족보다 더 영리한 '똑똑한 아이'의 판타지였다."[60] 그의 수정 이론 내용을 비판하는 와중에도 페렌치와의 우정을 지키려 노력했던 프로이트는 1931년 페렌치에게 편지를 써 보냈다. "자네는 다른 사람들에게 자애로운 어머니 노릇을 해주기를 좋아하니까 아마 자네 자신에게도 그럴 걸세. 그러니 자네는 분석 이전 시기에도 환자들과의 성적 장난이 생소하지 않았었다는 〔……〕 사나운 아버지 쪽의 조언에도 귀를 기울여야 하네."[61] 프로이트는 아이팅곤에게는 더 무뚝뚝하게 말했다. "처음엔 한 사람이, 이어서 다른 사람이 쓸모 없거나 의지할 수 없음이 드러나게 되네. 의심스러운 기법을 고집스레 적용하려는 페렌치, 저널들을 볼셰비키 선전용으로 남용하려는 라이히나 페니첼 〔……〕 모든 것들이 이 시대의 부패의 영향력 아래에서 사람들이 빠르게 변해가고 있음을 보여주고 있네."[62]

정신분석에 대한 페렌치의 비판은 라이히의 그것과 마찬가지로 쉽사리 간과할 수 있는 것이 아니었다. 그 시대의 많은 분석가들처럼 그도 정신적인 것과 대립되는 현실적이고 사회적인 것으로 되돌아갔다. 따라서 그는 분석 상황이 절제와 결핍에 대한 강조로 말미암아 박탈과 트라우마라는 유년기 체험을 재생산한다고 주장했다. 그는 "분석의 길이에 대한 무관심, 실제로는 온전히 돈과 관련된 이유 때문에 분석을 길게 늘이는 경향"에 대해 불만을 토로했다. "원하기만 하면 환자를 평생에 걸친 납세자로 만들어버린다"[63]는 것이었다. 그는 분석적으로 훈련 받은 사람이 "가장 큰 개인적 자유의 가능성과 가족적 구성의 장점들을 결합하는 학회를 창설해야 한다"고 촉구했다. 그는 프로이트가 버린 1890년대의 유혹 이론으로 되돌아간 것이었다.[64] 미카엘 발린트는 만년에 병석에서의 그의 기분을 "심한 우울, 아무도, 특히 스승이 사랑하지 않는다는 느낌, 열광이 또다시 나를 방황하게 만들었고 동료들의 존경과 신망을 영원히 잃어버렸다는 극심한 불안"[65]이었다고 묘사했다. 1932년 그가 죽었을 때 많은 분석가들은 그가 정상이 아니었다고 여겼다. 프로이트의 친절하지 않은 추도문은 "그는 치유와 도움이 절실히 필요했다"[66]고 언급했다.

1930년대 내내 분석 작업들 — 학회, 이론 생산, 학회들 간의, 특히 런던과 빈 학회 간의 방문 — 이 이어졌지만 모든 것은 독일의 영향력 하에서 이루어졌다. 소련에서는 스탈린이 1927년 정신분석을 비판했지만 합법적인 상태로 머물러 있었다. 1933년 나치스의 승리 이후 소련의 억압은 더욱 가중되었다. 모스크바 정신분석 학회의 잔재는 해체되었고 1936년에는 분석이 금지되었다. 1939년 이후 독일이 대륙을 지배하게 되자 헝가리 학회는 비유대인들의 수중으로 넘어갔다. 회합은 경찰에 미리 신고해야 했다. 네덜란드에서는 비밀리에 훈련이 계속되었다. 중립국인 스위스에서만 정신분석 학회가 공개적으로 활동할 수 있었다. 앙리 플루르누아Henri Flournoy, 레이몽 드 소쉬르 Raymond de Saussure 같이 잔류하던 불어권 분석가들은 파리로 향했고 루트비히 빈스방거, 메다르트 보스Medard Boss 같은 독어권 분석가들은 *실존적 정신분석Daseinanalyse*을 개척하기 시작했다.[67]

라이히의 급진주의는 살아남았다. 1933년 이후 좌파 분석은 나치스가 베를린에서 권좌에 오르자 프라하로 이주한 오토 페니첼이 주도하게 되었다. 그의 주위로 모여든 일군의 분석가들은 독일 정신분석의 나치스화에 저항하는 한편 정신분석 저널에서 마르크스주의 분석이 차별당하지 않도록 하는 데 힘썼다.[68] 이러한 목적으로 페니첼은 또한 『회람Rundbriefe』이라 명명된 소식지를 통합했다. 소식지의 일반적 주제는 본능적 삶은 역사적으로 바뀐다는 것이었다. 페렌치, 미국 정신분석, 클라인('생물학의 과장'), 그리고 라이히('완전히 정신 나간 놈 meschugge')에 대한 공격과 함께 반유대주의, 국민성, 돈의 심리학 등이 모습을 드러냈다. 1938년 프라하를 빠져나온 페니첼은 정신분석 연구에 가장 급박한 문제가 무엇이냐는 질문을 받았다. 과연 나치스가 빈에서도 권력을 장악할 것인가가 그의 대답이었다. 나중에 미국에서 페니첼은 『회람』의 발송을 계속해나갔다. 1945년 7월 14일자 마지막이자 가장 짧은 호에서 그는 투쟁이 사회적 정신분석을 위한 것이 아니라 "프로이트 정신분석의 존재 자체"를 위한 것이었다고 토로했다. 이듬해 페니첼은 48세의 나이에 동맥류로 사망했다.[69]

가장 비통한 것은 분명 분석가와 피분석자들의 수용소 체험이었다. 몇몇 사람들은 거기에서도 정신분석적 시각을 견지하려 투쟁하여 정신분석적으로 정향定向된 사람들이 정신 내부에 집중하기 위해 외부 환경에 대한 고려를 유예하는 비상한 능력을 입증했다. 수인囚人 분석가들은 징후들을 분석했고 비밀리에 강의를 했으며 수용소의 사회심리를 설명하려 노력했다. 프랑크푸르트 연구소의 창시자인 카를 란다우어는 베르겐-벨젠에서 죽을 때까지 분석을 '수행'했다. 파울 페데른의 아들로 1938년에서 1945년까지 부헨발트에 있었던 에른스트 페데른Ernst Federn은 수감자들에게 동성애 같은 주제들에 관해 강연했다.[70] 브루노 베텔하임 역시 약 1년 동안 부헨발트에 수감되어 있으면서 분석적 내성內省 방법을 이용해 수용소 심리 분석을 발전시켰고 이를 통해 이름을 알렸다.

많은 분석가들이 죽었다. 1944년 독일이 헝가리를 침입한 후 요제프 미할리 아이슬러Jozsef Mihály Eisler(1919년 이래 헝가리 정신분석

학회의 회원이었다), 미클로스 지메스Miklos Gimes, 지그몬트 파이퍼 Zsigmond Pfeifer, 게자 두케스Géza Dukes는 수용소에서 죽었다. 유고슬 라비아 분석가이면서 부다페스트 학회 회원이기도 했던 니콜라 주가 르Nikola Sugar는 테레지엔슈타트에서 죽었다. 고전 선생으로서 프로 이트와 함께 그의 첫 민속극을 썼으며 아들러 논쟁에도 참여했던 다비 드 오펜하임David Oppenheim은 수용소에서 살해되었다.[71] 아우구스트 바터만Auguste Waterman은 1933년 함부르크에서 피신했으나 네덜란드 학회는 그를 그다지 반기지 않았다. 독일군이 네덜란드를 침공한 후 그는 부인 및 아이들과 함께 체포되어 베스터보르크의 브렘델링겐으 로 이송되었다가 테레지엔슈타트로, 그리고 다시 아우슈비츠로 이송 되어 거기서 가족 모두가 함께 죽었다. 빈에서 온 유대인인 에른스트 호프만Ernst Hoffmann은 1933년 앤트워프로 피신하여 1942년 프랑스 귀르의 수용소로 이송될 때까지 장래의 벨기에 정신분석 학회 창시자 들을 양성했다. 그러나 귀르로 이송된 후 그는 곧 죽었다.[72] 사비나 슈 피엘라인은 강제 행진 도중 두 딸과 함께 로스토우 외곽의 골짜기에서 총살당했다. 나치스 점령군을 피해 피신한 사람으로는 노르웨이로 피 신한 레오 아이팅거Leo Eitinger와 네덜란드로 피신한 한스 카일손Hans Keilson이 있었다. 수용소에서 살아남은 사람들로는 에디 드 빈트Eddy de Wind, 엘리 코헨Elie Cohen, 빅토르 프랑클Viktor Frankl이 있었다.[73] '운명 분석'이라는 용어를 만들어낸 레오폴드 존디Leopold Szondi는 벨 젠에서 살아남아 1986년까지 살았다.[74] 헝가리 유대인 분석가인 이스 트반 홀로스는 라울 발렌베르크Raoul Wallenberg의 개입 덕분에 목숨을 구했다. 체코의 분석가 고트프리트 R. 블로흐Gottfried R. Bloch는 아우 슈비츠에서 살아남아 이 책을 쓰고 있는 시점에도 로스앤젤레스에서 살고 있다.[75] 공산주의자 분석가이자 레지스탕스 대원이었고 1943년 베를린에서 게슈타포에 의해 처형된 존 리트마이스터John Rittmeister는 동독 사람들에게는 영웅으로, 서독 분석가들에게는 볼셰비키 스파이 분석가로 기억되고 있다.[76]

나치즘은 많은 정신분석 학회를 파괴했지만 그 피해자들은 새로운 학회들을 창설했다. 아이팅곤은 1933년 베를린에서 팔레스타인으로 이주하여 모세 불프와 함께 예루살렘에 연구소를 설립했다.[77] 카임 바이츠만Chaïm Weizmann은 옷이 아니라『자본』과『꿈의 해석』을 품에 안고 갈리시아에서 팔레스타인에 도착한 이주자들을 회상했다.[78] 게슈탈트 치료법의 창시자이자 자신을 분석해준 빌헬름 라이히로부터 크게 영향을 받은 프리츠 펄스Fritz Perls는 독일을 떠나 울프 작스와 함께 1935년 남아프리카 정신분석 연구소를 설립하고 1945년 미국으로 이주하기 전까지 운영해나갔다.[79] 라이히의 영향하에서 작스는『검은 햄릿』을『검은 분노Black Anger』로 개작했다. 당시 그는 차바팜비라Chavafambira의 가장 큰 요구는 "그의 억압된 무의식에 대해 더 많이 아는 것이 아니라 그가 살고 있는 사회를 알고 그것의 질병들을 인식하고 그것과 어떻게 싸워야 할지를 아는 것이었다"[80]라고 썼다. 아돌프 요제프 스토퍼Adolf Josef Storfer는 1925년 이래 출판사의 사장이었고 『이마고, 정신분석운동Imago, Psychoanalytische Bewegung』과『정신분석 연감Almanach der Psychoanalyse』의 공동 편집자였다. 상하이로 온 일만 팔천여 명의 독일어권 이주자 중 한 사람이었던 그는 이민자들의 저널 『황색 포스트Gelbe Post』를 창간하여 이것을 이용하여 중국에서 분석적 사고를 대중화시켜나갔다.[81]

몇몇 스페인 분석가들은 프랑코Francisco Franco의 승리에서 벗어나

The Palestine Institute
of Psychoanalysis
WAS OPENED ON OCTOBER 15
by the
"Chevra Psychoanalytith b'Erez Israel"
(THE PSYCHOANALYSIS SOCIETY OF PALESTINE)
Under the direction of Dr. Eitingow
138, Abyssinian St. ———— Jerusalem
COMPLETE LIBRARY OF BOOKS ON PSYCHOANALYSIS
WHICH MAY BE BORROWED (BY PERSONS FROM
ALL PARTS OF THE COUNTRY AGAINST A SMALL
SECURITY AND A SMALL FEE
Hours: Monday to Friday, 8—10 a.m.

『정신분석을 위한 국제 잡지』에 영어와 히브리어로 인쇄되어 실린 팔레스타인 정신분석
연구소 개설 알림.

피신했다. 그중에는 캐나다로 이주한 미구엘 프라도스Miguel Prados와
멕시코로 간 곤잘로 라포라Gonzalo Lafora가 있었다. 베를린 정신분석
연구소 출신이자 라틴 아메리카 최초의 스페인어 사용 분석가인 앙헬
가르마는 1938년 부에노스 아이레스에 도착했다.[82] 공산당원이었던
두 명의 빈 출신의 분석가 막스 랑거Max Langer와 마리 랑거Marie Langer
는 스페인 내전 기간 동안 국제여단에 합세했다. 프랑코가 승리한 후
그들은 이민을 떠나 가르마와 함께 1942년 아르헨티나 정신분석 협회
를 결성했다. 민간 항공의 성장에 힘입어 아르헨티나인들은 라틴 아
메리카에 정신분석을 전파했다. 한편 마리 랑거는 1980년대의 산디니

스타 혁명 때까지도 분석가이자 페미니스트 겸 마르크스주의 활동가로 남았다.[83)]

미국에서는 대공황과 더불어 처음에는 프로이트에 대한 관심이 사그러지는 듯 보였다. 「프로이트여 안녕Farewell to Freud」이나 「정신분석의 황혼The Twilight of Psychoanalysis」 같은 기사들이 나오기도 했다. 『포춘Fortune』지는 "섹스는 더 이상 뉴스가 아니다. 섹스가 더 이상 뉴스가 아니라는 사실이 뉴스다"[84)]라는 견해를 제시했다. 실제로는 분석적 정신치료가 폭발적 인기를 끌고 있었다. 프란츠 알렉산더가 핵심 인물 중 한 사람이었다. 심신상관心身相關적 의학과 연계를 맺은 그는 멋진 현대적 사무실과 분석의 대중화, 수용 가능한 문화비평에 대한 정신분석의 적응성을 진흥시켰다. 1938년 미국 정신분석 협회의 회장 취임사에서 그는 "정신분석에 대한 정서적 저항이 점점 옅어지는" 미국과 '상아탑'에 갇힌 유럽 분석을 대립시켰다. 그는 정신분석에 '운동'이라는 용어를 사용하는 데 대해 개탄하며 "보다 세밀하고 보다 양적인 지식, 보다 정확한 실험적 증거"[85)]를 촉구했다. 쿠르트 아이슬러Kurt Eissler의 표현을 빌리면 알렉산더는 "의사들의 눈높이에 맞춤으로써 정신분석을 상식적 학문으로 만들었다."[86)]

많은 수의 이민자들이 미국을 향했기 때문에 정신분석이 정신의학과 섞여버리는 것이 정신분석계 전체의 큰 걱정거리였다. 1930년대 초부터 미국인들은 대개 독자적으로 작업해왔고[87)] 1930년대 말에는 국제 회합에 거의 참석하지 않았다. 국제 훈련 위원회의 폐지를 촉구하며 미국인들도 자기들 나름의 훈련 기준을 정립했다. 전쟁이 발발하지 않았더라면 그들은 탈퇴했을 것이었다.[88)]

유럽에서 정신분석이 와해되어가는 것과 병행하여 미국에서는 정신분석이 계속 정신의학에 흡수되어갔다. 정신분석은 살아남기는 했지만 완전히 변해버렸다. 프로이트는 "미국에서 정신분석은 깊게 심화되지 못하고 넓게 확산되기만 했다"[89]고 한 젤리페의 견해에 동의했다. 프란츠 알렉산더가 미국적 '개방성'이라고 보았던 것을 프로이트는 진정한 이해를 위해 정서적으로 몰입해본 문화적 경험이 결여된 탓으로 돌렸다. 자신들의 '넓은 마음'에 대한 자부심이 보여주는 것은 고작 '판단력 결핍'뿐이라는 것이었다.[90] 분석 정신이 사라질 수도 있으리라는 프로이트의 생각은 직업으로서의 정신분석이 승승장구할 때조차도 잘 알려진 여러 진술들을 통해 표명되었다. (이 진술들이 노골적으로 미국을 가리키지는 않았지만) "무엇보다 먼저, 내가 발견한 것들이 만병통치약은 아니다. 나의 발견은 중요한 철학의 기반이다. 이것을 이해하는 사람은 매우 적다."[91] 그럼에도 1939년 프로이트는 아르놀트 츠바이크Arnold Zweig에게 영국보다는 미국으로 이민 가라고 권유했다. "나에게 미국은 반反낙원으로 보인다. 그러나 거기엔 여지도 많고 가능성도 많다. 그래서 사람들은 결국에는 거기에 속하게 된다. 최근 아인슈타인은 한 친구에게 처음 미국이 그에게는 캐리커처 같은 나라로 보였지만 지금은 거기서 아주 편하게 지낸다고 이야기한 적이 있다."[92]

정신분석이 해체되자 그 결과로 생긴 조각들은 때로 다른 조류들과 합치면서 변형되었다. 독일에서는 사회과학 연구소 — 프랑크푸르트 학파 — 가 정신분석과 비판적 사회 이론의 결합임에도 불구하고 괴링 연구소보다 더 충실한 독일 정신분석의 계승자가 되었다. 그 결과 정신분석을 파시즘과 대중민주주의 사회 양자 모두에 대한 이해 문제에 적용하려는 시도가 이루어졌다.

프랑크푸르트는 1848년의 자유주의 폭동의 중심지였고 독일에서 유대인의 비율이 가장 높은 도시였다. 프랑크푸르트 대학은 만일 좌익이나 유대인 학생들이 소요를 일으키면 나치스가 반드시 수뇌부를 처단해버릴 몇 안 되는 독일 대학 중 하나로 알려져 있었다.[93] 1923년 마르크스주의자 백만장자인 펠릭스 바일Felix Weil이 이 대학에 사회과학 연구소를 설립했다. 최초의 연구원들 중에는 유대인 지식인이자 그들의 아버지가 부유한 사업가였던 막스 호르크하이머Max Horkheimer와 테오도어 아도르노가 있었다. 처음부터 연구소는 정신분석과 긴밀한 관계를 맺었다. 1929년 발족한 연구소는 프랑크푸르트 정신분석 연구소를 유치하여 카를 란다우어와 하인리히 멩Heinrich Meng에게 감독을 맡겼다. 이 같은 관계 때문에 프랑크푸르트 정신분석 연구소는 대학 강의를 개설할 수 있는 독일 유일의 기관이 되었다. 정신분석에 대한 존중의 뜻으로 프랑크푸르트시는 1930년 프로이트에게 괴테문학상을 수여했다.[94]

프랑크푸르트 학파의 초기 사상은 라이히를 좇아 파시즘의 뿌리를 타락한 가족 구조에서 추적하는 것이었다. 1930년의 선거 이후 랍비 학교의 졸업생으로 연구소의 사회정신분석 연구책임자가 된 에리히 프롬은 나치의 성공을 설명하기 위해 가족 생활에 대한 조사 연구를 주도해나갔다.[95] 라이히처럼 프롬은 파시즘에 경도된, 엄격한 슈퍼에고와 아버지의 권위에 대한 굴종적 자세로 특징지어지는 개인들과, 어머니의 무조건적 사랑에 대한 낙관적 믿음을 특징으로 갖는 저항적 개인들을 대비시켰다. 중산층의 아버지 중심적 가족은 의무를 삶의 중심적 관심으로 규정한다고 프롬은 주장했다.[96] 계급 사회는 가족 상황을 재생산하는 것이었다. 노동자들은 자신들의 통치자를 막강한 존재로 체험하기 때문에 반란은 가당치 않아 보였고 따라서 그들은 굴종을 통해 선량한 모습을 보이려 한다는 것이었다. 대공황은 의무에 대한 감각 및 영웅적 행위의 필요를 강화하는 더 큰 퇴보로 이끌어갔다.[97]

1933년 히틀러가 수상에 취임하자 프랑크푸르트 연구소는 뉴욕시의 컬럼비아 대학으로 옮겼다. 라이히와 프롬처럼 호르크하이머와 아도르노도 원래는 중산층 가족의 몰락에 대한 프로이트의 통찰 때문에 그에게 관심을 가졌었다. 그러나 미국에서 그들은 프로이트를 계몽주의의 '어두운 사상가', 즉 계몽주의의 전체주의적 경향을 조명한 사람들 중 하나로 보기 시작했다. 파시즘, 공산주의, 포드주의의 차이 아래서 그들은 한 가지 공통 요소를 찾아냈다고 믿었다. 즉 계획과 통제를 통해 대중적 유토피아를 창조하겠다는 계몽주의적 영감을 받은 소망이 그것이었다. 독일에서는 국가가 사회를 조직하는 데 주도적 역할을 하는 데 반해, 미국에서 호르크하이머와 아도르노는 그 역할을 대체해버린 미디어의 위력에 충격을 받았다. 그들은 프로이트를 이러한 현상을 설명해줄 수 있는 사상가로 보고 그에게로 전향한 것이었다.

독일의 사회이론가 지크프리트 크라카우어Siegfried Kracauer는 매스미디어 연구에 정신분석을 적용하는 시도에 앞장섰다. 그의 1927년도 논문인 「대중적 장식The Mass Ornament」에서 설명했듯 코러스 라인chorus line은 조립 라인의 보완물인 '미국 오락물 공장'이었다. 조립 라인은 마치 시장이 구체적인 사용가치에서 포괄적 교환가치를 추출해내는 것과 똑같이 사회적 노동에서 포괄적이고 교환 불가능한 노동 시간 단위들을 추출해냈다. 코러스 라인은 이 같은 추출 과정에 박수갈채를 보냈다. "[코러스 라인은] 미국의 산물일 뿐만 아니라 [……] 미국적 생산의 위대함을 입증하기까지 했다. 〔……〕 구불거리는 뱀의 모양을 이루면서 그들은 컨베이어벨트의 미덕을 찬란하게 입증했다. 그들이 빠른 템포로 발을 구르면 '비즈니스 비즈니스'라는 소리처럼 들렸다."[98] 코러스 라인의 미학이 '사회의 백일몽'을 이루었다. 그것의 조화로운 리듬은 자본주의적 통제의 '은밀한 메커니즘'을 반영하는 것이었고, 그 안에서는 도구적 편의성의 관계가 풍요와 힘의 무의식적 환상을 제공하면서 깊이를 잠식해들어갔다.[99]

호르크하이머와 아도르노는 뉴욕으로 이주한 후 크라카우어가 먼저 닦아놓은 길을 따라갔다. 그들은 대공황의 와중에서도 영화, 잡지, 광고가 현실을 무의식적 내용으로 채운다는 초현실주의적 프로그램을 맘대로 사용하는 것에 충격을 받았다. 백화점은 필사적으로 고객들을 유인하려 했고 일상적으로 쓰는 물건들을 낯설게 만들었으며 상품들을 고상하고 기념비적인 것으로 만들려 했다. 잡지 디자인은 모더니즘의 관심끌기용 사선斜線, 탈중심적 레이아웃, 표현력 있는 왜곡을 구사했다.[100] 광고는 담뱃갑 같은 상품을 살아 있는 존재처럼 묘사했다.[101] 킹콩과 타잔 영화는 스크린에 상영되긴 하지만 마음에는 와 닿지 않는 고상한 야만인의 새로운 신화를 제공하며 일종의 '전도된 정신분석'을 생성시켰다. 두 이민자들은 가족이 아니라 대중문화가 개인과 현대 사회의 중요한 연관을 형성한다고 결론지었다. 발전된 자본주의에 대한 이해의 열쇠를 제공하는 것은 오이디푸스 콤플렉스가 아니라 상품에 대한 물신숭배였다. 1935년 옥스퍼드 대학에서 박사과정을 이수하던 아도르노가 컬럼비아의 호르크하이머에게 편지를 썼을 때 변화의 방점이 찍혔다. "나는 사회와 심리 사이의 결정적 매개물은 가족이 아니라 상품의 성격이라 생각하네."[102]

궁극적으로 호르크하이머와 아도르노는 그들의 대중문화 분석을 정신분석 자체에 적용시켰다. 프로이트의 이론에서 에고는 아버지의 권위와 동일시함으로써만이 아니라 또한 그것에 맞서면서 힘을 획득한다. 그러나 포드주의의 대량 생산에서 사회화는 점점 더 문화산업을 통해 이루어졌다. 아도르노의 1942년 논문에 따르면 그 결과는 억압이 아니라 대중문화가 제공하는 대리만족으로 특징지어지는 새로운 심리 유형의 출현이었다.[103] '대중적 우상'의 이상화는 '나르시시스트적 퇴행'을 초래하고 무력한 개인들로 하여금 '무한한 명성'을 확보할 수 있게 해준다. 그 결과 에고는 정체성을 잃어버리고 이드에 흡수되어 섞여버린다. 파시즘에 대한 대중적 지지는 미국에서의 소비자 문화의 위력과 마찬가지로 "낡은 자유주의적 의미에서의 심리적 동기화"가 거의 사라져버렸음을 입증하는 것이었다. 프로이트의 『집단 심리학과 에고의 분석』은 이러한 포스트심리학적이고 탈개인화된 심리학의 평탄화, "심리학이 포기되는 전환점"을 포착한 것이었다.[104]

　제2차 세계대전 후 아도르노와 호르크하이머는 정신분석의 쇠퇴를 가족의 변화와 연결지었다. 그들은 적은 재산의 소유자가 초기 자본주의 시스템의 '심리적 모퉁이 가게' '경제 행위의 활동적 세포'를 이루었다고 썼다. 정신분석은 이 작은 비즈니스맨들의 모습을 구현한 것이었다. 그것은 개인적 자아를 "비록 마찰면이 넓고 신경증 ― 본능적 경제의 *부수비용* ― 이 불가피하더라도" 얼마간의 자유를 누리는 것으로 묘사했다. 반대로 소비자주의 시대에는 경제 정책이 관리들에 의해 이루어졌고 사적 영역은 대중문화에 흡수되어버렸다. 그들은 "대중은 절제에 의해서보다 충동의 지시(대중문화)에 의해 더 효과적으로 형성된다"[105]고 기술했다. 아도르노와 호르크하이머의 예언에 따르면 그 결과는 정신분석과 프로이트적 인간관의 쇠퇴일 것이었다.

비록 예언적이기는 했지만 아도르노와 호르크하이머의 작업은 일면적이었다. 그것은 2차 산업혁명에 의해 속박이 풀린 반유토피아적 가능성을 포착했지만, 모더니티의 약속을 재정의하기 위해 창출한 개방을 보는 데에는 실패했다. 1960년대에 허버트 마르쿠제가 이에 대해 쓰기 전에 프랑크푸르트 학파의 일원으로서 이 개방의 문제를 포착했던 유일한 사람은 발터 벤야민Walter Benjamin이었다. 1942년 죽을 때까지도 미완이었던 그의 『파사젠베르크passagen-werk』는 상품의 형태가 개인과 사회 사이의 중요한 매개물로서 가족을 대신하게 되었다는 생각에 영감을 불어넣었다.

프랑크푸르트 학파의 동료들처럼 벤야민도 20세기 자본주의 사회라는 '요지경'을 분석하려 했다. 그러기 위해 그는 19세기 중반의 파리라는 기원으로 돌아갔다. 크라카우어와는 달리 벤야민은 파리 소비자 문화의 집단무의식은 코러스 라인 같은 하나의 지배적 이미지를 통해 이해될 수 있는 게 아니라고 생각했다. 그 대신 벤야민은 그 시대의 '작고 피상적인 징후들'이 그 모순되고 비연속적인 특성을 간직하고 있을 것이라 기대하며 그것들을 콜라주 형태로 배열하고자 했다. '사실성Anschaulichkeit'이 자신의 목표라 선언한 벤야민은 사치, 인테리어, 유행, 광고, 매춘, 산보자, 도박꾼, 권태 등과 같은 범주들을 자세히 들여다보았다. 그는 초현실주의자들에게서 양분을 취했는데 그 까닭은 그들이 이미지라는 약을 아무런 통제 없이 열정적으로 사용했기 때문이었다. 덧붙여 그는 정치란 100퍼센트 이미지에 할애된 영역이라 말했다.[106]

마르크스주의 못지않게 하시디즘*과 히브리 신비철학의 신비주의의 영향을 받은 벤야민은 20세기 대중적 유토피아의 '소망 이미지'를 '꿈 자체'에서 깨어나게 할 수 있는 '변증법적 이미지'로 번역하고자 했다. 초현실주의에 대한 열광에도 불구하고 그는 초현실주의자들이 꿈의 각성에는 관심이 없고 꿈속에 머무르기 원한다고 생각했다. 그는 아도르노에게 "나는 가까운 장래에 프로이트 연구를 시작할 것"이라고 써 보냈다. "그나 그의 학파에 정신에 발생하는 각성의 정신분석과 관계 있는 어떤 게 있었나?" 프로이트를 읽고 나서 그는 기억 파편들은 그것을 남긴 사건이 지각되지 않을 때 가장 강하고 오래 지속된다는 프로이트의 역설적 견해에 충격을 받았다. "의식이 이 (무의식적) 충격들을 더 많이 등록할수록 그것이 갖는 트라우마적 효과는 더 적어지는 것 같다"고 벤야민은 썼다. 벤야민에게는 그 같은 '충격'들이 모더니티의 특성을 이루는 것이었다. 동시에 그는 '각성'이 반성적 이해 이상의 어떤 것을 의미하기를 원했다. 그는 그것이 에피파니, 즉 계시적 힘을 지닌 주문을 의미하기를 원했다. 그러나 초현실주의자들처럼 벤야민도 프로이트에게서 이것을 찾아내지는 못했다.[107]

독일과 중부 유럽에서 난민들이 쏟아져 나오는데도 프로이트는 나치가 오스트리아에 진입하리라고는 예상하지 못했다. 1934년 오스트리아 헌법은 무효화되었고 사회당은 금지되었으며 오스트리아의 권위주의적 수상이었던 엥겔베르트 돌푸스Engelbert Dollfuss는 그의 집무실에서 지역 나치당원에게 피격되어 쓰러졌다. 이와 같은 충격들도 프로이트의 피신을 종용하지는 못했다. 그러나 1935년 그는 루 안드

---

* 율법의 내면성을 존중하는 유대교의 경건주의 운동.

레아스-살로메에게 자기는 『모세와 일신교』를 출판할 수 없는데, 그 이유는 "나치로부터 우리를 지켜줄 수 있는 것은 오직 〔……〕 기독교뿐"[108]이기 때문이라는 것이었다. 1937년 11월 그는 슈테판 츠바이크에게 암울한 미래를 그려 보이면서 "내가 원했던 건 인간적 방식으로 당신과 가까워지는 것이었지 파도가 밀려와 헛되이 부딪치는 바위처럼 존경받고 싶었던 게 아닙니다"라고 덧붙여 말했다.[109] 이듬해 그는 마리 보나파르트에게 빈으로부터의 도피가 정신분석 붕괴의 신호가 될 것이라 말했다.[110]

전간기의 어려운 문제들의 지연을 통해 프로이트는 고전적 자유주의의 붕괴에 뒤따른 일반적 위기에 나름대로 반응했다. 그 역시 여러 번에 걸쳐 라이히뿐만 아니라 프랑크푸르트 학파의 이론가들도 정신분석의 중심에 놓았던 마르크스주의 문제를 다루었다. 1932년 그는 이렇게 썼다. "경제적 필요에 종속되어 있는 인간 군상群像들이 또한 문화 —다른 사람들의 용어로는 문명— 발전의 과정을 이끌어왔다는 사실을 우리는 절대 잊지 말아야 한다. 문화는 의심의 여지없이 다른 모든 요인들의 영향을 받았음에도 그 기원에 있어서는 그것들과 무관했던 게 분명하다. 〔……〕 누군가 이 상이한 요소들 —물려받은 일반적 인간성, 인종적 변형태들과 문화적 변환— 이 사회적 지위, 직업, 돈벌이 능력 등의 조건하에서 서로 간에 금지하고 촉진하는 것을 상세하게 보여줄 수 있다면 —누군가 이 일을 할 수 있다면, 그는 마르크스주의를 보완하여 진정한 사회과학으로 만들 수 있을 것이다."[111]

1930년대의 가장 훌륭한 반유토피아적 저작인 『문명 속의 불만』은 기독교와 마르크스주의에 초점을 맞춰 공/사의 조화를 이루려는 모든 시도의 고통스럽고 불가피한 한계를 중심 주제로 삼은 것이었다.

"이웃을 너 자신처럼 사랑하라"는 기독교의 황금률은 이기심을 초월하여 개인들이 서로 화해를 도모하라는 가르침이었다. 그러나 문제는 그 이웃이 잠재적 조력자이거나 성적 대상이기만 한 것이 아니라 잠재적 착취자, 도둑, 성폭행자, 수모를 주는 자, 살인자일 수도 있는 것이라고 프로이트는 지적했다. 덧붙여 그는 "지난 세계대전의 공포를 상기하는 사람이라면 이러한 견해의 진실 앞에 겸허히 머리를 숙여야 할 것"[112]이라고 말했다. 마르크스주의는 정리하고 계획하고 조화를 이루려는 계몽주의적 발상의 시도에 기독교보다 한층 더 야심만만했다. 그러나 인간은 소유권에 의해 타락하지 않는 한 선량한 존재라고 여기는 마르크스주의적 견해에 대해 프로이트는 소유권은 공격성의 도구이지 원인이 아니라고 항변했다. "소유가 그 원초적, 항문적 형태를 포기하기 직전 유아기 단계에서 곧바로 공격성이 드러난다"[113]는 것이었다.

계속해서 프로이트는 공격성은 어린 시절의 욕구불만의 결과도, 결점의 산물도 아니고 치유 가능한 사회적 제도라 설명했다. 죄의 숙명적 불가피성이 모든 공격성의 핵심이고 우리가 그것을 청산할 수 없는 이유라는 것이었다. 죄는 아버지 살해에서 유래하지만 죄를 설명하기 위해서는 살해에 선행하는 무엇이 있어야만 했다. 선행 조건은 본능적 삶 자체의 양가성이다. 따라서 아들들은 아버지를 사랑했고 또 증오했다. 살해 후 그들은 두 가지 본능을 죄로 바꾸었다. 공격성에 대한 거부, 그들 자신의 내면으로의 전환, 죄의 짐, 이 모든 것들이 어린 시절에 되살아나는 것이었다. 분석가들과의 사적인 모임에서 프로이트는 『문명 속의 불만』이 크게 잘못 이해되었다고 불평했다. 프로이트는 "사람들은 내가 정신분석에 죽음 본능을 부과하려 했다고들 말하더군"이라고 지적했다. "나는 순전히 분석적 의도로 이 책을 쓴 걸세. 정신분석 작가로서의 내 이전 경력에 근거하여 암담한 생각에 젖어 끝까지 죄의식을 부추기는 데 관심을 갖고 말일세. 공격성을 거부하는 데에서 죄의식이 만들어지는 것이네. 〔……〕 나는 이 생각이 정신분석의 가장 중요한 발전이라 생각하네."114)

독일에 어둠의 그림자가 길어지는 동안 기술적 책들도 정치적 색채를 띠게 되었다. 안나 프로이트가 1936년 출간한 『에고심리학과 방어의 메커니즘Ego Psychology and the Mechanisms of Defense』은 페렌치와 라이히에 대한 정치적 비판을 숨기고 있었다. 안나는 이 두 사람이 충동에 대해 원래 그것은 단지 사랑하려는 목적과 자세만을 지닌 긍정적인 것이고, 증오와 파괴성은 단순한 욕구 불만의 결과물이라고 가정했던 것에 비판을 가했다. 한 해 뒤에 밀접하게 관련된 책인 하인츠 하르트만의 『에고심리학과 적응의 문제Ego Psychology and the Problem of Adaptation』가 '우리 시대의 불만'을 거부했다. 하르트만은 그 불만을 "지성과 지식의 범람으로 인해 인간과 세상의 관계가 궁핍해지고 부자연스러워지게 될 것에 대한 두려움"이라 규정했다. 이에 덧붙여 하르트만은 "역사상 어떤 시기도 해가 될 정도로 과도한 지성과 지식을 지녔던 적은 없었다"115)고 말했다.

나이 들고 병든 뒤 온갖 파괴적인 세력들에 둘러싸인 프로이트는 '정신분석에 있어 분열과 구축'에 대한 뒤늦은 뛰어난 단장斷章들로 에고에 대한 그의 이론을 발전시켜나갔다. 그러나 또한 프로이트는 아버지의 권위라는 그의 위대한 주제로 되돌아갔다. 1936년 로맹 롤랑에게 보낸 공개적인 생일 서한에서 그는 1904년 처음 아크로폴리스를 찾았을 때 느꼈던 야릇한 슬픔을 회상했다. 어릴 때 신화와 역사를 읽

프로이트(1938)

으며 그는 그리스 방문을 꿈꿔왔었다. 그러나 꿈을 실현하자 그는 설명할 수 없는 우울에 빠졌다. 그때 그는 우울의 이유가 '자식으로서의 서운한 마음'이었음을 깨달았다. "그 먼 길을 간 것에 대한 성취감에 밀착된 〔……〕 일종의 죄의식"이었다. 그는 롤랑에게 자기 아버지는 "장사꾼으로서 중학교도 다니지 못했고 아테네라고는 꿈도 꿀 수 없었던 사람"이었다고 말했다. 이에 덧붙여 프로이트는 1904년의 일이 마음에 와닿았던 것은 이제 그도 나이가 들어 "사람들의 보살핌이 필요하게 되었고 더 이상 여행할 수 없게 되었기 때문"[116)]이라고 고백했다.

프로이트가 마지막으로 완성한 책인 『모세와 일신교』는 같은 고전적 주제, 실제로는 성서적 주제와 씨름한 작업이었다. 전통의 본질, 그리고 전통의 '특별한 힘'의 기반인 카리스마에 대한 성찰인 이 책은 "단독적인 위대한 사람들이 세계 역사에 끼친 영향에 대해서는 왈가왈부할 수 없다"는 것을 주장했다. 경제니 인구니 하는 객관적 힘들의 의미를 인정하면서도 프로이트는 모세라는 이집트인 한 사람이 일신교를 파괴하는 이집트를 벗어나 유대인을 창조했다고 주장했다. 유대인들이 자신을 '선택'받은 민족이라고 믿는 이유는 모세가 그들을 선택했기 때문이었다.[117] 모세 같은 카리스마적 인물들은 인간의 충동 가운데 가장 강하고 순수한, 그래서 흔히 가장 일면적인 충동이 발견되는 사람들이었다. 그러한 인물들은 사람이나 시대에 문화적 슈퍼에고를 부여한다.[118] 검열관을 피해 숨겨놓은 책을 쓰고 또 쓰면서 프로이트는 이 기본적 생각을 거듭 천명했다. "우리는 인간 군상에게 권위, 즉 존중할 수 있고 그 앞에서 머리 숙이고, 그것에 의해 지배받거나 심지어 학대당하는, 권위에 대한 강력한 욕구가 있음을 알고 있다. 우리는 개인심리학을 통해 군중들의 이러한 필요의 근원이 무엇인지도 알고 있다. 그것은 모든 사람들이 유년기 이래 줄곧 느끼는 아버지에 대한 그리움이다."[119]

그러나 아버지의 권위라는 주제로 돌아가긴 했어도 프로이트는 새로운 통찰로 그것을 확대시켰다. 새로운 통찰이란 집단 정체성의 트라우마적 뿌리를 강조한 것이었다. 프로이트의 집단심리학의 세번째 수정을 초래한 것은 유대주의, 특히 그 자신의 유대주의를 이해하려는 시도였다. 1935년 그는 손튼 와일더Thornton Wilder에게 이렇게 고백했다. "이제까지 나는 종교를 미망이라 말해왔었네. 이제 나는 거기에 진실이 있다고 말하겠네. 그것은 역사적 진실을 지니고 있어."[120]

그가 의미하고자 했던 바는 진실 뒤에 숨은 거역할 수 없는 정서적 힘이라는 의미에서의 종교적 진실은 실제 있었던, 그러나 잊혀진 사건들 위에 놓여 있다는 것이었다. 유대인들은 모세의 엄격하고도 까다로운 윤리적 원칙을 억지로 참고 견뎠다고 프로이트는 생각했다. 그러다 마침내 그를 죽여버린 것이었다. 그러나 모세가 유대인을 위해 구현했던 진실인, 이크나톤 궁정에서 배운 일신교적 관념들은 유대주의의 후일의 역사, 예를 들면 예언자의 시대에 되살아났다. 프로이트가 안드레아스-살로메에게 썼듯 "종교는 그것의 강제적 힘을 *억압된 것의 귀환*에 빚지고 있다. 종교는 아주 오래되어 잊혀진, 고도로 정서적인 인간 역사의 일화들에 대한 각성된 기억이다. 종교의 힘은 그것의 *물리적* 진실이 아니라 *역사적* 진실 위에 놓여 있다."[121]

그렇다면 예컨대 유대인들이 공유하는 것과 같은 무의식적 집단 정체성은 공통의 역사나 이상의 동일화에만 기반을 두는 것이 아니었다. 집단 정체성은 또한 집단적 트라우마 체험을 반복하고 훈습하려는 강박을 반영하는 것이기도 했다. 이 통찰은 종교적, 민족적 정체성을 심화하고 착종錯綜시키는 것이었지만 또한 그것은 충성과 신앙심을 잠식하는 것이기도 했다. 프로이트는 유대주의의 경우 모세가 이집트인이라 주장하는 것, 그리고 유대 민중들이 그를 살해했다는 것은 "유대인의 민족 신화의 부인에 다름 아니다"[122]라고 1936년 존스에게 썼다. 그 신화를 대신해서 타자성과 적대감이 유대인의 정체성의 중심에 놓이게 되었다고 프로이트는 주장했다. 유대인 역사에 대한 히브리 성경의 설명에 이의를 제기하며 프로이트는 성경 텍스트가 살해 행위에 가한 왜곡을 비교했다. "어려운 것은 행위를 저지르는 것이 아니라 그 흔적을 지우는 것이다."[123] 히브리 민족을 만든 트라우마들 ─

그들의 시조가 이집트인이었다는 사실, 자신들이 그를 죽였다는 사실, 자기네들이 완전히 다른 민족과 섞이게 되었다는 사실 등—은 너무도 많은 고착과 충동과 방어적 반사 행동, 회피, 금지, 공포를 남겼기 때문에 유대인이라는 사실에 깨끗하고 긍정적인 내용을 부여하는 것은 불가능했다.

한 가지 물음이 남아 있었다. 1934년 프로이트는 아르놀트 츠바이크에게 이렇게 썼다. "새로운 박해에 직면하여 나는 나 자신에게 다시 한 번 어떻게 유대인들이 이 영원한 증오를 불러 일으켰는지 되물어본다네."[124] 정신분석의 다른 모든 것들처럼 프로이트의 답은 인간 심리에 가한 결정적 충격과 함께하는 가족의 진화로 돌아갔다. 궁극적으로 우리는 어머니는 감각적 지각을 통해 알지만 아버지와의 연결을 이루기 위해서는 인식이 요구된다. 아버지 중심의 가족을 크게 강조하는 이집트-히브리적 일신교가 의미하는 바는 "감각적인 것Sinnlichkeit에 대한 정신적인 것Geistigkeit의 승리"이며 "이 같은 모든 정신성의 발달이 자신감의 증대를 야기했고 사람들을 자부심에 넘치게 만들어 아직도 감각의 속박에 머물러 있는 사람들에 대해 우월감을 느끼게 한다"는 것이었다. *자부심*에 힘입어 유대인들은 "아버지와의 관계에 있는 오래된 양가성"에 대한 기독교적 해결책, 즉 아들을 새로운 신으로 세운다는 해결책을 피할 수 있었다. 그러나 이 단계에 합류하기를 거부함으로써 유대인은 "자신에 대한 죄의식이라는 비극적인 짐"을 짊어지게 되었다.[125] 그러니까 유대인들은 그들의 죄의식과 짝을 이룬 지성과 자부심 때문에 기독교인들의 무자비함, 시기, 경멸의 표적이 된 것이었다.

그러는 사이 20세기 정치에서 반유대주의가 유일하게 끈질긴 세력이었던 오스트리아에서 나치스가 권력을 장악했다. 1938년 2월 아돌프 히틀러는 오스트리아 수상 쿠르트 폰 슈쉬니크Kurt von Schuschnigg를 베르히테스가덴이라는 휴양도시로 소환했다. 이 도시는 프로이트가『꿈의 해석』의 상당 부분을 집필한 곳이기도 했다. 몇 주 후 히틀러는 오스트리아 나치스당의 당수로 슈쉬니크의 수상직을 대신했다. 이 당수는 독일과의 통합을 주창했다. 한 현대 역사가에 의하면 "독일과의 통합에 수반된 자발적 반유대 폭동은 너무도 격렬해서 독일인들조차도 놀랄 지경이었다."[126] 3월 11일 독일군은 아무런 저항도 받지 않고 오스트리아 북쪽 국경을 넘어 히틀러가 시의 외곽에서 멈출 것이라는 프로이트의 환상을 깨고 빈으로 진입했다. 이틀 후 빈 정신분석 학회 지도부는 전 회원이 이 나라를 벗어나 프로이트가 원하는 어딘가에 학회의 다음 지도부를 세우기로 결정했다. 3월 22일 게슈타포가 프로이트의 집에 찾아와 안나 프로이트를 데리고 가서는 일곱 시간 동안 출판사에 관해 심문했다. 변함없이 차분한 모습으로 그녀가 집에 돌아왔을 때 아버지는 눈물을 흘렸다.[127]

유대인의 정체성의 중심에 있는 섬뜩한unheimlich 타자성에 대한 예리한 관찰도 프로이트로 하여금 유대주의에 대한 긍정을 그치게 하지는 못했다. 1926년 독일인으로서 자신의 언어, 문화, 성취를 서술하고는 이에 덧붙여 프로이트는 자신이 "독일에서 반유대적 편견이 커오는 것을 보아왔기 때문에" 기꺼이 자신을 유대인이라 부르겠다고 천명했다.[128] 『토템과 터부Totem and Taboo』의 1930년도 히브리어 번역판 서문에 프로이트는 다음과 같이 썼다.

(히브리어 판의) 이 책을 읽는 독자 가운데, 성전聖典의 언어에 무지하

고 그의 아버지의 종교로부터 — 다른 종교들과 마찬가지로 — 완전히 낯설어지고 민족주의적 이상을 공유하지도 못하고, 그렇지만 여태껏 한 번도 그의 민족을 부인한 적 없고 그의 중요한 본성에 있어 유대인이라 느끼고 이 본성을 바꿀 아무런 욕망도 지니지 않은 한 저자의 정서적 입장에 자신을 대입해보기가 쉬운 일이라고 생각할 독자는 한 사람도 없을 것이다. 만일 그에게 "너는 너희 나라 사람들과의 모든 공통점을 버렸으니 유대인다운 어떤 것이 네게 남아 있느냐"라고 묻는다면 그는 "매우 많이, 그리고 아마도 그 정수精髓가 (남아 있다)"고 답할 것이다. 그 정수가 무엇인지 그가 지금 당장 말로 명확하게 설명하지는 못할 것이다. 그러나 언젠가는 그것이 과학 정신에 접근할 수 있게 되리라는 데에는 의심의 여지가 없다.[129]

간혹 시오니즘에 반대하여 정착민들의 "근거 없는 광신적 행위"를 향해 경고하기도 했던 프로이트가 그러나 1935년에는 "오스트리아 갈리시아에서 온 부모를 둔 모라비아 태생의 유대인이 아닌 척한 적이 한 번도 없다"[130]고 역설한 것이었다. 영국에 도착하자 그는 한 영국 잡지로부터 이 나라에서 반유대주의가 확산되는 것에 대해 언급해달라는 요청을 받았다. 그러자 프로이트는 "78년 동안 열심히 일한 끝에 나는 내 조국을 떠나야 했고 내가 설립한 학회가 해산당하고 기관들이 파괴되고 출판사가 난입자들에 의해 점거되고 내가 출판한 책들이 몰수되거나 휴지덩어리로 화하고 나와 아이들이 직장에서 쫓겨나는 걸 지켜봐야 했습니다. 당신은 나보다 개인적으로 덜 휘말린, 유대인이 아닌 사람이 특별호 칼럼에서 발언할 수 있도록 해주어야 한다고 생각하지 않으십니까"[131]라고 답했다.

나치스의 권력 장악은 1920년대와 1930년대의 모더니티를 특징지었던 위대한 계몽의 재규정을 종식시키는 듯 보였다. 그러나 실제로 그것은 모더니티의 세번째 위대한 이상, 즉 민주주의에 대한 심각한 물음의 불꽃을 점화시킨 것이었다. 공/사 구분을 제안했던 고전적 자유주의자들과 반대로 1930년대 사상가들은 현대 정치의 심리적, 문화적 성격의 불가피성을 인정했고, 그리고 이에 따라 민주주의의 문제를 개인적 자율성, 젠더, 섹슈얼리티, 집단 정체성, 일상생활의 상품화 문제와 분리할 수 없다는 것을 인정했다. 프로이트의 집단 형성, 가족 역할에 대한 라이히의 탐구, 대중문화에 대한 프랑크푸르트 학파의 연구, 그리고 정체성의 트라우마적 기반에 대한 프로이트 최후의 통찰에서 볼 수 있는 것처럼 이 인정의 중심에는 정신분석이 있었다. 이 같은 성취야말로 어마어마한 유산이었다.

전쟁 전후를 통해 모더니티에 대한 정신분석의 물음은 한 가지 문제, 즉 2차 산업혁명에 의해 개시된 대규모의 계획화라는 조건 아래에서 가족의 위치와 개인적 삶이라는 새로운 현상에 대한 것이었다. 정치적 격변, 이민, 심지어 전쟁과 파괴라는 우여곡절 밑에는 세계사적 규모의 변화가 놓여 있었다. 역사적으로 사회의 가장 고통스럽고 강제적이며 퇴보적인 물적 과정의 자리였던 가족이 이제는 사회의 가장 초월적인 희망의 생성을 선사하고 있었다. 정신분석은 인간을 사회적 삶의 실제적 조건에서 추상화된 한에 있어서만의 목적으로 제시하는 이데올로기의 형태로 그 희망들을 표현할 수 있었다. 그러나 그 모두를 표현했다는 사실 때문에 그것은 모더니티에 대한 20세기적 재규정에 중심적 역할을 했다.

그러는 사이 정신분석은 그것이 태동했던 중부 유럽에서는 소멸해버렸다. 히틀러가 빈으로 진입하자 어니스트 존스와 마리 보나파르트는 곧바로 38명의 분석가가 런던으로 피신하도록 도왔고, 그중에는 지그문트 프로이트와 안나 프로이트도 있었다.[132) 나이 든 프로이트는 이 이주에서 회복하지 못했다. 1년 후 그가 사망했을 때 W. H. 오든은 프로이트주의가 더 이상 한 사람의 사상이 아니라 전체적 '견해의 풍조climate of opinion'가 되었음을 상기시켰다. 이 분위기는 파시즘을 물리치는 위대한 동맹에 필수적이었다. 그렇다면 그 붕괴의 순간에 정신분석운동은 '대상 관계'와 '에고심리학'이라는 두 가지 형태로 크게 확장될 경계선에 머무르고 있었던 것이다.

3부

권위의 심리학에서
정체성의 정치로

제10장 어머니-아이의 관계와 전후의 복지국가

> (그녀는) 어떤 아이라도 본질적으로 어머니를 생각할
> 때 그러는 것처럼 작고 약한 존재가 아니라 크고 안전하
> 고 든든한 삶의 배경으로 여겨지고 있습니다.
>
> ── 월터 하세

제1차 세계대전과 마찬가지로 제2차 세계대전도 모더니티가 일깨
운 위험의 조명 아래 현대의 문제의 본질을 다시 생각해보려는 일련의
시도를 촉발했다. 그러나 정신적으로 비교 가능한 민족국가와 제국들
사이에서 벌어졌던 제1차 세계대전과 달리 제2차 세계대전은 괴물 같
은 국가를 상대로 수행된 것이었다. 그것은 마침내 히로시마의 사망
자와 홀로코스트의 폭로로 완결되었고 이른바 냉전으로 이어졌다. 강
력한 새 미디어 ── 사진 잡지, 영화, 텔레비전 ── 들이 전 세계에 공포
의 이미지들을 뿌려댔다. 그러므로 제1차 세계대전의 전후 세대들이
죽음의 문제에 매달렸다면 제2차 세계대전 세대들은 악의 문제에 사
로잡혔다. 전과 마찬가지로 이 문제의 성찰의 중심에 있었던 것은 정
신분석이었다.

그러나 그것은 점점 더 어머니에 중심이 놓이는 전혀 다른 정신분
석이었다. 전오이디푸스적 아이에 대한 관심이 분석적 사유의 중심
에 놓이게 된 것이었다. 이 관심은 프로이트의 구조적 수정과 더불

어 도입되고, 분석을 남·여성 모두를 설명해주는 이론으로 전환시키려는 시도에 활성화되었으며, 중부 유럽에서 영국과 미국으로의 중심 이동에 의해 강화되었다. 또한 이 점에서 정신분석은 문화의 깊은 조류들과도 함께 공명共鳴했다. 그러므로 제1차 세계대전이라는 최악의 전쟁 기간 동안 프로이트는 어머니의 몸을 "모든 인류의 옛 집Heim"이라 부르고 이에 덧붙여 "사람이 어떤 장소나 지방에 대해 꿈을 꾸면서 꿈꾸는 도중에 '여긴 낯설지 않은데, 전에 와본 적이 있어'라고 혼잣말을 중얼거릴 때 우리는 그 장소를 어머니의 성기나 몸으로 해석할 수 있다"[1]고 말했다. 이와 흡사하게 존 스타인벡John Steinbeck의 『분노의 포도Grapes of Wrath』에 기념비적으로 묘사된 것처럼, 대공황으로 인해 집에 대한 그리움이 커지자 — 이 소설은 젊은 어머니가 굶주린 방랑자에게 젖을 물려주는 것으로 끝난다 — 어머니는 그 시대의 실망감과 위험 속에서 자애로운 돌봄, 평화를 상징하게 되었다.

제2차 세계대전은 어머니를 민주주의적 상상력의 중심으로 옮겨놓는 과정을 완성했다. 프로이트의 1916년의 논평이 무시무시한, 유령 같은 부재를 일깨운 것이었음에 비해 1943년 헨리 루스Henry Luce가 20세기를 '미국의 세기'라고 외쳤을 때 루스의 독자들 모두는 야만스런 나치스를 멸망시킨 시민들에게는 어머니의 존재가 필요하다는 것을 당연시했다. 그 당시 에릭 에릭슨, 마거릿 미드, 루스 베네딕트, 제프리 고러Geoffrey Gorer 같은 정신분석의 영향을 받은 대중적 지식인들은 파시즘와 군국주의의 원인을 어린 시절 어머니의 보살핌의 결핍 탓으로 돌렸다. 범죄와 일탈 행동을 줄이려는 시도만이 아니라 인종적 부정의에 새로 초점을 맞춘 자유주의적 사회 개혁은 점점 더 심리적 경향을 지니게 되었다. 1942년 필립 와일리Philip Wylie가 새로운 어머니 중심 체제에 붙인 이름인 '마미즘momism'이 민주주의적 힘의 기반이 될 것이었다. 그러나 와일리는 이것이 허약성의 근원이 되었다고 걱정했다.

이 기획은 상당 기간 동안 성공적이었다. 실제로 역사가들은 1940년대에서 1970년대까지를 '황금 시대'라 부른다. 그 이유는 이 시기의 번영 덕분에 새로운 복지국가의 탄생이 이루어질 수 있었기 때문이다.[2] 빌헬름 라이히의 많은 프로그램 — 주거, 사생활권, 사회적·심리적 서비스직의 확대, 피임, 합법적 낙태 — 이 영국의 비버리지 복지국가, 미국의 뉴딜 정책, 그리고 대부분 뉴딜 정책을 모델로 한 유럽 대륙 국가들의 사회민주주의적 복지국가에서 널리 실현되었다. 아주 어린 유년기의 의존 상태와 신뢰 및 협동적 대상 관계 구축에 새로이 초점을 맞춘 새로운 복지국가 기반 세대의 분석가들은 전쟁 이전의 분석가들을, 영국의 분석가 찰스 라이크로프트Charles Rycroft가 붙인 이름처럼, '고古프로이트주의자paleo-Freudian'로 간주하기 시작했다. 이전의 시기에 억압되었거나 제거되었던 많은 요소들 — 아들러가 강조한 평등, 페렌치가 강조한 인정recognition, 라이히가 강조한 집단이나 군중 — 이 다시 부각되었다.

그럼에도 불구하고 고전적 정신분석 역사의 이 마지막 단계를 가로지르는 중요한 모순이 있다. 투쟁의 세기의 산물이자 2차 산업혁명의 정점인 복지국가는 인류가 상호 의존적이며 서로 책임이 있다는 생각을 전제로 하는 것이었다.[3] 동시에 그것은 이러한 생각을 제한되고 민영화된 형태 속에 가둬두었다. '가족 임금' 모델 — 가족을 책임지는 아버지와 전업주부 어머니 — 은 이미 1940년대에 집 밖에서 일하는 여성과 경제적 의존에서 자유로운 개인의 증가라는 두 가지 이유로 쇠퇴해버린 것이었는데, 복지국가 또한 그들을 가족으로부터 해방시키기 시작했다. 정신분석이 복지국가에 통합되자 그것 역시 쇠퇴해버렸다. 이 이중의 과정이 1930년대 수많은 분석가들이 피난처로 삼아 찾아갔던 영국에서 시작되었다.

 1차 산업혁명의 요람이었던 영국은 또한 노동자 계급의 가족, 노동자 계급의 공동체, 노동자 계급의 어머니의 값어치를 매긴 사회민주주의적 문화의 심장 지대이기도 했다. 따라서, 특히 1930년대의 인민전선 시기 동안, 영국의 대상-관계 정신분석과 비버리지 복지국가는 같은 토양에서 성장했다. 인민전선의 문화는 사람 간의 연결과 사회적 유대를 중시했다. 그 예들 가운데에는 노동자 계급 문화에 대한 조지 오웰George Orwell의 글들과, 예컨대 편지가 그것을 쓴 사람에게서 받는 사람에게까지 전달되는 데 얼마나 많은 사람들이 관여하는가를 보여줌으로써 사람들이 얼마나 상호 의존적인가 하는 것을 영국인들에게 가르쳐준 기록영화, 인민전선 자체의 사상 등이 포함된다. 제2차 세계대전의 체험은 그로 인해 깨어진 인간 관계와 이에 상응하여 그것을 재수립하려는 노력을 부각시켰다. 신문들은 런던에서 소개疎開되었던 아이와 부모들의 이별의 결과에 대해 근심했다. '문화'와 '유기체' 개념이 그랬듯 어머니 중심적으로 설정된 집과 조국 이미지들이 급격히 늘어났다. 어머니의 이미지들이 노동자 계급 가정의 벽면에 넘쳐났다.
 이 같은 맥락에서 어머니에 대한 관계가 지배적인 정신분석 이론으로 등장했다. '에고' '섹슈얼리티' '개인' 같은 개념들이 '대상' '어머니' '집단'에 자리를 양보했다. '어머니'와의 분리 및 재결합에 대한 강조와 병행하여 영국의 분석계는 윤리적으로 책임감 있는 에고에 대한 새로운 '관계적' 시각을 발전시켰다. 윤리적 책임감이란 보편적 도덕 규범을 준수하는 사안이기보다 특정한 타자에 대한 구체적 의무를 수행하는 것이었다. 처음에 관계적 에고는 친구, 동료, 이웃들과의 영역 같은 가족 너머의 개인적 삶과 연결되었다. 블룸즈버리Bloomsbury 그룹*이 가족 간에 통하는 사회성의 윤리를 통해 이 대상-관계적 사고의 단계에서 중요한 역할을 했던 것은 결코 우연이 아니었다. 그러나 나중에 정신분석이 영국 학회로 점점 더 통합되어가자 초점은 '집단'이나 국민적 '가족'과 같은 더 큰 복합체를 포함하는 쪽으로 이동했다.

영국적 맥락의 몇 가지 특징적 면모가 대상-관계적 시각의 출현을 구체화했다. 첫째, 기저基底의 민주적 통제를 중요시하는 사회민주주의, 실용주의, 파비언 사회주의의 전통은 레닌주의자의 정당에 의해 추진되었던 것과 다른 정치 문화를 제공했다. 대중 관찰Mass Observation — '전쟁기념관에서의 행동' '목욕탕에서의 행동' '수염·겨드랑이·눈썹 관리' '식사에 관련된 여성의 금기'와 같은 주제들에 초점을 둔 집단적이고 참여적인 자기 관찰 기획 — 에서는 1930년대에 연대성과 자신에 대한 앎 양자 모두를 확장시키기를 소망했던 영국의 사회민주주의적 문화가 구체적으로 느껴졌다. 한 조직가는 "대중 관찰은 다윈, 마르크스, 프로이트, 브로이어의 전통 속에 있는 것"[4]이라고 썼다. 대륙의 마르크스주의자들과는 반대로 영국의 작가

---

* 20세기 중반 영국의 작가, 지식인, 예술가, 철학자들의 모임으로서, 버지니아 울프, 케인즈, E. M. 포스터, 리턴 스트래치 같은 인물들이 속해 있었다.

들은 경제에 대해 도덕적 혹은 심리적 용어로 사유하는 경향이 있었다. 한 예로 존 메이너드 케인즈는 "인간의 위험한 성향은 부유해질 수 있다는 가능성을 통해 상대적으로 무해한 경로로 유도될 수 있다"[5] 고 주장했다.

강력한 집단적 전통을 지닌 노동자 계급과 나란히 2차 산업혁명이 제1차 세계대전 후의 영국에 당도하기 시작하여 새로운 중산층을 만들어냈다.[6] 기술직, 학문직, 상업직에 종사하고 상징 사용에 능하며 임금보다 봉급을 위해 일하는 중산층은 1930년대에 인구의 25퍼센트에 달했고 제2차 세계대전 후에는 더욱 증가했다. 기동성과 동시에 자기 집을 소유한 중산층은 직장과 집 사이의 새로운 수준의 분리를 경험했고, 이것은 친밀성을 크게 증대시킨 대신 사회성을 약화시켰다. 역사가 로스 맥키빈Ross McKibbin에 의하면 "노동자 계급의 이웃에는 모든 방면의 지인들이 있었지만 사회적 친밀성의 정도에 있어서는 거의 아무런 차이도 나지 않았다." 반대로 중산층은 "친구(관계)는 적고 비교적 폐쇄적"이었으며 지연地緣에 기반을 두지 않았다.[7] 노동자 계급의 친구 관계는 여전히 계급 관계에 뿌리를 두고 있었지만 중산층은 탈정치화된 개인적 관계에 의존하고 있었다. 중산층은 노동당이 모든 것에 정치를 '끌어들인다'고 불평했다.

신중산층의 핵심적 감각에 예리한 표현 형태를 부여한 것은 블룸즈버리 그룹이었다. 블룸즈버리는 사회라는 공간 자체가 그것의 필요를 생성하는 통인간적 윤리라는 신개념을 표현했다. 참조점은 칸트나 프로이트에게 있어서처럼 '일반화된 타자'가 아니라 구체적이고 특정화된 타자였다. G. E. 무어가 이 방면의 핵심 사상가였다. 무어는 즉각적으로 상황에 처하게 되는 관계, 예를 들면 친구, 가족, 공동체가 추상적 이성보다 앞선다고 주장했다. 레너드 울프는 "우리는 예전에도 그랬고 앞으로도 우선적이고 근본적으로 친구 집단이다"[8]라고 말했다. E. M. 포스터Forster는 "내가 만일 *조국*을 배반해야 할지 *친구*를 배반해야 할지를 선택해야 한다면 조국을 배반하게 되기를 희망한다"[9]고 했다. 케인즈에 따르면 "우리는 일반적 규칙에 따라야 한다는 개인적 책임을 일절 거부한다. 우리는 모든 개인의 경우들을 그 장점에 따라 판단할 권리와 성공적으로 그리 할 수 있는 지혜를 요구한다. 〔……〕 다시 말해 우리는 용어의 가장 엄격한 의미에 있어 부도덕한 사람들이다. 〔……〕 무엇보다 우리 자신의 정신 상태 외에 중요한 것은 아무것도 없다."[10]

연대성에 대한 인민전선의 강조, 개인적 관계에 대한 중산층의 강조 이 모두가 이 나라의 강력한 페미니스트 전통에 유입되었다. 이 전통은 여성 참정권주의뿐만 아니라 모성주의적 사회 개혁, 레즈비어니즘, 문화적 실험을 포괄하는 것이었다. 브로니슬라브 말리노프스키의 인류학, 고전 비극을 대상으로 한 제인 해리슨의 모권 중심적 작업, 다산성 신화들을 열두 권의 책으로 편찬한 제임스 프레이저의 『황금 가지*The Golden Bough*』는 모두 프로이트의 아버지 중심적인 오이디푸스 이론에 심각한 도전을 촉발했고 이 도전은 널리 토론되었다.[11] 멜라니 클라인과 그녀의 추종자들은 정신분석 내의 '차이의 페미니즘'을 강력하게 주장했다. 차이의 페미니즘이란 여성의 재생산 역할의 중요성을 강조하는 것이었다. 영국 정신분석 학회의 비전문적 분위기는 여성들에게 많은 기회를 제공했다. 1930년 학회의 40퍼센트가 여성이었고 그녀들 중 다수는 어머니였다. 영국 낭만주의 시인들과 빅토리아 시대 소설가들을 배후에 둔 많은 여성분석가들은 이른 유아기에 강한 관심을 지니고 있었다. 여기에는 케임브리지의 몰팅하우스 간호학교를 운영한 M. N. 실Seal, 바버라 로우, 수전 아이작과, 분석을 공유하기 전의 교사들에 대한 훈련 센터를 관리하던 엘라 프리먼 샤프 등이 있었다.[12]

마지막으로, 어머니로의 재정향은 영국의 강한 경험주의적, 세계 개선론적 전통에서 양분을 제공받았다. 그것은 직접적인 세심한 관찰의 유산을 물려받았을 뿐 이론에 대해서는 거의 무관심했다. 제2차 세계대전 기간 동안 정신분석 혁신의 중심이었던 태비스톡 연구소는 스스로를 프로이트와 관리자 혁신과 사회학의 혼합이라고 묘사했다. 자기네 신조를 "무강령, 오직 목표만을"로 설정한 그것의 '신심리학'은 '모든 사람'을 강조했다. 로라 허튼Laura Hutton 같은 태비스톡 심리학자들은 "섹스가 삶의 중심이라는 막연하지만 강력한 생각"을 고취하는 섹스 교과서를 집필하여 프로이트주의를 노동자 계급에 확산시켰다. 종교 또한 중요한 역할을 했다. 비공식적으로는 '목사의 클리닉'이라 알려졌던 태비스톡은 이언 수티Ian Suttie의 1935년작인 『사랑과 증오의 기원The Origins of Love and Hate』을 재정적으로 후원했다. 이 책은 기독교가 '정신치료 체계'이며 그 안에서는 모권적 요소가 중심적이라고 주장했다. 수티는 개인적인 것에 대해 사회적인 것을, 내적인 것에 대해 외적인 것을, '이기적'인 것에 대해 이타적인 것을 강조했다. 프로이트가 아버지를 강조한 것을 수티는 '병적'이라 결론지었다. 1938년 유럽의 분석가들이 영국으로 대거 이주하기 전까지 영국 정신분석 학회는 기이하게도 정신분석 학회 가운데 유대인 회원이 없는 학회였다.[13] 그런데 이주로 인해 이 모든 것이 바뀌었다. 1975년 찰스 라이크로프트는 나이 든 분석가들이 이주해옴에 따라 "비유대인이 반유대주의라는 비난을 받지 않으면서도 고전적 정신분석을 비판하는 게 가능해졌다"[14]는 안도감을 표했다.

어머니로의 재정향을 초래한 모든 요인들 가운데 가장 중요한 것은 페미니즘이었다. 영국의 대상-관계의 역사에서 이 시기는 대부분 멜라니 클라인과 안나 프로이트 두 여성 사이의 충돌의 역사였다. 두 여성 모두 아이들과의 실제적인 경험을 근거로 자신들과 지그문트 프로이트를 구분했지만 그 외의 면에서는 두 사람 모두 아버지 같은 인물에 대한 딸 같은 관계를 나타냈다. 클라인은 명석하고 야망에 가득 찬 반항자로서 그의 진짜 적수는 안나가 아니라 지그문트였다. 이에 비해 안나 프로이트는 대부분의 경우 아버지에 대한, 그리고 아버지를 위한 책임감을 짊어진 충실한 딸이었다. 이들 사이의 갈등은 1960년대 중반까지 정신분석의 역사를 지배했다.

앞서 언급했듯 멜라니 클라인은 1882년 빈에서 태어나 부다페스트에서 페렌치의 분석을 받고 베를린에서 아브라함과 함께 연구했다. 베를린에서는 그녀의 남다른 기발함과 비정통적인 생각으로 많은 젊은 분석가들에게 우대받았다. 베를린 정신분석 연구소에서 그녀는 영국의 분석가이자 프로이트 저서의 영문판 번역자의 부인인 알릭스 스트래치를 만났다. 스트래치가 조르는 바람에 클라인은 1926년 런던으로 이주했다. 필리스 그로스커스Phillis Grosskurth가 "땅딸막한, *탈계급화된* 유대인 여성"이라 묘사했던 클라인은 러셀 광장에 있는 버지니아 울프 오빠의 집에서 취임 강연을 했다. 오래지 않아 그녀는 "다른 어디에서도 나는 이토록 강한 친밀감과 낯설고 모르는 것들에 적응할 수 있으리라는 자신감을 느껴본 적이 없습니다"라고 쓰게 된다.[15]

멜라니 클라인(1902)

베를린에서 클라인은 처음으로 아이들에게 분석을 실행한 사람들 중 하나였다. 아이들의 '드러나는 징후들'은 학교 문제가 전형적이었다. 조기 교육이 어머니에 의해 지도되는 것을 보고 그녀는 아이가 적대적 소망으로 지각하는 것에 대한 보복의 두려움에서 학습 억압이 유래하는 것이라 해석했다.[16] 이를 근거로 클라인은 아버지가 아니라 어머니가 원초적 권위 인물이라 결론지었다. 앞서 언급했듯 사람을 잡아먹는 늑대, 불을 내뿜는 용, 신화나 동화에 나오는 온갖 악한 괴물들이 흔히 어머니의 형상이라 주장하면서 그녀는 프로이트에 맞서 여성의 성장을 이끌어가는 것은 어머니에 대한 여자아이의 경쟁적이고 종종 비통한 관계라고 반박했다.

그러나 클라인이 프로이트의 대안적 패러다임을 발전시켜나가기 시작하는 것은 영국에 정착한 후인 1920년대 후반부터였다. 오늘날 이는 흔히 '본능' 이론에서 '대상-관계'로의 이행으로 서술되지만 그러나 이는 몇 가지 이유에서 잘못된 것이다. 우선 프로이트의 이론은 그가 전이에 초점을 맞추고 있었음이 시사하듯 언제나 대상-관계적이었다. 그뿐만 아니라 프로이트와 클라인 두 사람 모두에게 있어 '대상'이라는 용어는 '*내적*' 재현을 지시하는 것이었지 후일의 대부분의 대상-관계 이론에서처럼 통인간적이거나 간주체적 관계를 지시하는 것이 아니었다.[17]

프로이트와 클라인의 가장 중요한 차이는 다른 곳에 있었다. 즉 에고에 대한 그들의 이론에 반영되어 있듯 개인적 삶에 대해 함축된 이해에 있는 것이다. 프로이트에게 에고는 슈퍼에고가 있기 한참 전부터 있는 것이었고 슈퍼에고의 명령에서 약간 비판적이고 성찰적인 거리를 유지하는 것이었다. 반대로 클라인에게는 두 정신적 행위자 사이에 아무런 실제적 구분이 없는 것이었다. 그녀가 슈퍼에고라고 일컫는 것은 프로이트의 에고와 겹쳤다. 클라인의 슈퍼에고는 도덕적 명령에서 멀리 떨어진 대리자가 아니라 윤리적 관심의 한복판에 깊이 박혀 있는 것이었다. 내가 여기서 '윤리적'이라는 용어를 '도덕적'이라는 것에 대립적으로 쓰고 있는 까닭은 클라인이 보편적 도덕 규범을 강조하지 않았기 때문이다. 오히려 그녀는 블룸즈버리 동료들처럼 책임감을 어머니로부터 시작하여 특정한 공동체로 확대되어가는 구체적 타자들에게 귀속시켰다.

클라인의 핵심적 작업은 프로이트에 맞서 슈퍼에고가 오이디푸스 콤플렉스가 출현하기 한참 전인 어린 시절에 어머니에 대한 재현에서 기원한다고 주장한 점이었다.[18] 이러한 혁신이 의미하는 바의 파장은 컸다. 첫째 그것은 개인에게 있어 형성적 갈등이 흔히 매우 원초적이고 생물학적 생존과 긴밀히 결속되어 있음을 의미했다. 따라서 클라인에게 공격성, 죄의식, 책임감 등은 어린 시절의 의존의 구성 요소였다. 기본적인 물질적 필요의 충족을 거부당한다는 느낌과 결부된 그것들은 에고의 자기 비판에 복종하지 않았다. 이것이 물질적 좌절은 나중에 그것들이 도덕적 명령으로 재형성된 다음에야 비로소 의미 있는 것이 된다고 생각했던 프로이트와 갈라지게 되는 주요 지점이었다.[19]

둘째로 내적 대상 세계에 대한 클라인의 견해는 프로이트의 그것과 크게 달랐다. 프로이트는 독립적 혹은 비개인적 관점을 얻는 에고의 능력을 강화시키기 원했다. 따라서 그가 강조한 바는 이드(그리고 슈퍼에고)를 에고로 전환하는 것이었다. 반대로 클라인에게는 모든 관계가 윤리적이고 도덕적인 내용으로 채워져 있지 독립적이거나 비개인적인 관점은 없는 것이었다. 오히려 클라인의 내부 세계는 충족과 좌절, 경쟁과 지지, '부분' 대상과 '전체' 대상의 복합적이고 3차원적으로 분화된 풍경이었다. 그 결과 이제껏 시인들 외에는 어느 누구도 이해하지 못했던 무의식과 내적 관계에 대한 새로운 이해가 가능해진다고 클라인은 주장했다.[20]

궁극적으로 클라인의 견해는 현대의 남·여성들이 직면한 근본 문제에 대한 다른 진단을 내포하는 것이었다. 프로이트에게 관건이 되는 문제는 에고를 강화시켜 개인들에게 슈퍼에고와 이드의 요구 및 사회로부터 어느 만큼의 자유를 부여해주는 것이었다. 반대로 클라인에게 문제는 전체 대상의 내적 세계를 세우는 것, 다시 말해 인간적 연결을 만들고 유지하는 것이었다.

클라인은 자신이 내적 대상을 강조하는 것을 항상 프로이트의 슈퍼에고 이론을 정교화하는 것이라 설명했다. 1942년 그녀는 자신의 사유의 출발점이 『에고와 이드 *The Ego and Id*』에서 슈퍼에고가 부모에게 투사된 사디즘의 결과물이라고 주장하는 한 구절이었다고 설명했다. 따라서 부모는 슈퍼에고를 통해 박해를 가하는 인물들로 설정되는 것이었다. 그녀는 "슈퍼에고가 대상-관계적 사유를 향한 새로운 시작이라는 것을 누가 의심할 수 있겠는가?"라고 물었다.[21] 그러나 이 진술은 잘못된 것이었다. 프로이트가 개념화한 슈퍼에고는 구조 속에서의 자리에 입각하여 이해되어야 할 정신적 행위자였지 인물화한 것은 아니었다. 반대로 클라인은 정신 구조 — 이드, 에고, 슈퍼에고 — 가 모두 대상 재현으로 구성되는 것으로 보았다.

영국의 대상-관계적 사유 모두는 클라인의 '우울증적 입장'에서 유래되었다. 그녀는 1934년 발표에서 이 같은 생각을 개진했는데, 이 발표는 정신분석의 역사상 가장 흥미진진한 것 가운데 하나로 꼽힌다. 산을 타던 도중 죽은 아들에게서 자극 받아 쓰게 된 이 논문에서 그녀는 우리가 상실한 대상과 동일*시*하는 애도의 경험을 내부적 대상 세계가 어떻게 구축되는가를 설명의 출발점으로 삼았다.[22] 내부 세계를 개념화하기 위해 클라인은 '불안과 방어의 특수한 결합'으로 정의한 '입장position' 개념을 도입했다. 입장은 신경증적 갈등과 대비될 수 있다. 신경증적 갈등은 그 효과가 퍼져나가기는 해도 국소적인 것임에 비해 반대로 입장은 정신 전체의 태도나 자세를 일컫는다.

클라인은 초기 성장 — 실제로는 평생의 — 을 편집증적 입장과 우울증적 입장이라는 두 입장 사이의 이동의 이야기로 서술했다. 이것들은 제각기 한편으로는 간주체적 세계, 윤리적으로 의미 있는 세계와 관계되지 않은 상태, 그리고 다른 한편으로는 이러한 세계와 연관된 상태에 대응한다. 클라인에 의하면 아주 초기 단계에서 정신은 편집증적 입장에 있다. 경험은 파편적, 비연속적이다. 생각과 느낌이 주체에게 일어나며, 괴롭히는 불안이 지배한다. 비록 괴롭히는 불안이 결코 완전히 대체되지는 않더라도 인간의 위대한 성취는 '우울증적 입장'을 성취하는 데 놓여 있다. 통상 인생의 초년에 달성되는 우울증적 입장은 어머니를 내적 대상으로 설정하는 것으로 이루어진다. 어머니와 분리되어 있다는 것에 대한 인정에 기반을 둔 우울증적 입장은 주체성의 시초를 이룬다. 클라인의 생각에서는 주체성이 대상 상실, 애도, 슬픔을 내포하고 있기 때문에 그녀는 이것을 '갈망하는 입장'이라 부르기도 했다. 클라인에게 주체성은 사람이 의존하는 내적 대상에 끼친 위해와 손상에 대한 인정과 분리할 수 없는 것이었다.

따라서 클라인에게는 주체성과 의식 사이에 구분이 없다. 사람의 문제는 내부 대상 세계로의 통로를 구축하고 유지하는 일이다. 편집증적 입장에서 관계들이 '부분 대상'들과 형성되는 데 비해 우울증적 입장은 '전체 대상'을 재현하려는, 다시 말해 타자를 주체로 인정하려는 노력을 내포한다.[23] 내성內省이란 취약성, 의존성, 죄의식에 대한 앎을 내포하는 것이므로 그것은 특히 비성찰적 행위를 통해 우울을 피하려는 '광적'인 시도를 야기한다. 한 논평가에 의하면 "우울증적 입장의 요점은 안전이 오직 책임을 통해서만 성취된다는 사실의 깨달음이다." 사람이 의지하는 대상에 위해가 가해질 수 있고 또 가해졌음을 알게 되는 것은 우리가 알 수 있는 유일한 선善인 '보상reparation'의 노력에 박차를 가하게 된다.

　보편적인 도덕적 고찰에 대립되는 구체적 관계와 에고를 분리할 수 없다는 클라인의 주장은 오손 웰스Orson Welles의 1941년도 영화인 「시민 케인Citizen Kane」에 관한 시론에서 찾아볼 수 있다. 영화의 줄거리는 젊은 케인이 어머니로부터 거칠게 분리되는 것에서 시작된다. 그가 자신을 보호하기 위해 사용하는 썰매 — 로즈버드 — 는 그의 삶의 비밀이다. 그가 죽으면서 하는 말은 케인이 그 양분을 필요로 했지만 결코 얻을 수 없었던 '젖가슴'을 지시하는 것이었다고 클라인은 주장했다. 이 양분이란 물론 단순한 젖이 아니었다. 이보다 그가 필요로 했던 것은 어머니와 다시 결합하여 고통스럽게 중단된 관계를 치유하는 것이었다. 클라인은 케인이 "그의 우울감이 감춰져 조증躁症 메커니즘, 다시 말해 통제의 메커니즘에 의해 접근할 수 없는 상태에 있는 사람"이라고 덧붙여 썼다. 케인에게 있어 좋은 것 — 그의 정치와 애정 생활 모두에 — 은 관계를 맺으려는 노력에서 비롯된다. 따라서 그는 옳고 그름의 원칙에 의거한 감각에 의해서가 아니라 개인과 집단에 대한 애정과 구체적 의무의 감각을 통해 개혁자가 된다. 그러나 트라우마적 뿌리 뽑힘 때문에 그는 이 같은 노력을 지탱하지 못한다. "가난한 사람들의 이익을 위해 봉사하려는 소망은 오래전에 잊혀졌다. 이 소망은 곧 그들을 지배하는 방식으로 바뀌었다." 이와 비슷하게 그는 아내 수전의 가난과 고립무원의 처지에 이끌린다. 이것들이 그의 황폐화된 내면 상태를 상기시켜주었던 것이다. 그러나 결혼 후 그의 느낌들은 상대를 "통제하려는 시도로 변환"되었다. 클라인은 "그의 사랑의 능력이 실패로 판명날수록 정신병적 메커니즘은 증대된다"고 지적했다.[24]

1930년대 말 클라인은 복잡하고 깊이 느껴진 개인적 삶을 지탱할 수 있는 내부 대상 구축 문제에 집중된 새로운 언어를 창안했다. 이 언어는 모더니티를 개념화하는 프로이트의 방식과 다른 방식을 의미하는 것으로서 보편적 도덕의 문제보다 사람들 사이의 의미 있고 작은 통인간적 공동체를 유지하는 노력에 더 관심을 기울이는 것이었다. 클라인의 시각은 동시대인들에게 문화를 서술하는 새로운 어휘를 제공했다. D. W. 위니코트는 현대 도시를 "끊임없이 작동하는 무전", 그치지 않는 소음 등 광적인 방어를 둘러싸고 조직된 것으로 묘사했다. 애드리언 스톡스Adrian Stokes는 조각이나 건축 같은 예술이 안도감을 주는 것은 전체 대상이 괴롭히는 불안으로부터 구원해주기 때문이라고 설명했다. 또한 도널드 멜처Donald Meltzer는 "갤러리 방문자는 재구성된 대상의 속성 안의 어떤 것을 획득하려는 (⋯⋯) 희망을 통해 유아기의 내적 투사를 수행하려는 목적을 지니고 있다"고 관찰했다.[25]

클라인의 저서에는 실제 분석, 특히 저항의 문제를 재정립한 것도 수록되어 있었다. 그녀의 동료인 조안 리비에르의 1936년도 논문인 「부정적 치료 반응의 분석에 대한 기고A Contribution to the Analysis of the Negative Therapeutic Reaction」는 수정 내용을 예증했다. 프로이트에게 저항의 1차적 근원이 무의식적 죄의식이었음에 비해 리비에르에게는 우울증적 입장으로 악화된 전이였다. 프로이트에게 분석의 목표는 자율성이었다. 환자에게 유일하게 중요한 것은 자기에 대해 깨닫는 것이었다. 반면에 리비에르에게 분석의 목표는 환자가 내부 대상을 재발견할 수 있게 함으로써 연결을 촉진하는 것이었다. 프로이트에게 분석가는 에고의 성찰 능력을 형성하기 위해 거리와 중립성을 유지해야 했다. 반대로 리비에르에게 분석가는 대상으로 이용될 수 있어야 했다. 프로이트와 리비에르 두 사람 모두는 저항의 근원을 나르시시즘에 정위定位했지만 그러나 나르시시즘에 대한 이해 내용은 서로 달랐다. 프로이트는 나르시시즘이 전이를 방해함으로써 분석을 방해한다고 가정했다. 반대로 리비에르에게 분석가는 나르시스적 표면을 뚫고 그 이면에 필연적으로 놓여 있는 우울에 침투해 들어갈 필요가 있었다. 그녀는 "내부 대상에 대한 사랑은 죄의식의 이면에서 찾아야 한다"[26]고 적었다.

그렇다면 프로이트와 클라인 두 사람 모두에게 있어 개인은 어떤 선善을 성취하기 위해 투쟁하는 것이었다. 그러나 프로이트에게 있어 투쟁이 칸트적이고 도덕적이었다면, 클라인에게 있어 그것은 구체적이고 합리적이었다. 프로이트에게 슈퍼에고란 비개인화된 정언명령이었지만, 클라인에게 슈퍼에고란 특정화된 구체적 타자를 가리키는 것이었다. 프로이트에게 내부적 삶은 세계 속에서 자신의 개별적인 자리를 찾는 문제에 의해 지배당하지만, 클라인에게 있어서는 칸트에게서처럼 보편적으로 인간이기 때문이 아니라 어느 누구나 놓이게 되는 특정한 관계와 환경 때문에 그에 대한 의무가 발생되는 특정한 타자에 대한 책임에 의해 지배되는 것이었다. 프로이트에게 있어 인간의 도덕의 중핵은 인류를 이루는, 특히 근친상간 금기 같은 '법칙들'에서 유래하는 갈등을 통해 형성되는 것이지만, 클라인에게 있어 핵심적 갈등은 기본이 되는 물질적 요구에 대한 좌절, 변함없이 야기되는 분노와 시기猜忌의 좌절을 반영하는 것이었다. 어쩌면 타자에 대한 구체적 의무에 클라인이 초점을 두었던 것은 프로이트가 초점을 맞췄던 자율성을 풍요롭게 하면서 복잡하게 만들었을 것이다. 모든 것은 그것이 어떻게 해석될 것인가에 달려 있었다.

1930년대 중반의 영국 정신분석 학회들에 클라인의 작업은 큰 흥분을 몰고 왔다. 위니코트는 그의 분석가인 제임스 스트래치가 회합을 멈추고 그 이야기를 자기에게 들려주었던 것을 회상하고 있다.[27] 나중에 클라인이 공격당할 때 그녀는 영국 정신분석 학회에 그들이 한때 얼마나 그녀를 자랑스러워했는지를 상기시켜주었다. 클라인은 분노를 쏟아넣으며 계속 책을 출판했다. 존스는 사람들이 그녀에 대해 너무 멀리 갔다고 말할 때 그 뜻은 너무 빨리 나갔다는 것이었다고 썼다. 그녀 또한 언제나 무단 정착한 유대인 아웃사이더였고, 반면에 그녀의 블룸즈버리 동료들은 외고집의 기독교인들이었다.[28]

클라인의 저서에 대한 평판도 안나 프로이트와의 갈등에 의해 채색되었다. 갈등의 발단은 두 사람 모두가 아동 분석에 대한 글을 쓴 데에서 비롯되었다.[29] 안나의 뒤에는 아버지 지그문트가 버티고 있었다. 1927년 런던을 방문한 뒤 페렌치는 프로이트에게 클라인의 '거만한 영향력'에 대해 귀띔해주었는데, 페렌치는 이것이 '빈을 향한 것'이라 간주했다. 공식적으로 프로이트는 중립을 지켰다. 존스에게 보낸 편지에서 그는 클라인에 대한 비판을 리비에르에 대한 비판처럼 표현했다. 그러나 사적으로 그는 "런던에서 안나의 아동 분석에 반대하는 진짜 운동"을 벌인 책임을 묻고 클라인에 대해 "너무 지나치게 관용적"이었다는 이유로 존스를 힐책했다.[30] 프로이트는 아이팅곤에게 이렇게 써 보냈다. "클라인의 견해와 비교해보면 (안나의 견해는) 보수적이고 심지어 반동적이라고까지 할 만하지만 그럼에도 그녀가 옳다고 여겨진다."[31] 그러나 훗날 그는 "(클라인이) 관찰을 이끌어낸 분야가 내게는 친숙하지 않다"고 인정했다. 생애의 마지막 몇 달 동안 프로이

트는 클라인의 작업에 대한 비판에 몰두했던 것으로 보이지만 그것은 미완성으로 남았다.[32]

런던과 빈 사이의 투쟁이라는 시각은 중요한 것이었다. 1933년 나치스의 승리 이후 이들은 유럽에서 가장 중요한 두 분석 학회였다. 빈 학회는 반클라인적인 경향이 강했다. 1935년 존스는 클라인의 작업에 대한 토론을 위한 목적으로 두 학회 간의 일련의 교환 방문을 기획했다. 클라인에 대한 빈 쪽 비평의 다수는 정신분석은 어린아이−성장 원형에 부합되게 이루어져야 할 필요가 있다는 견해에 근거를 두고 있었다. 예를 들면 로베르트 벨더Robert Wälder는 어린 유년기의 인지적 잠재 능력을 과장하고 유아의 실제적 공포를 무시했다는 이유로 클라인을 비판했다.[33] 클라인은 늙은 호위병의 속죄양이 되었다. 당시 불렸던 대로 '논쟁 토론'이 제2차 세계대전 기간 동안에도 계속되었을 때 클라인을 향해 그녀가 아무런 독창적인 것도 추가하지 못했다는 새로운 항변이 제기되었다. 발터 슈미데베르크Walter Schmideberg(클라인의 사위)는 "10년 전 런던에 왔을 때 나는 [……] 모두 새 이름을 가진 옛 친구들을 만났다. 심지어 '빔의 감춰진 페니스(이것은 어머니가 숨긴 아버지의 페니스라는 환상을 지칭하는 우리의 방식이었다)'가 클라인 여사의 가방에서 발견되기도 했다. 누구든 그걸 찾으면 그 원래 주인인, 베를린 티에르가르텐슈트라세 10번지에 사는 펠릭스 빔 박사에게 돌려줄 것을 부탁드린다"[34]고 했다. 달리 말하면 클라인이 틀렸던 것이다. 게다가 그녀가 해야 할 말은 이미 다 알려진 것이었다.

1930년대 말 클라인의 지위는 희미해졌다. 클라인과 리비에르의 공저로 1937년 출판된 『사랑, 증오 그리고 보상Love, Hate and Reparation』은 『국제시보Die Internationale Zeitschrift』에서 거의 언급되지 않았다.

특히 오토 페니첼과 미카엘 발린트가 그녀들의 작업을 공박했고, 니나 서얼Nina Searl, 엘라 샤프, 존 보울비John Bowlby와 존 릭맨John Rickman 같은 영국의 주요 분석가들은 냉담했다. 클라인의 딸인 멜리타 슈미데베르크Melitta Schmideberg는 분석가 겸 의사였는데 모성적 사랑의 진정한 본질을 포착하지 못했다고 공개적으로 자신의 어머니를 공격했다. 슈미데베르크의 분석가인 에드워드 글로버는 공개적으로 자신의 피분석자를 지지했다. 훗날 클라인은 자신에 대한 "멜리타의 공격에 대해 학회가 이를 어떻게 처리할지 모른다는 한 가지 이유 때문에 〔……〕 그저 못된 짓하는 아이의 행태 정도로 대한 면이 있었다"[35]고 술회했다. 이 시기에 대한 클라인의 진술은 그녀의 어려움을 포착하고 있다. 조안의 딸인 다이애나 리비에르Diana Riviere는 클라인에 대해 항상 무엇인가에 몰두한 "꿈꾸는 듯한 상태"에 있었다고 기억했다. "누군가 말을 걸면 그녀는 무아지경에서 깜짝 놀란 것처럼 반응하곤 했다." 도널드 우즈 위니코트에게도 "그녀는 언제나 무슨 생각에 잠긴 듯"했다. "그럴 때 그 생각은 그녀에게 엄청나게 중요한 것이었지요."[36] 버지니아 울프는 1939년 그녀에 대해 "기질과 힘이 있는 여인, 뭔가를 감추고 있는 듯한, 뭐랄까? 능숙하진 않지만 섬세한, 속으로 뭔가를 하고 있는 것 같고 매력 있으면서도 별난, 휩쓸려가는 물결 같은, 상상력이 풍부한 크고 밝은 눈을 가진 회색 머리의 무뚝뚝한 여인"[37]으로 묘사했다.

이렇듯 1938년 지그문트 프로이트가 가족 및 38명의 분석가를 데리고 런던에 도착했을 때 런던의 분석 집단은 갈라져 있는 상태였다. 다음 해 레너드 울프와 버지니아 울프가 햄스테드로 그를 방문해 "원숭이처럼 맑은 눈을 가졌고, 힘없는 몸짓은 경련으로 흔들렸고 발음도 분명하지 못했지만 이제 꺼져가는 불씨에도 예의 경계하는 주름지고 구부정한 늙은이"[38]를 만났다. 그의 분위기는 내성적이었다.[39] 1939년 여름 손자가 그를 찾아와 크리스마스에도 그를 보러 오겠다고 말하자 그는 손자에게 그때 자기는 없을 거라고 말했다. 제2차 세계대전이 마지막 전쟁이 되리라는 이야기를 듣자 프로이트는 "내 생애의 마지막 전쟁이란 말이겠지"라고 대꾸했다. 1939년 8월 말 그는 노트에 "신비주의는 에고 바깥의 영역, 이드의 흐릿한 자기 지각"[40]이라고 써넣었다. 그로부터 채 한 달이 되기 전에 그는 주치의인 막스 슈어Max Schur에게 자기 죽음을 도와주겠다는 약속을 지킬 것을 요청했다. 슈어는 "나는 약속을 잊지 않았다는 표시를 해 보였다. 그는 안도의 한숨을 내쉬더니 내 손을 오래 잡고 있다가 '고맙네'라고 말했다. 그리고 잠시 망설이다가 '안나에게 알려주게'라고 말했다."[41] 훗날 안나 프로이트는 친구에게 이렇게 말했다. "가장 가까운 사람이 그가 사랑받는 이유가 되었던 그 자질을 잃어가는 것을 지켜보는 것처럼 나쁜 일은 없어. 난 내 아버지에게서는 그런 일을 당하지 않았어."[42] 다행히도 프로이트는 2년 후면 다섯 자매 중 넷을 잃게 되리라는 것을 알지 못했다. 그녀들은 빈에서 잡혀 1941년 테레지엔슈타트로 갔다가 다음 해 아우슈비츠로 끌려갔다.[43]

1939년 프로이트의 사망으로 인해 클라인과 안나 프로이트의 갈등이 초미의 문제로 떠올랐다. 1940년 당시 런던의 영국 정신분석 학회의 활동적인 회원 수는 48명이었다(많은 수의 망명자들은 영국의 다른 곳이나 미국으로 떠났다). 환자를 차지하기 위한 경쟁은 치열했다.[44] 클라인의 적들은 그녀와 추종자들이 영국 학회를 장악하려 한다고 비난했다. 회장 대리였던 에드워드 글로버는 "학회는 최근 들어 프로이트로부터 너무 멀어졌다. 그런데 〔……〕 결국 학회의 목적은 프로이트의 저서를 따르는 것이다"라고 썼다. 클라인은 학회가 "허약하고 주도력을 상실"했으며 그 회원들이 "보통 이상으로 분별력을 결여하고 있음"을 상기시키며 응수했다. 그녀는 프로이트가 존스에게 보낸 편지에 쓰여 있는 '적절한 계승자' 문제를 제기했다. 그녀는 프로이트에 대해 "『금지, 징후, 불안*Inhibitions, Symptoms and Anxiety*』에서 정점에 이른 후 프로이트는 더 나아가지 못했을 뿐만 아니라 오히려 퇴보했다. 이론에 대한 그의 만년의 기여에 있어 그의 몇 가지 위대한 발견은 약화되었거나 도외시되었고 그 자신의 작업으로부터 충분한 결론을 이끌어내지 못한 게 분명하다. 여기에는 나이라든가 병 같은 그 자신의 이유도 여러 가지가 있었겠지만, 어느 누구도, 아무리 위대한 천재라도 그 자신이 알아낸 것이 지시하는 방향으로만 가서는 더 이상 넘어설 수 없는 어떤 지점이 있다는 사실 때문일 것이다. 그러나 나는 안나의 영향이 그를 퇴보시킨 요인 가운데 하나라고 확신한다. 〔……〕 그의 딸이, 나로부터 아버지를 지켜주어야 한다고 생각했던 안나가, 그에게는 자기보다 내가 더 도움이 된다는 걸 깨닫지 못한 것은 비극이다"[45]라고 썼다. 이에 더하여 클라인은 존스를 향해 프로이트와 그의 동료들이 런던으로 이주하는 데 도움을 줌으로써 "정신분석에 많은 해를 끼쳤다"고 비난했다. 그녀는 존스에게 "이주자들 중 몇몇은 자기 힘으로 미국으로 갈 수 있는 모든 가능성을 지니고 있었고, 당신이 그들을 초청하여 영국으로 오도록 부추기지 않았더라면 그렇게 했을 것"이라고 말했다. 안나 프로이트의 전기 작가인 엘리자베스 영 브루엘은 아마도 이 같은 종류의 대항적 스타일에 이끌려 클라인의 "가공의 이야기, 그녀의 야망, 놀라우리만큼 절제되지 않은 에고이즘"에 대해 이야기하게 되었을 것이다.[46]

갈등은 전쟁 기간 내내 지속되었다. 영 브루엘은 안나 프로이트의 추종자들을 위계적인 수도원에, 클라인의 추종자들은 카리스마적 종교 집단에 비유했다. 존 보울비가 안나 프로이트는 성 지그문트 성당에서 예배를 드리고 멜라니 클라인은 성 멜라니 성당에서 예배를 올린다고 말했을 때 그는 같은 점을 다르게 말한 것이었다. 영 브루엘의 말에 따르면 안나 프로이트에게 아버지가 사망한 후 "그의 이론이라는 집의 어느 한 곳이라도 수리할 생각을 한다는 것은 그의 연구를 재정리할 생각을 하는 것과 마찬가지로 참을 수 없는 일"이었다. 한편 제임스 스트래치는 안나 프로이트가 정신분석을 "F. 가족에 속하는 전용 게임"으로 간주했다고 단언했다.[47] 1944년 새로 영국 정신분석 학회의 회장으로 선출된 실비아 페인은 존스에게 안나 프로이트가 "정신분석을 고립시켜두려는 아버지의 결단을 물려받았다. [……] 불행히도 멜라니에게도 똑같이 무한한 힘이 있는데 그녀가 하는 일이 말썽을 일으키는 진짜 이유는 이것"[48]이라고 말했다. 클라인은 클라인대로 안나 프로이트가 "자기 나름의 관점을 지니지 못하고 있다는 주장을 굽히지 않았다. 그녀는 안나가 아버지의 견해를 대변하고 있음을 분명히 했다(그녀에 따르면 이는 정신분석가가 되려는 모든 사람에게 절대적인 속박이었다)."[49]

프로이트의 죽음은 오랜 애도 기간의 시작이기도 했다. 안나 프로이트는 아버지의 저작물뿐만 아니라 그의 아우라도 물려받았다. 사망한 지 7년 후 그녀의 아버지가 여러 번 꿈에 보였다. "그는 다시 여기 있어. 최근의 이 꿈들은 모두 같은 특성을 갖고 있어. 내가 그를 그리

위하는 게 아니라 그가 나를 그리워하는 게 주된 이야기라는. [……]
이러한 종류의 첫번째 꿈에서 그는 '난 오랫동안 널 정말 그리워했단
다'라고 대놓고 말했어. 어제의 꿈에서 주된 느낌은 내가 다른 일을 하
고 있는데 그는 (산꼭대기나 언덕에서) 방황을 하고 있었다는 거야. 동
시에 나는 속으로 내가 하는 일이 무엇이든 그걸 멈추고 그와 함께 산
책해야 한다는 생각에 차분한 마음을 가질 수가 없었어. 결국 그는 날
부르더니 그렇게 하자고 요청했어."[50]

　클라인 주위로 소용돌이 친 갈등의 배경에 놓여 있던 젠더 문제는
시간이 지나면서 더욱 공론화되었다. 앞서 보았듯 실비아 페인은 에
드워드 글로버 같은 클라인 반대의 주도자가 "지적으로 성공한, 다시
말해 경쟁 대상인 여인"을 두려워하고 시기했다고 생각했다.[51] 프로
이트가 죽은 후 클라인은 남·여성이 혼합된 주류의 분석 무대에서 물
러나 전부 여자들로만 이루어진 분석 집단에 합류했다. 조안 리비에
르처럼 페미니스트라 불러도 무방할 여성들뿐만 아니라 페인 같은 원
페미니스트라 부를 수 있는 여성들이 한데 모인 클라인의 집단은 특히
'어머니'에 관한 문제에 매달렸다.
　프로이트의 초기 그룹이 아버지/아들의 관계를 체험하고 연구했듯
클라인의 주위에 모여든 이 집단은 어머니/딸의 관계를 체험하고 연
구했다. 그녀들의 연구는 영국 노동자 계급 가정을 배경으로 놓고 볼
때 부가적인 의미까지 지니는 것이었다. '동반자적 결혼'이라는 중산
층적 이상과 달리 노동자 계급의 많은 여성들의 가장 가까운 관계의
대상은 어머니였다. 한 여성은 사회학 조사자에게 결혼 첫 주부터 자
기가 결혼을 잘못한 걸 알았다고 고백했다. 임신하게 되자 그녀는 거

듭해서 "제발 딸이기를. 내 동반자가 되도록. 내 동반자가 되도록. 그러면 나는 더 이상 외롭지 않을 거야"라고 빌었다. 비슷하게 1947년 RAF에 들어간 역사학자 존 프레스트John Prest는 그의 동료들이 어머니에 대해서는 그토록 다정하게 말하면서도 '건달' 같은 아버지는 자주 경멸한다는 사실에 충격을 받았다.[52] 이처럼 '부재하는 아버지'에 대한 감각이 클라인의 집단에도 깊게 스며들어 있었다.

영국 전쟁이 격렬해진 1940년 6월에 조안 리비에르가 멜라니 클라인에게 보낸 편지는 클라인이 어떻게 몇몇 젊은 여성 분석가들에게 어머니 같은 인물이 되었는가를 보여줌과 동시에 어머니 중심적 이론으로의 이동이 젠더에 관한 분석적 사고에 어떤 영향을 끼쳤는가를 암시해준다. 리비에르는 클라인에게 다음과 같이 썼다.

처음 당국이 공습이 시작되었다고 공식적으로 발표했을 때, 우리의 작업 모두가 끝장나버릴 가능성이 임박해 보였을 때, 나는 우리 모두가 마치 이렇게 하는 것이 〔……〕 미래를 위해 지킬 수 있는 유일한 방법인 것처럼 그것을 가슴에 간직해야 한다고 느꼈습니다. 〔……〕 물론 나는 그 같은 상실과 파괴가 인류에게 생길 수 있는 심리학적 이유에 대해 끊임없이 생각했습니다. 그래서 나는 당신이 이 모든 이유에 대해 생각한 모든 것을 나에게(그리고 우리 그룹에) 이야기해야 한다고 생각했습니다. 〔……〕 첫째로 독일의 심리적 상황이라는 논점에 대해 어떻게 생각하는지, 둘째로 지난번 전쟁 이후 유럽의 나머지 지역들과 특히 연합국들의 심리적 상황이라는 논점에 대해서는 또 어떤 생각을 하는지를 말입니다. 나에게 연합국, 특히 영국의 무감정apathy과 부인否認은 분명하지 않습니다(나는 결코 그것을 공유하지 않았습니다). 그것은 내가 '믿헨' 콤플렉스라 부른, 어머니와 나라를 위해 싸울 수 없는 아들의 무력함과 어떻게 연결되는 것일까요? 〔……〕 한 가지 큰 물음은 왜 용감한 것이 그리도 중요하며 어떤 일이 일어나도 견딜 수 있는 게 왜 그리 중요한가 하는 것입니다. *현실의 모든 것은 이것에 달려 있습니다.*[53]

리비에르의 편지는 클라인이 「죽음은 개인들에게 무엇을 의미하는가?What Does Death Represent to the Individuals」라는 제목을 붙인 시론과 함께 파일로 정리된 클라인의 문건들 속에서 찾을 수 있다. 거기서 그는 히틀러의 무기를 '파괴적이고 위험한 페니스'라고 서술했다. 클라인은 "남성에게는 파괴적 아버지와 함께 줄거리와 계획을 짜나가는 감춰지고 수동적인 동성애적 판타지가 부각된다. 〔……〕 위험한 아버지와의 사디스트적 연합의 죄의식이 부인의 한 가지 중요한 이유이다." 사디스트적인 내적 아버지 형상과의 무의식적 관계가 이해되지 않으면 이것이 지배할 가능성이 있었다. 예를 들어 공격자로 머무르려는 남자의 고집은 "능동적이고 위험한 동성애적 충동을 비역질 당하고자 하는 욕망과 공포에 대한 반응인 것처럼 표현한다"[54]는 것이었다. 리비에르 역시 그녀의 편지에서 영국 남성의 무감정을 "동성애적 경사傾斜"의 표출로 서술했다.

이러한 단정은 분명 불쾌한 것이었다. 적어도 우리가 알고 있는 바 이 시기 영국의 동성애자들에 대한 박해 때문만은 아니다. 그럼에도 그러한 단정은 페미니즘과 인민전선과 정신분석 사이의 미묘하지만 중요한 상호작용을 폭로한다. 가족의 표상은 어머니 중심적이었다. 가장 충격적인 사실은 이 비상 시국에 클라인이 자기 아이들을 가르치고, 그럼으로써 보호해주기를 바란 리비에르의 소망이었다. 어머니의 역할은 교육과 보호를 포괄할 정도로 확장되었다. 이에 상응하여 선하고 강하며 보호적인 아버지 —— 프로이트의 저술들에서 매우 중요한 역할을 하는 아버지 —— 의 이미지는 사라져버렸다. 남성의 가장 중요한 역할은 보호라는 아버지의 임무를 물려받은 아들의 역할이었다. 보다 관건적인 물음은 과연 아들이 어머니와 누이와 이들의 아이들, 다시 말해 약자들을 위해 싸울 능력이 있느냐 하는 것이었다. 아들은 어린 시절의 자신의 취약함 —— 그의 우울증적 입장, 어머니와의 관계 —— 으로부터 타인에 대한 책임감을 느끼는 것을 배워야 했다. 그러나 사도마조히스트적 관계, 남근숭배적 과시, 광적인 '통제'의 노력에 사로잡혀 영국의 아들들은 '부재'한다. 리비에르가 주목한 '동성애적 경사'는 히틀러 같은 남근숭배적이고 '단단하고' 위협적인 인물에 대한 남성들의 수동적 관계였다. 영국 남자들을 파시즘과의 무의식적 공모로 몰아가는 것과 똑같은 취약함이 그들로 하여금 여성과 아이들에 대한 책임을 인지하지 못하도록 하는 것이었다.

이 문건들에서 드러난 동성애 혐오는 명백하다. 그러나 리비에르와 클라인에게 있어 요점은 동성애적 대상 선택을 비난하려는 게 아니었다. 한편으로 그들 주변의 많은 사람들은 공공연한 게이였다. 다른 한편으로 클라인의 이미지는 대부분 탈성脫性화되어 있었다. 이 서신 교환에서 리비에르와 클라인은 두 사람 모두 남성/여성의 관계에 초점을 맞추었지만 그것은 그녀들이 이성애에 사로잡혀 있었기 때문은 아니었다. 이보다 그녀들의 목표는 남성다움을 어머니/아이의 관계를 지키는 아들의 능력으로 재규정하고자 하는 것이었다. 클라인의 세계관 안에서 남·여성 모두 어머니에 대한 관계를 인정하는 것은 취약성과 의존성을 인정한다는 것을 의미했다. 남·여성 모두에게 어머니에

대한 관계는 윤리적 책임감의 열쇠였다.[55]

물론 클라인의 세계관은 전前페미니스트적인 것이었다. 클라인과 리비에르는 왜 나치스로부터 '모국母國'을 지키는 것이 당연한 남자의 의무로 여겨졌는가라는 물음을 당연히 제기할 수 있다. 특히 성차의 의미가 전쟁통의 영국이라는 난장판에서 크게 퇴색해버렸기에 더욱 그렇다. 그러나 다시 말하건대 요점은 여성을 종속시키는 것이 아니었다. 그보다 클라인과 그녀의 동료들은 인간의 허약성과 사회에서 아이를 키우는 일의 중요성에 대한 윤리적 인정이라는 양성 공통의 의무에 가치를 부여한 것이었다. 그녀들의 견해를 제2차 세계대전 후의 미국 분석가들의 견해와 비교해보는 것도 교훈적일 수 있다. 미국 분석가들은 동성애를 '거세하는 어머니' 탓으로 비난했던 것이다. 그러는 사이 세계 정치를 변화시키는 힘에 대한 리비에르의 예감은 정확히 들어맞았다.

전쟁의 발발은 클라인의 생각의 진전과 반응의 조건을 바꿔놓았다. 한편으로 전쟁은 극심한 고통을 낳았다. 삼천팔백만 명에 달하던 총인구 중 약 칠십오만 명의 영국인이 죽었다. 사망자의 3분의 1 정도는 기혼자였다. 공동장례식은 흔한 일이었다. 어떤 때는 장례식을 치를 장소도 없었다. 분석가들이 폭격당한 시민들, 황폐해진 병사들, 부모를 잃은 아이들의 내면 세계로 들어가는 일은 정신분석이 오랫동안 진척시켜왔던, 프로이트의 에고 이론에서 연결과 단절이라는 클라인적 주제로의 이동을 더욱 가속화했다. 피터 호맨스Peter Homans의 말대로 하면 "메타심리학(이드, 에고, 슈퍼에고)은 (전시의) 런던에서 붕괴되었다. 끔찍한 전쟁에 의해 야기된 상실에 대한 국민적 애도에 의해 증

셰필드, 영국(1941)

대된 사회의 구조적 변화의 충격에 정신분석은 사실상 시들어 죽었고 다수가 병사와 아이들인 환자의 애착, 상실, 사회적 세계와 결부된 치유와 이론적 관심으로 대체되었다."[56]

다른 한편으로 전쟁은 어마어마한 통합의 에너지를 방출했다. 제 1차 세계대전이 유럽 사회의 내부적 모순을 드러내 보였음에 비해 제 2차 세계대전은 적어도 연합국들 사이에서는 단결감, 공유된 목적, 국 민적 자신감을 생성시켰다. 한 목격자는 1939~1940년간 독일군의 런 던 폭격은 "전 국민을 하나로 결속하는 단합 정신 하나만을 키운 자연 재해"처럼 체험되었다고 썼다. 1940년 10월 기록영화 작가 험프리 제 닝스Humphrey Jennings는 그의 부인에게 "런던의 손실들은 무척 마음이 아프지만 그러나 그게 국민들에게 어떤 효과를 가져다주었는지! 그 온정, 그 용기, 그 결단력"[57]이라고 써 보냈다. 청년과 여성들에 대한 해방 효과는 가히 충격적이었다. 계급 간의 장벽은 아무런 중요성도 없이 무너져버린 것 같았다. 특히 이스트엔드 지역이 폭격을 당해 삼백오십만 명의 아이들과 갓난아이의 어머니들, 많은 빈민들이 시외곽으로 소개疏開된 이후에는 더욱 그랬다.[58] 독일군 공습Blitz에서 아마 가장 극적인 이미지는 (헨리 무어Henry Moore의 기념비적인 그림에 담긴) 당국의 명령을 어기고 공습 동안 런던 지하철에 들어차 있던 개인과 가족들의 모습이었다. 이 그림들은 절반쯤은 공동체 같은 분위기 속에서 아이들을 돌보는 시도 같은, 포위 상태하의 도시에서 공적인 것과 사적인 것이 뒤섞이는 것을 상징적으로 보여주었다.

폭격에 대한 영국인들의 반응은 서구의 핵심적 가치와의 동일화라는 거의 신화적인 감각에 기초를 두고 있었다. 제1차 세계대전 기간 동안 독일 음악은 사람들의 얼굴을 찡그리게 만들거나 심지어 금지되기까지 했지만 제2차 세계대전 동안 연합군 승리의 상징은 베토벤 5번 교향곡의 첫 소절(모르스 부호의 V)이었다. 간혹 머리 위에서 폭탄이 터지는데도 점심시간 연주회가 국립 미술관(그림들은 다 치워져 있었다)에서 열렸다. 제닝스에 의해 촬영된 가장 유명한 것은 피아니스트인 마이러 헤스Myra Hess가 베토벤의 「열정」 소나타에 이어 바흐의 「예수, 인류의 소망」을 연주한 것이었다. 케네스 클라크Kenneth Clark는 이렇게 회상했다. "청중들의 절반쯤과 함께 나는 눈물을 흘렸다. 이것이야말로 우리들 모두가 기다려왔던 영원한 가치의 확인이었다."[59]

이 확인의 이면에는 가족으로서의 영국 국민의 이미지, 좌·우의 구별을 뛰어넘는 이미지가 놓여 있었다. 폭격이 절정에 달했을 때 런던

독일군 공습 기간 동안 지하철 역에서 잠자는 런던 시민들(1940)

에서 조지 오웰이 쓴 에세이 「사회주의와 영국의 재능Socialism and the English Genius」은 복지국가를 주장하기 위해 가족 이미지를 사용했다. 필요한 것은 "돈 있는 사람들의 세력을 깨뜨릴" 민주혁명이라고 오웰은 주장했다. 계속해서 그는 "그렇지 않으면 영국은 못된 구성원이 통제하는 가족, 〔……〕 찬장에 뼈다귀만 가득한 〔……〕 빅토리아 시대의 숨 막히는 가족으로 머무르게 될 것이다. 영국에는 아부를 주고받는 부유한 자들의 관계와 끔찍한 푸대접을 주고받는 가난한 자들의 관계, 그리고 가족의 수입원(대영제국)에 대한 깊은 침묵의 공범 관계가 있다. 영국은 젊은이들은 대개 삐뚤어져 있고, 책임감 없는 아저씨와 몸져 누운 아줌마들의 손아귀에 대부분의 권력이 쥐여져 있는 가족이다. 그런데도 그것이 가족이다. 그것은 사적인 언어와 공통의 기억을 갖고 있고 적이 다가오면 일치단결한다"[60]고 일갈했다.

이러한 '가족'을 만들어내는 데 어머니의 이미지가 결정적 역할을 했다. 전쟁 기간 동안 가장 칭송된 예술 작품인 헨리 무어의 「마돈나와 아이Madonna and Child」는 1943년 노스햄턴에 있는 성 매튜 교회에서 개막되었다. 영국국교회가 예술을 이끄는 역할을 되찾기를 원했던 리버렌드 월터 하세Reverend Walter Hussey가 주도한 결과 두 조각 작품이 만들어졌다. 무어의 방공호 그림이 하세에게는 "시간을 초월한 기념비적이고 암시적일 뿐만 아니라 영적 자질과 심오한 휴머니티를 지닌 것으로 보였다." 조각의 헌정사에서 하세는 모인 사람들에게 "작품의 중심에는 신성 아동이 있습니다. 그런데도 주제는 성육신聖肉身 ─ 그리스도가 사람인 어머니에게서 태어난 사실 ─ 을 말하고 있고 상처받은 동정녀는 어떤 아이라도 본질적으로 어머니를 생각할 때 그러는 것처럼 작고 약한 존재가 아니라 크고 안전하고 든든한 삶의 배경으로 여겨지고 있습니다."[61]

복지국가의 중심에 있는 것도 어머니의 이미지였다. 어머니와 아이들에게 초점을 맞춘 『비버리지 보고서Beverage Report』는 전쟁 중 최악의 암흑기였던 1942년에 출판되었다. 이스트엔드 지역이 폭격당한 후 여왕은 "국민들이 너무 많은 고통을 당했다"[62]고 지적하며 사회적 의료를 지원할 것임을 공표했다. 1943년 윈스턴 처칠Winston Churchill은 "요람에서 무덤까지 모든 계층 사람들을 위한 전방위적 목적의 국민 건강 서비스와 국가 배상 보험"[63]을 주창했다. 국민 건강 서비스가 1948년 창설되었을 때 그것은 서구 여러 나라들 중에서 전 국민에게 무료로 건강 관리를 제공하는 첫번째 복지 시스템이자 미리 돈을 내고 나중에 배상받는 보험의 원리가 아니라 사회적 시민 원리에 기반을 둔 첫번째 시스템이었다.[64] 결과는 물질적 도움 형태 이상의 것이었다. 그것은 수급권의 기반을 일반화했고 어머니 중심의 노동자 계급의 삶의 양식을 지탱하는 데 일조했다.

정신분석이 이러한 일반 정신에 참여했다. 1938년 한 정신치료의의 보고서는 공습이 사람들을 황폐화시킬 것이고 정신의학적 인과관계 — 포탄 쇼크 — 가 신체적 인과관계를 세 배 정도 초과할 것이라 예측했다. 실제로는 공습으로 인한 정신병원이나 클리닉의 이용은 감소했다. 자살과 알코올 중독도 감소했다. 에드워드 글로버는 정신분석 클리닉을 열었다가 환자가 없어 한 달 만에 문을 닫았다.[65] 글로버의 설명대로 영국 국민들의 지독한 정신력이 그것을 필요 없게 만든 것이었다.

포탄 쇼크 대신 정신의학의 관심의 초점은 소개疏開되어 고아가 되고 집 없는 처지가 된 아이들에 놓이게 되었다. 1939년 12월 런던 공습에 대응하여 세 명의 영국 정신분석학자 D. W. 위니코트, 존 보울비, 이매뉴얼 밀러는 『영국 의학 저널British Medical Journal』에 편지를 썼다. 그 편지는 "두 살에서 다섯 살 사이의 어린아이들의 소개는 중대한 심리적 문제를 유발한다"라고 시작되었다.[66] 이 편지는 널리 배포되었다. 영국과 미국의 주요 자선단체들은 오래전부터 아이들을 주목해왔었다. 일단 미국이 참전하자 대서양을 가로지르는 네트워크가 월터 랭거Walter Langer, 윌리엄 불릿, 베티나 워버그Bettina Warburg와 영국 주재 미국 대사였던 조지프 케네디Joseph Kennedy 같은 인물들을 중심으로 형성되었다. 그들은 분석가들이 미국으로 이주하는 것을 돕는 한편 특히 전쟁고아들을 위한 미국 양부모 플랜을 통해 아이들의 복지와 성장에 대한 조사 연구를 지원했다. 안나 프로이트는 집 없는 아이들을 위한 주거 단지인 햄스테드 탁아소의 소장이 되었다. 그녀가 1944년 도로시 벌링햄Dorothy Burlingham과 함께 집필한『가족 없는 아이들Infants without Families』은 자식 없는 부모들과 시설에 수용된 아이들을 맺어주는 일에 중점을 둔 것이었다.[67)

아이들 사업에 역점을 둔 것과 병행하여 집단 작업에 대한 열광이 영국 정신분석의 새로운 공적 면모를 구현했다. 도널드 우즈 위니코트와 존 보울비가 좋은 사례가 되어 젊은 세대가 영국 정신분석 학회의 주도권을 장악했다. 클라인에게 많은 영향을 받긴 했지만 클라인파는 아니었던 그들은 정신분석의 에너지를 전쟁 효과로 집중시키고 '사기 진작'에 대한 집단심리학 실험을 주도해나갔다. 공적으로 정신분석을 표방한 그들은 클라인의 위대한 주제인 '어머니' '윤리적 책임' '연결'을 강조했지만 그러나 그 방향은 달랐다. 큰 규모의 제도의 명령으로부터 독립적으로, 잠재적으로는 명령을 거슬러 영위되는 개인적 삶이라는 클라인의 관념을 버린 신클라인파들은 정신분석을 사회적 합리화와 통합의 도구로 전환시키기 시작했다.

중요한 움직임은 '집단'에 대해 새롭고 긍정적으로 ─ 그러나 추상적으로 ─ 주목한 것이었다. 프로이트가 집단을 아버지-지도자를 찾는 어리석은 대중들이라 서술했음에 비해 신클라인파는 집단을 개인의 자연적 모체母體로 취급했다. 윌프레드 비온은 프로이트가 히스테리를 대상-선택에 대한 갈등으로 설명한 후 잘못 선회했다고 주장했다. 프로이트는 자신이 신경증적 징후에 대한 설명을 개인에게서가 아니라 개인과 대상의 관계에서 찾으려 했을 때 그 자신이 이룬 변혁의 본질을 〔……〕 깨닫지 못했다는 것이었다.[68) 유아와 집단의 연결은 단순히 우연적인 것이 아니었다. 갓난아이가 젖가슴으로 이르는 길을 찾아야 하듯 어른들도 반드시 집단과의 정서적 삶의 연결을 수립해야 한다고 비온은 기술했다.[69]

집단을 주목하게 된 데에는 두 가지 실제적 이유가 있었다. 첫째 이유는 사기morale와 관련되었다. 이 단어는 전쟁 기간 동안 다른 어떤 것보다 더 정치인들, 공직자들, 장군들을 사로잡고 있었던 것이다. 에드워드 글로버가 썼듯 "처음으로 〔······〕 공보부는 집단적 느낌이 의학-심리학적 관심사임을 확증했다.[70] 목표는 연병장에서의 효율성이나 상관에 대한 복종이 아니라 거의 민주적인 '집단 정신'이었다. 〔······〕 구호는 '팀워크' '백만 동지들이여 한데 뭉치자 〔······〕 우리를 막을 수 있는 건 우리밖에 없다' 등이었다.[71] 이에 더하여 집단 치료는 포탄 쇼크를 치료하는 데에도 이용되었고, 이는 당연히 시간이 지남에 따라 증가하였다.

전쟁 효과에 깊이 연루되고 집단과의 작업에 고무된 영국 분석가들은 '내면' 세계에 인위적으로 부과된 제약을 깨뜨릴 만한 분별력을 지니고 있었다. 한 관계자는 러시아인들이 "사회적인 것이 개인의 내적 부분이 아니라 외부의 어떤 것이라 생각한 잘못"을 저질렀다고 썼다. "사회적, 문화적 요소들은 사람 속에 깊이 스며들어 있고 상당한 정도까지 무의식적이다."[72] 자크 라캉이 1947년 영국을 방문했을 때 그는 집단심리학에 대한 영국 분석가들의 경험에 크게 놀랐다. 그는 전쟁이 자기에게는 "프랑스인 집단이 그 속에서 살아간 비현실적 분위기의 생생한 느낌을 남겼지만 영국의 승리는 정신적 근원 〔······〕 현실과의 참된 관계를 가지고 있다"고 썼다. 그는 특히 정신의학자들에 끼친 영국 분석가들의 영향과 '아동 지도Child Guidance' 운동에 감명을 받았다. 비온과 다른 사람들의 실험에 대해 그는 "프로이트에 처음 입문했을 때 느꼈던 것과 같은 기적의 느낌을 다시 받았다"고 토로했다. 훗날 그가 설명했듯 "비온은 있는 힘을 다해 지도자 없는 그룹을 만들어 [……] 그 그룹으로 하여금 그것이 존속하는 것 자체의 어려움을 인식시키려 했고 그것 스스로 더욱 투명하게 만들고자 했다."[73]

정신분석의 이러한 새로운 측면의 돌출은 영국 정신분석 학회를 변모시켰다. 존 보울비는 2년간의 군복무를 마치고 돌아와 군대 내 정신의학자들 사이에서의 정신분석에 대한 관심을 이야기했다. 그는 "학회는 욕을 먹었다. 생각했던 것보다 훨씬 더 많은 정신분석 수요가 있었다"[74]고 역설했다. 1943년 학회는 사회화된 의학을 준비하기 위해 위원회를 구성했다. 1944년에는 프로이트파들이 영국 군대 내의 정신의학 분과를 통제했다.[75] 1945년 노동당이 선거에서 승리했다. 3년 후 정신치료를 포함하는 국민건강부가 창설되었다.

전쟁 후 어머니/아이의 관계에 중점을 두는 영국과 미국의 경향이 더욱 강화되었다. 1945년에는 새 저널 『아동에 관한 정신분석적 연구 *The Psychoanalytic Study of the Child*』가 창간되었다. 런던에서는 안나 프로이트가, 뉴욕에서는 하인츠 하르트만, 에른스트 크리스, 루돌프 뢰벤스타인이 편집한 이 잡지는 곧 세계에서 가장 영향력 있는 정신분석 잡지가 되었다. 여기에 게재된 모성 요법에 관한 기사들은 어머니가 집 밖에 나가 일하는 아이들의 위험을 입증하려 했던 1940년대 말의 '어머니 고용' 문건들에 널리 인용되었다. 1953년 존 보울비가 세계 보건 기구WHO를 위해 쓴 『어머니의 보살핌과 정신 건강*Maternal Care and Mental Health*』은 어린아이들은 어머니와의 분리로 인해 "비타

민의 역할에 비할 만큼 중대한"[76] 정도의 손상을 입을 수도 있음을 알게 되었다고 서술했다. 멜라니 클라인조차도 어머니를 "무서운 거세자"로 부르기를 그치고 "착한 가슴"을 "어머니다운 선량함, 인내, 한없는 자애로움, 창조성의 원형"[77]으로 묘사했다. 어떤 어휘들이 정신분석의 글들에서 사라지고 새로운 어휘들이 출현했다. '오이디푸스적 갈등' '슈퍼에고' '죄의식' 같은 단어들은 점점 보이지 않게 되었고 '애도' '시기' '감사' '책임감' 같은 단어들이 우세해졌다. 라캉은 '사디스틱' 같은 용어가 실질적으로 사라져버렸음을 지적했다.[78]

이러한 발전의 결과는 정신분석 문화의 심층적 변화였고 이는 이를 체현한 사람들에 의해 반영되었다. 상징적 분석가는 더 이상 버지니아 울프가 그에게서 뭔가 위협적인 것을 간파해냈던 멜라니 클라인이 아니었다. 새로운 종류의 분석을 대변하는 분석가들이 출현했다. 이들은 비남근숭배적이고 아이들의 인자하고 친절한 '보호자'이자 '어머니'였다. 영국의 도널드 우즈 위니코트와 미국의 벤저민 스포크Benjamin Spock가 그 예이다. 1896년 성공한 상인이자 정치인의 아들로 태어난 위니코트는 자신을 "여러 어머니를 가진 외동아들"로 묘사했다. 여럿이라는 의미는 누나들, 보모, 여자 가정교사를 뜻하는 것이었다. 전쟁 기간 동안과 종전 후 그는 부모들을 상대로 한 BBC 방송과, 사회복지사들을 위해 런던 경제학교에서 한 강의를 통해 유명해졌다.[79] 벤저민 스포크는 아동학습운동Child-Study Movement의 중심 인물이었다. 이 운동의 다른 참가자들 중에는 마거릿 미드, 쿠르트 레빈Kurt Lewin, 엘튼 메이오Elton Mayo, 조지 호맨스George Homans와 로렌스 프랭크Lawrence Frank 등이 있었다. 이 운동이 추구한 것은 "더욱 협동적이고 더욱 합의지향적이며 더욱 집단의식적인 사회를 만드는 것"

[80]이었다. 위니코트가 분석가로 알려졌음에도 소아과 의사라는 배경을 강조했음에 비해, 스포크는 분석가로서의 자신의 정체성을 너무도 소홀히 하여 거의 비밀 분석가라 해도 될 정도였다. 1946년에 출간된 그의 『유아와 아동 돌봄의 상식서Common Sense Book of Baby and Child Care』가 사천만 부나 팔려 20세기에 처음 출판된 다른 어떤 책보다 많이 팔린 책이 되었다는 사실도 어쩌면 부분적인 이유로 작용했을 것이다.[81] 그러므로 전쟁으로 인해 영국 정신분석은 숫자상으로는 아니더라도 대중에게 내세울 만한 인물에 있어서는 다시 남성 중심화되었다. 아이러닉하게도 이 분석가들은 클라인과 리비에르가 갈망했던 착하고 책임감 있는 아들들이었다.

그리하여 일반적으로 전쟁 체험으로 인해 정신분석은 다시 친근해졌다. 이는 모순적인 사태였다. 한편으로 분석가들은 심리학 지식의 민주화라는 역사적인 기여를 했다. 예전에는 교육, 사회 사업, 청소년 교화 시스템 같은 육아에 관한 조언은 노동자 계층이 실제로 하는 것을 위에서 굽어보며 비판해대던 중산층의 영역이었다. 그러나 분석가들은 배우지 못한 노동자 계급의 어머니들이 매일 거리낌 없이 해대던 통제보다 직관과 정서로의 이동을 촉진했다. 이렇게 위니코트는 '완벽한' 제도를 따르기보다 성장에 적절한 좌절을 맛보게 하는 "충분히 좋은 어머니 이론"을 발전시켰다. 이른바 '적당히 헌신하는 어머니'를 추켜세우며 그는 아이 돌보기 매뉴얼을 읽고 그대로 따르라고 하인에게 지시하는 중산층 어머니보다 '공감하는' 노동자 계급 어머니를 그런 모습으로 그렸다.

그러나 바로 이런 기여 때문에 전업주부 어머니들은 마치 그녀들이 도래하는 복지국가의 이상인 것처럼 집 안에만 틀어박히게 되었다.

진정한 개인적 삶의 실제적 어려움을 암시하는 '어두운' 측면들을 도외시한 전후의 영국 분석가들은 전통적 노동자 가족의 관습적 성별 역할을 강조했다. 더 나아가 냉전이 계속되고 가족에 대한 서구인들의 '존중'이 소련의 '전체주의'와 대비되자 여성과 모성애를 동일시하는 것은 서구에 대한 무비판적 찬미에 이바지했다. 따라서 위니코트에게 "일상적인 좋은 가정은 통계 조사를 쓸모없게 만드는 어떤 것이다. 그것은 아무런 뉴스 가치도 없고 볼 만한 것도 없고 이름이 널리 알려진 남자와 여자들을 만들어내지도 않는다."[82] 두 가지 점 ─ 의존성의 인정과 어머니에 대한 이상적인 모습의 구축 ─ 모두에 있어 정신분석은 도래하는 비버리지 복지국가 패턴과 잘 맞아떨어졌다. 리처드 티트머스Richard Titmuss가 나중에 회상한 바대로 전쟁은 정당과 국민과 정부 간에 새로운 계약을 만들어 모든 것을 변화시켰다. 1970년대까지 지속된 그 계약은 경제적으로는 진보적이었지만 문화적으로는 보수적이었고, 따라서 전후 질서를 수립하는 데 문제적이었다.

정신분석의 역사에서 그것이 차지하는 특별한 자리에도 불구하고 영국 정신분석 학회는 제2차 세계대전으로 인해 야기된 트라우마적 분열 상태를 충분히 극복해내지 못했다. 1942년에서 1944년까지 벌어졌던 '논쟁 토론'은 영국 학회가 유럽에서 맨 마지막까지 살아남았던 학회이기 때문에 살펴볼 필요가 있다. 전쟁 막바지에 회원들은 세 개의 양성養成 노선을 만들어 그 차이를 토론의 주제로 삼았다. 세 노선은 각기 클라인(그룹 A)과 안나 프로이트(그룹 B)의 측근들, 그리고 D. W. 위니코트, 미카엘 발린트, W. R. D. 페어베른Fairbairn을 포함하는 중도 혹은 독립 집단과 가까운 사람들이 교육을 담당했다. 흔히 영국적 합리성과 온건함, 타협 정신의 승리로 칭찬받기도 하는 이 해결책은 클라인의 사상을 주변화시키는 결과를 초래했다. 이는 특히 미국의 에고심리학이 전후 미국의 헤게모니의 일부로 확산되면서 더욱 그러했다. 물론 클라인의 많은 생각들이 에고심리학에 도입되긴 했지만 그녀의 것으로 인정받지는 못했다.

학회 구성원들을 강력한, 그러나 전시 동안의 일시적인 연합으로 이끌었던 동일한 구심적 경향들이 차후에는 그들을 공통적 경향이라고는 전혀 없는 원심적 궤도로 내몰았다. 존스는 은퇴하여 학회 문서보관소 일에 전념하면서 프로이트의 전기를 썼다. 스트래치는 '표준판Standard Edition'의 책임을 맡았다. 보울비는 정신분석을 떠나 정신의학과 민족학으로 갔다. 클라인의 편향성에 대한 공격을 점차 멈춰가던 글로버는 그가 깊은 관심을 지녔던 범죄학으로 전향했다. 비온은 대부분 사회의 맥락에서 벗어난 상태에서 작업을 추구해나갔다. 발린트와 페어베른은 각기 런던에서 멀리 떨어진 맨체스터와 에든버러에 머물고 있었다. 멜리타 슈미데베르크는 미국으로 이민 가서 다시는 어머니와 화해하지 않았다. 니콜라스 라이트Nicholas Wright의 연극「클라인 부인Mrs. Klein」에 묘사될 때만 해도 친클라인파였던 폴라 하이만Paula Heiman은 1949년 기술적 문제를 이유로 클라인에게 반기를 들며 이전의 자신을 노예 상태였다고 묘사했다. 클라인은 회고록 집필 작업을 막 시작했던 1960년에 죽었다. 20세기 말까지 여전히 활기찼던 영국 학회는 육천만 명의 인구 수 중에 405명의 회원을 지니고 있었다. 선진국 중 가장 적은 비율이었다.

흩어졌음에도 불구하고 영국 분석가들은 계속 클라인의 패러다임 안에서 작업을 이어나갔다. 두 개의 새로운 공헌이 특히 중요했다. 첫번째 것은 1953년 위니코트의 전이 대상transitional object 이론이었다. 우리가 사람 안에서 일어나는 일은 (정신분석을 통해) 잘 알고, 밖에서 일어나는 일에 대해서도 (사회학과 행태주의 과학을 통해) 많은 것을 알고 있지만 그 사이에서 일어나는 것에 대해서는 거의 알지 못한다는 점을 지적하며 위니코트는 대상-관계적 접근법이 사람들과 문화 사이의 관계를 설명해줄 수 있을 것이라 주장했다. '혼자일 수 있는 능력'의 기원을 '유아기와 어린아이였을 때 어머니 앞에서 혼자 있었던 체험'에까지 소급시킨 위니코트는 정신적 발달을 따로 떨어져 있으면서도 뭔가 생기를 공유하는 사람들 사이의 '전이적 공간transitional space'을 마련하는 것이라 생각했다. 이 '사이-안in-between'의 영역을 서술하기 위해 그는 많은 아이들이 애지중지하는 이불 조각을 상기시켰다. 어린아이에게 그 이불은 어머니처럼 따뜻하고 감각적이며 편안하기 때문에 어머니의 '대리물'일 수 있다. 위니코트는 프로이트의 이론이 본질적으로 '대리substitute' 이론이라 생각했다. 그러나 전이 대상은 대리물이 아니라 '내부의 정신적 현실'과 '두 사람이 공통으로 지각하는 외부 세계' 사이의 만남의 터전이다. 이 전이적 공간을 연극에 비유하여 위니코트는 그것의 창조적이면서 역설적인 특성과 그것이 어느 누구 혼자에게 귀속되는 것은 아니라는 사실을 강조했다.[83] 그는 사람들이 실제로는 '내부'냐 '외부'냐 하는 물음 앞에 놓이지는 않는다고 주장했다.

오늘날은 대부분 잊혀졌지만 미카엘 발린트의 1959년도 저작인 『전율과 퇴화Thrills and Regression』도 마찬가지로 중요한 책이다. 발린트는 두 개의 관념적 심리 유형을 가정했는데 둘 모두 극단적 상태에서는 병적인 것이었다. 첫째, 사람의 내부 세계는 "무서운 빈 공간으로 분리된 대상"들로 구성되어 있다는 것, 둘째, "친밀하게 확장된 타인의 세계는 위험하고 예측 불가능한 대상들로 다소 촘촘하게 짜여져 있다"는 것이었다. 이 생각을 정립하면서 발린트는 빈 공간을 두려워하는 사람의 특성인 '매달릴 필요the need to cling'가 원초적이라는, 페렌치로부터 유래된 자신의 이전 견해를 수정했다. 그는 "분석에서 우리는 끊임없이 우리 자신을 환자들에게 매달려야 할 대상으로 제공하고, 그리고는 매달림에 반대되는 모든 것을 저항, 공격성, 나르시시즘, 과민성, 집착성 불안, 거세 공포 등으로 해석한다고 썼다"고 말했다.[84] 그러나 이제 발린트는 '매달릴 필요'가 그에 대응하는, 대상을 피해야 할 필요와 마찬가지로 "트라우마에 대한 반응이고, 버려지거나 내팽개쳐질 두려움의 표현"임을 깨닫게 된 것이었다. "진짜 목적은 매달림으로 성취되지 않는다. 진짜 목적은 대상에 내가 포용되어 있는 것이지 그것에 매달리는 게 아니다. 심각하게 비극적인 것은 더 잘 매달릴수록 대상에 덜 포용된다는 사실이다."[85]

종전 후 많은 영국 분석가들에게 어머니에 의해 포용되어야 할 필요는 정신분석을 가능하게 하는 조건, 프로이트가 예감했었지만 명확히 발설하지는 않았던 조건으로 출현했다. 위니코트는 "의존성이라는 사실에 굳건하게 기초를 둔다면 에고심리학만이 이치에 부합한다"[86]고 밝혔다. 덧붙여 그는 프로이트는 어릴 때의 육아 상황에 대해 많이 쓰지는 않았지만 그러나 "거의 자신도 모르는 사이에 작업의 윤곽을 미리 설정"했다고도 썼다. 분석가는 "알맞은 때 믿음직하게 거기서 살아 숨쉬며 환자를 돌보게 될 것"이었다.[87] 마수드 칸Masud Kahn에 의하면 어머니는 프로이트가 『쾌락원칙 너머』에서 논의한 방어벽이었다. 크리스토퍼 볼라스Christopher Bollas에게 있어 분석가는 "어머니의 소리, 의미의 해석보다 소리 자체가 더 중요한 일종의 옹알이"를 제공하는 사람이었다. 볼라스의 요약에 따르면 "프로이트가 그 자신에게서 분석할 수 없었던 것 — 그의 어머니와의 관계 — 은 정신분석 기술의 생태학의 선택에서 표현되었다."[88]

모두가 다 동의한 것은 아니었다. 안나 프로이트는 1982년 사망할 때까지 런던 메어스필드가든 20번지의 프로이트의 저택에서 살았다. 비록 언젠가 존스가 클라인에게 안나에 대해 "거칠고 소화되지 않은 덩어리"라고 혹평했지만 만년의 그녀의 삶에는 아버지의 작업이 퇴색하고 있다는 느낌을 반영하는 피할 수 없는 슬픔이 있었다.[89] 1947년 그녀는 대상-관계가 "사람들 사이의 갈등 〔……〕 목표, 생각, 사람들을 문명화된 공동체 안에 놓아두기 위해 충동과 싸우는 관념"들과 같은 정신분석의 요체要諦를 놓쳤다"고 썼다. 계속해서 그녀는 대상-관계를 어머니와의 완벽한 결합, 다시 말해 유아로서 받을 만큼의 사랑을 받는 모든 사람의 소망 정도로 희석시키는 게 현대적인 것이 되었고, 이래서 엄청나게 많은 것을 잃어버렸다고 말했다. "예를 들면 죄의식은 두 사람 사이의 관계가 아니라 정신의 부분들, 즉 슈퍼에고와의 관계를 통해 에고가 느끼는 불안이었다." 그녀는 "정신분석은 무엇보다도 충동심리학이다"라고 덧붙여 말했다. "그러나 몇 가지 이유로 인해 사람들은 그것을 인정하려 하지 않았다."[90]

제11장 카리스마인가 합리화인가?
: 냉전 시기의 미국의 정신분석

> 우리 세대는 사람들과의 관계에 전력을 기울였지만
> 결국 그것은 거의 유지되지 못했다. 그러나 서로의 삶에
> 대한 우리의 열정적 관심은 정서적 후퇴의 형태로는 잘
> 묘사될 수 없다. 우리는 정치나 직장에서 더 이상 찾아
> 볼 수 없게 된 열렬한 공동 목적을 친구들 모임 안에서
> 재창조하려 노력했다.
>
> —크리스토퍼 래시, 『진실한 단 하나의 천국』

　영국 정신분석으로 하여금 비버리지 복지국가와 숙명적 관계를 맺
게 했던 파시즘과 전쟁이라는 동일한 위기의 기간 동안 거의 이백 명
에 달하는, 대부분이 유대인인 피난민 정신분석가들이 오스트리아,
독일, 프랑스 등지에서 미국에 도착했다. 전쟁 후 정신분석의 영향은
폭발적이었다. 1950년대의 미국에 대해 쓰면서 에리히 헬러Erich Heller
는 정신분석이 "정신에 대한 많은 가능한 이론들 가운데 단지 하나에
불과한 것이 아님"에 주목했다. "오히려 그것은 한 시대가 그 영혼의
본성과 특징에 대해 지니는 체계적 의식에 가까운 것이었다."[1] 헬러
의 진술은 약간 과장된 것이었다. 실존주의나 실존신학 같은 사조도
마찬가지로 중요했던 것이다. 그러나 정신분석은 1950년대 미국 문화
와 매우 잘 어울렸다. 영국에서처럼 그것은 전체주의에 대한 반대를

통해 많은 호소력을 얻었지만 그러나 영국과 달리 미국에서 집단적 전통은 허약했고 정신분석에는 그에 앞서 있었던 정신치유의 딱지가 붙어 있었다. 부분적으로 이 같은 이유들로 인해 전후 정신분석은 정상화normalization라는 냉전 프로젝트에 중심적이었던 동성애 공포, 여성 혐오, 보수주의의 진정한 원천이 되었다. 그러나 1950년대의 가장 심오한 사상가들 — 라이오넬 트릴링, 필립 리프, 노먼 O. 브라운Norman O. Brown, 허버트 마르쿠제 등 — 다수가 사회적 통제와 체제 순응주의를 비판하면서 정신분석으로 전향했다. 정신분석의 두 경향 — 합리화 혹은 사회적 통제의 경향과 비판적 혹은 반합리화적 경향 — 이 프로이트적 카리스마라는 모체에 뿌리를 내리고 있었던 것이다.

앞서 보았듯 카리스마는 가족과 사회와 분업 노동 속에서의 자신의 자리와는 다른 개인적 정체성을 지녀본, 역사적으로 새로운 경험을 명확히 표현할 수 있었던 프로이트의 능력에서 생겨난 것이지만, 카리스마는 제도화되기 마련이다. 일상화와 더불어 그것은 조직적 구조로 경직되어갔다. 그러나 그것은 죽어가는 정신을 되살리려 애쓴 원칙파괴주의자와 반제도주의자들과 더불어 새롭게 출현하게 된다.

제2차 세계대전 기간 동안 정신분석은 미국에서 제도화되었다. 베버의 프로테스탄티즘처럼 그것은 사회봉사직, 사회과학, 복지국가 등과 같은 정상화의 심급들과 연계된 '지상의 윤리적 합리화 프로그램'이 되었다. 일상화되었음에도 불구하고 정신분석은 부분적으로는 "그것을 창시한 아버지들과 긴밀히 연결된 아우라"를 통해, 또 부분적으로는 예술 및 종교적 경험과의 관계를 통해, 그리고 특히 베버가 쓴 바와 같이 "가장 비합리적이고 따라서 삶의 진정한 핵심으로 통하는 관문"으로 등장한 성적 사랑과의 연결을 통해 그 카리스마적이고 반제도적인 기원을 간직하고 있었다.[2] 1950년대 동안 미국의 정신분석은 이성애적 가족을 다시 정당화하기 위해, 예전에는 가족 외적 형태의 개인적 삶에 결부되어 있었던 깊은 개인적, 윤리적, 성적 의미를 가정 생활에 부여하는 연결들에서 발상을 끌어왔다. 그렇게 함으로써 그들은 자신들이 항상 지닐 수는 없었던 카리스마적 힘을 내세울 수 있었다. 1960년대 정신분석과 연결된 원칙파괴자들이 분석직, 이성애적 가족, 복지국가의 경계를 넘어 급증하게 되었다. 정상화됨과 동시에 카리스마적 기원에서 힘을 얻은 미국의 정신분석은 1950년대 들어 펼쳐진 개인적 삶의 합리화가 점차 증대되는 추세와 *아울러* 합리화에 대한 비판, 1960년대에 부각된 세속적인 것에 대한 카리스마적 거부 모두의 중심에 있었다.

정신분석의 합리화는 전쟁 기간에 분석가들이 이주하기 전부터 시작되었다. 1907년 미국의 사회학자 에드워드 로스Edward Ross는 외적 강제에서 내적 통제로의 광범위하고 일반적이고 바람직한 이동을 지시하기 위해 '사회적 통제social control'라는 용어를 만들어냈다. 로스의 핵심적 생각은 시민이나 노동자는 명령 받아야 하는 수동적 객체가 아니라 자유롭고 스스로 결정하는 주체라는 것이었다. 미셸 푸코 Michel Foucault의 용어를 사용하자면 사회적 통제가 의미하는 바는 권력의 '억압적' 형태에서 '생산적' 형태, 즉 권력 주체들의 능동적 협력을 이끌어내는 형태로의 이동이었다. 따라서 그 기획은 애매했다. 한편으로 그것은 개인적, 집단적 결정 공간의 광대한 확장을 의미했다. 다른 한편으로는 산업 시대의 계급투쟁을 주요 목표로 삼은 그것은 조정, 심리화, 그리고 새로운 전문가 계급의 부상을 의미하는 것이었다.

포드주의 시대에 미국의 많은 사회입안자들은 정신분석을 사회통제 프로젝트와 연결시켰다. 1927년 '계급 정치'의 '소란'과 '수사학'을 추방하려 애썼던 정치학자 해롤드 라스웰Harold Lasswell은 정치가 흔히 사적 영역에서 발생하는 필요에 의해 움직인다는 생각에 따라 프로이트를 소환했다.[3] 노동자들은 그들의 실제 노동 조건보다 사람들이 자기네 주장에 주의를 기울여주는가에 더 많은 관심을 가지고 있다는 것을 보여주려 했던 그 유명한 호손 실험을 자극한 것도 똑같은 생각이었다.

그러나 이러한 노력들은 무의식이라는 프로이트의 개념을 단지 출발점으로만 삼았다. 1930년대 미국 정신분석의 전문직화와 프란츠 알렉산더 같은 베를린 분석가들의 이주로 인해 매우 다른 경향의 분석적 사고, 즉 에고심리학과 사회 통제가 결합되었다. 이미 보았듯 에고심리학의 핵심 개념은 에고가 양면적two-sided이라는 것이었다. 즉 합리적 자기 성찰의 행위자인 동시에 자기 성찰에 대한 저항의 자리인 것이다. 그러므로 분석은 에고를 통해, 그리고 에고에 *맞서* 수행되어야 했다. 그러나 미국에서 이론의 수용과 발전에 있어 이 양면적 특성은 실종되었다. 에고를 저항의 자리로 보는 견해는 후퇴했고, 에고는 점차 더 이성과 통제의 행위자로만 나타났다.

이러한 이동을 주도한 사람은 하인츠 하르트만이었다. 그의 1937년도 강연인 「에고심리학과 적응의 문제Ego Psychology and the Problem of Adaptation」는 1940년대와 1950년대 미국의 에고심리학자들이 발전시킨 이론 틀의 상당 부분을 규정했다. 1894년에 태어난 하르트만은 빈의 동화된 유대인 엘리트 출신이었다. 프로이트의 말에 의하면 그의 할아버지 중 한 사람은 1848년 프랑크푸르트 의회의 대의원이었고, 다른 한 사람은 "빈의 내과의사 중 가장 유명한 사람"이었다. 하르트만의 아버지는 빈 대학의 역사학자였다. 그의 스승은 빈 시장이 되었고, 부인은 소아과 의사였다. 하르트만 자신도 지적으로 뛰어났다. 1918년 빈에서 막스 베버의 강의를 청강한 그는 논리실증주의자들의 모임과 접촉을 유지했고 실험심리학을 공부했으며 프로이트의 초청에 따라 프로이트에게서 분석을 받았다. 분석가들 사이에서 그의 명성은 상상 그 이상이었다.[4]

하르트만의 주요 테마는 에고의 '힘' 즉 외부 세계에 적응하고 이로써 그것을 지배하는 능력이었다. 초기 세대의 분석가들이 충동의 힘을 과도하게 강조했다고 주장한 하르트만은 정신분석을 생각, 기억, 지각 등의 기능을 설명할 수 있는 일반심리학으로 전환시키기를 소망했다. 1937년 강의에서 그는 에고란 조절과 적응의 도구로서 그 중심적 기능인 사유는 중립화되고 탈성脫性화된 에너지에 의해 가능해지는 것이라 설명했다. 이러한 에너지의 존재에 관해 프로이트를 인용하는 것에 매우 조심스러워했지만 하르트만은 많은 프로이트주의자들과 반대로 환경에 대한 모든 적응이 방어적 투쟁의 결과물이기만 한 것은 아니라는 견해를 견지했다. 따라서 에고는 관용처럼 원래 충동에 반하는 반작용 형성reaction formation으로 생성되는 태도를 동기화의 독자적 원천으로 바꿀 수 있었다. 오르가즘과 같이 충동에서 직접 유래하는 것으로 보이는 경험들조차도 "에고의 통제를 받는 모종의 에고 기능들의 지연", 혹은 나중에 알려진 개념처럼 "에고에 봉사하는 후퇴"로 더 잘 이해될 수 있었다. 하르트만의 주요 관심사가 에고와 이드의 관계가 아니라 에고와 사회적 규범, 정신적 성향, 욕구였기 때문에 그는 정신분석이 사회적 플랜에 기여하기를 바라는 사람들이 선호하는 정신분석가가 되었다. 1963년 브루노 베텔하임과 모리스 야노비츠Morris Janowitz는 에고를 "에너지와 주도력이 결여된 것"으로 보는 당시의 지배적 견해와 결별한 것을 두고 그를 높이 평가했다. 하르트만은 에고가 프로이트가 생각했던 것보다 더 강력하다는 것을 보여주었을 뿐만 아니라 이드가 사회의 영향을 받을 수도 있다는 것, 즉 "현실이 에고만이 아니라 근원적인 충동도 형성한다"는 것까지 보여주었다.[5]

에고의 힘에 대한 강조와 더불어 에고심리학은 사회 통제의 기획과 완벽하게 맞물렸다. 이 가능성을 가장 잘 포착한 사상가는 탤컷 파슨스Talcott Parsons였다. 1930년대 말 파슨스는 '파시스트'와 '공산주의'의 호소에 저항할 수 있는 민주주의 형태의 성격과 사회 조직을 이론화하려 모색했다. 에드워드 비브링Edward Bibring과 그레테 비브링Grete Bibring 같은 망명 분석가들이 함께하는 보스턴 독서 모임에 참여한 파슨스는 자기 통제는 외부적 권위가 개입하지 않을 때 강화될 수 있다는 것을 정신분석으로부터 배웠다. 제2차 세계대전이 발발하자 그는 정부에게 제1차 세계대전 동안 그랬던 것처럼 반전 시위에 '히스테릭하게' 반응하지 말라고 촉구했다. 파슨스는 선전 기관은 '초연한' 역할을 맡아야 하며 "정부 정책에 적대적인 해석에 대응하는 것을 삼가며, 그리하여 환자의 신경증적 지각으로부터 오는 것에 반응을 보이지 않는 무반응적 행동으로 확인을 거부함으로써 그 지각을 무너뜨리는 치료사의 방식으로 적대적 해석들을 무너뜨려야 한다"고 했다. 당파적 정치를 피할 것, 국민 통합적 상징과 동일화할 것, 통합을 위해 좋은 평판을 쌓을 것 등이 그의 주장의 요지였다. 프랭클린 루즈벨트Franklin Roosebelt 대통령이 대공황을 수습한 방식이 모델이 되어주였다. 파슨스는 루즈벨트가 분명히 '부정적 전이 대상'임을 의식하고 있었지만 그의 연설들은 "정신분석가의 해석과 닮았다"고 지적했다. "최고 책임자가 배워야 할 가장 유리한 것은 적절하지 않은 때에 너무 많이, 너무 자주 공개적으로 말하지 않는 것이다."[6]

일반적인 사회 통제처럼 한편으로는 민주화와 자율성 제고를, 다른 한편으로는 심리적 조작을 제안하는 파슨스의 접근법에 담긴 내용은 애매했다. 이러한 애매한 지점은 제2차 세계대전 기간 동안과 전후戰後에 사회 통제를 광범위한 사회 조직 프로그램으로 바꾼 모든 분야의 전문가들 — 적성 상담사, 법률 컨설턴트, 학교 심리학자, 진로 상담사, 산업 심리학자, 도시계획자, 그리고 무엇보다 의사 — 에게서 물려받은 것이었다.

이러한 기획의 중심에 정신분석이 있었다. 영국에서와 마찬가지로 미국의 참전은 정신분석과 국가의 동맹을 촉구했다. 제1차 세계대전 동안 미국 전체 신병 중 단 2퍼센트만이 정신의학적 이유로 제외되었다. 제2차 세계대전 기간 동안 해당 숫자는 8~10퍼센트였다. 제1차 세계대전 동안 정신의학 차원의 주된 배제 사유는 정신적 부적합과 정신이상이었다. 제2차 세계대전 동안에는 배제의 주된 근거가 신경증이었다.[7] 핵심적 이유는 제2차 세계대전 기간 중 일반외과국의 신경정신치료분과 과장이었던 윌리엄 메닝거William Menninger 준장이 모든 군의관에게 정신분석의 기본 원리를 배우라고 명령했기 때문이었다.[8] 모두 합해 백만 명에 달하는 남·여성들이 정신 및 신경계 쪽의 이유로 군복무에서 제외되었고 팔십오만 명의 병사들이 신경증으로 병원에 입원했다.[9]

의사들이 치료의 요구를 충족시키지 못하면 임상심리학과 정신의학적 사회 사업에서 새로 만들어진 직종이 역할을 대신해주었다. 심리학은 제1차 세계대전 기간 동안 대규모의 구분, 계통화, 분류 작업을 목표로 한 지능과 적성 테스트의 발전에 힘입어 전문 분야로 확립되었다. 그러나 제2차 세계대전 동안 임상 혹은 치료 분야가 비약적으로 발전했다. 변화의 불꽃을 점화시킨 것은 칼 로저스Carl Rogers의 1942년도 저작인 『카운슬링과 정신치료Counseling and Psychotherapy』였다. 로저스는 카운슬링을 고전적 정신분석에 대립시켜 해석보다 '반영mirroring' 혹은 비판정적 인정을 옹호했고 '환자'보다 '고객'이라는 용어를 사용하도록 요구했다. 대부분 이 영향의 결과로 심리학자들은 퇴역군인들을 치료하는 데 정신치료를 사용할 수 있는 허가를 받아냈다.[10] 마찬가지로 사회 사업은 1920년대의 프로이트의 영향 아래 사례 연구 접근법을 발전시켰다. 그러나 전쟁 기간 동안 사례 연구는 정신의학적 사회 사업이라는 하위 분야의 창설을 통해 정신의학과 긴밀히 연결되었다.[11]

그럼에도 불구하고 전후 정신분석의 성장은 거의 전부가 정신의학의 확장에 기반을 둔 것이었다. 1940년 미국에는 겨우 이천이백아흔다섯 명의 정신과 의사가 있었고 그중 3분의 2는 공공병원에서 일하고 있었다.[12] 1948년 그 숫자는 사천칠백 명에 달했고 빠르게 성장하고 있었다. 1945년 재향군인 병원 환자의 60퍼센트는 정신의학적 이유로 입원해 있었다. 상이연금의 50퍼센트는 정신의학적 상해자에게 지급되었다. 1950년대 중반 국가 전체의 병상 절반이 정신과 환자들로 채워져 있었다. 1955년 후버 위원회는 이 사실을 두고 "단일 문제로는 국가 전체의 건강 상황에 있어서 가장 큰 문제"라 지적했다. 국립 건강 연구소 분과들 가운데 가장 빠르게 성장한 국립 정신건강 연구소

The National Institute of Mental Health(NIMH)는 청소년 범죄, 자살, 알코올 중독, 텔레비전 폭력에 대한 정신의학 연구에 지원금을 지급했다. 1976년 미국에는 이만 칠천여 명의 정신과 의사들이 있었다.[13]

의미심장하게도 1940년대 말에 활동하던 대략 400여 명의 정신분석의들이 군대라는 이 거대한 시장을 지배했다. 그 이유는 전후의 정신의학이 개혁 쪽으로, 혹은 초기에 지녔던 보호자 이미지를 거부하는 정신역동론 분과로 확장했기 때문이었다. 간혹 양심적인 반대자들의 주도하에 정신병원을 신상털기식으로 폭로하여 옛날 정신의학자들이 약물과 전기 충격 요법에 의존한 것이 공격받기도 했다.『국가의 수치Shame of the States』에서 앨버트 도이치Albert Deutsch는 정신병원을 강제수용소에 비교하기도 했다. 반대로 '대화요법talking therapy'은 개혁을 예시豫示했다. 정신의학자가 병원의 과장들이고 따라서 사회사업가들과 심리학적 임상의들을 감독하는 위치에 있었기 때문에 정신분석이 장악한 범위는 넓었다. 카운슬링, 검사, 복지, 교육, 인사, 법령, 특히 청소년 및 가족 관계, 범죄학 같은 부문들이 변했다.[14] 어린 아이, 청소년, 가족에 집중된 거의 모든 실제 분석들이 깊이 영향을 받았다.[15] 심리적 카운슬링의 장소가 된 종교 또한 마찬가지였다.[16] 그러나 가장 중요한 효과는 의학 일반에 대한 것으로서 이제 의학의 중점은 특정한 질병의 치료에서 질환의 사회적, 통인간적 차원의 관리로 옮겨가게 되었다. 이 이동에서도 역시 정신분석의 공식들이 지침 역할을 했다.[17]

따라서 모든 영역에서 정신분석은 사회 재조직의 중심이었다. 이제 '가부장적'이라 낙인 찍힌 초기의 사회적 개입의 형태와 반대로 새로운 분과들이 목표로 하는 바는, 사회학자 모리스 야노비츠에 의하면,

자율적 에고 통제의 발전과 강화를 통해 개인적 통제를 확장하는 것이었다.[18] "주체성이라는 요소를 통해" 작동하는, 분석적으로 새롭게 계발된 행위자와 조절의 메커니즘은 에고를 자기 스스로 규제할 줄 아는 합리적 행위자로 취급했다. 이 행위자의 성숙은 바깥쪽에서의 개입을 *억제*하는 형태의 개입에 의해 용이해질 것이었다.[19]

새로운 체제는 아나톨 리트박Anatole Litvak의 「뱀 구덩이*The Snake Pit*」(1948) 같은 전후에 쇄도한 정신의학적 영화들을 통해 표현되었다. 이 영화는 판에 박힌 대로 정신분석을 배운 의사와 낡은 스타일의 정신병 의사를 대조시켰다. 전형적으로 이런 영화들의 반전은 분석가가 환자의 분노에 대응하지 *않음으로써* 환자의 자기 통제를 용이하게 해줄 때 일어난다.[20] 이런 영화들은 1970년대에 푸코가 그 작동 방식에 대해 "바깥으로부터가 아니라 안에서 [······] 사람들과 그들의 행동을 속박하는 게 아니라 그것을 생산함으로써" 작동하는 것이라고 설명한, 역력히 현대적인 형태의 권력이 무르익는 상황을 기록하고 있다.[21]

푸코는 새로운 형태의 권력에 대해 전적으로 부정적으로 서술했지만 실제 그 결과는 애매했다. 한편으로 심리학 전문가들이 팽창해나가던 1950년대 미국의 체제는 보통 사람들에게 자기 성찰이라는 새로운 용어와 실천을 제공했고 예전의 공동체적 통제 형태에 맞설 수 있는 힘을 부여했다. 또 한편으로 그것은 의사와 치료사뿐만 아니라 인간관계 지향적 감독자, 인사책임자, 목사, 랍비, 고등학교 진로 상담사에게 전례 없는 새로운 힘을 부여했다. 동성애의 치료가 이 애매성을 예증한다.

전쟁 전 군대 내에서 동성애자들은 투옥되었다. 구강성교로 15년 동안 수감될 수 있었다. 분석가들에 이끌린 개혁 성향의 정신과 의사들은 '항문성교'라는 명칭을 '동성애'로 바꾸기 위해 투쟁하여 성공했고, 처벌을 면하게 했다. 그들의 요구에 루즈벨트 대통령은 동성애로 기소된 해군 장교를 사면했다. 진보한 것이기는 했지만 이 개혁은 군대 내의 감시의 범위를 넓혀 동성애에 대한 감시를 범죄 처벌 시스템이 아니라 정신과 의사에게 맡기도록 만들고, 전후에 차별이 증대하게 된 사태의 토대를 이루었다. 프로이트의 견해와는 전적으로 어긋나게 동성애는 다시 질환으로 규정되었다.[22] 당시로서는 더 인간적이라고 간주되었던 그 대안은 동성애자의 자기 인식에 더 깊은 영향을 끼칠 수 있는 것이었기에 법적 처벌보다 더 교활한 것일 수 있었다.

사회 재조직에 있어 '내적' 차원의 중요성은 개인의 사생활에 대한 새로운 강조에서 더욱 넓은 문화적 표현을 찾아냈다. 나치즘과 스탈린주의의 유사성을 감안할 때 사적 혹은 개인적 영역의 자유는 공적인 삶에 있어서의 자유의 필수불가결한 터전으로 부각되었다. 이점은 한나 아렌트Hannah Arendt의 1951년도 저작인 『전체주의의 기원Origins of Totalitarianism』과 1958년 저작인 『인간의 조건Human Conditions』의 중심 사항이었다. 분석가들은 그것에 카리스마적 깊이를 부여했다.

이 문제에 관한 동시대의 문건으로서 브루노 베텔하임이 1943년에 쓴 비망록 「극한 상황에서의 개인 및 집단 행동Individual and Mass Behavior in Extreme Situations」[23]만큼 시사적인 것은 없을 것이다. 1903년 출생한 베텔하임은 체포될 당시 빈에서 분석을 받고 있었다. 그는 처음에는 다하우로 보내졌다가 다시 부헨발트로 보내져 거기에서 1년을 보냈다. 돈으로 매수하여 수용소에서 벗어나는 데 성공한 베텔하임은 1939년 미국으로 왔다. 이때의 체험에 대한 회고록이 1943년 하버드 심리학자 고든 올포트Gordon Allport가 편집을 맡고 있던 『비정상과 사회심리학 저널Journal of Abnormal and Social Psychology』에 실렸다. 1945년 아이젠하워Dwight Eisenhauer 대통령은 점령된 독일에 주둔하던 전 미군 장교에게 이것을 배포했다. 드와이트 맥도널드Dwight MacDonald는 몇 편을 선별하여 『정치학Politics』지에 재수록했다. 한나 아렌트는 『전체주의의 기원』에서 이에 대해 논의했다. 베텔하임은 이것을 1960년도 저작인 『알려진 마음The Informed Heart』의 중점으로 삼았다. 이 책은 스탠리 엘킨스Stanley Elkins의 『노예Slavery』(1954)나 베티 프리던의 『여성성의 신화The Feminine Mystique』(1963) 같은 당시의 중요한 저작들에 깊은 영향을 끼쳤다. 요컨대 그것은 시대의 아이콘이었다.

베텔하임의 회고록의 주제는 인격을 파괴하는 환경 속에서 인격적 개인으로 살아남기라는 것이었다. 베텔하임은 "나치스 국가의 잘 알려진 이데올로기에 의하면 있는 그대로의 개인은 비존재이거나 아무런 중요성도 없다"고 적었다. 수용소는 "개인으로서의 수인囚人을 파괴하도록 만들어진 것"이었으며 게슈타포에게 "모든 시민적 저항을 분쇄하는 효과적 수단을 연구하기 위한 실험장"으로 제공된 것이었다. 차분하고 논리적이며 사회과학 스타일로 집필한 베텔하임은 수용소에서의 세 가지 행동 유형 ─ 개인, 군중, 사인私人 ─ 을 구분하고는 마지막 유형에 대해서만 하나의 예를 들었다. 그것은 갇혀 있는 기간 동안 그 자신을 성찰하는 것이었다. 그는 이것이 그가 살아남은 관건이라고 주장했다. 그는 자신을 관찰하는 에고와 관찰당하는 에고로 분리시켰던 것이다.

에고심리학자로서 베텔하임은 최초의 충격, 추방과 이송, 오래된 수감자와 신입 수감자의 차이 등과 같은, 후일 홀로코스트 문학의 기준이 되는 많은 테마들을 소개했다. 그러나 가장 눈길을 끄는 것은 수인囚人들의 심리적 퇴행에 대한 그의 설명이었다. 어른으로서의 모든 권리, 특히 프라이버시를 박탈당하고, 변소에 갈 때에도 허락을 요청해야 하며, 서로 간에 '너'라고 부르도록 강요당하고 언제든 때만 되면 한통속으로 취급당하고 정기적으로 고문의 위협을 받는 수인들은 벌 받는 것을, 특히 그 벌이 경미한 것일 때 수치스럽게 여기도록 되고 말았다. 물론 그들은 불가능한 복수를 꿈꾸기도 했다. 그러나 대단히 의미심장하게도 그들은 경비병들을 모방하고, 경비병들과 함께 '부적합' 수인들을 경멸하고 세계의 신문들에 수용소를 규탄하는 전前수감자들을 비난하였으며 처벌을 받으면서까지 게슈타포를 닮기 위해 죄수복을 바느질해서 고쳐 입곤 했다. 경비병들은 수인들을 극도로 경멸했지만 그러나 수인들은 경비병들이 은밀히 자기네 편이라 상상했다. 한 번은 경비병이 막사로 들어오기 전에 장화를 깨끗이 닦았을 때 수인들은 그것이 존중의 표시인가 여부를 놓고 일주일 동안이나 토론을 벌였다.

베텔하임의 이야기는 나중에 다른 동료 수감자에 의해 반박당했지만 그러나 여기서는 그 정확성 여부는 문제가 아니다.[24] 보다 중요한 것은 그것이 어떻게 받아들여졌는가이다. 베텔하임은 자신의 관찰이 유대인 수용소뿐만 아니라 "대독일의 정치범 수용소"에도 적용되는 것이라 주장했다. 독자들은 이 이야기의 범위를 더 확장시켰다. 그들은 이 이야기를 현대 사회에서 자율성을 위협하는 모든 요인들에 대한 일반적 이야기로 읽었다. 프로이트의 집단 이론을 자신의 분석의 근거로 삼은 베텔하임처럼 그들은 단지 집단의 구성원으로만 취급당할 때 한 개인이 자율성을 유지하기 위해 겪는 어려움에 충격을 받았다.[25] 그리고 그들은 베텔하임을 좇아 그러한 환경에서 침해당하지 않는 영혼을 유지하기 위한 단 한 가지 결정적 수단이 정신분석적 자기 성찰임을 확인했다.

베텔하임의 이야기 중 수용소에서 끔찍했던 것은 경비병으로부터 벗어날 방도가 없어 공과 사의 구분이 전혀 이루어질 수 없다는 점이었다. 이 구분의 신성함에 대한 강조를 1950년대 미국 사회과학의 훌륭한 업적들에서 널리 찾아볼 수 있다. 아렌트의 『전체주의의 기원』에서 사생활의 파괴는 본질적으로 사적 영역을 침해하지 않았던 옛날의 독재 형태와 전체주의를 구분짓는 것이었다. 엘킨스의 『노예』에서 노예들이 어느 정도 자기만의 공간을 지니고 있었던 브라질이나 아이티의 노예들보다 북아메리카의 노예들이 더 적개심에 불타고 파괴적이었던 것은 사적 공간 — 재산을 가질 수 있는 권한, 집과 정원, 읽고 쓸 줄 아는 것, 여행의 권리 — 이 없기 때문이었다. 그리고 프리던과 그녀의 추종자들이 볼 때 여성의 조건이 그토록 가혹한 것은 여성에게는 사적 공간이 없기 때문 — 집은 감옥이 되어버렸으므로 — 이라는, 당시로서는 새로운 깨달음이었다.[26]

프라이버시에 대한 강조는 정치에서 내면성으로의 전환을 촉진했다. 그와 더불어 이 책의 역사 여행을 열어준 역사학자 칼 쇼르스케는 군에서 제대한 후 선생이 되었고, 그리고는 학생들의 관심이 경제, 정치, 사회학에서 문학과 철학으로 옮겨가는 것을 관찰했다.[27] 군나르 뮈르달Gunnar Myrdal의 『미국의 딜레마An American Dilemna』 같은 이 시대의 참여적 사회과학 대작들도 "도덕적 투쟁은 사람들 사이에서만이 아니라 한 사람 안에서도 이루어진다"는 전제 위에 기초하고 있었다.[28] 많은 사람들에게는 매카시즘의 고뇌도 세계관의 갈등이 아니라 자기의 양심과 친구를 배반해야 한다는 강요에 놓여 있는 것이었다.[29] 많은 관찰자들은 원자 시대가 인민전선이 용인했던 것보다 더 깊은 심리학적 통찰을 요구한다고 믿었다. 노먼 커즌스Norman Cousins는 『새터데이 리뷰Saturday Review』에서 "원초적 공포, 뭔가 알 수 없는 것에 대한 공포가 잠재의식에서 의식으로 뛰쳐나와 근본적인 근심으로 채운다"[30]고 썼다.

간혹 프라이버시에 대한 강조가 가정성에 대한 강조로 변질되기도 했다. 전후 가족에 대한 지배적 이데올로기는 미국 정부까지를 포함하는 외부 세계로부터 가족 구성원을 보호하는 방식으로 그 사적 성격을 강조했다. 그 이데올로기는 계급과, 그리고 공동체에 기반을 둔 산업사회에서 대량 소비를 지향하는 가족 중심적 '포스트 산업사회'로의 이동을 반영했다.[31] 이제껏 꿈도 꾸지 못했던 개인적 소비의 가능성과 더불어 예전에는 반문화적이고 초가족적 환경과 결부되었던 개인적 삶이 대중들의 이데올로기가 되었다. 그 이상에 추동된 전후 세대는 남·여성 모두 결혼 연령이 낮아졌고 이혼율이 저하되었으며 자녀 수는 늘어났다. 이러한 추세는 1960년대 말까지 지속되었다. 그러는 동안 광고와 헐리우드는 특정 상품에 대해서가 아니라 유토피아적 욕망이라는 카리스마로 가정의 소비 기획 전체를 뒤덮었다. 1930년대에는 강력한 인종 공동체와 산업 노조라는 동인drive이 노동자 계급의 삶을 구성하였다면 전후의 시기에는 미리 지어진 교외의 집, 세탁기, 냉장고, 대중들을 위한 '사치품'들이 계급에 기반을 둔 정체성을 잠식했다. 전국적 연쇄점이 지역의 인종 기반 상점들을 대체했다. 네트워크는 지역 라디오 프로그램을 밀어냈고 텔레비전은 노동자 계급 가정에서 시트콤의 소재를 찾아냈다.

이와 같은 맥락에서 '성숙성' '책임감' '어른다움'의 새로운 윤리가 펼쳐짐과 동시에 정신분석에 의해 형태화되고 다음 차례로 정신분석을 형태화했다. 에릭 에릭슨의 정의에 의하면 성숙한 인간이란 "차이에 관용적이고 평가에 신중하고 방법적이며 판단에 있어 공정하고 행동에 있어 조심스럽고 〔……〕 신앙심이 있고 의분義憤을 느낄 줄 아는 사람"[32]이었다. 중산층과 가족의 중요성을 노동자 계급의 규범에 맞서는 것으로 대립시킨 여성들의 역사적 강조를 반영한 '성숙성'은 남성들이 자기네끼리만 교제하거나 친구, 동료들과의 사춘기적 세계에 머무는 것을 거부하고 남성들을 이성과의 양자 관계로 재정향하며 결혼의 책임을 수용하는 것을 의미했다. 성숙성은 또한 한계의 수락을 의미하기도 했다. 필립 리프가 표명한 바에 의하면 그것은 "도덕적 수단 내의 삶으로 물러날 것과, 윤리적 고결함의 추구가 비록 헛되더라도 아무런 보상 없는 실패를 겪지는 않는다"는 것을 의미하는 것이었다.[33]

성숙성의 윤리를 고심해 만든 장본인인 정신분석가들은 그 윤리를 가정성에 결부시켰다. 사적이고 가족적인 영역에 섹슈얼리티, 심오한 자아, 개인적 삶 등과 연관된 카리스마적 의미를 주입한 그들은 이성애적 사랑과 결혼을 재인가했다. 뉴딜 시대의 가정이 세속적이었고 남성들의 저항받는 권위와 돈벌이도 되지 않는 여성들의 노동의 공간이었다면, 1950년대에 그것은, 아마도 특히 여성들에게는, 더 개인적의미로 채워진 공간이 되었다. 1950년대의 페미니스트들에 대해 '나

사공 로지Rosie the Riveter'가 원하지 않음에도 집으로 돌려보내진 시대에 속했던 사람들이라고 묘사하는 것에 일말의 진실이 담겨 있다 하더라도, 여전히 프로이트를 읽는 독자와 분석 받는 환자들의 절대 다수를 점하고 있는 것은 여성이었다.[34] 많은 사람들이 가정의 새로운 이상, 아이를 키우는 일의 깊은 의미와 그 보상적 성격, 평생을 함께한다는 윤리적 가치, 그리고 이와 결부된 성숙성의 목표에 대한 믿음을 지니고 있었다. 1956년도의 영화 「회색 정장의 사나이The Man in Gray Flannel Suit」에서 아내(제니퍼 존스Jennifer Jones 분)는 더 좋은 집을 갈망하여 남편(그레고리 펙Gregory Peck 분)에게 돈을 더 많이 벌어오라고 졸라댄다. 그러나 개인적 청렴을 강조하는 아내의 태도는 남편의 새 직장인 홍보실에서 만난 천박하고 속 빈 강정인 '예스맨'과 대립된다. 그리고 아내는 영화가 진행되는 동안 '성숙'해진다. 클라이맥스에서 전쟁 기간 동안 남편과 로마 여인 사이에 있었던 일을 알게 된 아내는 상처 받은 마음을 극복하고 다시 결혼 생활에 전념하며 전쟁 중 얻은 남편의 아이에 대한 금전적 책임을 받아들이는 데 동의한다. 이렇게 1950년대 중반 이탈리아에 대한 미국의 재정적 책임이 상징화된다.

남성성 역시 제2차 세계대전 동안과 이후에 많은 변화를 겪었다. 그때까지만 해도 보수적인 식자識者들은 뉴딜 정책이 의존적인 '나약한 사람'들만을 양산해낼 것이라 우려했다. 1943년 조지 C. 마셜George C. Marshall 장군은 "우리의 적이 젊은이에게 고난을 견디는 것을 가르치는 동안 우리 젊은이들은 정부에 의지하는 것만 배웠다"고 일갈했다. 윌리엄 메닝거조차도 미국 사회가 '나는 내가 원하는 것을 원하고 싶을 때 원한다'[35]로 요약되는 미성숙한 성장 단계에 있다는 데에 동의했다. 그러나 1943년 드와이트 아이젠하워는 정신과적 문제로 병원에 입원해 있는 병사를 때렸다는 이유로 조지 패튼George Patton 장군을 견책했다. 패튼은 한 병사에게 "징징대지 마, 빌어먹을"이라고 고함을 질렀던 것이다. 이 뉴스가 신문에 보도되었을 때는 그 환자 병사가 아니라 패튼이 심리적 문제가 있는 사람처럼 보였다.[36] 전쟁 후 재향군인협회는 「사나이*The Men*」(1950) 같은 영화 제작을 도왔다. 그 영화는 하반신 마비를 받아들이려는 말론 브란도Marlon Brando의 고투를 중심으로 한 것이었다. 그의 뜻과는 다르지만 그를 위해 온통 남자들 천지인 보훈병원에서 퇴원당한 그는 마지막 장면에서 그의 쓸모없는 몸을 질질 끌고 교외의 단독주택인 자기 집 앞 계단에 모습을 드러낸다. "도와줄까"라고 묻는 아내에게 그는 "부탁해"라고 답한다.[37]

전반적으로 전후 시기는 많은 사회, 문화적 변화를 몰고 왔다. 개인적 책임에 대한 새로운 감각이 군대, 직장, 전문직에 스며들었고, 개인적 삶에 함축된 의미가 결혼과 가족의 가치를 증대시켰다. 이러한 변화들에서 카리스마와 합리화는 풀어헤칠 수 없이 서로 얽혔다. 한편에서 카리스마적 함의는 노동의 재조직, 학문의 새로운 지배 같은 명백히 외부적인 발전에 심오한 개인적 의미를 부여했다. 다른 한편에서는 가정성을 재인가함으로써 사람들의 라이프사이클에 합리화가 뿌리내리도록 했다. 그 결과 기존의 공동체들과 집단 연대성은 파괴되고 관료주의적이고 기술적으로 조직된 형태의 질서 —정신의학, 의학, 복지국가, 종합대학, 군대, 가족— 가 창출되었다. 1960년대의 세대는 이 같은 질서에 반항하게 된다.

미국의 정신분석가들은 합리화를 실천하는 사람들이었다. 그러나 그들 자신도 합리화에 의해 변했다. 표면상의 관건적 요소는 의학, 특

대중문화에 침투한 정신분석(1955)

히 모든 분석가들이 의학 학위를 지녀야 한다는 요구였다. 심층적 수준에서 정신분석과 미국의 정신치유 문화 사이에는 특별한 공감대가 있어왔다. 이민자들에 의해 이 둘은 숙명적으로 합쳐지게 되었다. 유럽 정신분석의 가장 좋지 않은 경향 — 완벽주의, 학문 숭배, 권위주의, 정치에 대한 경멸과 공포 — 은 새로우면서도 미국적인 특성에 따른 굴절을 겪게 되었다.

정신분석의 미국화는 대공황 초기에 이브 헨드릭Ives Hendrick, 랠프 코프먼Ralph Kaufman, 버트럼 레빈Bertram Lewin, 그레고리 질버그Gregory Zilberg, 로렌스 쿠비Lawrence Kubie 등이 포함된 젊은 미국 분석가들의 새로운 '세대 집단'이 에이브러햄 브릴을 중심으로 모인 동부 유럽인들이 지배하던 뉴욕 그룹으로부터 세력을 장악할 때 비로소 시작되었다.[38] 젊은 분석가들의 핵심적 아이디어는 교육, 임상 작업, 대중화를 한데 결합한 전문 연구소를 세우는 것이었다. 그 생각은 정신의학자를 위한 분석 훈련을 지원하던 많은 재단들에 반영되었던 것처럼 정신분석의 정당성을 추구하는 정신의학자들의 요구에 적절히 들어맞았다.[39] 1930년대에는 지방 연구소들의 성장이 눈에 띄는데, 그들 중 대부분은 엄격한 단체 생활을 하는 야간 학교였다. 그러는 동안 엘리트 연구소들의 정신의학자 숙소는 '정신동력학적psychodynamically'으로 유도되었다.[40] 1930년대 중반에 모든 정신분석 훈련 지망자들에게는 인가된 기관에서 정신의학적 거주psychiatric residence를 수행할 것이 요구되었다.[41]

망명자들이 도착하자 의학화 경향이 강화되었다. 대부분이 베를린 정신분석 연구소에서 온 이들이 정신분석을 전문직업화하는 데 앞장섰다. 망명자들은 모두가 진취적인 에고심리학자들로서 이들은 젊은 분석가들의 야망을 공유했다. 실제로 그들 중 많은 사람이 예전에는 오스트리아와 독일에서 미국인들을 상대로 분석을 하던 사람들이었다. 핵심 인물들은 컬럼비아 대학으로 간 산도르 라도와 에른스트 짐멜이었다. 짐멜은 1934년 로스앤젤레스에 최초의 정신분석 학회를 창립했고 후일 여기서 오토 페니첼, 마틴 그로챤Martin Grotjahn과 합류했다.[42] 헬렌 도이치는 프로이트의 소망을 저버리고 1935년 빈을 떠나 보스턴으로 와서 그곳에서 한스 작스와 합류했고 나중에는 에드워드 비브링과 그레테 비브링과도 합치게 되었다. 1933년 베를린에서 도피한 테오도어 라이크는 헤이그를 거쳐 뉴욕으로 건너갔다. 폴란드 유대인으로서 라캉의 분석가였던 루돌프 뢰벤슈타인, 빈 예술사 박물관의 보조 큐레이터로서 프로이트가 수집한 골동품들을 안전하게 빼돌리는 데 도움을 준 에른스트 크리스, 1941년 뉴욕 정신분석 학회 회장이 된 하인츠 하르트만 역시 아니 라이히, 헤르만 눈베르크, 에디트 야콥슨, 케테 볼프Käthe Wolf, 마리아네 크리스Marianne Kris처럼 뉴욕으로 이주했다. 뉴욕에 분석가들이 넘치자 이민자들은 다른 곳으로 갔다. 로베르트 벨더는 필라델피아로, 리하르트와 에디트 슈테르바Richard and Edith Sterba는 디트로이트로, 엘제 프렌켈-브런즈윅Else Frenkel-Brunswick은 샌프란시스코로, 데이비드 래퍼포트David Rapaport는 토페카의 메닝거 클리닉으로, 그리고 프리다 프롬-라이히만은 메릴랜드의 체스넛 로지 요양원으로 갔다.[43]

망명자들은 만일 그들이 아니었더라면 그저 밋밋한 직업에 지나지 않았을 것에 엄청난 명성을 가져다주었다. 누군가는 정신분석이 소포클레스Sophocles에서 셰익스피어William Shakespeare와 괴테에 이르기까지 펼쳐진 이미지와 사상을 배경으로 성장한 것이라고 평가했다.[44] 또 다른 사람은 '게이'라는 단어가 동성애자를 뜻하는 단어임을 이해하지 못하면서 어떻게 분석을 할 수 있느냐고 의문을 제기했다. 많은 이민자들은 도도한 우월감의 자세를 취했다. 에이브럼 카디너는 그들을 '어디서 왔느냐에 따라 다르다Ja, bei uns war es anders'라는 표현을 암시하는 'bei unsers'라는 별명으로 불렀다. 흔히 그들은 미국 정신분석에 대해 "서비스 지향적이고 지각이 없다는 조롱조의 판단"[45]을 표출하기도 했다. (티파니에서 태어난) 도로시 벌링햄은 안나 프로이트에게 미국인들의 '거창한 사업 수완'에 대해 불평하기도 했다.[46] 미국 태생의 정신의학자들도 어떤 때는 같은 식으로 대꾸했다. 예를 들면 1938년 카를 메닝거가 프란츠 알렉산더에게 한 축하의 말은 "당신들은 참 유연한 사람들, 국제인입니다. 〔……〕 유대인답지 않게"였다. 그리고 윌리엄 메닝거는 그의 형에게 "나는 의사들 그룹 중에서 (최근 이민 온) 정신분석학자들 그룹만큼이나 '웃기는 새'들이 많은 그룹은 처음 봤어. 나는 서둘러 그들과 일체감을 느껴야 할 아무런 급한 이유도 없어. 나는 차라리 미국의 정신과나 미국 내과 대학에 일체감을 느껴"라고 말했다.[47]

이민은 동화로 이어졌고 의학 학위에 대한 요구도 엄격하게 적용되었다. 윌리엄 엘런슨 화이트 연구소에서는 의학 학위가 없는 정신치료사는 분석을 행하지 않는다는 서약서에 서명해야 했다.[48] 다른 곳에서는 의사가 포함되지 않은 독서 그룹에 분석가들이 참여하는 것이 허락되지 않았다. 라이오넬 트릴링은 의사가 아니라는 이유로 명예 분석가가 되지 못했다. 프로이트의 개인 비서였던 파울 페데른은 이민 온 지 7년 후 내과의사가 될 때까지 분석학회 회원이 되지 못했다.[49] 프로이트는 격노한, 그러나 아무 소용없는 항의를 전달했다. 에릭 에릭슨, 지크프리트 베른펠트, 심지어 안나 프로이트까지도 의사 자격이 없다는 이유로 신임을 얻지 못했다. 뉴욕 정신분석 학회가 자신을 훈련 중인 분석가로 강등시켰을 때 자기 손으로 학회를 세웠던 카렌 호나이도 내과 의사 면허가 없다는 이유로 에리히 프롬을 쫓아냈다.[50] 테오도어 라이크 — 프로이트가 1926년 『비전문가 분석 *Lay Analysis*』을 쓰게 되는 계기는 라이크의 비전문가 지위 때문이었다 — 는 "나는 열네 권이 넘는 책을 쓰고 수없이 많은 논문들을 정신분석 저널에 게재한 저자였다. 사실 나는 융숭한 대접을 기대했었다. 나는 이 같은 기대가 모두 허사라는 걸 금방 알아차렸다. 내가 의사가 아니기 때문이었다. 그들은 내게 실제 분석을 하지 않는다는 조건으로 보잘것없는 일자리를 제공했다. 간혹 나는 동료 의사들과 비교하여 정신분석에서 유능하지 못하다는 생각을 하기까지 했다"[51]고 말했다.

분석가들이 정신의학을 정복하면서 그들은 점차 그 가치를 흡수했다. 이브 헨드릭은 1955년 미국 정신분석 협회APA의 회장 취임 연설에서 동료 분석가들에게 성공의 열쇠는 프로이트의 도그마주의에 대한 '승리'라고 말했다. 미국의 분석가들은 "이론적 도그마에 짓눌리기를 거부했다. 실용주의자인 그들은 유용하다는 이유로 존속되는 것을 선호했다."[52] 1948년 저작 『정신분석의 기초Fundamentals of Psychoanalyse』에서 프란츠 알렉산더는 "전통적인 역사적 소개의 방식은 흔히 혼란의 근원"이므로 정신분석의 역사를 공부하는 것은 더 이상 바람직하지 않다고 단언했다. 교과서는 "정신분석적 지식의 현 단계에 대한 이해적 시각"[53]을 제시해주어야 한다는 것이었다. 1965년 알렉산더는 프로이트가 공식적 정신의학에서 방향을 돌렸을 때부터 정신분석이 잘못된 길로 접어들게 된 것임을 입증하기 위해 오이겐 블로일러와 주고받은 프로이트의 서신을 출판했다.[54]

정신분석과 정신의학 간의 경계가 흐릿해지자 분석가들은 대단한 명성과 금전적 대가를 얻었다. 이민 온 사람들 중 분석가들이 가장 성공적이었다. 이에 비해, 예를 들면 볼프강 쾰러Wolfgang Koehler, 막스 베르트하이머Max Wertheimer, 쿠르트 코프카Kurt Koffka 등은 게슈탈트 심리학을 재건해내지 못했다.[55] 나탄 헤일Nathan Hale에 의하면 1947년은 "골드러시 같은 어떤 것"이었다.[56] 1953년 APA의 회장 취임 연설에서 C. P. 오베른도프는 "마침내 정신분석은 정당화되었고 존중받게 되었다"고 공표했다. 2년 후 이브 헨드릭은 정신분석을 "시장을 (적어도 표면적으로는) 지배하는 브랜드"라 부르며 회원수가 "산술급수적이 아니라 기하급수적으로 늘어나고 있다"고 알렸다. 덧붙여 그는 "다른 의학 그룹들의 존중에 의해 엄청나게 커진 우리의 성공은 생각지도 않고 기대조차 하지 않았던 권력 — 교수 임명, 학생 선발, 교육 과정과 관련된 인가 권력 — 을 우리에게 주었다"고 말했다.[57] 빌헬름 라이히조차도 성공했다. 그는 뉴욕 포리스트힐즈에서 사치스런 분석실을 차려 운영하다 식품의약법상의 사기로 형을 확정받아 연방 교도소에서 복역하던 중 실성해서 죽었다.[58] 1956년 알프레드 카진 Alfred Kazin은 "정신분석은 큰 사업이고 아주 잘되는 사업"[59]이라고 말했다.

미국이라는 복지국가에 정신분석이 흡수되어간 과정은 미국이라는 탐욕-기계에 의해 부패한 재능 있는 아웃사이더에 대한 잘 알려진 이야기 그 이상의 어떤 것이다. 오랫동안 한편의 종교적 개종, '정신치유', 자조自助와 다른 한편의 정신분석의 유토피아적 경향 사이에 수렴 현상이 있어왔지만 미국 정신분석의 운명에 결정적 영향을 끼친 것은 냉전이었다. 1940년대와 1950년대 미국의 모든 보수 세력들은 광범위하게 왜곡된 외부의 적에 대한 공포를 중심으로 결집해 있었다. 견해를 달리하는 자는 주변화되고 박해받았다. 자기 과장의 관심이 번창했다. 분석가들이 정당성과 영향력을 확보해가면서 동시에 그들은 부화뇌동과 억압이라는 전체적 장치의 일부가 되었다. 권위주의, 과학주의, 과장 같은 그들의 기존 성향들은 정신분석이 주변적이었을 때는 한낱 약점에 지나지 않는 것이었지만, 냉전 문화에 휩쓸리면서 심각하게 불길한 것이 되었다.

우선 냉전 국가에 정신분석이 통합되자 그것은 과학에 대한 실증주의적 관념과 결부되었는데 이것은 곧 정신분석에 불리한 방향으로 사용되었다.[60] 1997년 앨런 A. 스톤Allan A. Stone은 전후 보스턴에서의 훈련 동안 그의 선생은 분석 작업을 과거의 위대한 집단적 노력들과 비교했었다고 회상했다. 반세기 후 정신분석의 카리스마가 해체됨에 따라 스톤은 정신분석이 온축蘊蓄적인 과학도 아니고 언제나 관찰 가능한 데이터에 기반을 둔 것도 아니며 예측도 할 수 없다고 생각하게 되었다고 덧붙여 말했다.[61] 스톤의 좁아진 과학 개념은 물리학을 직접 모델로 삼지 않은 거의 모든 인간에 대한 연구 방법을 배제해버리게 될 것이었다. 실제로는 물리학이 더 복잡한데도 말이다. 자연과학의 관념화되고 과도하게 제한적인 개념에의 종속, 비판과 성찰의 배제, 경험적 증명이 필요하지만 그것을 얻을 수 없을 때 물어보기를 거부하는 것, 연구 주제가 사물이 아니라 학습 과정을 통해 스스로 바뀔 수 있는 자유로운 존재라는 사실의 무시, 이러한 모든 것이 1940년대 후반의 냉전 문화에서 강고해졌다.[62]

과학주의적 문화는 분석가들로 하여금 개인적으로든 집단적으로든 자신에 대한 성찰을 하지 않아도 되게끔 용인했다. 더할 나위 없이 분석적이었음에도 정신분석은 그것을 시술하는 사람들이 주장하는 것보다 훨씬 효과가 적었다. 그 결과 흔히 정신분석은 성공은 떠벌리고 실패는 무시하며 강의실에서는 왜곡된 발표를 하고 자기 교정의 수단임을 스스로 부인하는 자기 기만bad faith의 공동체였다. 당연히 사태는 복잡해졌다. 카리스마적 힘으로서 정신분석은 분석자나 환자들에게 큰 수요를 창출했다. 그러나 공식적으로 인정된 것보다 더 큰 '실패', 제2, 제3의 분석, 비극적으로 뒤틀린 삶들이 있었다. 정신분석에 대한 프레더릭 크루스Frederick Crews의 후일의 비난에는 일말의 진실이 담겨 있다. "고의적인 냉담함, 정서적 퇴보를 조장하기, 환자들의 자기 인식을 틀린 것으로 폄하하기, 죄의식의 무모한 남발, 여성의 도덕적 열등성과 예정된 수동성에 대한 그 역사적 시각, 제멋대로식 해석의 허용, 분석가들은 언제나 옳다는 식의 아전인수 등."[63] 이 같은 자세는 내적 권위주의에 의해 경직되었다. 한 분석가의 훈련기에 대한 회상에 따르면 "어떤 학생이 무엇이든 묻기만 하면 그는 냉대 받고 저항적이라는 낙인이 찍혔다."[64]

냉전의 분위기 속에서 의학화는 탈정치화와 이에 대한 반작용까지 조장했다. '프로페셔널리즘'과 '분석적 중립성'의 이상은 분석가가 공권력과 연합했을 때에는 다른 의미를 띠었다. 냉전이 전개되자 정치에 '초연하다'는 주장은 특히 해로운 것이 되었다. 가장 악명 높은 사례는 브라질에서 발생했다. 독일 제3제국 기간 동안 독일 정신분석의 선도적 대표였던 베르너 켐퍼Werner Kemper는 1946년 리우데자네이루 정신분석 연구소의 창립자 중 한 사람이었다. 한참 후 켐퍼에게서 훈련을 받은 한 분석가의 감독을 받는 분석 지원자 아밀카르 로보Amilcar Lobo는 의학화에 의해 수립된 견해에 따라 고문자를 도와 피해자의 심신 상태를 감시했다. 거듭된 개입 요청에도 불구하고 IPA는 사건의 심각성을 최소화했다.[65]

영국에서는 인민전선의 깊은 영향을 받아 형성된 분석 전통을 반공주의가 미묘하게 흐렸지만, 미국에서는 자유주의적 분석가들조차도 매카시즘을 모른 체 묵인했다. 아서 밀러Arthur Miller는 자신의 곤란한 문제가 "분명 개인적인 것"이었지만 그러나 그는 "정신분석이 마르크스주의뿐만 아니라 [……] 다른 종류의 사회적 행동주의의 대용물로 쓰이는 것은 아닌지 의심하지 않을 수 없었다"[66]고 회상했다. 몇몇 분석가들은 환자들에게 하원 반미활동 조사위원회HUAC와 매카시

청문회에 협력하기를 종용하기도 했다.[67) 배우 스털링 하이든Sterling Hayden의 분석가는 전 공산주의자였는데 하이든은 "내가 아무런 나쁜 짓도 하지 않은 사람이라도 끌어들이지 않으면 FBI는 결코 나를 그냥 내버려두지 않을 것"이라고 하자 그의 분석가는 "아마도 FBI는 이 정보를 기밀로 취급할 것"이라고 충고했었다는 사실을 보고하기도 했다. 하이든이 자기 변호사가 FBI를 믿지 말라고 말했다고 하니까 그 분석가는 "다른 변호사를 알아보라"고 제언했다는 것이었다. 나중에 그 분석가는 하이든에게 이렇게 말했다. "FBI에게 은밀하게 말하는 거나 워싱턴의 법정에서 말하는 거나 실제로는 큰 차이가 없습니다. 당신은 이미 모든 걸 다 말했어요. 알다시피 당신에게는 훌륭한 상담사가 있습니다. 그리고 운이 좋으면 — 아마도 시간이 지나면 — 사람들은 당신을 한때 실수를 저지른 사람의 본보기 정도로 생각할 겁니다."[68)

한때 분석가란 지배 문화가 제공하는 것보다 더 섬세한 에고의 개념을 지니고 있음을 뜻했다. 이제 그들은 무비판적으로 서구의 '개인 존중'을 자신들과 동일시했다. 1948년 유네스코는 파리에서 열린 토론회를 지원했는데 거기서 해리 스택 설리번과 다른 사람들은 부다페스트의 알렉산더 스잘라이Alexander Szalai가 이끄는 동유럽 사회과학자들과 토론을 나눴다. 서구 심리학에 대한 미국의 방어 논리는 우선 사회적 조건을 변화시키지 않고서는 사람의 의식을 바꾸기가 불가능하다는 정통 마르크스주의적 주장을 쉽게 격파했지만, 그러나 그것은 논의의 시작이었을 뿐 끝이 아니었다.[69) 그뿐만 아니라 미국인들은 자원 봉사 사절使節 같은 태도를 취했는데 이것은 냉전의 승리주의를 더 강하게 부각시켰다. 호나이는 미국을 향해 "정서적 안정을 위한 장기적 계획"을 채택하라고 조언했고, 설리번은 "정신의학의 전세계적 결집"을 촉구했으며, 헨리 A. 머레이Henry A. Murray는 사회과학자들이 "가치의 영역에 파고들어 사회에 대한 의사"가 될 필요가 있다고 주장했다.[70]

정부의 지원을 받는 정신분석의 애매함은 외교적 사안의 영역에서 가장 명확히 나타났다. 일본 점령 기간 동안 마르크스주의 이론가인 마루야마 마사오Maruyama Masao는 그가 '현대적 에고'라 부르는 것이 일본에 취약하다는 약점과 일본의 군국주의를 결부시켰다. 한편 독일에서는 2세대 비판이론가인 알렉산더 미체를리히Alexander Mitscherlich가 독일 정신분석과 국가사회주의의 공범 관계를 파헤쳤다. 그러나 미국 당국은 이 두 동향을 모두 무시했다. 냉전의 영향으로 그들은 정신분석을 과거를 잊는 방식으로서 장려했던 것이다. 독일에서는 일찍이 1945년 10월에 펠릭스 뵘과 카를 뮐러-브라운슈바이크를 포함한 분석가들이 정신치료 비용을 지불하기 위한 정부 지원의 보험회사를 인수해 에디트 쿠르츠바일Edith Kurzweil이 '사이코붐psychoboom'이라 부른 것을 만들어냈다. 10년 사이에 독일은 냉전하에서 미국의 주요 파트너가 된 것과 마찬가지로 IPA에서 가장 큰 그룹의 하나가 되었다. 괴링연구소의 역사가 묻히자 분석가들은 "지난 날 나치스에 대한 자신들의 '모호한 태도', 그들이 겪어야 했던 곤경, 예전에 친하게 지냈던 유대인 분석가들을 미국과 영국에서 만나게 된 것 등을 과장하며 그들 자신의 최근 이야기들을 수정했다."[71] 그래서 미국 분석가들은, 미국이 자신의 생활 방식을 수출하려고 모색하는 훨씬 방대한 과정의 일환으로, 유해성이 제거된 버전의 프로이트주의를 수출했다.

일상화의 과정에 열중하고 있기는 했지만 미국 분석가들의 내면적 삶은 카리스마적 의미의 근원과의 연계성에 의해 형성되었고, 이것이 그들을 동료 의사들과 구분지어주었다. 분석가가 되기 위한 도제徒弟 생활, 자기 희생, 교육 년수, 저녁 강의, 수도사 같은 품행, 비밀 엄수, 헌신 등은 단순한 경제적 보상만으로는 설명이 되지 않았다. 정신분석은 다른 무엇이기에 앞서 소명이었다. 미카엘 발린트는 분석 교육이 비의적 지식, 교조주의, 권위적 기술로 치르는 "원시적 입사 의례를 강하게 상기시킨다"고 적었다. 그 중심에 있었던 것은 분석 훈련, 즉 궁극적인 권위를 프로이트에게서 물려받은 어떤 사람과의 깊고 긴밀한 일대일 관계였다. 그것의 목표는 여느 성직자들의 훈련에서처럼 지원자로 하여금 자신을 전수자와 동일시하고 전수자의 이상을 자신의 내면에 투사하여 이 같은 동일화를 통해 일생 동안 그에게 영향을 줄 강한 슈퍼에고를 수립하는 것이었다.[72] 이민의 트라우마는 지원자와 전수자 간의 밀착의 강도를 강화시켰지만 또한 그것을 은밀하게 만들기도 했다.

정신분석이 복지국가와 융합되자 분석가들이 내적 정체성을 유지하기 위해 소유한 가장 중요한 자원은 "에고 이상의 공유, 즉 이상화된 프로이트의 이마고"였다. 1955년 한 만찬 자리에서 라이오넬 트릴링은 정신분석이 그 역사 모두를 실제로 프로이트라는 한 인물을 통해 활동적이고 극적으로 만들었음에 대해 찬사를 보냈다. 1956년 프로이트 탄생 백주년은 단 한 가지 원칙만을 따랐다. 즉 프로이트가 찬성하지 않았을 것은 어떤 것도 하지 않는다는 것이었다. 루스 토머스Ruth Thomas는 "그것은 마치 우리가 프로이트를 존경하는 데 있어 마침내 단 하나의 일치점을 찾아낸 것 같았다"고 언급했다. 에른스트 크리스는 안나 프로이트의 미국 방문에 대비한 준비를 했다. "모두들 당신 말에 따를 겁니다. 당신이 프로이트의 딸이어서는 아니지만, 그러나 그럼에도 어떤 의미에서 당신이 프로이트의 딸이기 때문입니다." 계속하여 그는 "괜찮으시다면 그를 향한 그들의 이중적 태도의 긍정적 측면은 당신을 의식한 것으로 생각하셔도 좋을 겁니다"[73]라고 했다.

분석 훈련 외에도 프로이트와의 카리스마적 결속감을 재생산하는 두 가지 부가적 수단이 있었다.[74] 첫번째 수단은 프로이트의 저작, 특히 『꿈의 해석』을 읽는 것이었다. 하인츠 코후트가 지적했듯 이 텍스트를 연구하는 것은 학생들로 하여금 프로이트의 정신 "내면의 가장 깊은 곳에 대한 연구"에 참여하도록 함으로써 그와 일체감을 느끼도록 이끌었다. "의식에서 무의식의 수준까지 확장된 다른 사람의 정신 모든 부분과의 감정 이입을 통한 그 같은 강한 친밀성은 우리의 일상적 관계에서는 가족구성원이나 친구와 같은 가장 가까운 사람에게서 조차도 획득할 수 없는 것이다." 프로이트와의 일체감을 재현하는 두 번째 수단은 글쓰기를 프로이트의 핵심적 정체성으로 상정하고 글 쓰는 사람이 되는 것이었다. 1945년 에른스트 크리스는 "우리가 진짜 프로이트의 정신분석이라 믿는 것에 대한 권위 있는 선언"을 주창했다. 크리스는 런던에서 한 장의 메모를 보내왔다. "MEMORANDOM — 다음에 무엇을 할 것인가에 대한 자유로운 생각? 지금으로서는 글쓰기만큼 중요한 것은 아무것도 없다"[75]고 그는 써놓았다.

프로이트의 유산을 수호하고 방어하려는 열망은 체계화의 새 시대에도 반영되었다. 하르트만, 크리스, 뢰벤슈타인이 『아동의 정신분석적 연구』에 정기적으로 게재한 논문들, 데이비드 래퍼포트의 1959년도 저서인 『정신분석 이론의 구조Structure of Psychoanalytic Theory』, 그리고 도로시 벌링햄이 구상하고 안나 프로이트가 공동 지원하여 분석 데이터를 체계적 비교가 가능한 방식으로 기록하려 노력하여 만든 『햄스테드 정신분석 색인Hamstead Psychoanalytic Index』 등이 체계화의 산물이다.[76) 멜라니 클라인은 누군가가 애도하며 집을 정돈했다고 기록했다.[77) 동시에 체계화는 의학화와 실증주의로의 경향에도 이바지했다. 프로이트가 실험적 수준을 보존하여 슈퍼에고의 승인과 에고의 불승인이라고 언급했던 부분에 대해 하르트만, 크리스, 뢰벤슈타인은 두 심급 간의 '긴장의 정도'에 주목하도록 하기 위해 프로이트의 언어를 '수정'했다.[78)

이 세대의 가장 중요한 기획 — 어니스트 존스의 세 권짜리 프로이트 전기와 제임스 스트래치의 『표준판 지그문트 프로이트 정신분석 전집Standard Edition of the Complete Psychological Works of Sigmund Freud』은 애도와 동시에 수정의 작업이었다. 안나 프로이트에게 '불멸의 아버지의 진정한 딸'이라고 헌정된 존스의 전기는 1954년부터 출판되기 시작했다. 프로이트의 이마고가 너무 강했기 때문에 분석가들은 존스가 했으리라 짐작되는 프로이트 생애 말년 10년 동안에 대한 윤색을 그가 자료에 너무 몰입했던 탓으로 돌렸다.[79) 정신분석의 학문적 자격을 지키려 노력한 존스는 프로이트가 프란츠 브렌타노의 철학 강의를 듣긴 했지만 그건 별로 중요할 바가 없다고 지적하면서 프로이트와 브뤼케의 물질주의와의 관계를 강조했다.[80) 여전히 카리스마적 격변의 여파와 싸우던 존스는 '매너분트' 체험의 강도를 최소화했고 정신분석과 정치와의 일체의 관계를 무시했으며 랑크 및 페렌치와의 오래된 관계를 정리했다. 또한 일반적으로 피터 호맨스가 정신분석의 원불안ur-anxiety이라 부른 것, 즉 종교처럼 보인다는 점을 실례로 보여주었

다.[81)]

국적을 달리하는 소규모의 국제적 분석가 팀에 의해 준비된 스물네 권 분량의 『표준판』은 1946년 시작되어 20년 만에 완성되었다. 일찍이 존스가 프로이트에게 했던 약속의 실천이었다.[82)] 현대 유럽 사상가들 중 이에 비견할 만한 영문 번역본은 누구의 것도 없으며 심지어 마르크스, 베버, 니체에게 있어서도 그러하다. 이 시리즈는 영국에서 준비되었지만 APA의 대규모 재정 지원을 받았다. APA는 권당 500부씩 구입하기로 약속했다.[83)] 스트래치는 "절대적으로 신뢰할 수 있고 권위를 자부할 수 있는"[84)] 텍스트를 만든다는 생각으로 예전의 번역을 다시 손보았는데, 특히 조안 리비에르와 캐서린 존스Katherine Jones의 번역을 세심하게 살폈다. 그는 "19세기 중반에 태어나 많은 교육을 받은 학식 있는 영국인"을 가상의 독자 모델로 염두에 두고 있었다.[85)]

번역은 영어의 기념비라 할 만했지만 그것은 의학화의 경향도 반영하는 것이었다. 이유 중 하나는 프로이트가 일상 언어를 사용했다는 사실이었다. 프로이트는 정신 구조와 체험적 자신에 모두 '나ich'라는 단어를 사용하면서 이중적 의미를 부여했다. 스트래치가 '나'를 '에고'로 옮기면서 이 이중성이 제거되었다. 그 자체가 의학적 편견인 고전적 용어에 대한 스트래치의 선호는 문제를 심화시켰다. '좋은'은 '적절한'이 되었고 '필요'는 '요구', '쉬는 중'은 '무활동의 상태'가 되었다. 정동적, 능동적, 역동적 구성은 중립적, 수동적, 정태적 구성에 자리를 양보했다. 종종 무의식의 무시간성을 포착하려는 노력의 일환이었던 프로이트의 현재 시제는 단순과거로 대체되었다.[86)] 표준화된 용어집의 채택으로 정신분석에 있어 영미권의 지배력이 강화되었다. 스트래치의 번역은 오늘날까지도 국제적 표준으로 자리 잡고 있다.

이 시대의 다른 번역과 판본들도 미화와 은폐에 기여했다. 1883년 프로이트가 마르타 베르나이스에게 보낸 편지의 1960년도 영어 번역은 프로이트가 "발견에 급급해하지 않고 너무 깊이 파고들지도 않으며 이방인으로 더욱 근검하게 살겠다"고 쓴 것으로 되어 있다. 그러나 프로이트가 쓴 독일어는 Gojim(비유대인)이지 이방인이 아니었다.[87] 프로이트가 플리스에게 보낸 편지들은 1954년 『정신분석의 기원*The Origins of Psychoanalysis*』으로 출판되었는데, 이 책에서 에른스트 크리스는 유아 트라우마의 내재적 진정성에 관한 프로이트의 1897년의 편지의 구절들에서 아버지가 두 살 난 딸을 겁탈한 사건에 대한 서술 부분을 빠뜨렸다.[88] 그것을 삭제함으로써 프로이트를 보호하려 한 시도였겠지만, 결국은 정신분석 전통 전체를 정직하지 못하다는 비난에 시달리게 만들어버렸다.

사실 이 같은 시도들에는 상당한 정도의 양가성이 있었다. 후일 프로이트와 정신분석에 대한 불신을 조장한 많은 주도적 인물들은 헬렌 도이치에게서 배운 폴 로젠Paul Roazen, 안나 프로이트와 쿠르트 아이슬러의 제자인 제프리 메이슨 등처럼 정통 분석가들의 문하생이나 추종자들이었다. 프로이트라는 인물과 그의 사상에 대한 으뜸가는 험담꾼이었던 프레더릭 크루스는 한때 미국의 선도적인 정신분석적 문학평론가였다. 미국의 뛰어난 분석가인 로버트 월러스타인Robert Wallerstein이 1938년에 쓴 글이 이러한 사태에 대한 설명을 제공한다. 미국의 분석가들은 "프로이트를 충분히 애도하지 않았고 자신들의 양가성을 그에게 합치시키거나 프로이트에 대한 동일시를 강화시켰다"[89]는 것이다.

정신분석, 여성, 대량 소비(『마드모아젤』 1953년 10월)

 냉전의 일상화에 분석적 카리스마라는 갑옷을 입힌 것은 성의 영역
에 가장 큰 충격을 가했다. 전후 미국 사회에서 정신분석의 영향력은
가족의 내적 생활을 세밀히 조사하고 그것에 영향을 끼칠 수 있다는
독보적 능력에 의거한 것이었다. 분석가들이 이 같은 능력을 지닐 수
있었던 것은 사람들이 그들을 믿었기 때문이었다. 의학화된 분석직은
여성, 동성애자, 그리고 여타 사람들의 소망을 병적인 것으로 만듦으
로써 이러한 신망을 종종 배반했던 것이다.

 국제 정신분석운동에서 주도권을 장악하기까지 미국의 에고심리
학의 부상은 많은 수의 여성이 분석계에 입문하여 지도자로 출현하게
된 것이나 그녀들이 분석 이론에 도입한 어머니-유아 패러다임으로의

이동과 일치했다. 그러나 일단 세력을 장악하자 에고심리학은 분석을 실질적으로 재再남성화했다. 의학화로 말미암아 여성 분석가들의 수는 급격하게 줄었다. 1940년대 여성 의학도가 겨우 6퍼센트에 불과했던 미국에서 여성 분석가의 수는 1930년대 27퍼센트에서 1950년대 9퍼센트로 급전직하로 감소했다. 의학화는 이러한 감소 추세를 불가피하게 만들었다.[90] 미국이 국제 기구를 지배하고 해외의 정신분석 재건을 주도하고 있었기 때문에 이러한 성별 구성의 변화는 운동 전체에 영향을 미쳤다.

재남성화는 단순히 숫자만의 문제가 아니었다. 마찬가지로 중요한 것이 진로 변경과 풍조의 변화였다. 여성에 대한 관심 때문에 원래 여성들이 입문하고 추구해나갔던 어머니-유아 관계에 대한 분석 이론이 여성에 반反하여 지도되는 의학이 되었다. 여성 환자들은 심지어 스스로 자신의 경력을 성공적으로 쌓아온 나이 든 여성 분석가들로부터도 경력 추구를 그만두고 남편 시중이나 들 것을 권유받았다. 사회 문제는 가족 안에서 여성의 권력이 지나치게 강하고 그 당연한 귀결로 남편의 역할이 축소된, 에이브럼 카디너의 이른바 '모권' 가족 구조 탓으로 돌려졌다. 청소년 범죄는 '나르시시스적' 어머니들 탓이었고 정신질환이 있는 아이들은 '분열증적' 어머니들 탓이었다. 흑인 남성에게 자존심이 결여되어 있으리라는 추정은 '약한 어머니 중심적 가족' 탓이었고 남성 동성애는 모계 유전 탓이었다. 필립 와일리Philip Wylie가 명명한 '오늘날 그저 남자처럼 보이기만 하는 나약한 사람'들은 일반적인 '어머니 중심주의' 탓이었다.[91] 아이러닉하게도 정신분석은 바로 그것이 동요하게 만드는 데 일조한 양성관계와 젠더의 혁신적인 문화적 이동의 과정에서 남성의 영역이 되었다. 정신분석은 20세기 섹슈얼리티의 열정 및 비밀과 함께 비약적으로 도약했지만 정상화의 과제를 떠맡으면서 몰락했다.

그렇다고 해서 어머니-아이 패러다임에 약점이 없었다는 것은 아니다. 오히려 정신분석 교과서들은 어머니를 역사적이나 문화적으로 변하지 않는 존재론적 범주에 배정했다. 이에 더하여 클라인이 에고와 구체적 의무를 동일시한 것은 프로이트 기획의 중심에서 자기 성찰과 자율성의 문제를 제거해버렸다. 미국식 에고심리학으로 변형된 어머니-아이 패러다임은 곧바로 성장심리학으로 변질되는 경향을 보였다.

그러나 당대의 남성 분석가들은 이 문제를 고치려 하지 않았다. 그보다는 자크 라캉처럼 그들은 전후의 운동이 '여 가장제적'이 되었다거나 혹은 어니스트 존스나 에드워드 글로버처럼 '여성 압도적'이 되었다고 공격했다.[92] 특히 안나 프로이트는 정신분석의 재남성화를 독려했다. 그녀는 자신의 아버지가 "남성적, 여성적 자질 중 어떤 것이 우세하게 발달되어 그 혹은 그녀의 장래의 상이한 과제에 준비하도록 하느냐 하는 것은 해부학에 의해 결정된다는 확신을 가졌었다"고 회고했다. 1977년 뒤늦게 안나는 표상을 소유하는 것이 어떻게 가능한가에 대해서는 묻지 않고 페미니스트들에 맞서 "여자아이의 해부학적 생김새는 그녀로 하여금 팔루스의 소유자와의 관계에서 열세의 상황에 처하게 만든다"[93]고 주장했다.

그럼에도 제1차 세계대전 이후 출현한 여성해방 전통의 영향은 몇몇 분석 환경 속에 살아남아 있었다. 필리스 그린에이커Phyllis Greenacre와 그레테 비브링은 그들의 여성 환자들에게 "남성에 대한 관습적 종속에서 해방되라"고 독려했다.[94] 헬렌 도이치의 어머니/딸의 관계에 대한 1950년의 글은 페미니스트 사회학자 낸시 초더로에게 영향을 주었다. 또한 비올라 클라인Viola Klein의『여성적 성격*The Feminine Character*』(1949)은 프로이트주의를 마거릿 미드와 윌리엄 I. 토머스William I. Thomas의 페미니스트 사회학과 통합시켰다.

그러나 이 같은 것들은 예외였다. 이것으로는 정신분석이 한통속으로 페미니즘에 적대적이라는 1960년대적 인식에 별다른 충격을 주지 못했다. 한 가지 웅변적인 사례는 페르디난드 룬드버그Ferdinand Lundberg와 매리니어 F. 파르넘Marynia F. Farnham의 1947년작인『현대여성: 잃어버린 성*Modern Woman: The Lost Sex*』이 받아들여진 방식이었다. 이 책은 베티 프리던이 그녀의 1963년도 저작인『여성성의 신화』에서 전후의 정신분석적 세계관을 대변하는 것으로 발췌했던 바로 그 책이었다. 실제로 룬드버그와 파르넘은 "페미니즘은 그 핵심에 있어 깊은 병이다. [⋯⋯] 남성적 성취의 경로를 따라 잘 살고 있다는 느낌을 갖는 것은 여성적 유기체의 능력 밖의 일이다"[95]라고 썼다. 이 책은 이것을 프로이트적 시각의 본보기로 받아들인 여성해방 서클과 페미니즘 연구 프로그램에서 금세 악명을 떨치게 되었다. 사실 룬드버그와 파르넘은 분석가가 아니었다. 그뿐만 아니라 프랜시스 아킨Frances Arkin은『계간 정신분석*Psychanalyse Quarterly*』(룬드버그와 파르넘의 책을 평한 유일한 잡지)에 서평을 게재하면서 "저자들의 편협한 시각이 가장 절망스럽다. [⋯⋯] (그들은) 시계 바늘을 산업혁명 이전의 시대로 돌려놓았다"[96]고 혹평했다.

전후 미국의 정신분석이 모두 일률적으로 반페미니스트적인 것은 아니었지만 그렇다 하더라도 그것이 젠더와 성의 정상화를 강화하는 경향이 있었던 것은 사실이다. 페미니즘에 우호적인 분석가로 내가 앞서 인용한 사람들 — 필리스 그린에이커, 그레테 비브링, 헬렌 도이치, 비올라 클라인, 프랜시스 아킨 — 은 모두 여성이었다. 1974년 로이 샤퍼Roy Schafer가 프로이트를 비판하고 나설 때까지 미국에서 페미니즘에 공감하는 발언을 한 남성 분석가를 찾아보기란 쉽지 않은 일이었다.[97]

언제나 그렇듯 끔찍한 범죄는 치료에서 발생했다. 탤컷 파슨스의 딸인 애니 파슨스Annie Parsons는 모범적이라 할 만한 경력을 통해 스워드모어와 래드클리프에서 심리학으로 두각을 나타낸 뒤 파리에서 레비-스트로스Claude Lévy-Strauss, 라캉, 피아제와 함께 연구했다. 그리고 하버드 의과대학에서 연구를 하면서 보스턴 정신분석 연구소에 분석가로서의 훈련을 신청했다. 후일 그녀는 자신의 깊은 불행에 대해 그녀의 '극단적 정통파 분석가'가 해준 대답은 '문제 없어'라는 것이었다고 썼다. 역사학자 위니프레드 브레인스Winifred Breines는 그가 "지원자로서의 그녀의 신분에 의혹이 있다는 아무런 시사도 하지 않았다"고 썼다. 1963년 그녀는 "근본적인 여성적 충동과의 타협에 실패"했다는 이유로 거부당했다. 그녀는 회복하지 못했고 서른세 살의 나이에 자살로 생을 마감했다.[98]

여성들만 피해자인 것은 아니었다. 이 시기의 많은 회고록과 전기들은 악몽 같은 분석들을 기록해두었다. 라이오넬 트릴링의 분석가 중 한 사람인 루스 맥 브런즈윅은 약물중독자였다. 트릴링 전집의 한 구절은 이렇다. "브런즈윅 박사의 치료를 받았던 5년의 기간은 내 일생 중 가장 힘든 시간이었다. 그녀의 사무실에서뿐만 아니라 잠 못 이루는 긴 밤을 새우면서 나는 갈피를 잡을 수 없는 그녀의 행동을 이해해보려 애썼다."[99] 1950년대 『라이프Life』지의 표지에도 등장했다가 나중에 자살한 데니Denny라는 인물에 대한 칼빈 트릴린Calvin Trillin

의 회고록은 데니가, 그 상세한 내용은 서술되어 있지 않지만, 분석 과정을 마친 동성애자였음을 밝히고 있다.[100] 작가 댄 웨이크필드Dan Wakefield의 "지루하고 맥빠지는 정신분석"을 마치고 그는 "혼자 여기서 나갈 수 있으리라는 생각도 하지 못하는 황폐한 상태로 (그의) 분석가의 사무실 마룻바닥에 누워 있는"[101] 자신을 발견했다.

동성애자들은 흔히 특별한 표적이었다. 1956년 안나 프로이트는 저널리스트 낸시 프록터-그레그Nancy Procter-Gregg에게 프로이트가 1935년 한 동성애자의 어머니에게 보낸 유명한 편지(294쪽 사진 참조)를 재수록하지 말기를 요청했다. 그 편지는 동성애를 여하한 다른 병의 증상과 구분한 것이었다. 안나 프로이트에 의하면 이제 분석가들이 동성애를 치료할 방법을 갖고 있기 때문에 아버지의 편지는 동성애자들이 그 해결책을 따르는 것을 좌절시킬 수 있다는 것이었다.[102] 분석가 로렌스 쿠비는 이러한 '치료'의 전문가 중 한 사람이었다. 모스하트Moss Hart의 정신분석 찬가인 1941년작 「어둠 속의 숙녀Lady in the Dark」는 브로드웨이에서 무려 467회나 무대에 올려졌지만 하트의 동성애를 끝내려는 쿠비의 시도는 하트의 우울증을 초래해 일찍 죽게 만든 것으로 보인다. 행태주의적 기법을 꺼리지 않았던 게 분명한 쿠비는 블라디미르 호로위츠Vladimir Horowitz에게 동성애적 욕구가 치밀어 오를 때에는 방에 스스로 갇혀 있으라고 종용했고, 또 한 사람의 동성애자인 테네시 윌리엄즈Tenesse Williams에게는 일생 최고의 교제를 끊게 만들었다.[103] 그러나 시인 제임스 메릴James Merrill은 1940년대 후반 로마에서 토마스 디터Thomas Detre라는 미국인 분석가를 만났는데, 디터는 메릴의 동성애를 이해하고 지지해주었다.[104] 1950년 앨런 긴스버그Allen Ginsberg는 '여자 정신과 의사'에게 찾아갔는데 그녀는 "아버지에게 전화해 내가 남성을 좋아한다는 사실을 부모님들이 받아들여야 한다고 말했다."양성애자 배우인 몽고메리 클리프트Montgomery Clift는 반쯤 게이로 알려진 네오프로이트주의 분석가인 윌리엄 실버버그William Silverberg와 함께 휴가를 보내기도 했다. 또 윌리엄 실버버그는 동성애자인 해리 스택 설리번과도 교제했다.[105] 그리고 1956년 정신분석학자 로버트 린드너Robert Lindner는 자기 동료들 대부분이 동성애는 병이라는, '인도적'이긴 하지만 '고지식'한 편견을 버리고 점차로 제한된 성적 충동의 표출 수단을 얻을 방법을 찾으려는 — 그리고 찾아내는 — 퍼스낼리티의 저항으로 보기에 이르렀다고 적었다.[106]

'양성성'이라는 용어의 이력은 특히 시사적이다. 앞서 보았듯 이 개념에 대한 프로이트의 재규정은 정신분석의 탄생 과정에 내재해 있었고 이 용어는 언제나 미리 규정된 젠더 역할로부터의 해방이라는 함의를 지니고 있었다. 그러나 1940년 컬럼비아 대학의 산도르 라도는 이 개념이 "과학적 쓸모보다 더 오래 살아남았다"고 단언했다. 이 이론은 "사람은 거의 예외 없이 남성 아니면 여성이라는 태생학에서 심리학으로의 자의적 비약"에 근거하고 있었다. 이성애적 본능에 대한 프로이트 이전의 관념으로 되돌아간 라도는 남성이냐 여성이냐 하는 것은 필연적으로 특수한 섹슈얼리티를 지니는 것이라고 추론했다. 따라서 "모든 동성애자는 잠재적 이성애자"[107]라는 것이었다. 어니스트 존스와 안나 프로이트 또한 지그문트 프로이트가 모든 사람의 양성애적 기질을 '지나치게 강조'했다고 믿는 사람들에 속했다.[108] 남성 동성애에 대한 정신분석 이론의 역사가인 케네스 루이스Kenneth Lewes가 요약했듯 프로이트에게서 애매했던 것들이 단순해지고 공론公論화되었다.[109]

1948년 알프레드 킨제이Alfred Kinsey와 다른 연구자들이 동물들의 동성애와 동성애가 정상인 사회, 행복하게 적응된 동성애자들에 대해 서술했을 때 정신분석은 이를 헐뜯는 데 앞장섰다. 에드먼드 버글러Edmund Bergler는 의심의 여지 없는 극단적 경우였지만 그의 저서가 공개적으로 거부되지는 않았다. 1951년도 저서인 『신경성 허위 섹스 Neurotic Counterfeit Sex』에서 그는 동성애자들은 섹스에 관심이 있는 척 보일 뿐이라고 역설했다. 실제로 그들은 "앞에 떨어진 킨제이 부스러기의 부당한 수집가들"이라는 것이었다. 그는 킨제이의 틀린 결론은 외국에서 "미국을 헐뜯는 데 사용되어 나라 전체를 쑥덕공론의 장으로 낙인찍어버릴 것"이라고 강변했다.[110] 이와 비슷하게 찰스 W. 소카리드Charles W. Socarides의 주류 정신분석 사상에 의하면 동성애자들은 "전오이디푸스적 어머니와 융합되는 것을 두려워한다.〔……〕그들이 이루고자 하는 것은 동성애적 행위를 통한 남성성의 '사출射出'이다. 중독자들과 마찬가지로 (동성애자들은) '주사fix'가 필요하다"[111]는 것이었다. 1952년 APA가 그 첫번째 『정신질환의 진단과 통계 매뉴얼 Diagnostic and Statistical Manual of Mental Disorders(DSM-I)』에 동성애를 소시오패스적 인격 장애로 분류한 것은 이러한 관찰 때문이었다.[112] 루이스가 전후의 시기에 대해 '정신분석의 도덕적 예방 전통'이라는 표현으로 점잖게 특징지은 것이 옳았던 것은 이 같은 이유에서이다.[113]

제도화될 수 있을 만큼 충분히 오래 살아남은 모든 카리스마적 분파들은 그후 텍스트에 속박되어 궁극적으로 경직되고 형해화되었다. 1950년대 미국 정신분석이 도달했던 것이 바로 이 지점이었다. 개인성의 가장 사적이고 비사회화된 차원에 호소한 미국 정신분석은 합리화의 행위자, '조직 인간'과 고만고만한 살림꾼의 보수주의의 실질적 상징이 되었다. 안나 프로이트 같은 내부인도 당시 정신분석이 '창조적 시기'에 있지 못함을 인정했다. 그녀는 "만일 아버지가 지금 살아 계셨더라면 분석가가 되려 하지는 않았으리라"[114]고 썼다. 종교의 역사에서와 마찬가지로 쇄신은 바깥으로부터 오게 될 것이었다. 이번 경우는 작가와 사회이론가로부터. 그러나 이 바깥 사람들도 합리화주의자들과 같은 카리스마적 원천을 요구했다.

반합리화는 보수적인 것과 급진적인 것의 두 가지 형태를 취했다. 분기점은 제도의 위상이었다. 라이오넬 트릴링이나 필립 리프 같은 보수적 반합리화주의자들은 개인성의 본능적, 성적 기반을 관료주의화와 보수성의 교정책으로 내세우면서 제도, 직업, 정치적 권위의 필요성을 옹호했다. 노먼 O. 브라운이나 허버트 마르쿠제 같은 급진주의자들은 제도에 반대하는 입장이었다. 이들은 특히 이성애적 가족 같은 억압적 제도들에 의해 부과된 한계로부터 개인성의 깊이를 해방시키기를 원했다.

두 조류는 1950년대 뉴욕 지식인들과 연계되어 있었다. 이들 중에는 정신분석의 비의학적 측면에 관심을 가진 사람들이 많았다.[115] 대단히 다양했지만 이 집단은 마르크스주의의 고갈과 뉴딜 자유주의의 한계에 대한 인식을 지니고 있었다. 오랫동안 스탈린주의를 거부해 온 그들은 또한 인민전선으로부터도 멀어졌다. 개인과 사회의 갈등이 노동자와 자본가 사이의 갈등보다 중요해졌다고 설파하며 그들은 경제적 형태의 갈등이 이제 더 이상 우선적인 것이 아니라는 결론을 내렸다. 어떤 사람들은 우파로 옮겨갔지만 다른 사람들은 '대중사회'와 '대중문화'를 비판하기 위해 모더니즘, 실존주의, 정신분석으로 선회

했다.[116]

의학적 분석이 프로이트주의의 활력을 받아들이던 시절에 뉴욕의 지식인들은 진정 개인적인 것 — 섹슈얼리티, 창조성, 자발적 행동에서 노출되는 것과 같은 — 이 합리화에 대항하는 항구적 근원이라는 모더니스트적 시각을 되살려냈다. 이러한 시각은 추상적 표현주의의 액션 페인팅, 클레멘트 그린버그Clement Greenberg와 어빙 하우Irving Howe의 대중문화 비판, 한나 아렌트의 정치 행위의 철학을 알렸다.[117] 원래 공산주의 문예지로 출발한 『파티잔 리뷰Partisan Review』는 20세기 초 모더니즘을 합리화와 스탈린주의 양자 모두에 저항하는 카리스마적 근원으로 간주하기에 이르렀다. 윌리엄 버렛William Berret은 모더니즘이 문학적 사안이라기보다 "무기력하거나 심지어 적대적이기까지 한 사회에서 어떤 종류의 의식이 살아 있도록 지키려는 노력"[118]이었다고 기술했다. 개인적 삶의 보다 심오하고 유현幽玄한 흐름과 접촉하고 있는 아방가르드만이 규격화된 문화, '키치', 복지국가, 그리고 한나 아렌트가 '사회적인 것'이라 부른 것에 저항할 수 있었다.

이들에 앞서 할렘 르네상스에 참여했던 사람들처럼 많은 전후의 뉴욕 지식인들은 아프리카계 미국인들의 음악, 문학, 저항 사상에서 양분을 취하여 정상화를 비판했다. 많은 사람들에게 인종적 부정의는 비인간화, 정체성의 상실, 보다 일반적으로 현대 사회를 특징짓는 표리부동의 좋은 예였다. 랠프 엘리슨Ralph Ellison의 『보이지 않는 인간Invisible Man』, 모더니티와 인종적 정체성을 연결하려는 리처드 라이트의 개척적 시도, 인종적 정체성과 성적 정체성의 상호작용에 대한 제임스 볼드윈의 초기 탐구는 이 같은 시각의 반영이었다.[119] 그뿐만 아니라 많은 사람들에게 아프리카적 미국 문화는 비인간화를 초월하는 수단을 제공했다. 재즈의 밀도 높은 개인적 자발성, 블루스의 애상_{哀傷}과 양가성, 마리화나가 가져다주는 신체적 나른함과 감수성 등.

기성화된 정신분석의 보수주의에도 불구하고 프로이트는 이 개인적인 것으로의 귀환의 중심에 머물러 있었다. 많은 사람들에게 있어서 정신분석은 형해화된 마르크스주의의 진정한 계승자였다. 『논평 *Commentary*』지에 실린 1948년도의 한 논문은 "1930년대의 정치적 파벌들이 정열을 잃고 사망했을 때 그들은 정말 죽은 게 아니었다. 그들은 아버지의 가슴에서 되살아나 기이하게 변형되었다. 정신분석이 그 새 모습이다"[120]라고 강력히 주장했다. 아서 밀러는 그의 자서전에서 1940년대 후반 뉴욕을 휩쓸었던 정신분석의 강렬한 매력에 대해 이같이 회상했다. "도시는 정치적 정의를 통한 사회 발전과 정당화에 대한 무한한 신뢰를 품고 자기 부정이라는 폭격당한 고성古城에서 무질서하게 탈주하는 추방된 자유주의자들과 좌파들의 물결로 넘쳐났다. 언제나 그렇듯 미국적 자아는 〔……〕 관리할 도덕적 계획이 필요했다. 〔……〕 나 같은 패배자와 손잡은 이번의 이 도전은 시위 행렬이나 스페인 여단에 합류하는 것이 아니라 이제껏 사랑할 줄 몰랐던 이기적 바보였음을 고백하는 것이다."[121] 이러한 뉴욕의 분위기는 1930년대 '구'(마르크스주의적) 좌파와 1960년대의 '신'(프로이트적–문화적) 좌파(뉴레프트)를 잇는 비판적 교량을 이루었다. 그러나 밀러의 지적이 시사하듯 정신분석의 급진적 정신은 간혹 도덕주의와 자기 정당성에 이바지할 수도 있었다.

동성애자이자 공산사회주의자이고 무정부주의자인 폴 굿맨Paul Goodman은 프로이트의 급진주의적 잠재성을 재발견한 개척자적 인물이었다. 그는 제2차 세계대전이 끝나자 뉴딜과 마찬가지로 에고심리

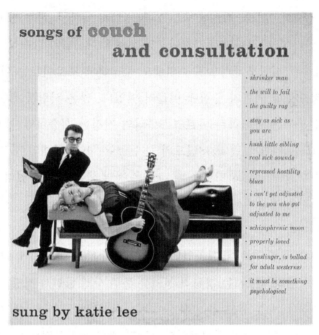

톰 레러의 포크 뮤직을 통해 대항문화에 진입한 프로이트(1961)

학이 "사회라는 기계는 그대로 두어도 잘 굴러간다는 [……] 합리화된 사회 숭배"를 촉진했다고 주장했다. 빌헬름 라이히만이 "교육, 도덕, 결혼에서 즉각적이고 보편적인 성 해방에 자신의 권위를 제공하지 않는 분석가들은 참된 의사가 아니다"라는 것을 이해하고 있었다는 것이었다. C. 라이트 밀즈C. Wright Mills가 굿맨의 '혁명의 생식선生殖腺 이론'에 대해 비판했지만 그러나 그 역시 화이트칼라 사회와 권력 엘리트에 대한 비판에 있어서는 정신분석에 의지했다.[122]

뉴욕의 지식인들의 프로이트 읽기를 주도한 사람은 바로 라이오넬 트릴링이었다. 컬럼비아 대학의 영문학 교수이자 이 대학 교수단의 최초의 유대인 중 한 사람이었던 트릴링은 현대 중산층 남녀에 대한 마르크스주의적 시각의 한계를 오래전부터 이해하고 있었다. 노동자 계급의 역사적 역할과 마르크스주의의 유효성을 인정하며 자신이 '진정한 신자'가 아님을 시인한 그는 중산층을 짓누르고 있는, 낭만주의와 함께 태어난, '문화와 항구적으로 반목하는 자아'에 대한 관심을 공유하고 있다고 고백했다. 트릴링은 그 반목이 모더니티의 위대한 성취라고 주장했다. "문화와 동떨어진 자아의 존재에 대한 강한 확신이야말로, 문화가 잘 알듯이, 가장 고상하고 풍요로운 성취"이기 때문이라는 것이었다.

트릴링은 정신분석이 부분적으로는 예술과 연결되어 있음으로 해서 그러한 확신의 극치를 이룬다고 주장했다. 트릴링은 프로이트의 글쓰기가 "인간 정신에 대한 유일한 체계적 설명으로서 그 섬세함과 복잡함, 흥미와 비극적 힘에 있어 문학과 어깨를 나란히 할 만하다."[123] 그의 심리학의 전체적 경향에 걸쳐 (프로이트는) "예술적 사유의 *자연스러움naturalness*을 수립했다"[124]고 쓴 동시에 프로이트가 기여한 바는 예술가로서의 그것을 초과한다고 주장했다. 트릴링은 섹슈얼리티에 대한 프로이트의 강조가 "반동적이기는커녕 잠재적으로 해방적이다. 그것은 우리에게 문화가 만능이 아님을 확인시켜준다. 그것은 문화적 통제 범위 너머에 인간적 자질의 잔재가 있다는 것을 암시하며, 또한 소박한 것이더라도 이 잔재가 문화 자체를 비판에 노출시켜 절대화되는 것에서 지켜준다"[125]고 썼다.

필립 리프의 1959년작인 『프로이트: 모럴리스트의 정신*Freud: The Mind of the Moralist*』 역시 개인적인 것에 대한 정신분석의 옹호를 전체주의뿐만 아니라 과도하게 사회화되고 관리되는 1950년대의 사회와 대조했다. 그러나 리프에게 있어 간극은 트릴링에게 있어서보다 한층 더 첨예했다. 리프는 프로이트를 서구 문명을 지배했던 정치적(고대), 종교적(중세), 경제적(부르주아) 인간을 잇는 마지막 캐릭터 유형인 '심리적 인간'의 대변인으로 묘사했다. 트릴링이 예술가를 소환했던 것과 반대로 리프의 묘사는 충격적일 정도로 반영웅적이었다. '호모 에코노미쿠스'의 직계 후예이지만 더 이상 부의 창출에 매달리지 않는 심리적 인간은 '아버지의 신경증적 습관'을 물려받았다는 것이었다. 프로이트는 환자들에게 만족과 불만족을 조심스럽게 따져보기를 가르치는, "영리한 공모를 목표로 삼는 일종의 내면적 삶의 투자상담사"였다. 그러나 그 수익은 완전히 내적인 것이었다. 리프는 사람들이 정신분석을 통해 "스스로 자신의 깊이와 긍정적인 관계를 맺음으로써 사회와의 관계에 있어 찬성이냐 반대냐의 고민스런 긴장에서 물러나는 법을 배웠다"고 썼다. 사람들이 새로 획득한 건강은 사회적 관심에 우선하는 자기 관심을 수반했고 자아self가 아닌 모든 것을 향하는 자아의 부분에 역설적 통찰의 자세를 북돋아주었다는 것이었다. 덧붙여 리프는 개인적 삶에 대한 이 책의 초점을 부각시키는 데 도움이 되는 문장을 통해 "심리적 인간은 본질적으로 더 이상 사회적 관계에 의해 규정되지 않는다"고 단언했다.[126]

급진적인 반합리화주의자들도 동의했다. 그러나 트릴링이나 리프가 그랬던 것처럼 정신적 제도와 사회적 제도 사이의 긴장이나 불연속성의 가치보다 그들은 심층심리학에 의해 드러난 힘들이 넘쳐나 제도를 바꿀 수 있으리라 믿었다. 더 보수적인 그들의 상대자와 마찬가지로 브라운과 마르쿠제는 에고심리학을 거부했다. 그러나 트릴링과 리프가 최소한 암묵적으로는 인정했던 이성애적 '성숙성'과 가정성의 함의도 그들은 거부했다. 1959년 출판사에서 일하던 트릴링의 제자들

496

인 제이슨 엡스타인Jason Epstein과 노먼 포도레츠Norman Podhoretz가 웨슬리언 대학 출판부에서 당시 갓 출판되었던 노먼 브라운의 『죽음에 항거하는 삶Life against Death』을 읽게 되었다. 엡스타인은 포도레츠에게 그것을 재출판할 가치가 있느냐고 물었다. "재출판할 만해?" 포도레츠의 후일의 회상은 이랬다. "제1장 첫 부분을 읽을 때 나는 압도되었고, 읽기를 마쳤을 때 나는 우리가 일류 사상가의 위대한 책을 발견했다는 확신을 갖게 되었다." 프로이트가 보수적 사상가이고 진보에 대한 자유주의적, 마르크스주의적 환상을 논박하는 사람이라고 배웠던 포도레츠는 브라운의 논의에 충격을 받았다. 브라운은 카렌 호나이나 에리히 프롬 같은 사람의 초기 프로이트 비판의 '얼치기 상대주의'를 경멸하며 "프로이트 같은 거인을 피해갈 수 있는 유일한 방법은 그를 통과해 가는 길"임을 이해했다. 이제 포도레츠는 프로이트의 비관주의가 프로이트 이론의 필연적 의미가 아니라는 점을 깨달았다. 실제로 다양한 형태의 괴팍함에 대한 프로이트의 관찰에는 전혀 새로운 삶의 방식, 연극으로서의 삶과 본능적 자유라는 삶이 내재되어 있었다.[127]

브라운의 견해는 도덕률 폐기론적이며 신비적이었다. 그는 정신분석을 종교가나 예술가로 알려진 사람들처럼 통인간적이거나 초인간적 체험으로 들어가는 관문으로 사용하고자 했다. 반대로 마르쿠제는 심리학이 사회 변혁의 프로젝트에 기여할 수 있다고 믿는 정치사상가였다. 트릴링과 리프처럼 마르쿠제는 이 변혁을 제2차 세계대전 이후 출현한 자동화된 대량 소비사회가 풀어놓은 새로운 가능성에 정위定位했다. 다음 장에서 보게 되겠지만 마르쿠제는 두 명의 카리스마적 등장인물을 사회 변혁의 선봉에 내세웠다. 그것은 예술가와 동성애자였는데, 이 둘은 생산지향적이고 아버지 지배적인 이성애적 가족 너머를 가리키는 자들이었다. 마르쿠제와 브라운의 저서가 1950년대에 출판되기는 했지만 그것들은 뉴레프트의 많은 반제도적 주제, 특히 개인적 삶의 해방적 에너지와 같은 주제를 기대하게 만들었다.

마르쿠제와 브라운은 1960년대의 발전에 의해 보상받았지만 트릴링과 리프는 그렇지 못했다. 그러나 급진주의자나 보수주의자 양자 모두는 섹슈얼리티, 개인성, 개인무의식이라는 동일한 카리스마적 근원에 호소했다. 더구나 그것은 에고심리학자들도 마찬가지였다. 그러므로 이 시기의 역사를 나쁜 합리화주의자 대 선한 반론자들의 대립, 혹은 1950년대의 보수주의자 대 1960년대의 반항자들의 대립으로만 읽는 것은 잘못을 저지르는 것이다. 오히려 카리스마와 합리화는 항상 얽혀 있었다. 카리스마는 동기화의 에너지와 윤리적 투신投身을 부추겼고 반면에 합리성은 이 에너지와 투신을 제도 안으로 혹은 제도를 통해 이끌었다. 1950년대와 1960년대에 개인적 삶이라는 새로운 가능성은 이 카리스마의 기반이었다. 그러므로 가정성이라는 1950년대의 이상과 개인의 해방이라는 1960년대의 정치학 사이에는 겉으로 드러나지 않는 연속성이 있었다.

17세기의 자본주의가 가정성의 신성화를 필요로 했던 것과 마찬가지로, 그리고 19세기의 산업화가 새로운 노동 규율을 요구했던 것과 마찬가지로 자동화된 대중 소비사회의 부상은 주체성의 변환을 위해 유사한 전달체를 필요로 했다. 정신분석은 이러한 전달체 가운데 가장 효과적인 것이었다. '길었던 1950년대'라 부름직한 기간 동안 정신분석은 카리스마에서 기원한 내적 동기화의 방아쇠를 당겼고, 그것은 가족을 여전히 뉴딜 시대에 머무르게 하려는 경향을 보인 전통에 얽매

"I will, however, say this for Freud—he got a lot of people thinking."

"어쨌든 프로이트에게 이 말은 해야겠어. 그는 많은 사람들을 생각하게 만들었어."

이고 생산지향적인 단위에서, 세계화하는 포스트산업사회적 자본주의 시대에 개인성을 표현하는 운반체로 변화시키도록 사람들의 힘을 북돋아주었다. 이러한 변화에서 이성, 성숙성, 내부 및 외부 세계를 조직할 수 있는 에고의 능력에 대한 에고심리학자들의 강조는 — 반합리화주의자들이 내다본 것처럼 — 이제 바야흐로 그것에 길을 내주려 하는 섹슈얼리티의 해방만큼이나 필요한 것임이 판명되었다.

제12장 1960년대, 포스트포드주의와 나르시시즘의 문화

> 시장의 작동 위에 수립된 것이면서도 자본주의 시스
> 템은 아담 스미스가 그것의 동력으로 지시한 개인적 이
> 득의 추구와 아무런 내적 연관도 지니지 않는 많은 경향
> 들에 의존해왔다. [……] 가족은 그것이 자본주의에 많
> 은 동기를 부여해준다는 이유에서 처음부터 자본주의의
> 일부로 통합되었다. [……] 우리가 숨쉬는 공기를 당연
> 히 여기듯, 그리고 그것이 우리의 모든 활동을 가능하게
> 해주듯, 자본주의 역시 그것이 작동하는, 과거로부터 물
> 려받은 환경을 당연하게 여겼다. 공기가 얼마나 긴요한
> 지는 그것이 희박해져야 깨닫게 된다. [……] 지난 세기
> 마지막 3분의 1의 기간 동안의 문화혁명은 자본주의가
> 물려받은 자산을 잠식하기 시작했고, 그 자산 없이 작동
> 하기가 얼마나 어려운 것인가를 증명해 보였다. [……]
> 시장은 무대책과 불충분함을 더 이상 감추기가 불가능
> 해졌는데도 여전히 승리를 외치고 있다.
>
> ── 에릭 홉스봄, 『극단의 시대』

1960년대 정신분석이 대면했던 문화적 지평은 폭발적인 새로운 유
토피아주의와 엮여 있었다. 미국 역사상 가장 긴, 거칠 것 없는 경제
성장의 기간 동안 미국인들은 전례 없는 힘과 가능성의 감각을 체험했
다. '풍요사회' '전산화' '우주 정복' 등의 이미지들은 과학적 진보와

경제적 번영의 황금 시대를 알렸다. 거의 급작스레 1950년대의 가족 중심적 대량 소비가 촌스럽게 보였고 성숙성의 윤리는 억압적으로 보였다. 이 같은 시대적 분위기는 북아메리카 지역에만 국한되지 않았다. 포드주의 스타일의 대량 소비는 서유럽 전역에도 흘러넘쳤다. 공산주의 세계에서도 개혁가들이 나타났다. 아시아와 라틴 아메리카에서도 녹색 혁명, 소규모 산업, 산아 제한의 영향 아래 영세 농민 계급이 줄어드는 것이 목격되었다. 냉전의 싸늘한 봉쇄뿐만 아니라 역사적 가능성의 뜨거운 인식을 반영한 세계적 학생운동이 출현해 1968년 그 정점에 이르렀다.

정신분석은 마지막으로 대규모 역사적 변화의 중심에 놓이게 되었다. 1960년대 학생운동의 영감靈感으로서 정신분석 이념은 그 역사상 영향력의 정점에 도달했다. 동시에 정신분석의, 최소한 그 고전적 혹은 프로이트적 형태의 직업성은 붕괴되었다. 프랑스, 이탈리아, 스페인, 라틴 아메리카 등지에 자크 라캉이라는 새로운 카리스마적 지도자에 의해 고무된 새로운 창조적 센터들이 출현한 것도 분명한 사실이었다. 그러나 다른 곳에서는 분석직이 그 일관성과 동력을 상실했다. 2차 산업혁명의 칼뱅주의로 봉사했던 정신분석은 그 혁명성이 쇠약해지자 나이 든 신봉자들의 '빛바랜' 모임이 되었다. 1950년대 개인적 삶이 다시 친숙한 것이 되도록 주도했던 그것은 그다음 10년 동안 돌출한 통가족적 형태를 다루는 데 서툴기 짝이 없었다. 냉전이 최고조에 이르렀을 때 반민주주의적 버팀목 역할을 했던 그것은 방향을 상실하고 궁극적으로 1960년대의 민주화 세력에 의해 대체되었다. 무엇보다도 현실지향적인 적응적 에고를 높이 평가했던 그것은 당황하거나 어떤 경우에는 인정과 정체성을 향한 급격한 재정향에 흡수되어버렸다.

대중적 확산과 급작스런 몰락이라는 1960년대 프로이트주의의 역설적 운명은 그것의 이중적 성격에 반영되었다. 개인적 삶에 대한 최초의 중요한 이론과 실천으로서의 프로이트주의는 세상 안에 있었지만 세상의 것은 아니었다. 그 역사 내내 내재되어 있던 이중성이 이제 부각된 것이었다. 한편으로 프로이트 정통파는 에고심리학자들이 현실, 즉 미국의 세계적 헤게모니, 현대적 과학 조직, 냉전 시대의 복지국가에 적응하는 것을 용인하는 것처럼 보였다. 다른 한편으로 카리스마적인 제2의 프로이트 역시 여전히 통용되었다. 제2의 프로이트에게 이성은 광기에서 나오며 광기와 그리 간단히 분리될 수 있는 게 아니었다. 직업적 기준에서는 벗어나 있지만 한 번도 완전히 추방되지는 않았던 이 프로이트는 폴 굿맨, 노먼 O. 브라운, 그리고 허버트 마르쿠제 같은 사람들에게 영감을 불어넣어주었다. 이 제2의 마성적 demonic 프로이트에게 개인적 삶은 비판과 초월의 지점 역할을 해주었다. 1960년대의 세대가 이 제2의 프로이트를 향해 몸을 돌리자 개인적 삶은 '성숙성의 윤리'라는 제약을 폭파해버렸고, 그리고 그 과정에서 고전적 정신분석 자체를 폭파했다.

자본주의 성격의 시대적 변화가 이 폭파의 조건을 형성했다. 네 개의 요인이 특히 중요했다. 첫째, 포드주의 시대의 위대한 기념비 — 자동차 산업, 내구 소비재, 강철, 석유, 전기 — 가 해체되고 분산되어 외주外注로 넘겨지고 하청에 맡겨졌다. 분산은 포드주의의 대규모, 비인간적 생산 기반의 배경을 약화시켰고 이에 대항하여 포드-프로이트적 가족과 현대의 개인적 삶이 출현했다. 포드주의의 자리에 개방적, 비결정적, 이동 네트워크, 탈영토화된 흐름들이 나타났다.

이어서, 대중을 겨냥한 상품 생산은 개인별 맞춤형 서비스에 자리를 양보했다. 계급에 따른 분리는 시장 분리, 인구 정책, '사이코그래픽'에게 길을 내주었다. 이 모든 것은 "여러 소비자 집단을 대상으로 삼아 약간 다른 제품을 만드는 것이 모든 사람들을 위해 한 가지 제품을 만드는 것보다 훨씬 효과적"[1]이라는 공통 인식에 기반을 둔 것이었다. 자본주의는 공장보다 백화점을 방불케 했다. 브랜드 이미지와 소비자의 정체성이 혼합되었다. 사람들의 내적 필요와 자본주의의 서비스 능력 사이의 새로운 조율이 개인적 삶에 대한 새로운 정의定義를 예고했다. 이제 개인적 삶에서는 내면 심리와 외부 현실 사이에 아무런 의미 있는 분리도 지각되지 않았다.

셋째, 주된 노동력으로서 조합에 가입한 백인 남성이라는 한편과 다른 한편의 여성, 소수 인종, 제3세계 사이의 포드주의적 구분이 깨지기 시작했다. 식민제국의 종말과 새로 떠오르는 세계 무역의 중요성은 인종적, 민족적, 국가적 차이를 새롭게 부각시켰다. 노동자 계급의 변화하는 속성은 2차 산업혁명이 초점을 경제적 재분배에서 차이의 인정에 대한 새로운 요구로 이동시키는 것을 독려했다.[2] 1960년대에는 '가족 임금'이라는 개념의 종말, 맞벌이 가정의 출현, 페미니즘의 부활이 목격되었다. 1968년 독일의 파업 기간 동안 한 여성 노동자의 불평처럼 "노동운동은 가부장제적 구조를 지니고 있다. 그것은 여성을 고작 노동자, 사회주의의 공동 창조자로만 볼 뿐이다. 여성으로서의 주체성에 대한 우리들의 자율적 요구는 인정되지 않는다." 포드주의-케인즈식 복지국가의 커다란 정상화 범주들 — '동성애' '여성 취업' '소수 인종' '사회적 해체' — 은 이제 공격의 대상이 되었고, 이것들을 수립하는 데 일조했던 정신분석 또한 마찬가지였다.

마지막으로 시장의 힘은 광고가 학생 집단의 구매력을 자극함에 따라 세대적으로 특수한 청년들의 정체성을 공고히 하는 데 힘을 보탰다. 청바지, 록 음악, 약물 등으로 상징되는 청년 문화가 컬러 텔레비전, 전자게임과 같은 새롭고 탈사회화된 테크놀로지와 더불어 부상했다. 고도로 상품화된 그것은 세속적이고 도덕률 폐기론적이었다. 페미니즘처럼 그것은 가족에서 벗어나 문화에 폭발적인 결과들을 만들어냈다. 시인 필립 라킨Philip Larkin은 성관계가 1963년부터 시작되었다고 썼다. 소설가 해럴드 브로드키Harold Brodkey에게 햇빛 아래에서 그의 여주인공을 보는 것은 "마르크스주의가 죽어가는 것을 지켜보는 것"이었다. 19세기의 세기말에 '통제'에서 '방임'으로의 이동이 목격되었다면 1970년대부터 시작된 20세기의 세기말에는 '내성內省'에서 '표출'로, 무의식에서 초현실로, 사유에서 행동으로의 이동이 목격되었다.[3]

정신분석과 복잡하고도 은밀하게 연결되어 있었던 포드주의가 몰락하고 새로운 포스트포드주의 문화가 출현하기 시작하자 ─ 정신분석 실행의 역사적 자리였던 ─ 중산층 가족은 위기에 봉착했다. 이혼률, 집 밖에서 일하는 기혼 여성, 독신자 수의 급격한 증가는 패션, 오락, 예술에서의 노골적인 동성애적 주제의 출현과 더불어 문화 전쟁을 촉발했다. 전문가를 자처하는 사람들이 '네가 하고 싶은 대로 하라'는 도덕률 폐기론을 찬양한 반면 보수주의자들은 아이들을 '응석받이'로 키우는 것을 비난했다. 정신분석이 이 전쟁에 휘말려들었다. 한쪽에는 정체성, 인정, 가족의 변화를 위한 투쟁을 프로이트 이전 시대로의 퇴행으로 보는 성숙성 윤리의 대변자들이 있었고, 다른 한쪽에는 문화혁명에 공감하는 사람들이 있었다.

필연적으로 1960년대와 1970년대 가족의 재구성은 정신분석을 재건하려는 시도를 수반했다. 이 모든 것은 나르시시즘의 개념을 중심으로 맴돌았다. 문화가 잠재적으로는 창조적이라 하더라도 엄청난 퇴보에 직면한 것처럼, 에고에 대한 강조는 *자아*에 대한 강조에 자리를 양보했다. 구조 이론— 에고 이론— 은 그 뿌리인 1914년의 프로이트의 나르시시즘 시론으로 되돌아갔다. 저항에 대한 분석은 '2인 간 two-person' 혹은 '관계적' 실행에 압도되었다. 동시에 정신분석의 많은 카리스마는 여성해방, 정체성 정치, 포스트모던 문학과 사상의 새로운 집단에 흡수되어버렸다. 10여 년에 걸쳐 이루어진 그 과정은 재편성으로 생각됨 직하다. 탄생, 성장, 결혼, 고백, 죽음의 여러 계기마다 모든 사람에게 개인적으로 관여했던 위대하고 단일한 정신분석이라는 교회와 신성한 카톨릭 교회의 모습을 지녔던 포드주의 시대의 붕괴였다.

1950년 데이비드 리스먼David Riesman의 『고독한 군중*The Lonely Crowd*』은 새로운 생각을 풍부하게 펼쳐 보였다. 즉 '타자지향적' 퍼스낼리티는 헨리 포드의 사망과 같은 해(1947년)에 태어났다는 것이었다.[4] 리스먼이 의미하고자 했던 바는 자율성이라는 예전의 이상이 반영mirroring과 인정의 새로운 요구에 자리를 양보하게 되었다는 점이었다. 리스먼의 비유에서 외부적 영향에 관계 없이 경로를 유지할 수 있게 해주는 내부 조향 장치인 자이로스코프는 외부 환경을 정밀하게 조사照射하는 레이저 빔이 되었다. 프랑크푸르트 학파의 영향을 반영하고 있는 리스먼은 이 같은 변화를 가족의 중요성 쇠퇴 및 가족이 동료집단과 매스 미디어로 대체된 때문이라 설명했다.

리스먼의 논의는 복잡했다. 그러나 궁극적으로 그것은 서구 세계
가 수작업 노동과 상품 생산에 기반을 둔 산업사회에서 서비스와 테
크놀로지에 기반을 둔 포스트 산업사회로의 근본적 이동을 겪고 있다
는 견해에 근거한 것이었다. 이 같은 견해는 제2차 세계대전 기간 동
안과 그 이후에 작동된 사회 정의라는 발전적 이상과 합치하는 것이었
다. 특히 파시즘과의 투쟁은 이미 존재하고 있는 형태의 인종 차별과
반유대주의를 저주받아 마땅한 것으로 만들었다. 경제적 부정의에 대
한 전통적 포드주의의 관심이 분명히 잔존하고 있었음에도 새로운 강
한 관심은 탈식민지화와 인종 차별 폐지에 집중되었다. 이러한 투쟁
들에서 *인정*의 요구가 우세해졌다. 이렇게 돌출한 요구가 정신분석에
도 영향을 미쳤다.

많은 사람들이 지적했듯 인종주의는 물질적 대가뿐만 아니라 정신
적 대가까지 요구했다. 그래서 1954년 미국 최고 재판소는 학교 차별
문제에 대해 이해관계나 권리가 아니라 흑인 학생들의 자존심에 대한
상처라는 점에 입각하여 판결을 내렸다. 마찬가지로 마르티니크의 초
현실주의 시인인 에메 세제르Aimé Césaire는 식민지주의가 수백만 명
의 사람들에게 "공포와 열등감, 심적 혼란, 굴종, 절망, 굴욕을 기술적
으로 주입했다"고 항변했다.[5] 사르트르의 실존주의의 영향을 받고 알
제리 혁명과 맞닥뜨리고 있었던 프랑스 정신분석은 특히 이 같은 추론
노선에 개방적이었다. 예를 들면 옥타브 마노니Octave Mannoni는 공산
당에 대해 그러한 실제적인 불평등이 "위엄을 위한 투쟁, 소외, 강요
된 입장, 감사의 빚뿐만 아니라 새로운 신화의 발명 및 새로운 퍼스낼
리티 유형의 창조를 위한 투쟁에 구현되었음"[6]을 깨닫지 못했다고 비
난했다. 알제리에서 활동한 마르티니크 출신의 정신과 의사인 프란츠

파농은 인종 차별이 식민지주의의 착시 현상 전체를 구조화했다고 주장했다. 길거리에서 '더러운 검둥이' 혹은 단순히 '검둥이 좀 봐'라는 소리를 듣게 되면 아프리카인들은 "물건이 되어버린 듯한 짓눌리는 느낌"에 사로잡히게 된다는 것이었다. 그러한 *잘못된* 인정의 고통을 겪은 사람에게 필요한 것은 정신분석이 아니었다. 그들에게는 혁명이라는 정화淨化적 폭력이 필요했다.

잘못된 인정으로 인한 정신적 손상에 대해 점차 많은 것이 알려지자 정신분석 안에서 정신 내적 자율성의 패러다임에서 간주체성의 패러다임으로의 이동이 제안되었다. 이러한 이동은 주류 에고심리학자들 사이에서도 독자적으로 진척되었다. 특히 에릭 에릭슨은 1956년 '정체성'과 '정체성 위기'의 개념을 도입하여 중산층 청년들의 증대되는 자기 인식에 대응했다. 에릭슨에 의하면 청소년기란 생산에 있어 가족의 역할이 끝남에 따라 촉발된 역사적으로 새로운 삶의 단계였다. 비록 에릭슨이 인정의 테마를 드러내놓고 발전시키지는 않았지만 정체성을 꼭 부모만이 아니라 공동체, 종교, 경제 제도, 국가 등과 같은 *타자와의 관계*에서 선별적으로 부인, 동화, 재형성되는 아동기의 정체성의 결과물로 설명했다. 이러한 상호작용의 목표는 일관성과 연속성이었고, 바로 이것이 에릭슨이 정체성이라는 개념으로 의미하고자 한 것으로서 그는 이것이 단순히 자신과의 관계만으로는 성취될 수 없는 것임을 주장했다.[7]

에릭슨은 주류 정신분석에 거의 영향을 끼치지 않았지만 간주체성 방향으로의 이동은 보다 더 정통적인 서클에서도 이루어졌다. 그래서 1946년 하인츠 하르트만, 에른스트 크리스, 루돌프 뢰벤슈타인은 분석가들에게 나르시시즘에 관한 프로이트 텍스트 안의 '에고'라는 용어를 '자아self'라는 용어로 대체할 것을 촉구했다. 그들은 "프로이트가 이 용어를 사용하는 방식은 모호하다. 그는 '에고'라는 용어로 정신적 조직체와 한 사람 전체를 같이 지시하고 있다"고 설명했다. 그들은 나르시시즘이 이드에 대립되는 *에고*의 리비도적 투사가 아니라 세계와 대립되는 *자아*의 투사임을 지적했다.[8] 비록 우연적이긴 했지만 '자아'라는 개념의 도입은 풍요로운 의미를 지녔다. 나르시시즘에 대한 프로이트의 1914년 이론으로 되돌아가는 것은 세 개의 개별적인 개념을 함께 동반했다. 즉 자기애로서의 나르시시즘, 에고의 한 발전 단계로서의 나르시시즘, 인정이라는 새로운 대상 관계를 수반하는 나르시시즘.

자아라는 개념에 의해 도입된 폭발적 가능성은 제2차 세계대전 기간 동안 영국 분석가들이 개척한 어머니/아이의 패러다임을 향한 이동을 반영한 것이기도 했다. 특히 에고심리학에 대한 멜라니 클라인의 커다란, 그러나 인정받지 못했던 영향력에 답하여 에디트 야콥슨은 1953년 어머니가 아이를 쓰다듬어주고 달래주고 먹을 것을 주고 보살펴주고 들어주고 바라봐주는 것 — 한마디로 인정 — 을 통해 '자아와 대상 세계'의 경계가 어떻게 설정되는가를 설명했다.[9] 분석가들은 금세 정신을 자아와 대상 표상으로 구축된 '내적 표상 세계'로 묘사했다.[10] 정신분석과 대학의 심리학과 철학을 조화시키려는 에고심리학자들의 시도 또한 간주체성의 방향으로 이끌렸다. 정신분석이 충동심리학이었음에 비해 대학의 심리학이나 철학은 정동이나 감정에 대해 이야기했지 충동에 대해서는 언급하지 않았다. 그러나 충동에 대립되는 감정은 내적으로 자아와 타자의 표상을 향해 정향되어 있었다.[11]

미국의 정신분석이 에고에서 자아로 선회하자 분석적 접근과 비분석적 접근 간의 구분은 흐려지게 되었다. 1969년 조지 S. 클라인George S. Klein은 분석 언어가 '갈등'에서 '딜레마'로, '방어'에서 '적응'으로, '성적이고 공격적인 충동'에서 '일반적 동기'로 이동했다고 긍정적으로 기술할 수 있었다. 클라인은 전체적 효과에 대해 "의식적 의도에 대한 해석상의 일치"라는 결론을 내렸다.[12] 1950년대에 자주 등장하던 '정신분석의 넓은 시야'라는 표현은 그 영향력의 확장을 가리키는 것이었다. 그러나 1960년대에는 똑같은 문장이 전기電氣적 정신치료에 의해 분석이 사라지는 것을 뜻했다. '정신분석'이라는 용어 자체가 덜 사용되게 되었고 점차로 '역동적 심리학' '역동적 정신치료' '정신역동적 치료' 등과 같은 그럴듯한 표현으로 대체되었다.

에고심리학자들이 시대정신에 맞춰 자신들의 이론을 조정했지만 그들은 전통적 가족 역할에 대한 여성들의 거부와 동성애자들의 고조되는 자기 주장을 포함한 생활 방식의 변화에는 저항했다. 따라서 점증하는 정치화의 시대에 그들은 오이디푸스적 권위의 몰락하는 신뢰성이 유아기의 원초적, 사디스트적, 자기 파괴적 충동을 강화한다고 주장하며 1960년대 문화의 '나르시시즘'을 공격했다.[13] 일반적 관찰에 만족할 수 없던 브루노 베텔하임은 베트남 전쟁을 지지하는 사람들을 성숙성의 본보기로 암시하며 반전운동을 '오이디푸스적 행위'라고 비난했다. 1968년 빈곤과의 전쟁이 최고조에 달했을 때 로렌스 쿠비는 지역 정신 건강 센터의 동료들에 대해 "모든 정신질환이 사회적 불평등에서 기인한다는 러시아식 망상"[14]에 사로잡혀 있다고 비판했다. 에고심리학은 인기를 잃었지만 놀라운 일은 아니었다.

1960년 APA에는 개인 지망자나 지부가 되기를 신청하는 학회 역시 줄어들었다. 회원들의 평균 연령은 급격히 높아졌고 환자 수는 줄었다. 1966년 처음으로 주요 회합이 관심 부족으로 취소되었다. APA 회장 레오 랜젤Leo Rangell은 "과학계와 지식인 사회, 의료계와 언론계의 거의 노골적인 적대감에까지 이른 대우 변화"[15]에 대해 보고했다. 1960년대 말에 행해진 일련의 인터뷰에서도 분석직에 대해 낙관적인 발언을 하는 중진 분석가는 한 명도 찾을 수 없었다. 몇몇 사람들은 특히 하르트만을 실추한 사람으로 꼽았는데, 그는 프로이트에 대한 맹종으로 탁월한 재능을 망쳐버렸다는 것이었다.[16] 1972년의 한 설문조사는 대부분의 분석가들이 프로이트 사후 이렇다 할 아무런 발견도 이루어지지 않았다고 생각하고 있음을 밝혀냈다.[17] 쿠르트 아이슬러는 당시의 분위기를 이렇게 요약했다. "그의 자서전 초고에서 프로이트는 제1차 세계대전이 정신분석 운동에 아무런 손상도 입히지 않고 지나갔다고 기록하고 있다. 슬프게도 제2차 세계대전에 대해서도 같은 말을 하기는 불가능하다."[18]

미국 분석가들의 기울어가는 명망은 광범위한 문화 영역에 반영되었다. 1940년대와 1950년대 초 영화에 나타난 정신분석의 고결한 이미지와는 반대로 1960년대와 1970년대의 영화에서는 정신분석의 타락이 라이트모티브가 되었다. 1960년대에 '영역 침범'이 목격되었기에 이는 놀라울 것도 없었다. 영역 침범이란 분석가/환자의 관계를 설정하기 위해 구상된 규범의 파괴를 이르는 기술적 용어였다. 그리하여 1963년 일레인 메이Elaine May는 그의 분석가인 데이비드 루빈파인David Rubinfine과 결혼했고, 이 이야기는 「상사병Lovesick」에서 다루어졌다. 이 영화에서는 알렉 기네스Alec Guiness가 연기한 프로이트의 유령이 되돌아와 바람 피우는 분석가들을 꾸짖는다.[19] 밀턴 웩슬러Milton Wexler는 '도니Donnie'처럼 환자와 함께 헐리우드 영화 대본을 공동 집필했다. 도니는 우디 앨런Woody Allen의 「맨해튼*Manhattan*」에서 다이앤 키튼Diane Keaton의 분석가인데 그는 한밤중에 환자에게 전화를 걸고는 운다. 조지 폴락George Pollock은 환자의 돈을 떼어먹은 혐의로 고소당했고 에리카 종Erica Jong의 『비행 공포*Fear of Flying*』는 덴버로 이사하여 '크로스 컨트리 스키 집단 치료'를 시작하여 뉴욕 분석계에서 악명이 자자해진 검은 수염의 스탠턴 래퍼포트-로젠Stanton Rappaport-Rosen 박사를 묘사한 것이었다.[20] 마셜 브릭맨Marshall Brickmann의 '나이만 펙Neimann Fek'은 환자들이 소파에 남긴 '오물schmutz' 문제에 대해 킴벌리-클락 압지 회사가 내놓은 해결책에 찬사를 보냈다. "우리가 수염과 비용 문제를 완벽하게 만드는 데 70년이 걸렸다. 이제 마침내 냅킨이다. 이제 어느 누구도 다시는 미칠 지경이 되지 않아도 된다."[21]

또다시 '기분 좋게 해주는' 문화에의 함몰과 이 운동에 대한 신랄한 비판으로의 주변화 사이에 처하게 된 분석 교회는 마지막 발작적 분열을 일으켰다. 한편에는 내적 개혁의 지지자들이 있었다. 종교 개혁에 앞서 있었던 큰 수도원 운동 — 클루니파, 도미니쿠스파, 프란시스코파 — 들처럼 정신분석의 개혁가들도 정신분석을 시대의 요구에 적응시키려 모색했다. 다른 한편에는 정통성의 옹호자들이 있었다. 개혁에 대항했던 종단들처럼 그들은 자신들이 알고 있는 정신분석을 파괴하게 될 적응에 저항하려 애썼다.

놀라울 바 없이 사태는 나르시시즘 개념에서 극도로 악화되었다. 프로이트의 1914년도 시론 이래로 나르시시즘은 성숙성으로 이행하는 과정의 유아적 계기라는 부정적 함의를 지니고 있었다. 1960년대 분석 기관들은 이 용어를 계속 이러한 의미로 사용했다. 이를 통해 이들은 장기적 계획에 참여하지 못하고 더 큰 목적을 위해 자아를 희생하지 못하는 1960년대 세대의 의도된 무능함이라 일컬어진 것을 드러내고자 했다. 반대로 개혁가들은 나르시시즘에 대한 재평가를 통해 1960년대 문화의 조절을 모색했다. 빈에서 출생하여 시카고에 기반을 두고 활동한 분석가인 하인츠 코후트는 이 점을 포착한 최초의 분석가였다.

코후트는 나르시시즘에 대한 긍정적 자세가 당연히 에고심리학으로부터 발전되었다고 주장했다. 고전적 신경증 환자에게서 "억압된 충동 요소가 [……] 만족을 추구함"에 비해 어느 쪽이라 결정하기 어려운 혹은 나르시시스트적인 새로운 환자에게서는 "상처받은 나르시시스트적 에고가 안도감을 얻으려 한다"는 것이었다. 이러한 환자들은 "자존감의 강력한 외부 제공자와 나르시시스적 영역 내의 다른 형태의 정서적 양분에 대한 갈구渴求로 고통받는다." 섹슈얼리티는 종종 이 갈증을 부추겼다. 인정의 요구를 유아기의 트라우마로 소급시키기보다 분석가들은 환자들이 반영되고자 하는 필요 혹은 하나의 전체로 중요하게 느낄 수 있도록 해주는 '자아 대상'을 이상화하려는 필요의 정당성을 인정해야 했다.

중세 말의 인문주의 개혁자들처럼 코후트도 처음에는 정신분석이라는 교회를 쇄신하려 애썼다. 나르시시즘이 섹슈얼리티를 대체하여 시대를 규정하는 이슈가 되었다고 주장하며 그는 정신분석 기관이 구원의 방해물이 되었다고 단언했다. 에고심리학자들의 '용감하게 진실을 마주하는 도덕', 그들의 '건강과 성숙성의 도덕'이 인정에 대한 정당한 요구를 자율성에 대항하는 방어로 해석하도록 그들을 이끌었다는 것이었다. 분석적 사디즘과 겸손은 그들 자신의 나르시시스트적 필요를 분석가들이 부인한다는 것을 반영했다. 그 부인은 창시자에 대한 전적인 인정을 보존한 프로이트 숭배에서 드러났다. 나르시스트적 필요의 유효성을 부인하는 분석가들은 결혼, 자식, 소명 등의 삶의 문제들에서 단 하나의 해결책만을 보았다. 나르시시즘을 존중했다면 그들은 다른 태도로 이끌렸을 것이다. 즉 가족을 거부하는 사람들, 사회적 목적에 봉사하지 않는 만족 활동을 추구하는 사람들, 자신들의 지적 모색만을 추구하는 사람들에 대한 공감의 태도 말이다.[22]

코후트의 주장은 정신분석이 새로운 문화, 즉 '네 자신의 일을 하라'는 문화에 융합됨을 의미하는 것으로 보였다. 자신의 논리를 따라 그는 마침내 정신분석의 종언, 그리고 정신분석이 죄의식이 아니라 비극을 기본적 모티프로 지니는 자아의 심리학으로 대체되었음을 선언했다. 당연하게도 그의 제안은 오토 케른베르크Otto Kernberg가 주도한 반개혁을 자극했다. 코후트가 나르시시즘과 병리학의 연관을 끊으려 애썼음에 비해 케른베르크는 그것을 다시 주장하고 나선 것이었다.

코후트와 마찬가지로 빈에서 태어난 케른베르크는 칠레로 이주하여 클라인파의 교육을 받았다. 에고심리학을 '내적 표상 세계' 이론으로 변환시킨 1950년대와 1960년대에 걸친 오랜 진화의 산물인 그는 새로운 나르시시스트적 문화를 이해하기 위해 에고심리학을 옹호했다.[23] 그에게 나르시시스트적 환자는 인정을 필요로 하는 불안정한 사람이 아니라 구강적 탐욕과 파괴된 관계에 대한 고뇌에 자극받아 깊숙이 교란된 사람이었다. 따라서 나르시시스트의 표면적 매력은 그나 그녀가 자신의 위대한 자아를 비추는 데 실패하는 순간 분출될 폭발적 분노를 감추고 있는 것이었다. 약과 우발적인 섹스와 무책임함에서 기운을 얻는 나르시시스트의 정신 내부 세계는 '위대한 자아'와 가치 절하되고 공허한 타자의 이미지로 구성되는 것이었다. 내적으로 나르시시스트는 자신을 늑대로 보는 것이었다. 지지를 구하기는커녕 그들은 그 세대의 분석가들이 제공한 확고한 객관적 거리를 필요로 했다. 그러나 타자와 진정한 관계를 형성할 수 없다는 사실로 말미암아 그들은 거의 분석이 불가능했다. 그러한 노력을 해볼 만한 것으로 만들어주는 것은 나이가 듦에 따라 체험하게 되는 깊은 고통뿐이었다.

코후트처럼 케른베르크도 나르시시스트적 병리 현상을 가족의 변화의 결과로 보았다. 그러나 케른베르크에게 이러한 변화들은 거의 다 부정적인 것이었다. 케른베르크의 논리에 의하면 진정한 성관계는 유아기의 감정으로의 접근이라는 의미의 성숙성과 자신의 공격성을 체험하고 극복할 수 있는 능력을 요구했다. 1960년대의 방임적 문화와 그에 뒤이은 원原페미니스트protofeminist적 '결혼 애정marital affection'과 '동반자적 결혼companionate marriage'에 관한 문헌은 커플 사이에서의 공격성을 인정하지 않았다. 케른베르크는 이러한 부인이 "깊은 사랑의 관계를 사랑의 본질 자체가 결여된 피상적이고 관습적인 것으로 바꿔놓았다"고 기술했다. 1960년대의 방임적 문화에 대항하여 그는 "성적 사랑은 언제나 공개적으로든 은밀하게든 집단과 대립 상태에 있다"고 주장했다. "주변 사회, 집안의 압력에 굴하지 않는 자유에 관하여 커플이 공유하는 깊은 신뢰와 자세, 〔……〕 종종 매우 섬세한 방식으로 커플을 단단히 결속시키지만 사회적 환경에 피상적으로 적응함으로써 위장될 수 있는 내적 자세를 숙고하는 성적 사랑은 본질적으로 비관습적"[24]이라는 것이었다.

따라서 1970년대에 케른베르크 같은 분석가들은 청년 중심적이고 외양 중심적인 문화에 대한 대안을 제출했지만 '절제'와 '성숙성'에 대한 그들의 옹호는 이미 뒤처진 것이었다. 케른베르크의 후속 경력은 정신분석 이론에 대한 매우 어려운 설명으로 점철되어 있는데, 이 것이 어떤 때는 교의를 체계화하고 정리하여 쇠퇴하는 교회의 붕괴를 막으려 시도했던 트렌트 공의회Council of Trent 같은 반개혁 혹은 재건을 방불케 하기도 했다.[25] 그러는 사이 정신분석의 창조적 정신은 교회 내부의 개혁가와 성직자들로부터 문 밖의 이단자들과 개혁가들에게로 넘어갔다. 뉴레프트라는 집단적 명칭으로 알려진 다중심적이고 세계적으로 확산된 혁신지향적 학생과 청년 그룹 사이에서 나르시시즘 개념은 공동체적이고 유토피아적인 자기 초월의 시도로 폭발하려 하고 있었다.

에고심리학을 둘러싼 긴장에는 정신분석의 이원성이 반영되어 있었다. 정통적인 프로이트주의자들이 고전적 이론이 구조될 것인가 여부를 놓고 씨름하고 있는 사이에 두번째 프로이트인 마성적 프로이트는 문화혁명을 조장하고 있었다. 그 혁명은 정신분석 제도 전체에 타격을 가할 것이었다. 짧긴 했지만 학생운동과 정신분석의 조우는 혁명의 위기적 계기를 이루었다. 종교개혁 기간 동안 비세례파, 디거스 Diggers,* 홀리 롤러Holly Rollers** 같은 급진적 분파들은 지상에서의 구원 체험을 추구했다. 1960년대에 걸쳐 뉴레프트 급진주의자들은 정신분석의 초석적 전제인 외부 세계와 정신 내적 현실의 분리라는 개념 자체를 거부했다. 그들은 두번째 — 유토피아적 — 프로이트로 전향하여 무의식을 탐구하는 게 아니라 무의식을 사회적, 정치적 세계와

---

* 영국의 급진적 프로테스탄트 일파.
** 자유 감리교와 웨슬리 감리교와 같은 성결운동 기독교 일파.

다시 연결지으려 했다. 그럼으로써 그들은 성숙성 윤리의 고집이 얼마나 케케묵은 것인가를 보여주었을 뿐만 아니라 새로운 사회의 지평을 그려 보여주는 특공대 역할을 했다.

제2의 프로이트에 대한 뉴레프트의 관심은 포스트포드주의적이고 '포스트산업사회적'인 새로운 문화의 경계면에 있는 그들의 입장에서 생성되었다. 그러므로 뉴레프트에 끼친 초기의 지적 영향, 예컨대 제인 제이콥스Jane Jacobs의 『미국 대도시의 죽음과 삶Death and Life of the Great American Cities』(1962)이나 레이첼 카슨Rachel Carson의 『침묵의 봄Silent Spring』(1962), 그리고 랠프 네이더Ralph Nader의 『어떤 속도에서도 안전하지 않다Unsafe at Any Speed』(1965) 같은 것들은 협동에 고취된 통제에 대한 비판이었다. 비슷하게 C. 라이트 밀즈의 「뉴레프트에게 보내는 편지Letter to thr New Left」는 산업 노동 계급이 혁명의 수단이라는 견해에 도전했다. 독일의 SDS,* 미국의 SDS, 일본의 전학련全學連 같은 뉴레프트의 핵심적 학생운동은 노동운동 기반의 '청년 조직'에 대한 반발로부터 시작되었다. 간단히 말해 뉴레프트는 '전쟁-복지국가warfare-welfare state'라 명명되었던 것에 대한 거부로부터 시작된 것이었다.

포드주의를 거부함으로써 뉴레프트는 고상한 노예 — 즉 개인적 삶 — 라는 포드주의의 신화를 거부하고 그 대신에 자신의 고유한 신화를 제시했다. 포드주의와 달리 그것은 내부와 외부, 집 안과 집 밖, 문명과 자연의 구분이 없는 세상을 일깨웠다. 구분을 지우고, 모든 사람과 모든 것을 함께 있게 하고, 세상 전체를 변화시키려 모색하면서

---

* 민주사회를 위한 학생 연합.

1960년대 세대는 빌헬름 라이히, 허버트 마르쿠제, 노먼 O. 브라운뿐만 아니라, 사람이 아니라 사회가 미쳤다고 한 R. D. 레잉Laing과 켄 키지Ken Kesey 같은 유토피아적 프로이트주의자들을 향하게 되었다. 하나됨과 조화라는 뉴레프트의 신화는 그것이 제3세계 민중들과 다듬어낸 밀도 높은 연대감 같은 위대한 성취의 주역이었다. 그러나 그것은 또한 그 허장성세와 제도적 개혁 문제 회피를 설명해주는 근거이기도 했다.

뉴레프트는 최소한 세 개의 분야에서 정신분석의 유토피아적 경향을 끌어왔다. 첫째 그것은 숨막히게 하는 가족의 체제순응주의를 거부했다. 체제순응주의는 성기적 섹슈얼리티를 특권화하고 동성애와 '성도착'을 억압하도록 이끌었던 것이다. 뉴레프트는 에로스가 해방되어야 할 필요가 있다고 생각했다. 그것은 일과 정치에서, 길거리와 그 외의 공적 삶의 영역에서 표현 수단을 찾아내야 할 필요가 있었다. 특히 여성은 가정성과 대비되는 이 확장된 에로스를 가장 먼저 반겼다.[26] 동성애자들도 마찬가지였다. 공동체, 약, 일부일처제에 대한 공격, 록 음악, 옷을 벗는 것이나 자유분방한 옷차림, 자기 노출 같은, 이제까지 무대 뒤에서만 행해지던 모든 것을 무대 앞에서 실행하기, 오직 '참여'라는 유일한 이념에 의해서만 인도되는 행동주의 문화, 이 모든 것들이 프로이트에 대한 유토피아적 독법讀法의 사회적 기반이었다.

둘째로 뉴레프트는 진정성, 표현의 자유, 놀이를 위해 억압과 승화를 거부했다. 포드주의 시대의 특징 없는 군대식 질서로 보이는 것의 자리에 이제 뉴레프트는 다채롭고 활기찬 세계로의 길을 열었고 무의식적 이드의 원초적 리듬을 개방했다. 나이 든 아방가르드들의 상속자인 급진적 학생들은 록 음악, 포스터, 텔레비전, 영화, 패션, 디자인 같은 영역에서 일상적인 포스트포드주의적 대중문화가 약진하는 것을 도왔다. 억압의 불가피성을 인정하지 않는 뉴레프트의 거부 또한 모든 것의 진실을 알고 있고, 따라서 비밀이란 없다는 주장으로 연결되었다. 그 주장은 반전운동, 카톨릭 교회, 대학, 그리고 서독에서 지속된 나치스와의 공범 관계에 대한 노출에서 감지되었다.

마지막으로 뉴레프트는 도구주의와 기성 윤리를 거부하기 위해 유토피아적 프로이트주의의 전통에 의지했다. 학생운동가들은 일이 사람을 만족시켜야지 단순히 생계 수단에 그쳐서는 안 된다고 역설했다. 이것은 포드주의 이후 출현하고 있는 '정보 경제'에서의 학생들의 자리를 반영했다. 그 경제에서 대학은 자동차라는 견인력을 대체했다. 모든 것이 관리되는 미래 사회에 대한 반유토피아적 전망과 테크놀로지가 일방적으로 의식을 해방시키리라는 매클루언Marshall McLuhan식 예언 속에서 앙드레 고르André Gorz, 세르주 말레Serge Mallet, 톰 네언Tom Nairn 같은 뉴레프트 지식인들은 창조성, 지식, 기술적 능력을 내재적으로 변증법적이고 사회적이라 서술했다.[27] 그들의 이른바 '신노동 계급' 이론의 배후에는 신경제 구성원들의 정신을 성장시키지 않고서는 신경제를 발전시킬 수 없다는 인식이 깔려 있었다.

노먼 O. 브라운의 『죽음에 대항하는 삶』과 더불어 정신분석의 유토피아적 경향을 뉴레프트와 결합시킨 가장 중요한 저서는 허버트 마르쿠제의 『에로스와 문명Eros and Civilization』이었다. 널리 번역된 이 책 덕에 마르쿠제는 나이 든 독일-유대인 망명자 교수 — 프랑크푸르트 학파의 일원 — 에서 체 게바라Che Guevara나 프란츠 파농 같은 사람들에 비견되는 뉴레프트의 국제적 아이콘으로 변신했다. 마르쿠제의 프로이트 읽기에서 억압의 배후에 놓여 있는 것은 *아난케Ananke* — 결핍 — 였다. 그러나 원래 2차 산업혁명에서 방출된 엄청난 기술적 가능성 덕분에 필연적 억압과 *잉여적* 억압의 구분이 가능해졌다. *몇 가지* 억압은 불가피하기는 했지만 대부분의 억압은 계급 지배의 필연적 결과였다. 따라서 역사적 순서에 따라 읽을 때 프로이트의 글들에는 필연의 범위가 축소됨에 따라 점점 더 유효해지는 비억압적 사회라는 혁명적 개념이 감춰져 있는 것이었다.

비억압적 사회에 대한 전망의 일부로 마르쿠제는 분석가들이 뉴레프트를 비판하는 데 이용했던 바로 그 나르시시즘 개념을 발본적으로 다시 읽어냈다. 에고심리학자들의 자아 개념을 무시하고 그는 가장 어릴 때의 어머니/아이의 관계의 특성인 *원초적* 나르시시즘이라는 프로이트의 개념으로 되돌아갔다. 원초적 나르시시즘은 선先대상적pre-objectal이었다. 그것은 '나'의 출현 *이전에* 존재하는 것이었다. 자아에 대한 정신적 투자를 산출하기는커녕 원초적 나르시시즘은 태아기의 삶, 잠, 그리고 이해할 수 없는 자아 상실의 특성을 규정하는 것이었다. 프로이트에 의해 '바다 같은 느낌'이라 묘사된 그것은 "에고와 외부 세계와의 불가분의 근원적 연결"을 반영하는 것이었다.[28]

마르쿠제는 포드주의 시대에 찬양되었던 합리적이고 자율적인 에고, 즉 성숙성의 윤리를 지탱했던 에고와 원초적 나르시시즘을 대비시켰다. 환경의 합리적 변화를 떠맡은 에고는 "본질적으로 공격적이고 무례한 주체로서 그것의 생각과 행동은 대상을 지배하기 위해 예정된 것이다. 그것은 대상에 대항하는 주체다. 〔……〕 자연(그 자체와 외부 세계)은 싸우고 정복하고 심지어는 범해야 하는 대상으로 에고에게

베를린 자유대학에서 학생들에게 강연하는 허버트 마르쿠제(1968)

'주어진' 것"[29])이라고 마르쿠제는 주장했다. "자율적 에고는 생산적이기보다 수용적이고, 초월보다 만족을 향하는 경향이 있으며 쾌락원칙에 강하게 결속된 기능과 자세에 적대적인 것이었다." 반대로 원초적 나르시시즘은 '근본적 현실 관련성'을 구성하는 것이었다. 마르쿠제는 그것이 성기의 우위성에 속박된 섹슈얼리티로부터 몸 전체를 에로스화하기로 나아가고, 도구적 이성으로부터 예술, 놀이, 나르시시스트적 과시로 나아가는 길을 지시해주는 것이라 추론했다. 자유로운 장이 열리기만 하면 원초적 나르시시즘은 '포괄적인 실존의 질서'를 생성할 수 있다는 것이었다.

　나르시시즘의 유토피아적 요소를 규명한 마르쿠제는 포드주의 시대의 생산 중심적 신화의 붕괴에 이바지했다. 불의 비밀을 훔친 고대의 마르크스적 영웅인 프로메테우스의 자리에 마르쿠제는 인류 사회에 동성애를 끌어들인 시인이자 음악가인 오르페우스를 앉힌 것이었다. 나르시시스처럼 오르페우스도 "금욕적 이상 때문이 아니라 보다 충만한 에로스를 위해 정상적인 에로스를 거부"했다. 브라운의 『죽음에 대항하는 삶』 역시 성기에 기반을 둔, 아직 죽기에는 충분히 강하지 않은 형성물인 '지배하는 에고'에 맞서 '다형적 변태'를 옹호했다. 마르쿠제처럼 브라운도 '여성적' 동기를 높이 평가했다. "어머니에 반대하는 쪽을 향한 적대적 경향에 근거"해 있다는 이유로 '가짜 개별화'를 거부한 그는 바호펜Johann Jakob Bachofen이 발견한 모권제의 위기적 양상으로 보이는 것을 "융Jung식의 탐닉Schwärmerei"[30]으로부터 구하려 애썼다.

1960년대 정신분석이 매우 중요한 역할을 했던 '2차 모더니티'는 멈춰야 할 것으로 보였다. 초기 칼뱅주의의 강렬함이 관료제와 물질적 상품의 '철창'으로 이어진 것처럼 프로이트식으로 굴절된 모더니티의 세 가지 약속은 도구주의, 성기적 이성애의 특권화, 냉전국가로 분리되었다. 그러나 정신분석의 유토피아적 가능성은 소진되지 않았다. 마르쿠제, 브라운, 레잉과 그 밖의 사람들은 여전히 정신분석의 감춰진 특질, 즉 성숙성의 윤리 너머로의 이동을 용이하게 해줄 수 있는 특질을 찾고 있었다. 공동생활체에 대한 체험적 비판에 합세한 그들은 도구적 이성에 대한 뉴레프트의 비판과 자연과의 새로운 연결에 대한 열망, 성기적·이성애적 한계로부터 섹슈얼리티를 해방시키려는 시도에 정신분석적 토대를 제공했다.

1960년대의 자크 라캉. 에고 심리학을 비판하고 언어로의 전환을 옹호했다.

　'극단주의' 종파들이 기독교를 재발명한 프로테스탄트 종교를 위한
길을 닦아주었던 것과 마찬가지로 프로이트에 대한 뉴레프트의 묵시
록적 해석은 정신분석에 대한 자크 라캉의 논쟁적 재발명의 길을 열어
주었다. 그러나 원초적 나르시시즘에 대한 마르쿠제의 견해가 개인주
의에 대한 초기 뉴레프트의 비판을 반영하는 것이었다면 라캉의 '프로
이트로의 귀환'은 뉴레프트의 퇴조와 마르크스와 프로이트를 종합하
려는 그들의 소망의 종식을 반영하는 것이었다. 라캉 역시 나르시시
즘의 주제를 중심으로 정신분석을 다시 만들었다. 그러나 그에게 있
어 나르시시즘이란 해방의 기반이 아니라 함정이자 현혹이었다.

　1901년 상류 계급의 집안에서 태어난 라캉은 제수이트파의 교육을

받았다. 정신의학자로 훈련을 쌓은 그는 1934년 파리 정신분석 학회에 가입했다. 마리 보나파르트가 이끄는 정통파와 반유대적이고 친파시스트적인 문법학자 에두아르 피숑이 주도하는 민족주의적 반대파로 갈린 학회는 초기부터 고도로 정치화되어 있었다. 라캉의 초기 경력은 피숑에 대한 반대가 중심을 이루었다. 1937년 회장이 된 라캉은 "한 가부장적 유대인 아들이 오이디푸스 콤플렉스를 빈에서 상상해낸 것은 [……] 빈이 고대로부터 가장 진화된 것에 이르기까지의 다양하기 그지없는 가족 형태들의 용광로였기 때문"[31]이라고 생각했다. 1940년 학회는 전쟁으로 촉발된 분열로 폐쇄되었다.[32] 전쟁이 끝나자 나치스에의 협력을 거부한 많은 원래의 멤버들과 함께 라캉은 사샤 나흐트Sacha Nacht 및 다니엘 라가슈Daniel Lagash와 더불어 학회를 재건하는 데 앞장선 트로이카 중 한 명으로 떠오르게 되었다. 1951년 그는 프로이트에 대한 주례週例 세미나를 시작하여 1981년 사망할 때까지 지속하였다.

앞서 보았듯 라캉은 프로이트의 에고 이론을 문제삼는 것으로 그의 이력을 시작했다. 프로이트는 에고를 지각과 의식의 시스템에서 생겨나 충동을 자기 보존과 성적 방출로 향하게 하는 데 이바지하는 정신적 행위자로 간주했다. 1936년 마리앙바드 정신분석 총회에서 행해진 유명한 '거울 단계' 강의부터 시작한 라캉은 프로이트가 에고를 행위자로 규정한 것을 거부했다. 라캉은 정신적 발달이 행위자와 더불어서가 아니라 원초적 결핍, 공포 혹은 비존재의 텅빔과 함께 시작되는 것이라 주장했다. 라캉이 '나'라고 부른 '나르시시즘의 에고'는 이 텅빔의 트라우마적 발견에 대한 방어적 대응, 상상적 구성물, '이미지들의 결정結晶'이라는 것이었다.[33]

무의식을 본능이 아니라 언어와 이미지에 입각해 규정하는 초현실주의에서 기본적 지향을 이끌어낸 라캉은 나르시시즘의 에고가 담론 *discourse*에서 탄생하는 것이라 설명했다. 담론이라는 용어로 라캉이 의미하고자 했던 바는 그 나름의 추방, 금지, 특권의 규칙에 지배되는 무의식적이고 다음성적인 연상의 흐름이었다. 담론의 예에는 '아버지라는 이름' '어머니라는 욕망', 그리고 종교, 민족성, 정치와 같은 보다 큰 사회적 담론이 포함된다. 신경증은 담론의 엉킨 매듭이고 히스테리는 상형문자, 금지는 수수께끼였고 성격은 '문장紋章'과 같은 것이었다. 분석가가 행하는 것은 주석註釋이었다. 에고보다 훨씬 큰 힘을 조종하고 인도하는 분석가는 자율성이 아니라 주체성의 육성을 목표로 하는 것이었다. 주체성이 의미하는 바는 자신을 표현하도록 욕망의 흐름을 허락하고 자신의 욕망과 섞인 상태로 타자의 욕망을 듣는 능력이었다. 욕망은 언제나 생략, 중언부언, 말 빠뜨리기, 수사적 문채文彩, 비유 등에 의해 욕망으로 강조된다.

1950년대 오랫동안 지연된 소규모 생산자들의 낡은 질서의 붕괴와 대중 소비사회의 빠른 출현은 프랑스 정신분석에도 활기를 불어넣었다. 라캉의 세미나는 새로운 자신감을 반영했다. "인간에 대한 혼란되고 일원적이고 자연주의적인 이해"의 지배에서 무의식을 구출하려 모색한 라캉은 프로이트의 죽음 본능 가설을 "인간 안에는 이미 균열, 삶의 규제에 대한 깊은 불안이 있음"[34]을 상기시키는 것으로 옹호했다. 그 '균열'을 부각시키기 위해 라캉은 나르시시즘의 에고를 세 개의 다른 '차원' 혹은 '심급'의 교차점에 정위했다. 상상적 차원은 '나'의 아래에 기입되는 단일성의 환상을 생성시킨다. 언어, 문화, 아버지의 법이라는 상징적 차원은 '욕망하는 주체'라는 정신분석의 파편적 주체를 만들어내는 것이었다. 마지막으로 우연성의 차원을 뜻하는 '실재'는 그 주체가 언제나 불안정하다는 것을 뜻했다.

공식적인 정신분석 총회 동안에 친지들 앞에서 행한 사적 강연이었던 1953년도의 '로마 강연'에서 라캉은 그의 파편적 주체를 에고심리학과 대상 관계 모두에 대립시켰다. 그는 미국으로의 이주와 "정신분석 그룹이 안정을 찾곤 하던 분위기인 사회적 '저항'의 부재가 에고심리학자들로 하여금 분석 경험의 '생생한 관계'를 억압하게 만들었고 그리하여 그들은 재미 없게 전수된 기술에만 강박적으로 매달리게 되었다"고 주장했다. 그들이 무의식에 대해 그토록 보잘것없는 이해밖에 지니지 못했기 때문에 자아라는 개념을 만들어야 할 필요를 느꼈다는 것이었다. 그리고 클라인파들이 상상적인 것(판타지)의 기능, 대상 관계(실존적 현상학), 교차전이(분석가의 전이) 등과 같은 중요한 새 영역을 열었을 때 자연주의적 영국 정신분석이 의존성과 어머니의 보살핌을 강조한 것 역시 프로이트의 발견을 훼손했다고 주장했다.[35]

1950년대 중반 프랑스 정신분석은 마셜 플랜의 대량 소비의 물결에 실렸다. 여러 자금의 유입으로 지체가 높아진 라캉은 미국 분석가들을 좇아 그들의 생활 방식을 흉내냈다. 센강 우안右岸의 양복점, 전용 이발사, 사치스런 호텔 등.[36] 그러나 미국 분석가들과는 달리 그는 '짧은 면담(어떤 때는 겨우 5분 정도로 짧았다)'에서 그의 사업의 결제 방식을 찾았고 그의 추종자들을 넓혀갔다. 그의 전기 작가인 엘리자베트 루디네스코Elisabeth Roudinesco에 의하면 그는 환자와의 면담 시간에 "한 끼 식사를 다 먹어치우기도 하고 바쁜 척해 보이며 방 안을 왔다갔다 하기도 하고 불평을 내뱉기도 했으며 수수께끼 같은 말을 하거나 책상에 앉아 논문을 마감하기도 했다." 환자가 불만을 표하면 "그러나 *친애하는 이여*, 그런다고 해도 나는 사소한 것 한마디도 빠뜨리지 않고 다 듣고 있습니다"라고 대답하곤 했다는 것이었다. 라캉의 행동거지에 변명의 여지가 없음은 분명하지만, 그러나 그것은 또한 특히 북미 분석가들의 직업적 가식에 대한 무의식적 패러디이기도 했다. 멜라니 클라인의 야망적 명상이 정신분석의 실증주의적 겉모습에 가한 일격이었던 것과 같이 라캉의 잘난 척하는 자기 중심적 행위는 정신분석의 딱딱한 의학적 외장外裝을 희화화한 것이었다.[37]

1960년대에 라캉의 독특함은 그보다 큰 의미를 드러냈다. 1951년 라캉과 그 외의 여러 사람들은 프랑스 정신분석 학회(SFP)를 결성하고 IPA에 입회 신청을 했다. 위니코트를 위원장으로 한 IPA 위원회는 라캉의 악명 높은 임상 실행 방식을 이유로 SFP의 신청을 거부했다. 1963년 IPA는 새 학회에 대한 인정의 선결 조건으로 라캉을 제명할 것을 요구했다. 자신을 스피노자Baruch Spinoza에 비교한 라캉은 이 결정을 파문이라 불렀다. 그의 학생들과 지인들 대부분이 라캉을 버리고 IPA의 조건을 수락하자 그는 "너희는 절대 제정신이 아니야. [……] 유명해지려는 때에 날 떠나다니"[38]라고 소리쳤다.

추방 덕분에 라캉은 뉴레프트의 아이콘이 되었다. 마르쿠제에 비견할 만했지만 그 내구력은 훨씬 컸다. 마르크스주의 철학자 루이 알튀세르Louis Althusser의 초빙으로 그는 생탄 병원을 떠나 고등사범학교로 옮겼다. 거기서 개최한 첫 세미나에는 오백여 명의 청중이 몰려들었다.[39] 곧바로 그는 그 자신의 권위로 — "정신분석과 그의 관계가 언제나 그랬듯 혈혈단신으로" — 파리 프로이트 학파를 결성하여 마르틴 루터Martin Luther 흉내를 냈다. 루터가 성경으로 돌아갔듯 라캉은 프로이트로의 귀환을 외쳤다. 루터가 성직자의 위계질서를 거부했듯 라캉은 분석 훈련을 거부했다. "분석가 면허는 당사자만이 수여할 수 있다"는 것이었다. 그와 정신분석 교회와의 불화는 이른바 '프로이트의 장場, le champs Freudien'으로 알려지게 되는 것을 열었다. 그것은 정신분석을 의학에서 벗어나게 하고 1960년대를 특징짓는 사회, 문화 및 생활 방식의 변화와 통합하는 것이었다.

'주체의 죽음'이라는 명제와 연관된 '프로이트의 장'은 생산과 경제로부터 이데올로기와 문화, 미디어로의 광범위한 좌편향적 이동과도 공명共鳴했다. 데카르트의 '코기토cogito' 즉 '나는 생각한다'를 '그것이 말한다Ça parle'로 — 여기서 '그것'은 언어를 가리킨다 — 바꿀 것을 주장한 라캉은 그가 점차로 발전시킨 생각, 즉 사회적 지배는 작업장에서가 아니라 미디어 이미지들과 담론을 통해서 실현된다는 생각을 명확히 표현했다. 실체 없음이라는 '나'의 특성에 대한 강조에 의해 특정 텍스트의 이데올로기적 효과를 그 내용(예컨대 자본주의, 인종차별주의, 성차별주의 등)에 입각해서가 아니라 전체와 단일성이라는, 상상적 의미를 지탱하는 방식을 통해 이해하는 것이 가능해졌다. 작가나 작품의 내용이라 여겨지는 것에 대해서가 아니라 독자, 영화관람자, 박물관에 가는 사람에 주의를 집중함으로써 라캉주의는 예전에 '상부구조'라는 이름으로 부르던 것과는 전혀 다른 새로운 접근법을 고취했다.[40]

그러나 라캉의 급진주의의 시대는 곧 지나갔다. 마르쿠제가 1960년대 초기와 중반을 특징지었던 공동생활체적 체험을 표현했음에 비해 라캉은 1960년대 말에 형태를 드러낸 분리되고 아이러닉하고 개인화된 문화를 위해 발언했다. 1968년 시위하는 학생들을 향해 그는 "혁명가로서 여러분들이 열망하는 것은 주인이다. 여러분들은 곧 주인을 갖게 될 것이다"[41]라고 외쳤다. 프로이트의 전형적인 환자가 통합을 달성하기 위해 분투했다면, 그리고 페렌치에서 코후트에 이르기까지 일련의 피분석자들이 분석가를 나르시시스트적 양분을 공급해주는 사람으로 보았다면, 라캉의 전형적인 피분석자는 기호, 언어 체계, 장광설에 고도로 숙달된 학생들이었으며 영화, 정치적 사건, 대중문화의 독해법을 잘 알고 있다는 데 자부심을 느끼는 사람이었다. 누군가가 본능의 진부한 세계라 간주한 것과 더 이상 연결되지 않는 포스트프로이트 심리학을 라캉이 창시했다면 이러한 이동은 새로운 포스트포드주의 시대가 소비자에게 권능을 부여한 것과 일치했다. 이러한 일치를 반영하고 있는 라캉의 세계는 외양을 높이 평가하는 잘 꾸며진 세계였다. 그 까닭은 바로 라캉의 세계가 외양은 '단지' 외양일 뿐이라고 이해하고 있었기 때문이었다.

1968년의 프랑스 총파업이 패배로 끝난 후 몇몇 젊은 프랑스 지식인들이 라캉의 '프로이트로의 귀환'을 거부하고 나섰다. 그리하여 질 들뢰즈Gilles Deleuze와 펠릭스 가타리Felix Guattari의 1972년도 저서인 『앙티-오이디푸스Anti-Oedipus』는 정신분석을 "어디서부터 잘못되기 시작했는지 알 수 없는 러시아 혁명"에 비유했다. 그러나 그 순간은 곧 지나갔다. 비록 라캉은 수학적 형식주의로 선회하여 뫼비우스의 띠, 원환체, 에셔 도형, 보로메오 매듭 등을 통해 정신의 '불가능한 공간'에 대해 서술하려 애썼지만, 그에게는 여전히 청중들이 있었다. 1978년 경미한 자동차 사고 이후 그는 위축돼 보였다. 신 학년도의 개강 세미나에서 조용히 숨을 죽이고 있는 청중들 앞에서 그는 말을 잃었다. 루디네스코에 따르면 "사람들은 30년 동안 프로이트적 프랑스를 숨도 못 쉬게 했던 그 숭고한 음성을 빼앗겨버린 한 늙은이를 주시하고 있었다. 〔……〕 청중들은 답했다. '괜찮아요, 우리는 아직 당신을 사랑합니다.'"[42]

라캉의 방대하고도 여전히 지속되고 있는 영향력은 정신분석이 1960년대에 봉착했던 위기에 대한 그의 창조적 대응에서 유래하는 것이었다. 1920년대부터 정신분석의 중심이었던 에고심리학은 돌이킬 수 없는 쇠락의 길로 접어들고 있었다. 그 시대의 다른 이론가들과 마찬가지로 라캉은 권위의 심리학이 나르시시즘 이론에 함몰되었다는 것을 깨달았다. 그러나 나르시시즘에 대한 긍정적 태도가 정신분석이 대중문화에 휩쓸리는 마지막 계기가 되었던 코후트나 원칙적으로 제도화될 수 없는 원초적 나르시시즘을 유토피아적으로 특권화한 마르쿠제와 달리 라캉은 정신분석의 비판적 기능을 보존하는 것을 목표로 한 영민하고 실천적인 전략을 고안했다. 그렇게 함으로써 그는 실제로 모더니티의 세 가지 약속을 한층 더 복잡하게 만드는 데 기여했다. 자율성에 관해 그는 나르시시즘을 향한 섬세하고도 비판적인 자세를 위해 인정이나 확인의 요구를 거부했다. 여성의 동등성에 관해 그는 아버지와 성차의 중요성을 재도입함으로써 정신분석을 아이의 성장에 관한 어머니 중심적 이론으로 변형시키려는 시도를 거부했다. 그리고 민주주의에 관해 그는 정신분석을 민주주의적이고 소비자주의적인 자본주의라는 새로운 사회적 장에 새롭게 자리 잡아주어야 할 필요를 포착하여 마르크스주의에서 영감을 받은 마르쿠제의 풍족의 신화를 부정했다.[43]

종교개혁의 급진적 종파들을 인정했던 영국 성공회나 루터파 같은 크고 노련한 종단들이 기독교를 개혁할 수 없었던 것처럼 '제2의 프로이트'의 통찰이 보존되려면 정신분석은 국가와 평화를 이루어야 할 필요가 있다는 것을 라캉은 이해하고 있었다. 루터가 국민교회들을 정통화하여 보편적 지배라는 교황의 주장을 깨뜨린 것처럼 라캉은 서구와 라틴 아메리카에서 정신분석이 성장하도록 도움으로써 IPA(그것의 성 베드로 성당은 뉴욕에 있었다)의 헤게모니를 분쇄했다. 1960년대 이후의 정치적 반혁명과 보조를 맞춰 라캉이 정신분석의 중심에 위치시킨 애매성, 역설, 난해한 언어들은 정신분석이 독재 치하의 라틴 아메리카에서 살아남는 데 도움이 되었다. 그러므로 라캉은 루터나 프로이트가 이루지 못한 것을 실현했다. 그는 카톨릭 세계에 순전히 개인적인 윤리를 도입하는 데 일조했던 것이다.

1968년 정신분석이라는 교회는 엄격하고 정통적이고 경직되고 노골적으로 위선적인 채로 버티고 있었다. 한때 그것이 용감히 개척했던 개념들은 독사doxa가 되었다. 내적 개혁의 노력은 실패했다. 프로이트를 넘어서자는, 프로이트를 역사화하자는, 혹은 프로이트로 돌아가자는 호소들은 대부분 실패로 돌아갔다. 교회의 문 앞에는 반항하는 반대자, 프로테스탄트, 성인들이 모두 모여 있었다. 종교의 역사에서처럼 최종적으로는 두 가지 선택지가 존재했다. 하나는 자아의 깊이 쪽으로 나아가 보다 깊고 참된 진실을 찾으려는 도덕률 폐기론자와, 다른 하나는 밖으로 나가 도덕과 집단적 행동을 개혁하려는 아르미니우스파였다.*

1960년대 동안 개인적 삶의 문제는 약, 음악, 섹슈얼리티, 정화淨化된 공동체 등의 대안적 라이프 스타일이라는 도덕률 폐기론적 형태를

---

* 신비주의 신학에 반대하여 이성을 강조하는 기독교 신학의 한 갈래.

취했다. 그러나 1968년경에 시작된 뉴레프트의 초현실주의적이고 반문화적이며 카니발적인 요소들은 그 정점에 이르렀다. 마치 사적인 것이 공적인 것으로 된 것 같았다. 프로이트가 정신 내적이고 가족적이라 묘사했던 문제들이 사회적 규모로 정치적 무대에서 표출되었다. 예전에는 사적이고 억압되었던 체험들 — 섹슈얼리티, 가족, 젠더 — 이 외부화되었고 도덕률 폐기론은 아르미니우스주의에, 다시 말해 정치운동을 수립하려는 시도에 자리를 양보하게 되었다. 역사적으로 정신분석은 '개인'을 탐구했다. 그러나 1970년대 초 가족 정치에 연루된 배우들은 더 이상 개인이 아니라 젠더, 섹슈얼리티, 인종에 중심을 둔 정체성을 지닌 '집단들'이었다. 점점 더 본질화된 — 정신이 아니라 육체에 근거한 것으로 이해된 — 이 정체성들은 새로운 정치의 기반 역할을 했다.

도덕률 폐기론에서 아르미니우스주의로의 이행은 세계를 뒤흔든 사건들을 배경으로 하여 발생했다. 마이클 헤어Michael Herr의 『특파원 보고Dispatches』와 팀 오브라이언Tim O'Brien의 『그들이 가지고 다닌 것들The Things They Carried』과 같은 거의 초현실적인 작품들에 의해 기념된 베트남에서의 격렬한 전쟁은 1968년 1월의 구정 공세에서 그 절정에 달했다. 4월에는 프라하에서 폭동이 발발했고 5월에는 파리에서 노동자와 학생의 총파업이 일어났다. 그해 말 프랑스에서 드골Charles De Gaulle은 권력을 잃었고 미국에서는 뉴딜 동맹이 깨졌고 마틴 루터 킹 주니어Martin Luther King Jr.와 로버트 케네디Robert Kennedy가 살해되었다. 멕시코시티에서는 좌익 학생들이 대학에서 학살당했다. 그 후 곧바로 칠레, 파라과이, 브라질, 아르헨티나, 우루과이에서는 뉴레프트 운동가들이 '실종'되었다. 어떤 경우에는 산 채로 군용기에서 떨어뜨리기도 했다. 이러한 배경에 맞서, 그리고 속속들이 비추는("전 세계가 주시하고 있다") 텔레비전과 영화 카메라의 조명을 받으며 정신에 대한 프로이트적 견해를 사회·정치적 지평 위에 옮겨놓으려는 마지막 시도가 이루어졌다.

또 한 번 나르시시즘이 향도向導 개념이 되었다. 그러나 이번에는 정체성의 항목하에서였다. 프로이트의 어휘 목록 안에서 나르시시즘은 개인뿐만 아니라 동일시 — 인종, 국적, 민족적 기원 — 에 기반을 둔 집단을 지시하는 것이기도 했다. 공통의 에고 이상을 공유한다는 사실은 사람들을 모아놓기만 하는 것이 아니라 한 집단의 구성원으로 만들어주는 것이다. 그러나 정신분석은 집단 정체성을 일인칭적 시각에서 바라보았다. 정체성에 대한 1960년대적 초점의 중요한 점은 그것의 삼인칭적 관점이었다. 장-폴 사르트르가 『반유대주의와 유대인 *Anti-Semite and Jew*』에서 주장했듯 사람들을 '검둥이' '게이' '여성'으로 규정하는 것은 *타자*였다. 자아 혹은 정체성을 중심으로 한 새로운 정치의 출현과 더불어 그것은 고전적 정신분석의 대부분과 맞서 그것을 변형시키고 흡수해버렸다.[44]

'타자지향성'과 인정으로의 전향에 의해 예견된 뉴레프트의 무의식과 공동체적인 것의 유토피아적 융합은 정신분석에서 정체성의 정치학으로의 이동을 재촉했다. 1950년대의 '반정신의학' 운동이 결정적 전환점이었다. 1장에서 보았듯 현대 정신의학은 광기가 '정신이 빚어낸 속박'이라는 생각에서 시작된 것이었다. 정신분석과 정신의학을 혼합한 반정신의학은 광기가 정신적 착란이라는 생각을 완전히 거부했다.

반정신의학의 뿌리는 정신분석에 놓여 있었다. 영국과 미국의 반

정신의학은 로널드 데이비드 레잉에 의해 예시된 바와 같이 영국의 대상-관계 이론을 물려받은 것이었다. 글래스고 대학에서 정신과 의사 수련을 받은 레잉은 1956년 태비스톡 클리닉의 의사진에 합류하여 거기서 P. W. 위니코트, 멜라니 클라인, 수전 아이작 등과 함께 일했고 찰스 라이크로프트와 함께 분석을 수행했다. 레잉에게 정신분석은 "최초의 베일 걷어내기 — 의식 자체를 들여다보기 위해 의식이라는 대상에서 최초로 분리되기"였다. 이와 동시에 어빙 고프먼Erving Goffman의 저서는 레잉에게 "인자한 제도화가 얼마나 효과적인 통제력"45)이 될 수 있는지 가르쳐주었다. 1960년대 초 토마스 사즈Thomas Szasz 및 기타의 사람들과 함께 레잉은 정신분열을 정신 내부의 상황이 아니라 정신과 의사가 개인에게 강요한 조건으로 설명하기 시작했다.46)

미셸 푸코는 또 한 명의 위대한 반정신의학의 대표자였다. 그의 첫번째 대작인 『광기의 역사Folie et déraison, Histoire de la folie à l'âge classique』(1963)는 정신의학을 정신 나간 사람들이 자신에 대해 이야기하는 대화라기보다 "광기에 대한 이성의 독백"47)이라고 설명했다. 푸코에 의하면 정신의학자와 정신분석가를 잇는 공통의 끈은 양자가 모두 질서의 대변자라는 것이었다. 그러나 정신분석은 새로운 무언가를 추가했다. 최면술 같은 초기의 통제 형태들이 그 주체를 대상에 환원시켰음에 비해 프로이트는 자유로운 주체가 그것을 통해 항상 달아나고 불가능한 자기-앎을 절망적으로 추구하는 노예 상태로 자신을 축소시키는 기술을 발명했다는 것이었다. 프로이트에 대해 철저히 양가적이었던 푸코는 — 감옥, 군사 제도, 클리닉, 과학 제도들, 병원을 망라하는 — 그의 저작들 전체를 '정신분석의 고고학'이라 불렀다.

광기를 통인간적이고 사회적인 용어로 재규정하는 것은 정신분석을 해체하는 첫걸음이었다. 계몽주의가 광기의 심리적 성격을 발견한 것이 현대 정신의학의 길을 닦아주었던 것처럼 신여성(즉 히스테리 환자)과 동성애자(즉 양성애적 남성)에 대한 심리적 접근법이 정신분석에 길을 내준 것이었다. 그러나 1960년대에는 동성애, 성도착, 소아성애뿐만 아니라 여성성, 히스테리, 그리고 실제적 억압 같은 모든 것이 공격 대상이 되었다. 그 결과는 정체성의 정치를 향한 두번째 위대한 진일보였다.

1930년대 초 벤자민 스포크는 2년 동안에 걸쳐 모든 해석에 대해 격렬하게 따지는 '과도하게 페미니스트적'인 여성 환자로 말미암아 마음을 평온을 잃어 분석 수행을 그만두었다.[48] 그러나 스포크는 가족 체계가 전업주부를 당연히 여기고 가정 밖에서 살기가 어렵고도 이상한 일이었을 때 그녀를 계속 만났다. 그러나 1960년대에 바야흐로 20세기 후반의 가족 혁명이 시작되었다. 이러한 맥락에서 한 뉴욕 분석가는 베티 프리던에게 자기는 20여 년 동안 "자기 환자의 정신 생활에 여성성에 대한 프로이트의 이론을 덮어씌우기만 했다"며 이제 더 이상 그렇게 하고 싶지 않다는 뜻을 피력했다. 그는 2년간 한 여성을 치료하고 있었는데, "어느 날 그녀의 진짜 문제에 직면하게 되었지요. 그녀에게는 주부와 어머니로서만 있는 게 충분하지 않았던 겁니다. 하루는 꿈에서 그녀가 학생들을 가르치고 있었답니다. 나는 이 주부의 강렬한 소망의 꿈을 음경 숭배로 처리해버릴 수 없었습니다. 〔……〕 나는 그녀에게 '난 이 꿈을 분석할 수 없습니다. 당신은 그와 관련된 일을 해야 합니다'라고 말했습니다."[49]

2차 페미니즘의 물결이 이 분석가의 깨달음을 정치화했다. 1차 페

여성해방: 개인적 삶의 이론과 실천으로서의 정신분석의 계승자(1970)

미니즘의 물결(여성 참정권 운동)이 소홀히 했던 섹슈얼리티와 개인적 삶의 영역을 다룰 것이라 천명한 2차 페미니즘 물결은 정신분석에 대항하여 자신을 규정했다. 따라서 케이트 밀렛Kate Millett의 『성 정치학 *Sexual Politics*』(1970)에 의하면 정신분석은 20세기 페미니즘과 '자기 자리에 있고 싶어 하지 않는 모든 여인'에 대한 '대단히 시의적절한 고발'이었다.[50] 슐라미스 파이어스톤Schulamith Firestone에게 가부장제적 가족은 페미니스트들이 철폐해야 할 필요가 있는 '프로이트적 구조'를 지니고 있었다. 그리고 게일 루빈Gayle Rubin에게 있어 정신분석은 '*실패한manqué* 페미니스트 이론'이었다.[51]

정신분석이 정신 내적 현실에 대한 이론이었음에 비해 밀렛, 파이어스톤, 루빈은 남성적 억압의 사회·정치적 구조에 대한 공격을 촉구했다. 동시에 여성운동은 '의식 각성', 억압받는 여성이 포함된 집단

토론으로 선회했다. '개인적 설명'은 공식적으로 금지되었다. 정신분석에서 금지되거나 유보되었던 것 — '실행acting out' — 이 특권화되었다. 오이디푸스 콤플렉스는 '권력 심리학'으로 재해석되었다. 음경 선망은 실제로는 '권력 선망'이었다.[52] 프로이트의 도라는 정신분석을 거부함으로써 자신의 운명을 관리할 수 있게 되었다고 생각된 까닭에 페미니스트의 아이콘이 되었다. 엘렌 식수Hélène Cixous에게 도라는 "시스템에 저항한 사람, 가족과 사회가 여성의 몸, 모멸받고 거부당하는 몸, 한 번 사용되고 나면 모욕당하는 몸 위에 수립되어 있다는 사실을 참을 수 없었던 사람이었다."[53] 에리카 종의 1973년작인 『비행 공포』에서 여주인공의 작별 인사는 상징적이다. "남자들은 항상 여자를 선 안에 가둬두기 위한 수단으로 여성성을 규정해왔다는 것을 모르시나요? 내가 여성의 의미가 무엇인지를 왜 당신에게서 들어야 하죠? 당신이 여자인가요? 왜 내가 한 번이라도 나 자신의 소리를 들으면 안 되는 거죠? 그리고 다른 여자들의 소리를? [······] 꿈에서처럼(나는 내가 꿈을 꿀 수 있으리라고는 생각해본 적이 없어요) 소파에서 일어나 (몇 년 동안이나 거기 누워 잤는지) 문고판 책을 들고, 걸어 [······] 나가면 [······] 나는 자유였어요."[54]

사실 20세기 여성들은 정신분석을 간단히 거부해버리기에는 너무 깊이 그것에 관여되어 있었다. 따라서 불과 몇 해 사이에 새로운 페미니스트 정신분석이 출현했다. 1974년 줄리엣 미첼의 『정신분석과 페미니즘Psychoanalysis and Feminism』은 프로이트의 이론이 가부장제 문화에 대한 옹호가 아니라 그에 대한 분석을 제공한다고 주장하며 당시 우세하던 정통파 페미니즘에 도전장을 내밀었다.[55] 외적인 것에 대한 과도한 강조를 비판하는 미첼은 밀렛, 파이어스톤 같은 사상가들에 대해 '정신 생활을 제거'해버렸다고 혹평했다. 그녀들에게 있어 "그 모든 것은 일어났다. [……] 사회적 현실 이외의 다른 종류의 현실은 없다"고 미첼은 그녀들을 비판했다. 그러나 미첼 자신은 가부장제적 무의식을 혈족 관계에 중심을 둔 가부장제적 사회 구조의 반영이라고 규정했다. 주된 요점, 다시 말해 개인적 삶의 부상이 사회적인 것과 심리적인 것의 관계를 변화시키고 따라서 젠더 차이의 의미를 변화시키는 방식은 무시되는 경향이 있었다.

게이의 정체성 또한 정신분석의 오래된 비판에서 양분을 취했다. 제2차 세계대전 후 수요심리학회에서 새로 발간된 문서들을 추적한 알프레드 킨제이는 "초기의 분석가들이 어떤 식으로 자위행위를 병이나 미성숙의 징표로 취급했는지를 알고는 몹시 불쾌했졌다."[56] 그러나 페미니스트들이 정신분석에 대해 양가적인 데 비해 남성 게이들은 그것을 실체화된 적으로 여겼다.[57] 전형적이라 할 만한 사례로서, 뉴욕시 건강국장이었던 하워드 브라운Howard Brown은 그의 분석가로부터 "성적 지향으로 인한 선천적 장애"가 있다는 말을 들었다. "그걸 바꾸지 못하면 이중의 실패가 될 것"이라고 말했다는 것이다. 브라운은 "재능이 없음을 깨닫고 분석을 그만두었다." 그가 회복하는 데에는 20년의 시간이 걸렸다. 1973년의 APA 총회에서 방을 가득 메운 정신의학자들은 성적 일탈의 경우에 있어 회피의 조절 기법 사용에 대한 발표를 들었다. "나쁜 놈!" "고문이다!" "너 사는 데가 어디야? 아우슈비츠야?"라는 고함들이 방을 가득 채웠다. 발표문 낭독이 끝나자 시위자들이 폭발했다. "우린 당신이 하는 말을 다 들었으니 이젠 당신이 우리 말을 들으시오."[58] 오랫동안 동성애에 대한 정신분석의 사고를 바꾸려 애써온 주드 마머Judd Marmor같은 분석가들의 촉구에 APA

는 1973년 동성애를 병으로 분류하는 것을 중단했다.

고전적 정신분석에서 동성애적 대상 선택은 심리학적으로 이해될 수 있지만 '동성애자'라는 실체는 없었다. 그러나 1970년대에 이르러 동성애자들은 자신들을 역사적으로 특수한 공동체에 속하는 차별적 삶의 방식을 지닌 사람들로 이해하기 시작했다.[59] 이 같은 맥락에서, 동성애의 심리를 이해하려는 노력은 마치 인종의 심리를 이해하려는 노력처럼 편협해 보였다. 동성애자들이 자신들에게 필요하다고 마지막으로 느낀 것이 정신분석이었다. 그들에게는 서비스와 공동체제도, 정치 조직이 필요했다. 정신치료가 유용할 수 있었지만 그것은 오직 개인적인 것으로 보이는 문제들의 사회적 결정 요소를 이해하는 것으로부터 시작되어야만 하는 것이었다. 정체성의 인력引力이 워낙 강력해 많은 여자 동성애자들은 페미니스트들이 정신분석에 대해 행한 수정 작업까지도 거부했다. 그 까닭은 그들이 남성과의 관계를 통

해 여성을 이론화했다는 이유에서였다. 애드리언 리치Adrienne Rich의
「강제적 동성애와 레즈비언 존재Compulsory Homosexuality and Lesbian
Existence」은 '여성 정체성을 지닌 여성' 혹은 레즈비언은 어떠한 보다
큰 전체와도 관계가 없고 섹슈얼리티와도 아무 관계가 없다고 주장했
다. 그보다 여성 동성애는 공동체의 구성원 자격에 기반을 둔 정체성
이라는 것이었다.

프로이트는 1920년대에 그가 사라진 후에는 정신분석운동이 '지연
되는 죽음'을 맞이하게 될 것이라 예언했다.[60] 1970년대 말 처음으로
섹슈얼리티를 모더니티와 연결해주었던 정신분석적 범주인 히스테
리는 임상의 자리에서 자취를 감췄다. 그것의 자리에는 정체성운동과
공동체뿐만 아니라 만성적 피로증후군, 회복된 기억증후군, 다중인격
증후군, 악마적 의례의 폐해, 외계로의 유괴 등이 버티고 있었다. 새로
운 교회가 출현하자 정신분석의 헤게모니는 역사 속으로 사라져갔다.

마르틴 루터가 성당 문 앞에 95개 조의 요구 사항을 내걸었던 때부
터 반종교개혁이 프로테스탄트주의의 팽창을 막을 때까지 고작 40년
밖에 걸리지 않았다. 그때에는 각 종파들 모두가 그들끼리 토론을 벌
였고 프로테스탄트조차도 종교개혁 자체가 개혁을 필요로 한다는 데
동의했었다. 정신분석 또한 마찬가지였다. 1960년대 말 위대한 프로
이트 교회는 새로운, 탈성화된, '결혼한' 성직자들에게 자리를 양보했
다. 세 개의 커다란 사유 — 에고심리학, 대상-관계, 라캉주의 — 의
몸덩어리가 존재했지만 그러나 그것들은 상호 간의 관계에 있어서는
모든 의미를 상실했다. 몰락한 정신분석의 영역 바깥에서 권위는 속
인俗人들, 특히 여성과 게이들에게 옮겨 갔다. 프로이트의 이마고는 아
직 강력하게 남아 있지만 그것은 사회 제도의 모든 유효한 기반으로부

터 차단되었고 예상 외로 공격에 취약함이 드러났다. 그럼에도 프로테스탄트 종교개혁처럼 프로이트의 격변은 서구인들의 내면적 삶의 항구적인 참조점을 확립했다. 훗날 또 다른 격변이 그 지점으로 돌아오게 될 것이다.

에필로그 오늘날의 정신분석

> 부친 살해는 나쁜 생각이다. 〔……〕 당신은 아버지를
> 죽일 필요가 없다. 시간이 그를 죽일 게 분명하다. 당신
> 이 진짜 해야 할 일은 다른 것이다. 〔……〕 당신이 당신
> 의 아버지가 되어야 한다. 그러나 더 힘없고 나약한 버
> 전으로 〔……〕 그 공헌은 결코 작지 않을 것이다.
> ── 도널드 바셀미, 『죽은 아버지』(1975)

그 위대한 시절에 정신분석은 두 개의 다른 경향의 합류점에 위치해
있었다. 하나는 과학적 경향이었다. 그것의 가장 중요한 참조점은 특
수한 환경 속에서 내적 요구를 충족시키기 위해 활동하는 유기체로서
의 인간이라는 다윈적 비전이었다. 이 경향은 정신분석과 신경생리학
간의 밀접한 관계 속에서, 예를 들면 본능은 육체와 정신 사이의 '경
계'에 놓여 있다거나 정신은 신경 시스템과 유사한 방식으로 긴장을
이완시키거나 성찰적으로 행동한다는 생각을 통해 표현되었다. 그것
은 또한 섹슈얼리티의 발달 단계로서의 정신적 특성들이나 에고의 기
능은 장구한 진화의 역사적 산물이고 내·외부적 요구에 대한 지속적
적응이라는 견해로 이어졌다.

다른 경향은 인문학적 경향이었다. 가장 중요한 표현은 인간 존재
의 도덕적 투쟁에 대한 정신분석적 초점이었다. 그 투쟁은 부모와의
관계에서 생성되어 죽음과의 대면으로 끝나는 것이었다. 이 경향은

히브리 성경이나 고대 그리스 비극, 셰익스피어, 괴테, 도스토옙스키, 그리고 정신분석이 그것을 부인했을 때조차도 모더니스트 문학과 철학에서 그 문학적 차원을 길어왔다. 그리고 그것은 또한 정신 생활의 일상적, 혹은 '민속적folk' 이해의 필요에도 대응했다. 프로이트는 이 두 경향을 전적으로 과학적이지도, 전적으로 인문학적이지도 않은 새로운 종합 속에 탁월하게 용해시켰다. 이 종합을 일관되고도 주목하지 않을 수 없도록 만든 것은 인간 존재의 특이하고 의미로 충만해 있으며 도덕적으로 굴절된 정신적 삶이라는 새로운 대상의 발견이었다. 인간 주체에 대한 이 새로운 개념은 2차 산업혁명과 더불어 대규모로 출현한 개인적 삶의 형태와 공명共鳴했다.

인간 주체에 대한 정신분석적 개념은 계몽주의 기획을 복잡하게 만듦과 동시에 심화시켰다. 그 기원에서 프로이트가 우연성과 특이성을 강조했던 것은 계몽주의의 능동적이고 이성적인 주체를 억압하던 한계, '정신이 만든 속박'을 벗겨내기 위함이었다. 그러나 실제로 프로이트주의는 신중하고 의식적이며 합리적인 결정은 물론 의도적이지만 무의식적인 생각과 행동까지 개인이 책임져야 한다는 계몽주의적 관념을 널리 확산시켰다. 자신을 객관적으로 — '분석적으로' — 성찰할 수 있는 능력과 타인의 내면 세계에도 공감적으로 들어갈 수 있는 능력을 고취한 정신분석은 도덕적 역량의 엄청난 확산을 진작振作시켰다. 한 시대의 사회적 변화의 전위로서 그것은 새로운 윤리, 즉 의미 있는 삶은 깊이 있는 자기 성찰을 필요로 한다는 것을 상정하는 윤리를 생성시켰다. 정신분석이 헤게모니를 장악하고 있던 시기에 이 윤리에는 소명의 열정까지 스며들어 있었다.

언제나 싸움에 휘말리곤 했던, 인간 주체에 대한 정신분석적 이해는 1960년대 동안 현저히 약화되었다. 그에 뒤이은 10년의 기간 동안 개인적 책임과 자기-앎에 맞춰졌던 정신분석의 초점은 인정認定과 정체성이라는 집단지향적 기획에 자리를 양보하게 되었다. 역사적으로 유명한 많은 분석들이, 치유 방식만 도처에 퍼져 있고, 유명한 의사 앞에서 고백하는 양식이 대세를 이루고, 하루 24시간 일주일에 7일 쉬지 않고 상영하는 영화관의 꿈 같은 대형 스크린, 그리고 공적인 것과 사적인 것 사이에 새로 벌어진 틈새 등으로 점철된 새로운 세상에서 사라져갔다. 더불어 이러한 변화들은 더 넓은 정신분석적 기획의 일관성을 약화시켰다.

그 기획은 과학적 경향과 인문학적 경향을 통합할 수 있는 능력에서 그 힘을 얻어온 것이었다. 1970년대 이 경향들은 둘로 갈렸다. 정신분석은 정신적, 정서적 혼란을 치료하는 준準의학적 치료술과 문화 연구의 일련의 새로운 방법론이라는 두 개의 별개의 기획으로 분리되었다. 새로운 두 기획 — '치료적'과 '해석적' — 은 각기 분리된 발전의 길을 걸었다. 정신분석의 과학 계열은 처음엔 미국에서, 그다음에는 느리긴 하지만 다른 곳에서도 신경과학, 뇌의학, 정신 약학에 길을 열어주었다. 인문학적이고 문학적인 계열은 문화연구, 페미니즘 이론, 그리고 퀴어 이론과 정체성, 서사, 재현 이론에 길을 열어주었다. 자기 성찰의 윤리는 새로운 버전의 정신치유 '자격'을 부여하는 방식이 득세함에 따라 완전히 사라져버렸다. 1968년 이후의 정신분석의 역사는 이러한 분산의 역사이다.

역설적이게도 에고심리학자들이 심리적 조건의 의학적 모델의 유효성을 인정했을 때, 그들은 정신분석이 신경과학과 약학으로 변모할 수 있는 씨앗을 뿌린 것이었다. 그 의학적 모델은 병과 환자의 분명한 구분에 기반을 두고 있다. 징후나 검사에 기초하여 병을 진단하는 의학적 모델은 그에 따라 치료 방법을 특화했다. 이에 비해 정신분석은 여전히 관계적이었다. 그것은 단순히 징후를 제거하고 행동을 변화시키려 하는 것이 아니라 통찰과 전이적 관계의 훈습을 도입하려 노력했다. 아이러닉하게도 미국의 에고심리학자들이 의학적 모델의 외양에 문제를 제기하면 할수록 그들을 비판하는 사람들은 더욱 그들을 비과학적이라고 공격했다.

몇몇 정신의학자들은 줄곧 정신분석이 의학의 기준을 충족시키지 못했다고 항의를 계속해왔었는데 1960년대에는 이런 목소리가 더욱 거세졌다. 일찍이 프로이트는 유전을 무시하고 라마르크주의를 신봉하여 정신분석가들을 난처하게 만든 적이 있었다.[1] 1960년대 아동발달 연구가들은 신생아가 거의 즉각적으로 외부 세계에 반응하고 자극을 찾거나 긴장을 줄이고, '빨기'나 '젖가슴' 같은 고립화할 수 있는 체험보다 게슈탈트에 반응한다는 것을 입증하면서 '원초적 나르시시즘'이나 '어릴 적 가슴the early breast' 같은 개념에 의문을 제기했다.[2] 말할 것도 없이 음경 선망을 둘러싼 소동, APA가 동성애의 의학적 지위 문제를 회원들의 투표로 결정했다는 사실 등은 과학으로 발돋움하려는 정신분석의 열망에 도움이 되지 못했다.

1980년 북미 정신의학의 전범인『정신질환의 진단과 통계적 매뉴얼Diagnostic and Statistical Manual of Mental Disorders』(DSM)은 비판 내용들을 고려하여 수정되었다. 1968년 발간된 DSM-II가 대략 정신분석적이었음에 비해 DSM-III는 의학적, 정신역학적 모델들을 흡수하려 노력했다. 정신의학에 있어 프로이트보다 선배였고 당시 그의 주가가 오르고 있던 에밀 크레펠린을 공개적으로 인용한 DSM-III는 두 개의 주요한 진단 범주를 구분했다. 제1축은 주로 생물학적으로 정신분열schiziphrenia, 우울, 양극성 혼란(조울증)과 강박 충동 이상을 포함했다. 제2축은 보다 정신역학적으로서 자아 도취, 정신분열schizoid, 경계境界 심리, 반사회적 인격을 포함했다. 19세기에 큰 진보를 이룰 수 있게 해준 기본적 정신의학 기법을 분석가들이 업신여긴다고 비난하면서 대부분의 정신과 의사들은 *DSM-III*를 "정신의학적 문제에 적용된 의학적 모델의 옹호자"로 간주했다.[3]

분석보다 훨씬 가성비가 높고 사회 안정의 의도에도 부합하는 약은 전환점을 맞이했다. 최초의 중요한 향정신성 약이었던 토라진thorazine은 1954년에 출시되었지만 그것은 난처한 부작용이 따르는 조악한 제품이었다. 신경 전달 물질에 대한 연구에 힘입어 1987년에는 프로작projac(fluoxetine hydrochloride)이 시판되었고 바로 그 뒤를 이어 우울증 약인 팍실paxil과 졸로프트zoloft가 나왔다. 이러한 약은 초기 치료제들에 비해 그 부작용이 훨씬 쉽게 관리되었고 그래서 약은 증상들을 제거하는 데 훨씬 효과적이었다. 그러는 사이 정신분석의 과학적 지위는 또다시 법적 시험대에 올랐다. 하나의 이정표적인 케이스는 내과 전문의 라파엘 오셔로프Rafael Osheroff가 연루된 사건이었다. 그는 1979년 우울증으로 체스닛 로지에서 분석가의 치료를 받았지만 성공하지 못했다. 답답한 일곱 달이 지난 후 그의 가족은 그를 비분석 정신병원으로 보냈는데 거기서 그는 약 덕분에 빠르게 기분을 전환시킬 수 있었다. 가족은 분석가를 고소했고, 그래서 1988년 이 사건은 분석가들을 난처한 곤경에 빠뜨렸다.

신경과학의 비약적 발전 덕분에 의학적 모델로의 이행이 완성되었다. 자기공명단층촬영MRI과 양전자방사단층촬영PET 덕분에 정신과 수술 동안 뇌를 관찰하는 것이 가능해졌다. 스티븐 하이먼Steven Hyman과 에릭 네슬러Eric Nestler의 『정신의학의 분자적 토대Molecular Foundation of Psychiatry』(1993)는 뇌의 신경 구조를 치료 지침으로 설정했다.[4] 한 정신과 의사는 이 책에 대한 소감을 "뇌의 기능과 그것이 언어에 영향을 미치는 방식에 대한 참으로 조리 있는 견해다. 나는 아직도 분석가들이 그러하듯 말더듬증의 뿌리가 유아기의 갈등에 있다고 생각하는 사람들이 있다는 것을 믿을 수 없다. 위궤양에 대해 그것이 박테리아에 의해 생긴다는 것을 알게 되기 전에 그 원인이 자기가 된 어머니가 위胃의 내용물을 먹어치웠기 때문이라 했던 정신분석적 해석을 우리는 보아왔다"[5]고 피력했다.

1980년대에 정신의학자들은 약을 정신역학이나 정신사회적 요법과 결합시키는 등의 다양한 접근 방법을 모색했다. 1990년대에 이르러 통합 치료managed care에 힘입어 이러한 다양함이 종말을 고했다. 많은 사람들은 아돌프 그륀바움Adolf Grünbaum의 『정신분석의 기반 Foundation of Psychanalyse』이 사태를 종결지었다고 여겼다.[6] 과학을 관념적 대상에 대한 탐구 수단이 아니라 전적으로 일련의 검증 가능한 가설로만 보았던 그륀바움은 정신분석을 과학의 영역에서 몰아냈고 그에 따라 양적 대비 결과 연구, 행태주의적 기법, 정신약리학에 대한 통합 치료의 의존도를 강화했다.[7] 이러한 시각에서 정신병에 대한 설명 기반은 각 개인이 영위하는 삶의 독특성이 아니라 "개인적 특질 너머, 독특성에서 벗어나는 생물학적 미세 구조에 놓이게 되었다."[8]

정신분석이 과학에 기반한 의학적 치료법으로는 잘 맞지 않았지만 문화적 해석학으로는 더 잘 해냈다고 보일 것이다. 1960년대 이후 젠더, 민족성, 성적 정체성 등과 같은 문화적 현상에 정신분석의 개념을

정신역학적 언어로 그려진 정신치료약 광고(미국 정신의학 저널) [1952년 8월]

적용하는 것은 인문과학의 거의 모든 영역에서 활발히 이루어졌다. 그러나 이 '문화연구'는 정신분석을 행태주의와 약리학으로 축소시키는 것에 도전하기는커녕 실제로는 그것에 보완적 역할을 했다. 문화주의자들은 프로이트를 예술가로 추켜세우며 그가 과학자가 아니었다는 데 뜻을 모았다. 한 예로 해럴드 블룸Harold Bloom은 프로이트의 유일한 문학적 라이벌은 플라톤, 몽테뉴Montaigne, 셰익스피어, 그리고 "창세기와 출애굽기와 숫자의 원초적 익명 화자들"이라고 주장했다.[9] 그러나 프로이트주의가 과학과 문학을 합리적으로 연결하려 노력했던 것임에 비해 블룸의 목표는 과학에 맞서 인문학의 위상을 높이려는 데에 있었다.

앞서 보았듯 1960년대 말까지 프로이트가 사람들의 상상력을 지배할 수 있었던 힘은 도스토옙스키나 셰익스피어, 그리고 히브리 성경의 저자들처럼 그가 유아기, 섹슈얼리티, 사랑, 가족, 유한성 등과 같은 인류의 삶의 핵심적 측면을 부각시켰다는 사실로부터 유래한 것이었다. 이에 비해 1960년대 세대들은 급진적 정치 문화와 이 문화가 떠받치는 유대관계에 그들의 희망을 걸었다. 1970년대의 훌륭한 포스트프로이트적 저서들은 있는 그대로의 개인이란 상대적으로 그다지 중요하지 않다는 사실을 설파했다. 그들의 목표는 그 사회적, 정치적 차원을 강조함으로써 개인적 삶의 위상을 높이려는 것이었지만 그들은 뜻하지 않게 정신분석을 대체한 집단지향적 이론에 빠져들게 되었다. 정신분석이라는 건축물의 한 경사면이 정신약리학으로 실종되는 사이에 다른 쪽 경사면은 정체성 정치로 빠져들게 된 것이었다.

그 결과 중 하나는 정신분석을 *비*심리적이고 *반*심리적인 새로운 '인정'이나 '타자지향적' 패러다임으로 병합시키는 것이었다. 이 병합은 두 단계로 진척되었다. 첫째, 분석적 개념들은 행태주의적이고 인간관계적인 용어로 재서술되었다. 따라서 양성성의 의미는 한 개인 안에서의 다른 정체성이나 성향이라는 의미로부터 어떤 성별의 사람과 자느냐의 문제로 이동했다. 동성애는 그 보편적, 유아적, 성적 경향이라는 함의를 상실하고 *간단히* 대상-선택을 의미하게 되었다. 유아기와 심리적 갈등에 대한 강조는 보편적이거나 비개인적 시각을 지녀야 한다는 요구가 무시되는 바로 그 순간 폐기되었다. 인종, 민족성, 젠더의 형태를 한 문화는 더 이상 개인적 정체성의 원천으로도, 그것에 어떤 영향력을 행사하는 것으로도 이해되지 않기에 이르렀다. 대신 그것은 *무조건적인simpliciter* 정체성의 구성 요소가 되었다.

두번째 단계는 정신분석을 복구하려 노력하는 것이었지만 어디까지나 개인을 '해체'한 이론으로 되살리는 것이었다. 첫번째 단계의 '본질주의'를 제거하려 노력한 두번째 물결의 문화이론가들은 개인적 정체성을 '담론'에 흡수시키기를 모색했다. 리오 버사니Leo Bersani가 프로이트의 텍스트들을 칭찬한 이유는 "담론 '안'에 혹은 '배후'에 있는 사유자의 정체성을 문제적으로 만들었다"[10]는 점 때문이었다. 줄리아 크리스테바는 프로이트 텍스트 안의 '암묵적인 남성 에고'를 "아버지의 법의 자의적 부과에 의해서만 궁지로 몰아넣을 수 있는 일련의 움직이는 정체성"[11]들로 대체하고자 했다. 이러한 이론가들은 정체성의 동요를 보다 진보적인 사회의 전조로 받아들였다.

정신분석이 포스트모던 혹은 포스트구조주의의 철학, 예술, 문학으로 변모하게 된 방식에 관한 많은 책들이 앞으로 쓰여질 것이다. 그러나 이 지점에서 창조적이고 반드시 지속시켜야 할 한 가지 변화를 상기할 필요가 있다. 1964년 데리다Jacques Derrida는 푸코의 『광기의 역사』에 대해 광기가 사회 바깥에 위치한 반항과 위반을 예증하는 것이라 주장했다는 논거로 비판을 가했다. 데리다는 광기가 내부에서만 비판할 수 있는 '이성의 감옥' 안쪽에 있는 것이라 주장했다. 후일의 저작에서 데리다는 이러한 정신분석적 통찰을 정신분석 자체에 적용했다. 광기와 위반은 내부와 외부, 사실과 허위, 의식과 무의식 사이의 노골적으로 선명한 구분 때문에 정신분석 안에서 억압되어왔다고 데리다는 주장했다. 비록 데리다가 정신분석가는 아니지만 그는 새로운 글쓰기 양식, 즉 의도된 의미의 흐름을 무의식이 방해하고 지연시키고 모순되게 말하고 주의를 분산시키고 강화하는 방식을 돋보이게 하는 글쓰기 양식을 발명해냈다.[12] 그의 저술은 한편에 놓인 의식 혹은

정체성 정치의 무게에 짓눌린 프로이트(슈피겔, 1998)

지각, 다른 한편에 놓인 역동적 혹은 동기화된 무의식 사이의 경계에 놓인 전의식적 정신을 환기하는 것으로 읽을 수 있다.

따라서 한때 위풍당당했던 정신분석의 기획은 1960년대 이후 산산조각이 되었다. 과학적 차원과 문화적 차원의 분리와 더불어 그 자체로서의 프로이트주의는 정처 없이 떠돌게 되었다. 그러나 분석직은 단순한 생존 이상의 것을 수행했다. 종교개혁에서 성직자의 힘이 일상의 남녀들에게 전달되었던 것처럼, 별 볼 일 없어진 분석가들은 계속 일상의 삶에 봉사했다. 실제로 정신분석의 '오래 지연된 탈이념화 long-postponed de-idealization'가 마침내 이루어지자 새로 설립된 소규모 분석학회들은 내면으로 전환하여 변두리에서 자신들을 재발명하고 새로운 절충주의를 발전시켰다.

이러한 변화에 선결적으로 필요한 것은 정신분석에 대한 북미 에고심리학의 헤게모니를 붕괴시키는 일이었다. 1960년대가 저물어가자, 그리고 미국의 에고심리학자들이 의학에서 그들의 보루를 잃어버리자 그들은 뭔가 특별하게 말할 게 있다는 감각마저 잃어버린 것 같았다. 뉴욕 정신분석 협회장인 앨런 J. 아이스니츠Alan J. Eisnitz는 『뉴욕 타임즈』에 보낸 1979년의 편지에서 형제 간 경쟁, 꿈의 특별한 역할, "상상력과 창조성에 대한 통찰" 등과 같은 프로이트의 '영향력 있는 생각'들을 나열하며 그를 옹호했지만 그러나 정신분석의 기획 전체에 대한 어떤 생각을 명확히 표현하려는 시도는 하지 않았다.[13] 10여 년 후 IPA의 회장인 로버트 월러스타인은 분석가들의 이론적 입장 — 에고심리학, 대상-관계, 라캉주의 — 에 대해 "큰 규모의 설명적 비유〔······〕 상징주의 〔······〕 다원적 〔······〕 신조信條로 묘사했다.[14] 메리 더글러스Mary Douglas는 북미의 정신분석을 "한때는 대항해에 알맞았지만 이제 돛은 접히고 밧줄은 감기고 움직임은 멈춘, 닻 내린 배"에 비유했다. "그것을 몰아갈 이론의 바람이 없지는 않은 것 같다. 그러나 어디론가 떠나야 할 동기가 없는 것이다."[15]

의학적 중심이 붕괴하자 여성과 게이들이 미국의 분석직을 장악하려는 행보를 내디뎠다. 1988년 오랫동안 저항을 유발했던 집단 소송의 결과로 분석 기관들은 의사 자격 비소지자들을 받아들일 수밖에 없게 되었는데 그들 중 대부분은 여성이었다. 의학 쪽이 살아남긴 했지만 오늘날 북미 정신분석계에서 목소리가 강한 쪽은 페미니스트들과 게이해방의 지지자들이다. 주된 접근법은 프로이트의 오류 '수정'을 전제로 한 '관계적' 방법이다. 미국 정신분석의 취약한 정체성은 프레더릭 크루스가 1996년 프로이트와 정신분석에 대해 일련의 잘 조율된 공격을 가했을 때 충격적으로 드러났다. 그 공격의 주요 부분에 대해서는 아직 답이 없는 상태에 머물러 있다.[16]

다른 곳에서의 상황은 조금 낙관적이었다. 1974년 프랑스에는 세 개의 중요한 분석 그룹이 있었다. 이들은 각기 자신들의 저널을 지니고 있었다. 공식기관인 파리 정신분석 학회(『프로이트 연구*Etudes Freudienne*』를 출간하고 있다)는 약 오백여 명에 달하는 회원들을 거느린, 세계에서 가장 규모가 큰 학회 가운데 하나이다. 이외에 라캉의 프로이트 학파(기관지는 『실리세*Silicet*』)와 장 라플랑슈Jean Laplanche와 장 베르트랑 퐁탈리스Jean Bertrand Pontalis를 중심으로 한 프랑스 정신분석 협회(기관지는 『신 정신분석 리뷰*Nouvells Revue de Psychanalyse*』)가 있다. 라캉의 영향력 덕분에 오늘날 모든 프랑스 지식인들은 프로이트를 깊이 읽고 있다. 디디에 앙지외Didier Anzieu, 피에라 올라니에 Piera Aulagnier, 자닌 샤스게-스미르젤Janine Chasseguet- Smirgel, 줄리아 크리스테바, 앙드레 그린André Green 같은 새로운 사상가들이 분석과 철학 모두의 경계를 확장시켰다. 1994년 IPA가 공식적으로 구천 명에 미치지 못하는 회원수를 지니고, 그중 삼천 명 정도가 미국인이었을 때 프랑스에는 IPA에 가입하지 않은 오천 명의 분석가가 있었고 그중 80퍼센트는 라캉파였다.

가장 괄목할 만한 것은 1994년 이천이백 명의 분석가가 IPA에 등록되어 있었던 라틴 아메리카 정신분석의 발전이었다. 프로이트주의가 부에노스 아이레스에 도입된 것은 1940년대와 1950년대 히틀러 치하에서 망명한 유대인들에 의해서였다. 1960년대에 그것은 폭발적인 성장과 분리를 겪었는데, 처음에는 한나 세갈Hannah Segal의 클라인주의의 영향에 의해 성장했던 그것은 그 이후 독재 정권하에서 번성했던 라캉주의를 통해 성장을 이어갔다. 민주주의가 회복된 이후 부에노스 아이레스는 '정신분석의 세계적 수도'라고 자화자찬했다. 1991년 IPA 총회가 부에노스 아이레스에서 열렸을 때 IPA는 모스크바의 국제 체스 협회나 뉴욕에서 열린 월드시리즈에 맞먹는 수준의 뉴스 보도를 요구했다. 한편 브라질은 현재 왕성한 활동을 벌이고 있는 11개의 학회를 거느리고 있고 독자적인 프로이트 전기를 출판해냈으며 북미와 서구적 경향에서 벗어난 정신분석 연구를 수행하고 있다.

탈중심화 및 이론적 다원주의와 병행하여 1960년대 이후의 정신분석의 역사는 고전적 시대에 정복되지 못했던 난점들의 귀환이 두드러졌다. 그중 하나로 정신분석의 유대적 기원, 정신분석의 에토스에 유대의 역사와 사상이 끼친 영향은 일종의 정상화를 겪었다.[17] 그리하여 1977년 예루살렘의 히브리 대학에서는 세계 최초로 정신분석 교수직을 제정했다.[18] 여든두 살의 독신인데다 정신분석을 수립한 아버지와의 가장 중요한 관련자인 안나 프로이트는 정신분석이 '유대인의 학문'임을 인정하는 글을 보냈다. "이것은 명예직이 될 것"이라고 그녀는 가볍게 덧붙였다.[19] 그뿐만 아니라 유대인 분석가들은 IPA가 독일에서 회합을 갖는 것을 용인하지 않았다. 그들은 1985년에야 태도를 누그러뜨렸다. 함부르크에서 열린 총회에서는 괴링 연구소의 역사를 알리는 전시가 돋보였다. 한 독일인 분석가는 "하느님의 도움으로 여러분을 맞을 수 있게 되었습니다. 40년 동안이나 우리는 홀로 수치심 속에서 지내왔습니다"[20]라고 말했다. 그럼에도 어떤 사람들에게는 유대인 문제가 징후적으로 남아 있었다. 그래서 1988년의 자서전 『오랜 기다림 *The Long Wait*』에서 편잡 출신의 영국인 분석가인 마수드 칸은 그의 '이디시 족쇄'를 벗어던진 것에 대한 환호를 묘사하면서 "정신분석의 이디시-유대인적 편견"이 항상 자신의 '개인적 인종 스타일'에 속박을 가했었다는 불만을 토로했다.[21]

정상화는 다른 방향으로도 진척되었다. 1979년 분석직은 알랭 드 미졸라Alain de Mijolla가 지휘하는 내부 역사 조직을 결성했다. 그러나 보다 큰 규모의 역사는 폴 로젠, 헨리 엘렌버거Henri Ellenberger, 피터 게이Peter Gay, 마이클 몰나Michael Molnar, 엘리자베트 루디네스코, 프랭크 설로웨이Frank Sulloway, 알렉산더 엣킨트Alexander Etkind와 칼 쇼르스케 같은 외부인들에 의해 쓰여졌다. 특히 『정신분석과 역사Psychoanalysis and History』와 같은 새 저널들이 역사 연구에서 확립된 방법론으로 유명인사 열전을 대체했다. 피터 게이는 지그문트 프로이트에 대한 최초의 포스트-전이적 전기를 완성했다. 영국, 프랑스, 독일의 학회들은 주요 연구들의 총서를 발간했다. 어니스트 존스가 정전正典에서 제외하고자 했던 오토 랑크 같은 인물이 복권되었다. 특히 미국의 많은 분석가들에게는 산도르 페렌치의 명성이 프로이트의 명성과 어깨를 나란히 하기에 이르렀다. 스트래치의 『표준판』을 대체하는 프로이트 저작들의 새로운 번역이 시작되었다.

그러나 정상화라는 것이 실제 의미하는 바는 무엇인가? 아마도 다른 많은 역사들보다 정신분석의 역사는 더 많은 트라우마들, 다시 말해 "아직 생생히 살아 있고 아직도 해결할 수 없는 상태로 머물러 있는" 재난들이 산재해 있을 것이다.[22] 여기에는 개인적 위반, 꼴불견의 삶들, 낭비된 세월, 파기된 자료들, 비밀 아카이브, 잊혀진 실수, 설명할 수 없는 불화들이 포함된다. 정상화는 순탄하게 전개되지 않았다. 이것의 가장 논쟁적인 사례는 정신분석의 역사상 유일한 가장 큰 재앙을 이해하려는 시도였다. 그것은 나치스의 부상 자체가 아니라 나치스에 대한, 실제로는 홀로코스트에 대한 분석가들의 나약한 반응이었다.

1960년대 이전에는 독일 분석가들에게 있어 IPA에의 가입은 "박해받은 사람들 가운데 하나"임을 증명하는 것이었고, 이는 그들로 하여금 "국가적 과거라는 부담으로부터 벗어날 수 있게" 해주었다. 그러나 1968년의 급진주의자들이 분석가가 되자 그 보호막이 비판적 검열의 대상이 되었다. 1980년 밤베르크의 컨퍼런스에서 한 젊은 분석가가 "당신의 분석가는 누구였나요?" "당신은 무엇을 했나요? 이 비밀스러운 느낌, 거짓, 현실 감각의 병상病狀은 어디서 오는 걸까요?"라는 질문을 던졌다. 헬무트 다머Helmut Dahmer, 레진 라코트Regine Lockot, 조프리 콕스Geoffrey Cocks와 그 외의 사람들은 괴링 연구소의 역사와 라이히 축출 문제를 파헤쳤다. 1997년 독일의 선도적 분석가인 베르너 볼버Werner Bohleber는 1968년 이후 독일 정신분석에 중요한 이론적 발전이 없는 이유를 독일 분석가들이 그들의 과거에 완전히 함몰된 채로 머물러 있다는 사실 때문이라 설명했다.[23]

라틴 아메리카 정신분석의 참된 정신 또한 1960년대가 그 흔적으로 남겨 놓은 고문, 추방, 상실의 체험에서 찾을 수 있다. 어쩔 수 없이 아르헨티나에서 피신하여 현재에도 쿠바에서 분석을 행하고 있는 후안 카를로스 볼노비치Juan Carlos Volnovich를 포함한 많은 분석가들이 추방으로 내몰렸다. 마르첼로 비냐르Marcelo Viñar와 마렌 비냐르Maren Viñar는 고문당한 뒤 우루과이로 망명하여 투파마로스* 대원들을 치

---

* 우루과이의 극좌 게릴라 조직.

료했다. 엘리자베스 리라Elizabeth Lira는 교회와 손잡고 엘살바도르의 민주주의를 회복시키려 투쟁했다. 중앙 아메리카의 가장 중요한 사회정신분석학자였던 이냐시오 마르틴 바루Ignacio Martin-Baró는 미국에서 훈련 받은 엘살바도르 군인에게 1989년 암살당했다. 마리 랑거와 프로이트-마르크스 학파인 '수행과 방어 학파Performa and Defensa schools'의 다른 분석가들도 같은 운명에 처해졌다.[24] 다른 많은 분석가들은 독재 치하에 머물면서 분석을 수행했다. 그에 대해서는 오늘날에 이르러서야 화해가 이루어졌다. 한 예로 줄리아 브라운Julia Brown, 마르첼로 비냐르, 에밀리오 로드리게스Emilio Rodriguez, 엘리자베스 젤린Elizabeth Jelin, 그리고 그 밖의 사람들은 '실종자'의 심리학을 연구하고 있다. 다른 사람들은 정신분석을 이용해 혼혈 혹은 메스티조*의 정체성을 연구하기도 하고 식민지적 트라우마에서 기인한 꼴불견의 남성성을 연구하기도 한다. 기억과 역사를 굳건히 지키려는 이 같은 시도들에 분석 문화가 스며들고 있다. 1995년 아르헨티나 육군 참모총장은 '집단 무의식' '애도 작업' 그리고 '훈습'의 필요성을 언급하며 사과했다.[25]

1989년 승리를 거둔 *사미즈다트samizdat***와 그 밖의 반공산주의 운동은 정신분석의 역사에서 끊어진 또 하나의 끈을 다시 잇게 해주었다. 1979년 러시아에서 아론 벨킨Aron Belkin은 국민적 불편에 대해 정신분석에 입각하여 "최고 지도자(스탈린)와의 동일시는 가족에서 아버지라는 인물을 파괴했고 개인들로 하여금 다른 어떤 대안도 악마적

---

* 남미 원주민과 백인의 혼혈.
** 국가의 검열을 피해 출판한 지하출판물, 혹은 하는 행위나 조직.

인 것으로 여기도록 강요했으며 〔……〕 마침내는 사상의 죽음을 초래했다"고 설명했다. 또 다른 개혁가는 "사라진 아버지에 대한 강박적 동일시, 민중의 적으로 추방되거나 제거된 아버지에 대한 수치심, 아들의 고독과 방황"26)에 대해 서술했다. 글라스노스트glasnost와 더불어 프로이트의 저작들이 1930년대 초 이래 처음으로 출판되었다. 안드레이 자그단스키Andrei Zagdansky의 1989년도 영화 「꿈의 해석」은 프로이트에게서 발췌한 텍스트와 소련 역사에 대한 문서보관소의 영화를 대비시켜 사태를 세상에 알렸다. 오늘날의 중국에서도, 판금된 포스트모던 작가 웨이 후이Wei Hui는 그의 이름을 알린 소설 『상하이 베이비Shanghai Baby』의 여주인공을, 이름을 떨치기를 갈망하며 프로이트를 읽는 난잡한 여자로 묘사했다.

그렇다면 일반적 차원에서 정신분석 작업은 정신약리학의 공격과 문화적 전환 양자 모두에서 살아남았다. 그러나 살아남지 못한 것은 한때 정신분석이 그것의 일부였던 자기 계발의 분석적 윤리인 듯하다. 그렇다면 이 상실의 중요성은 어느 정도일까?

본질적으로 이 책에서 서술된 바와 같은 자기 계발의 시기는 짧을 것이다. 정신의 정상적 방향은 외향적이다. 그러므로 정신분석에 대한 높은 관심 ― 그 황금 시대임을 알렸던 관심 ― 은 소멸될 것이 예상된다. 지금 제기되어야 할 물음은 무엇을 배웠는가 하는 것이다. 개인적 특이성과 다양성에 대한 믿음을 재확인하는 것으로는 충분하지 못하다. 개인적 삶은 그것이 실제적 실천과 제도로 구현되지 않으면, 그리고 그것이 사회와 역사에 대한 보다 넓은 이해와 관련되지 않으면 살아남을 수 없다. 정신분석이 20세기에 했던 것과 같은 역할을 21세기에 수행할 것으로 보이지는 않기 때문에 우리가 정신분석이 성취한

바를 보존하려면 그 통찰을 간추려 쌓아 올릴 새로운 제도들을 발명해
내야만 할 것이다. 앞으로 우리가 얼마나 계속 정신분석에 의존할 수
있을지, 얼마나 그 계승자들을 만들어낼 수 있을지, 그리고 그 계승자
들의 모습이 어떠할지는 열린 질문으로 남아 있다.

　이 질문에 우리가 어떻게 답하든 우리가 지킬 필요가 있는 것은 치
료의 방식도, 일련의 이해 내용도 아니다. 또한 모든 사람들이 대부분
무의식적이거나 억압된 내적 세계를 지니고 있다는 것, 타자, 특히 사
랑하는 사람에 대한 관계는 이 무의식의 세계의 이미지와 소망에 침윤
되어 있다는 것, 정신분석적으로 남·여성이라는 것은 독특하고 변덕
스러운 과정의 결과물로서 어느 누구도 단순히 한 가지 성별에 국한되

지 않는다는 것, 궁극적으로 사람들 내면의 정신적 삶과 그들이 각기 다르게 살아가는 문화적, 사회적, 정치적 세계 사이에는 좁힐 수 없는 간극이 있다는 것, 우리가 사람들의 독보적인 가치에 대해 말할 때 우리의 염두에 있는 것은 권리와 이성의 추상적 장소가 아니라 구체적이고 특이하고 우연적인 개인이라는 것, 사회와 정치는 반드시 의식적 이해관계와 지각되는 필연성에 의해서만이 아니라 무의식적 동기, 불안, 절반 밖에 발설되지 않은 기억에 의해 움직이는 것이기도 하다는 것, 위대한 국민들도 트라우마를 겪을 수 있고 급작스럽게 진로를 변경하여 퇴보할 수도 있다는 것을 인식할 필요가 있다.

정신분석의 카리스마, 그리고 그것이 유인한 엄청난 이상화는 이러한 것들 및 그와 관련된 이해들을 지키는 방식, 개인적 삶 자체를 지키는 방식이었다. 과연 그 이해들이 정신분석의 몰락 이후에도 살아남을 수 있을까? 가속화되는 세계화, 목전에 닥친 공/사 구분의 붕괴, 의미의 심리학을 정보의 이동으로 바꿔놓는 디지털화 등은 정신 내면의 체험을 적나라하게 노출시킨 것일까? 인종, 국적, 젠더에 대한 우리의 새로운 인식이 사람들에게서 그들 나름의 고유한 개인성에 대한 이해의 필요를 제거하는 것인가? '차이'에 더 예민하고자 하는 우리의 소망은 인간됨의 의미란 무엇인가에 대한 공통의 이해, 또는 그 문제에 대해 토론할 수 있는 공통의 언어를 더 이상 필요로 하지 않게 되었음을 의미하는 것인가? 만일 그렇다면 우리는 지독한 궁핍화에 직면해 있는 것이다. 우리가 '합리적 선택'이라는 공허한 개념을 끌어안고 있는 사이에 우리는 개인적 삶이라는 '낡은' 이상에 대해 번드레한 말치레만 하는 것일 우려가 있다. 또한 우리가 가장 효과적으로 순종과 묵인을 조작당하고 있는 바로 그 순간 우리는 내가 뭘 생각하고 있는지 알고 있다고 자화자찬하고 있는 것일 수 있는 위험을 내포하고 있다.

　분명 모더니티의 세 가지 약속의 현재적 위상은 낙관적 전망의 빌미를 주고 있지 않다. 정신분석 시대의 자율성은 내면성에 대한 복잡하면서도 평생 지속되는 앎을 의미하는 것이었지 '권능의 부여'나 공리적 문제 해결을 의미하는 것이 아니었다. 여성 평등은 여성성에 대한 예찬이나 남자처럼 되고 싶다는 열망이 아니라 양성 간의 심오한 약속의 가능성을 의미하는 것이었다. 민주주의가 수반하는 것은 자기 성찰과 자기 비판이었지 국수주의적 자기 찬미나 당파적 탐욕이 아니었다. 그 역사의 초기에 정신분석을 추동했던 낙관주의 — 인류 진화에 있어 최초의 경제적 대량 잉여와 연관된 낙관주의 — 는 이제 더 이상 쉽게 얻을 수 없게 되었다. 오늘날 우리가 낙관주의를 추구할 때 우리는 내면을 바라볼 필요가 있다. 그렇게 함으로써 우리는 우리가 방금 빠져나온 정신분석의 황금 시대에 진 빚을 다시 드러내게 될 것이다.

참고문헌 약어

주석에 자주 인용된 저서들은 다음과 같은 약어로 표시되었음

Freud-Abraham   Sigmund Freud and Karl Abraham. *A Psycho-analytic Dialogue: The Letters of Sigmund Freud and Karl Abraham, 1907-1926*. Edited by Hilda C. Abraham and Ernest L. Freud. Translated by Bernard Marsh and Hilda C. Abraham. New York: Basic Books, 1965.

Freud-Ferenczi   Sigmund Freud and Sándor Ferenczi. *The Correspondance of Sigmund Freud and Sándor Ferenczi*. Edited by Eva Brabant, Ernst Flazeder, and Patrizia Giampieri–Deutsch. 3 vols. Cambridge, Mass.: Harvard University Press, 1993.

Freud-Fliess   Sigmund Freud and Wilhelm Fliess. *The Complete Letters of Sigmund Freud to Wilhelm Fliess, 1887-1904*. Edited and translated by Jeffrey Moussaieff Masson. Cambridge, Mass.: Harvard University Press, 1985.

Freud-Jones   Sigmund Freud and Ernest Jones. *The Complete Correspondance of Sigmund Freud and Ernest Jones, 1908-1939*. Edited by Andrew Paskauskas. Cambridge, Mass.: Belknap Press of Harvard University Press, 1993.

Freud-Jung   Sigmund Freud and Carl G. Jung. *The Freud-Jung Letters: The Correspondance Between Sigmund Freud and C. G. Jung*. Edited by William McGuire. Translated

	by Ralph Manheim and R. F. C. Hull. Cambridge, Mass.: Harvard University Press, 1988.
Freud-Salomé	Sigmund Freud and Lou Andreas Salomé. *Sigmund Freud and Lou Andreas Salomé: Letters*. Edited by Ernst Pfeiffer. Translated by William and Elaine Robson-Scott. New York: Harcourt Brace Jovanovich, 1972.
Jones	Ernst Jones. *The Life and Work of Sigmund Freud*. vol. 1, *The Formative Years and thd Great Discoveries, 1856-1900*; vol. 2, *Years of Maturity, 1901-1919*; vol. 3, *The Last Phase, 1919-1939*. New York: Basic Books, 1953–57.
LSF	Sigmund Freud. *The Letters of Sigmund Freud, 1873-1939*. Edited by Ernst Freud and Lucie Freud. Translated by Tania and James Stern. New York: Basic Books, 1960.
SE	Sigmund Freud. *The Standard Edition of the Complete Psychological Works of Sigmund Freud*. Translated under the general editorship of James Strachey, in collaboration with Anna Freud, assisted by Alix Strachey and Alan Tyson. 24 vols. New York: Norton, 1976.

주

서론

1) Carl Schorske, *Fin-de-Siècle Vienna, Politics and Culture*(New York: Knopf, 1980).
2) 이런 점에서 보다 정확한 표현은 친족, 가정, 가족을 구분하는 것이다. 일반적인 것은 Eli Zaretsky, *Capitalism, the Family, and Personal Life*, rev. ed.(1976; New York: Harper & Row, 1986)을 볼 것.
3) Philip Rieff, *The Triumph of the Therapeutic: Uses of Faith After Freud*(New York: Harper & Row, 1986).
4) Claude Lévi-Strauss, "The Effectiveness of Symbols", in *Structural Anthropology*(Chicago: University of Chicago Press, 1983, pp. 186-205).
5) Marc Bloch, *The Royal Touch: Sacred Monarchy and Scrofula in England and France,* trans. J. E. Anderson(London: Routledge & Kegan Paul, 1973).
6) 막스 베버의 *The Social Psychology of the World's Religions*(1920-1921)은 책임감에 대한 칼뱅주의적 의미를 큰 우주적 패턴과 개인 내면 세계 사이의 미리 주어진 적합성을 전제로 한 윤리(예컨대 유교)와 대비시킨다.
7) 이에 대해서는 프로이트 선집을 보라. Sigmund Freud, *The Standard Edition of the Complete Psychological Works of Sigmund Freud*(이하 *SE*)(New York: Norton, 1976), vol. 15, p. 18.
8) S. N. Eisenstadt, ed. *Max Weber on Charisma and Institution Building: Selected Papers*(Chicago: University of Chicago Press, 1968).
9) '2차 산업혁명'이라는 용어는 흔히 Patrick Geddes의 *Cities in Evolution*(London: William & Norgate, 1915)에 귀속된다. 중요한 논의는 기술적 변화와 재정적 혁신을 강조한 David Landes, *The Unbound Prometheus*(Cambridge, U.K.: Cambridge University Press, 1969), 과학, 조립 라인, 소비자주의의 새로운 역할을 지적한 Eric Hobsbawm, *Industry and Empire*(London: Weidenfeld & Nicholson, 1968), 다른 유용한 논의들은 N. Rosenberg, "The Growing Role of Science in the Innovation Process," in *Science, Technology and Society in the Time of Alfred Nobel*, ed. Carl Gustaf Bernhard et al.(Oxford: Oxford University Press, 1982), pp. 231-46; Peter Temin, "The Future of the New Economic History", *Journal of Interdisciplinary History*(Autumn 1981): 179-97; and James P. Hull, "From Rostow to Chandler

to You: How Revolutionary Was the Second Industrial Revolution?" *Journal of European Economic History* 25(Spring 1996): 191-208.

제1장 개인무의식

1) '옹졸한 양심'에 대한 고전적 진술에 대해서는 John Ruskin, *Sesame and Lilies: Two Lectures Delivered at Manchester in 1864*(New York: J. Wiley & Son, 1865)를 볼 것.

2) William James, *Varieties of Religious Experience*(Cambridge, Mass.: Harvard University Press, 1985), pp. 6, 108-9.

3) "Almost liquid"는 다음 책에 재수록되었다. Ruth B. Caplan, *Psychiatry and the Community in Nineteenth-Century America: The Recurring Concern with the Environment in the Prevention and Treatment of Mental Illness*(New York: Basic Books, 1969), p. 8. Robert Young, *Mind, Brain and Adaptation in the Nineteenth Century: Cerebral Localization and Its Biological Context from Gall to Ferrier* (Oxford: Clarendon Press, 1970), p. 15를 볼 것.

4) Dugald Stewart는 다음 책에서 인용하였다. Peter Gay, *The Enlightenment: An Interpretation*(New York: Knopf, 1966-1969), vol. 2, p. 168. 볼테르는 로크가 '영혼의 로망스'를 피하고 그 대신 역사 서술의 방법을 만들어냈다고 칭찬했다. *Lettre sur l'Anglais*, in Ernst Cassirer, *The Philosophy of the Enlightenment*(Boston: Beacon Press, 1955), p. 94.

5) Marcel Gauchet and Gladys Swain, *La Pratique de l'esprit humain: L'institution asilaire et la révolution démocratique*(Paris: Gallimard, 1980). 이것 이전의 정신의학자들은 요양소 관리인이었다. 퀘이커 교도였던 새뮤얼 튜크는 최초의 현대식 영국 요양소를 설립했다.

6) 전설적인 의사들이 카리스마를 통해 신뢰감을 이끌어낸다는 것은 오래전부터 알려져 있었다. 이제 그들은 보통 의사도 훈련을 통해 복종을 이끌어낼 수 있음을 알았다. 일찍이 피넬은 조지 3세의 의사인 프랜시스 윌리스의 독특한 개인적 재능을 강조했다. Jan Ellen Goldstein, *Console and Classify: The French Psychiatric Profession in the Nineteenth Century*(Cambridge, U.K. and New York: Cambridge University Press, 1987), p. 86.

7) Benjamin Rush, *Medical Inquiries and Observations upon the diseases of the Mind*(New York: Hafner, 1962), pp. 174-78.

8) 퍼시 셸리는 정신은 그 자체의 장소라 했다. 그것은 지옥의 천국을 만들 수도, 천국의 지옥을 만들 수도 있다. 일반적인 것은 Meyer Howard Abrams, *The Mirror and the Lamp: Romantic Theory and the Critical Tradition*(New York: Oxford University

Press, 1953).

9) Leon Chertok and Raymond de Saussure, *The Therapeutic Revolution, from Mesmer to Freud*(New York: Brunner/Mazel, 1979), pp. 5-14, 34-35; Henri Ellenberger, *The Discovery of the Unconscious: The History and Evolution of Dynamic Psychiatry*(New York: Basic Books, 1970) pp. 72, 155-56.

10) 한 매력 있는 사람은 기술이 "자연이 애착을 갖게 하고 자극하기 위해 다른 성에 대해 한 성에 선사한 지배력"이라고 보았다. Ellenberger, *Discovery*, p. 160.

11) William James, *The Principles of Psychology*, 2 vols.(New York: H. Holt, 1890).

12) Jose M. Lopez Pinero, *The Historical Origins of the Concept of Neurosis*(London: Cambridge University Press, 1958) p. 58. 신경쇠약은 미국 신경 학회에서 조지 비어드에 의해 처음 소개되었다: 다음 책들을 참고할 것. *Medical and Surgical Journal* 3, no. 217(1869. 4. 29); James Gilbert, *Work Without Salvation: America's Intellectuals and Industrial Alienation*, 1880-1910(Baltimore: Johns Hopkins University Press, 1977), p. 33; Charles E. Rosenberg, "The Place of George M. Beard in Nineteenth-Century Psychiatry," *Bulletin of the History of Medicine* 36(1962): 245-259; Gillian Brown, "The Empire of Agoraphobia," *Representations* 20(1987 가을): 148. '보바리즘'에 대해서는 Yannick Ripa, *Woman and Madness: The Incarceration of Women in Nineteenth-Century France*(Minneapolis: University of Minnesota Press, 1990), p. 62를 볼 것. '아목'에 대해서는 Mardi Horowitz, ed. *Hysterical Personality Style and the Histrionic Personality Disorder*(Northvale, N. J.: Aronson, 1991)를 볼 것.

13) 일반적인 것은 Alan Krohn, *Hysteria: The Elusive Neurosis*(New York: International University Press, 1978)를 볼 것.

14) 인용된 발레리는 Theodore Zeldin, *France*(New York: Oxford University Press, 1979), vol. 2 p. 338를 참고할 것. 보들레르에 대해서는 Eugen Weber, *France, Fin de siècle*(Cambridge, Mass.: Harvard University Press, 1986), p. 12를 볼 것. 인용된 브로이어는 Eliane Showalter, *The Female Malady: Woman, Madness and the English Culture, 1830-1980* (New York: Pantheon Books, 1987). p. 158를 볼 것.

15) *The Diary of Alice James*, ed. Leon Edel(New York: Dodd, Mead, 1964), 26 October 1890 and 4 December 1891. Ruth Bertrand Yeazell, *Sex, Politics, and Science in the Nineteenth-Century Novel*(Baltimore: Johns Hopkins University Press, 1986), p. 37.

16) Edward Shorter, "The First Great Increase in Anorexia Nervosa," *Journal of Social History* 20 no. 1(1987년 가을): 77 ff.; Barbara Sicherman, "The Uses of a Diagnosis: Doctors, Patients, and Neurasthenia," *Journal of the History of*

Medical and Allied Sciences 22, no. 1 (1977년 1월) : 41. 프로이트의 후일의 요약에 의하면 원래 '신경질'이나 '기능 장애'로 불렸던 신경증은 "정서적 삶의 장애의 결과가 분명하다는 견해가 점차 증가했다." *SE*, vol. 12, p. 329.

17) *SE*, vol. 1, p. 10.

18) George Rosen, "Freud and Medicine in Vienna," in *Freud: The Man, His World, His Influence*, ed. Jonathan Miller(Boston : Little, Brown, 1972), p. 35. 물론 프랑스인들은 사후 장애를 보여주고자 시도했다.

19) Jan Goldstein, "The Hysteria Diagnosis and the Politics of Anticlericalism in Late-Nineteenth-Century France," *Journal of Modern History* 54(1982년 6월) : 216.

20) Daniel Pick, *Faces of Degeneration: A European Disorder, 1848-1918*(Cambridge, U. K. : Cambridge University Press, 1989), p. 100. 이폴리트 텐은 프랑스 혁명과 파리 코뮌 동안 실증된 것으로 추정되는 "성적 도착degeneracy"을 설명하는 데 모렐의 이론을 원용했다.

21) Martha Evans, *Fits and Starts: A Genealogy of Hysteria in Modern France*(Ithaca, N. Y. : Cornell University Press, 1991), p. 21. 르봉에 대해서는 Robert Gildea, *Barricades and Borders: Europe 1800-1914*(New York : Oxford University Press, 1987), p. 388를 볼 것.

22) 1889년 의학 교수진의 48퍼센트, 법학 교수진의 22퍼센트, 철학 교수진의 15퍼센트가 유대인이었다. 프로이트가 의학 학위를 받은 지 3년 후인 1885년에는 빈 의과대학 학생의 41.5퍼센트가 유대인이었다. Robert S. Wistrich, *The Jews of Vienna in the Age of Franz Joseph*(Oxford : Oxford University Press, 1990) ; Friedrich Heer, "Freud, the Viennese Jew," in Miller, *Freud*, pp. 1-20.

23) 아직 출판되지 않은 서한들이 있다. James Barclay, "Franz Brentano and Sigmund Freud," *Journal of Existentialism* 5, no. 17(1964년 여름) : 8 ; John Toews, "Historicizing Psychoanalysis : Freud in His Time and for Our Time," *Journal of Modern History* 63(1991년 9월) : 538-41.

24) Toews, "Historicizing." 프레더릭 그레고리가 썼듯 19세기 후반 사상가들은 칸트에 대해 "본유 관념에 대한 그의 옹호에서 사실을 무시했다. 인과성, 공간, 시간, 수 등은 그 기원이 정신 구조에 있는 게 아니라 세계에 대한 사람들의 경험에 있다"라고 비판했다. Gregory, *Scientific Materialism in Nineteenth-Century Germany*(Dordrecht, Holland, and Boston : D. Riedel, 1977) : 538-41.
칸트의 영향은 프로이트의 평생 동안 지속되었다. 그는 마치 십대 소년처럼 칸트를 읽고 이해했다. William J. McGrath, *Freud's Discovery of Psychoanalysis: The Politics of Hysteria*(Ithaca, N. Y. : Cornell University Press, 1986)은 프로이트가 친구인 실버스타인에게 보낸 1875년 4월 11일자 편지가 그의 "칸트의 구성에 대한

고도로 난해한 어해"를 드러내는 것이라고 서술했다. 의학 학위를 받은 다음 해인 1882년 프로이트는『순수 이성 비판*The Critique of Pure Reason*』을 구입하고는 많은 주해를 달았다. 런던에서 방문할 수 있는 그의 개인 서재는 시계열순으로 배열되어 있다. 그것은 고고학과 역사로부터 시작하여 근대 문학을 거쳐 과학, 성과학, 정신분석이 마지막에 배열되어 있다. 그러나 로크의『인간 지성론*Essay Concerning Human Understanding*』과 더불어『순수 이성 비판』은 배열 순서에서 어긋나게 고고학과 선사학 사이에 꼽혀 있어 정신의 범주는 자연에 대한 종의 투쟁에서 생성된다는 그의 견해를 반영하고 있다. 훗날 프로이트는 무의식을 "칸트로부터 비롯된 수정의 연장"이라고 서술했다. 칸트가 시간과 연장을 외부 현실과 같은 것으로 간주하지 말 것을 경고한 것처럼 "정신분석 또한 의식적 지각을 그것의 대상인 무의식적 정신 과정의 자리에 놓지 말 것을 명하고 있다." Sigmund Freud, "The Unconscious," in *General Psychological Theory*(New York: Collier Books, 1963), p. 121.

25) *SE*, vol. 20, p. 9.

26) 프로이트가 베르나이스에게 보낸 편지(1885년 11월 24일자), Sigmund Freud, *The Letters of Sigmund Freud*(이하 *LSF*), *1873-1939*, Edited by Ernst Freud and Lucie Freud. Translated by Tania and James Stern(New York: Basic Books, 1960), p. 185.

27) 프로이트가 플리스에게 보낸 편지(1887년 12월 28일자), *Freud-Fliess*, p. 17.

28) Peter J. Swales, "Freud, His Teacher and the Birth of the Psychoanalysis," in Paul E. Stepansky, *Freud, Appraisals and Reappraisals: Contrubutions to Freud Studies*(Hillsdale, N. J.: Analytic Press, 1986), vol. 1, p. 49.

29) 1889년 그는 훈련을 더 받기 위해 프랑스 낭시를 방문했다. 이폴리트 베른하임은 그에게 "집중"과 "압박" 기술을 가르쳐주었다. 환자가 기억해내지 못할 때 프로이트는 그의 이마를 누르며 그에게 압박이 지속되는 동안 "눈앞에 그림 같은 형태의 추억을 보게 될 것"이라 확신시켰다. 압박을 멈추면 프로이트는 실망은 문제도 되지 않는다는 듯 조용히 물었다: "뭘 봤습니까?" 혹은 "무슨 일이 있었죠?" 이 내용은 Ernst Jones. *The Life and Work of Sigmund Freud*(이하 Jones)(New York: Basic Books, 1953-57), vol. 1. p. 247의 1883년 10월 31일자 자료에서 인용하였다. 그의『자전적 연구*Autobiographical Study*』에서 프로이트는 이 방문이 그가 최면술과 결별할 수 있도록 북돋아주었음을 지적했다. Frank Sulloway, *Freud, Biologist of the Mind: Beyond the Psychoanalytic Legend*(New York: Basic Books, 1979), pp.48, 73. 다음 책을 참고할 것. *SE*, vol. 20, p. 17.

30) Sulloway, *Biologist*, pp. 271-72. 인용은 제외하고 논의를 볼 것.

31) William James, "Über den Psychichen Mechanismus Hysterischer Phänomene"

by Josef Brauer and Sigmund Freud(1894)," *Psychological Review* 1(1894년 3월):
p. 199.

32) 당시의 언어로는 신경증은 "심적 긴장을 경감시켜주는 심리적 종합력의 취약함
이라는 의식의 장의 반응이었다." 히스테리는 개인적 종합력의 병이었다. Pierre
Janet, "Psychoanalysis," *Journal of Abnormal Psychology* 9(1914-1915): pp.
1-35, 135-87.

33) 1909년 프로이트는 자신의 견해와 자네의 견해를 대조했다. "심리적 분열을 정신적
기제 쪽의 종합의 불능이라는 (선천적 허약함에서) 기인하는 것이 아니다. 우리는
그것을 역동적으로, 두 정신적 힘의 갈등에서 오는 것으로 설명한다." 다음 책을 참
고할 것. *SE*, vol. II pp. 21, 25-26.

34) 일반적인 것은 다음 책을 참고할 것. *Freud-Fliess*, pp. 27, 73, 87, 301, 313,
412. Marie Bonaparte, Anna Freud, and Ernst Kris, eds. *The Origins of Psycho-
analysis*(New York: Basic Books, 1977).

35) Peter Gay, *Sigmund Freud: A Life for Our Time*(New York: Norton, 1988), p. 68.

36) 다음 책을 참고할 것. *SE*, vol. 2, pp. 268-69.

37) 프로이트가 플리스에게 보낸 편지(1895년 8월 16일자), *Freud-Fliess*, p. 136. 같은
생각이 그의 출판된 글에도 스며들어 있다. 1896년 그는 "방어 신경증" 혹은 "정신
신경증" 사이의 분기점을 옹호했다. 그것은 한편으로는 히스테리와 강박, 그리고
다른 한편으로는 자위, 금욕 혹은 성교 방해에서 기인하는 신체적 혹은 "실제적 신
경증"을 포함했다. 다음 책을 참고할 것. *SE*, vol. 3, pp. 162-85.

38) 프로이트가 플리스에게 보낸 편지(1895년 5월 25일자), *Freud-Fliess*, p. 129.

39) 프로이트에 의하면 『꿈의 해석』은 "주요 부분은 모두 1896년 초에 끝났지만 그 후
1899년 여름까지 집필되지 않았다." *SE*, vol. 14, p. 22.

40) 그의 영혼은 "혁신되었다[sic]." Gay, *Freud*, p. 390. 예를 들면 그는 아버지의 장례
식에 늦었다. 장례식을 마친 날 밤에 그는 꿈을 꾸었다. "'나는 내가 있던 곳에서 눈
을 감으시오'라는 신호를 읽었다." 프로이트가 플리스에게 보낸 편지(1896년 11월
2일자), *Freud-Fliess*, p. 202.

41) 그러므로 권위의 심리학과 나르시시즘의 심리학 사이의 내적 연관은 1890년대 후
반 동안의 프로이트의 체험에서 예견할 수 있다. "소파-뒤 거리와 볼 수 없음은 빈
과 베를린 사이의 거리로 대치되었다." Heinz Kohut, "Creativeness, Charisma,
Group Psychology," in *The Search for the Self* (New York: International Univer-
sities Press, 1978), pp. 806-7.

42) 꿈에 대한 더 많은 언급은 다음 책을 참고할 것. 프로이트가 아브라함에게 보낸 편
지(1908년 1월 9일자), *Freud-Abraham*, p. 20. 나의 논의의 근거는 Didier Anzieu,
Freud's Self-Analysis, trans. Peter Graham(Madison, Conn.: International

Universities Press, 1986). 꿈의 삼등분 구조는 그림과 같은 트리메틸아민 공식에서 도 반복된다:

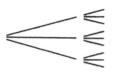

이것은 또한 프로이트의 정신 삼등분 구조의 출현을 예견케 한다.

43) 유혹 이론에 대한 프로이트의 개인적 의심은 훨씬 강했다. Gerald N. Izenberg, "Seduced and Abandoned: The Rise and Fall of Freud's Seduction Theory," in *The Cambridge Companion to Freud*, ed. Jerome Neu(New York: Cambridge University Press, 1991), p. 28.

44) 성적 트라우마에 의한 사후死後 행위(Nachträglichkeit), "그는 수술이 동시대적 사건인 것처럼" 기술했다. *SE*, vol. 3. p. 154; 다음 자료들도 참고할 것. pp. 166-67; *SE*, vol. 1 pp. 233, 356-59.

45) 1897년 1월 프로이트는 트라우마의 내용이 신경증의 유형을 결정한다는 생각을 접었다. 그해 5월 그는 기억이 아니라 충동이 억압되는 것이라고 썼다. 또 9월에 그는 이론들을 몽땅 내던져버렸다. 프로이트는 그가 이론에 대해 다시 거론한 편지를 다음과 같이 언급하며 끝을 맺었다. "가치 있는 모든 것이 붕괴되는 마당에 심리적인 것만이 건드려지지 않은 채 남아 있다. [……] 예컨대 꿈의 해석으로 돈벌이를 못한다는 건 딱한 일이다." 프로이트가 플리스에게 보낸 편지(1897년 1월 24일, 5월 2일, 9월 21일자), *Freud-Fliess*, pp. 226-28, 239, 264-66. 그 후로 프로이트는 때때로 이론으로 돌아왔다.

46) 다음 인용은 Charcot에게서 인용하였다. Ellenberger, *Discovery*, p. 149. 다음 책도 볼 것. Nathan G. Hale, *Freud in America*, vol. 1 of *Freud and the Americans* (New York: Oxford University Press, 1971), p. 125.

47) 프로이트는 『히스테리 연구』에서 기억과 지각을 구분하기 시작했다. 이 책에서 그는 지각을 망원경을 반사하는 거울에, 기억을 사진판에 비유했다. 그는 이것을 영영 출판되지 않는 1895년의 "프로젝트"에서도 지속했다. 여기서 그는 지각을 새로운 자극에 개방적인 것으로 특징지었다. 반면에 기억은 지울 수 없는 흔적으로 특징지었다. 이것은 『꿈의 해석』의 기본이다. *SE*, vol. 2, p. 189.

48) 프로이트가 플리스에게 보낸 편지(1896년 12월 6일자), *Freud-Fliess*, p. 207.

49) 프로이트가 플리스에게 보낸 편지(1897년 5월 25일자) 포함, *Freud-Fliess*, pp. 246-47.

50) *SE*, vol. 5, pp. 41-22, 427-28, 441-42.

51) 같은 책, p. 442; Sander L. Gilman, *Freud, Race, and Gender*(Princeton, N. J.: Princeton University Press, 1993), p. 12, "조국을 줄 수 없는 자는 아이에게 미래를 줄 수 없다는 걱정"을 하고 있다.

52) *SE*, vol. 4, pp. 101–2.

53) 프로이트가 플리스에게 보낸 편지(1899년 1월 3일자), *Freud-Fliess*, p. 338.

54) 같은 책(1900년 3월 23일자), p. 405.

55) 전기작가 디디에 앙지외에 의하면 이제 프로이트는 "사람들 모두가 자신의 이름, 스타일, 작품 같은 특별한 것에 얼마나 애착을 갖고 있는가를 깨달았다." Anzieu, *Self-Analysis*, p. 516.

56) 그의 스타일의 관건적 양상은 그의 사춘기의 편지에서 찾아볼 수 있다. "Some Early Unpublished Letters of Freud," *International Journal of Psycho-analysis*, 50(1969): pp. 419–27. 그가 의식한 문학적 모델은 18세기 독일의 비평가이자 극작가로서 사유자가 사유하는 것이 드러나는 스타일을 옹호한 고트홀트 레싱이었다. 레싱의 영향에 대해서는 다음 자료를 볼 것. Joseph Wortis, "Fragments of a Freudian Analysis," *American Journal of Orthopsychiatry* 10(1940): p. 848; Walter Kaufmann, *Discovering the Mind*, vol. 1: *Goethe, Kant, and Hegel*(New Brunswick, N. J., Transaction Publishers, 1990). 인생의 출발점에서는 이민자, 마지막에서는 망명자였던 프로이트는 글쓰기를 통해 깊고 넓은 인간적 접촉을 성취했다. 정신분석의 역사는 어떤 의미에서 작가로서의 프로이트에 대한 전이의 역사이다.

57) *SE*, vol. 22, p. 7. 1907년 융에게 보낸 편지에서 그는 자기가 마치 "구조대원이 바위에 매달려 있는 것처럼" 『꿈의 해석』에 매달려 있다고 묘사했다. Jones, vol. 2, p. 112.

58) H. Stuart Hughes, *Consciousness and Society: The Reconstruction of European Social Thought, 1890-1930*(New York: Vintage, 1961), passim.

59) Hans Gerth and C. Wright Mills, *From Max Weber: Essays in Sociology*(New York: Oxford University Press, 1946), pp. 345–47.

제2장 젠더, 섹슈얼리티, 개인적 삶

1) *SE*, vol. 12, p. 99. 필립 리프가 편집한 프로이트 선집(10 vols)의 번역을 따랐음(New York: Collier Books, 1963).

2) Anne McClintock, *Imperial Leather: Race, Gender, and Sexuality in the Colonial Contest*(New York: Routeledge, 1995), p. 44.

3) W. Arthur Calhoun, *A Social History of the American Family*(Cleveland: Arthur H. Clark Company, 1919), vol. 3, pp. 157–58.

4) Edward Shorter, *The Making of the Modern Family*(New York: Basic Books, 1975); Kathy Peiss, *Cheap Amusements: Working Women and Leisure in Turn-of-the-Century New York*(Philadelphia: Temple University Press, 1986); Christine Stansell, *City of Women: Sex and Class in New York, 1789-1860*(New York: Knopf, 1986); George Chauncey, *Gay New York: Gender, Urban Culture, and the Makings of the Gay Male World, 1890-1940*(New York: Basic Books, 1999).

5) Rudolph Binion, "Fiction as Social Fantasy," *Journal of Social History* 27, no. 4(1994년 여름): pp. 679-99.

6) Harriet Anderson, *Utopian Feminism: Women's Movements in Fin-de-Siècle Vienna*(New Haven, Conn.: Yale University Press, 1992), p. 5에서 인용.

7) Michelle Perrot, "Stepping Out," in Georges Duby and Michelle Perrot, *A History of Women in the West*(Cambridge, Mass.: Belknap Press of Harvard University Press, 1992-), vol. 4, p. 463에서 인용.

8) Elizabeth Cady Stanton, "Solitude of the Self" address before the U.S. Senate Committee on Woman Suffrage(1892년 2월 20일). 이 글은 다음과 같이 재출간되어 있다. *The Concise History of Women's Suffrage*, ed. Mari Jo Buhle(Urbana: University of Illinois Press, 1978), pp. 325-26.

9) Edna Kenton, "Feminism Will Give [……]," *Delineator* 85(1914년 7월): 17; George Burman Foster, "The Philosophy of Feminism," *Forum* 52(1914년 7월): 16. 이 두 문서 모두 다음 책에 재수록되었다. Mari Jo Buhle, *Feminism and Its Discontents: A Century of Struggle with Psychoanalysis*(Cambridge, Mass.: Harvard University Press, 1998), p. 2.

10) 오스카 와일드의 『이상적 남편*An Ideal Husband*』은 게으르게 사는 데 대한 비난에 맞서 주인공을 옹호한다. "그는 아침 열 시에 일어나고 일주일에 세 번 오페라에 가고 하루에 적어도 다섯 번은 옷을 갈아입고 매일 저녁 식사를 해. [……] 그걸 게으르다고 말하면 안 되지, 안 그래?" 또한 다음 책을 보라. Rita Felski, *The Gender of Modernity*(Cambridge, Mass.: Harvard University Press, 1995), pp. 103-5.

11) Alan Sinfield, *The Wilde Century: Effeminacy, Oscar Wilde, and the Queer Movement*(New York: Columbia University Press, 1994), p. 1에서 인용.

12) "완전히 자연스러운"으로 시작된 인용은 Tony Brown, ed. *Edward Carpenter and Late Victorian Radicalism*(London and Portland, Ore.: Frank Cass, 1990), p. 10. 휘트먼에 대한 참조는 카펜터의 1916년작 *My Days and Dreams*: "위대한 평등주의자"는 카펜터의 1897년작 *Sexual Inversion*; 그리고 『바가바드 기타』는 후안 모라스코의 1962년도 번역에서 인용. 모든 인용은 Brown, *Edward Carpenter*, pp. 10-12. 한 세대 후 크리스토퍼 이셔우드는 자기에게 "단 하나의 죄가 있을 뿐이오.

그건 자기 본성의 내적 법칙에 따르지 않는 거라오"라고 조언하여 자신의 동성애를 수용할 수 있도록 도와준 것을 정신분석가 존 레이어드의 덕으로 돌렸다. 다음 책을 참고할 것. Noel Annan, *Our Age: English Intellectuals Between the World Wars—A Group Portrait*(New York: Random House, 1990), p. 119.

13) 프로이트가 베르나이스에게 보낸 편지(1883년 8월 29일자), *LSF*, pp. 50, 76.

14) 신경학, 성과학은 법의학과 중요한 관계를 지니고 있었다. 예를 들면 크라프트-에빙의 1886년도 저작인 *Psychopathia Sexualis*는 법정에서 약을 먹은 성범죄자의 "도착"을 증명하는 것을 자기 책임으로 삼았다. 다음 책을 참고할 것. Judith Walcowitz, "Dangerous Sexualities," in *A History of Women in the West*, ed. Geneviève Fraisse and Michelle Perot(Cambridge, Mass.: Harvard University Press, 1993), p. 395.

15) Frank J. Sulloway, *Freud, Biologist of the Mind: Beyond the Psychoanalytic Legend*(New York: Basic Books, 1979), pp. 172, 277, 146.

16) Havelock Ellis, *Studies in the Psychology of Sex* (1905; repr., New York: Random House, 1942), vol. 1, part 2, pp. 189, 249, 256; vol. 3, pp. 15–17.

17) homosexual이라는 용어는 독일어를 구사하는 의사 K. M. 벤케르트에 의해 만들어진 것이 분명하다. 자주 그리스 고전을 참조한 것을 주목할 것. 예컨대 'Uring'은 플라톤의 『향연』을 참조한 것이다. 이 책에서 동성same-sex 간 사랑은 우라누스의 딸인 아프로디테와 연관되어 있다. 다음 책을 참고할 것. Robert Nye, *Masculinity and Male Codes of Honor in Modern France*(New York: Oxford University Press, 1993), p. 108.

18) Jeffrey Weeks, *Sexuality and Its Discontents*(London: Routledge & Kegan Paul, 1985), pp. 67, 91; Estelle Freedman and John D'Emilio, *Intimate Matters: A History of Sexualty in America*(New York, Harper & Row, 1988), p. 226. 개념으로서의 "이성애"의 역사에 관해서는 다음 책을 참고할 것. Jonathan Katz, "The Invention of Heterosexuality," *Socialist Review* 20(March 1990): 7–34.

19) George Mosse, *The Image of Man*(New York, Oxford University Press, 1966), pp. 90–91.

20) 이반 블로흐의 인용은 George L. Mosse, *Nationalism and Sexuality: Respectability and Abnormal Sexuality in Modern Europe*(New York: Howard Fertig, 1985), p. 32. 일반적인 것은 다음 책을 참고할 것. Chauncey, *Gay New York*. 이런 현상들에 대한 연구 역시 심리학화의 일부였다. 성과학자들은 '도착'을 심리학적으로 이해해야 하는지, 생물학적으로 이해해야 하는지 논쟁을 벌였다. 의학 삽화는 성기 그림에서 안면 그림으로 바뀌었다. Arnold I. Davidson, "How to Do the History of Psychoanalysis: A Reading of Freud's *Three Essays on the Theory of*

Sexuality," *Critical Inquiry* 13(Winter 1987): 152, and "Sex and the Emergence of Sexuality," *Critical Inquiry* 14(Autumn 1987): 16.

21) 성과학자 L. 폰 뢰머에게 있어 양성구유적 이상은 여성적 감수성과 능동적 창조력을 결합한 예술가에게서 드러나는 것이었다. 나탈리 바네이는 "아폴로를 부드럽게 만들고 여신을 남자같이 만들어 양성구유의 승리를 이끈 지나간 시대"를 갈망했다. Mosse, *Image of Man*, pp. 92–93에서 인용. 콜레트는 어떤 사람이라도 매력적으로 만드는 자질인 성적 양면성과 불확실성, 위장을 동일화하여 양성구유의 이상을 확장했다.

22) Otto Weininger, *Sex and Character*(New York: Howard Fertig, 2003), pp. 320, 73, 406. 이러한 생각이 얼마나 널리 공유되었었는가를 과소평가해서는 안 된다. 에릭 홉스봄에 의하면 이 책은 22년간 25판을 발행했다. Eric Hobsbawm, *The Age of Empire*(New Tork: Vintage, 1989), p. 206. 1903년 바이닝거가 베토벤의 집에서 자살한 사건은 전 유럽의 독자들을 놀라게 했다. 이 책의 영향은 양성성이라는 주제와 남성성에 대한 오래된 이상화를 결합했다는 사실을 반영한다. 오거스트 스트린버그는 "경외심을 불러일으키는 바이닝거의 그 책은 [……] 아마도 모든 문제 중 가장 어려운 문제를 해결한 것일 것"이라고 썼다. D. H. 로렌스, 제임스 조이스, 지오르지오 데 키리코, 그리고 이탈리아 미래파들 모두는 이 책에 깊이 영향을 받았다. 바이닝거의 의미에서 양성성이 만연한 것은 『율리시즈*Ulysses*』이다. 비트겐슈타인도 이 책을 평생 동안 읽고 또 읽으며 자주 친구와 동료들에게 추천하기도 했다. 바이닝거의 해방 주창은 여성과 동성애자를 희생시킨 것이지만 로자 메이레더와 마그누스 히르쉬펠트조차도 그의 저서를 조심스럽게 칭찬했다. 다음 책을 참고할 것. Emile Delavenay, "D. H. Lawrence, Otto Weininger, and a Rather Raw Philosophy," in *D. H. Lawrence: New Studies*, ed. Christopher Heywood(Houndmills, Basingstoke, Hampshire: Macmillan, 1987); Ray Monk, *Ludwig Wittgenstein*(New York: Penguin Books, 1990), p. 19; Alan Janik, *Essays on Wittgenstein and Weininger*(Amsterdam: Rodolphi, 1985). 메이레더에 대해서는 다음 책을 참고할 것. Anderson, *Utopian Feminism*, p. 150; 또한 다음 책을 볼 것. Magnus Hirschfeld, *The Sexual History of the World War* (New York: Falstaff Press, 1937), p. 58.

23) 『인류의 혈통』에서 다윈은 "전체 척추동물 왕국의 외딴 조상이 자웅동체 혹은 양성구유였던 것으로 보인다"고 추정했다. Charles Darwin, *The Descent of Man*(New york: American Home Library, 1902), vol. 1, pp. 215-16. 1870년대 후반 프로이트의 첫번째 실험실 연구인 뱀장어 성기 조사는 갑각류의 양성애에 대한 연구로 유명한 카를 클로스가 감독했다. 빈 대학에서의 프로이트의 동료였던 리하르트 폰 크라프트-에빙은 1886년 『성적 사이코패스*Psychopathia Sexualis*』를 출간했다. 크라

프트-에빙은 "남성이 지닌 여성의 기본 기관"(예: 젖꼭지) 및 여성의 남성화(예: 여성의 수염)에 대해 정신과 의사인 제임스 G. 키어넌을, 양성애에 대해서는 클라우스를 인용했다. Sulloway, *Biologist*, p. 159.

24) George Chauncey, Jr., "From Sexual Inversion to Homosexuality: Medicine and the Changing Conceptualization of Female Deviance," *Salmagundi* 58–59(1982년 가을): 131. Richard von Krafft-Ebing, *Psychopathia Sexuali*(New York: Physicians and Surgeons Book Co., 1933), pp. 137–38; Lawrence Birken, *Consuming Desire: Sexual Science and the Emergence of a Culture of Abundance*, 1871–1914(Ithaca, N. Y.: Cornell University Press, 1988), pp. 101–2.

25) Sulloway, *Biologist*, p. 292.

26) 플리스가 프로이트에게 보낸 편지(1904년 7월 26일자), *Freud-Fliess*, pp. 465–66.

27) Peter Newton, "Freud's Mid-Life Crisis," *Psychoanalytic Psychology* 9, no. 4 (1992): 468–69; 프로이트가 플리스에게 보낸 편지(1896년 7월 15일자), *Freud-Fliess*, p. 195. Masson은 'befruchtenden'을 '자극 전류'로 번역했지만 befruchten은 수정 또는 수분을 뜻하기도 한다.

28) 프로이트가 플리스에게 보낸 편지(1896년 12월 6일자, 1897년 5월 25일자), *Freud-Fliess*, pp. 211, 246. 프로이트는 이러한 물질들이 23일과 28일 주기에 따라 조직된 장기적 리듬에 입각하여 이해되어야 한다는 데 플리스에게 동의했다. 그는 유혹이론의 아이디어를 사용하여 어떠한 조기 성적 경험이 불쾌감을 주는지 설명했다.

29) 같은 책(1898년 1월 4일자), p. 292. 폴 로젠에 의하면 이 싸움은 전거典據가 불명확하다(개인적 의사 소통).

30) 같은 책(1896년 1월 1일자), p. 169.

31) "Draft M: The Architecture of Hysteria," 프로이트가 플리스에게 보낸 편지(1897년 5월 25일자)에 첨부됨. *Freud-Fliess*, p. 246. 마리 보나파르트, 안나 프로이트, 에른스트 크리스가 편집한 『정신분석의 기원*The Origins of Psychoanalysis*』(New York: Basic Books, 1977)의 번역은 "본질적인 억압 요소는 언제나 여성성이다." 메이슨의 번역은 "억압에 본질적인 책임이 있는 것은 언제나 여성성이다." 프로이트의 독일어가 모호하긴 하지만 두 번역 모두 똑같이 번역된 다음 문장에서 크리스 번역의 타당성이 드러난다. "남성처럼 여성도 남성과의 경험보다 여성과의 경험을 더 쉽게 인정한다. 남성이 본질적으로 억압하는 것은 남색적 요소다."

32) 프로이트가 플리스에게 보낸 편지(1897년 11월 14일자), *Freud-Fliess*, p. 281.

33) Freud, *Origins*, p. 224; 프로이트가 플리스에게 보낸 편지(1897년 5월 25일자), p. 245.

34) 프로이트가 플리스에게 보낸 편지(1899년 8월 1일자), *Freud-Fliess*, p. 364.

35) 같은 책(1898년 9월 22일자), p. 326.

36) 같은 책(1899년 10월 11일자), p. 379.

37) 같은 책(1901년 8월 7일자), p. 448.

38) 그러나 그는 또 이렇게 썼다. "그것이 물론 기본적 사실임에도 불구하고 매우 복잡한 문제를 지나치게 단순화하지 않고서 '의식이 지배적이고 무의식은 근원적인 성적 요소'라고 간단히 말할 수는 없다." 같은 책(1901년 9월 19일자), pp. 450-51.

39) 우리는 1890년대에 대해서와 같이 1900년대 초의 프로이트의 사상의 변화를 추적할 수는 없다. 그 까닭은 플리스와 교환된 서신이 빠져 있기 때문이다. 그러나 프로이트가 1905년『세 시론』을 출판했지만, 이 책은 그가『꿈의 해석: 일상생활, 위트, 무의식의 정신병리학 *The Interpretation of Dreams: The Psychopathology of Everyday Life, Wit and the Unconscious*』, 특히 그 기본적인 것이 1900년에 완성된 "히스테리 사례 분석 단장"이나 "도라"를 마치면서 썼던 저작에서 찾아볼 수 있는, 섹슈얼리티에 대한 그의 생각 방식을 요약하는 것이었다.

40) 스보보다가 프로이트에게 극복되었다는 환상에 대해 불평했을 때 프로이트는 그러한 환상이 보편적인 양성애에 뿌리를 내리고 있는 것이라 말했다. Peter Heller, "A Quarrel over Bisexuality," in *The Turn of the Century*, ed. Gerald Chapple and Hans Schulte(Bonn: Bouvier, 1981), p. 98. 나는 정신분석을 *매너분트*와 동일시한 최초의 사람이 헬러라고 생각한다.

41) 후일『일상생활의 정신병리학』에 추가된 에피소드에서 그는 플리스가 자기가 제시한 시간을 매일 잊어버리는 것을 양성애에 관한 플리스 자신의 고유한 생각의 일단의 예로 들었다. 다음 책을 볼 것. *SE.*, vol. 6, pp. 134-43 and fn. 1. 프로이트는 그가 아무리 후회를 했다 해도 그것이 양성애 개념에 의존하는 것이었기 때문에『농담과 무의식』을 완성할 수는 없었다고 설명했다. 프로이트가 플리스에게 보낸 편지(1904년 7월 23일자, 27일자), *Freud-Fliess*, pp. 464-68.

42) *SE*, vol. 23, p. 188.

43) 같은 책, vol. 7, p. 160.

44) 같은 책, p. 278

45) 같은 책, p. 120

46) 같은 책, vol. 9, p. 166.

47) 같은 책, vol. 10, p. 238

48) 같은 책, vol. 7, pp. 156-67. 프로이트는 1915년『세 시론』의 한 각주에서 모든 사람은 무의식 중에 그리 했으므로 동성애적 대상 선택을 할 수 있다고 지적했다. 같은 책, p. 145

49) 마그누스 히르쉬펠트는 "대상의 반전과 사람의 반전의 구분"을 혼동했다. 프로이트가 페렌치에게 보낸 편지(1910년 5월 20일자), *Freud-Ferenczi*, vol. 1, p. 175 fn 2. 카를 울리히가 남자 동성애를 "여성의 머리에 남성의 몸"이라 묘사한 것에 대해 역

설적으로 논평한 프로이트는 여성의 머리가 무엇을 특성화하는지 알지 못하겠다고
진술했다.

50) Buhle, *Feminism*, p. 50에서 인용.

51) 필연적으로 "가족에 대한 공격"에 관련되지는 않지만 그것은 적개심으로 이어지고
조정을 요구한다. Ellen Herman, "The Competition: Psychoanalysis, Its Feminist
Interpreters and the Idea of Sexual Freedom, 1920-1930," *Free Asociations* 3,
part 3, no. 27(1992): 391-97.

52) 프로이트의 글쓰기에 러시아 볼셰비키 페미니스트 알렉산드라 콜론타이를 도입한
것은 마이젤 헤스였다.

53) 헤이블록 엘리스의 정의에 따름. Buhle, *Feminism*, p. 40.

54) 낸시 코트의 잘 알려진 주장과 달리 "페미니즘"이라는 용어는 원래 여성운동에 강
한 관심을 보였던 칼 메이레더 같은 남자들을 지칭하는 용어였다.

55) Anderson, *Utopian Feminism*, pp. 134-35.

56) Henry James, *The Bostonians*(London: Everyman, 1994), p. 300.

57) Mosse, *Image of Man*, p. 85에서 인용.

58) 크라프트-에빙은 자위가 "인위적으로 만들어진 남색가"로 귀결된다고 썼다.
Mosse, *Nationalism and Sexuality*, passim.

59) Gail Bederman, *Manliness and Civilization: A Cultural History of Gender and
Race in the United States 1880-1917*(Chicago: University of Chicago Press, 1995).

60) Sander L. Gilman, *Freud, Race and Gender*(Princeton, N. J., Princeton Uni-
versity Press, 1993), p. 167, 다음 책에서 인용. Eric Santner, *My Own Private
Germany: Daniel Paul Schreber's Secret History of Modernity*(Princeton, N. J.:
Princeton University Press, 1992), p. 89.

61) Santner, *Private Germany*, pp. 121, 117.

62) 카이유보트의 *Man at the Bath*는 Tamar Garb의 *Bodies of Modernity: Figure and
Flesh in Fin-de-Siècle France*(London: Thames and Hudson, 1998)에서 논의됨.
카프카의 인용은 Mark M. Anderson, *Kafka's Choices: Ornament and Aestheticism
in the Hapsburg Fin de Siècle*(Oxford and New York: Oxfird University Press,
1992), p. 89.

63) Jones, vol. 2, p. 83.

64) *SE*, vol. 7, pp. 167.

65) 같은 책, vol. 7 pp. 198-99.

66) 슈레버에 의하면 "나는 나 자신을 나와 성교하는 한 사람 안의 남자와 여자로 상상
해야 한다. 아마도 다른 상황에서라면 부도덕하다고 여겨지겠지만 그것은 자위나
그 비슷한 어떤 생각과도 아무 상관이 없다." 덧붙여 그는 "이런 방식으로 자그마한

감각적 쾌락을 맛볼 수 있다면 나는 이걸 할 만하다고 느낀다"고 썼다. Daniel Paul Schreber, *Memoirs of My Nervous Illness*(1902; repr., Cambridge, Mass.: Harvard University Press, 1988), pp. 147–49, 204–10.

67) *SE*, vol. 17, pp. 100, 110–12.

68) 융이 프로이트에게 보낸 편지(1907년 10월 28일자), *Freud-Jung*, p. 95.

69) 프로이트가 페렌치에게 보낸 편지(1910년 10월 2일자, 1911년 11월 17일자), *Frued-Ferenczi*, vol. 1, pp. 215, 314.

70) Rudolf Carnap, *The Logical Structure of the World*, trans. Rolf A. George(Berkeley: University of California Press, 1967), p. xviii, Richard Bernstein, *Praxis and Action*(Philadelphia: University of Pennsylvania Press, 1971), p. 238에서 인용.

71) *SE*, vol. 12, p. 99.

72) Robert Musil, *The Man Without Qualities*(1930; repr., New York: G. P. Putnam, 1980), vol. 1, pp. 139, 312, Robert A. Nye, *Crime, Madness, and Politics in Modern France: The Medical Concept of National Decline*(Princeton, N. J.: Princeton University Press, 1984), pp. 338–39에서 인용.

제3장 함몰과 주변성

1) H. Stuart Hughes, *Consciousness and Society: The Reconstruction of European Social Thought, 1890-1930*(New York: Vintage Books, 1961), pp. 27–29.

2) Arno Mayer, *The Persistence of the Old Regime: Europe to the Great War*(New York: Pantheon Books, 1981), p. 25 and passim.

3) Paul Weindling, *Health, Race, and German Politics Between National Unification and Nazism, 1870-1945*(New York: Cambridge University Press, 1989), pp. 80–81.

4) Renato Poggioli, *The Theory of Avant-Garde*(Cambridge, Mass.: Harvard University Press, 1986).

5) "Condensed system of micro-circuit" is in Edward Timms, *Karl Kraus, Apocalyptic Satirist: Culture and Catastrophe in Hapsburg Vienna*(New Haven: Yale University Press, 1986), p. 9.

6) Bruno Bettelheim, *Freud's Vienna and Other Essays*(New York: Knopf, 1990), pp. 20, 46: "1880년대 유대인 가족으로서 여섯 개의 방이 있는 한 층에서 산다는 것은 프로이트의 아버지가 벗어난 거의 게토와 같은 생활 조건에 비해 뛰어난 (그들의 상황)을 의미하는 것이었다."

7) Peter Gay, *Sigmund Freud: A Life for Our Time* (New York: Norton, 1988), p. 176.

8) Phyllis Bottome, *Alfred Adler: Apostle of Freedom*(London: Faber and Faber,

1939); Bertha Orgler, *Alfred Adler, the Man and His Work*(New York: Liveright, 1963); William Stekel, *The Autobiography of William Stekel: The Life History of Psychoanalysist*(New York: Liveright, 1950).

9) Paul Federn, "Zur Reform des Ärztlichen Spitaldienstes," *Wiener Klinische Rundschau* 15(15 April 1901), 다음 책에서 인용. Louis Rose, "The Psychoanalytic Movement in Vienna: Toward a Science of Culture"(Ph.D. Diss., Princeton University, 1986), p. 53.

10) David S. Luft, *Robert Musil and the Crisis of European Culture: 1880-1942* (Berkeley, University of California Press, 1980), pp. 8-12. 다음 자료도 볼 것. John Boyer, "Freud, Marriage, and Late Viennese Liberalism: A Commentary from 1905," *Journal of Modern History* 50(March 1978): 91-99

11) Carl E. Schorske, *Fin-de-Siècle Vienna: Politics and Culture*(New York: Knopf, 1980), p. 186. 프로이트는 1897년부터 1902년까지 B'nai Brith의 멤버였다.

12) Jan Goldstein, "The Wandering Jew and the Problem of Psychiatric Anti-Semitism in Fin-de-Siècle France," *Journal of Contemporary History* 20, no. 4(1985): 521-52.

13) G. D. H. Cole, *The Second International, 1889-1914*, vol. 3 of *A History of Socialist Thought*(London: MacMillan, 1956), part 2, p. 592: "오스트리아의, 그리고 어느 정도는 빈의 사회주의자들은 전 세계 프롤레타리아의 가장 고학력 집단이 되었다."

14) Louis Rose, *The Freudian Calling: Early Viennese Psychoanalysis and the Pursuit of Cultural Science* (Detroit: Wayne State University Press, 1998), p. 34.

15) Edward Timms, "'The Child-Woman': Kraus, Freud, Wittels, and Irma Karczewska," in *Vienna 1990: From Altenberg to Wittgenstein*, ed. Edward Timms and Ritchie Robertson(Edinburg: Edinburg University Press, 1990), p. 88; Paul E. Stepansky, *In Freud's Shadow: Adler in Context* (Hillsdale, N. J.: Analytic Press, 1983); Henri Ellenberger, *The Discovery of the Unconscious: The History and Evolution of Dynamic Psychiatry* (New York: Basic Books, 1970).

16) 파펜하임은 독일 사회 사업 역사의 핵심 인물이자 『갈리시아의 유대인 문제』의 저자이다. 다음 책을 참고할 것. Marion A. Kaplan, *The Jewish Feminist Movement in Germany: The Calpaigne of the Jüdischer Frauenbund*, 1904-1938(Westport, Conn.: Greenwood Press, 1979); Ellen Jensen, "Anna O.: A Study of Her Later Life," *Psychoanalytic Quarterly* 39(1970): 269-93.

17) Lisa Appignanesi and John Forrester, *Freud's Women*(New York: Basic Books, 1993), pp. 78, 138.

18) Hermann Nunberg and Paul Federn, *Minutes of the Vienna Psychoanalytic Society*(New York: International Universities Press, 1962-75).

19) 프로이트가 융에게 보낸 편지(1907년 4월 7일자), *Freud-Jung*, p. 28.

20) 폴란드의 신경생리학자인 만프레드 조슈아 사켈은 빈의 젊은 의사일 때인 1927년 정신분열과 다른 정신병자들을 위해 인슐린 혼수 요법을 발견했다.

21) 프로이트가 플리스에게 보낸 편지(1899년 9월 21일자), *Freud-Fliess*, p. 374.

22) Jones, vol. 1, p. 338.

23) 프로이트가 플리스에게 보낸 편지(1900년 5월 7일자), *Freud-Fliess*, p. 412.

24) John Kerr, *A Most Dangerous Method: The Story of Jung, Freud, and Sabina Spielrein*(New york: Knopf, 1993), p. 38.

25) 블로일러는 "조기 치매"가 하나가 아닌 여러 질병의 원인이 된다고 생각했다.

26) Ellenberger, *Discovery*, p. 668. 부분적으로 이것은 부인의 재력 덕분이었다. 융의 배경에 대해서는 다음 책을 참고할 것. Richard Noll, *The Jung Cult*(Princeton, N. J.: Princeton University Press 1994).

27) Kerr, *Dangerous Method*, p. 46; Carl Gustave Jung, *Memories, Dreams, Reflections*(New York: Pantheon Books, 1973).

28) Jones, vol. 2, p. 257; Peter Homans, *The Ability to Mourn: Disillusionment and the Social Origins of Psychoanalysis*(Chicago: University of Chicago Press, 1989), pp. 176 ff.

29) Ernest Jones, *Free Associations: Memories of Psychoanalyst*(New York: Basic Books, 1959), p. 153.

30) 환자가 성적 순결 동맹에 이의를 제기했을 때 그는 같은 문제에 봉착했다. 존스가 프로이트에게 보낸 편지(1911년 2월 8일자), *Freud-Jones*, p. 88. 초기 영국 정신분석에 대해서는 다음 책을 참고할 것. Adam Phillips, *D. W. Winnicott*(Cambridge, Mass.: Harvard University Press, 1988), p. 39; Pearl King, "Early Divergence Between the Psychoanalytical Societies in London and Vienna," in *Freud in Exile: Psychoanalysis and Its Vicissitudes*, ed. Edward Timms and Naomi Segal(New York, Conn.: Yale University Press, 1988); Edith Kurzweil, *The Freudians: A Comparative Perspective*(New Haven, Conn.: Yale University Press, 1989), p. 52; Elizabeth Abel, *Virginia Woolf and the Fictions of Psychoanalysis*(Chicago: University of Chicago Press, 1989), pp. 15-17.

31) 프로이트가 융에게 보낸 편지(1908년 5월 3일자), *Freud-Jung*, p. 145.

32) Iwan Bloch, *The Sexual Life of Our Times in Its Relations to Modern Civilization*(London: Rebman, 1906, 1910); Kerr, *Dangerous Method*, p. 129. 막스 베버와 베르너 좀바르트도 그 결성에 참여한 Bund für Mutterschutz(어머니 보호 협

회)는 1905년 창설되었다.

33) 프로이트가 아브라함에게 보낸 편지(1907년 8월 10일자), *Freud-Abraham*, p. 9. 다음 자료도 볼 것. Kurzweil, *Freudians*, pp. 39–40. 히르쉬펠트는 바이마르 학술대회에 참여한 후 1911년 학회를 떠났다. 다음 책을 참고할 것. Charlotte Wolff, *Magnus Hirschfeld: A Portrait of A Pioneer in Sexology*(New York: Quartet Books, 1986), p. 101.

34) 1910년 베를린의 저명한 신경학자인 헤르만 오펜하임은 독일신경학회에서 발언하면서 정신분석이 실행되는 클리닉을 보이콧하라고 촉구했다. 다음 자료를 참고할 것. 프로이트가 페렌치에게 보낸 편지. vol. 1, pp. 152, 241 fn. 2, 376.

35) 그는 Gyógyàszat지에 글을 썼다. Martin Stanton, *Sàndor Ferenczi: Reconsidering Active Intervention*(Northvale, N. J.: Aronson, 1991), p. 10; Paul Harmat, *Freud, Ferenczi, und die ungarische Psychoanalys*(Tübingen, 1988); Ilse Barande, *Sàndor Ferenczi*(Paris: Petite Bibliothèque Payot, 1972).

36) 페렌치가 프로이트에게 보낸 편지(1910년 2월 5일자), *Freud-Ferenczi*, vol. 1, p. 131.

37) 프로이트가 피스터에게 보낸 편지(1909년 2월 9일자), 다음 책에서 인용함. Peter Gay, *A Godless Jew: Freud, Atheism, and the Making of Psychoanalysis*(New Haven, Conn.: Yale University Press), p. 73.

38) Max Graf, "Reminiscences of Professor Sigmund Freud", *Psychoanalysis Quarterly* 2(1942): 471–72.

39) Hanns Sachs, *Freud, Master and Frien*(Salem, N. H.: Ayer, 1944), pp. 3–4, 25–27.

40) 융이 프로이트에게 보낸 편지(1907년 5월 4일자), *Freud-Jung*, p. 49.

41) 페렌치가 프로이트에게 보낸 편지(1909년 10월 5일자), *Freud-Ferenczi*, vol. 1, p. 76.

42) 페렌치가 프로이트에게 보낸 편지(1909년 10월 6일자), 같은 책, p. 221. 분명 실제로 프로이트는 "내가 바로 우리가 수립한 정신분석의 슈퍼맨이다"라고 썼다. 독일어 판에는 "슈퍼맨이 아니다"라고 되어 있다. 흥미로운 빠뜨림이다.

43) 페렌치가 프로이트에게 보낸 편지(1909년 10월 6일자), *Freud-Abraham*, pp. 118–19.

44) 존스가 프로이트에게 보낸 편지(1912년 1월 30일자), *Freud-Jones*, p. 130.

45) Marthe Robert, *The Psychoanalytic Revolution: Sigmund Freud's Life and Achievement* (New York: Hartcourt Brace & World, 1966), p. 244.

46) Robert Steele, *Freud and Jung* (London and Boston: Rouledge & Kegan Paul, 1982), p. 206.

47) Sachs, *Freud*, p. 57.

48) 페렌치가 프로이트에게 보낸 편지(1914년 7월 26일자), *Freud-Abraham*, p. 186.

49) 페렌치가 프로이트에게 보낸 편지(1918년 8월 27일자), 같은 책, p. 278. 1920년 늦게 프로이트가 베를린에서 개업한 테오도어 라이크를 만나려 애썼을 때 아브라함은 그에게 거기엔 환자가 많지 않다고 알려주었다.

50) Ralph Waldo Emerson, *Nature*(Boston: James Monroe, 1836), p. 13.

51) Donald Meyer, *The Positive Thinkers: A Study of the American Quest for Health, Wealth and Personal Power from Mary Baker Eddy to Norman Vincent Peale* (Garden city, N. Y.: Doubleday, 1965), p. 14. 여성과 정신치료에 관해서는 다음 자료를 참고할 것. Ann Douglas, *Terrible Honesty: Mongrel Manhattan in the 1920s*(New York: Farrar, Straus and Giroux, 1995), pp. 242–43.

52) Henry H. Goddard, "The Effects of Mind on Body as Evidenced by Faith Cures," *American Journal of Psychology* 10(1899): 431–502, 다음 책에서 인용. Eric Caplan, *Mind Games: American Culture and the Birth of Psychotherapy* (Berkeley: University of California Press, 1998), p. 87.

53) Reinhard Bendix, *Work and Authority in Industry: Ideologies of Management in the Course of Industrialization*(New York: John Wiley, 1963), p. 259.

54) Lary May, *Screening Out the Past: The Birth of Mass Culture and the Motion Picture Industry*(New York: Oxford University Press, 1980), p. 61.

55) 다음 자료에서 인용, Caplan, *Mind Games*, p. 64.

56) Andrew Abbott, *The System of Professions: An Essay on the Division of Expert Labor*(Chaicago: University of Chicago University Press, 1988), pp. 280–314. Nathan G. Hale, *Freud and the Americans: The Beginning of Psychoanalysis in the United States*, 1876–1917(New York: Oxford University Press, 19171), pp. 248–49에 의하면 엘우드 워체스터에 의해 수립된 이매뉴얼 운동은 "초자연주의적 정신치료 의식에서 과학적 정신의학으로의 과도적 단계로 기능했다."

57) Caplan, *Mind Games*, pp. 98–99. "여성적인 신비한 정신"과 "과학적-학문적 정신"의 연합을 촉구하면서 윌리엄 제임스는 정신치료의 치료 효과를 부인하는 어떤 정신 "과학"도 내 앞의 먼지에 엎드리는 것이라고 썼다. Douglas, *Terrible Honesty*, pp. 217–18에서 인용.

58) William James, *Varieties of Religious Experience*(Cambridge, Mass.: Harvard University Press, 1985), pp. 6, 108–9).

59) Hale, *Freud and the Americans*, pp. 127–28. Prince's *The Dissociation of a Personality*(1906; repr., Hew York: Greenwood Press, 1969), 다중 인격에 대한 연구로서 그가 인정하지 않는 퍼스낼리티를 재억압하려는 프린스의 노력을 서술하고 있다.

60) Richard C. Cabot, "The American Type of Psychotherapy," in William Belmont Parker, *Psychotherapy: A Course Reading in Sound Psychology, Sound Medicine, and Sound Religion*(1908), p. 1, 다음 책에서 인용. Caplan, *Mind Games*, p. 4.

61) 정신요법에 대해서는 다음 책을 참고할 것. Hale, *Freud and The Americans*, p. 231.

62) Hugo Munsterberg, Psychotherapy(New York: Moffat, Yard, 1909), p. x; Hale, *Freud and the Americans*, pp. 127, 140.

63) Boris Sidis, *The Psychology of Suggestion*(New York: D. Appleton, 1898); Robert Fuller, *Americans and the Unconscious*(New York: Oxford University Press, 1986), pp. 102, 106.

64) 프로이트가 페렌치에게 보낸 편지(1909년 1월 10일자), *Freud-Ferenczi*, vol. 1, p. 33.

65) 융이 프로이트에게 보낸 편지(1909년 1월 7일자), *Freud-Jung*, p. 194; Kerr, *Dangerous Method*, p. 209.

66) 프로이트가 융에게 보낸 편지(1909년 3월 9일자), *Freud-Jung*, p. 210. 독립선언서의 복사본 한 장이 그의 사무실 벽에 걸려 있었다.

67) 프로이트가 융에게 보낸 편지(1909년 1월 17일자), 같은 책, p. 196: "존스의 관찰은 예리하면서도 비관적이었다. 브릴은 장밋빛 창을 통해 모든 것을 본다. 나는 존스에 동의하는 쪽으로 기울고 있다."

68) 프로이트가 페렌치에게 보낸 편지(1909년 1월 10일자), *Freud-Ferenczi*, vol. 1, p. 33.

69) 프로이트의 발언을 1895년 혹은 1896년에 처음 들었던 엠마 골드만은 워체스터에서 자신의 강의를 하면서 수강하기도 했다. 클라크 강연에 대한 서술 중 다음 자료를 참고할 것. Dorothy Ross, *G. Stanley Hall: The Psychologist as Prophet*(Chicago: University of Chicago Press, 1972), and Saul Rosenzweig, *Freud, Jung, and Hall the Kingmaker: The Historic Expedition to America(1909)*(Seattle: Hogrefe & Huber, 1992), Also present was Howard W. Odum, the southern sociologist. 다음 자료를 참고할 것. Daniel Joseph Singal, *The War Within: From Victorian to Modernist Thought in the South, 1919-1945*(Chapel Hill: University of North Carolina Press, 1982), p. 141. For a fictional version, 다음 자료를 참고할 것. E. L. Doctorow, *Regtime*(1975; Toronto: Penguin, 1996).

70) 융이 프로이트에게 보낸 편지(1909년 1월 7일자),) *Freud-Jones*, p. 13 ff.; Vincent Brome, *Ernest Jones, Freud's Alter Ego*(London: Caliban, 1982), p. 66.

71) *SE*, vol. 4, p. xxx.

72) Hale, *Freud and Americans*, p.5. 독일에서 강연이 있었던 것은 사실이다.

73) Lewis A. Coser, *Refugee Scholars in America: Their Impact and Their Experiences* (New Haven. Conn.: Yale University Press). 아마도 가장 중요한 대중화는 막스 이스트먼이 1915년 *Everybody's Magazine*에 한 것이다. 초기 대중화에 대한 자료로 중: James Jackson Putnum의 *Human Motives*(1915), William A. White의 *Mental Hygiene of Childhood*(1916), Isador Coriat의 *What Is Psychoanalysis?*(1921) 등이 있다. 프로이트의 책은 1930년대까지 미국에서 별로 팔리지 않았다.

74) Gay, *Freud*, p. 207.

75) 프로이트가 존스에게 보낸 편지(1912년 2월 24일자), *Freud-Jones*, pp. 132-33.

76) 존스가 프로이트에게 보낸 편지(1910년 6월 19일자), 같은 책, p. 61.

77) Frederick H. Gerrish, ed., *Psychotherapeutics*(Boston: Badger, 1909), p. 101: Sanford Gifford, "The American Reception of Psychoanalysis: 1908-1922," in *1915: The Cultural Moment*, ed. Adele and Lois Rudnick(New Brunswick, N. J.: Rutgers University Press, 1991).

78) Ernest Jones, *The Treatment of Neuroses*(1920; repr., New York: Schocken, 1963), p. 56.

79) Coser, *Refugee Scholars*, pp. 43-45; Jones, vol. 2, p. 119. 그 후 얼마 되지 않아 보스톤과 워싱턴/볼티모어에 학회들이 개설되었다.

80) "필수불가결"이라는 표현은 어니스트 존스에게서 가져온 것이다. Hale, *Freud and Americans*, p. 442에서 인용. 1909년 브릴은 35세, 존스는 30세, 스미드 엘리 젤리페는 43세, 윌리엄 앨런슨 화이트는 39세, 에드워드 J. 켐프는 24세였다; 63세였던 퍼트넘만이 예외였다. Gerald Grob, *Mental Illness and American Society, 1875-1940*(Princeton, N. J.: Princeton University Press, 1983), pp.120-21. Murray H. Sherman, ed., *Psychoanalysis in America: Historical Perspectives*(Springfield, Ill.: C. C. Thomas, 1966). 미국의 정신병원에서 프로이트적 기법을 가장 먼저 사용한 사람은 아마도 켐프와 화이트, 젤리페일 것이다.

81) Hale, *Freud and Americans*, pp. 443-44.

82) 프로이트는 이런 관점을 정당화하면서 환자들의 신체적 조건과 마찬가지로 "순전히 인간적이고 사회적인 상황"에도 주의를 기울여야 한다고 촉구했다. 다음 책을 참고할 것. *SE*, vol. 7, p. 18.

83) 병원 기반의 정신의학을 보충할 의도로 1915년경부터 시작된 정신의학적 케이스워크는 사회 사업과 형벌학, 법률에 중요해졌다. William Healey's *The Individual Delinquent*(1915) and Bernard Glueck's *Studies in Forensic Psychiatry*(1916)이 전환점이 되었다. 1920년대의 사회 사업 교과서는 "철저하고 좋은 케이스워크인 한 모든 사회적 케이스워크는 정신위생이다"라고 단언했다. Roy Lubove, *Professional Altruist: The Emergence of Social Work as a Caree*(New York:

Cambridge University Press, 1965), p. 113.

84) Hale, *Freud and the Americans*, pp. 234, 355; J. B. Watson, *Behaviorism*(New York: Macmillan, 1914), pp. 106-8. Edwin Holt's *The Concept of Consciousness* (1914). 미국 최초의 정신분석 대중화에서는 "소망"을 "기관의 작동 세트"라고 정의했다.

85) Helen Swick Perry, *Psychiatrist of America: The Life of Harry Stack Sullivan* (Cambridge, Mass.: Belknap Press of Harvard University Press, 1982), p. 237.

86) Ricardo Steiner, "'Die Weltmachstellung des Britischen Reichs': Note on the Term 'standard' in the First Translations of Freud," in Timms and Segal, *Freud in Exile*, p. 182.

87) 훗날 존스는 프로이트가 번역판의 저작권에 대해 참으로 무관심했었다고 썼다. 예를 들면 영어판 저작권 모두를 우리에게 주었다가 미국에서의 권리는 그의 조카 에드워드 바네이에게 주고 또 우리에게 일정 기간 돌려주었다가 미국 방문 기간 동안에는 랑크에게 알아서 하라고 부탁하기도 했다. 다음 책을 참고할 것. Jones, vol. 3, p. 50; Frederick J. Hoffman, *Freudianism and the Literary Mind*(Baton Rouge: Louisiana State University Press, 1967), pp. 49-50.

88) James Strachey, "Obituary of Joan Riviere(1883-1962)," *International Journal of Psychoanalysis* 44(1963): 229.

89) Steiner, "'Die Weltmachstellung des Britischen Reichs,'" pp. 182-83, 184, 186-87; Darius Ornston, "Freud's Conception Is Different from Strachey's," *Journal of the American Psychoanalytic Association* 33, supp.(1985): Michael Balint, *Problems of Human Pleasure and Behaviour*(New York: Liveright, 1957). *Lust*를 위해서는 다음 책을 참고할 것. *SE*, vol. 7, pp. 135, 212.

90) 프로이트가 융에게 보낸 편지(1909년 10월 17일자), *Freud-Jung*, p. 158. 정신의학에 관한 유사한 지적에 대해서는 같은 책을 볼 것, p. 126.

91) 프로이트가 융에게 보낸 편지(1911년 1월 22일자), *Freud-Jung*, p. 338; 존스가 프로이트에게 보낸 편지(1912년 3월 15일자, *Freud-Jones*, p. 135.

92) 프로이트가 페렌치에게 보낸 편지(1910년 4월 12일자), *Freud-Ferenczi*, vol. 1, p. 160.

93) 페렌치가 프로이트에게 보낸 편지(1909년 12월 7일자), 같은 책, p. 111.

94) 프로이트가 융에게 보낸 편지(1910년 10월 29, 31일자), *Freud-Jung*, pp. 363, 367-68.

95) Nunberg and Federn, *Minutes*, vol. 1, p. 251(27 November 1907).

96) 신경증 환자는 "자신의 징후 형성을 그가 추방당한 큰 집단을 형성하는 것으로 대체한다. 그는 자신의 고유한 환상의 세계, 종교, 기만의 체계를 만들고 이리하여 인

류의 제도를 변형시키는 방식으로 되풀이한다." 인용된 문장은 *SE*, vol. 13, p. 73,
그러나 이와 거의 동일한 서술을 Nunberg and Federn, *Minutes*, vol. 1, p. 251(27
November 1907)에서 찾아볼 수 있다.

97) Editor's note, in *Freud-Ferenczi*, vol. 1, p. 146 f. 1.

98) 페렌치가 프로이트에게 보낸 편지(1910년 3월 22일자), 같은 책, pp. 153-54.

99) Jones, vol. 2, pp. 67-68; 프로이트가 융에게 보낸 편지(1910년 2월 13일자); 같은
책, p. 295; Auguste Forel, *Out of My Life and Work*(New York: Norton, 1937).

100) 프로이트가 융에게 보낸 편지(1910년 2월 13일자), *Freud-Jung*, p. 295; Jones,
vol. 2, pp. 67-68.

101) 뉘른베르크 총회를 준비하면서 페렌치는 프로이트에게 "우리들 분석의 사회학적
의미"를 고려할 것을 촉구했다. 그는 정당과의 연합을 의미한 것은 아니었다. 그는
한 식자공 이야기를 했다. 이 식자공에게서 페렌치는 "(마르크스주의) 정당 쪽에
서 개별 노동자들을 무지막지하게 탄압하고 모든 형제애를 조롱하는 테러리즘"을
보았다. 페렌치가 프로이트에게 보낸 편지(1910년 3월 22일자), *Freud-Ferenczi*,
vol. 1, pp. 153-54.

102) 프로이트가 "메타심리학"을 쓰겠다는 의도에 대해 처음으로 논의했을 때 빅토르
타우스크는 "메타가 아니라 '초월심리학', 즉 조건들을 무제한적으로 노출시키는
심리학이 되어야 한다"고 주장했다. Nunberg and Federn, *Minutes*, vol. 2, p. 332
(24 November 1909).

103) Otto Gross 다음 책에서 인용. Nicholas Sombart, "Max Weber and Otto Gross:
On the Relationship Between Science, Politics, and Eros in Wilhelmine
Germany," *History of Political Thought* 8, no. 1(Spring 1987): 140. 오토 그로스
의 아버지로서 강경한 범죄학자였던 한스 그로스는 유명한 소송이 된 사건에서 아
들을 체포하게 했다. 무정부주의적 정기간행물 『혁명*Revolution*』은 이 문제에 대
한 특별호를 발행했다. 프란츠 카프카도 이 일로 인해 꼼짝달싹 못하게 된 사람들
중 하나였다.

104) Max Runciman, ed., *Max Weber: Selections in Translation*(New York: Cam-
bridge University Press, 1978), pp. 383 ff. 다음 책도 참고할 것. Marianne
Weber, *Max Weber: A Biography*(New York: Wiley, 1975), pp. 375 ff.

105) Magnus Ljunggren, "The Psychoanalytic Breakthrough in Russia on the Eve
of the First World War," in *Russian Literature and Psychoanalysis*, ed. Daniel
Rancour-Laferriere(Amsterdam: John Benjamins, 1989), pp. 173-91; Dr. Sara
Neidietsch and Dr. Nikolai Ossipow, "Psychoanalysis in Russia," *Inter- national
Journal of Psychoanalysis* 3(1922): 514-17; Martin A. Miller, *Freud and the
Bolsheviks: Psychoanalysis in Russia and the Soviet Union*(New Haven, Conn.:

Yale University Press, 1998), p. xi.

106) Alexander Etkind, *Eros of the Impossible: The History of Psychoanalysis in Russia*, trans. Noah and Maria Rubins(Boulder, Colo.: Westview Press, 1997), pp. 3, 4, 29, 52, 58, 66, 71.

107) *SE*, vol. II, p. 151.

108) 프로이트가 페렌치에게 보낸 편지(1913년 2월 2일자), *Freud-Ferenczi*, vol. I, p. 465.

109) 프로이트가 푸트넘에게 보낸 편지(1909년 12월 5일자), *James Jackson Putnum and Psychoanalysis: Letters Between Putnam and Sigmund Freud, Ernest Jones, William James, Sándor Ferenczi, and Morton Prince, 1877-1917*, ed. Nathan G. Hale(Cambridge, Mass.: Harvard University Press, 1971), p. 338

110) 페렌치가 프로이트에게 보낸 편지(1910년 2월 5일자), *Freud-Ferenczi*, vol. I, p. 130.

111) Fritz Wittels, *Sigmund Freud: His Personality, His Teaching, and His School* (London: Allen and Unwin, 1924), pp. 139-40.

112) 수요 모임에서 빅토르 타우스크는 다원주의는 그것을 전파시키는 데 아무런 조직도 필요하지 않았다고 주장했다. 타우스크는 빈이 "프로이트의 가르침을 전파하기에 완벽한 토양을 갖추고 있다. 왜냐하면 그곳은 병든 땅이기 때문이다. 정신분석을 단지 의학적 견지에서만 고려하는 것은 불가능하다"고 단언했다. Nunberg and Federn, *Minutes*, vol. 2, pp. 465-67(6 April 1910); Rose, *The Freudian Calling*, pp. 211-12. 비텔은 이렇게 발언했다. "취리히 사람들은 프로이트주의자가 되기 위해 임상적 훈련을 받는다. 그들은 아마도 다른 모든 주의들을 똑같은 공정함과 똑같은 애석해하는 어조로 옹호할 것이다. 반대로 빈 학회는 역사적으로 성장해왔다. 우리 모두는 프로이트의 가르침에 진입하기 위해 필요한 신경증을 지니고 있다. 스위스인들이 이걸 지니고 있을지는 의심스럽다." Nunberg and Federn, *Minutes*, vol. 2, p. 468(6 April 1910).

113) Jones, vol. 2, pp. 69-70. In Stekel's version, 다음 책에서 인용. Paul Roazen, *Freud and His Followers*(1974; repr., New York: New York University Press, 1984), p. 183: "그들은 내가 입고 있는 외투를 시기했다. 나는 장래에 내가 밥벌이나 할 수 있을지 알 수 없었다." 눈물이 그의 뺨을 흘러내렸다.

114) Editor's footnote, in *Freud-Jung*, p. 223 f. 6.

115) 페렌치가 프로이트에게 보낸 편지(1910년 7월 9일자), *Freud-Ferenczi*, vol. 1. pp. 186-87.

116) 프로이트가 페렌치에게 보낸 편지(1910년 4월 24일자), 같은 책, p. 165.

117) 융은 아브라함을 점잖은 사람으로 여기지 않았고 반면에 아브라함은 융을 가짜로

여겼다.

118) 프로이트가 아브라함에게 보낸 편지(1908년 5월 3일자), *Freud-Abraham*, p. 34. 프로이트는 이렇게 말했다. "나는 오직 그가 등장함으로써 정신분석이 유대인의 민족적 일거리가 되는 위험을 제거할 수 있었다고 말할 뻔했다."

119) 프로이트가 페렌치에게 보낸 편지(1910년 4월 3일자), *Freud-Ferenczi*, vol. 1, pp. 154-55.

120) 프로이트가 융에게 보낸 편지(1910년 8월 10일자), *Freud-Jung*, p. 343.

121) Kerr, *Dangerous Method*, pp. 284, 290.

122) Eugene Bleuler to Sigmund Freud, 19 October 1910 and 11 March 1911. 다음 책에서 인용. Gay, *Freud*, p. 215. 또한 다음 자료를 참고할 것. Franz Alexander and Sheldon Selesnick, "Freud-Bleuler Correspondence," *Archives of General Psychiatry*, vol. 12(Chicago: American Medical Association, 1965), p. 5.

123) 융이 프로이트에게 보낸 편지(1910년 6월 17일자), *Freud-Jung*, p. 328.

제4장 에고의 탄생

1) Ernst Cassirer, *The Philosophy of the Enlightenment*(Boston: Beacon Press, 1955), p. 94

2) *SE*, vol. 20, pp. 154-55.

3) 프로이트의 설명과 "대상 관계"와 간주체성에 대한 후일의 이론가들을 구분하는 것은 대상으로서의 대상object qua object에 대한 필요가 타고나는 것이 아니라 깊은 취약성의 조건들 아래에서 생성되고 성장한다는 견해였다. 그 결과 대상에 대한 인간의 필요는 인간이 동물처럼 대상지향성을 타고 난다는 가정의 상태에서보다 더욱 열정적, 양면적이 되고 복잡하게 된다.

4) Alfred Adler, "On the Psychology of Marxism," in *Minutes of Vienna Psychoanalytic Society*, vol. 2: 1908-1910, ed. Hermann Nunberg and Ernst Federn (New York: International University Press, 1962-75), pp. 172-78(10 March 1909). 다음 자료도 참고할 것. *Minutes*(1909년 6월 2일자).

5) 빈 학회에서의 아들러의 주 발표는 1910년 2월 23일에 있었다. Nunberg and Federn, *Minutes*, vol. 2, pp. 423-27. Alfred Adler, "Der psychische Hermaphroditismus im Leben und in der Neurose," in *Heilen und Bilden*(Frankfurt, 1973), has been translated as "Masculine Protest and a Critique of Freud," in Alfred Adler, *Cooperation Between the Sexes*, ed. Heinz C. Anbacher and Rowena R. Anbacher (New York: Anchor, 1978), p. 59. 자네Janet에게서 채택한 것이 분명한 "열등감 콤플렉스"라는 용어를 아들러가 언제부터 사용했는지는 명확하지 않다.

6) *SE*, vol. 14, pp. 52-55.

7) Nunberg and Federn, *Minutes*, vol. 2, p. 541.

8) 프로이트가 융에게 보낸 편지(1909년 12월 19일자), *Freud-Jung*, pp. 276–78.

9) 학회의 세 명은 아들러와 함께 떠났고 다른 일곱 명은 아들러의 사임이 "명백한 도발"이라고 항의했다. Bernhard Handlbauer, *Die Adler-Freud Kontroverse*(Frankfurt a. M.: Fischer Tasdenbuch Verlag, 1990), p. 157.

10) John Kerr, *A Most Dangerous Method: The Story of Jung, Freud, and Sabina Spielrein*(New York: Knopf, 1993), p. 354.

11) 프로이트가 융에게 보낸 편지(1910년 12월 3일자), *Freud-Jung*, p. 376.

12) 프로이트가 융에게 보낸 편지(1911년 1월 22일자), 같은 책, p. 387.

13) Nunberg and Federn, *Minutes*, vol. 3, p. 148(1 February 1911)

14) 페렌치가 프로이트에게 보낸 편지(1910년 12월 19일자), *Freud-Ferenczi*, vol. 1, p. 245.

15) 다음 책에서 인용. Phyllis Grosskurth, *Melanie Klein: Her World and Her Work* (New York: Knopf, 1986), p. 211.

16) Warren Susman, *Culture as History: The Transformation of American Society in the Twentieth Century*(New York: Pantheon Books, 1984).

17) Peter Gay, *Sigmund Freud: A Life for Our Time*(New York: Norton, 1988), p. 227; Kerr, *Dangerous Method*, pp. 219, 227.

18) 융이 프로이트에게 보낸 편지(1909년 12월 25일자), *Freud-Jung*, p. 280. Kerr, *Dangerous Method*, p. 269; Jacques Quen and Eric T. Carlson, eds., *American Psychoanalysis: Origins and Development*(New York: Brunner/Mazel, 1978), p. 91. Eugene Taylor, "C. G. Jung and Boston Psychopathologists, 1902–1912," *Voices: The Art and Science of Psychotherapy* 21, no. 2(1985): 132–45.

19) 프로이트가 피스트에게 보낸 편지(1910년 3월 17일자), *Freud-Jung*, p. 304 n.

20) Jones, vol. 2, p. 86; F. H. Matthews, "The Americanization of Sigmund Freud: Adaptations of Psychoanalysis Before 1917," *Journal of American Studies* 1, no. 1 (April 1967): 258.

21) Herbert Silberer, "Mantik und Psychoanalyse," *Zentrallblatt für Psychoanalyse* 2 (1912); Kerr, *Dangerous Method*, pp. 110–11.

22) 융이 프로이트에게 보낸 편지(1909년 12월 2일자), *Freud-Jung*, p. 270.

23) 융이 프로이트에게 보낸 편지(1906년 10월 5일자), 같은 책, pp. 4–5; Carl G. Jung, *Freud and Psychoanalysis, Collected Works of Carl G. Jung*, ed. Gerhard Adler et al., trans. F. Hull (Princeton, N. J.: Princeton University Press, 1961), vol. 4, p. 123.

24) 융이 프로이트에게 보낸 편지(1912년 5월 8일자), *Freud-Jung*, p. 503. *Wa-*

ndlungen(변화)은 정신분석 융합의 시도였고 대부분 아리안 문화에 바쳐진 독일 과학이다. 그것은 인간 영혼과 인류 문화의 두 가지 주요한 이론인 성적 신화와 태양 신화를 융합한 것이다. 1861년도 요한 자콥 바호펜의 『모권*Das Mutterrecht*』은 독일 모권제 이론 대부분의 근원이었다. 그러나 융은 바호펜에 대한 언급을 피했는데, 그 까닭은 그것이 당시 인류학으로부터 경멸당하고 있었기 때문이다.

25) 융의 *Transformations and Symbols of the libido*(1911-1912)는 1906년 *Psychology of the Unconscious*로 처음 영어로 번역되었다(1916; repr., New York: Dodd, Mead, 1947). 프로이트와 협조하던 기간 동안의 융의 작업은 그의 선집인 *Freud and Psychoanalysis* vol.4 특히 p. 155 ff.를 참고할 것. Paul E. Stepansky, "The Empiricist as Rebel: Jung, Freud, and the Burdens of Discipleship," *Journal of History of Behavioral Sciences* 12(1976): 225.

26) 융이 프로이트에게 보낸 편지(1909년 11월 8일자), *Freud-Jung*, p. 258.

27) 프로이트가 페렌치에게 보낸 편지(1912년 6월 23일자), *Freud-Ferenczi*, vol. 1, p. 387.

28) Jung, "The Theory of Psychoanalysis," *Collected Works*, vol. 4, pp. 121-26. 이 논문은 융의 뉴욕 강연을 기반으로 한 것이다.

29) Linda Donn, *Freud and Jung: Years of Friendship, Years of Loss* (New York: Scribners, 1988), p. 148. 1913년 젤리페와 화이트의 *Psychianalytic Review*의 창간호에는 심리학자들에게 제기된 심각한 문제를 지적하는 융의 편지가 수록되어 있다. 그 문제들은 "정신적 발현을 변형된 에너지의 등가물로 설명하려는 시도"와 "상징주의, 지적·정신적 기능의 개체발생적이고 계통발생적 진화 구조의 유사함" 이었다. 다음 자료들도 참고할 것. Gerhard Adler and Aniela Jaffé, eds. *C. G. Jung Letters*(Princeton, N. J.: Princeton University Press, 1973), p. 29; Jung, *Collected Works*, vol. 4, pp. 83 ff.

30) 융이 프로이트에게 보낸 편지(1910년 2월 11일자)와 프로이트가 융에게 보낸 편지(1910년 2월 13일자), *Freud-Jung*, pp. 294-95.

31) 존스가 프로이트에게 보낸 편지(1912년 3월 15일자), *Freud-Jones*, p. 135.

32) 프로이트가 플리스에게 보낸 편지(1897년 1월 17, 24일자), *Freud-Fliess*, pp. 224-28. 프로이트가 당시 플리스에게 설명한 히스테리적 징후의 이유는 "아이에게 몸을 굽히는 아버지의 높이"라는 것이었다.

33) 프로이트가 융에게 보낸 편지(1908년 8월 13일자), *Freud-Jung*, p. 169.

34) 프로이트가 융에게 보낸 편지(1908년 12월 11일자), 같은 책, p. 186.

35) *SE*, vol. 13, p. 157.

36) Sigmund Freud, *A Phylogenetic Fantasy*(Cambridge, Mass.: Belknap Press of Harvard University Press, 1987), pp. 89, 99.

37) John Locke, *Two Treatises of Government: First Treatise*(London: A. Churchill, 1690), chap. 2, sec. 6, chap. 6, sec. 59, 72.

38) Carl Jung, "Transformations and Symbols oh the libido," part 2(1912), in *Psychology of the Unconscious: A Study of the Transformations and Symbols of the libido: Contribution to the History of the Evolution of Thought*, trans. Beatrice Hinkle (New York: Moffat, Tard, 1916), p. 432.

39) 프로이트가 아브라함에게 보낸 편지(1913년 5월 13일자), *Freud-Abraham*, p. 139.

40) 페렌치가 프로이트에게 보낸 편지(1912년 10월 25일자), *Freud-Ferenczi*, vol. 1, p. 417.

41) 페렌치가 프로이트에게 보낸 편지(1912년 12월 26일자), 같은 책, p. 450.

42) 프로이트가 페렌치에게 보낸 편지(1913년 6월 8일자), 같은 책, pp. 490-91.

43) 엠마 융이 프로이트에게 보낸 편지(1911년 10월 30일, 1911년 11월 6일자), *Freud-Jung*, pp. 452, 456-57.

44) 프로이트가 존스에게 보낸 편지(1911년 8월 9일자), *Freud-Jones*, p. 112.

45) 존스가 프로이트에게 보낸 편지(1912년 7월 30일자), 같은 책, p. 146; Andrew Paskauskas, "Freud's Break with Jung: The Crucial Role of Ernest Jones," *Free Associations* II (1988): 7-34

46) 프로이트가 존스에게 보낸 편지(1912년 8월 1일자)와 존스가 프로이트에게 보낸 편지(1912년 7월 30일자), *Freud-Jones*, pp. 146 ff. 페렌치에 의하면 내부 서클은 "다른 사람들(초심자들)이 와서 작업을 배울 수 있는 센터 구실을 할 것이었다."

47) "우리 모두가 다른 사람들이 말려야 할 만큼 얼마나 죽이고 싶은 충동에 사로잡혀 있는지는 참으로 주목할 만하다"고 프로이트는 적어두었다. 프로이트가 아브라함에게 보낸 편지(1913년 5월 13일, 1913년 11월 9일, 1914년 3월 25일자), *Freud-Abraham*, pp. 139, 157, 168.

48) Jones, vol. 2, p. 150; Kerr, *Dangerous Method*, pp. 465-66.

49) 프로이트가 아브라함에게 보낸 편지(1914년 7월 12일자), cited in Gay, *Freud*, p. 241. 프로이트는 페렌치에게 ΨΑ에 봉사하도록 유대인과 비유대인을 융합시키려는 시도가 실패했음을 인정했다. "그들은 물과 기름처럼 갈라졌다."

50) Michael Balint, *Primary Love and Psychoanalytic Technique*(New York: Liveright, 1965), pp. 275-76; 프로이트가 융에게 보낸 편지(1909년 10월 17일자), Freud-Jung, p. 252; 프로이트가 페렌치에게 보낸 편지(1909년 10월 22일자), Freud-Ferenczi, vol. 1, p. 85. 다음 책도 참고할 것. Ernest Gellner, *The Psychoanalytic Movement*(London: Paladin, 1985), p. 55: "(분석계) 전체를 지탱하는 중심되는 정서적 유대는 피분석자와 분석가 사이의 긴밀한 쌍방 관계의 놀라운 인맥이다. 이 인맥의 총체적 지도를 완성하기 위한 연구가 거의 이루어지지 않

았다는 것은 슬프고도 놀라운 일이다."

51) 섹슈얼리티에 대해 논의하기 위해 남·여성을 한데 모았던 흥미로운 선구자 역할을 했던 것은 1880년대 런던의 "남성과 여성 클럽Men and Women's Club"이었다. 여기에는 올리버 슈라이너, 애니 버전트, 엘리노어 마르크스-아벨링 같은 성공한 여자들도 포함되어 있었다. 이 클럽에서는 결혼에 대한 새로운, 출산하지 않는 이성애적 규범을 수립하고자 했지만 결국에는 서로 공박만 주고받고 와해되어버렸다. 그 이유는 여성의 관점에서 볼 때 남성들이 모성적 본능을 과대평가하고 여성의 성적 요구는 과소평가했기 때문이었다. 특히 남성들은 과학적으로 보이려는 한심한 조바심 때문에 여성의 주체적 경험의 유효성을 인정하지 않았다. Judith Walkowitz, *City of Dreadful Delight*(Chicago: University of Chicago Press, 1992), pp. 135, 145-46. 그러나 성차별적 조직이 개인적 삶에 대한 지속적 조사를 수행할 수 없었다면 이는 오스트리아 여성총연합 같은 여성들만의 조직의 경우에 있어서도 마찬가지였다. 이 조직인 카를 메이레더처럼 "우호적" 남자만 받아들였다. 이런 조직은 평등주의자, 혼성 교환자, 권위에 대한 성찰적 관계를 산출할 만한 적당한 위치에 있지 않았다. 이는 개인적 삶에 대한 이해가 필요했기 때문이었다. 필요했던 것은 분명 존재하지 않지만, 여성에게만 제한되지 않는 새로운 종류의 사회적 환경이었다.

52) Nunberg and Federn, *Minutes*, vol. 1, pp. 195-201(15 May 1907).

53) 같은 책, vol. 2, pp. 49, 514: vol. 3, pp. 112-15.

54) 페렌치가 프로이트에게 보낸 편지(1910년 8월 17일자), *Freud-Ferenczi*, vol. 1, p. 206.

55) 존스가 프로이트에게 보낸 편지(1913년 4월 25일자), *Freud-Jones*, p. 199.

56) 프로이트가 융에게 보낸 편지(1909년 6월 7일자), *Freud-Jung*, p. 231. 수년 후 그는 역전이 주제에 대한 시론을 요구하면서 이렇게 덧붙였다. "물론 우리는 그걸 출판할 수는 없네. 우리끼리만 사본을 돌려 보아야지." 그러나 1909년 프로이트는 역전이를 "위장된 축복"이라 불렀다. 프로이트가 융에게 보낸 편지(1909년 7월 6일, 1911년 12월 31일자), 같은 책, pp. 230-31.

57) 아브라함이 프로이트에게 보낸 편지(1909년 4월 7일자); 프로이트가 아브라함에게 보낸 편지(1909년 4월 27일자), *Freud-Abraham*, p. 76-78. 서신 교환은 융의 "Die Bedeutung des Vaters für das Schickssal des Einzelen," *Jahrbuch für Psychoanalyse* 1(1909)에 의해 촉발되었다.

58) 프로이트가 페렌치에게 보낸 편지(1912년 3월 18일자), *Freud-Ferenczi*, vol. 1, p. 360. 여성 발달에 대한 프로이트의 이론에 대해서는 1912년 3월 3일자 편지를 볼 것.

59) Lisa Appignanesi and John Forrester, *Freud's Women*(New York: Basic Books, 1993), p. 240.

60) 같은 책, p. 243에서 인용. 그녀의 오빠의 회상에 의하면 그녀의 연인 가운데 한 명

은 이렇게 추억했다. "빛나는 푸른 눈으로 당신을 바라보며 그녀는 '정액을 받는 건 내게 황홀경의 극치예요'"라고 말했다. H. F. Peters, *My Sister, My Spouse: A Biography of Lou Andreas-Salomé*(New York: Norton, 1962), p. 263.

61) Gay, *Freud*, p. 338.

62) 프로이트가 페렌치에게 보낸 편지(1913년 6월 17일자), *Freud-Ferenczi*, vol. 1, p. 492.

63) *SE*, vol. 14, p. 223.

64) 같은 책, pp. 88, 91, 95-97; and vol. 12, p. 318.

65) 같은 책, vol. 17, pp. 100, 110-12. 프로이트는 이 사례를 1914-1915년 겨울에 썼지만 1918년까지 출판하지 않았다.

66) "경험적이고 관습적인" 것이 무엇인지에 대한 보다 자세한 설명은 같은 책, vol. 23, p. 188를 참고할 것.

67) 같은 책, vol. 12, p. 318.

68) 프로이트가 안드레아스-살로메에게 보낸 편지(1914년 1월 31일자), *Freud-Andreas-Salomé*, pp. 26-29; Lou Andreas-Salomé, *Looking Back: Memoirs* (New York: Paragon, 1991).

69) 프로이트가 아브라함에게 보낸 편지(1915년 5월 4일자), *Freud-Abraham*, p. 220.

70) 프로이트가 페렌치에게 보낸 편지(1914년 12월 15일자), *Freud-Ferenczi*, vol. 2, p. 36, gives "private trench."

71) 프로이트가 존스에게 보낸 편지(1914년 12월 25일자), *Freud-Jones*, p. 309.

72) 프로이트가 안드레아스-살로메에게 보낸 편지(1914년 11월 25일자), *Freud-Salomé*, p. 21.

73) SE, vol. 5, pp. 559-60.

74) 프로이트가 아브라함에게 보낸 편지(1917년 12월 10일자), *Freud-Abraham*, p. 264. 실제로 시오니즘에 대한 프로이트의 태도는—적어도 나치가 독일을 장악하기 전까지는—매우 미묘했다. 1930년 체임 코플러 박사는 프로이트에게 예루살렘에 새로 설립된 히브리 대학의 교수직을 맡아줄 것을 청했다. 1930년 2월 26일자 답장에서 프로이트는 이렇게 썼다. "나는 팔레스타인이 유대인 국가가 되리라 생각하지도 않고 기독교도와 이슬람교도들이 그들의 신성한 장소를 유대인 관리하에 두기로 준비되어 있다고도 생각하지 않습니다. 나에게는 유대인들의 나라를 역사의 무게가 덜한 곳에 수립하는 것이 더 합리적일 것이라 보입니다. 편지의 출처는 다음과 같다. Schwadron Collection of Autographs at Jewish National University in Jerusalem and is available on the Web site of the Freud Museum in London.

75) Ball 다음 책에서 인용. Friedrich A. Kittler, *Discourse Networks 1800/1900*, trans. Micahel Matteer with Chris Cullens(Stanford, Calif.: Stanford University Press,

1990), p. 302.

제5장 세계대전과 볼셰비키 혁명

1) Eric J. Leed, *No Man's Land: Combat and Identity in World War I*(New York: Cambridge University Press, 1979), p. 1.

2) Kenneth Silver, *Esprit de Corps: The Art of the Parisian Avant-Garde and the First World War, 1914-1925*(Princeton, N. J.: Princeton University Press, 1989), pp. 27, 3.

3) Modris Ecksteins, *Rites of Spring: The Great War and the Birth of the Modern Age* (Boston: Hughton Mifflin, 1989), p. 212.

4) 여성의 투표권 획득은 오스트리아 1907년, 영국 1918년(30세 이상), 미국 1920년, 인도 1925년이었다. 독일에서는 바이마르 헌법에 여성의 평등권이 원칙적으로 기재되어 있었다.

5) Vera Brittain, *Testament of Youth: An Autobiographical Study of the Years 1900-1925*(New York: Macmillan, 1933), pp. 165-66; Susan Kent, *Making Peace* (Princeton, N. J.: Princeton University Press, 1993), pp. 72-73.

6) Enst Jünger, "Kempf als inneres Erlebnis," 다음 책에서 인용. Leeds, *No Man's Land*. p. 153.

7) Charles Maier, *Recasting Bourgeois Europe: Stabilization in France, Germany, and Italy in the Decade After World War I*(Princeton, N. J.: Princeton University Press, 1988), p. 32.

8) Hemingway's 1929 *A Farewell to Arms*, 다음 책에서 인용. Paul Fussell, *The Great War and Modern Memory*(New York: Oxford University Press, 1975), p. 21.

9) 마르셀 프루스트는 다음 책에서 인용. Michael Sprinker, *History and Ideology in Proust*(London, Verso, 1988), p. 175.

10) 다음 책에서 인용. Ann Douglas, *Terrible Honesty: Mongrel Manhattan in the 1920s*(New York: Farrar, Straus and Giroux, 1995), p. 31.

11) 가장 근접한 전례는 일반적으로 '히스테리'라 규정되었던 철도 신경증이었다. 해럴드 머스키에 의하면 "'포탄 쇼크'만큼 갈래가 많고 정신의학과 의학, 그리고 사회에 많은 영향을 끼친 문제는 달리 없었다." Merskey, "Shell-Shock," in *100 Years of British Psychiatry*, ed. German Barrios and Hugh Freeman(London: Gaskell, 1991), p. 246.

12) 1915년 독일의 정신의학자인 헤르만 오펜하임은 포탄 쇼크의 본질을 규명한 것으로 여겨지는 참고 서적을 출판했다. Jose Brunner의 다음 책을 참고할 것. *Freud and Politics of Psychoanalysis*(Oxford, U. K., Cambridge, Mass.: Blackwell, 1995),

pp. 106-22.

13) Elaine Showalter, "Hysteria, Feminism and Gender," in Sander Gilman et al., *Hysteria Beyond Freud*(Berkeley: University of California Press, 1993), p. 321.

14) Brunner, *Freud and the Politics,* p. 109; 프랑스인들과 영국인들은 이런 방법들을 독일인의 잔인함의 본보기로 규정했지만 또한 그들은 이러한 불평의 정당성도 문제 삼았다.

15) 다음 책에서 인용. Eckstein, *Rites of Spring,* p. 172.

16) Ernst Simmel, *Kriegs-Neuroses und "Psychisches Trauma"*(Munich: Otto Nemnich, 1018), pp. 5-6, 82-84.

17) Hal Foster, *Compulsive Beauty*(Cambridge, Mass.: MIT Press), p. xi.

18) 다음 자료를 참고할 것. Tausk's 1916 article "On the Psychology of the War Deserter," translated and published in *Psychoanalytic Quarterly* 38(1969): 354-81, and reprinted in Paul Roazen, *Tausk, Sexuality, War, and Schizophrenia: Collected Psychoanalytic Papers*(New Brunswick, N. J.: Transaction, 1991), pp. 141-65. 이 책에서 타우스크는 정신의학자가 "그의 조사가 초래하는 의미가 육군의 요구에 부합할지에 대해 신경쓰지 않았다"고 썼다. p. 354.

19) 물론 전시의 조건하에서 분석치료는 무척 단순화되었다. 그래서 1918년 프로이트 는 짐멜에게 이렇게 설명했다. "자네의 치료법은 정신분석적이라기보다 카타르 시스적이라고 불러야 할 걸세. 자네는 본질적으로『히스테리 연구』의 관점을 취 하고 있네." David Brunswick and Ruth Lachenbruch, "Freud's Letters to Ernst Simmel," trans. Frances Deri and David Brunswick, *Journal of the American Psychoanalytic Assiciation* 12, no. 1(January 1964): 93-109.

20) Leed, *No Man's Land,* p. 176.

21) W. H. R. Rivers in 1917, cited in Ronald W. Clark, *Freud: The Man and the Cause* (New York: Random House, 1980). p. 385. 영국에 대해서는 다음 책도 참고할 것. Jones, vol. 2, p. 253; *SE*, vol. 17, pp. 209-10.

22) Ted Bogacz, "War Neurosis and Cultural Change in England, 1914-1922: The Work of the War Office Committee of Enquiry into 'Shell Shock,'" *Journal of Contemporary History* 24(1989), 209-10.

23) W. M. Maxwell, *A Psychological Retrospect of Great War*(London: Macmillan, 1923).

24) Leed, *No Man's Land,* pp. 181-83.

25) 다음 책에서 인용. Ecksteins, *Rites of Spring,* p. 173.

26) Karl Abraham, "Psychoanalysis and War Neuroses," in *Clinical Papers and Essays on Psychoanalysis*(New York: Brunner/Mazel, 1955), pp. 61-63.

27) 프로이트가 관찰한 바대로 용병과 반대로 모집된 징집병들에게서 전염병이 초래되었다. 직업 군인과 달리 징집병은 병사의 오래된 평화로운 에고와 그 자신의 새로운 용맹한 에고 사이의 '갈등'에 직면하여 분열되었다. *SE*, vol. 17, p. 209. 다음 자료도 참고할 것. 프로이트가 존스에게 보낸 편지(1919년 2월 18일자), *Freud-Jones*, pp. 334 ff.

28) Pat Barker, *Regeneration*(London: Dutton, 1992).

29) *SE*, vol. 18, p. 16.

30) 같은 책, p. 56.

31) 같은 책, vol. 17, p. 209에 "그것을 삶의 위협으로 간주한다"라는 구절이 들어 있다.

32) 트라우마의 두려움에 대한 트라우마는 "모든 신경증 전이의 경우 바닥에서 발견되는 것이었다(Übertraggs-neurose)." 프로이트가 존스에게 보낸 편지(1919년 2월 18일자), *Freud-Jones*, p. 334.

33) Thomas Mann, *Diary*(London: Robin Clark, 1984), 24 May 1921, p. 115.

34) François Furet, *The Passing of an Illusion*(Chicago: University of Chicago Press, 1999), p. 48.

35) Winston Churchill, *The World Crisis, 1911-1918*(London: Thornton Butterworth, 1931), pp. 19-20.

36) Robert Musil, *Diaries*, 1899-1941, selected, translated, and annotated by Philip Payne from the original German version of the *Diaries* edited by Adolf Frisé, ed. Mark Mirsky(New York: Basic Books, 1998), p. 271.

37) Paul Johnson, *Modern Times: The World from the Twenties to the Eighties*(New York: Harper & Row, 1983), pp. 5-6; Jones, vol. 2, p. 223. 네덜란드 같은 중립국들에서는 참석했으나 프랑스, 영국, 미국에서는 한 명도 오지 않았다.

38) 이러한 주장은 많은 교육적 저작에서 발견된다. 특히 다음 책을 참고할 것. Bertram Lewin and Helen Ross, *Psychoanalytic Education in the United States*(New York: Norton, 1960).

39) Frank Eckelt, "The Internal Policies of the Hungarian Soviet Republic," in *Hu-ngary in Revolution, 1918-1919*, ed. Iván Völgys(Lincoln: University of Nebraska Press, 1971), pp. 61-88.

40) *SE*, vol. 17, p. 167. 프로이트는 분석의 '황금'이 암시의 '구리'와 섞이더라도 대중 치료술의 가장 중요한 구성 성분은 "엄격하고 비경향적인 정신분석에서 차용한 것이 될 것"이라고 덧붙였다.

41) H. V. Dicks, *Fifty Years of the Tavistock Clinic*(London: Routeledge, 1970), p. 1.

42) Elisabeth Young-Bruehl, *Anna Freud: A Biography*(New York: Summit Books, 1988), p. 92; Michael Balint, "On the Psychoanalytic Training System," in

Primary Love and Psychoanalytic Technique(New York: Liveright, 1965), p. 168.

43) 다음 책에서 인용. Susan Quinn, *A Mind of Her Own: The Life of Karen Horney* (New York: Summit Books, 1987), p. 196. Walter Laqueur, *Weimar: A Cultural History, 1918-1933*(London: Weidenfeld and Nicholson, 1974), p. 215. 또한 다음 자료를 참고할 것. *SE*, vol. 17, p. 167; Peter Gay, *Sigmund Freud: A Life for Our Time*(New York: Norton, 1988), p. 462. 연맹의 다른 멤버들에는 하인리히 맹과 앙헬 가르마가 있었다.

44) *SE*, vol. 19, p. 285.

45) 1920년대의 헝가리 정신분석은 매우 좌익적이었다고 발린트는 덧붙였다. Interview with Michael Balint, 6 August 1965, Oral History Collection, Columbia University Library; Gay, *Freud*, pp. 462-63. 반대로 미국의 분석은 행위별 수가제fee-for-service였다. 대공황 중에도 미국에 저가 분석 클리닉은 시카고와 캔서스의 타페카 두 곳뿐이었다. Nathan G. Hale, "From Bergasse XIX to Central Park West," *Journal of the History of Behavioral Sciences* 14(1978): 302.

46) Hannah S. Decker, "Psychoanalysis in Germany," *Comparative Studies in Society and History* 24, no. 4(October 1982): 591; Edith Kurzweil, *The Freudians: A Comparative Perspective*(New Haven, Conn. Yale University Press, 1989), pp. 44-47; Elisabeth Roudinesco and Michel Plon, *Dictionnaire de la Psychanalyse*(Paris: Fayard, 1997), p. 30. 1930년 아이팅곤은 10년간의 활동 기록을 정리했다. 총 천구백오십오 건의 상담 가운데 721건이 분석치료였다.

47) Sheldon Gardner and Gwendolyn Stevens, *Red Vienna and the Golden Age of Psychology*(New York: Praeger, 1992), p. 126. 학회는 건설할 재원이 없었기 때문에 선물을 사절해야 했다. 연구소는 1935년까지 세워지지 못했다. 다음 책도 참고할 것. Gay, *Freud*, p. 458.

48) 베른펠트는 라이히의 대안으로 "사회적 위치 선정" 개념을 발전시켰다. Siegfried Bernfeld, *Antisutoritäre Erziehung und Psychanalyse: Ausgewählte Schriften*, 3 vols., ed. Lutz von Werder and Reinhart Wolff(Darmstadt: März-Verlag, 1969); and "Der sociale Ort und seine bedeutung für Neurose, Verwahrlosung und Pädagogik," *Imago*, 1929. 다음 책도 참고할 것. Philip Utley, "Siegfried Bernfeld's Jewish Order of Youth, 1914-1922," *Leo Baeck Institute Yearbook*, 1979.

49) Denise Riley, *War in the Nursery: Theories of the Child and Mother*(London: Virago Press, 1983), p. 71; Anna Freud, *The Psychoanalytic Treatment of Children: Technical Lectures and Essays*, trans. Nancy Provter-Gregg(London: Imago, 1947), preface, p. x. 안나 프로이트와 몬테소리의 관계에 대해서는 다음 책들을 참고할 것. *LSF*; pp. 319-20; Kurzweil, *Freudians*, p. 134. 부다페스트의

아동 분석에 대해서는 다음 자료를 참고할 것. 페렌치가 프로이트에게 보낸 편지 (1931년 5월 31일자), *Freud-Ferenczi*, vol. 3, p. 411.

50) *SE*, vol. 12, p. 305; 파울의 아들인 에른스트 페데른은 "우리는 정신분석적으로 키워졌나? 분명 신체적 처벌은 받지 않았다"라고 썼다. Ernst Federn, *Witnessing Psychoanalysis: From Vienna Back to Vienna via Buchenwald and the USA* (London: Karnac, 1990), p. 283.

51) Balint, "Psychoanalytic Training," pp. 168, 261; Lewin and Ross, *Psychoanalytic Education*, p. 29.

52) *SE*, vol. 12, pp. 330–31.

53) 다른 비전문 분석가로는 로버트 벨더, J. C. 플루글, 제임스 스트래치 등이 있었다. 다음 자료들도 참고할 것. Gay, *Freud*, p. 492; Elisabeth Roudinesco, *Jacques Lacan and Co.: A History of Psychoanalysis in France, 1925-1985*, trans. Jeffrey Mehlman(Chicago: University of Chicago Press, 1990), p. 39.

54) *SE*, vol. 12, pp. 330–31.

55) 같은 책, pp. 161, 164–65.

56) 같은 책, p. 144

57) 1912년 프로이트는 융에게 오데사에는 관심의 "전염"이 생겼다고 전했다. Alexander Erkind, *Eros of the Impossible: The History of Psychoanalysis in Russia*, trans. Noah and Maria Rubens(Boulder, Colo.: Westview Press, 1997), p. 115에서 인용.

58) 실험 가정은 모세 불프와 베라 슈미트가 통솔했다. 애무는 더 '합리적'인 교환으로 대체된 것으로 추정된다. 다른 학회들이 페트로그라드, 키에프, 오데사, 로스토우에 결성되었다. 또 한 명의 주요 인물은 정신과 의사이자 문예비평가인 I.O. 에르마코프였다. Vera Schmidt, *Psychoanalytic Education in Russia*(n.p., 1924); Roudinesco, *Lacan & Co.*, p. 39; Jones, vol. 2, p. 76; E. James Lieberman, *Acts of Will: The Life and Work of Otto Rank*(New York: Free Press, 1985), p. 186; Dr. Sara Neidietsch and Dr. Nikolai Ossipow, "Psychoanalysis in Russia," *International Journal of Psychoanalysis* 3(1922): 514-17. 사비나 슈피엘라인은 프로이트뿐만 아니라 융과 피아제에 대한 러시아의 관심을 도약시켰다. 다음 자료들도 참고할 것. Lisa Appignanesi and John Forrester, *Freud's Women*(New York: Basic Books, 1993). p. 225; Mireille Cifali, "Uns femme dans la psychanalyse: Sabina Spielrein, un autre portrait," *Le Bloc—Notes de la psychanalyse* 8(1988): 253-66.

59) Martin A. Miller, *Freud and the Bolsheviks: Psychoanalysis in Russia and the Soviet Union*(New Haven, Conn: Yale University Press), p. 59

60) Etkind, *Eros*, p. 179. '성적 사안의 이상 발달' 대신 레닌은 1920년 클라라 제트 킨과의 대담에서 '스포츠, 모든 종류의 신체 단련'을 옹호했다. 다음 책도 참고 할 것. Beatrice Farnsworth, *Alexandra Kollontai: Socialism, Feminism, and the Bolshevik Revolution*(Stanford, Calif.: Stanford University Press, 1980), pp. 356-57. 물론 레닌이 좌익 공산주의를 '유아기 신경증'으로, 혹은 사회혁명들을 '히스테릭'이라고 특성화한 것처럼, 억압된 것은 귀환했다.

61) Etkind, *Eros*, p. 179.

62) 다음 책에서 인용. Alex Kozulin, *Psychology in Utopia: Toward a Social History of Soviet Psychology*(Cambridge, Mass.: MIT Press, 1984), pp. 87-88. Martin A. Miller, "Freudian Theory Under Bolshevik Rule: The Theoretical Controversy During the 1920s," *Slavic Review* 44, no. 4(1985): 628. 첫번째로 출판된 비고츠키의 글은 프로이트의 『쾌락원칙 너머』의 서문이었다. 전前사회적이거나 전前언어적 형태의 사유는 없다는 그의 견해를 프로이트와의 암묵적 대화를 발전시켰다.

63) 그의 전기작가인 아이작 도이처에 의하면 트로츠키는 "정신분석의 문제들을 깊이 있게, 공감적으로 연구했고, 따라서 방법론상의 문제점들을 알고 있었다." 다음 책에서 인용. Etkind, *Eros*, p. 232.

64) 사람은 제일 먼저 산업으로부터, 그다음 정치로부터, 다음엔 가족으로부터, 그리고 최종적으로는 개개인의 정신으로부터 '어두운 힘'들을 몰아낸다고 트로츠키는 설명했다. "오늘날의 사람들은 모순과 조화의 결여에도 불구하고 새롭고 더 행복한 경주의 길을 열게 될 것이다." 다음 책을 볼 것. Etkind, *Eros*, chap. 7. 트로츠키는 반사작용을 좋아했는데 그 까닭은 그것이 심리학과 생리학의 구분을 깨뜨리기 때문이었다. 그는 파블로프에게 "조건반사 이론이 프로이트의 이론을 하나의 특별한 사례로 포함하지 않는지" 물었다. David Joravsky, *Russian Psychology: A Critical History*(Oxford, U.K., and Cambridge, Mass.: Blackwell, 1989), pp. 211, 217, 235-36, 248. 1909년 트로츠키와 분석가들의 빈 회합에 대해서는 다음 책을 볼 것. Roudinesco, *Lacan & Co.*, p. 35. '반사 이론'은 A. R. 루리아, L. S. 비고츠키, A. B. 잘킨트 같은, 분석에서 이중적 입장을 취하는 옹호자들과 연결되어 있었다.

65) 그로스는 자유로운 사랑, 여성의 섹슈얼리티에 대한 여성 자신의 통제, 협동 육아를 이상으로 삼은 공동체에서 살았다. Martin Stanton, "Otto Gross's Case Histories: Jung, Stekel, and the Pathologization of Protest," in *Carl Gustav Jung: Critical Assessments*, ed. Renos K. Papadopoulos(London and New York: Routledge, 1992), vol. 1, pp. 200-208; Otto Gross, *Über Psychopathische Minderwertigkeiten*, pp. 49-52, cited in Arthur Mitzman, "Anarchism, Expressionism, and Psychoanalysis," *New German Critique* 10(1977년 겨울): 77-104. 그로스의 가까운 친지인 프란츠 융은 여성, 청년, 자유사상 등과 같은, 러시아 혁명이 남긴 중요한 투

쟁을 분간해냈다.

66) Paul Federn, *Zur psychologie der Revolution: Die Vaterlose Gesellschaft* (Wien: Anzengruber-Verlag Brüder Suschitsky, 1919); Rudolf Ekstein, "Reflections on and Translation of Paul Federn's 'The Fatherless Society,'" *Reiss-Davis Clinic Bulletin*, 1971-72.

67) Luisa Passerini, *Europe in Love, Love in Europe: Imagination and Politics Between the Wars* (London: Touris, 1999), pp. 82-87.

68) Sigmund Freud, *The Future of an Illusion* (New York: Norton, 1961), pp. 19-11.

69) John Dos Passos, *1919* (New York: Harcourt, 1932).

70) 이것은 미국 상원 외교 관계 위원회에서의 증언(1919)인 W. C. Bullitt, *The Bullitt Mission to Russia*를 「에로스」에 인용한 엣킨트의 논쟁적 주장이다.(New York: Hyperion, 1977).

71) Jones, vol. 2, pp. 201, 215에서 인용.

72) Young-Bruehl, *Anna Freud*, p. 91; Ann Douglas, *Terrible Honesty*, p. 123; Gay, *Freud*, p. 380.

73) 프로이트가 존스에게 보낸 편지(1920년 2월 12일자), *Freud-Jones*, p. 370.

74) 프로이트가 아브라함에게 보낸 편지(1918년 8월 27일자), *Freud-Abraham*, p. 278; Jones, vol. 3, p. 7; Young-Bruehl, *Anna Freud*, p. 92; Balint, "Psychoanalytic Training," p. 168. Peter Homans, *The Ability to Mourn: Disillusionment and the Social Origins of Psychoanalysis* (Chicago: University of Chicago Press, 1989), pp. 155, 165, 168.

75) 공산주의 공백기 *Räteregierung* 동안의 정신분석의 역사에 대해서는 다음 책을 참고할 것. Paul Harmat, *Freud, Ferenczi, und die ungarische Psychoanalyse* (Tübingen: Edition Dikord, 1988), pp. 72-76.

76) 『룬트브라페』는 처음에는 대략 열흘에 한 번 정도 나왔다. 5년간 327개의 글이 씌어졌다. 이것들은 뉴욕 컬럼비아 대학에서 볼 수 있으며 현재 번역이 진행 중이다.

77) *SE*, vol. 18, pp. 175, 178.

78) Phyllis Grosskurth, *The Secret Ring: Freud's Inner Circle and the Politics of Psychoanalysis* (Reading, Mass.: Addison-Wesley, 1991).

79) Fussel, *Great War*, p. 102에서 인용.

80) Leonard Woolf, *Downhill All the Way: An Autobiography of the Years 1919-1939* (New York: Harcourt, Brace, 1967), p. 164; Jan Ellen Goldstein, "The Woolf's Response to Freud: Water Spiders, Singing Canaries, and the Second Apple," in *Literature and Psychoanalysis*, ed. Edith Kurzweil and William Phillips (New York: Columbia University Press, 1983), pp. 235-36.

81) Jean-Paul Sartre, "An Interview," *New York Review of Books*, 26 May 1970, p. 23.

82) Theodor Adorno, "Der Begriff des Unbeussten in der Transzendentalen See-lenehre"(1924), in *Gesammelte Schriften*(Frankfurt a.M.: Suhrkamp, 1973) vol. 1, 다음 책에서 재인용. Martin Jay, *Marxism and Totality: The Adventures of a Concept from Lukács to Habermas*(Berkeley: University of California Press, 1984), p. 245.

83) Jane Ellen Harrison, "Reminiscences of a Student's Life," *Arion* 4(1965년 여름), 초판본은 London의 Hogarth Press 출판사에서 1925년 출간, 다음 책에 인용되었다. Sandra J. Peacock, *Jane Ellen Harrison: The Mask and the Self*(New Haven, Conn.: Yale University Press, 1988), pp. 237, 179-223. 다음 책도 참고할 것. Elizabeth Abel, *Virginia Woolf and the Fictions of Psychoanalysis*(Chicago: University of Chicago Press, 1989), p. 27.

84) 그는 계속해서 "아, 프로이트는 정말 귀찮아. 내가 보기엔 그의 미국을 그에 의하지 않고 우리가 발견하는 게 더 쉬웠을 거야"라고 말했다. André Gide, *Journal*(New York: Vintage, 1956), 1922년 2월 4일, p. 349; 1924년 6월 19일, p. 379. 지드는 40대에 폴란드 여성인 외제니 소콜니카에 의해 그에 공감하는 『누벨 르뷔 프랑세즈』 팀들과 함께 정신분석에 입문했다. 소콜니카는 지드의 『위조지폐범들』에 소프로니스카 부인으로 나온다. 이 소설에서 그는 10대 주인공에게 분석과 자유연상을 꿈꾸도록 이끌어들이고 자위 행위를 억압하는 그의 어머니를 비판한다. Jean Delay, *The Youth of André Gide*(Chicago, University of Chicago Press, 1963). pp. 100-101: André Gide, *Les faux-monnayeurs*(Paris: Gallimard, 1997), pp. 176-80: André Gide, *Journal des faux-monnayeurs*(Paris: Gallimard, 1927): Michel Gourévitch, "Eugénie Sokolnicka," *Medecine de France* 219(1971): 17-22.

85) Harold L. Poor, *Kurt Tucholsky and the Ordeal of Germany, 1914-1935* (New York: Scribner's, 1968), p. 67.

86) 1915년 D.H. 로렌스의 『무지개』는 음란하다는 선고를 받았다. 책의 재고는 압수되어 불살라졌다. 1928년에는 래드클리프 홀스의 『외로움의 벽』이, 1933년에는 『율리시즈』가 같은 처분을 받았다. Michael Holroyd, *Bernard Shaw*, vol. 3(New York: Random House, 1988), p. 170.

87) Rolland quoted from George Hutchinson, *The Harlem Renaissance in Black and White*(Cambridge, Mass.: Harvard University Press, 1995), p. 106.

88) 다음 책에서 인용. Michael Holroyd, *Lytton Strachey: A Critical Biography* (London: William Heinemann, 1967), vol. 2, p. 329. "빅토리안"이라는 용어의 계보는 다음 책을 참고할 것. Michael Mason, *The Making of Victorian Sexuality*

(New York : Oxford University Press, 1995).

89) Leon Edel, *Bloomsbury: A House of Lions*(Philadelphia : Lippincort, 1979), p. 228.

90) Linda Colley, Lewis Namier(New York : St. Martin's Press, 1989). 나미에는 1921년 테오도어 라이크의 분석을 받았다.

91) "이론은 어딜 가든 가장 큰 화제거리였다." Elizabeth Abel, *Virginia Woolf*, pp. 15-17.

92) Nathan G. Hale, *Freud and the Americans*(New York : Oxford University Press, 1971), p. 399.

93) Douglas, *Terrible Honesty*, p. 124.

94) Sherwood Anderson, *Memoirs*(New York : Harcourt, Brace, 1942), p. 243.

95) Lincoln Steffens, *The Autobiography of Liocoln Steffens*(New York : Harcourt, Brace, 1931), pp. 655-56.

96) Johnson, *Modern Times*, p. 8.

97) 다음 책에서 인용. Fussel, *Great War*, p. 113.

제6장 포드주의, 프로이트주의, 그리고 모더니티

1) Philip Kerr, "Can We Learn from America?" *Nation and Arhenaum* [London] 40(1926): 76-77. 다음 책에서 인용. Daniel T. Rodgers, *Atlantic Crossings: Social Politics in a Progressive Age*(Cambridge, Mass.: Belknep Press of Harvard University Press, 1998), p. 375.

2) Stephen Meyer III, *The Five Dollar Day: Labor Management and Social Control in the Ford Motor Company, 1908-1921*(Albany : SUNY Press, 1981), pp. 123-24.

3) Stephen P. Waring, *Taylorism Transformed: Scientific Management Theory Since 1945*(Chapel Hill : University of North Carolina Press, 1991).

4) Lizabeth Cohen, *Making A New Deal: Industrial Workers in Chicago, 1919-1939* (New York : Cambridge University Press, 1990), p. 173.

5) 마리네티는 『미래주의 선언』에서 "굵은 배기관으로 트렁크가 장식된 스포츠카는 사모르라케의 니케보다 아름답다"고 썼다.

6) Antonio Gramsci, "Americanism and Fordism," in *Selections from the Prison Notebooks of Antonio Gramsci*, ed. Quintin Hoare and Geoffrey Nowell Smith(New York : International Publishers, 1971), p. 287.

7) 다음 책에서 인용. John E. Bowlt, ed. *Russian Art of the Avant-Garde: Theory and Criticism, 1992-1934*(New York : Viking Press, 1976), p. 89. The quote dates from 1913.

8) Gramsci, "Americanism," pp. 277-321. 그람시는 조립 라인에 대해서도 오직 "몸 동

작"만이 기계화된다고 덧붙였다. "노동자의 두뇌는 고사枯死되기는커녕 훨씬 더 많은 생각의 기회를 갖게 된다."

9) Cohen, *New Deal*, p. 129.

10) 자크 동즐로가 썼듯 정신분석은 "결점을 지닌 기원의 가족"에 의혹의 시선을 던졌다. 그리고 "이 가족에 대한 결점 많은 평가를 개인들이 정복해야 할 지평으로서의 가족 개념으로 대체했다." Donzelot, *The Policing of Families*(New York: Random House, 1979), pp. 208–9, 233.

11) 다음 책에서 인용. Lewis A. Coser, *Refugee Scholars in America: Their Impact and Experience*(New York: Random House, 1979), pp. 208–9, 233.

12) *SE*, vol. 22, p. 8.

13) Jackson Lears, *Fables of Abundance: A Cultural History of Advertising in America* (New York: Basic Books, 1994), pp. 139, 208.

14) 그의 1928년도 저서인 『프로파간다』에서 베르네는 광고를 권위와의 혁명적 결별로 장려했다. 그리하여 공중 앞에서 여성이 피우는 담배는 "자유의 불꽃"이 되었다. 다음 책을 참고할 것. Stuart Ewen, *Captains of Consciousness*(New York: McGraw-Hill, 1976), pp. 160–61.

15) 다음 책에서 인용. Ewen, *Captains*, p. 80.

16) Nathanael West, "Some Notes on Miss L.," *Contempo* 15(1933년 5월). 프로이트는 뉴스 면보다 실연한 칼럼들에 더 많이 인용되었다.

17) 1920년대 초 미국은 만팔천 개의 영화관을 자랑했다. 영국은 사천 개, 독일은 삼천칠백 개, 프랑스는 이천오백 개 정도였다. 다음 책을 참고할 것. Kristine Thompson, "The End of the 'Film Europe' Movement," in *History on/and/in Film*, ed. T. O'Regan and B. Shoesmith(Perth: History and Film Association of Austria, 1987), pp. 45–56.

18) Irving Schneider, "The Theory and Practice of Movie Psychiatry," *American Journal of Psychiatry* 144 no. 8(1987년 8월): 996; Ann Douglas, *Terrible Honesty: Mongrel Manhattan in the 1920s*(New York: Farrar, Straus and Giroux, 1995), p. 123 and passim.

19) Schneider, "Movie Psychiatry," p. 999.

20) 얼마 전에 코스모폴리턴 측에 출판 제안을 했던 프로이트도 상업적 고려에 둔감하지는 않았다. 다음 책을 참고할 것. Jones, vol. 3, p. 29.

21) 프로이트는 1909년 뉴욕에서 처음 보았던 "원시적 영화"에 거의 흥미를 느끼지 않았다. 그러나 페렌치는 "마치 소년처럼" 추종했다고 존스는 기록하고 있다. 멜라니 클라인의 10년 된 환자 한 사람이 영화를 보러 가겠느냐고 묻자 그녀는 책을 읽을 생각이라고 답했다. Jones, vol. 2, p. 56; *The Freud Journal of Lou Andreas-*

Salomé(New York: Basic Books, 1964), pp. 101-3; Melanie Klein, *Narratives of a Child Analysis*(London: Virago, 1989), p. 343. 다음 책을 참고할 것. Stephen Heath, "Cinema and Psychoanalysis," in *Endless Night: Cinema, Psychoanalysis, Parallel Histories*, ed. Janet Bergstrom(Berkeley: University of California Press, 1999), pp. 26, 51.

22) 아브라함이 프로이트에게 보낸 편지(1925년 7월 18일자), 다음 책에서 인용. Heath, "Cinema," p. 53. 클라크 대학 강연에서 프로이트는 강의장에서 떠들다 쫓겨났다가 돌아와서는 조용히 있었던 한 난입자의 이미지를 이용해 억압과 분석에 대해 설명했다. 그러나 아브라함과 작스가 이 이미지를 영화에 써먹으려 하자 프로이트는 반대하는 주의를 주었다.

23) 프로이트가 아브라함에게 보낸 편지(1925년 6월 9일자), *Freud-Abraham*, p. 384; Barbara Eppensteiner, Karl Fallend, and Johannes Reichmayr, "Die Psychoanalyse im Film 1925/26(Berlin/Wien)," *Psyche* 2(1986); Irving Schneider, "The Psychiatrist in the Movies: The First Fifty Years," in *The Psychoanalytic Study of Literature*, ed. Joseph Reppen and Maurice Charney(New York: Academic Press, 1985).

24) 프로이트가 존스에게 보낸 편지(1925년 12월 13일자), *Freud-Jones*, p. 586.

25) Lois Palken Rudnick, *Mabel Dodge Luhan: New Woman, New Worlds* (Alberquerque: University of New Mexico Press, 1984), p. 139; Nathan G. Hale, *Freud and the Americans: The Beginning of Psychoanalysis in the United States, 1876-1917*(New York: Oxford University Press, 1971), 특히 pp. 399, 346; June Sochen, *Movers and Shakers: American Women Thinkers and Activists, 1900-1910*(New York: Quadrangle Books, 1973); Catherine Covert, "Freud on the Front Page: Transmission of Freudian Ideas in the American Newspaper of the 1920s"(Ph.D. diss., Syracuse University, 1975). 브릴은 루언의 분석가였다. 분명히 그는 그녀에게 정상성이란 어려운 목표이므로 그것을 달성하기 전에 무시할 필요는 없다고 설명했다. 특히 다음 책을 참고할 것. Mabel Dodge Luhan, *Intimate Memories*(New York: Harcourt, Brace, 1936) vol. 3, pp. 505-12.

26) Jones, vol. 3, p. 103; Douglas, *Terrible Honesty*, p. 123. 살인의 경우에 대해 프로이트의 조언을 구한 사람은 허스트가 첫번째가 아니었다. 변호사인 테오도어 레싱은 1924년 독일 하노버의 연쇄살인범 프리츠 하만에 대해 프로이트, 알프레트 아들러, 알프레드 되블린, 루드비히 클라게로부터 전문가적 견해를 듣자고 요청했다가 판사로부터 해임되었다. 판사는 "어떤 종류의 심리학적 질문을 물을 수 있는가"라고 추궁했다.

27) Paula Fass, *The Damned and the Beautiful: American Youth in the 1920s*(New

York: Oxford University Press, 1995), p. 291.

28) 스코트와 넬리 니어링 역시 1912년 가정이 한때 "완벽한 경제 단위"였음을 애석해
했다. Daniel T. Rodgers, *The Work Ethic in Industrial America*(Chicago: Uni-
versity of Chicago Press, 1974), pp. 190-96.

29) 다음 책에서 인용. Eli Zaretsky, *Capitalism, the Family and Personal Life*, rev. ed.
(New York: Harper & Row, 1986), pp. 85, 87.

30) 1913년 영국에서 크리스타벨 팽크허스트는 영국의 남성 80퍼센트가 성병으로 고
통받고 있다고 주장하며 "여성 선거권, 남성을 위한 순결"을 요구했다. 이 수치는
너무 터무니없이 과장된 것이어서 그녀의 근거에 큰 해를 끼쳤다. Susan Kent, *Sex
and Suffrage in Britain, 1860-1914*(Princeton, N. J.: Princeton University Press,
1987), pp. 3-13.

31) 반혁명 혹은 "백래시"의 테제에 대한 예로는, 다음 책을 참고할 것. Karen Offen,
European Feminisms, 1700-1950: A Political History(Stanford, Calif.: Stanford
University Press, 2000), p. 274.

32) 반대되는 관점에 대해서는 다음 책을 참고할 것. Ellen Kay Trimberger, *Intimate
Warriors: Portraits of a Modern Marriage, 1899-1944/Selected Works by Neith
Boyce and Hutchins Hapgood*(New York: Feminist Press at the City Univetsity of
New York, 1991)

33) 산아제한은 페미니즘을 예술적 모더니즘과 연결시키는 자유로운 화젯거리였다. 한
예로 D. H. 로렌스의 『무지개』는 1915년 음란하다는 판결을 받았고, 래드클리프 홀
의 『외로움의 우물』이 1928년 판매 금지 처분을 받았을 때는 레즈비어니즘과 연결
되었다.

34) 딸들의 섹슈얼리티의 보호자인 어머니들은 "저항할 수 없는 사랑에 임박한 거세 위
협"을 통해 딸들을 억압할 수 있었다. 이것은 1925년도 영화로서 딸의 대리 인생
을 살아갈 필요를 느끼는 어머니를 흡혈귀처럼 묘사한 「스텔라 댈러스」에서 암시
된 1920년대 문화의 주요 테마였다. 자세한 내용은 다음 책을 참고할 것. Douglas,
Terrible Honesty, p. 245; articles in The Nation in 1926 spoke of the "injurious
strain of my mother's devotion."

35) Susan Kent, *Making Peace: The Reconstruction of Gender in Interwar Britain*
(Princeton, N. J.: Prinston University Press, 1993), p. 6.

36) 이셔우드의 다음 책에서 인용. Anton Gill, *A Dance Between Flames: Berlin Bet-
ween the Wars*(New York: Caroll and Graf, 1993), p. 230; Alex Zwerdling,
Virginia Woolf and the Real World(Berkeley: University of California Press, 1968),
p. 168. 버지니아 울프에 의하면 남색가라는 말이 입에서 떠나지 않았다. 다음 책에
서 인용. Leon Edel, *Bloomsbury: A House of Lions* (Philadelphia: Lippincott, 1979),

p. 149. 한편 베를린은 바이마르 공화국의 검열법은 엄격했음에도 유럽에거 가장 덜 억압적이었다. 『푸른 천사』 같은 독일 영화는 파리나 런던에서는 상영될 수 없었다. 그러나 Robert Graves and Alan Hodge, *The Long Week-end: A Social History of Great Britain, 1918-1939*(1940; repr. New York: Norton, 1963)는 간전기 런던에서는 동성애, 관습법적 결혼, 피임에 개방적이었음을 증언하고 있다.

37) 다음 책에서 인용. Niall Ferguson, *The Pity of War*(New York: Basic Books, 1999). p. 349.

38) 블뤼허는 다음 책에서 인용. Andrew Hewitt, *Political Inversions: Homosexuality, Fascism, and the Modernist Imaginary*(Stanford, Calif.: Stanford University Press, 1996), pp. 112, 123; 다음 책을 참고할 것. Harry Oosterhuis and Hubert Kennedy, eds., *Homosexuality and Male Bonding in Pre-Nazi Germany* (New York: Haworth, 1991), p. 243.

39) Douglas, *Terrible Honesty*, pp. 134-35, 139.

40) 해리슨은 결혼의 속박이 여성들의 타인에 대한 결속을 억압한다고 생각했다. 그래서 그녀의 1921년도 저작인 *Epilegomena to the Study of Greek Religion*은 "성적 욕망이 남성들을 결합시키는 게 아니라 분열시킨다"는 프로이트의 주장을 지지했다. 그러나 프로이트와 달리 해리슨은 이러한 관찰로부터 반성적 혹은 최소한 반이성애적 결론을 도출해냈다. 다음 자료들을 참고할 것. Jane Ellen Harrison, "Reminiscences of a Student's Life," *Arion* 4(1965년 여름), originally published in London by Hogarth Press in 1925; Sandra J. Peacock, *Jane Ellen Harrison: The Mask and the Self*(New Haven, Conn.: Yale University Press, 1988), pp. 23, 179-223; Elizabeth Abel, *Virginia Woolf and the Fictions of Psychoanalysis* (Chicago: University of Chicago Press, 1989), pp. 27-28.

41) Henry Seidel Canby, *The Age of Confidence: Life in the Nineties*(New York: Farrar and Rinehart, 1934).

42) Floyd Dell, *Love in the Machine Age: A Psychological Study of the Transition from Patriarchal Society*(New York: Octagon, 1973), p. 7. 캐시 블레이크의 『사랑받는 공동체*Beloved Community*』에 의하면 톨스타인 베블렌은 노동자 정신을 위한 본능을 행태주의적 용어로 서술했지만 트웨인과 제임스에 대한 그의 저작에서 반 위크 브룩스는 베블렌의 관념을 정신분석적으로 개조하기 위해 버나드 하트의 『광기의 심리학*Psychology of Insanity*』을 원용했다.

43) Douglas Clayton, *Floyd Dell: The Life and Times of an American Rebel*(Chicago: Ivan R. Dee, 1994); Floyd Dell, *Homecoming: An Autobiography*(Port Washington, N. Y.: Kennikat Press, 1969), pp. 249-50, 271-72, 362; William O'Neill ed., *Echoes of Revolt: The Masses, 1911-1917*(Chicago: Quadrangle Books,

1966), p. 21; Albert Parry, *Garrets and Pretenders: A History of Behaviorism in America*(New York: Covici, Friede, 1930), p. 278. 기술적으로 "보헤미아"라는 용어는 흔히 19세기에 할애되어 있다. 그것의 20세기적 영역은 대중문화의 산물이었다.

44) W. David Sievers, *Freud on Broadway: A History of Psychoanalysis and the American Drama*(New York: Hermitage House, 1955), p. 53; 다음 책들을 참고할 것. Eugene O'Neill's *The Emperor Jones*(1920), *Desire Under the Elms*(1924), *Strange Interlude*(1928), and *Mourning Becomes Electra*(1931). 또한 다음 책도 참고할 것. Christine Stansell, *American Moderns: Bohemian New York and the Creation of a New Century*(New York: Metropolitan Books, 2000), p. 301.

45) 미국 유대인들의 경우는 주목할 만하다. 독일에서 태어난 남부 유대인으로서 미국의 정신분석 문예비평의 창시자인 루드비히 루이존은 동화同化 비평가 겸 정신분석 옹호자였다. 그에게 정신분석은 "유대인에게는 동화 과정에서 맞닥뜨리게 되는 영혼의 병으로부터 자신을 치유하기 위한 것"이었다. 유대인들에게 "그들의 문화, 본능, 존재의 근원 자체에 통합될 것"을 호소하며 그는 시오니스트들이 분석적 역할을 행하는 것을 지지했다. 루이존의 비상한 경력은 인권행동가 랠프 멜닉에 의해 우연히 재발견되었다. 다음 책을 참고할 것. Ralph Melnick, *The Life and Work of Ludwig Lewisohn*, 2 vol.(Detroit: Wayne State University Press, 1998). 다음 자료도 참고할 것. David Singer, "Ludwig Lewisohn and Freud: The Zionist Therapeutic," *Psychoanalytic Review* 58(1971년 봄): 169-82.

46) W. E. B. Du Bois, *The Souls of Black Folk*(New York: Penguin, 1903), pp. 11-12.

47) Paul Garon, *Blues and the Poetic Spirit*(San Francisco: City Lights, 1975)은 블루스와 정신분석과 초현실주의의 관계를 논하고 있다.

48) Jean Toomer to Mae Wright, 4 August 1922. 다음 책에서 재인용. George Hutchinson, *The Harlem Renaissance in Black and White*(Cambridge, Mass.: Harvard University Press, 1995), p. 131.

49) Edward Sapir, "From a Review of Oskar Pfister, 'The Psychoanalytic Method,'" in *Selected Writings of Edward Sapir in Language, Culture and Personality*, ed. David G. Mandelbaum(Berkeley: University of California Press, 1949), p. 522. 알프레드 크뢰버는 분석을 수행했지만 그의 인류학적 작업은 정신분석적이지 않았다.

50) Zora Neale Hurston, *Moses, Man of the Mountain*(New York: Lippincott, 1939).

51) Jean Toomer, "Negro Psychology in *The Emperor Jones*," in *Jean Toomer: Selected Essays and Literary Criticism*, ed. Robert B. Jones(Knoxville: University of Tennessee Press, 1996), p. 6.

52) Horace R. Cayton, *Long Old Road*(New York: Trident Press, 1965). p. 260.

53) Richard Wright, *The Long Dream*(New York: Harper & Row, 1987), pp. 78-79. 다음 책에서 재인용. Paul Gilroy, *The Black Atlantic: Modernity and Double Consciousness*(Cambridge, Mass.: Harvard University Press, 1993), p. 186; Richard Wright, "Psychiatry Comes to Herlem," *Free World* 12(September 1946): 49-51; James Baldwin, "Alas, Poor Richard," in *Nobody Knows My Name: More Notes of a Native Son*(New York: Dell, 1961), pp. 181-215.

54) W. E. B. Du Bois, "My Evolving Program", 다음 책에서 재인용. Claudia Tate, *Psychoanalysis and Black Novels: Desire and the Protocols of Race*(New York: Oxford Uneversity Press, 1998), p. 51.

55) 1800년 워즈워드는 "시가 어떤 정보를 요구하는가? 법률가, 의사, 선원과 달리 그가 인간으로서 지닌 일상생활에의 공감 바로 그것이다"라고 설파했다. William Wordsworth, "Observstions Prefixed to 'Lyrical Ballads,'" in Mark Schorer, Josephine Miles, and Gordon McKenzie, eds., *Criticism: The Foundation of Modern Literary Judgement*(New York: Harcourt, Brace, 1958), p. 36.

56) "무죄 계시"와 고갱으로부터의 인용의 출전은 모두 Donald Kuspit, *Signs of Psyche in Modern and Postmodern Art*(New York: Cambridge University Press, 1993). pp. 3, 14.

57) 이와 비슷하게 러시아 예술가 블라디미르 마르코프는 "손으로 만질 수 있는 구체적 현실이 끝나는 곳에서 다른 세상이 시작된다"고 말했다. 다음 책을 참고할 것. Herschel B. Chipp, ed., *Theories of Modern Art*(Berkeley: University of California Press, 1968), p. 334.

58) George Groddeck의 *Der Seelensucher* may be earlier. 다음 자료들을 참고할 것. Jacques Le Rider, "La Psychanalyse en Allemagne," in *Histoire de la psychanalyse*, ed. Roland Jaccard(Paris: Seuil, 1982), p. 129. and Harry Goldgar, "The Square Root of Minus One: Freud and Robert Musil's 'Törless,'" *Comparative Literature* 17(1965): 117-32.

59) Virginia Woolf's unsigned review of J. D. Beresford's *An Imperfect Mother*, titled "Freudian Fiction" and published in *Times Literary Supplement*, 25 March 1920.

60) James Joyce, *Finnegans Wake*(New York: Viking Press, 1939), pp. 378, 411.

61) Ronald Clark, *Freud: The Man and the Cause*(London: Paladin Grafton, 1982), p. 418; Judith Ryan, *The Vanishing Subject: Early Psychology and Literary Modernism*(Chicago: University of Chicago Press, 1991), pp. 207-8; Jean Finck, *Thomas Mann und die psychoanalyse*(Paris: Les Belles Lettres, 1973).

62) Roger Fry, "The Artist and Psychoanalysis," in *The Hogarth Essays*, ed. Leonard

S. Woolf and Virginia S. Woolf(1928; repr. Freeport, N. Y.: Books for Library Press, 1970), pp. 279-303.

63) 읽을 만한 논의로는 다음 자료를 참고할 것. E. H. Gombrich, "Freud's Aesthetics," *Encounter* 26, no. 1(1966년 1월): 30-40.

64) D. H. Lawrence, *Women in Love*(London: Heineman, 1954), p. 223.

65) 1921년 12월 4일자 편지, *The Letters of D. H. Lawrence*, ed. James T. Boulton, 8 vols.(Cambridge U.K., and New York: Cambridge University Press, 1979-2000), pp. 142, 151. 인용문은 같은 책, 1924년 2월 19일자 편지, p. 585.

66) D. H. Lawrence, "Apropos of Lady Chatterly," *Lady Chatterly's Lover*(London: Pheonix, 1960), p. 34.

67) Wyndham Lewis, "Paleface," in *Enemy* 2(1927): 61, 65, 다음 책에서 재인용. *Freudianism and the Literary Mind*, 2d ed., ed. Frederick John Hoffman (Baton Rouge: Louisiana State University Press, 1957), p. 247; Wyndham Lewis, *The Art of Being Ruled* (New York: Harper Brothers, 1926), p. 287.

68) 프랑스는 오랫동안 아방가르드의 중심이었고 예술가들의 고양된 비전에 대한 으뜸가는 지주였다. 19세기 말 이래 가족 농장, 소부르주아 장인匠人, 신선 식품을 보존하는 정책을 제도화한 프랑스는 2차 산업혁명의 합리화와 미국화의 양상에 저항했다. 프랑스는 정신분석의 유행을 공유하지 않았고, 따라서 초현실주의자들이 맞서 싸워야 할 분석적이 존재하지 않았다.

69) André Breton, *Surrealism and Painting*(New York: Harper & Row, 1972), p. 2; Richard Wolin, *Walter Benjamin: An Aesthetic of Redemption*(New York: Columbia University Press, 1982), p. 127.

70) Hans Richter, *Dada: Art and Anti-Art*(New York: Abrams, 1964), p. 57. 많은 연구들이 프랑스 정신분석가들이 초현실주의자들에게 끼친 영향에 주목할 것을 촉구했지만 그들은 원초적 사유 과정 이론을 찾아 프로이트로 전향했다.

71) 브르통은 "내가 지적 쾌락을 경험하는 것은 오직 비유적 차원에서였을 뿐이다. 나에게 유일하게 실제적인 자명함은 자발적이고 투명하며 상식적으로 서로 연결되지 않는 두 사물 사이에서 돌연 감지되는 도발적 관계일 뿐"이라고 말했다. 다음 책에서 인용. Herbert S. Gershman, *The Surrealist Revolution in France*(Ann Arbor: University of Michigan Press, 1969), p. 1.

72) Kuspit, *Signs of Psyche*, pp. 81, 52.

73) 그들 중에는 아버지 살해자인 비올레트 파팽, 브르통의 나자, 독일의 무정부주의자 제르멘느 바르통, 바타유에 의해 유명해진 신비로운 창녀 에드바르다 등이 있다. 이 인물들은 샤르코의 유명한 히스테리 환자인 오귀스틴을 회상케하고 라캉의 에메를 예견케 한다.

74) 다음 책에서 인용. John MacGregor, *The Discovery of the Art of the Insane*(Princeton, N. J.: Princeton University Press, 1989), p. 289.

75) Victor Ehrlich, *Modernism and Revolution*(Cambridge, Mass.: Harvard University Press, 1994): Elisabeth Roudinesco, *Jacques Lacan & Co.: A History of Psychoanalysis in France*, 1925-1985, trans. Jeffrey Mehlman(Chicago: University of Chicago Press, 1990), p. 32: Anna Balakian, *Surrealism: The Road to the Absolute*(New York: Dutton, 1959), p. 132.

76) Roudinesco, *Lacan & Co.*, pp. 6-7. 히스테리는 병리적 현상이 아니며 모든 면에서 탁월한 표현 수단으로 간주될 수 있다. 히스테리는 여하한 체계적 착란 상태 외부에서 자신을 실제적 참여자로 생각하는 윤리적 세계와 주체 사이의 관계의 전복으로 특징지어지는 다소 환원 불가능한 정신 상태이다. 이 정신 상태는 상호 유혹의 필요에 기반을 둔 것으로서, 이것이 의학적 제언(혹은 반제언)이라는 기적의 성급한 수용을 설명해준다. *Revolution Surréaliste*(1928년 3월), 같은 책, p. 7.

77) 프로이트가 슈테판 츠바이크에게 보낸 편지(1938년 7월 20일자), Jones, vol. 3, p. 235에서 인용.

제7장 자율성과 저항

1) *SE*, vol. 9, p. 248.

2) 다음 책에서 인용. Morris Eagle, *Recent Developments in Psychoanalysis: A Critical Evaluatio*(Cambridge, Mass: Harvard Univetsity Press, 1987). pp. 81, 109. 다음 책도 참고할 것. *SE*, vol. 22, p. 94(1933): "두려운 것, 불안의 대상이 되는 것은 변함없이 트라우마적 순간의 출현이다. 그것은 쾌락원칙의 정상적 규칙으로 다루어지지 않는다."

3) *SE*, vol. 19, p. 30.

4) Richard P. Blackmur, *Anni Mirabilis, 1921-1925; Reason in the Madness of Letters* (Washington, D. C.: Library of Congress, 1956), p. 30.

5) *SE*, vol. 23, p. 122.

6) Sigmund Freud, *New Introductory Lectures on Psycho-Analysis*(New York: Norton, 1933). p. 79.

7) Elisabeth Young-Bruehl, *Anna Freud: A Biography*(New York: Summit Books, 1988), p. 162.

8) *SE*, vol. 19, pp. 48-59.

9) 같은 책, p. 18.

10) 후일 페렌치, 카렌 호나이와 가까이 지내게 된 클라라 톰슨은 "정신분석의 치료 효과에 대한 비관주의"가 점점 커졌던 시대에 대해 언급했다. 그러나 톰슨은 훗

날의 불만을 과거에 투사하는 경향이 있었다. Clara Thompson, *Psychoanalysis: Evolution and Development*(New York: Hermitage House, 1950), p. 172

11) Pearl King and Riccardo Steiner, eds., *The Freud-Klein Controversies, 1941-45* (London and New York: Travistock/Routledge, 1991), p. 90.

12) Karl Abraham, "A Particular Form of Neurotic Resistance Against the Psycho-Analytic Method," originally published in the *Internationale Zeitschrift*, October 1919.

13) Ann Douglas, *Terrible Honesty: Mongrel Manhattan in the 1920s*(New York: Farrar, Straus and Giroux, 1995). 이미 보았듯 정신치료는 특히 미국에서 유행했다. 미국에서 그것은 미국 여성들의 자조自助 전통과 개신교의 복음주의가 혼합된 여성 중심적인 아마추어 치료의 분위기와 겹쳤다. 기독교 과학자들은 남성적 권위가 제거된 "부모-신"을 옹호했다. "우리에게 일용할 양식을 주시옵고"는 "굶주린 사랑을 채워 주시옵고"가 되었다.

14) Karl Abraham, "Psychoanalytic Notes on Coué's System of Self-Mastery," *International Journal of Psychoanalysis* 7(1926).

15) Abram Kardiner, *My Analysis with Freud: Reminiscences*(New York: Norton, 1977), pp. 67, 17, and passim.

16) Frederick Crews, "The Unknown Freud," *New York Review of Books*, 18 November 1993, and "The Revenge of the Repressed," *New York Review of Books*, 17 November and 1 December 1994.

17) Young-Bruehl, *Anna Freud*, p. 157; Myron Sharaf, *Fury on Earth: A Biography of Wilhelm Reich*(New York: St. Martin's Press, 1983).

18) Wilhelm Reich, *Character-Analysis*(New York: Farrar, Straus and Giroux, 1972), p. xx; Sharaf, *Fury on Earth*, pp. 160-67.

19) Reich, *Character-Analysis*, pp. 31, 54, and chap. 4.

20) 프로이트가 라이히에게 보낸 편지(1924년 12월 14일자), British Psychoanalytic Society Archives(이하 BPS), London, CFE/F20/02.

21) 당시의 한 논평가가 지적했듯 "성격 저항은 사랑의 활력이 결여되어 비인격적으로 보이는 전이 저항과 현상적으로 구분된다." Hellmuth Kaiser, "Probleme der Technik," *Internationale Zeitschrift für Psychoanalyse* 20(1934): 490-522, translated and republished in *The Evolution of Psychoanalytic Technique*, ed. Martin S. Bergmann and Frank R. Hartman(New York: Basic Books, 1976), p. 398. 다음 책도 볼 것. *Reich Speaks of Freud*, ed. Mary Higgins and Chester M. Raphael(New York: Farrar, Straus and Giroux, 1967); and Reich, *Character-Analysis*, p. 25.

22) Richard F. Sterba, "Clinical and Therapeutic Aspects of Character Resistance," *Psychoanalytic Quarterly* 22(1953); Reich, *Character-Analysis*, p. 70.

23) 매우 영향력 있었던 1924년의 글에서 아브라함은 유아의 성장의 상세한 도식과 대상 관계의 단계들을 연관지었다. 음식물의 섭취, 보유, 배설 등은 구강적 성격 및 항문적 성격과 연결되었다. Karl Abraham, "A Short Study of the Development of the Libido in the Light of Mental Disorders"(1924), in Abraham, *Selected Papers on Psychoanalysis*(New York: Brunner/Mazel, 1927), pp. 418-502. 또한 아브라함의 같은 책에 수록된 "The First Pregenital Stage of the Libido"(1916)와 성격에 대한 그의 저서들을 보라.

24) 작스는 삼 단계 기법을 제안했다. (1) 징후의 해석 (2) 저항의 해석 (3) 반복을 위한 기억 대체. 두번째 단계는 라이히의 "성격 분석"이었다. 작스는 이 방법을 "메타심리학적"이라 불렀는데, 그 까닭은 각 단계가 의식 대 무의식, 에고 대 이드, 행동 대 기억처럼 정신을 관찰하는 방식에 대응하기 때문이었다. 다음 자료를 참고할 것. Hanns Sachs, "Metapsychological Points of View in Technique and Theory," *International Journal of Psychoanalysis* 6(1925년 1월): 6.

25) 프로이트가 아브라함에게 보낸 편지(1922년 3월 30일자), *Freud-Abraham*, p. 330.

26) Sándor Ferenczi and Otto Rank, *The Development of Psycho-Analysis*(1923; repr., New York and Washington, D. C.: Nervous and Mental Disease Publishing, 1925), pp. 3-4, 23; E. James Lieberman, *Acts of Will: The Life and Work of Otto Rank* (New York: Free Press, 1985), pp. 208 ff. 헝가리에서 피신한 베를린의 젊은 에고심리학자인 프란츠 알렉산더에게는 "낡은 해제 반응(카타르시스) 이론이 과거로부터 출현하기 시작"하고 있었다. Franz Alexander, "The Problem of Psychoanalytic Technique," *Psychoanalysis Quarterly* 4(1935): 588-611

27) Sándor Ferenczi's 1919 article "Thechnical Difficulties in the Analysis of a Case of Hysteria (Including Observations on Larval Forms of Onanism and 'Onanistic Equivalents')," in Sándor Ferenczi, *Further Contributions to the Theory of Psychoanalysis*(London: Hogarth Press, 1950), p. 193; *SE*, vol. II, p. 145.

28) Ferenczi and Rank, *Development*, p. 20.

29) 다음 자료에서 인용. Ruth Leys, "Traumatic Cures: Shell Shock, Janet, and the Question of Memory," *Critical Inquiry* 20(Summer 1994): 633-34 fn.

30) Jones, vol. 3, p. 58.

31) 분석가는 언제나 어머니를 의미했다. 프로이트가 이드라 부른 것은 "상실한 최초의 조건을 회복하기 위한 리비도의 노력"이었다. 랑크가 '불가사의'하다고 했던 '동일화'는 어머니와의 오래된 관계를 다시 설정하는 것이었다. Otto Rank, *The Trauma of Birth*(New York: Dover, 1993), pp. 6, 35, 90, 92.

32) 빈의 분석가 지크프리트 베른펠트는 프로이트의 "죽음과 부활"이 옛 세대에게 무엇을 의미하는지 알아내기 어렵다고 토로했다. 베른펠트에 의하면 "이것들은 이드의 힘의 폭발이고 그에 대항하는 반작용적 형성이다." (프로이트의 죽음이 정신분석 기획 전체의 종말이 될까 걱정했던) 존스의 경우는 이드의 분출을 매우 적절하게 설명해준다. 다른 사람들은 상실의 위협에 대해 심히 불안해하며 스스로 정신분석의 미래에 책임감을 느끼며 비정통파에 대한 굳건한 방벽을 세우려 노력했다. Paul Roazen, *Helene Deutsch: A Psychoanalyst's Life*(Garden City, N. Y.: Anchor Press/Doubleday, 1985), p. 221; Siegfried Bernfeld, "On Psychoanalytic Training," *Psychoanalytic Quarterly* 31(1962): 453-82.

33) Jones, vol. 3, pp. 59. 그는 아브라함에게 편지를 쓰면서(1924년 3월 4일자) "아마 우리가 오이디푸스 콤플렉스에서 멈춘 것이 잘못이었을 것"이라고 덧붙였다. 프로이트가 아브라함에게 보낸 편지, p. 352.

34) 1924년 2월 15일자 프로이트의 회람 편지는 프로이트가 아브라함에게 보낸 편지 pp. 344-48에 수록되어 있다: Lieberman, *Acts of Will*, p. 222.

35) Jessie Taft, *Otto Rank*(New York: Julian Press, 1958), p. 107; Peter L. Rudnytsky, *The Psychoanalytic Vocation: Rank, Winnicott and the Legacy of Freud*(New Haven, Conn.: Yale University Press, 1991), p. 44.

36) *SE*, vol. 23, p. 216.

37) 같은 책, vol. 12, p. 115; vol. 17, pp. 10-11.

38) Helen Swick Perry, *Psychiatrist of America: The Life of Harry Stack Sullivan* (Cambridge, Mass.: Harvard Univetsity Press, 1982), p. 228.

39) 다음 책에서 인용. Peter Gay, *Sigmund Freud: A Life for Our Time*(New York: Norton, 1988), p. 477.

40) Samuel Eisenstein, "Otto Rank," in *Psychoanalytic Pioneers*, ed. Franz Alexander, Samuel Eisenstein, and Martin Grotjahn(New Brunswick, N. J.: Transaction Publishers, 1995), p. 48

41) 프로이트가 아브라함에게 보낸 편지(1925년 7월 18일자), Freud to Abraham, 4 July 1920, *Freud-Abraham*, p. 315.

42) 프로이트가 아브라함에게 보낸 편지(1925년 7월 18일자), Freud to Abraham, 15 February 1924, 같은 책, p. 345.

43) Jones, vol. 3, pp. 146-47; Ronald W. Clark, *Freud: The Man and the Cause* (London: Paladin Grafton, 1982), pp. 449 ff.

44) 안나 프로이트가 아이팅곤에게 보낸 편지(1924년 9월 16일자), Anna Freud to Max Eitingon, 16 September 1924. 다음 책에서 인용. Young-Bruehl, *Anna Freud*. p. 149. 랑크는 루마니아 태생의 빈 분석가로서 1932년까지 직책을 유지했던 A. J. 스

토퍼에 의해 *Internationalerr Psychoanalytischer Verlag*의 경영 편집인으로 자리를 옮겼다.

45) 존스에 의하면 "인스부르크 회합(1927) 이후 우리는 위원회를 더 이상 사적이 아닌, 국제협회의 임원들 집단으로 구조를 개혁했다. 아이팅곤이 회장, 페렌치와 내가 부회장, 안나 프로이트가 사무총장, 반 오퓌센이 재정 담당이었고 몇 년간 별 직책 없이 지냈던 작스는 물러났다." Jones, vol. 3, p. 135.

46) Clark, *Freud*, pp. 449-56; Taft, *Rank*, p. 103.

47) Clark, *Freud*, p. 402; Roazen, *Helene Deutsch*, p. 229.

48) 프로이트가 아브라함에게 보낸 편지(1919년 10월 3일, 11월 2일자), *Freud-Abraham*, pp. 291, 293.

49) 적어도 제2차 세계대전 후 라도가 컬럼비아 대학 의과대학이 정신분석을 수용하도록 하는 데 성공할 때까지는 그랬다.

50) 프로이트가 페렌치에게 보낸 편지(1925년 8월 14일자), *Freud-Ferenczi*, vol. 2, p. 222.

51) Henry Abelove, "Freud, Male Homosexuality, and the Americans," in Henry Abelove, Michèle Aina Barale, and David M. Halperin, eds., *The Lesbian and Gay Studies Reader*(New York: Routledge, 1993), pp. 282-83.

52) Lieberman, *Acts of Will*, p. 176.

53) 다음 책에 프로이트가 인용되었다. Kenneth Lewes, *The Psychoanalytic Theory of Male Homosexuality*(New York: Routledge, 1993), p. 33.

54) 페렌치가 아이팅곤에게 보낸 편지(1919년 12월 1일자), 다음 책에서 인용. Gerhard Wittenberger, "The *Circular Letters*(*Rundbriefe*) as a Means of Communication of the 'Secret Committee' of Sigmund Freud," in *Behind the Scenes: Freud in Correspondence*, ed. Patrick Mahoney, Carol Bonomi, and Jan Stensson (Stockholm: Scandinavian University Press, 1997), p. 299.

55) Lavinia Edmunds, "His Master's Choice," *Johns Hopkins Magazine*, April 1988. 1923년의 편지에서 클래런스 오베른도르프는 프링크를 "프로이트의 새 기독교도 아들"이라고 묘사했다. BPS, COA/F02/30.

56) Karen Brecht et al., *Here Life Goes On in a Most Peculiar Way*(Hamburg: Kellner Verlag, n. d.)

57) 다음 자료들을 참고할 것. Freud-Abraham, pp. 306-13; Edith Kurzweil, *The Freudians: A Comparative Perspective*(New Haven, Conn.: Yale University Press, 1989), pp. 44-47; and Perry Meisel and Walter Kendrick, eds., *Bloomsbury/Freud: The Letters of James and Alix Strachey, 1924-1925*(New York: Basic Books, 1985). 1930년 아이팅곤과 오토 페니첼은 10년 동안에 걸

친 721일 건의 분석치료를 포함한 천구백오십오 건의 상담 자료집을 만들었다. Elisabeth Roudinesco and Michel Plon, *Dictionnaire de la Psychanalyse*, p. 30, credits Eitingon. 그러나 다음 자료도 참고할 만하다. Otto Fenichel, "Statistischer Bericht Über die Therapeutische Tatigkeit 1920-1930," in his *Zehn Jahre Berliner Psychoanalytisches Institut Zeitschrift für Psychoanalyse*(1930), pp. 13-19.

58) Bertram Lewin and Helen Ross, *Psychoanalytic Education in the United States* (New York: Norton, 1960), p. 6; Adam Phillips, *D. W. Winnicott*(Cambridge, Mass.: Harvard University Press, 1989), pp. 39-40.

59) 1934년 안나 프로이트는 헬렌 도이치를 대신하여 훈련원장이 되었다. *Freud-Ferenczi*, vol. 3, p. 116 fn. 2.

60) Anna Freud, *The Ego and the Mechanisms of Defense*(New York: International Universities Press, 1985), pp. 6, 13-14, 22: 이탤릭은 원서와 같다. 이 작업은 1935년 빈 정신분석 학회에서 발표된 후 1936년 독일에서, 1946년 영국에서 출판되었다. Albert J. Solnit, *International Journal of Psychoanalysis* 64 (1983): 379. 후일 안나 프로이트는 이 책에 대해 에고 이론의 네 가지 수정에 대한 응답이라고 서술했다. 네 가지 수정이란 페렌치와 랑크의 능동적 기법, 랑크의 탄생 트라우마 개념, 페렌치가 어머니와의 관계의 초기 단계에서 어린아이가 겪는 모종의 좌절의 이유로 꼽은 의미, 그리고 라이히가 성 기능의 정상 발전의 실패를 공격적 자세의 조기 억압 탓으로 돌린 것이다. Phyllis Grosskurth, *Melanie Klein: Her World and Her Work*(Cambridge, Mass.: Harvard University Press, 1987), p. 337.

61) Bruce Fink, *The Lacanian Subject: Between Language and Jouissance*(Princeton, N. J.: Princeton University Press, 1995), p. 84.

62) 발린트가 요약했듯 에고의 첫번째 태도는 "거의 전적으로 수동적"이다. 그것은 "나는 내가 아무런 노력을 기울이지 않아도 언제 어디서나 누구에게든 무비판적으로 사랑받을 것"이라는 말로 표현될 수 있다. Michael Balint, "Critical Notes on the Theory of the Pregenital Organization of the Libido"(1935), reprinted in Michael Balint, *Primary Love and Psychoanalytic Technique*(New York: Liveright, 1965), pp. 46-50. 능동적 대상적 사랑도 원래의 수동적 상태의 우회로이다. "우리가 상대방을 사랑하고 용서하는 것은 그로부터 사랑과 용서를 되돌려받기 위해서이다."

63) 다른 헝가리 분석가로는 미국 에고심리학의 창시자인 데이비드 래퍼포트, '반정신의학'의 주창자인 토마스 사즈, 심리학적 인류학자인 게자 로하임이 있다. Roazen, *Helene Deutsch*, p. 204; Ernst Federn, *Witnessing Psychoanalysis*(London: Karnac, 1990), p. 286; André E. Haynal, *Controversies in Psychoanalytic Method: From Freud and Ferenczi to Michael Balint*(New York: New York University Press, 1989). pp. 45-48; Jean-Michel Palmier, "La psychanalyse en

Hongrie," in *Histoire de la psychanalyse*, ed. Roland Jaccard(Paris: Hachette littérature générale, 1982); Joseph Gabel, *Mannheim and Hungarian Marxism* (New Brunswick, N. J.: Transaction, 1991), p. 5.

64) "교정하는 정서적 경험"이라는 용어는 프란츠 알렉산더에게서 기원한 것이다.

65) *SE*, vol. 20, p. 73.

66) Roudinesco and Plon, *Dictionnaire*, p. 238-39. For Gemelli, 다음 책을 참고할 것. De Grazia, *How Fascism Ruled Women: Italy, 1922-1945*(Berkeley: University of California Press, 1992), pp. 10-11, 218.

67) 다음 책에서 인용. Peter Kutter, ed., *Psychoanlysis International: A Guide to Psychoanalysis Throughout the World*, vol. 1(Stuttgart: Fromman-Holzboog, 1992), p. 9. 미국에서 온 훈련자인 에스터 메네이커는 그것을 배타적이고 실무적이라 했다. 다음 책을 참고할 것. Menaker, *Appointment in Vienna: An American Psychoanalyst Recalls Her Student Days in Pre-War Austria*(New York: St. Martin's Press, 1989); 헬렌 도이치의 비슷한 견해에 대해서는 다음 책을 참고할 것. Lisa Appignanesi and John Forrester, *Freud's Women*(New York: Basic Books, 1993), p. 323.

68) 프랑스 정신의학의 유력한 인물인 피에르 자네는 국제 의학 회의에서 정신분석을 빈의 부도덕의 산물이라고 했다. Roudinesco and Plon, *Dictionnaire*, p. 320

69) Daniel Gerould, *Witkacy: Stanislaw Ignacy Witkiewicz as an Imaginative Writer* (Seatle: University of Washington Press, 1981)에 수록된 스타니슬라우 이그나시의 체험을 보라. 콘스탄틴 블라드는 루마니아에서 더 크게 성공했다.

70) 이것은 사뮈엘 베케트의 회상이었다. 다음 책을 참고할 것. James Knowlson, *Damned to Fame: The Life of Samuel Beckett*(New York: Simon and Schuster, 1996), p. 167.

71) Thomas F. Glick, "The Naked Science: Psychoanalysis in Spain, 1914-1948," *Comparative Studies in Society and History* 24, no. 4(1982년 10월): 540; Rockwell Gray, *The Imperative of Modernity: An Intellectual Biography of José Ortega y Gasset*(Berkeley: University of California Press, 1989).

72) Raúl Páramo-Ortega, *Freud in Mexico: Zur Geschichte der Psychoanalyse in Mexiko*(Berlin: Quintessenz, 1992)는 정신분석과 마르크스주의의 연계를 강조하고 있다.

73) H. Stuart Hughes, *The Sea Change: The Migration of Social Thought, 1930-1965* (New York: Harper & Row, 1975), p. 10; Jones, vol. 3, p. 170. 초기 개척자들로는 1925년 학회를 출범한 구스타보 모데르나, 로베르토 아사지올리, 마르코 레비-비안치니 등이 있다.

74) 이것은 A. B. Zalkind의 말이다. Martin A. Miller, "The Reception of Psychoanalysis and the Problem of the Unconscious in Russia," *Social Research* 57, no. 4(Winter 1990): 876-88; 다음 책들을 참고할 것. Alexander Etkind, "Russia," in Kutter, *Psychoanalysis*, vol. 2, p. 339; Alexander Etkind, *Eros of the Impossible: The History of Psychoanalysis in Russia*, trans. Noah and Maria Rubens(Boulder, Colo.: Westview Press, 1997), p. 116.

75) Martin A. Miller, *Freud and the Bolsheviks: Psychoanalysis in Imperial Russia and the Soviet Union*(New Haven, Conn.: Yale University Press, 1998). p. 92.

76) 다음 책에서 인용. Hans Lobner and Vladimir Levitin, "A Short Account of Freudism: Notes on the History of Psychoanalysis in the USSR," *Sigmund Freud House Bulletin* 2, no. 1(1978): 14. 1913년 프로이트는 시오니즘의 창시자인 테오도어 헤르츨의 아들에게 "자네 아버지는 꿈을 현실로 바꾸는 그런 사람들 중 하나라네, 이건 대단히 귀하고도 위험한 혈통이지. 나는 그들을 간단히 내 학문적 작업에 대한 가장 영민한 반대자라고만 부르겠네"라고 말했다. A. Falk, "Freud and Herzl," *Midstream*, January 1977, p. 19.

77) Sheldon Gardner and Gwendolen Stevens, *Red Vienna and the Golden Age of Psychology*(New York: Praeger, 1992), p. 96. 대학 교수진에는 정신분석 역사 초기의 많은 인물들, 알프레트 아들러, 프란츠 브렌타노, 에른스트 마흐, 에른스트 브뤼케, 지그문트 엑스너, 테오도어 마이너트, 요제프 브로이어, 리하르트 폰 크라프트-에빙뿐만 아니라 폴 라저펠트, 카를 뷔흘러와 샤를롯 뷔흘러, 폴 실더 등이 포함되어 있었다. 전후 난민 구조는 아동 성장에 대한 관심을 고취시켰다. 1921년 빈 주재 미국 적십자 위원인 조지 베이크맨은 *Survey*에 이렇게 썼다. "빈의 투쟁은 빈 아이들의 생존만이 아니라 그들의 어린 시절을 구하는 일이다."

78) 두 학회는 스위스 정신분석 학회 및 쥬네브 정신분석 그룹과 느슨하게 연결되어 있었다.

79) 다른 멤버들로는 저명한 언어학자의 아들인 레이몽 드 소쉬르와 에두아르트 클라파레데가 있었다. John Kerr, *A Most Dangerous Method: The Story of Jung, Freud, and Sabina Spielrein*(New York: Knopf, 1993); Mireille Cifali, "Entre Genève et Paris: Vienne," *Le Bloc: Notes de la psychanalyse* 2(1982): 91-130; Jones to Freud, 17 March 1919, *Freud-Jones*, p. 337 fn.1; Fernando Vidal, "Piaget et la psychanalyse: Premières rencontres," *Le Bloc: Notes de la psychanalyse*(1986).

80) Richard von Mises, *Probability, Statistics and Truth*(New York: Macmillan, 1938), pp. 237-38. Marie Jahoda, "The Migration of Psychoanalysis: Its Impact on American Psychology," in *The Intellectual Migration: Europe and America, 1930-1960*, ed. Donald Fleming and Bernard Bailyn(Cambridge, Mass.:

Harvard University Press, 1969), p. 427. David Shakow and David Rapaport, *The Influence of Freud on American Psychology*(New York: International Universities Press, 1964), p. 142.에 의하면 "프로이트의 생각은 그 원래 형태와 거의 관련이 없거나 때로는 모순되는 모호한 관념으로 바뀌었다."

81) John Dollard et al., *Frustration and Aggression*(New Haven, Conn.: Yale University Press, 1939). 달라드의 현상론적 성장 모델은 유아기의 공격성을 부인했다. 따라서 어머니의 막강한 역할에 대한 강조를 초래했다.

82) 터먼은 다음 책에서 인용. George E. Gifford, Jr., *Psychoanalysis, Psychotherapy and the New England Medical Scene, 1894-1944*(New York: Science History Publications, 1978), p. 33. 힐은 다음 책에서 인용. Jahoda, "Migration," p. 427.

83) 프로이트에게 사울 로젠츠바이크에게 보낸 편지(1934년 2월 24일자), 다음 책에서 인용. Adolf Grünbaum, *The Foundations of Psychoanalysis: A Philosophical Critique*(Berkeley: University of California Press, 1984), p. 101.

84) 네덜란드 최초의 분석가는 아우구스트 슈테르케였다. 그는 1905년부터 네덜란드에서 분석을 수행했다. 다음 책들을 참고할 것. Ilse N. Bulhof, "Psychoanalysis in Netherlands," *Comparative Studies in Society and History* 24, no. 4(October 1982): 573; Christine Brinkgreve, "The Psychoanalytic Underground (Holland, 1940-5)," *Current Issues in Psychoanalytic Practice* 3, no. 1(New York: Haworth Press, 1986); *Freud-Jung*, p. 522 fn. 1. 얀 E. G. 반 엠덴과 잔느 람플-데 그루트도 주도적 인물들이었다. 제1차 세계대전 동안 반 엠덴은 존스와 프로이트의 중개 역할을 했다.

85) Miller, *Freud and the Bolsheviks*, p. 61.

86) Roudinesco and Plon, *Dictionnaire*, p. 774. 벨기에 정신분석 학회는 줄리앙 바렌동크에 의해 설립되었다.

87) Jacques Quen and Eric T. Carlson, *American Psychoanalysis: Origins and Development*(New York: Brunner/Mazel, 1978), p. 81; Jones, vol. 3, p. 112; Sandor Lorand, "Reflections on the Development of Psychoanalysis in New York from 1925," *International Journal of Psychoanalysis* 50(1969): 591.

88) Jones, vol. 3, pp. 197-98.

89) Douglas, *Terrible Honesty*, p. 123.

90) 프로이트는 1924년 5월 23일 랑크에게 다음과 같이 편지를 써 보냈다. "이제 자네는 예전에 내가 분석한 사람들 거의 전부를 갖고 있네. 그들에 대한 분석을 돌이켜보면 하나도 만족스러운 게 없어." 다음 책에서 인용. Phyllis Grosskurth, *The Secret Ring: Freud's Inner Circle and the Politics of Psychoanalysis*(Reading, Mass.: Addison-Wesley, 1991), p. 158.

91) 프로이트가 아브라함에게 보낸 편지(1920년 1월 6일자), *Freud-Abraham*, p. 301.

92) Jones, vol. 3, pp. 168-69.

93) Gay, *Freud*, p. 496.

94) Grosskurth, *Secret Ring*, p. 183.

95) Jones, vol. 3, pp. 168-69, 145-46, 287-301; Clarence Oberndorf, *A History of Psychoanalysis in America*(New York: Grune and Starton, 1953), p. 176; Lewin and Ross, *Psychoanalytic Education*, p. 33. 다음 자료도 참고할 것. 존스가 프로이트에게 보낸 편지(1932년 5월 5일자), *Freud-Jones*, pp. xxxvi, 694-95.

96) 정신분석가 하인츠 코후트에 의하면 미국의 분석가들에는 두 부류가 있었다. 많지만 그 영향력이 줄어들고 있는 부류는 "하나 혹은 두 세대에 걸친 게토 출신의 동유럽 유대인"으로서 그들에게 미국의 연구소라는 안식처는 곧 해방이었다. 다른 하나는 윌리엄 앨런슨 화이트와 해리 스택 설리반이 속해 있었던 부류로서 코후트는 이들을 "프로테스탄티즘의 매력적인 갈래"라 특징지었다. 이들은 도그마를 "선교사업, 진보적 사회 행동, 사회 개혁"으로 대체하려 모색했다. 이들은 "통인간적 힐링, 도움, 개선을 강조하는 정신의학과 긴밀한 연대"를 유지했다. Heinz Kohut to Anna Freud, 4 August 1964, in *The Curve of Life: The Correspondence of Heinz Kohut, 1923-1981*, ed. Heinz Kohut(Chicago: University of Chicago Press, 1994), p. 101. 다음 책들을 참고할 것. Perry, *Psychiatrist of America*, p. 223; Nathan G. Hale, Jr., "From Berggasse XIX to Central Park West: The Americanization of Psychoanalysis, 1919-1940," *Journal of History of Behavioral Sciences* 14(1978): 299-315; Fred Matthews, "In Defense of Common Sense: Mental Hygiene as Ideology and Mentality in 20th Century America," *Prospects* 4(1979): 459-516; Arcangelo R. T. D'Amore, ed,. *William Alanson White: The Washington Years, 1903-1937*(Washington D.C.: U.S. Government Printing Office, 1976); E. Fuller Torrey, *Freudian Freud: Thd Malignant Effect of Freud's Theory on American Thought and Culture*(New York: HarperCollins, 1992). p. 151. 화이트는 1903년 이래 워싱턴 D.C.에 있는 세인트 엘리자베스 병원의 감독관으로 있으면서 아들러의 저작들을 번역했고 영어로된 최초의 정신분석 저널인 *Psychoanalytic Review*를 공동으로 창간했다. 화이트에게서 많은 영향을 받은 설리반은 1922년 세인트 엘리자베스 병원으로 왔다.

97) 베를린을 방문한 설리반은 알렉산더가 시카고 대학에 주재하는 정신분석가로서 적합한지를 보기 위해 그의 "옷차림과 품행"을 점검했다. 알렉산더는 테스트를 통과했다. 그가 처음으로 워싱턴 D. C.의 정신 건강 대회에 참석했을 때 사람들은 그가 "프로이트보다 훨씬 높다"고 평가했다. 헬렌 도이치에 의하면 그는 "모든 동성애(다시 말해 의존적) 남성들 위에 높이 군림하여 그들을 노예처럼 만들어버리

는 마술적인 힘을 지니고 있었다. 이를 납득하려면 반드시 미국에 와봐야 한다"
는 것이었다. 허버트 후버는 대회의 명예회장이었고 자금의 대부분은 *The Mind That Found Itself*의 저자인 클리퍼드 비어스가 충당했다. 다음 자료들을 참고할 것. Frankwood E. Williams, *Proceedings of the First International Congress on Mental Hygiene*(New York: International Committee for Mental Hygiene, 1932); Franz Alexander, *The Western Mind in Transition: An Eyewitness Story* (New York: Random House, 1960), pp. 94-99; Roazen, *Helene Deutsch*, pp. 271 ff.; Susan Quinn, *A Mind of Her Own: The Life of Karen Horney*(New York: Summit Books, 1987), p. 249. 시카고에서 분석적 관심은 1921년 랑크의 피분석자였고 1920년대에 노스웨스턴 의과대학에 재직하면서 시카고 학회의 초대 회장을 역임했던 라이오넬 블리첸과 더불어 시작되었다. 다음 책도 참고할 것. Harry Stack Sullivan, *The Fusion of Psychiatry and Social Science*(New York: Norton, 1964), p. xxviii; Oberndorf, History, p.xvi.

98) 폴 로젠이 지적했듯 빈에서 수수한 환경에서 살던 분석가도 "미국에서는 유명인사로 환영받았다." Roazen, *Helene Deutsch*, p. 271.

99) Linda Donn, *Freud and Jung: Years of Friendship, Years of Loss*(New York: Scribners, 1988), p. 111; 프로이트가 존스에게 보낸 편지(1921년 4월 12일자), *Freud-Jones*, pp. 418-42; Grosskurth, *Secret Ring*, p. 192. "dollaria"에 대해서는 다음 책을 참고할 것. Gay, *Freud*, p. 210.

100) Ilse Grubrich-Simitis, *Back to Freud's Text: Making Silent Documents Speak*, trans. Philip Slotkin(New Haven, Conn,: Yale University Press, 1996), pp. 176-81.

101) *SE*, vol. 21, p. 39.

102) Warwick Anderson, "The Trespass Speaks: White Masculinity and Colonial Breakdown," *American Historical Review*(1997년 12월), pp. 1343-1370. 인용문은 p. 1360.

103) Christiane Hartnack, "British Psychoanalysts in Colonial India," in *Psychology in Twentieth Century Thought and Society*, ed. M. G. Ash and W. Woodward (Cambridge, U. K.: Cambridge University Press, 1987), p. 247.

104) T. C. Sinha, "Development of Psychoanalysis in India," *International Journal of Psychoanalysis*, 1966, p. 430. 중국에 대해서는 다음 책들을 참고할 것. Lieberman, *Acts of Will*, p. 187; Jones, vol. 3, pp. 191.

105) Sudhir Kakar, *Culture and Psyche: Psychoanalysis and India*(New York: Psyche Press, 1997), pp. 50-51.

106) Ashis Nandy, "The Savage Freud," in *The Savage Freud and Other Essays on*

Possible and Retrievable Selves(Princeton, N. J.: Princeton University Press, 1995), pp. 103, 109 n.; Sinha, "Psychoanalysis in India," p. 430.

107) Kutter, *Psychanalysis International*, vol. 2, pp. 124-131; T. Takahashi, "La Psychanalyse au Japon," in *Histoire de la psychanalyse*, ed. R. Jaccard(Paris: Hachette, 1982), pp. 417-38; Jones to Anna Freud, 12 July 1934, British Psychoanalytic Society Archives, CFA/F02/01.

108) Wang Ning, "Confronting Western Influence: Rethinking Chinese Literature of the New Period," *New Literary History* 24, no. 4(Autumn 1993): 905-26.

109) Vera Schwarcz, *The Chinese Enlightenment: Intellectuals and the Legacy of the May Fourth Movement of 1919*(Berkeley: University of California Press, 1986), p. 104.

110) 1949년까지 프로이트 저작의 겨우 5분의 1만이 바버라 로우와 그 밖의 분석가들의 주석과 더불어 중국어로 번역되어 있었다. 반면에 빌헬름 라이히는 많이 번역되어 있었다.

111) *Tafsir el ahlam* (Al Qahirah: Dar el M'aref, 1958). 사푸안은 헤겔의 『정신현상학』을 최초로 아랍어로 번역했다.

112) Wulf Sachs, *Black Hamlet*(London: G. Bles, 1937); Megan Vaughan, *Curing Their Ills: Colonial Power and African Illness*(Cambridge, U. K.: Polity Press, 1991).

113) Zhang, *Psychoanalysis in China*, p. 6.

114) 프로이트가 안드레아스-살로메에게 보낸 편지(1922년 3월 13일자), Freud-Salomé, p. 114; Kalpana Seshadi-Crooks, "The Primitive as Analyst: Postcolonial Feminism's Access to Psychoanalysis," *Cultural Critique*, Fall 1994.

115) Freud, *Letters*, p. 392, 다음 책에서 재인용. Roudinesco, *Dictionnaire*, p. 82; *Jones*, vol. 3, p. 128, 프로이트가 페렌치에게 보낸 편지(1926년 12월 13일자).

116) *SE*, vol. 22, p. 179.

117) 같은 책, vol. 21, pp. 64-68.

118) Moshe Gresser, *Dual Allegiance: Freud as a Modern Jew*(Albany: SUNY Press, 1994), p. 175.

제8장 어머니로의 전환

1) Marshall Stalley, ed., *Patrick Geddes: Spokesman for Man and the Environment* (New Brunswick, N. J.: Rutgers University Press, 1972), pp. 289-380; Frank G. Novak, Jr., ed., *Lewis Mumford and Patrick Geddes: The Correspondence*(New York: Routledge, 1995).

2) H. G. 웰스는 다음 책에서 인용. Susan Kent, *Making Peac*(Princeton N. J.: Princeton University Press, 1993), p. 42.

3) Elaine Showalter, "Introduction," *These Modern Women: Autobiographical Essays From the Twenties*(Old Westbury, N. Y.: Feminist Press, 1978), p. 22. 마거릿 샌저의 산아 제한에 대한 글들의 인기와 마리 스토프의 교과서 *Married Love*는 이 변화를 증명한다.

4) 다음 책에서 인용. Mari Jo Buhle, *Feminism and Its Discontents*(Cambridge, Mass.: Harvard University Press, 1999) p. 96. 엘렌 케이의 인기는 부분적으로 그녀가 모성과 섹슈얼리티를 결합한 데 있었다. 누구든 샬럿 길먼의 책을 한번 읽어보기만 하면 케이로 전향했다고 1924년 한 페미니스트가 지적했다. Rheta Chile Dorr, *A Woman of Fifty*(New York: Funk and Wagnalls, 1924), p. 224.

5) 다음 책에서 인용. George Chauncey, *Gay New York: Gender, Urban Culture, and the Making of the Gay Male World, 1890-1940*(New York: Basic Books, 1994), p. 188.

6) Suzanne LaFollette, *Concerning Women*(New York: Albert and Charles Bond, 1926), p. 270.

7) 솔트레이크시티에 대해서는 다음 책들을 참고할 것. John D'Emilio and Estelle B. Freedman, *Intimate Matters: A History of Sexuality in America*(New York: Harper & Row, 1988), p. 288; Vern Bullough and Bonnie Bullough, "Lesbianism in the 1920s and 1930s: A Newfound Study," *Signs 2*, no. 4(1977): 895-904. 펠르티에에 대해서는 다음 책을 참고할 것. P. Vigné d'Octon, *La vie et l'amour: Les doctrines freudiennes et la psychanalys*(Paris: Editions de l'Idée libre, 1934). pp. 71-72; Joan Scott, *Only Paradoxes to Offer*(Cambridge, Mass.: Harvard University Press), pp. 140-47.

8) 다음 책에서 인용. Ann Douglas, *Terrible Honesty: Mongrel Manhattan in the 1920s* (New York: Farrar, Straus and Giroux, 1995), pp. 245-47.

9) Nellie Thompson, "Early Women Psychoanalysts," *International Review of Psychoanalysis* 14(1987): 392.

10) W. R. D. Fairbairn, "Impressions of the 1929 International Congress of Psychoanalysis," in *From Instinct to Self: Selected Papers of W. R. D. Fairbairn*, ed. Elinor Fairbairn Birtles and David Scharf(Northvale, N. J.: J. Aronson, 1994). p. 457.

11) Jill Stephenson, "Women and the Professions in Germany, 1900-1945," in *German Professions: 1800-1950*, ed. Geoffrey Cocks and Konrad H. Jarausch(New York: Oxford University Press, 1990), p. 279: "1933년까지 그들 자신의 직업 조

직은 자격증을 신청하는 여성 의사에게 5퍼센트의 할당량을 갖고 있었다."

12) Atina Grossman, "German Women Doctors from Berlin to New York: Maternity and Modernity in Weimar and Exile," *Feminist Studies* 19, no.1(1993년 봄): 67.

13) Sarah Kofman, *The Enigma of Woman: Woman in Freud's Writings*, trans. Catherine Porter(Ithaca, N. Y.: Cornell University Press, 1985), p. 194.

14) *SE*, vol. 22, pp. 116, 130-31, 135.

15) Nancy J. Chadorow, *Feminism and Psychoanalytic Theory*(New Haven, Conn.: Yale University Press, 1989), pp. 202-3.

16) Charlotte Wolff, *Hindsight: An Autobiography*(London: Quartet, 1980), p. 66.

17) Joan Riviere, "Womanliness as a Masquerade," *International Journal of Psychoanalysis* 10(1929): 303-4.

18) Lisa Appignanesi and John Forrester, *Freud's Women*(New York: Basic Books, 1993), p. 312; George E. Gifford, ed. Psychoanalysis, *Psychotherapy, and the New England Medical Scene, 1894-1944*(New York: Science House, 1978), pp. 360-61; Paul Roazen, *Helene Deutsch: A Psychoanalyst's Life*(Garden City, N. Y.: Anchor Press/Doubleday, 1985), pp. x, 244. 도이치의 성폭행 경험에 대해서는 그녀의 에세이를 참고할 것. "On the Patholigical Lie"(1921), *Journal of the American Academy of Psychoanalysis* 10(1982): 369-86. 다음 책을 참고할 것. Helene Deutsch, *Confrontations with Myself*(New York: Norton, 1973).

19) Roazen, *Helene Deutsch*, pp. 159, 178; 도이치의 강연 "George Sand: A Woman's Destiny"는 1928년 3월에 행해졌고 폴 로젠의 소개와 함께 *International Review of Psychoanalysis* 9(1982): 445-60에 재수록되었다.

20) Phyllis Grosskurth, *Melanie Klein: Her World and Her Work*(New York: Knopf, 1986), p. 134.

21) Elisabeth Young-Bruehl, *Anna Freud: A Biography*(New York: Summit Books, 1980), p. 15.

22) *The Adolescent Diaries of Karen Horney*(New York: Basic Books, 1980), pp. 90-91, quoted on Buhle, *Feminism*, pp. 69-70.

23) Dee Garrison, "Karen Horney and Feminism," *Signs* 6(Summer 1981): 672-91; Janet Sayers, *Mothers of Psychoanalysis: Helene Deutsch, Karen Horney, Anna Freud, Melanie Klein*(New York: Norton, 1991), pp. 85-91. Abraham to Freud, 25 February 1921, *Freud-Abraham*, p. 114.

24) Buhle, *Feminism*, p. 70.

25) Atina Grossman, "Abortion and the Economic Crisis: The 1931 Campaign Against Paragraph 218," in *When Biology Becomes Destiny: Women in Weimar and Nazi*

Germany, ed. Renata Bridenthal et al.(New York: Monthly Review Press, 1984), p. 125.

26) Riviere to Jones, 25 October 1918, in Vincent Brome, *Ernest Jones: Freud's Alter Ego*(London: Caliban Books, 1982), p. 113; Jones to Freud, 21 January 1921. 두 문서 모두 다음 책에 재인용되었다. Stephen Heath, "Joan Riviere and the Masquerade," in *Formations of Fantasy*, ed. Victor Burgin et al.(London and New York: Methuen, 1986), p. 45.

27) Anita Grossman, *Reforming Sex: The German Movement for Birth Control and Abortion Reform, 1920-1950*(New York: Oxford University Press, 1995).

28) Payne to Klein, 16 March 1942, British Psychoanalytic Society Archives (hereafter BPS), CKB/F01/06.

29) *SE*, vol. 18, p. 164.

30) Letters of Melanie Klein, 15 and 27 April, 1941, BPS, PP/KLE.

31) Roazen, *Helene Deutsch*, p.338; 다음 자료도 참고할 것. Marie Bonaparte, "Passivity, Masochism, and Feminity," in *Psychoanalysis and Female Sexuality*, ed. Hendrik M. Ruitenbeek(New Haven, Conn.: Yale University Press, 1966), p. 136.

32) *SE*, vol. 21, pp. 225–43.

33) 같은 책, vol. p. 205.

34) Karen Horney, "Inhibited Feminity"(1926–1927), in Horney, *Feminine Psychology*, ed. Harold Kelman(New York: Norton, 1973), p. 74. 1917년 J. H. W. 반 오퓌센은 남성성 콤플렉스와 여성 거세 콤플렉스를 구분했다. 전자에 있어 "잘못 대우 받았다는 느낌과 이로 인한 비통함의 반응"은 죄의식을 수반하지 않는다. 반 오퓌센의 「남성성 콤플렉스에 관한 기고」는 Ruitenbeek, *Psychoanalysis and Female Sexuality*, p. 61에서 볼 수 있다. 그것은 1917년 독일 정신분석 학회에서 발표되었지만 1924년까지 출판되지 않았다.

35) *SE*, vol. 19, p. 251.

36) Karl Abraham, "Manifestations of the Female Castration Complex," *International Journal of Psychoanalysis 3* (March 1922): 1-29. 이 보고서는 1920년 헤이그 총회에서 발표되었다. 루이즈 카플란에 의하면 이 논문은 "남자들의 모든 전형적인 병과 여성적인 것에 대한 그들의 불안에 대한 완벽한 목록"이었다. Kaplan, *Female Perversions*(New York: Doubleday, 1991), p. 79. 1919년 5월 5일자 아브라함의 편지도 참고할 것. *Freud-Abraham*, p. 287.

37) 1928년의 한 편지에서 여성의 조숙한 성장에 대한 모든 정신분석적 지식이 "만족스럽지 못하고 부정확하다"는 존스의 견해에 동의한 프로이트는 여성적 이성애가 어머니 젖을 빠는 관계에서 시작되며 이 관계가 바지나의 수동성을 예표한다고 시사

했다. 프로이트가 존스에게 보낸 편지(1928년 2월 22일자), *Freud-Jones*, p. 641; Grosskurth, *Melanie Klein*, p. 181.

38) *SE*, vol. 19, pp. 142, 175. 2년 전, 그러니까 아브라함의 시론이 발표된 지 3년 후 프로이트는 '음경 단계'와 '거세 콤플렉스'에 대한 생각을 도입했다. 아직 이르긴 했지만 그는 구강기, 항문기, 성기기의 3단계 성적 발전의 가설을 수립했다. 각 단계는 주체/대상, 능동적/수동적, 남성적/여성적으로 세계를 구성하는 단계에 상응하는 것이었다. 새로운 작업은 항문기와 성기기 사이의 중개 단계로 음경 단계라는 네 번째 단계를 상정했다. 이 단계에서 남·여성은 남성 성기 하나만을 알 뿐이었다. 이 단계의 이분법적 특성인 음경/거세는 두 개의 다른 성기 기관이 있다는 지식—사춘기의 특성—을 예비하는 것이었다.

39) *SE*, vol. 20, p. 143; vol. 22, p. 124.

40) 같은 책, vol. 20, pp. 137-38.

41) 빈에는 아우구스트 아이히혼이 지도하는 청소년 클리닉이 있었다. 에릭 에릭슨과 피터 블로스도 사춘기 청소년에 대한 분석 연구를 개척했다. 다음 자료들을 참고할 것. *SE*, vol. 19, p. 273; Denise Riley, *War in the Nursery: Theories of the Child and Mother*(London: Virago Press, 1983), p. 71; Anna Freud, *The Psychoanalytic Treatment of Children: Technical Lectures and Essays*, trans. Nancy Procter-Gregg(London: Imago Publishing, 1947), pp. x, 319-20; Edith Kurzweil, *The Freudians: A Comparative Perspective*(New Haven, Conn.: Yale University Press, 1989), p. 134. 부다페스트에서의 아동 분석에 대해서는 페렌치가 프로이트에게 보낸 편지(1931년 3월 31일자)를 참고할 것, *Freud-Ferenczi*, vol. 3, p. 410.

42) Helene Deutsch, "The Psychology of Woman in Relation to the Functions of Reproduction," *Internatioonal Journal of Psychoanalysis* 6(1925): 405-18(her talk at the Salzburg congress); Karen Horney, "The Flight from Womanhood: The Masculinity Complex in Women, as Viewed by Men and Women," *International Journal of Psychoanalysis* 7(July-October 1927): 324-39; Roazen, *Helene Deutsch*, pp. 338-43; Helene Deutsch, *Zur psychologie der weiblichen Sexualfunktionen*(Vienna: Verlag, 1925), trans. as *Psychoanalysis of the Sexual Functions of Women*(a new edition was published in London by Karnac in 1991); Helene Deutsch, "On Female Homosexuality," *Psychoanalytic Quarterly* 1(1932), 484-510. 다음 책도 참고할 것. Appignanesi and Forrester, *Freud's Women*, p. 307.

43) Horney, "Flight," passim.

44) Melanie Klein, "The Psychological Principles of Infant Analysis"(1926), in

Contributions to Psychoanalysis, 1921-1945 (London: Horgarth Press, 1948), pp. 140-51. 아동들의 학습 곤란을 어머니의 보복에 대한 두려움 탓이라고 본 그녀는 아주 어린아이조차도 무의식적 죄의식*Schuldbewusstsein*을 드러낸다고 주장했다. Grosskurth, *Melanie Klein*, pp. 123-24; Perry Meisel and Walter Kendrick, eds., *Bloomsbury/Freud: The Letters of James and Alix Strachey*, 1924-1925(New York: Basic Books, 1985), p. 21.

45) 어니스트 존스가 썼듯 "남성 분석가들은 음경 중심적 관점을 과도하게 채용했다. 이에 따라 여성 성기의 중요성은 과소평가되었다." '음경 중심적'이라는 용어는 1927년 OED에서 처음 사용되었다. 때로 존스는 이 용어를 처음 만든 사람으로 인정된다.

46) Jeanette C. Gadt, "The 'New' Democratic Woman of Modernity: George O' Keeffe and Melanie Klein," *American Journal of Psychoanalysis* 54, no. 2(1994): 173-87.

47) Melanie Klein, "The Psychotherapy of the Psychoses"(1930), in Klein, *Contributions to Psychoanalysis*, pp. 251-53, 268.

48) Melanie Klein, *The Psycho-analysis of Children*, trans. Alix Strachey, rev. Strachey with H. A. Thorner(New York: Free Books, 1984), pp. 35-57.

49) *SE*, vol. 21, pp. 230-31.

50) Sudhir Kakar, *Culture and Psyche: Psychoanalysis in India*(New York: Psyche Press, 1997), p. 60. 다음 자료들도 참고할 것. Ashis Nandy, "The Savage Freud," in *The Savage Freud and Other Essays on Possible and Retrievable Selves* (Princeton, N. J.: Princeton University Press, 1995), pp. 103, 109 fn.; T. C. Sinha, "The Development of Psychoanalysis in India," *International Journal of Psychoanalysis* 47(1966): 430.

51) 한 이본異本에서는 데비 여신이 싸움에서 자기를 이기는 남자를 남편으로 받아들이겠다고 선언한다. 악마 마히사사우라가 무장한 수백만의 군대를 이끌고 그녀에게 도전하며 나섰다. 데비는 벌거벗은 몸으로 혼자 사자를 타고 왔다. 사자에서 내린 데비는 춤을 추기 시작하더니 춤 동작의 리듬에 따라 수백만의 악마들의 목을 칼로 베었다. 겁에 질린 마히사사우라는 코끼리로 변신했다. 데비가 그 몸통을 베자 그는 황소가 되었고 데비는 그것이 죽을 때까지 그것을 타고 다녔다. 시바가 나타나 그녀 앞에 엎드리고서야 비로소 데비는 광포한 춤을 그치고 혀를 내밀더니 부끄러움을 느꼈다. 달리 말하면 어머니는 전능하고 성적이고 음경적이지만 아버지와 아들은 그녀를 재움으로써 굴종시킬 수 있다는 것이다.

52) 모더니즘에 대한 오늘날의 저작들에서는 이 친밀성 및 그것이 정신분석에 대해 지니는 의미가 종종 망각되곤 한다. 예를 들면 앤 더글러스는 그의 『무서운 솔직함

Terrible Honesty』에서 성적-모더니스트 문화는 빅토리아 시대의 문화 풍경을 순찰하던 강력한 여성적 보호자—여성 타이탄—에 공격을 가하면서 발생했음을 알렸다. 따라서 제임스 조이스는 T. S. 엘리엇의 『황무지』를 "숙녀들을 위한 시라는 생각"에 종지부를 찍은 시로 환영했고 요제프 헤르게샤이머는 미국 문학을 "속치마에 목이 졸려 있는" 상태로 묘사했으며 게오르크 짐멜은 어머니를 "모더니티의 풍경 속에 있는 선사 시대의 요지부동한 호박돌"에 비유했다. 그러나 더글러스는 모더니즘에 대한 이러한 해석을 여성 타이탄이 흔히 자신의 딸들에게 얼마나 억압적이었는지에 대한 관찰과 조화시키려는 시도를 하지는 않았다. 모더니스트 남성이 어머니라는 '은색 밧줄'에서 스스로 해방되어야 했던 것처럼 모더니스트 여성 또한 그러했다. 딸들의 섹슈얼리티의 보호자로서 어머니들은 "과도한 사랑에 임박해 있는 거세의 위협"을 통해 여자아이들을 억누를 수 없었다. 더글러스가 보여주듯 1926년의 유명한 『국민*The Nation*』에 나오는 여성과 모더니티에 관한 연속물은 "어머니의 사명이라는 위험한 자질"에 대해 언급했다. 이 자질은 어머니를 비유적으로 딸을 먹는 뱀파이어로 묘사한 영화 「스텔라 댈러스*Stella Dallas*」에서 강력하게 전달되었다.

53) 아브라함과 함께 한 호나이의 분석은 Elisabeth Roudinesco and Michel Plon, *Dictionnaire de la psychanalyse*(Paris: Fayard, 1997). pp. 460-61에 논의되어 있다. 다음 책에서 인용. Horney, "Flight," pp. 331, 338.

54) Alex Zwerdling, *Virginia Woolf and the Real World* (Berkeley: University of California Press, 1968), pp. 294-96.

55) Jacques Quen and Eric T. Carlson, *American Psychoanalysis: Origins and Development*(New York: Bruner/Mazel, 1978), p. 148. 존 달라드와 에드워드 새피어에 의해 설립된 인류학의 '문화와 퍼스낼리티' 학파는 사회 구성원들이 공통적으로 지닌 어렸을 때의 체험의 결과로 공유하는 퍼스낼리티 구조를 사회의 기본적이거나 규범적 퍼스낼리티로 서술하려 했다. 프로이트에 대한 인류학의 관심은 프란츠 보아스에게까지 거슬러 올라간다. 그는 클라크 대학 강연 이후 컬럼비아 대학에서 프로이트에 대한 세미나를 지도했다. 엘지 클루스 파슨스는 *American Anthropologist* (1916)에서 프로이트를 논한 최초의 인류학자였다. 그러나 영감을 불어 넣는 주요 인물은 에드워드 새피어였다. 웨스톤 르바르에 의하면 "공식적인 인류학이 정신분석을 체계적으로 무시하고, 적대적이지는 않더라도 냉냉한 태도가 지배적인 분위기였을 때 새피어는 그의 학생들에게 아브라함, 존스, 페렌치 그리고 다른 고전 작가들의 책을 읽를 권했다. 다음 자료들을 참고할 것. Steven Marcus, "Psychoanalytic Theory and Culture," *Partisan Review* 49, no. 2(1982): 224-37; Ralph Linton, *The Study of Man*(New York: D. Appleton-Century Co., 1936); Thomas Hartshorne, *The Distorted Image: Changing Conceptions of the American*

Character Since Turner(Cleveland: Case Western Press, 1968), pp. 119-34; Fred W. Vogt, *A History of Ethnology*(New York: Holt, Rinehart and Winston, 1975), p. 440; Edward Sapir, "The Emergence of the Concept of Personality in a Study of Cultures"(1934), in *Culture, Language, and Personality*(Berkeley: University of California Press, 1949); Géza Róheim, *The Origin and Function of Culture*(New York: Nervous and Mental Desease Monographs, 1943), pp. 83-84; B. J. Bergen and S. D. Rosenberg, "The New Neo-Freudians," *Psychiatry* 34, no. 1(1971): 31; Paul Robinson, *The Freudian Left: Wilhelm Reich, Geza Roheim, Herbert Marcuse* (New York: Harper & Row, 1969), especially pp. 93-96; Weston LaBarre, "Geza Roheim," in Franz Alexander, *Psychoanalytic Pioneers* (New York: Basic Books, 1966).

56) 에리히 프롬이 특히 정신분석의 영향을 받아 1941년 작성한 미국 사회과학자 명단에는 달라드, 라스웰, 베네딕트, J. 핼로웰, 린튼, 미드, 새피어와 카디너 등이 망라되어 있다. 다음 책을 참고할 것. Fromm, *Escape from Freedom*(New York: Farrar & Rinehart, 1991), p. 13 n. 예일 학파의 영향은 사회심리학자 오토 클리네베르크와 인류학자 호르텐스 파우더메이커에게서 볼 수 있다.

57) Karen Horney, *The Neurotic Personality of Our Time*(New York: Norton, 1937), pp. 46-47, 14, 34-36, 76-77, 86, 140, 270, 276, 280, 284-87.

58) Horney, "Inhibited Feminity," pp. 74, 89.

59) Horney, *Feminism Psychology*, p. 83 and passim. Horney relied on Robert Briffault's *The Mothers* (1927).

60) 호나이에 의하면 마조히즘은 "고통받는 것이 아니라 자아의 포기를 목표로 한다." 다음 책에서 인용. Susan Quinn, *A Mind of Her Own: The Life of Karen Horney* (New York: Summit Books, 1987), p. 270 fn. 61.

61) 다음 책에서 인용. Martin Birnbach, *Neo-Freudian Social Philosophy*(Stanford, Calif.: Stanford University Press, 1961), p. 52.

62) Carl Rollyson, *Rebecca West: A Life*(London: Hodder and Stoughton, 1995), pp. 134-35.

63) 다음 책에서 인용. Kent, *Making Peace*, pp. 136-37.

64) 같은 책, p. 134.

65) Virginia Woolf to Molly McCarthy, in *The Letters of Virginia Woolf*, ed. Nigel Nicholson(London: Hogarth Press, 1977), vol. 3, pp. 134-35.

66) Zwerdling, *Virginia Woolf and the Real World*, pp. 294-96; Virginia Woolf, *A Room of One's Own*(San Diego: Harcourt Brace Jovanovich, 1989), p. 58. 『3기니 *Three Guineas*』의 원래 제목은 『남자들은 원래 그래*Men Are Like That*』였다.

67) 몇몇 사람들은 프로이트가 1925년 시론을 쓰고는 6년 동안 침묵했던 것이 어머니 아말리에와의 갈등 관계 때문이었다고 주장했다. 디디에 앙지외는 이렇게 썼다. "프로이트에게 아이를 먹는 사람은 크로노스가 그랬던 것처럼 아버지였다. 어머니는 탐나면서도 금지되어 있다는 점에서만 위협적이었다. 그는 파편화와 박해의 불안을 정신분석이 아니라 코카인과 담배로 치료했다. Didier Anzieu, *Freud's Self-Analysis*, trans. Peter Graham(London: Hogarth Press and the Institute of Psycho-Analysis, 1986), p. 570. 엘리자베스 루디네스코를 포함한 다른 사람들은 1920년대 말 프로이트의 침묵이 멜라니 클라인에 맞서 딸 안나 프로이트의 견해를 지지하는 것과 관련이 있음을 시사했다. Roudinesco and Plon, *Dictionnaire*, p. 976.

68) *SE*, vol. 21, p. 226.

69) 존스가 프로이트에게 보낸 편지(1932년 1월 10일자)와 프로이트가 존스에게 보낸 편지(1932년 1월 23일자), *Freud-Jones*, pp. 689 ff.; Appignanesi and Forrester, *Freud's Women*, p. 444.

70) *SE*, vol. 21, p. 234.

71) 같은 책, vol. 22, p. 120.

72) Donald L. Burnham, "Freud and Female Sexuality: A Previously Unpublished Letter," Psychiatry 34(August 1971): 329.

73) *SE*, vol. 21, pp. 236-37, 243. 어린 소녀는 이미 여성적이라는 생각을 거부하면서 프로이트는 생물학적 성격에 대립되는 심리적 성격을 주장했다. 1930년에 그가 썼듯 "우리가 만일 특정한 연령 이후로 양성 간의 상호적 끌림의 기본적 영향이 어린 여자아이로 하여금 자신을 여성으로 느끼고 남성을 향하도록 촉구한다고 가정할 수 있다면 아주 이상적인 간단한 답이 될 것이다. 그러나 실제로는 그럴 수 없다."(같은 책, vol. 22, p. 119) 물론 남성 섹슈얼리티 역시 심리적인 것이었다. 그러나 그 심리는 초기의 여성적 대상과 페니스에 대하여 벗어나지 않는 카텍시스와 더불어 생물학이 그어놓은 선을 더욱 가깝게 따라갔다. 여성 섹슈얼리티에 대한 프로이트의 견해는 많은 비평가들이 특징지었던 것과 달리 생물학적 경로와의 갈라짐을 강조했다. 이것은 다른 특징들과 마찬가지로 여성 섹슈얼리티를 정신분석적 사유와 모더니스트 문화의 중심에 정위했다.

74) 같은 책, vol. 21, p. 157.

75) Riviere, "Womanliness as a Masquerade." 다음 자료도 참고할 것. James Strachey, Paula Heimann, and Lois Munro, "Joan Riviere," *International Journal of Psychoanalysis* 44(1963): 228-35.

76) *SE*, vol. 23, pp. 250-53.

제9장 파시즘과 유럽의 고전적 정신분석의 붕괴

1) '공·사'의 개념은 한나 아렌트의 1956년도 저서인 『인간의 조건』에서 재해석되었다. 그러나 아렌트는 이 용어를 그녀가 생각한 바의 고대 그리스적 의미로 사용했다. 1970년대 초 이 개념은 이차 페미니즘 물결의 영향 아래 나의 저서 『자본주의, 가족, 개인적 삶』을 필두로 하여 다시 수정되었다. 이 책은 원래 1971년에서 1972년에 걸쳐 『사회주의 혁명』 저널에 발표되었다가 1976년 책으로 출판되었다. 『자본주의, 가족, 개인적 삶』은 '공·사' 개념을 산업화와 더불어 시작된 가족과 경제 생활 사이의 분리에 적용하여 그 용어를 역사적으로 맥락화한 최초의 작업이었다.

2) Zeev Sternhell, "Fascism," in *The Blackwell Encyclopedia of Political Thought*, ed. David Miller(Oxford: Blackwell, 1987), pp. 148-50.

3) 막스 호르크하이머와 테오도어 W. 아도르노에 의하면 프로이트 연구의 독일어 제목인 *Massenphysiologie*는 '반성하지 않는 집단'이라는 의미를 가지고 있다. Max Horkheimer and Theodor W. Adorno, *Aspects of Sociology*(1956; repr., Boston: Beacon Press, 1972), p. 72.

4) *SE*, vol. 23, p. 126.

5) 같은 책, vol. 18, p. 69.

6) Hyppolyte Taine, *Les origines de la France contemporaine*(Paris: Hachette, 1875-93), Freud to Minna Bernays, 3 December 1885, 다음 책에서 인용. Jones, vol. 1, and in Peter Gay, *Sigmund Freud: A Life for our Time*(New York: Norton, 1988), p. 48. 다음 자료도 참고할 것. Jaap van Ginneken, "The Killing of the Father: The Background of Freud's Group Psychology," *Political Psychology* 5, no. 3(1984): 391-414.

7) *SE*, vol. 18, p. 78.

8) Wilhelm Reich, *Reich Speaks of Freud*, ed. Mary Higgins and Chester M. Raphael (New York: Farrar, Straus, and Giroux, 1967), pp. 20, 35

9) Paul Weindling, *Health, Race, and German Politics Between National Unification and Nazism, 1870-1945*(Cambridge, U.K.: Cambridge University Press, 1989).

10) Helmut Gruber, *Red Vienna: Experiment in Working-Class Culture, 1919-1934* (New York: Oxford University Press, 1991): 정당의 교육 이론가이자 막스 아들러의 추종자인 오토 펠릭스 카니츠는 새로운 교육 형태가 프롤레타리아 계급의 아이들에게 자신들의 '사회적 열등감 콤플렉스'를 극복하도록 가르쳐야 한다고 믿었다. Anson Rabinbach, *The Crisis of Austrian Socialism*(Chicago: Univetsity of Chicago Press, 1983). pp. 188-89.

11) Paul Robinson, *The Freudian Left: Wilhelm Reich, Geza Roheim, Herbert Marcuse* (New York: Harper & Row, 1969), p. 53

12) Rabinbach, *Austrian Socialism*, pp. 32-33.

13) Wilhelm Reich, *People in Trouble*(New York: Farrar, Straus, and Giroux, 1976).

14) 카네티 역시 1922년 우익 반유대주의 진영에서 발터 라테나우를 살해한 것에 항의 하는 프랑크푸르트 노동자 시위에 충격을 받았다. 그는 자신의 독립적인 지적 생활의 시작을 알리는 프로이트 읽기에 대해 썼으나 프로이트에 대한 답인 『군중과 권력』을 1959년까지 완성하지 않았다. Elias Canetti, *The Torch in My Ear*, trans. Joachim Neugroschel(New York: Farrar, Straus and Giroux, 1982), pp. 147-49; Thomas H. Falk, *Elias Canetti*(New York: Twayne, 1993), p. 84.

15) Elias Canetti, *Crowds and Power*(New York: Seabury, 1978), p. 29.

16) 카네티에 의하면 슈레버의 군중 환상은 나치의 그것을 예견케 했다. 양자는 모두 군 대라는, 중세 독일의 삼림에서 기원한 독일 민중 특유의 군중 상징에 근거한 것이 었다. Ritchie Robertson, "Between Freud and Nietzsche: Canetti's *Crowds and Power*," in Edward Timms and Ritchie Robertson, *Psychoanalysis in Its Cultural Context*(Edinburgh: Edinburgh University Press, 1992), pp. 109-24.

17) Gruber, *Red Vienna*, pp. 158, 161-62. Atina Grossman, *Reforming Sex: The German Movement for Birth Control and Abortion Reform, 1920-1950*(New York: Oxford University Press, 1995)는 라이히의 중요성을 과대평가하는 것에 대해 경고했다.

18) *SE*, vol. 21, p. 113 fn. 1.

19) 모권 사회에 대한 라이히의 더 충실한 설명은 그의 1932년의 글인 "Imposition of Sexual Morality," available *in Sex-Pol: Essays*, 1929-1934, ed. Lee Baxandall(New York: Vintage, 1972), pp. 89 ff.

20) Elisabeth Roudinesco, *Histoire de la psychanalyse en France*, 2 vols.(Paris: Fayard, 1994), vol. 2, p. 45. 러시아의 정신분석에 대해서는 다음 자료들을 참고할 것. *Die Internationale Zeitschrift für Psychoanalyse* by Alexander Luria in 1923, 1924, and 1926, and by Siegfried Bernfeld in 1932.

21) Martin A. Miller, "The Origins and Development of Russian Psychoanalysis, 1909-1930," *Journal of the American Psychoanalytic Association* 14, no. 1:132; Alexander Etkind, *Eros of the Impossible: The History of Psychoanalysis in Russia*, trans. Noah and Maria Rubens(Boulder, Colo.: Westview Press, 1997), pp. 234-43.

22) Wilhelm Reich, *The Sexual Revolution: Toward a Self-Governing Character Structure*, rev. ed., trans. Theodore P. Wolfe(New York: Farrar, Straus, and Giroux, 1969), pp. 123-25, 142-43, 238. 다음 자료도 참고할 것. Wilhelm Reich, "Dialectical Materialism and Psychoanalysis"(originally published in the Moscow

journal *Under the Banner of Marxism* in 1927), and *The Sexual Struggle of Youth* (1932; repf., London: Socialist Reproduction, 1972).

23) Higgins and Raphael, *Reich Speaks*, p. 114.

24) Wilhelm Reich, "Die Stellung der Psychoanalyse in der Sowjetunion," *Die Psychoanalytische Bewegung*, no. 4(1929): 359-68; Moshe Wulff, "Zur Stellung der Psychoanalyse in der Sowjetunion," *Die Psychoanalytische Bewegung*, no. 1(1930): 70-75.

25) Gruber, *Red Vienna*, pp. 158, 161-62.

26) 1929년의 논문에서 에밀 레더러는 두 집단이 공통의 논점을 이룬다고 주장했다. 오늘날의 가장 중요한 설명인 지크프리트 크라카우어의 1930년도 저서 『화이트칼라 노동자들』은 중산층의 불안정과 정서적 취약함을 강조했다. 크라카우어는 그들이 경제 위기에 무너진 자유주의적 체제 안에 안주할 수 없으면서도 또한 마르크스주의로 피신하고 싶어하지도 않는다는 사실에서 유래하는 '관념적인 뿌리 뽑힘 homelessness'의 고통을 겪고 있다고 기록했다. Kracauer, *The Mass Ornament: Weimar Essays*(Cambridge, Mass.: Harvard University Press, 1995), p. 123. 다음 자료를 참고할 것. Arno Mayer, "The Lower Middle Class as Historical Problem," *Journal of Modern History* 47(September 1975): 409-36.

27) 그는 파시스트의 정신 상태가 노예화되고 권위를 갈구하면서도 동시에 저항적인 '소인배'의 정신 상태라고 덧붙였다. 다음 책을 참고할 것. Wilhelm Reich, *The Mass Psychology of Fascism*(New York: Farrar, Straus and Giroux, 1970), p. 47.

28) Grossman, *Reforming Sex*, pp. 120-21; Gruber, *Red Vienna*, pp. 158-59, 169-70; Roudinesco, *Histoire*, vol. 2, p. 45; Daniel Burston, *The Legacy of Erich Fromm* (Cambridge, Mass.: Harvard University Press, 1991), p. 208; David Boadella, *Wilhelm Reich: The Evolution of His Work*(Boston: Arkana, 1985). pp. 82-83.

29) 그로스만의 *Reforming Sex*, pp. 120-121에 의하면 SEXPOL은 독일 공산당의 프롤레타리아 성 개혁을 위한 통합위원회나 동맹이었다.

30) 프로이트가 페렌치에게 보낸 편지(1932년 1월 24일자), *Freud-Ferenczi*, vol. 3, p. 166; Robinson, *Freudian Left*, pp. 36-37. 프로이트가 라이히를 "무의미" 하다고 특징지은 것은 다음 책에서 인용하였다. Michel Molnar, ed. *The Diary of Siegmund Freud: A Record of the Final Decade*, trans. Michael Molnar(New York: Scribners: Maxwell Macmillan Canada; New York: Maxwell Macmillan International, 1992), p. 119. 프로이트가 제언한 편집상의 논평 텍스트는 Higgins and Raphael, *Reich Speaks*, p. 155에 나타나 있다.

31) 안나 프로이트가 존스에게 보낸 편지(1933년 4월 27일자), CFA/F01/30; 존스가 안나 프로이트에게 보낸 편지(1933년 12월 9일자), CFA/F01/06; 안나 프로이트가 존

스에게 보낸 편지(1934년 1월 1일자), CFA/F01/06, British Psychoanalytic Society Archives (hereafter BPS).

32) Karl Fallend and Bernd Nitzschke, eds., *Der "Fall" Wilhelm Reich zum Verhältnis von Psychoanalyse und Politik*(Frankfurt: Suhrkamp, 1997); Zvi Lothane, "The Deal with the Devil to 'Save' Psychoanalysis in Nazi Germany," *The Psychoanalytic Review* 88(2001); 197-224.

33) Wilhelm Reich, *The Function of the Orgasm: Sex-Economic Problems of Biological Energy*, trans. Theodore Wolfe(New York: Noonday Press, 1961), p. 265; Higgins and Raphel, *Reich Speaks*, pp. 189, 255-61.

34) 다음 책에서 인용. Russell Jacoby, *The Repression of Psychoanalysis*(New York: Basic Books, 1983), p. 82.

35) Robinson, *Freudian Left*, p. 56.

36) 다음 책에서 인용. Geoffrey N. Cocks, *Psychotherapy in the Third Reich: The Göring Institute*(New York: Oxford University Press, 1985), p. 88. 다음 책도 참고할 것. Geoffrey N. Cocks, "The Professionalization of Psychotherapy in Germany, 1928-1949," in *German Professions: 1800-1950*, ed. Geoffrey Cocks and Konrad H. Jarausch(New York: Oxford University Press, 1990), pp. 308-28.

37) Molnar, *Diary*, entry of 17 April 1933. 인용된 글 외에 나의 설명은 다음 책을 참고한 것이다. Regine Lockot, *Erinnern und Durcharbeiten: Zur Geschichte der Psychoanalyse und Psychotherapie im Nationalsozialismus*(Gissen: Psychosozial-Verlag, 2002), and Karen Brecht et al., *Here Life Goes On in a Most Peculiar Way*(Hamburg: Kellner Verlag, n.d.)

38) Harald Schultz-Hencke's 1927 *Einfuhrung in die Psychoanalyse*는 유아의 소망을 '지워버림'에 있어 성인다운 생활과 문화의 역할을 강조했다. 그리고 이런 의미에서 라이히와 대립하는 관점을 대변했다. 라이히와 슐츠-헨케는 카렌 호나이에게 중요한 영향을 끼쳤다.

39) Jones, vol. 3, pp. 185 ff.; Cocks, *Psychotherapy*, p. 90. 이번에는 이것이 더 큰 이동의 일부였다. 1933년 독일에는 이천여 명의 정신의학자들이 있었음에 비해 1939년에는 600여 명밖에 남지 않았다. Edward Timms and Naomi Segal, eds., *Freud in Exile: Psychoanalysis and its Vicissitudes*(New Haven, Conn.: Yale University Press, 1988), p. 54; Uwe Henrick Peters, "The Psychoanalytic Exodus: Romantic Antecedents and the Loss of German Intellectual Life," in *Freud in Exile*, pp. 65-79; Susan Quinn, *A Mind of Her Own: The Life of Karen Horney*(New York: Summit Books, 1987), p. 241. 아이팅곤은 위기의 기간 대부분 동안 팔레스타인에 있었다.

40) 안나 프로이트가 존스에게 보낸 편지(1934년 8월 18일자), CFA/F02/10, BPS.

41) *Psychoanalysis and Contemporary Thought* II, no. 2(1988): Norbert Freedman, "The Setting and the Issues," pp. 200–202; Anna Antonovsky, "Aryan Analysis in Nazi Germany," pp. 218–19; Karen Brecht, "Adaptation and Resistance: Rep-aration and the Return of the Repressed,' p. 235; Robert S. Wallerstein, "Psychoanalysis in Nazi Germany: Historical and Psychoanalytic Lessons," p. 356. 다음 책도 참고할 것. Edith Kurzweil, *The Freudians: A Comparative Perspective* (New Haven, Conn.: Yale University Press, 1989), p. 48.

42) 편지의 출처는 Bernd Nitzschke, "La psychanalyse considerée comme une science ⟨a⟩-politique," *Revue internationale d'histoire de la psychanalyse*, no. 5(1992): 174.

43) 안나 프로이트 역시 에디트 야콥슨이 '부주의'했으며 분석운동을 위험에 몰아 넣었다고 믿었다. 다음 자료를 참고할 것. Mrs. Hoel to Ernest Jones, 4 January 1935, G07/BC/F01/01, BPS.

44) Jones, vol. 3, pp. 185 ff,; Cocks, *Psychotherapy*; Kurzweil, *Freudians*, p. 48; Dierk Juelich, "Critique of Civilization and Psychoanalytic Identity," *Psychoanalysis and Contemporary Thought* II, no. 2(1988): 321–35. For Gleichschaltung, 다음 자료를 참고할 것. Renate Bridenthal, Atina Grossman, and Marion Kaplan, *When Biology Became Destiny: Women in Weimar and Nazi Germany*(New York: Monthly Review Press, 1984), p. 21.

45) 다음 책에서 인용. Aryeh Maidenbaum and Stephen A. Martin, eds., *Lingering Shadows: Jungians, Freudians, and Anti-Semitism*(Boston: Shambhala, 1991), p. 37.

46) 존스가 안나 프로이트에게 보낸 편지(1935년 11월 11일자), G07/GC/F01/15, BPS.

47) Van Ophuijsen이 존스에게 보낸 편지(1933년 7월 18일자), COA/F06/56, BPS.

48) Jones, vol. 3, pp. 296–301.

49) Edith Kurzweil, "The New York Psychoanalysts Between 1933 and 1943," unpublishes ms.

50) Fenichel to Jones, BPS.

51) 안나 프로이트가 존스에게 보낸 편지(1936년 11월 3일자), BPS.

52) Molnar, *Diary*, p. 300.

53) 이것이 소위 네 명에서 열네 명 사이의 그룹 A였다. 어떤 보고에 의하면 히틀러와 프로이트의 사진이 나란히 걸려 있었다고 한다.

54) Molnar, *Diary*, p. 209; Richard F. Sterba, *Reminiscences of a Viennese Psychoanalyst*(Detroit: Wayne State University Press, 1982).

55) Norbert Freedman, "Setting," p. 200; Brecht, "Adaptation," pp. 240–41; Marie Langer, *From Vienna to Managua: Journey of a Psychanalyst*(London: Free Association Books, 1989), pp. I, 78–80.

56) Elisabeth Roudinesco, *La Bataille de cent ans*, vol. 1(Paris: Ramsay, 1982; Seuil, 1986), pp. 181–221, 395–411.

57) Roudinesco, *Histoire*, vol. 2, pp. 170 ff.; Elisabeth Roudisnesco, "Documents concernant l'histoire de la psychanalyse en France durant l'Occopation," *Confrontation* 16(Autumn 1986): 243–78; Alain de Mijolla, "La psychanalyse et psychanalystes en France, 1939–1945," *Revue Internationale d'histoire de la psychanalse*, no. 1(1988); 167–222.

58) Paul Roazen, "Psychoanalytic Ethics: Edoardo Weiss, Freud and Mussolini," *Journal of the History of Behavioral Sciences* 27(1991년 10월); 370; A. M. Accerboni, "Psychoanalysis and Fascism, Two Incompatible Approaches: The Difficult Role of Edoardo Weiss" *Review of the International History of Psychoanalysis* 1(1988); 225–40; Glauco Carloni, "Freud and Mussolini: A Minor Drama in Two Acts, One Interlude, and Five Characters," *L'Italia nella Psicoanalisis*(1989): 51–60.

59) H. Stuart Hughes, *The Sea Change*, 1930–1965(New York: Harper & Row, 1975), p. 10; Jones, vol. 3, pp. 180, 221. 다음 자료를 참고할 것. 아브라함이 프로이트에게 보낸 편지(1914년 10월 31일자), Freud-Abraham, p. 201, on Levi-Bianchini. 존스와 휴즈가 인용한 무솔리니의 도움 제의는 아직 학구적 조사 대상이다.

60) 페렌치는 1920년대 말 IPA의 회장에 선출되지 못한 것에 상처를 받았다. 그러나 프로이트는 1931년 그를 다시 회장직에 앉히려 노력했다. 이에 페렌치는 '패자의 구호소'라는 평판을 얻었다. Michael Balint, "Sándor Ferenczi, Obit 1933," *International Journal of Psychoanalysis* 30(1949): 30, 215–19; Michel Franz Basch, "The Self-Object Theory of Motivation and the History of Psychoanalysis," in *Kohut's Legacy*, ed. Paul Stepansky and Arnold Goldberg (Hillsdale, N. J.: Analytic Press, 1984), p. 10.

61) Molnar, *Diary*, p. 111.

62) 프로이트가 아이팅곤에게 보낸 편지(1932년 1월 9일자). 다음 책에서 인용. Molnar, *Diary*, p. 119.

63) 그의 말로는 "억제된 침착함, 직업적 위선, 그리고—그 뒤에 감춰져 있지만 결코 드러나지 않는—그가 평생 느끼는 환자에 대한 혐오, 이런 상황들은 환자들이 어렸을 때 병에 걸리게 되는 상황과 본질적으로 다를 바가 없다." Sándor Ferenczi, "Confusion of Tongues Between Adults and the Child," in *Final Contributions to*

the Problems and Methods of Psychoanalysis(London: Hogarth Press, 1955), pp. 159-60.

64) 다른 구성원들과 마찬가지로 아버지도 '철저한 비판'에 직면하게 될 것인데 그가 이를 받아들이는 데에는 집안의 아버지pater familias의 터무니없는 우월감이 없지 않다. Sándor Ferenczi, "Über den Lehrgang des Psychoanalytikers," in *Bausteine zur Psychoanalyse, Band III: Arbeiten aus der Jahren* 1908-1933(Bern: Huber, 1964), pp. 468-89; André E. Haynal, *Controversies in Psychanalytic Method: From Freud to Ferenczi to Michael Balint*(New York: New York University Press, 1989), pp. 27-28. 1932년의 비스바덴 총회를 준비하면서 페렌치는 프로이트에게 유혹 이론에 대한 그의 옹호문을 읽어주었다. 프로이트는 안나 프로이트에게 보낸 편지에서 이렇게 썼다. "나는 청천벽력 같은 소리를 들었다. 그는 내가 삼십오 년 전에 신봉하다 포기한 병인病因학적 견해로 역행했다. 그 근거에 대해서는 일언반구의 언급도 없이." 이에 대해서는 다음 자료를 참고할 것. Molnar, *Diary*, 2 September 1932, p. 131. 총회에서 페렌치는 그를 억지로 침묵시키려는 시도를 했다. 그는 "오이디푸스 콤플렉스 말고도 성인들의 자상함의 가면을 쓴 억압된 근친상간적 경향에 대해서도 깊은 의미 부여가 이루어져야 한다"고 주장했다. 다음 자료를 참고할 것. Sándor Ferenczi, "The Principle of Relaxation and Neocatharsis" in *Internaionale Zeitschrift* (1930), reprinted in Ferenczi, *Final Contributions*.

65) 발린트가 어니스트 존스에게 보낸 편지(1954년 1월 22일자), CBC/F02/11, BPS.

66) Sigmund Freud, "In Memoriam S. Ferenczi," *International Journal of Psychoanalysis* 14(1933): 299.

67) Peter Kutter, ed., *Psychoanalysis International: A Guide to Psychoanalysis Throughout the World*(Stuttgart: Fromman-Holzboog, 1992).

68) Benjamin Harris and Adrian Brock, "Otto Fenichel and the Left Opposition in Psychoanalysis," *Journal of the History of Bahavioral Science* 27(1991년 4월): 159.

69) Jacoby, *Repression*, pp. 90, 105, 96, 132. An example of Fenichel's Marxo-Freudian thinking can be seen in his "Psychoanalysis as the Nucleus of a Future Dialectical Materialist Psychology," *American Imago* 24, no. 4(Winter 1967): 290-311.

70) 란다우어는 체포되기 전에 네덜란드로 이주했다. Christine Brinkgreve, "The Psychoanalytic Underground(Holland, 1940-5)," *Current Issues in Psychoanalytic Practice* 3. no. 1(New York: Haworth Press, 1986); Ernst Federn, *Witnessing Psychoanalysis: From Vienna Back to Vienna via Buchenwald and the USA*(London: Karnac, 1990). Interview with Ernst Federn in Vienna,

November 1994.

71) *Freud-Jung.* pp. 260 n. 4, 411 n. 4.

72) Maurice Haber, "Belgium," in Kutter, ed., *Psychoanalysis International*, vol. 1, p. 25.

73) Frederick van Gelder, "Psychoanalysis and the Holocaust," *Institut für Sozialforschung* 6: 81. 프랑클은 수용소에 잠시 있었던 게 분명하다.

74) William M. Johnston, *The Austrian Mind: An Intellectual and Social History, 1848-1938*(Berkeley: University of California Press, 1983). p. 381.

75) Gottfried R. Bloch, *Unfree Associations: A Psychoanalyst Recollects the Holocaust* (Los Angeles: Red Hen Press, 1999).

76) Elisabeth Roudinesco and Michel Plon, *Dictionnaire de la psychanalyse*(Paris: Fayard, 1997), p. 906.

77) Gay, *Freud*, p. 460: Ruth Jaffe, "Moshe Wulff," in Franx Alexander et al., *Psychoanalytic Pioneers*(New Brunswick, N. J.: Transaction, 1995), pp. 200–209. 팔레스타인 유대인 지식인들 사이에서의 정신분석에 대한 관심의 최초의 증거는 1910년 프로이트가 유대 민속학자 알터 드루야노프에게 보낸 편지이다. 이 편지에서 프로이트는 자신의 꿈 이론이 탈무드에 빚지고 있다는 것을 부인하며 그 대신으로 고대 그리스의 꿈 이론과 비슷한 점에 대해 언급했다.

78) Jones, vol. 3, p. 30.

79) Martin Sherpherd, *Fritz*(New York: Dutton, 1975).

80) Wulf Sachs, *Black Anger*, 다음 책에서 인용. Saul Dubow, introduction to Wulf Sachs, *Black Hamlet*(Baltimore: Johns Hopkins University Press, 1996), p. 27.

81) Marcia Reynders Ristaino, *Port of Last Resort: The Diaspora Communities of Shanghai*(Stanford, Calif.: Stanford University Press, 2001). p. 131: Kutter, *Psychoanalysis International*, vol. 2, p. 97.

82) Arnaldo Rascovsky, "Notes on the History of the Psychoanalytic Movement in Latin America," in *Psychoanalysis in Americas: Original Contrebutions from the first Pan-American Congress for Psychoanalysis*, ed. Robert E. Litman(New York: International Universities Press, 1966): Jorge Balán, *Cuéntame tu vida: Una biografia colectiva del psicoanálisis argentino*(Buenos Aires: Planeta Expejo de la Argentina, 1991): Mariano Ben Plotkin, "Freud, Politics, and the Portenos: The Reception of Psychoanalysis in Buenos Aires, 1910–1943," *Hispanic American Historical Review* 77, no. 1(February 1997).

83) Marie Langer, *Vienna to Managua: Journey of a Psychoanalyst*(London: Free Association Press, 1989)

84) 다음 책에서 인용. E. Fuller Torrey, *Freudian Fraud: The Malignant Effect of Freud's Theory on American Thought and Culture*(New York: HarperCollins, 1992), pp. 35-37. 1933년 『커먼윌』지는 「프로이트여 안녕Farewell to Freud」이라는 제목의 글을 통해 정신분석이 종점에 이르렀다고 선언했다. 1935년 『아메리칸 머큐리』지는 「정신분석의 황혼Twilight of Psychoanalysis」이라는 글을 출판했다.

85) Franz Alexander, "Psychoanalysis Comes of Age," *Psychoanalytic Quarterly* 7(1938): 99-106.

86) K. R. Eissler, *Medical Orthodoxy and the Future of Psychoanalysis*(New York: International Universities Press, 1965), p. 232 n. 50.

87) Jones, vol. 3, p. 300; Clarence Oberndorf, *A History of Psychoanalysis in America*(New York: Grune and Stratton, 1953), pp. 180-81

88) Elisabeth Young-Bruehl, *Anna Freud: A Biography*(New York: Summit Books, 1988), p. 262; Jones, vol. 3, p. 300; Oberndorf, *History*, p. 204; Bertram Lewin and Helen Ross, *Psychoanalytic Education in the United States*(New York: Norton, 1960), pp. 6-7; "Minimal Standards for the Training of Physicians in Psychoanalysis," *Bulletin of the American Psychoanalytic Association* 1(1937-38): 35-37. 1938년 5월 4일 안나 프로이트에게 보낸 편지에서 존스는 미국인들이 자신의 협회와 국제 협회를 별개로 간주하는 태도에 대해 언급했다(OFF/F01/17, BPS).

89) 프로이트가 젤리프에게 보낸 편지(1939년 2월 9일자), in John C. Burnham and William McGuire, *Jelliffe, American Psychoanalyst and Physician: His Correspondence with Sigmund Freud and C. G. Jung*(Chicago: University of Chicago Press, 1983), p. 279; *SE*, vol. 21 pp. 254-55. Oberndorf, History, p. 172. 프로이트는 미국을 "거대한 실수"라 부르기도 했다. Linda Donn, *Freud and Jung: Years of Friendship, Years of Loss*(New York: Scribner, 1988), p. 111. 프로이트가 존스에게 보낸 편지(1921년 4월 12일자), *Freud-Jones*, p. 419; Jones, vol. 2, p. 60. 프로이트는 1932년 아이팅곤에게 보낸 편지에서 "브릴은 잠재적으로 엄청난 미국식 반유대주의를 자신의 의지와 상관없이 지니고 있다"고 썼다. Gay, *Freud*, pp. 497, 562-70. The remark concerning Brill is cited on p. 563.

90) Gay, *Freud*, p. 566; Franz Alexander, *The Western Mind in Transition: An Eye-witness Story*(New York: Random House, 1960), p. 99; Alexander, "Sandor Rádo," in Alexander et al., *Psychoanalytic Pioneers*, p. 243; Jacques M. Quen and Eric T. Carlson, *American Psychoanalysis: Origins and Development*(New York: Brunner/Mazel, 1978).

91) H.D.'s *Tribute to Freud* in William H. Gass, *The World Within the Word*(Boston:

David R. Godine, 1978), p. 214에서 인용.

92) 프로이트가 츠바이크에게 보낸 편지(1939년 3월 5일자), *The Letters of Sigmund Freud and Arnold Zweig*, ed. Ernst Freud(New York: Harcourt, Brace, 1970), p. 179.

93) Rolf Wiggershaus, *The Frankfurt School: Its History, Theories, and Political Significance*, trans. Michel Robertson(Cambridge, Mass.: MIT Press, 1994), p. 113.

94) 같은 책, passim; Gay, *Freud*, p. 571. 영국 정신치료 그룹의 창설자 중 한 사람들이었던 에른스트 슈나이더와 풀케 역시 프랑크푸르트 연구소의 일원이었다. Alexander et al., *Psychoanalytic Pioneers*, p. 340.

95) Erich Fromm, *The Working Class in Weimar Germany: A Psychological and Sociological Study*(Cambridge, Mass.: Harvard University Press, 1984); Wiggershaus, *Frankfurt School*, pp. 52-60. 게르숌 숄렘은 에리히 프롬 같은 자신의 가장 우수한 학생들이 자신들의 정통 유대교를 분석해버렸다고 불만을 드러냈다. Gerschom Scholem, *From Berlin to Jerusalem: Memories of My Youth*(New York: Schocken, 1980), p. 156.

96) Erich Fromm, "The Theory of Mother Right and Its Relevance for Social Psychology," originally published in *Zeitschrift für Sozialforschung*(1934), 다음 책에 재수록: *The Crisis of Psychoanalysis*(New York: Holt, Rinehart, and Winston, 1970), pp. 84-109; Martin Jay, *The Dialectical Imagination: A History of the Frankfurt School and the Institute of Social Research, 1923-1950*(Boston: Little, Brown, 1973), p. 95.

97) Fromm, "The Social Psychological Significance of Matriarchal Theory," *Zeitschrift für Sozialforschung*(1934); Wiggershaus, *Frankfurt School*, pp. 151-55.

98) Siegfried Kracauer, "Girls and Krise"(1931), *Frankfurter Zeitung*, 다음 책에서 인용. Patrice Petro, "Discourse on Sexuality," *New German Critique* 57(1987): 137.

99) Kracauer, *Mass Ornament*, p. 24.

100) Roland Marchand, *Advertising the American Dream*(Berkeley: University of California Press, 1986), p. 146.

101) Henry M. Sayre, *The Object of Performance: The American Avant Garde Since 1970*(Chicago: University of Chicago Press, 1989), p. 10, quoted Thomas Crow.

102) 아도르노가 호르크하이머에게 보낸 편지(1935년 6월 8일자), 다음 책에서 인용. Wiggershaus, *Frankfurt School*, p. 194.

103) Theodor W. Adorno, "Notizen zur neuen Anthropologie"(Frankfurt am Main:

Adorno Estate, 1942), p. 6. Theodor W. Adorno, "Sociology and Psychology," *New Left Review*, no. 46(November- December 1967): 67-80, and no. 47(January-February 1968): 79-97.

104) Theodore Adorno, "Freudian Theory and Patterns of Fascist Propaganda," in *The Frankfurt School Reader*, ed. Andrew Arato and Eike Gebhardt(New York: Unizen Books, 1978), pp. 134-135; Herbert Marcuse, *Five Lectures*(Boston: Beacon Press, 1970), pp. 45, 47, 50, 61.

105) 종전 후 아도르노는 호르크하이머에게 이렇게 써 보냈다. "부모와 우리의 관계는 슬프고 음울한 변형을 당하면서 시작된다. 경제적 무능함 때문에 그들은 위엄을 잃었다." Max Horkheimer and Theodor Adorno, *Dialectic of Enlightenment* (New York: Herder & Herder, 1972), p. 203.

106) Richard Wolin, *Walter Benjamin: An Aesthetic of Redemption*(New York: Columbia University Press, 1982), pp. 127 ff.

107) 정신분석뿐만 아니라 초현실주의와도 투쟁했던 또 하나의 인물은 조르주 바타유였다. 바타유의 1933년도 에세이인 "소비 개념"은 전통적 가정과 연관되어 있으면서 아버지/아들의 노예적 양태를 재생산하는 모든 형태의 공리주의를 배격했다. 그에게 정신분석은 가정 생활의 일상적 규칙에 대한 복종만을 키울 따름이었다. 반대로 바타유는 생산을 통과해버리는, 예를 들면 사치, 애도, 전쟁, 컬트, 비용규제적 기념비의 건축, 게임, 쇼, 예술 및 도착적(즉 성기 중심에서 벗어남으로써 생식에서도 벗어나는) 성행위 같은 것들을 옹호했다. 바타유의 1933년도 저서인 『파시즘의 심리 구조』는 그것이 억압 모델에 기반을 두는 것이라는 이유로 프로이트의 집단심리학을 거부했다. 그 대신 바타유는 폭력을 통해서만 침범할 수 있는 경계의 창출에서 기인하는 배제의 형태로 '이종 분리'를 구상했다. 바타유는 프로이트가 경계 넘기의 필요를 인식하지 못했다고 주장했다. 그는 파시즘이 경계 넘기, 반공리주의를 이해하고 있었고, 따라서 자기 상실의 혁명적 특질을 이해하고 있었기 때문에 승리했다고 주장했다.

108) 프로이트가 안드레아스-살로메에게 보낸 편지(1935년 1월 6일자), *Freud-Salomé*, p. 205.

109) 프로이트가 츠바이크에게 보낸 편지(1937년 11월 17일자), 다음 책에서 인용. Max Shur, *Freud, Living and Dying*(New York: International Universities Press, 1972), p. 492.

110) 프로이트가 보나파르트에게 보낸 편지(1938년 2월 23일자), 다음 책에서 인용. Gay, *Freud*, p. 618.

111) *SE*, vol. 22, p. 179. 1937년 프로이트는 마르크스와 엥겔스 모두 슈퍼에고 인자 개념의 영향을 인정하지 않음을 주장한 편지에 대해 "그것은 내가 존재한다고 생각

하는 마르크스주의와 정신분석 사이의 주요한 차이를 무효화한다"고 밝히는 답장을 했다. Jones, vol. 3, p. 345.

112) *SE*, vol. 21, pp. 111-12.

113) 같은 책, p. 113.

114) Richard Sterba, *Reminiscences of a Viennese Psychoanalyst*(Detroit: Wayne State University Press, 1982), p. 116.

115) Heinz Hartmann, *Ego Psychology and the Problem of Adaptation*(New York: International Univetsities Press, 1977), p. 65. 하르트만의 책은 1937년 빈 정신분석 학회에 강의록 시리즈로 제출되었다가 1939년 독일에서 처음 출판되었다.

116) *SE*, vol. 22, pp. 247-48.

117) 같은 책, vol. 23, pp. 106-7.

118) 같은 책, vol. 21, p. 141.

119) 같은 책, vol. 23, p. 109.

120) Molnar, *Diary*, 13 October 1935, p. 191.

121) 프로이트가 안드레아스-살로메에게 보낸 편지(1935년 1월 6일자), *Freud-Salomé*, 1966, pp. 204 ff.

122) 프로이트가 존스에게 보낸 편지(1936년 3월 3일자), *Freud-Jones*, p. 751. 레오 슈트라우스와 게르숌 숄렘은 이에 대해 프로이트를 비난한 사람들에 속했다.

123) *SE*, vol. 23, p. 43.

124) 프로이트가 츠바이크에게 보낸 편지(1934년 9월). 다음 책에서 인용. Kurzweil, *Freudians*, p. 293.

125) *SE*, vol. 23, p. 136.

126) Evan Burr Bukey, *Hitler's Austria: Popular Sentiment in the Nazi Era, 1938-1945* (Chapel Hill: University of North Carolina Press, 2000), p. 131.

127) Young-Bruehl, *Anna Freud*, pp. 224, 226, 227.

128) George Sylvester Viereck, *Glimpses of the Great*(New York: Macaulay, 1930), p. 30; M. Johnson, "Pro-Freud and Pro-Nazi: The Paradox of George S. Viereck," *Psychoanalytic Review* 58(1971-72): 553-62.

129) *SE*, vol. 13, p. xv.

130) 빈 정신분석 학회를 해산한 후 프로이트는 티투스가 두번째 성전을 파괴하자 황무지로 나가 율법을 연구하는 학교를 세운 랍비 조차난 벤 자카이의 기억을 떠올렸다.

131) *SE*, vol. 23, p. 301.

132) 리하르트 슈테르바와 에디트 슈테르바, 아우구스트 아이히혼을 제외하고는 빈 학회의 회원은 모두 유대인이었다.

제10장 어머니-아이의 관계와 전후의 복지국가

1) *SE*, vol. 17, p. 245.

2) Stephen A. Marglin and Juliet B. Schor, eds., *The Golden Age of Capitalism: Reinterpreting the Postwar Experience*(New York: Oxford University Press, 1990).

3) 한 예로 애뉴린 베번은 1948년에 "아픈 사람이 돈이 없어서 의료 지원을 받을 수 없는 사회는 문명화된 사회라 말할 수 없다"고 단언했다: 다음 책에서 인용. *New York Times*, 30 January 1997.

4) Peter Stansky and William Abrahams, *London's Burning: Life, Death, and Art in the Second World War*(London: Constable, 1994), p. 84. Leonard Woolf's *After the Deluge: A Study of Communal Psychology*는 1930년대 영국에서의 마르크스와 프로이트가 융합된 영향의 한 예이다. 울프는 역사를 무의식, 공동 심리, 사회 구조라는 세 개의 세상 사이의 상호작용의 산물로 규정했다. *After the Deluge*는 1931년에서 1939년 사이에 출판되었고 1953년 *Principia Politica*라는 확장본으로 나왔다. Leonard Woolf, *Principia Politica: A Study of Communal Psychology*(London, Hogarth Press, 1953). 다음 자료를 참고할 것. Ted Winslow, "Bloomsbury, Freud, and the Vulgar Passions," *Social Research* 57, no. 4(Winter 1990): 782-819.

5) "사람이 동료 시민보다 은행 계좌를 지배하는 것이 더 낫다." 케인즈의 이 말은 다음 책에서 인용. Winslow, "Bloomsbury, Freud," pp. 815-16.

6) 그때까지, 그리고 그 이후에도 영국의 산업 대부분은 가족의 관리하에 있었다. 보다 깊은 논의에 대해서는, 다음 자료를 참고할 것. J. Urry, "Scientific Management and the Service Class," in *Production, Work, Territory: The Geographical Anatomy of Industrial Capitalism*, ed. Allen J. Scott and Michael Storper(Boston, Allen and Unwin, 1986), p. 58.

7) Ross McKibbin, *Classes and Cultures: England, 1918-1951*(New York: Oxford University Press, 1998), p. 87.

8) Raymond Williams, "The Bloomsbury Fraction," in *Problems in Materialism and Culture: Selected Essays*(London and New York: Verso, 1980), p. 149.

9) Paul Johnson, *Modern Times: The World from the Twenties to the Eighties*(New York: Harper & Row, 1983), p. 167.

10) John Maynard Keynes, "My Early Beliefs"(1938), 다음 책에서 인용. Robert Skidelsky, *John Maynard Keynes*(New York: Penguin, 1983), p. 141.

11) Elizabeth Abel, *Virginia Woolf and the Fictions of Psychoanalysis*(Chicago: University of Chicago Press, 1989), pp. 25 ff.

12) Perry Meisel and Walter Kendrick, eds., *Bloomsbury/Freud: The Letters of James and Alix Strachey, 1924-1925*(New York: Basic Books, 1985). p. 45.

13) 1933년 펠릭스 뵘은—부정확하지만 설득력 있게—영국 정신분석 학회에는 단 한 명의 유대인 회원만이 있을 뿐이라고 주장했다. 그 한 명이란 멜라니 클라인을 가리키는 것으로 추정된다. Karen Brecht, *Here Life Goes On in a Most Peculiar Way* (Hamburg, Kleiner Verlag, n.d.), p. 133.

14) Charles Rycroft, *Psychoanalysis and Beyond* (Chicago: University of Chicago Press, 1985), p. 34.

15) 클라인이 존스에게 보낸 편지(1926년 10월 24일자), 다음 책에서 인용. Phyllis Grosskurth, *Melanie Klein: Her World and Her Work* (New York: Knopf, 1986), pp. 133, 161.

16) 예: "딕의 더 이상의 성장은 어머니의 신체와의 사디스틱한 관계를 환상에 끌어들일 수 없게 되기 때문에 슬퍼질 것이다." 다음의 자료를 참고할 것. Melanie Klein, "The Importance of Symbol Formation in the Development of the Ego"(1930), in Klein, *Contributions to Psychoanalysis, 1921-1945* (London: Hogarth Press, 1948), pp. 236-37, 246, 249.

17) 다른 관점에 대해서는 다음 자료를 참고할 것. Joan Riviere: "The concept of *objects* within the ego, as distinct from identifications, is hardly discussed in Freud's work," Joan Riviere, "A Contribution to the Analysis of the Negative Therapeutic Reaction," *International Journal of Psycho-Analysis* 17(1936): 304-20. 이 글은 다음 책에 재수록되었다. *The Evolution of Psychoanalytic Technique*, ed. Martin Bergmann and Frank Hartman (New York: Basic Books, 1976), pp. 414-29.

18) 권위, 죄의식, 책임감은 어머니에 대한 어린아이의 초기 관계에서 발생한다는 클라인의 생각은 안나 프로이트와 충돌하게 된 첫번째 계기였다. 아동 분석에 대한 1927년의 강연인 그녀의 첫 출판물에서 안나 프로이트는 어린아이들은 슈퍼에고와 연결된 정확한 도덕 의식을 아직 발전시키지 못하고 있기 때문에 외적 영향에 순종적이라 주장했다. 그녀는 부모가 요구를 완화하자 배변 훈련의 불안이 사라지게 된 18개월 된 여자아이의 사례를 소개했다. 안나 프로이트는 그 아이의 불안이 슈퍼에고 때문이었다면 이런 일은 일어나지 않았을 것이라 주장했다. 클라인은 이런 해석을 거부했다. 클라인은 안나 프로이트가 그 아이의 슈퍼에고를 찾아내는 데 실패했다고 주장했다. 그 실패의 이유는 안나 프로이트가 아이가 이겨내도록 시도하는 적극적 전이에 입각하여 작업했기 때문이라는 것이었다. 아이가 더 이상 무서움을 느끼지 않도록 도움으로써 안나 프로이트는 자신이 슈퍼에고의 역할을 맡아 "억압 기능의 대리자"가 되었다는 것이었다. 클라인은 "만일 안나 프로이트가 본능적 충동을 보다 철저한 분석에 따르게 했다면 아이에게 그 충동을 통제하는 법을 가르쳐야 할 필요가 없었을 것"이라 서술했다. Melanie Klein, *Love, Guilt, and Reparation,*

and Other Works, 1921-1945(New York: Free Press, 1984), pp. 143, 163; Anna Freud, *Introduction to the Technic of Child Analysis*(New York: Nervous and Mental Diseases, 1928), p. 7; Elisabeth Young-Bruehl, *Anna Freud: A Biography* (New York: Summit Books, 1988), p. 177.

19) 클라인에게 죄의식과 책임감은 원초적 필요의 좌절 혹은 성취 여부에서 유래하는 것이었다. 프로이트는 1930년 『문명 속의 불만』의 각주에서 이 견해에 찬성하지 않는다고 진술했다. 여기서 프로이트는 "모든 종류의 좌절, 모든 종류의 만족 방해가 죄의식을 높인다"고 생각한다는 이유로 어니스트 존스, 수전 아이삭, 클라인뿐만 아니라 라이크와 알렉산더를 비판했다. 프로이트에 의하면 공격적 본능의 좌절에만 들어맞는 것이었다. 다음 책을 참고할 것. *SE*, vol. 21, p. 138. 달리 말하면 프로이트는 충동들 사이에서 분별되는 슈퍼에고는 오이디푸스 콤플렉스에 의해 결정되는 것을 단죄한다고 생각했던 것이다. 반대로 클라인에게 있어 공격성과 죄의식은 어릴 적 의존적 관계의 구성 요소였다. 이 관계는 진화하기는 하지만 절대 변형되지는 않으며 에고의 자기-비판에 종속되지 않는다.

20) Melanie Klein, "Draft Statement," 1 January 1942, CKB/F01/32, British Psychoanalytic Society Archives(hereafter BPS). 클라인이 대상-관계 이론을 처음으로 정립한 사람은 아니다. 클라인의 첫번째 분석가이자 선생이었던 페렌치는 수용성과 자격 부여를 에고 발전의 첫 단계로 강조했다. 그러나 이것이 그가 대상 개념을 발전시킬 수 없도록 제약했다. 그 까닭은 분리 개념의 결여 때문이었다. 그러나 아브라함은 클라인에게 직접적인 영향을 끼쳤다. 아브라함은 구강 체내화나 항문적 정체(停滯)를 대상에 대한 관계들의 원형으로 보았다. 그는 사람들의 어릴 적 본능적 삶에서도 후일의 대상-관계적 삶에서 하는 것처럼 먹고 지니고 배출한다고 주장했다. 아브라함에 대해 클라인은 "그는 내적 대상 개념에 가까이 접근했다. 구강 충동과 환상에 대한 그의 연구는 프로이트의 작업을 넘어선다. 아브라함은 나의 작업과 프로이트의 작업을 연결시켜준다. 다음 자료를 참고할 것. Klein, "Draft Statement." 다음 책을 참고할 것. Grosskurth, *Melanie Klein*, p. 109. 그러나 아브라함에게 있어 대상-관계는 에고의 기능, 에고가 행하는 어떤 것이었다. 클라인에게는 대상-관계가 에고를 구성한다. 프로이트가 내적 대상 관념을 지니고 있었음은 의문의 여지가 없지만 이 대상들이 언제 어떻게 출현하는가 하는 의문은 그대로 남아 있었다. 클라인에게는 내적 투사 같은 어릴 적의 정신적 과정에는 심리적 대상이 포함되는 것이었다. 다음 자료를 참고할 것. Joan Riviere, introduction to *Developments in Psychoanalysis*, ed. Melanie Klein et al.(London: Hogarth Press, 1952), p. 13.

21) Klein, "Draft Statement."

22) Melanie Klein, "A Contribution to the Psychogenesis of Manic-Depressive

States," in Klein, *Contributions*.

23) 클라인은 "그러므로 대상이 전체로서 사랑 받기 전까지는 그것의 상실도 전체적인 것으로 느껴지지 않는다"고 썼다. Klein, *Contributions*, p. 284.

24) Klein's unpublished essay on *Citizen Kane* can be found in the Melanie Klein Papers, Section C, Wellcome Library, London.

25) D. W. Winnicott, "The Manic Defense," in *Through Pediatrics to Psychoanalysis: Collected Papers*(New York: Brunner/Mazel, 1992), p. 131. Meltzer는 다음 책에서 인용. Adrian Stokes, *The Critical Writings*(London: Thames and Hudson, 1978), vol. 3, pp. 221, 222, 226. Richard Wollheim, ed., *The Image in Form: Selected Writings of Adrian Stokes*(Harmondsworth, U.K.: Penguin, 1972), p. 68.

26) Riviere, "Negative Therapeutic Reaction," pp. 304-20.

27) Adam Phillips, *D. W. Winnicott*(Cambridge, Mass.: Harvard University Press, 1989), pp. 39, 45. 위니코트의 두번째 분석가는 조안 리비에르였다.

28) Grosskurth, *Melanie Klein*, p. 133.

29) 이 논쟁 내용의 설명에 대해서는 18번 주석을 볼 것.

30) 일반적으로 나는 Young-Bruehl, *Anna Freud*, pp. 140-85의 설명을 따랐다. Grosskurth, *Melanie Klein*, pp. 162 ff., 209; Jones, vol. 3, p. 197; Peter Gay, *Sigmund Freud: A Life for Our Time*(New York: Norton, 1988), 467-69; and Riccardo Steiner, "Some Thoughts About Tradition and Change Arising from an Examination of the British Psychoanalytic Society's Controversial Discussions (1934-1944)," *International Journal of Psychoanalysis* 15(1985): 27-71. 페렌치가 프로이트에게 보낸 편지(1927년 6월 30일자), *Freud-Ferenczi*, vol. 3, p. 313, gives an alternative translation for "domineering." 프로이트가 존스에게 보낸 편지(1927년 9월 23일자), *Freud-Jones*, p. 623. "자네는 그녀에 대한 분석이 충분한 깊이가 없다고 비난하고 있지만 이러한 비판은 위험하고도 용납될 수 없는 것일세. 누가 과연 충분히 잘 분석 받을 수 있겠는가? 나는 예를 들면 안나 프로이트가 자네보다 더 완벽하게 분석 받았음을 분명히 말할 수 있네." 그러나 다음 자료의 존스의 답변을 참고할 것. "tolerance"에 대해서는 다음 자료를 참고할 것. 프로이트가 존스에게 보낸 편지(1927년 10월 9일자), 같은 책, p. 633.

31) 프로이트가 아이팅곤에게 보낸 편지(1926년 11월 23일자), 다음 책에서 인용. Young-Bruehl, *Anna Freud*, p. 163.

32) Young-Bruehl, *Anna Freud*, p. 258. 내게 보낸 편지에서 폴 로젠은 영 브루엘의 주장에 의문을 제기했다.

33) 조안 리비에르와 그 외의 사람들은 유아의 환상적 삶이 "신체적 충동에 내재된 지식"에 기반을 두고 있다는 데에 합류하여 무의식적 환상 이론을 발전시키려 노력했

다. 다음 자료를 참고할 것. Grosskurth, *Melanie Klein*, p. 221. 벨더의 "에고심리학의 문제점"은 출판되지 않았다. 다른 보고서들은 다음 자료에서 확인 가능하다. Pearl King and Riccardo Steiner, *The Freud-Klein Controversies*, 1941-45 (London: Tavistock, 1991).

34) 다음 책에서 인용. Grosskurth, *Melanie Klein*, p. 293.

35) 같은 책, p. 299.

36) 같은 책, p. 208; Winnicott to Donald Meltzer, 25 October 1966, in *The Spontaneous Gesture: Selected Letters of D. W. Winnicott*, ed F. Robert Rodman (Cambridge, Mass.: Harvard University Press, 1987), p. 160.

37) Grosskurth, *Melanie Klein*, p. 237.

38) Quentin Bell, *Virginia Woolf: A Biography*(New York: Harcourt Brace Jovanovich, 1972), vol. 2, pl 209, quoting Virginia Woolf's diary entry of 29 January 1940; Leonard Woolf, *Downhill All the Way: An Autobiography of the Years 1919-1939*(New York: Harcourt, Brace, 1967), p. 168. 프로이트를 '반쯤 꺼진 화산'이라고 묘사했다.

39) 1936년 그의 80세 생일날 프로이트는 마리 보나파르트에게 다음과 같은 편지를 써 보냈다. "나는 나 자신과 내 작업에 대한 세상 사람들의 태도가 20년 전에 비해 덜 우호적이라는 걸 알고 있습니다. 나 역시 더 이상 그것을 변화시키고 싶지도 않습니다. 해피 엔드로 끝나는 영화는 없지요." 다음 책에서 인용. Jones, vol. 3, p. 202. 그는 울프에게 말했다. "명성이라고요? 나는 유명했다기보다 무명이었어요." Woolf, *Downhill*, p. 169.

40) *SE*, vol. 23, p. 300.

41) Max Schur, *Freud, Living and Dying*(New York: International Universities Press, 1972), p. 529.

42) Young-Bruehl, *Anna Freud*, p. 239.

43) Linda Donn, *Freud and Jung: Years of Friendship, Years of Loss*(New York: Scribners, 1988), p. 20; Isidoro Berenstein, "Analysis Terminable and Interminable, Fifty Years On," *International Journal of Psychoanalysis* 68, no. 21 (1987): 24.

44) 실비아 페인에 의하면 제2차 세계대전 전야의 상황은 "과학적 견해의 차이에 추가된 경제적 공포"였다. BPS.

45) Young-Bruehl, *Anna Freud*, p. 265; Grosskurth, *Melanie Klein*, pp. 283, 287.

46) Young-Bruehl, *Anna Freud*, p. 268.

47) 안나 프로이트는 조카인 어니스트 프로이트에게 미국인들에 대한 시모니데스의 묘비명인 "가서 스파르타인들에게 말하라. 너희들 모두는 지나가라/ 여기에는 그들

의 법을 따르는 우리가 누워 있다"를 인용해줄 것을 요청하며 고전적 분석에 대한 자신의 옹호를 테르모필레 방어에 실패한 스파르타의 용사들에 비교한 적이 있었다. Michael John Burlingham, *The Last Tiffany: A Biography of Dorothy Tiffany Burlingham*(New York: Atheneum, 1989), p. 312.

48) Grosskurth, *Melanie Klein*, pp. 279 ff., 301, 352; Young-Bruehl, *Anna Freud*, pp. 259-75.

49) Klein to Marjorie Brierley, PP/KLE/E7, BPS. 클라인은 다른 자리에서 "나는 프로이트의 분석에 대해 계속 말하는 게 옳지 않다고 생각합니다"라고 강조해 말했다.

50) Young-Bruehl, *Anna Freud*, p. 286.

51) Payne to Klein, 16 March 1942, CKB/F01/06, BPS. 다른 한편으로 남성 분석가들은 사회가 여성 지배적이 되었다고 생각했다. 1941년 존스는 클라인에게 글로버가 우스갯거리가 되지 않고도 비-분석적 청중들 앞에 나설 수 있는 유일한 남성 분석가라고 써 보냈다.

52) McKibbin, *Classes*, pp. 168-73.

53) Riviere to Klein, 3 June 1940, PP/KLE/C95, BPS.

54) Melanie Klein, "What Does Death Represent to the Individual?" Melanie Klein Papers, Section C, Wellcome Library.

55) 영국 학회의 공식 입장은 동성애의 범죄화에 대한 극렬한 반대와 동성애는 비성숙한 관계를 산출하기 쉽다는 견해를 결합한 것이었다.

56) Peter Homans, *The Ability to Mourn: Disillusionment and the Social Origins of Psychoanalysis*(Chicago: University of Chicago Press, 1989), pp. 114, 226 f.; Ian Suttie, *The Origins of Love and Hate*(London: Paul, 1945).

57) Stansky and Abrahams, *London's Burning*, p. 101.

58) Harold Perkin, *The Rise of Professional Society*(New York: Routledge, 1988), p. 411.

59) Stansky and Abrahams, *London's Burning*, passim.

60) Peter Hennessy, *Never Again: Britain, 1945-1951*(New York: Pantheon, 1993), p. 37.

61) Stansky and Abrahams, *London's Burning*, p. 65. 핫세 역시 그래엄 서덜랜드의 십자가상 그림의 후원자였다.

62) Perkin, *Professional Society*, pp. 334-43.

63) Hennessy, *Never Again*, p. 123. 망명한 사회이론가 프란츠 노이만은 처칠이 미지의 위험을 알려진 위험으로 바꿔놓았고 그럼으로써 리더십을 발휘했음을 지적했다. 그것은 에고의 구성에 의해 개인의 삶을 충족시켰다. 다음 자료를 참고할 것. Neumann, *The Democratic and Authoritarian State*(New York: Free Press of

Glencoe, 1957), pp. 406-7.

64) 루돌프 클라인에 의하면 "그것이 창설될 때 그것은 시장 사회에서의 건강관리에 대한 집단주의적 준비의 독특한 사례였다." Hennessy, *Never Again*, p. 132.

65) Philip Ziegler, *London at War*(New York: Knopf, 1995), p. 170.

66) Phillips, *D. W. Winnicott*, p. 62.

67) Burlingham, *Last Tiffany*. 유사한 발전이 미국에서도 전개되었다. 미국에서 르네 스피츠는 수용된 아동들 사이의 우울증을 서술하기 위해 병원제도 진단법을 수립했다.

68) W. R. Bion, *Experience in Groups, and Other Papers*(New York: Basic Books, 1961), p. 134. 비온이 참조한 것은 프로이트의 히스테리 이론이다.

69) 같은 책, pp. 141-42.

70) Edward Glover, "The Birth of Social Psychiatry," 24 August 1940, p. 239. 다음 책에서 인용. Nikolas S. Rose, *Governing the Soul*(London: Routledge, 1990), p. 22.

71) Ben Shepherd, "A Bunch of Loony-bin Doctors," *Times Literary Supplement*, 7 June 1996.

72) Siegmund Heinz Foulkes, "Discussion of the Soviet View on the Basis of Group and Psycho- analysis," PP/SHF/F. 3/15, BPS. 풀케의 원래 이름은 Fuchs였다. 그는 초기 프랑크푸르트 정신분석 연구소의 중요 인물이었다.

73) Jacques Lacan, "La psychiatrie anglaise et la guerre"(1947), in *Travaux et interventions*, 다음 책에서 인용. John Forrester, *The Seductions of Psychoanalysis* (Cambridge, U.K.: Cambridge University Press, 1990), pp. 186-87.

74) 다음 책에서 인용. Grosskurth, *Melanie Klein*, p. 307.

75) Phyllis Kurzweil, *The Freudians: A Comparative Perspective*(New Haven, Conn.: Yale University Press, 1989), p. 285.

76) John Bowlby, *Maternal Care and Mental Health: A Report Prepared on Behalf of the World Health Organization as a Controbution to the United Nations Programme for the Welfare of Homeless Children*(New York: Schocken Books, 1966).

77) Melanie Klein, *Envy and Gratitude*(London: Tavistock, 1957), p. 180. 부양 커플은 성적이고 충분히 좋은 모성적 보살핌과 배려의 안식처로 변했다. Lisa Appignanesi and John Forrester, *Freud's Women*(New York: Basic Books, 1992), p. 4.

78) Jacques Lacan, *The Seminar of Jacques Lacan*, ed. Jacques-Allain Miller(New York: Norton, 1988).

79) Denise Riley, *The War in the Nursery: Theories of the Child and Mother*(London: Virago Press, 1983), p. 88. 위니코트의 BBC 방송에 대해 논하고 있다.

80) William Graebner, "The Unstable World of Benjamin Spock: Social Engineering in a Democratic Culture," *Journal of American History* 67, no. 3(December 1980): 612-29.

81) 그는 그녀의 "위위"는 어디 있지? 라고 묻는 것 같았다. 스포크는 오이디푸스적 연령에 달한 그들의 아들들에 대해 주의를 주었다. *New York Times*, 5 March 1992; Benjamin Spock, *The Common Sense Book of Body and Child Care*(New York: Duell, Sloan and Pearce, 1946). pp. 299, 301, 303. 스포크의 분석가적 역할에 대해서는 다음 자료를 참고할 것. Lynn Z. Bloom, *Doctor Spock: Biography of a Conservative Radical*(Indianapolis: Bobbs-Merrill, 1972), p. 84; Michael Shulman, "The Humanization of the American Child: Benjamin Spock as a Popularizer of Psychoanalytic Thought," *Journal of the History of Behavioral Science* 9(1973): 258-65; William G. Bach, "The Influence of Psychoanalytic Thought on Benjamin Spock's Baby and Child Care," *Journal of the History of Behavioral Science* 10(1974): 91-94.

82) D. W. Winnicott, "The Meaning of the Word 'Democracy,'" in *Home is Where We Start From*, ed. Clare Winnicott, Ray Shepherd, and Madeleine Davis(New York: Norton, 1986).

83) D. W. Winnicott, *Playing and Reality*(London: Tavistock Publications, 1971).

84) Michael Balint, "The Unobtrusive Analyst," in The British School of Analysis: The Independent Tradition, ed. Gregorio Kohon(New Haven, Conn.: Yale University Press, 1988), p. 276.

85) 매달림과 잡혀 있음 사이의 차이를 이해하는 데 실패한 것은 부분대상과의 양면적 관계에 대한 연구에 주로 근거하고, 한편의 만족시킬 수 없는 엄청난 양의 분노와 다른 한편의 깊은 죄의식 및 불쌍한 회개를 통합하는 실천으로 이어졌다. Michael Balint, *Thrills and Regressions*(New York: International Universities Press, 1959), pp. 32-39, 55, 79, 84, 98, 103-5.

86) Donald W. Winnicott, *The Maturational Process and the Facilitating Environment: Studies in the Theory of Emotional Development*(New York: International Universities Press, 1965), p. 9.

87) 다음 책에서 인용. Judith Hughes, *Reshaping the Psychoanalytic Domain: The Work of Melanie Klein, W. R. D. Fairbairn, and D. W. Winnicott*(Berkeley: University of California Press, 1989), p. 177.

88) Christopher Bollas, "The Transformational Object," in Kohon, *British School*, p. 97.

89) 존스가 클라인에게 보낸 편지(1941년 4월 6일자), CKB/F01/01, BPS.

90) 안나 프로이트가 J. C. 힐에게 보낸 편지(1974년 10월 21일자), 다음 책에서 인용. Young-Bruehl, *Anna Freud*, pp. 3322, 457. 분석 전통에 익숙한 사람들은 앙드레 그린의 진술을 우습게 여기지는 않을 것이다. "엄청나게 많은 것이 생애 첫 해의 악착같은 추구 때문에 상실된다. 나는 그녀의 항문기 단계를 이해하는 것이 전 생애를 이해하는 것과 통하는 한 환자를 알고 있다. André Green, *The Work of the Negative*, trans. Andrew Weller(London and New York: Free Assiciation Books, 1999), p. 31.

제11장 카리스마인가 합리화인가?: 냉전 시기의 미국의 정신분석

1) Erich Heller, "Observations on Psychoanalysis and Modern Literature," in *Literature and Psychoanalysis*, ed. Edith Kurzweil and William Phillips(New York: Columbia University Press, 1983), pp. 72-73; Lionel Abel, *The Intellectual Follies: A Memoir of the Literary Venture in New York and Paris*(New York: Norton, 1984), p. 222. 1950년대 미국의 생활 방식은 대체로 정신분석적이었다.

2) Lewis A. Coser, *Refugee Scholars in America: Their Impact and Their Experiences* (New Haven, Conn.: Yale University Press, 1984), p. 20; Hans Gerth and C. Wright Mills, *From Max Weber: Essays in Sociology*(New York: Oxford University Press, 1946), p. 345.

3) Fred Mattews, "The Utopia of Human Relations: The Conflict-Free Family in American Social Thought, 1930-1960," *Jounal of the History of the Behavioral Sciences* 24(October 1988): 348; Harold Lasswell, *Propaganda Technique in World War I*(1927; repr., Cambridge, Mass.: MIT Press, 1971), pp. 4-5.

4) H. Stuart Hughes, *The Sea Change*(New York: Harper & Row, 1975), pp. 201-3; Marie Jahoda, "The Migration of Psychoanalysis," in *The Intellectual Migration: Europe and America, 1930-1960*, ed. Donald Fleming and Bernard Bailyn (Cambridge, Mass.: Harvard University Press, 1985) pp. 201-17; Ruth S. Eissler and K. R. Eissler, "Heinz Hartmann: A Biographical Sketch," in *Psychoanalysis—A General Psychology: Essays in Honor of Heinz Hartmann*, ed. Rudolph M. Loewenstein et al.(New York: International Universities Press, 1966), pp. 3-15.

5) 다음 책에서 인용. Daniel Yankelovich and William Barrett, *Ego and Instinct* (New York: Random House, 1970), p. 97. Heinz Hartmann, *Ego Psycholology and the Problem of Adaptation*(New York: International Universities Press, 1958), pp. 8, 24-26, 56-59, 65, 69, 94. 다음 세대의 지도적 에고심리학자인 로이 샤퍼에 의하면 헤르만은 "정신분석이 새로운 이론적 터전 위에 있다"고 쓴 적이 있었다. 다음 자료를 참고할 것. Roy Schafer, *A New Language for Psychoanalysis*(New Haven,

Conn.: Yale University Press, 1976), pp. 64-65. 조지 클라인은 정신분석적 에고심
리학은 프로이트만큼이나 헤르만의 성취이기도 하다고 말했다. 헤르만은 정신분석
을 다른 학문 분야들과의 관련 위에 위치시키면서도 자신의 설명이 '사회학과 정신
분석 사이의 신천지'를 열게 되기를 희망했다.

6) Talcott Parsons, "Propaganda and Social Control"(1942), in *Essays in Sociological Theory Pure and Applied*, 2nd ed.(Glencoe, III.: Free Press, 1954), pp. 89-103. 이와 유사하게 제2차 세계대전 후의 봉쇄 정책을 창시한 유명한 '긴 전보long telegram'에서 조지 케넌은 미국이 소련을 "다루기 힘들고 비합리적인 개인을 참을 성 있게 연구하는 의사의 자세로 대해야 한다"고 주장했다. 파슨스는 분명 그레트 비 브링에게서 분석을 받았다.

7) 이 수치에는 징병 단계에서 거부되거나 정신의학적 이유에서 퇴소된 자들이 포함된 다. Medical Department, United States Army, *Neuropsychiatry in World War II*, vol. 1, ed. Robert S. Anderson, *Zone of the Interior*(Washington D.C.: Office of Surgeon General, Dept. of the Army, 1966), 다음 자료를 참고할 것. The articles by Albert Glass and Norman Brill and the appendix by Bernard D. Karpinos and Albert Glass; introduction by Adolf Meyer and and articles by Edward Strecker and Harry Stack Sullivan in "Mental Hygiene in the Emergency," *Mental Hygiene* 25, no. 1(January 1941).

8) John G. Howells, ed., *World History of Psychiatry*(New York: Bronner/Mazel, 1975), p. 464; William Claire Menninger, *Psychiatry in a Troubled World: Yesterday's War and Today's Challenge*(New York: Macmillan, 1948), p. 452

9) Paul Starr, *The Social Transformation of American Medicine*(New York: Basic Books, 1982), p. 344. 이 수치는 최소한의 것이다. Richard A. Gabriel, *No More Heroes: Madness and Psychiatry in War*(New York: Hill and Wang, 1987), p. 117에 서는 백육십만 명(18.5퍼센트)이 거부되었다고 말하고 있다.

10) Ellen Herman, *The Romance of American Psychology: Political Culture in the Age of Experts, 1940-1970*(Berkeley: University of California Press, 1995), p. 266.

11) James W. Callicut and Pedro J. Lecca, *Social Work and Mental Health*(New York: Free Press, 1983); Smith College School of Social Work, *Ego-Oriented Casework*(Family Service Association of America, 1962). 종종 랑크의 생각은 사회 사업의 주요 영향력이었다.

12) Gerald Grob, *From Asylum to Community: Mental Health Policy in Modern America*(Princeton N. J.: Princeton University Press, 1991), p. 3.

13) Starr, Social Transformation, p. 344; Nathan G. Hale, *The Rise and Crisis of Psychoanalysis in America*(New York: Oxford University Press, 1995), p. 246;

Herman, *Romance*, pp. 242-43; Morris Janowitz, *The Last Half-Century: Societal Change and Politics in America*(Chicago: University of Chicago Press, 1978), p. 429. 이 시기 미국에서 가장 빠르게 성장한 직능 단체—임상 심리학자들—는 참전 군인 관리의 심리 서비스에 지원을 받은 미국 심리학 협회였다.

14) E. Fuller Torrey, *Freudian Fraud: The Malignant Effect of Freud's Theory on American Thought and Culture*(New York: HarperCollins, 1992), p. 165; Hale, *Rise and Crisis*, pp. 211-12; Thomas Stephen Szasz, *Law, Liberty, and Psychiatry: An Inquiry into the Social Uses of Mental Health Practice*(New York: Macmillan, 1963).

15) Torrey, *Freudian Fraud*, p. 165; Szasz, *Law, Liberty, and Psychiatry*.

16) Samuel Klausner, *Psychiatry and Religion*(New York: Free Press of Glencore, 1964).

17) Janowitz, *Half-Century*, pp. 417-29.

18) 같은 책.

19) Nikolas Rose, *Governing the Soul: The Shaping of the Private Self*(New York: Routledge, 1990), pp. 257-58.

20) 이 시대의 정신의학 영화로는 Jacques Tourneur's *Cat People*(1942), Otto Preminger's *Whirlpool*(1949), Nunnally Johnson's *The Three Face of Eve*(1957), Edmund Goulding's *Nightmare Alley*(1947), Curtis Bernhardt's *High Wall*(1947), William Dieterls's *The Accused*(1949), Robert Siodmak's *The Spiral Staircase*(1945), Curtis Bernhardt's *Possessed*(1947), Mitchell Leisen's *Lady in the Dark*(1944) 등이 있다. 마지막 것은 모스 하트의 뮤지컬로서 그의 분석가에게 헌정되었다.

21) Michel Foucault, *Discipline and Punish*(New York: Vintage Books, 1979), p. 203.

22) 제2차 세계대전 동안 군대 내의 동성애에 대해서는 John Costello, *Virtue Under Fire*(Boston: Little Brown, 1985), and Alan Berube, *Coming Out Under Fire*(New York: Free Press, 1990), pp. 150, 131. 1947년에서 1955년까지 21개의 주와 워싱턴 D.C.에서는 성적 정신병자 관련법을 발효시켰다. 'child molester' 'homosexual' 'sex offender' 'sex psychopath' 'sex degenerate'와 'deviate'는 뒤섞여 쓰였다. Berube, *Coming Out*, pp. 158, 259.

23) Bruno Bettelheim, "Individual and Mass Behavior in Extreme Situations," *Journal of Abnormal and Social Psychology* 38(1943); 417-52.

24) Terence Des Pres, *The Survivor: An Anatomy of Life in the Death Camps*(New York: Oxford University Press, 1976)은 수용소에 대한 베텔하임의 설명에 대한 가장 중요한 비판이다. 리나 베르트뮬러의 *Seven Beauties*에 대한 베텔하임의 잘 알려진 리뷰 역시 전혀 다른 설명을 제시한다. Richard Pollak, *The Creation on Dr. B: A*

Biography of Bruno Bettelheim (New York: Simon and Schuster, 1997).

25) 베텔하임은 라이히를 가장 중요한 정신분석 사상가로 여겼으며 때로는 프로이트가 개인에 대한 환경의 영향을 충분히 평가하지 않음을 비판하기 위해 수용소의 사례를 이용했다. "정신분석적 치료는 기본적으로 독특한 결과를 낳는 매우 특별한 환경인 사회적 상황을 강력하게 조정하기 위한 것 이상이 아니다"라고 단언했다. Bruno Bettelheim, *The Informed Heart: Autonomy in a Mass Age* (Glencoe, Ill.: Free Press, 1960). pp. 11, 22, 36 fn. "만일 프로이트가 자신에게 빈를 떠나도록 허용했다면 그는 이것을 더 잘 알고 있었을 것"이라고 베텔하임은 주장했다. 카렌 호나이 역시 문화의 역할에 대한 깨달음을 이민 덕으로 돌렸다.

26) 프로이트주의자들의 견해: "가정주부에 '맞춰가는' 여자, 단지 가정주부가 되기를 원하면서 자라난 여자들은 수용소에서 죽음의 행진을 하는 수백만의 여성들 못지 않게 위험하다. 집이란 편안한 수용소가 아닌가? 그 안에서 여성들은 '의존적, 수동적, 유아적'이 되었다. 다음 책에서 인용. Wilfred M. McClay, *The Masterless: Self and Society in Modern America* (Chapel Hill: University of North California Press, 1994). p. 232.

27) Paul A. Carter, *Another Part of the Fifties* (New York: Columbia University Press, 1983), p. 160.

28) 다음 책에서 인용. Herman, *Romance*, p. 179.

29) 샐린저의 1951년도 소설 『호밀밭의 파수꾼』에서 홀든 코필드가 보여주는 '가짜'와 '엉터리 탐지'에 대한 강박적 집착은 새로운 분위기의 대중적 표현이었다.

30) 다음 책에서 인용. William Graebner, *The Age of Doubt: American Thought and Culture in the 1940s* (Boston: Twayne, 1991), p. 20.

31) 대량 소비의 출현은 뉴딜과의 관련 속에서 관찰되어야 한다. 1935년 이민 온 지 얼마 되지 않은 올가 페르크 부인은 루즈벨트 대통령에게 편지를 써 구호 단체로부터 부당한 대우를 받고 있다는 불만을 토로했다. 그녀는 자가 소유자 대출 조합에서 자신을 고발한 것처럼 석 달 치가 아니라 단지 19달러만 연체되어 있을 뿐이며 시민 보호 단체에서 아들에게 보내는 수표는 항상 늦게 온다고 알렸다. "이런 부패한 상황이 얼마나 더 지속될 건가요. 저는 낭떠러지 끝에 있답니다. 부자는 더 부유해지고 가난한 사람들은 지옥으로 가는 길밖에 없습니다. 제게는 그렇게 보입니다. 뭔가 결과를 보여주세요." 국가가 그녀를 책임지고 구호해주어야 하며 대부, 고용, 그 외의 일반적 지원을 해줘야 한다는 페르크 부인의 생각은 미국식 생활에는 낯선 것이었다. 그녀의 생각의 기반은 1930년대 미국 노동자 계급의 삶을 조직한 노동조합과 흑인, 남부 백인, 여성, 자유주의적 지식인 등과 같은 소수자들을 규합하는 정치적 동맹과 같은 미국의 강력한 윤리 공동체에 놓여 있었다. Lizabeth Cohen, *Making a New Deal: Industrial Workers in Chicago, 1919-1939* (New York: Cambridge

University Press, 1990), p. 252.

32) 다음 책에서 인용. Christopher Lasch, *Haven in a Heartless World: The Family Besieged*(New York: Basic Books, 1997, p. 108; 성숙성에 대한 다른 논의는 Robert Lindner, *Must You Confirm?*(New York: Rindhart, 1956), pp. 183 ff. 사춘기에 대한 1950년대의 관심은 '성숙기' 언어에도 스며들었다. 프레드 히칭거의 「십대의 횡포*Teen-Age Tyranny*」는 "미국 문명은 항구적인 십대적 사고 기준, 문화, 목표를 지닌 십대 사회가 되어가는 위험에 직면하고 있다"고 설파하고 있다. 다음 책에서 인용. Luisa Passerini, "Youth as a Metaphor for Social Change: Fascist Italy and America in the 1950s," in *A History of Young People in the West*, ed. Giovanni Levi and Jean-Claude Schmitt(Cambridge, Mass.: Harvard University Press, 1997), p. 322.

33) Philip Rieff, The Feeling Intellect: Selected Writings(Chicago: University of Chicago Press, 1990), p. 8. 리프는 프로이트에 대해 "모든 비밀들의 비밀은 자신을 특정한 의미나 대상에 지나치게 열정적으로 밀착시키지 않는 것"이라고 밝힌 것에 대해 정신분석 창시자의 비상한 성격이라고 칭송했다. 다음 자료를 참고할 것. Philip Rieff, *The Triumph of the Therapeutic: Uses of Faith after Freud*(New York: Harper & Row, 1966), p. 59.

34) 실제로 일하는 여성들의 수는 계속 증가했다. 그러나 문화는 가정 생활을 강조했다.

35) William Menninger, "Public Reactions," chap. 7 in *Zone of the Interior*, vol. 1 of *Neuropsychiatry in World War II*. 논쟁은 정신의학에 대한 어떤 발언에도 검열을 행하는 언론에 누설되었다. 또 한 명의 정신의학자인 에드워드 스트레커는 어머니들이 무사히 귀환하기를 간청하는 편지를 써 보냄으로써 병사인 아들들의 마음을 얼마나 약하게 만드는가를 서술했다. 흑인 징집병들은 흔히 흑인 가족의 병상病狀의 증거로 어머니 곁을 떠나는 걸 견딜 수 없어 기차역에서 우는 모습으로 묘사되었다. 다음 자료를 참고할 것. Edward A. Strecker, *Their Mothers' Sons: The Psychiatrist Examines an American Problem*(Philadelphia: Lippincott, 1946), pp. 28-29.

36) Rebecca Plant, "Combat Exhaustion, Masculinity, and Democracy: Psychiatrists and Their Subjects During World Wau II," unpublished paper; Ladislas Farago, *Patton: Ordeal and Thiumph*(New York: Ivan Oblensky, 1964), pp. 318-42.

37) Graebner, *Age of Doubt*, p. 15. 아마 남성의 허약성 수용의 자세에 초점을 맞춘 가장 의미가 풍부한 영화는 「우리 인생 최고의 해*The Best Years of Our Lives*」일 것이다.

38) Coser, *Refugee Scholars*, pp. 42-54. 다음 자료를 참고할 것. Ives Hendrick, "Professional Standards of the American Psychoanalytic Association," *Journal of the American Psychoanalytic Association* 3(October 1955): 561-99, and *The Birth of*

an Institute(Freeport, Me.: Bond Wheelwright Co., 1961); Bertram Lewin and Helen Ross, *Psychoanalytic Education in the United States*(New York: Norton, 1960).

39) 여기에는 공공복지, 조시아 메디시 주니어, 그리고 로젠발트 재단이 포함되어 있었다. Clarence Oberndorf, *A History of Psychoanalysis in America*(New York: Gruns and Stratton, 1953), p. 190; Jones, vol. 3, p. 291; Sandor Lorand, "Reflections on the Development of Psychoanalysis in New York from 1925," *International Journal of Psychoanalysis*, no. 50(1969): 590.

40) 1933년 미국 정신의학협회는 정신분석에 대한 특별 부서를 설치했다. 자세한 내용은 다음 자료를 참고할 것. Matthew Gitelson, "On the Identity Crisis in American Psychoanalysis," *Journal of the American Psychoanalytic Association* 12(1964): 468-69, 473.

41) 정신의학 사례 토론회는 "정신분석적으로 정향되었다." 매튜 지텔슨은 "열 명의 인턴 그룹 중에서 내가 아는 셋은 공식적으로 분석을 받았고 나머지 사람들은 당연히 상호적으로 분석했다." 정신의학 시험에서 그에게는 평생 지속되던 말더듬증이 사라진 것을 정신분석적으로 설명하라는 문제가 주어졌다. Gitelson, "Identity Crisis," p. 468; Coser, *Refugee Scholars*; Edward Timms and Naomi Segal, eds., *Freud in Exile: Psychoanalysis and Its Vicissitudes*(New Haven, Conn.: Yale University Press, 1988), p. 30; Susan Quinn, *A Mind of Her Own: The Life of Karen Horney*(New York: Summit Books, 1987), p. 296; Report from the Boston Institute, 1937, printed on *Psychoanalytic Quarterly* 8(1939): 406-7는 '하향'의 위험을 경고했다. 보스턴 정신분석 연구소에서는 3명의 펠로십을 선출하는 데 75명의 지원자가 몰렸다. 뉴욕 연구소의 지원자는 1937년 70명에서 4년 후 110명으로 늘어났다. 이로 인해 기준을 높여야 한다는 요구가 나오게 되었다. 이러한 발전과 더불어 분석교과서, 시험, 면허 제도가 생기게 되었다.

42) Edith Kurzweil, *The Freudians: A Comparative Perspective*(New Haven, Conn.: Yale University Press, 1989), pp. 39-44.

43) Coser, *Refugee Scholars*, p. 48; Jahodaa, "Migration"; Geoffrey Cocks, *Psychotherapy in the Third Reich: The Göring Institute*(New York: Oxford University Press, 1985); Lewin and Ross, *Psychoanalytic Education*, p. 15. 이민자들 모두가 분석가로 남지는 않았다. 라이히가 맞아들인 프리츠 펄스는 1935년 남아프리카 정신분석 연구소를 개설했다. '게슈탈트 치료법'의 창시자인 펄스는 1946년 뉴욕에 있는 윌리엄 앨런슨 화이트 연구소에서 프롬, 설리반과 합류했다. 다음 자료를 참고할 것. Martin Shepherd, *Fritz*(New York: Dutton, 1975). 1938년 설립된 토페카 Topeka 연구소를 위시하여 샌프란시스코(1942)와 로스앤젤레스(1946)에 설립된

몇몇 중요한 연구소들은 이민자들이 직접 세운 것들이었다.

44) 로베르트 발더는 리하르트 슈테르바에게 다음과 같은 편지를 써 보냈다. "단 한 구절의 고전도 인용할 줄 모르는 곳에서 어떻게 가르칠 수 있겠나?" 다음 자료를 참고할 것. Frederic Wyatt, "The Severance of Psychoanalysis from Its Cultural Matrix," in Timms and Segal, *Freud in Exile*, pp. 148-55.

45) Wyatt, "Severance," pp. 148, 151. 이민자들 중 미국식 실용주의 의학 지향성에 확고하게 열광적인 태도를 보였던 소수의 사람들 가운데 하나인 마틴 그로트얀은 "정신역동적 재구축을 유럽 정신분석의 연구 지향과 대립되는 환자지향적이라는 아메리칸 드림에 적용하는 즐거움"을 토로했다. 다음 자료를 참고할 것. Grotjahn, "On the Americanization of Martin Grotjahn," in *The Home of the Learned Man: A Symposium on the Immigrant Scholar in America*, ed. John Kosa (New Haven, Conn.: College and University Press, 1968), pp. 51-54.

46) Young-Bruehl, *Anna Freud*, p. 243.

47) Karl Menninger to Franz Alexander, 13 April 1938, in *The Selected Correspondance of Karl Menninger, 1919-1945*, ed. Howard J. Faulkner and Virginia D. Pruitt (New Haven, Conn.: Yale University Press, 1988), p. 265. 1971년의 조사에 의하면 62.1퍼센트의 미국 분석가들이 유대인 분석가들에게 문화적 동질성을 느낀다고 답했고 18.6퍼센트는 그렇지 않다고 답했다. 다른 수치 결과는 개신교도들은 16.7퍼센트, 카톨릭교도는 2.6퍼센트였다. 정신의학자들의 50.5퍼센트, 심리학자의 49.8퍼센트가 유대인이었다. 같은 조사에 의하면 분석가들의 정치적 성향은 자유주의, 혹은 급진적 자유주의였다. 다음 자료를 참고할 것. William E. Henry, John H. Sims, and S. Lee Spray, *The Fifth Profession* (San Francisco: Jossey Bass, 1971), pp. 11, 74. 카를 메닝거의 동생인 윌리엄 메닝거는 1946년 미국 정신분석 협회(APA)의 회장이 되었다. 열렬한 동화同化주의자였던 그는 분석가 자체보다 분석적으로 정향된 정신의학자, 심지어는 '일반적 분석 실행자'에게 끌렸다. 그는 미국 정신분석 협회를 확장하여 분석 받지 않은 내과의사도 포함시키려 애썼다. 그러나 그들은 투표권 없는 회원 자격만 얻을 수 있었다. 이에 대한 반응으로 이브 헨드릭Ives Hendrick은 회원 수의 빠른 증가로 인한 정체 때문에 이미 정신분석은 위협받고 있다고 지적했다. 다음 자료를 참고할 것. Hale, *Rise and Crisis*, p. 213.

48) Samuel Klausner, *Psychiatry and Religion* (New York: Free Press of Glencoe, 1964), p. 226.

49) *Freud-Ferenczi*, vol. 1, p. 130, n. 1; 다음 책을 참고할 것. p. 311, n. 3.

50) Edith Kurzweil, *Freudians and Feminists* (Boulder, Colo.: Westview Press, 1995), pp. 39-40; Oberndorf, *History*, p. 207; Robert Coles, "Karen Horney's Flight from Orthtdoxy," in *Women and Analysis*, ed. Jean Strouse (New York:

Grossman, 1974), pp. 171-86.

51) 다음 책에서 인용. Karen Brecht et al., *Here Life Goes On in a Most Peculiar Way* (Hamburg: Kellner Verlag, n.d.), p. 73.

52) Oberndorf, *History*, 1953, p. 247; Hendrick, *Professional Standards*, pp. 562, 589; Kurt Eissler, *Medical Orthodoxy and the Future of Psychoanalysis*(New York: International Universities Press, 1965), pp. 91-93.

53) Had not Freud changed his ideas in relation to "the accumulation of new facts"? Franz Alexander, *Fundamentals of Psychoanalysis*(New York: Norton, 1948), pp. 5-6.

54) Franz Alexander and Sheldon Selesnick, "Freud-Bleuler Correspondance," *Archives of General Psychiatry* 12(1965): 1-9.

55) Coser, *Refugee Scholars*, passim.

56) Hale, Rise and Crisis, pp. 211-12; James Gilbert, *Another Chance: Postwar America, 1945-1968*(Philadelphia: Temple Univetsity Press, 1981), p. 28.

57) 미국 정신분석 협회는 1940년에서 1960년 사이에 회원 수가 다섯 배로 늘어났다. 1933년 연구소가 3개뿐이었던 정신분석은 1960년 29개의 학회와 20개의 연구소로 성장했다. 1978년 약 7분의 1 정도—총 사천오백 명—의 정신의학자들이 분석을 행한다고 했다.

연도	APA 회원 수
1932	92
1938	157
1940	192
1942	230
1944-45	247
1946	273

Knight에 대해서는 다음 자료를 참고할 것. "The Present Status of Organized Psych-oanalysis in the United States," *Journal of the American Psychoanalytic Association* 1, nos, 1-4(1953): 207, table 1. 1958년에는 888명의 학생, 100명의 석사과정생, 222명의 분석감독관이 있었다. 1960년 APA의 회원 수는 1302명이었다. 1945년 미국에는 69명의 분석훈련사가 있었다. Torrey, Freudian Freud, p. 93.

58) Paul A. Robinson, *The Freudian Left: Wilhelm Reich, Geza Roheim, Herbert Marcuse*(New York: Harper & Row, 1969), p. 56. 1950년대의 정신분석의 운명에 대한 숙고한 쿠르트 아이슬러는 아무짝에도 쓸모없는 사람들이 이 나라로 건너

와서는 그럴듯한 말로 백만장자가 되는 지난 세기의 이야기들을 생각해보지 않을 수 없었다. Eissler, *Medical Orthodoxy*, pp. 92-93.

59) Alfred Kazin, "The Freudian Revolution Analyzed," *New York Times Magazine*, 6 May 1956, p. 22.

60) 특히 이 시기의 과학, 의학, 전문직업화에의 집착은 윤리적 성격을 지니고 있었다. 데이비드 홀링거가 지적했듯 '나치스의 과학'을 창시하겠다는 히틀러의 선언은 과학과 개인적 자유 사이의 많은 연관을 적어도 17세기까지 소급시켜 성찰하게 만들었다. 반유대주의가 수그러진 후 출현한 전후 정신분석의 폭발적 팽창은 유대인들이 대거 대학, 의료계, 법조계에 진출하게 된 사태의 일부였다. 홀링거는 이 같은 유대인의 진출 현상을 '탈기독교화deChriationization'라 불렀다. 여기서도 카리스마와 합리화는 서로 섞였다. David A. Hollinger, *Science, Jews, and Secular Culture: Studies in Mid-Twentieth-Century American Intellectual History* (Princeton, N. J.: Princeton University Press, 1996), p. 81.

61) Alan A. Stone, "Where Will Psychoanalysis Survive?" *Harvard Magazine*, January-February 1997, p. 35.

62) 또 하나의 비극적 결과는 예컨대 자폐증과 정신분열증에 있어 기관적 조건과 심리적 조건 사이의 구분을 흐린 것이었다.

63) 정신분석이 복지국가에 흡수되기 전에 헬렌 도이치는 비교의 방식으로 이것을 '도깨비 방법', 심지어는 '사기'라고까지 지칭했다. 페렌치는 "원래 프로이트가 분석에서 정말로 믿었던 것", 그래서 프로이트가 기회가 있을 때마다 더 큰 가치는 연구에 있음을 주장하며 분석의 어려움과 한계에 대한 주의를 촉구했음을 마지못해 인정했다. *The Clinical Diary of Sándor Ferenczi*, 1 May 1932: Lisa Appignanesi and John Forrester, *Freud's Women*(New York: Basic Books, 1992), p. 324. 프로이트에게 가장 잘 알려진 예는 "끝나는, 끝나지 않는 분석Analysis, Terminable and Interminable"이다.

64) Mortimer Ostow in *The Hartmann Era*, ed. Martin S. Bergmann(New York: Other Press, 2000), pp. 232-33.

65) 1967년 국제 정신분석 협회IPA는 포르투갈 분석가들의 요청에 양보하여 개인적으로 자격을 상실했지만 독재자와 좋은 관계를 유지하고 있는 지원자들을 인정했다. Lucia Villela, "Cale-se, the Chalice of Silence: The Return of the Oppressed in Brazil," unpublished paper: Gerard Haddad, "Judaism in the Life and Work of Jacques Lacan: A Preliminery Study," *Yale French Studies*, no. 85(1994): 214-15: Helena Besserman Vianna, *Politique de la psychanalyse face à la dictature et à la torture: n'en parlez à personne*(Paris: L'Harmattan, 1997), 이 책에 대한 논쟁은 다음 책에서 보다 자세하게 확인할 수 있다. Robert Wallerstein in the *Journal of*

the American Psychoanalytic Association 47(1999): 965-73.

66) Arthur Miller, *Timebends: A Life*(New York: Grove Press, 1987), pp. 320-21.

67) 한 비버리 힐즈의 정신분석가는 HUAC 앞에서 모두가 협력하는 여덟 명의 증인 들의 의식이 고통을 진정시켜주었다. 그 도덕적 시각은 단순했다: "어이쿠, 그들 은 벌써 다 명명되었잖아." David Caute, *The Great Fear: The Anti-Communist Purge Under Truman and Eisenhower*(New York: Simon and Schuster, 1977), pp. 505-6. 분석가들과 냉전의 관계에 대해서는 다음 자료를 참고할 것. "Come Over, Red Rover," in Robert Lindner, *The Fifty-Minute Hour: A Collection of True Psychoanalytic Tales*(New York: Holt, Rinehart and Winston, 1954).

68) 동시에 하이든이 정당에 가입했었음을 이름을 밝히지 않고 인정할 수 있다고 말 하자 그의 분석가는 "물론 할 수 있지요. 왜 안 하세요?"라고 물었다. Sterling Hayden, *Wanderer*(New York: Knopf, 1964), pp. 371, 377, 387. Victor S. Navasky, *Naming Names*(New York: Penguin, 1981), pp. 133-43은 하이든의 분 석가가 필 코헨임을 밝히고 있다.

69) Steve Heims, *The Cybernetic Group*(Cambridge, Mass.: MIT Press, 1991), p. 170.

70) 호나이는 다음 책에서 인용. Edith Kurzweil, "Psychoanalytic Science: From Oedipus to Cuture," *Psychoanalytic Review* 79(Fall 1992); Harry Stack Sullivan, "Remobilization for Enduring Peace and Social Progress," *Psychiatry* 10(1947): 239; Lasch, *Haven in a Heartless World*, p. 97; Stansfield Sargent and Marian W. Smith, eds., *Culture and Personality*(New York: Wenner-Gren Foundation for Anthropological Research, 1949), pp. 203-4. 로렌스 프랭크는 "우리 사회는 병들 고 정신적으로 문란해져 있어 치료가 필요하다"고 말했다. "Society as the Patient," *American Journal of Sociology* 42(November 1936): 335.

71) J. Victor Koschmann, *Revolution and Subjectivity in Postwar Japan*(Chicago: University of Chicago Press, 1996), p. 174; Kurzweil, *Freudians*, pp. 136, 211, 232; Helmut Thomä, "Some Remarks on Psychoanalysis in Germany, Past and Present," *International Journal of Psychoanalysis* 50(1969): 683-92; Edith Kurzweil, "The Freudians Meet in Germany," *Partisan Review* 52, no. 4(1985), Balint의 역할에 대해서는 다음 자료를 참고할 것. Wyatt, "Severance", p. 151. 점 령 당국은 오스트리아에서 분석을 장려했지만 그러나 거기에는 마치 전쟁에서 오스 트리아의 역할처럼 이득이 거의 없었다. 1970년대 프로이트가 관광객들의 인기 상 품이 되었을 때 그의 50실링 노트 바구니가 이를 변화시켰다.

72) Michael Balint, "On the Psychoanalytic Training System," *International Journal of Psychoanalysis* 29(1948): 167.

73) Stone, "Where Will Psychoanalysis Survive?" p. 35; Kris to Anna Freud, 13 March

1950, 다음 책에서 인용. Elesabeth Young-Bruehl, *Anna Freud: A Biography*(New York: Summit Books, 1988), pp. 345-58.

74) 훈련이 목표로 하는 바는 "이상적 인물과의 굳건한 동일화였다." (그러나 하인즈 코후트가 지적했듯 종종 그것은 양성養成의 반작용으로 이러한 동일화에 대한 저항을 낳았다.) 다음 자료를 참고할 것. Kohut, "Creativeness, Charisma, and Group Psychology: Reflections on the Self-Analysis of Freud," in *The Search for the Self: Selected Writings of Heinz Kohut*, ed. Paul H. Ornstein(New York: International Universities Press, 1978-1991), pp. 793 ff.

75) 다음 책에서 인용. Young-Bruehl, *Anna Freud*, p. 271.

76) S. Lustman, "The Scientific Leadership of Anna Freud," *Journal of the American Psychoanalytic Association* 15(1967): 822.

77) 에릭 에릭슨의 수정주의적인 『젊은 루터*Young Man Luther*』조차도 회상의 작업이었다. 프로이트와 루터는 두 사람 모두 저마다의 시대에 "'더러운 일'을 맡는 우울한 결정"을 내렸다. Erik Erikson, *Young Man Luther: A Study in Psychoanalysis and History*(New York: Norton, 1958), pp. 9-10.

78) Heinz Hartmann, Ernst Kris, and Rudolf Loewenstein, "Comments on the Formation of Psychic Structure," *Psychoanalytic Study of the Child* 2(1946): 16.

79) Young-Bruehl, *Anna Freud*, p. 313. 존스는 예컨대 랑크 및 페렌치와의 오래전에 있었던 사실을 확정하는 데에 이 전기를 원용했다.

80) Jones, vol. 1, p. 56.

81) Peter Homans, *The Ability to Mourn: Disillusionment and the Social Origins of Psychoanalysis*(Chicago: University of Chicago Press, 1989), pp. 17, 68.

82) Malcolm Pines, "The Question of Revising the Standard Edition," in Timms and Segal, *Freud in Exile*, pp. 177, 194. Jones: "제가 생전에 당신 저작들의 선집을 내고 잡지를 탄탄히 만들어놓고 떠날 수 있다면, 정신분석을 위해 그보다 더 많은 걸 이루는 것이 제 소망이었다 하더라도 제 삶이 가치 있었다고 생각할 수 있을 겁니다." 존스가 프로이트에게 보낸 편지(1922년 4월 10일자), *Freud-Jones*, p. 473.

83) Perry Meisel and Walter Kendrick, eds., *Bloomsbury/Freud: The Letters of James and Alix Strachey, 1924-1925*(New York: Basic Books, 1985), p. 317.

84) Riccardo Steiner, "'Die Weltmachtung des Britischen Reichs': Notes on the Term 'Standard' in the First Translations of Freud," on Timms and Segal, *Freud in Exile*, pp. 188-90.

85) 다음 책에서 인용. Meisel and Kendrick, *Bloomsbury/Freud*, pp. x-xi. 위니코트는 "스트래치가 한 일은 프로이트의 글들을 지적 성실성이 지배하는 문학의 영역에 자리 잡아준 것이다"라고 언급했다. D. W. Winnicott, *Psychoanalytic Explorations*,

ed. Clare Winnicott, Ray Shepherd, and Madeleine Davis(Cambridge, Mass.: Harvard University Press, 1989), p. 509.

86) *SE*, vol. 4, p. 107; Darius Ornston, "Freud's Conception Is Different from Strachey's," *Journal of the American Psychoanalytic Assiciation* 33, supp.(1985): 382, 403-4; Timms and Segal, *Freud in Exile*, pp. 204, 208, 212-13, 216. 스트래치 표준판의 판권은 1989년 9월 만료되었고, 그 결과로 그 내용들이 영어로 번역될 수 있었다. 1989년 4월 런던 정신분석 연구소는 사흘 동안의 토론회를 열어 프로이트가 번역되어야 하는가라는 문제에 대해 논의했다. 학문적으로 가장 유용한 독일어판은 S. 피셔에 의해 출판된 *Studienausgaben*이었지만 그것은 전부가 아니다. 현재 스웨덴어판 전집 간행이 진행 중이다.

87) Josef Hayim Yerushalmi, *Freud's Moses: Judaism Terminable and Interminable* (New Haven, Conn.: Yale University Press, 1991), p. 39. 1883년 9월 4일자 편지의 영역본은 in LSF, p. 54.

88) Maria Torok, "Unpublished by Freud to Fliess: Restoring an Oscillation," *Critical Inquiry* 12, no. 2(1986년 겨울).

89) Robert S. Wallerstein, "Reflections," in *The Identity of the Psychoanalyst*, ed. Edward D. Joseph and Daniel Widlocher(New York: International Universities Press, 1983), pp. 265-76; Nancy Chodorow, "Beyond Drive Theory: Object Relations and the Limits of Radical Individualism," *Theory and Society* 14, no. 3 (1985년 5월): 271.

90) 1930년대 전 세계 분석가의 30퍼센트는 여성이었다. 그러나 이 비율은 전후에 급격히 낮아졌다. Lewin and Ross, *Freud in Exile*, pp. 53, 245; Kurzweil, *Freudians*, pp. 45, 208; Appignanesi and Forrester, *Freud's Women*, p. 6.

91) 1942년 필립 와일리의 『독사 세대*Generation of Vipers*』는 십팔만 부가 팔렸고, '어머니 중심주의'가 미국 남성을 탈남성화시켰다는 저자의 주장에 항의하는 육만 통의 편지를 받았다.

92) '모권'에 대해서는 다음 자료를 참고할 것. Edward Glover, "An Examination of the Klein System of Child Psychology," *Psychoanalytic Study of the Child* 1(1945). 이것은 존스 또한 가장 좋아했던 가설이었다. Jones, 28 January 1944, 다음 책에서 인용. Phyllis Grosskurth, *Melanie Klein: Her World and Her Work*(Cambridge, Mass.: Harvard University Press, 1987), p. 343.

93) Young-Bruehl, *Anna Freud*, pp. 428-29; Betty Friedan, *The Feminine Mystique* (New York: Norton, 1963), p. 111; Erik Erikson, "Womanhood and the Inner Space," *Daedalus*, Spring 1964. For the history of the clitoral/vaginal orgasm debate, 다음 자료를 참고할 것. Daniel Brown, "Female Orgasm and Sexual

Inadequacy," in *Human Sexual Response*, ed. Edward and Ruth Brecher (Boston: Little, Brown, 1966), pp. 125-75.

94) Kurzweil, *Feminists*, pp. 40, 51-52.

95) Ferdinand Lundberg and Marynia F. Farnham, *Modern Woman, The Lost Sex*(New York: Universal Library, 1947), p. 142. 도로시 파커의 1947년도 반응은 주목할 만하다. "'잃어버린…' 운운하는 형용사로 묘사되는 것은 뭔가 기이하게 추켜세워 지는 듯 여겨진다. 나는 발가락으로 모래를 파헤치며 '오, 파르넘 박사와 룬드버 그 씨, 지금 당장 와서 그걸 모든 성을 상대로 말하세요'"라고 하고 있다. 다음 책에 서 인용. Mari Jo Buhle, *Feminism and Its Discontents: A Century of Struggle with Psychoanalysis*(Cambridge, Mass.: Harvard University Press, 1998), p. 128.

96) 그들은 "유효한 표지나 과학적 심리 정보가 거의 없는 영역에서 어려운 작업에 직 면해 있다. 이 책이 오직 혼돈만 가중시키고 있는 것은 불운한 일이다." Frances S. Arkin, *Psychoanalytic Quarterly* 6(1947): 573.

97) Roy Schafer, "Problems in Freud's Psychology of Women," *Journal of the American Psychoanalytic Association* 22(July 1974): 459-85.

98) Winifred Breines, *Young, White, and Miserable: Growing Up Female in the Fifties* (Boston: Beacon Press, 1992).

99) Diana Trilling, *The Beginning of the Journey: The Marriage of Diana and Lionel Trilling*(New York: Harcourt Brace, 1993), p. 240.

100) Calvin Trillin, *Remembering Denny*(New York: Farrar, Straus and Giroux, 1993).

101) Dan Wakefield, *New York in the Fifties*(Boston: Houghton Mifflin, 1992), p. 152.

102) Elisabeth Roudinesco and Michel Plon, *Dictionnaire de la Psychanalyse*(Paris: Fayard, 1997), pp. 454-55.

103) Stephen Farber and Marc Green, *Hollywood on the Couch: A Candid Look at the Overheated Love Affair Between Psychiatrists and Moviemakers*(New York: Morrow, 1993), pp. 58-61.

104) James Merrill, *A Different Person: A Memoir*(New York: Knopf, 1993), p. 229. 디터의 가족은 아우슈비츠에서 죽었다. 그는 나중에 미국으로 이민했다.

105) Patricia Bosworth, *Montgomery Clift*(New York: Harcourt Brace, 1978), pp. 203-6, 215-16, 230-33. For the odyssey of a gay psychoanalyst from the late fifties on, 다음 자료를 참고할 것. Richard A. Isay, *Becoming Gay*(New York: Pantheon, 1996).

106) Robert Lindner, "Homosexuality and the Contemporary Scene," in *The Problem of Homosexuality in Modern Society*, ed. Hendrik M. Ruitenbeek(New York: Dutton, 1963), p. 58.

107) Sándor Rádo, "A Critical Examination of the Concept of Bisexuality," *Psychosomatic Medicine* 2, no. 4(October 1940); Ronald Bayer, *Homosexuality and American Psychiatry: The Politics of Diagnosis*(New York: Basic Books, 1981), pp. 28, 30; C. W. Socarides, "The Psychoanalytic Theory of Homosexuality, with Special Reference to Therapy," in *Sexual Deviation*, ed. I. Rosen(New York: Oxford Univetsity Press, 1979), p. 246.

108) Young-Bruehl, *Anna Freud*, pp. 428-29. 프로이트가 양성애에 대해 '과잉 화해'를 했다는 존스의 견해에 대해서는 다음 자료를 참고할 것. 존스가 제임스 스트래치에게 보낸 편지(1954년 1월 11일자), CSD/F01/09, British Psychoanalytic Society Archives.

109) Kenneth Lewes, *The Psychoanalytic Theory of Male Homosexuality*(New York: Simon and Schuster, 1988), pp. 74, 93.

110) Edmund Bergler, "Homosexuality and the Kinsey Report," in *The Homosexuals as Seen by Themselves and Thirty Authorities*, ed. Aron Krich(New York: Citadel Press, 1954). Ruitenbeek, *Problem of Homosexuality*, contains many anlytic statements but says, on p. xii: "The omission of any essay by Edmund Bergler is quite deliberate." Lewes, *Male Homosexuality*, p. 153; Bayer, *Homosexuality and American Psychiatry*, pp. 36, 78; Lionel Trilling, *The Liberal Imagination: Essay on Literature and Society*(Garden City, N. J.: Doubleday, 1957), pp. 216-17; Socarides, "Theory of Homosexuality," p. 78. 동성애에 대한 보다 자세한 연구는 Clelard Ford, Frank Beach, Evelyn Hooker의 것을 참고할 것.

111) Bayer, *Homosexuality and American Psychiatry*, p. 36.

112) Berube, *Coming Out*, pp. 158, 259. 의미심장하게도 표준화된 명칭 위에 수립된 심리 진단은 군대에서 개발되었다.

113) Lewes, *Male Homosexuality*, p. 137.

114) "창조적 시기"에 대해서는 다음 자료를 참고할 것. Kutzweil, *Freudians*, p. 209; "나의 아버지"에 대해서는 다음 자료를 참고할 것. Jeffrey Masson, *Final Analysis: The Making and Unmaking of a Psychoanalyst*(Reading, Mass.: Addison-Wesley, 1990), p. 167.

115) 반합리화적 사고와 행동을 보여준 센터들에는 『폴리틱스*Politics*』지와 블랙 마운틴 컬리지, 브랜디스 대학과 샌프란시스코 재즈와 시 무대가 있다.

116) Richard King, *The Party of Eros*(Chapel Hill: University of North Carolina Press, 1972); James Gilbert, *Writers and Partisans*(New York: Wiley, 1968). '뉴욕 지식인'이라는 용어는 대개 『파티잔 리뷰』에 글을 쓰는 사람들을 지칭했다. 『폴리틱스』지의 편집자인 드와이트 맥도널드 또한 매우 중요한 인물이었다. 그는 모더

니티의 문제는 경제가 아니라 소외라고 주장했다. 에리히 프롬은 1961년에 편찬한 마르크스의『경제학, 철학 수고*Economic and Philosophy Manuscript*』에서 이 생각을 지지했다. Dwight Macdonald, "The Root is Man: Part II," *Politics*, July 1946.

117) 한나 아렌트는『인간의 조건』에서 다음과 같이 썼다. "전적으로 공적 영역, 즉 타인의 면전에서 이루어지는 삶은 흔히 말하듯 얄팍해진다. 가시적인 것에 머물러 있는 한 그것은 매우 실제적이고 비주체적인 의미에서의 깊이를 잃지 않으려면 반드시 감춰진 채로 있어야 하는 모종의 컴컴한 지평으로부터 솟구치는 생성의 특질을 잃어버린다."

118) 다음 책에서 인용. Hugh Wilford, *The New York Intellectuals: From Vanguard to Institution*(Manchester, U.K., and New York: Manchester University Press, 1995), p. 66.

119) 엘리슨과 볼드윈은 두 사람 모두『파티잔 리뷰』에 자주 발표했다.

120) Milton Klonsky, "Greenwich Village: Decline and Fall," *Commentary*, November 1948, 다음 책에서 인용. King, *Party of Eros*, p. 44.

121) Miller, *Timebends*, pp. 320-21.

122) C. 라이트 밀즈는 굿맨의 '혁명의 생식선 이론'을 비판했지만 합리화에 대한 자신의 비판을 위해 다른 정신분석 사조에 의지했다. 다음 자료를 참고할 것. C. Wright Mills and P. J. Salter, "The Barricades and the Bedroom," *Politics*, October 1945.

123) Lionel Trilling, *Beyond Culture: Essays on Literature and Learning*(New York: Viking Press, 1965). pp. 104, 118. Trilling on Marxism은 다음 책에서 인용. Cornel West, *The American Evasion of Philosophy*(Madison, WI.: University of Wisconsin Press, 1989), pp. 104-5

124) Lionel Trilling, "Art and Neurosis," in *Liberal Imagination*, p. 156.

125) Lionel Trilling, "Freud and Literature," in *Liberal Imagination*, pp. 32-33. 트릴링은 또한 섹슈얼리티의 공동체를 수립하기 위해 먼 길을 헤쳐온 데 대해『킨제이 보고서』를 칭찬했다. 그러나 계속하여 트릴링은 보고서가 양적 기반 위에 이 공동체를 수립한 탓에 터전을 소외시켰다고 주장했다. "모든 문화들이 성적 공포를 만들어내지만 우리의 성적 공포는 개인을 사회가 고안해낸 불안 속에 엄격히 고립시킨다는 점에서 독특하다. 킨제이 보고서는 통계적 과학에 근거하여 고독이 상상적인 것이라고 안심시켜준다. 단순히 과학이 아니라 가장 단순하고 물질적인, 관념 아닌 통계의 과학. 이 보고서의 길을 열어준 것은 프로이트이지만 그러나 이 보고서가 단지 몇 주 만에 획득한 반향과 권위를 프로이트는 활동 기간 내내 지녀보지 못했다." Trilling, "The Kinsey Report," in *Liberal Imagination*, pp. 216-28.

126) Philip Rieff, *Freud: The Mind of the Moralist*, 3d ed.(Chicago: University of

Chicago Press, 1979), especially pp. 329-57.

127) Norman Podhoretz, *Breaking Ranks: A Political Memoir*(New York: Harper & Row, 1979), pp. 40, 47-49.

제12장 1960년대, 포스트포드주의와 나르시시즘의 문화

1) Thomas Frank, *The Conquest of Cool: Business Culture, Counterculture, and the Rise of Hip Consumerism*(Chicago: University of Chicago Press, 1997), p. 23.

2) Nancy Fraser, "From Redistribution to Recognition? Dilemmas of Justice in a 'Post-Socialist' Age," *New Left Review* 212(July-August 1995): 68-93.

3) 1970년대가 세기말 시대를 구성한다는 견해에 대해서는 다음 자료를 참고할 것. Natasha Zaretsky, "The End of the American Century? National Decline and Family Decline in the 1970s"(Ph.D. dissertation, Brown University, 2003).

4) David Riesman with Nathan Glazer and Reuel Denney, *The Lonely Crowd: A Study of the Changing American Character*(New Haven, Conn.: Yale University Press, 1961), p. 139.

5) Aimé Césaire, *Discours sur le colonialisme*(Paris: Présence Africaine, 1955).

6) Dominique Octave Mannoni, *Prospero and Caliban*, 2d ed.(New York: Praeger, 1964), pp. 8, 46-47, 63.

7) 에릭슨 역시 미국에서 정체성은 그 다양한 문화적 구성 때문에 매우 특별한 문제라고 주장했다. 그리고는 "확장적 정체성 및 어렵사리 획득한 정체성을 잃는 두려움"을 특성으로 지니는 나라에서 자아 이상을 지탱하기 어려운 점에 대해 서술했다. Erik Erikson, "The Problem of Ego Identity," *Journal of the American Psychoanalytic Association* 4(1956년 1월): 56-21; William Graebner, "The Unstable World of Benjamin Spock: Social Engineering in a Democratic Culture, 1917-1950," *Journal of American History* 67, no. 3(1980년 12월): 617.

8) Heinz Hartmann, Ernst Kris, and Rudolf Loewenstein, "Comments on the Formation of Psychic Structure," *Psychoanalytic Study of the Child* 2(1946): 16.

9) Edith Jacobson, *The Self and the Object World*(New York: International Universities Press, 1964).

10) Joseph Sandler and B. Rosenblatt, "The Concept of the Representational World," *Psychoanalytic Study of the Child* 17(1962): 128-45.

11) 예를 들어 우울증은 더 이상 '구강적 좌절'이 아니라 자기 존중의 낮아짐으로 간주되었다.

12) George S. Klein, *Psychoanalytic Theory: An Exploration of Essentials*(New York: International Univetsities Press, 1976); Merton M. Gill and Philip S. Holzman,

eds., *Psychology vs. Metapsychology: Psychoanalytic Essays in Memory of George S. Klein*(New York: International Universities Press, 1976).

13) Henry Lowenfeld and Yela Lowenfeld, "Our Permissive Society and the Superego," *Psychoanalytic Quarterly* 39(1970): 590-607.

14) Lawrence S. Kubie, "Pitfalls of Community Psychiatry," *Archives of General Psychiatry* 18(1968): 257-66.

15) Leo Rangell, "Psychoanalysis—A Current Look," *Journal of the American Psychoanalytic Association* 15(1967): 425. 일반적으로 1960년대의 APA 회장 연설은 부인否認의 모델들이었다.

16) Oral History Collection, Columbia University.

17) G. K. Hofling and R. Meyers, "Recent Discoveries in Psychoanalysis," *Archives of General Psychiatry* 26(1972): 518-23. 이 연구는 다음 책에 보다 자세하게 다루어져 있다. Edith Kurzweil, *The Freudians: A Comparative Perspective*(New Haven, Conn.: Yale University Press, 1989), p. 209.

18) Kurt Eissler, *Medical Orthodoxy and the Future of Psychoanalysis*(New York: International Universities Press, 1965), pp. 94-95, 232.

19) Stephen Farber and Marc Green, *Hollywood on the Couch*(New York: Morrow, 1993), pp. 14-17, 63, 157.

20) Erica Jong, *Fear of Flying: A Novel*(New York: Holt, Rinehart and Winston, 1973), pp. 4-5.

21) Marshall Brickman, "The Analytic Napkin," in *The Best of Modern Humor*, ed. Mordecai Richler(New York: Knopf, 1983), pp. 448-52. 멜 브룩스는 주차된 차 사이에 토하는 버릇을 그치게 해준 데 대해 분석가에게 사의를 표했다. Farber and Green, *Hollywood on the Couch*, p. 147.

22) 코후트가 관찰한 바로는 "프로이트에 대해 공유하는 존중의 고매한 기록에 입각하여 분석 훈련을 끝내는 것은 사회적으로 수용되는 커다란 존중의 단계일 뿐만 아니라 지원자들에게 분리의 고통을 진정시켜주는 감동적 경험이기도 하다." Heinz Kohut, "Thoughts on Narcissism and Narcissistic Rage," in *The Search for the Self* (New York: International Universities Press, 1978), vol. 2, p. 803. 이 인용문은 다음에서 보다 자세하게 볼 수 있다. vol. 1, pp. 162-63, 479, 481. 다음 자료를 참고할 것. Heinz Kohut, *The Analysis of the Self*(New York: International Universities Press, 1971), pp. 64, 46. 정신분석의 전통에서 나르시시즘이 폄하되었다는 주장에 대한 다른 논의로는 다음 자료를 참고할 것. Bela Grunberger, *Narcissism: Psychoanalytic Essays*(New York: International Universities Press, 1979).

23) 케른베르크는 아이의 따뜻하고 포용력 있는 나르시시즘을 병든 성인의 차갑고 적

대적인 나르시시즘과 대비했다. 아이가 사랑과 아름다움을 추구함에 비해 성인은 이런 것들을 혼자 소유하려 한다는 것이다. Otto Kernberg, *Borderline Conditions and Pathological Narcissism*(New York: J. Aronson, 1975). Jacobson, *Ego and the Object World*, pp. 20, 35-36, 46, 94; Rubin Blanck and Gertrude Blanck, *Beyond Ego Psychology: Developmental Object Relations Theory*(New York: Columbia University Press, 1986), pp. 10, 12; René Spitz, *A Genetic Field Theory of Ego Formation: Its Implications for Pathology*(New York: International Universities Press, 1959), pp. 96-97.

24) 대조적으로 미성숙한 커플은 집단에 대한 대항을 상실했다—그 커플은 정말로 집단으로 돌아갔다. Otto Kernberg, "The Couple and the Group," in Kernberg, *Love Relarions: Normality and Pathology*(New Haves, Conn.: Yale University Press, 1995), pp. 176-88

25) 메리 라이트의 회복 개념에 대해서는 *The Last Stand of Chinese Conservatism: The Tung-chib Restoration, 1862-1874*(Stanford, Calif.: Stanford University Press, 1957).

26) Meredith Tax, *Woman and Her Mind: The Story of Daily Life*(Cambridge, Mass.: Bread and Roses, 1970).

27) 보다 자세한 예는 다음 책을 볼 것. Angelo Quattrocchi and Tom Nairn, *The Beginning of the End: France, May, 1968*(London: Panther Books, 1968), pp. 163-64.

28) *SE*, vol. 21, pp. 64-72.

29) Herbert Marcuse, *Eros and Civilization: A Philosophical Inquiry into Freud* (Boston: Beacon Press, 1974). 칸트에 맞서 마르쿠제는 예술과 연극에서는 이성과 관능성이 조화를 이룸을 보여주려 했던 철학자 프리드리히 실러를 칭찬했다.

30) Norman O. Brown, *Life Against Death: The Psychoanalytical Meaning of History*, 2d ed.(Middletown, Conn.: Wesleyan University Press, 1985), pp. 118, 123, 128-29, 132, 142. 또한 다음 자료를 참고할 것. Herbert Marcuse, "Love Mystified: A Critique of Norman O. Brown," *Commentary* 43, no. 2(February 1967): 71-75.

31) 다음 책에서 인용. Mikkel Borch-Jacobsen, *Lacan: The Absolute Master*, trans. Douglas Brick(Stanford, Calif.: Stanford Univetsity Press, 1991), pp. 40-41.

32) Elisabeth Roudinesco, *La Bataille de cent ans*, vol. 1(Paris: Ramsay, 1982; Seuil 1986), pp. 181-221, 395-411.

33) Bruce Fink, *The Lacanian Subject: Between Language and Jouissance*(Princeton, N. J.: Princeton University Press, 1995), p. 84.

34) Jacques Lacan, *The Seminar of Jacques Lacan*, ed. Jacques-Alain Miller(New

York: Norton, 1988), vol. 2, p. 37.

35) 로마 강연에 대해서는 다음 책을 참고할 것. Jacques Lacan, *Écrits: A Selection*(New York: Norton, 1977).

36) Kristin Ross, *Fast Cars, Clean Bodies: Decolonialization and the Reordering of French Culture*(Cambridge, Mass.: MIT Press, 1995).

37) 프랑스의 분석가 다니엘 라가슈는 "그는 분석가의 악의를 구현했다. 그러나 분석가의 선의 또한 악의 못지않게 위험하다"고 지적했다. Roudinesco, Bataille, vol. 2, pp. 225, 231, 346. 보충적이고도 직접적인 설명은 다음 자료를 참고할 것. Didier Anzieu, *A Skin for Thought*(London, Karnac, 1990), pp. 27-28.

38) 1950년대에 라캉이 사귀었던 사람들은 블라디미르 그라노프, 세르주 르클레르, 디디에 앙지외, 장-베르나르 퐁탈리스, 장 라플랑슈와 『꿈의 해석』과 『정신현상학』을 아랍어로 번역한 무스타파 사푸안 등이었다.

39) 라캉의 새 학생들은 프랑수아 루스탕, 미셸 드 세르토, 카트린 바케스-클레망, 코르넬리우스 카스토리아디스, 펠릭스 가타리, 루스 이리가라이 등이었다. Roudinesco, *Bataille*, vol. 2, p. 321; John Forrester, *The Seductions of Psychoanalysis* (Cambridge, U.K.: Cambridge University Press, 1990). 파리 프로이트 학파의 창설 회원 수는 134명이었다.

40) 그뿐만 아니라 라캉은 마르크스주의를 재사유하려는 진행형의 노력을 기울였다. 특히 그는 마르크스의 이데올로기 이론을 알튀세르가 재서술하는 데 영향을 주었다. 알튀세르는 정통 마르크스주의의 상부/하부구조의 구분을 그대로 지니고 있는 "사람은 그들 자신의 존재 조건을 상상적 형태로 재현한다"는 명제를 거부하고 라캉의 편에서 "이데올로기는 개인들과 그들의 현실적 존재 조건의 상상적 관계를 재현한다"는 명제로 대체했다. 달리 말하면 이데올로기는 현실의 가공架空적 재현이 아니라 실제적이지만 무의식적인 관계라는 것이다.

41) 다음 책에서 인용. Lawrence D. Kritzman, *Michel Foucault: Politics, Philosophy, Culture*, from *Le Magazine Littéraire*, no. 121(February 1977).

42) Roudisnesco, *Bataille*, vol. 2, p. 640.

43) 디디에 앙지외가 라캉에게 왜 선배 초현실주의자들을 더 이상 신뢰하지 않느냐고 묻자 라캉은 초현실주의자들을 부정하지는 않고 "그보다 나는 내 공헌을 토크빌의 방패 아래 두고 싶다"고 답했다. 같은 책, vol. 2, p. 268.

44) 필립 로스의 1974년 소설 『남자로서의 내 인생』에서 스물아홉 살의 유대인 소설가인 피터 타나폴은 그의 분석가가 사례 연구에서 자기가 사십대에 성공적인 이탈리아계 미국인 시인이었다고 속였음을 알게 된다. 사십대와 이십대, 유대계 미국인과 이탈리아계 미국인, 시인과 소설가 사이에는 '근본적인 차이'가 있다고 타나폴은 불만을 토로했다. Roth, *My Life as a Man*(London: Jonathan Cape, 1974), pp. 239-

40.

45) For Goffman's little-understood role, 다음 자료를 참고할 것. Howard Brick, *Age of Contradiction: American Thought and Culture in the 1960s* (New York: Twayne, 1998).

46) R. D. Laing, *Sanity, Madness and the Family* (New York: Basic Books, 1964, 1971), p. 12.

47) 1963년 영국에서 시리즈로 출판된 『광기의 역사』에는 R. D. Laing and David Cooper's Sartrean *Reason and Violence* and Thomas Szasz's *The Myth of Mental Illness*도 수록되어 있다. '반정신의학'이라는 용어를 만든 데이비드 쿠퍼가 서문을 썼다.

48) Lynn Z. Bloom, *Doctor Spock: Biography of a Conservative Radical* (Indianapolis: Bobbs-Merrill, 1972), pp. 72, 83-84.

49) Betty Friedan, *The Feminine Mystique* (New York: Norton, 1963), p. 112.

50) 189쪽에서 밀렛은 계속해서 "프로이트의 견해는 여성이 자신의 성을 발견하게 되는 것은 그 자체가 여성을 평생 사로잡을 정도의 큰 재앙"이라는 것이었다고 말하고 있다.

51) Gayle Rubin, "The Traffic in Women," in *Toward an Anthropology of Women*, ed. Rayna R. Reiter (New York: Monthly Review Press, 1975), p. 185. 정신분석과 페미니즘에 대한 다르지만 흥미로운 견해는, 다음 자료를 참고할 것. Mari Jo Buhle, *Feminism and Its Discontents: A Century of Struggle with Psychoanalysis* (Cambridge, Mass.: Harvard University Press, 1998).

52) Shulamith Firestone, *The Dialectic of Sex: The Case for Feminist Revolution* (New York: Morrow, 1970), pp. 49, 51. 마찬가지로 프로이트가 신경증이라고 불렀던 것이 이제는 사회적 구속으로 설명된다. 찰스 베른하이머에게 "빅토리아 시대의 여성들은 방어 전략을 개발하여 이를 통해 사회적으로 표출할 수 없는 격한 분노와 공격적 충동을 부인했다. 다음 자료를 참고할 것. Charles Bernheimer and Claire Kahane, *In Dora's Case: Freud-Hysteria-Feminism* (New York: Columbia University Press, 1985), pp. 5-6; Maria Ramas, "Freud's Dora, Dora's Hysteria," *Feminist Studies* 6(1980): 472-510.

53) Hélène Cixous and Catherine Clément, *The Newly Born Woman*, trans. Betsy Wing (Mineapolis: University of Minnesota Press, 1986), pp. 153-54.

54) 능동적 역할의 선호 역시 여성에게는 억제되었다. 우디 앨런의 책을 통한 타자alter ego이자 중년의 나이에 이른 쿠겔마스조차도 그의 분석가에게 불평을 늘어놓으면서 새로운 외부화의 요소를 포착했다. "나는 새 여자를 만나야 해요. 난 사업이 필요합니다. 나는 잘나가는 사람은 아니지만 연애가 필요한 남자입니다." 그의 분석가

가 "그걸 행동으로 옮기는 게 당신에게는 가장 좋지 않아요. 당신은 여기서 그저 당신의 기분만 털어놓고, 우리가 함께 그걸 분석하는 겁니다. 요컨대 나는 분석가지 마술사가 아니에요"라고 답하자 쿠겔마스는 "아마 나에게 필요한 건 마술사인 모양입니다"라고 대꾸하고는 (도라처럼) 걸어 나갔다. Woody Allen, "The Ku-gelmass Episode," in Richler, *Modern Humor*, pp. 409-10.

55) Juliet Mitchell, *Psychoanalysis and Feminism: Freud, Reich, Laing, and Women* (New York: Vintage, 1974), p. xv.

56) '정상'과 '비정상'이라는 용어가 학문적 어휘에 속하는지를 문제 삼은 킨제이는 분석가들이 과학 공동체에 속한다고 볼 수 있는지 확신하지 못했다. 다음 자료를 참고할 것. Alfred E. Kinsey, Wardell B. Pomeroy, and Clyde Martin, *Sexual Behavior in the Human Male*(Philadelphia: W. B. Saunders, 1948), pp. 199-200, 637, 639, 다음 책에서 인용. Jonathan Ned Katz, "The Invention of Heterosexuality," *Socialist Review* 90, no. 1(1990): 21.

57) Ronald Bayer, *Homosexuality and American Psychiatry: The Politics of Diagnosis* (New York: Basic Books, 1981), p. 105.

58) 같은 책, pp. 55, 95, 103-4.

59) 데니스 알트만의 글들은 이 이동을 예시例示했다. 알트만은 '도착'을 초기 저항으로 보는 마르쿠제파로 시작했지만 1970년대 초 그는 'homosexual'이라는 용어를 형용사가 아니라 동사로 사용할 것을 주장했다. 형용사적 용법에는 특이한 섹슈얼리티를 지닌 중성의 사람까지 포함되기 때문이었다. 이는 동성애homosexuality가 정체성의 구성 요소임을 뜻했다. 1960년대 말 동성애에 대한 역사학자들은 언제나 존재했던 동성애적 행위와 19세기 후반 출현한 동성애적 정체성을 구분하기 시작했다. 다음 자료를 참고할 것. John D'Emilio, *Sexual Politics, Sexual Communities: The Making of a Homosexual Minority in the United States 1940-1970*(Chicago: University of Chicago Press, 1983). 푸코에게 있어 19세기 전의 남색은 '금지된 행위 범주'였고 이를 행하는 자는 사법적 조치의 대상이었다. 그러나 19세기 동안에 동성애자는 인물, 과거, 사례 이야기, 유아기, 삶의 유형, 형태가 되었다. Michel Foucault, *The History of Sexuality*, trans. Robert Hurley(New York: Vintage, 1980), vol. 1, pp. 42-43. 또한 다음 자료를 참고할 것. John D'Emilio, "Capitalism and Gay Identity," in *Powers of Desire: The Politics of Sexuality*, ed. Ann Snitow, Christine Stansell, and Sharon Thompson(New York: Monthly Review Press, 1983), pp. 100-113. 더 나아가 동성애자의 공동체의 중심에 놓이는 것은 섹슈얼리티가 아닌 아이덴티티였다. 한 이론가는 레즈비언은 "여성을 사랑하는 여성, 양육과 창조적이고 독립적으로 일할 수 있는 생활 환경의 창조의 대상으로 여성을 선택한 여성"이라고 쓴 바 있다. 레즈비언은 단순히 어떤 실체적 의식儀式을 함께 행하

는 여성으로 규정될 수 없다는 것이었다. Shane Phelan, *Identity Politics: Lesbian Feminism and the Limits of Community*(Philadelphia: Temple University Press, 1989), pp. 73-74.

60) Theodor Reik, *From Thirty Years with Freud*(London: Hogarth Press, 1942), p. 28.

에필로그

1) 동시대의 많은 사람들에게 그랬던 것처럼 라마르크의 획득형질 이론은 프로이트에게도 생물학과 역사를 이어주는 고리였다.

2) Daniel N. Stern, *The Interpersonal World of the Infant*(New York: Basic Books, 1985); J. Lichtenberg, *Psychoanalysis and Infant Research*(Hillsdale, N. J.: Analytic Press, 1983).

3) 한 분석가가 지적했듯 정신의학은 "다시 과학적 기반을 찾아 행진 중이다." 다음 책에서 인용. Matthew Gitelson, "On the Identity Crisis in American Psychoanalysis," *Journal of the American Psychoanalytic Association* 12(1964): 462-63. 19세기 정신의학의 옹호에 대해서는 같은 책에 보다 자세하게 소개되어 있다. DSM에 대해서는 다음 자료를 참고할 것. Tanya M. Luhrmann, *Of Two Minds: An Anthropologist Looks at American Psychiatry*(New York: Vintage, 2000).

4) Steven E. Hyman and Eric J. Nestler, *The Molecular Foundations of Psychiatry* (Washington, D.C., American Psychiatric Press, 1993).

5) Luhrmann, *Of Two Minds*, pp. 173, 176.

6) 그륀바움은 반증 가능성을 과학 이론의 표지라고 주장하는 포퍼의 쟁점적 명제를 출발점으로 삼아 약물과 행태주의적 기법은 예측 가능하고 검증 가능한 결과를 지님으로 해서 과학적인 반면 분석 기법은 과학적이지 못하다는 결론을 내렸다(정확히 말하면 그륀바움은 정신분석의 반증 가능성은 인정했지만 검증 가능성을 부인한 것이었다). 그러나 과학을 경험적 검증 가능성에 입각하여 규정함으로써 그륀바움은 과학이 관념적 대상을 필요로 한다는 생각을 도외시했다. 정신분석은 발전적, 구조적, 양적, 진화적 통합으로 의식 없는nonconscious 정신적 현실을 묘사하는 것을 통해 관념적 대상을 성취했다.

7) Edith Kurzweil, *The Freudians: A Comparative Perspective*(New Haven, Conn.: Yale University Press, 1989), p. 252.

8) Luhrmann, *Of Two Minds*, p. 181.

9) Harold Bloom, "Freud, the Greatest Modern Writer," *New York Times*, 23 March 1986.

10) Leo Bersani, *The Freudian Body: Psychoanalysis and Art*(New York: Columbia University Press, 1986), p. 12.

11) 크리스테바에 대해서는 다음 책에서 인용. Richard Feldstein and Judith Roof, eds. *Feminism and Psychoanalysis*(Ithaca, N.Y.: Cornell University Press, 1989), p. 87.

12) Jacques Derrida, "Cogito and the History of Madness," in *Writing and Difference* (Chicago: Univetsity of Chicago Press, 1978). 2001년 뉴욕에서의 개인적인 대화에서 데리다는 자신을 단순한 철학자가 아니라 정신분석의 역사 속의 인물로 생각한다고 말했다. 그리고 이것은 단순히 그가 정신분석에 대한 글들을 썼기 때문이 아니라 그의 사유 전체를 통해 그렇다는 것이었다. 데리다는 정신분석의 물화된 언어에 대한 중요한 비평을 쓴 바 있다. 그럼에도 그는 그것을 쓸 때 "무의식은 현존"한다고 생각했다고 말했다.

13) *New York Times*, 22 October 1979, p. A20.

14) Robert Wallerstein, "One Psychoanalysis or Many," *International Journal of Psychoanalytic Association* 69(1988): 17 n.

15) Mary Douglas, *The Active Voice*(London: Routledge & Kegan Paul, 1982), p. 14.

16) 반대로 필립 로스는 '나쁜 협잡꾼'이라는 묘사에 대해 "이 위대한 비극 시인, 우리의 소포클레스"라고 응수했다. *The New Yorker*, 8 May 2000.

17) 정신분석이 정상화해야 했던 것은 유대인 정체성만이 아니었다. 기독교와의 관계역시 정상화시켜야 했다. 2003년 줄리아 크리스테바는 뉴스쿨에서 정신분석과 여성에 대해 강연을 했다. 그녀가 '육화incarnation' 같은 기독교적 개념을 도입한 것을 두고 청중들로부터 공박을 받게 되자 그녀는 자신의 부모 중 한 사람은 유대인, 다른 한 사람은 기독교도인 것에 대해 자부심을 느끼며 정신분석가로서의 자신의 작업에서 두 전통 모두를 인정하기를 원한다고 답했다.

18) Rafael Moses, "Address of Welcome, Jerusalem Congress," *International Journal of Psychoanalysis* 59, no. 3(1978): 3.

19) Paul Schwaber, "Title of Honor: The Psychoanalytic Congress in Jerusalem," *Midstream*, March 1978.

20) Robert Wallerstein, "Psychoanalysis in Nazi Germany: Historical and Psychoanalytic Lessons," *Psychoanalytic Quarterly* 11(1986): 351-70. In the December 1983 issue of *Psyche*, an article by Helmut Dahmer told the story. Edith Kutzweil, "The Freudians Meet in Germany," *Partisan Review* 52, no. 4(1985); Susan Quinn, *A Mind of Her Own: The Life of Karen Horney*(New York: Summit Books, 1987), p. 241; Elisabeth Roudinesco, *Histoire de la Psychanalyse en France*, 2 vols.(Paris: Fayard, 1994), vol 2, p. 615. 미국에서 프로이트는 많은 유대인들의 영웅으로 남아 있다. 로버트 로웰이 그의 학생인 필립 리바인에게 오든으로부터 프로이트의 아이디어를 도용했다고 꾸짖자 리바인은 "난 유대인입니다.

나는 프로이트에게서 프로이트를 훔쳤어요. 그는 우리들 중 한 사람입니다"라고 응수했다. *New York Times Book Review*, 26 February 1993.

21) Masud Kahn, *The Long Wait and Other Psychanalytic Narratives*(New York: Summit Books, 1988); Wynne Godley, "Saving Masud Khan," *London Review of Books*, February 2001.

22) W. R. Bion, "Attacks on Linking," *International Journal of Psychoanalysis* 40 (1959).

23) Interviews with Werner Bohleber, Helmuth Dahmer, and Lutz Rosenkutter, 1997. 비판 이론은 독일 정신분석의 재건에도 한몫을 했다. 주로 아도르노와 호르크하이머의 주도하에 프로이트 탄생 백주년 기념식이 1958년 프랑크푸르트에서 열린 '현재 속의 프로이트Freud in der Gegenwart'라는 국제토론회에서 거행되었다. 위르겐 하버마스는 이 토론회를 "젊은 독일 학도들이 프로이트가 살아 있는 과학적, 지적 전통의 창시자임을 알게 되는 첫 기회"라 평했다. Habermas, "Psychic Thermidor and the Rebirth of Rebellious Subjectivity," in *Habermas and Modernity*, ed. Richard J. Bernstein(New York: Polity Press, 1985), p. 68.

24) Nancy Caro Hollander, *Love in a Time of Hate: Liberation Psychology in Latin America*(New Brunswick, N. J.: Rutgers University Press, 1997), pp. 12–15.

25) Mariano Ben Plotkin, "Freud, Politics, and the Porteños: The Reception of Psychoanalysis in Buenos Aires, 1910–1943," *Hispanic American Historical Review* 77, no. 1: 45; Isaac Tylim, "Psychoanalysis in Argentina: A Couch with a View," *Psychoanalytic Dialogues* 6, no. 5(1996): 713–27.

26) Aleksandr Mikihalevich, "Russia: The Revenge of Subjectivity," *UNESCO Courier*, March 1993, p. 36; Arnold Rothstein, *The Moscow Lectures on Psychoanalysis* (New York: International Universities Press, 1991); Martin A. Miller, *Freud and the Bolsheviks: Psychoanalysis in Imperial Russia and the Soviet Union*(New Haven, Conn.: Yale University Press, 1998)가 상세한 설명을 제공한다.

찾아보기

674

444, 481

리스먼, 데이비드 Riesman, David 505

리치, 에드리언 Rich, Adrienne 539

리트마이스터, 존 Rittmeister, John 384

리트박, 아나톨 Litvak Anatole 459

리프, 필립 Rieff, Philip 19, 451, 465, 491,
495~8

리프먼, 월터 Lippman, Walter 111, 228,
272

릭맨, 존 Rickman, John 426

린드너, 로버트 Lindner, Robert 489

릴케, 라이너 마리아 Rilke, Rainer Maria
187

ㅁ

마노니, 옥타브 Mannoni, Octave 506

마르쿠제, 허버트 Marcuse, Herbert 147,
392, 451, 491, 497~8, 502, 516,
518~9, 520, 521~2, 526~530

마르틴-바루, 이냐시오 Martin-Baró,
Ignacio 556

마르크스, 카를 Marx, Karl 411, 481, 522

마르크스주의 marxism 212, 218~9, 303,
315~6, 362, 381, 393~5, 476, 491,
493, 495, 497, 504

마머, 주드 Marmor, Judd 537

마사오, 마루야마 Masao, Maruyama 477

마셜, 조지 C. Marshall, George C. 466

마이네르트, 테오도어 Meynert, Theodore
34, 53

마이레더, 로자 Mayreder, Rosa 98, 99

마이어, 아돌프 Meyer Adolf 127, 136, 139,
141~2

마이어스, 프레더릭 Myers, Frederic 168

마이젤-헤스, 그레테 Meisel-Hess, Grete
97

마조히즘 masochism 85, 92, 348, 356, 369

만, 토마스 Mann, Thomas 147, 211,
261~2, 362

만델슈탐, 나데즈다 Mandelstam,
Nadezhda 218

말라르메, 스테판 Mallarmé, Stéphane 68

말레, 세르주 Mallet, Serge 518

말레비치, 카지미르 Malevich, Kazimir 261

말리노프스키, 브로니슬라브 Malinowski,
Blonislaw 367, 413

매달림 clinging 448

매스 미디어 mass media 109, 389, 407

매클루언, 마셜 McLuhan, Marshall 518

맥그리거, 피터 McGregor Peter 199

맥도널드, 드와이트 Macdonald, Dwight
461

맥스웰, W. H. Maxwell, W. H. 205

맥클린, 헬렌 V. McLean, Helen V. 258

맥키빈, 로스 McKibbin, Ross 412

머레이, 헨리 A. Murray, Henry A. 477

머스키, 해럴드 Mersky, Harold 593

멈포드, 루이스 Mumford, Lewis 319

메네이커, 에스터 Menaker, Esther 615

메닝거, 윌리엄 Menninger, William 456

메닝거, 카를 Menninger, Karl 470

메릴, 제임스 Merrill, James 488

215
피카소, 파블로 Picasso, Pablo 199, 233
피케르트, 아우구스트 Fickert, Auguste 98
필머 경, 로버트 Robert, Sir Filmer 173~4

ㅎ
하르트만, 하인츠 Hartmann, Heinz 378,
    396, 442, 453~4, 470, 479, 480, 507,
    510
하세, 리버렌드 월터 Hussey, Riverend
    Walter 407, 438
하우, 어빙 Howe, Irving 492
하이데거, 마르틴 Heidegger, Martin 300
하이든, 스털링 Hayden, Sterling 476
하이만, 폴라 Heiman, Paula 446
하이먼, 스티븐 Hyman, Steven 545
하트, 모스 Hart, Moss 488
학생운동 student movement 501, 515~6,
    527, 531
해리스, 프랭크 Harris, Frank 78
해리슨, 제인 Harrison, Jane 225
해밀턴, 시슬리 Hamilton, Cicely 247
해체 deconstruction 549
햅굿, 허친스 Hapgood, Hutchins 248
허스턴, 조라 닐 Hurston, Zora Neale
    256~7
허스트, 윌리엄 랜돌프 Hearst, William
    Randolph 243
허튼, 로라 Hutton, Laura 414
헐, 클라크 Hull, Clark 305
헝가리의 정신분석 psychoanalysis in

Hungary 212, 300
헤겔, 프리드리히 Hegel, Friedrich 149,
    270
헤르만, 임레 Hermann, Imre 300
헤르츨, 테오도어 Herzo, Theodore 66,
    118
헤밍웨이, 어니스트 Hemigway, Ernest
    201
헤스, 마이러 Hess Myra 436
헤어, 마이클 Herr, Michael 531
헤이사쿠, 고자와 Heisaku, Kosawa 312,
    341
헤일, 나탄 Hale, Nathan 472
헨드릭, 이브 Hendrick, Ives 468, 472
헬러, 에리히 Heller, Erich 450
헬러, 후고 Heller, Hugo 118
헬름홀츠, 헤르만 폰, Helmholtz, Herman
    von 53
호나이, 카렌 Horney, Karen 293, 297,
    308, 322, 328, 331~3, 337, 343~9,
    351, 372, 471, 476, 497
호로위츠, 블라디미르 Horowitz, Vladimir
    488
호르크하이머, 막스 Horkheimer, Max
    388~9, 390, 391~2
호맨스, 조지 Homans, George 443
호맨스, 피터 Homans, Peter 434, 480
호프만, 에른스트 Hoffman, Ernst 383
호프만, E. T. A Hoffman, E. T. A. 42
호프만, 요제프 Hoffmann, Josef 93
홀, G. 스탠리 Hall, G. Stanley 135, 138

역자 후기

프로이트는 큰 강이다. 그가 수립한 정신분석은 20세기를 관류한 유장한 대하大河다. 1900년에 발원한* 정신분석은 인간에 대한 이해의 패러다임을 변화시키며 도도히 흘러왔다. 정신분석에 있어 20세기란 그것이 흘러온 시간이면서 또한 그것이 영토화한 공간이기도 하다. 흐름 속에서 그것은 많은 지류들과 만나고 헤어졌으며 영토화의 과정에서 또한 그것은 20세기를 점철한 숱한 사건, 현상들과 조우하며 굽이쳤다.

그러나 정신분석의 이러한 시공간적 복합체로서의 전체적 면모가 드러난 적이 있었던가? 저자 엘리 자레츠키의 근원적 문제의식은 바

---

* 원래 『꿈의 해석』이 발간된 해는 1899년이다. 그러나 이 책 초판의 발간 연도는 1900년으로 되어 있다. 이것이 프로이트 자신의 의도였든 출판사 측의 고의적 조작이었든, 결과적으로는 세기적 전환의 계기로서의 이 책의 의의를 스스로 드러낸 상징적 표현이 되었다고 말할 수 있을 것이다.

로 이것이다. 프로이트에 대한, 혹은 정신분석에 대한 숱한 전기적, 이론적 연구에도 불구하고 프로이트와 정신분석을 인간은 물론 역사, 사회, 문화, 예술을 아우르는 전체적 관점에서 역사적으로 맥락화한 작업은 미개척의 상태에 머물러 있었던 것이다.

이 같은 결여의 이유는 이러한 작업이 야심적인 만큼이나 방대하기 그지없는 것이어서 감히 엄두를 내기 쉽지 않았기 때문이었으리라. 그것이 용기 못지않게 뛰어난 능력을 요구하는 작업이리라는 사실은 긴 설명을 필요로 하지 않는다. 이제 우리는 깊이와 폭을 아우르는 엘리 자레츠키의 관심과 박학, 비상한 정리력에 힘입어 20세기라는 시공간을 관류한 정신분석의 흐름과 그것이 영토화한 유역 전체에 대한 선명한 조감도를 지닐 수 있게 되었다.

인간이란 어떤 존재인가라는 근원적 물음 자체에 대한 변혁의 도전으로부터 시작하여 산업화, 전쟁, 여성해방운동, 문화적 저항과 예술적 혁신 등과 같은 20세기를 수놓은 숱한 문제적 주제들을 저자는 개인의 자율성, 여성해방, 민주주의라는 '모더니티의 세 가지 약속'이라는 명제에 수렴시켜 일목요연하게 맥락화한다. 과거와 현재를 잇는 거멀못으로 박혀 있는 저자의 이 근본 명제는 이제 정신분석이라는 대하가 21세기라는 대양에 이르러 희석되어가는 듯 보이는 지금의 시점에서도 우리가 정신분석에 대해 사유하고 '프로이트로의 귀환' 가능성을 모색해보아야 하는 미래지향적 관심의 근원이기도 하다.

책의 원제는 『영혼의 비밀 *Secrets of The Soul*』(Vintage Books, New York, 2004)이다. 2004년에 처음 출판된 책을 이제야 한국 독자들에게 선보이게 되는 만시지탄이 없지 않다. 늦긴 했지만, 어쩌면 우리나라에 있어서도 1990년대 이후 문화이론과 페미니즘 및 정신분석적 해석학의 괄목할 만한 대두 현상에 대한 논리와 맥락을 사후적으로라도 이해하고 정리하는 데 참조가 될 수 있을 것이라 여겨진다. 이뿐만 아니라 보다 넓은 시각에서는 멀리 4·19 혁명으로부터 가까이는 '촛불집회'에까지 이르는 우리나라의 시위 문화의 심리적 양상의 결에 대한 섬세한 구분과 이해의 장으로 통하는 입구 또한 찾을 수 있을 것이라 여겨진다.

불역판인 『프로이트의 세기 *Le Siècle de Freud*』(Albin Michel, Paris, 2008)도 참고하였지만 난삽한 번역이나 오역을 피하지는 못했을 것이다. 독자 여러분의 질정을 바라며 일독을 권한다.